**A imprensa e o poder
nos anos Collor**

NOTÍCIAS DO PLANALTO
MARIO SERGIO CONTI

COMPANHIA DAS LETRAS

Copyright © 1999 by Mario Sergio Conti

Grafia atualizada segundo o Acordo Ortográfico da Língua Portuguesa de 1990, que entrou em vigor no Brasil em 2009.

Capa
KIKO FARKAS / MÁQUINA ESTÚDIO
MATEUS VALADARES / MÁQUINA ESTÚDIO

Preparação
MÁRCIA COPOLA

Índice onomástico
VICTOR BARBOSA

Revisão
LARISSA LINO BARBOSA
RENATO POTENZA RODRIGUES
GABRIELA MORANDINI

Atualização ortográfica
VERBA EDITORIAL

Dados Internacionais de Catalogação na Publicação (CIP)
(Câmara Brasileira do Livro, SP, Brasil)

Conti, Mario Sergio
    Notícias do Planalto: A imprensa e o poder nos anos Collor / Mario Sergio Conti. — 2ª ed. — São Paulo: Companhia das Letras, 2012.

    Bibliografia.
    ISBN 978-85-359-2148-9

    1. Imprensa — Brasil 2. Mello, Fernando Collor de, 1949- I. Título. II Título: A imprensa e o poder nos anos Collor.

12-07393   CDD-070.449320981

Índice para catálogo sistemático:
1. Brasil : Jornalismo político   070.449320981

2012

Todos os direitos desta edição reservados à
EDITORA SCHWARCZ S.A.
Rua Bandeira Paulista, 702, cj. 32
04532-002 — São Paulo — SP
Telefone: (11) 3707-3500
Fax: (11) 3707-3501
www.companhiadasletras.com.br
www.blogdacompanhia.com.br

NOTÍCIAS DO PLANALTO

Para Eneida
tu nocte vel atra lumem
e Mario
in solis tu mihi turba locis

Sumário

Apresentação 9

PRIMEIRA PARTE

1 Gazeta de Alagoas 13
2 Rede Globo 25
3 Jornal do Brasil 35
4 Veja 46
5 Gazeta de Alagoas 58
6 Veja 68
7 Rede Globo 82
8 Jornal do Brasil 90
9 Playboy 100
10 O Globo 110
11 Folha de S.Paulo 120
12 SBT 133
13 Rede Povo 145
14 TV Record 155
15 Frente Brasil Novo 165
16 Rede Bandeirantes 173
17 Rede Globo 187

SEGUNDA PARTE

18 Tribuna de Alagoas 201
19 Folha de S.Paulo 216
20 Rede Globo 229
21 Folha de S.Paulo 240
22 Veja 255

23 O Estado de S. Paulo 270
24 Jornal do Brasil 285
25 IstoÉ 298
26 Folha de S.Paulo 311
27 Jornal do Brasil 326
28 O Globo 341
29 Rede Globo 352
30 Rede Bandeirantes 365
31 Tribuna de Alagoas 376
32 Veja 387
33 Palácio do Planalto 401
34 Palácio dos Bandeirantes 412
35 IstoÉ 417
36 O Estado de S. Paulo 427
37 SBT 441
38 Jornal do Brasil 452
39 Palácio do Planalto 463

Epílogo 477
Posfácio da 2ª edição 487
Cronologia 501
Fontes 505
Bibliografia 507
Índice onomástico 511
Sobre o autor 523

Apresentação

No final de 1989, o Brasil teve sua primeira eleição presidencial pelo voto direto em quase três décadas. Três anos depois, pela primeira vez na história nacional um presidente foi afastado do poder sem quarteladas ou remendos constitucionais. Nesse curto período, houve enormes manifestações populares e a maior intervenção na propriedade privada já vista no país, com o confisco de contas correntes e da poupança. Foram anos de recessão e revolta, de corrupção institucional e mobilização da sociedade. Foram também anos em que a imprensa teve uma participação substantiva na vida política. Ex-repórter e herdeiro de um grupo de comunicações, Fernando Collor tornou-se conhecido do eleitorado por meio de jornais, revistas e emissoras de televisão — os mesmos órgãos de imprensa cujas reportagens serviram de estopim para o movimento que veio a tirá-lo da Presidência.

Notícias do Planalto busca detalhar a relação da imprensa com Fernando Collor e seus aliados. Pretende mostrar como agem os jornalistas, que laços estabelecem com o poder político e como funcionam as redações da grande imprensa — essa corporação que investiga todos os meandros da vida nacional e tão pouco revela de si mesma. Tendo como fio condutor as principais reportagens do período, o livro conta como repórteres, fotógrafos, editores e donos de meios de comunicação trataram o Palácio do Planalto e por ele foram tratados. Em boa medida, a cobertura política de um órgão de imprensa é produto de sua história. A maneira como ele apura, apresenta e analisa as notícias é o resultado de uma tradição, retrabalhada, a cada nova edição. Por isso, foi traçado o perfil de jornalistas que tiveram um papel formativo na história recente da imprensa.

* * *

O livro foi feito com base na leitura da imprensa da época, dos livros que constam da bibliografia e em entrevistas com 141 pessoas. Garanti aos entrevistados que não revelaria quais deles contaram os casos narrados em *Notícias do Planalto*. E obtive a concordância para apresentar seus nomes no final do volume.

Agradeço a todos a boa vontade com que me atenderam. Além de terem gasto horas respondendo perguntas, os entrevistados cederam blocos de anotações, rascunhos de reportagens, recortes de jornais e revistas, livros, diários, cartas e fitas de áudio e vídeo. Este livro não existiria sem a participação deles.

* * *

Desde o início deste trabalho contei com o auxílio inestimável de Jorge Miguel A. Soares e, posteriormente, de Luis Raul Contreras, pesquisadores do Departamento de Documentação da Editora Abril. Agradeço a ambos o empenho no levantamento de dados e na conferência de informações.

* * *

Alguns amigos leram trechos ou a íntegra deste livro e fizeram comentários valiosos. Meu muito obrigado a Neusa Bartalo, André Conti, Luis Francisco Carvalho Filho, Diogo Mainardi, Nilza Micheletto, Rodrigo Naves, Roberto Pompeu de Toledo e Flávia Varella.

PRIMEIRA PARTE

1. GAZETA DE ALAGOAS

O objetivo era ser conhecido pelos brasileiros. Conhecido como o jovem enérgico que não participava das jogadas dos jaquetões da política. Seu estandarte de autodivulgação, fincado mais no solo da indignação moral que no da racionalidade política, era o do combate aos servidores públicos com proventos faustosos. Prometia acabar com os salários robustecidos por manhas burocráticas. Acabar com o nepotismo que pendurava apaniguados de políticos na máquina do Estado. Com os carros pretos das autoridades bem assentadas nos bancos de trás, com suas poucas horas de batente e aposentadorias precoces. Ele ia botar relógio de ponto e fazer todo mundo trabalhar. Fernando Affonso Collor de Mello foi eleito governador aos 37 anos porque construíra essa mensagem contra uma casta de privilegiados, os marajás. E porque soube propagandeá-la na campanha eleitoral e, antes dela, no jornal, nas rádios e na televisão de sua família, dona do mais poderoso grupo de comunicações de Alagoas. Ele continuava com a mensagem. Mas faltava-lhe a máquina para alardeá-la em escala nacional. Collor agora precisava da grande imprensa. Dos noticiários das redes de televisão, das manchetes dos jornais de prestígio, das reportagens das revistas. Teria de lidar com os donos das empresas, os repórteres e fotógrafos, os editores e diretores de redação, pessoas que pouco conhecia e das quais desconfiava. Só por meio deles conseguiria falar aos brasileiros. E Collor tinha o que os jornalistas caçavam: notícias.

Foi com uma notícia que, dias antes de tomar posse como governador, em março de 1987, Collor entrou no estúdio da Rede Globo em Brasília para gravar uma entrevista ao *Bom Dia Brasil*. A notícia era adiantar o propósito da audiência que teria à tarde com o procurador geral da República. Contou que pediria a Sepúlveda Pertence a abertura de um processo para impedir o pagamento dos benefícios que, acumulando-se uns sobre os outros, aumentavam os salários dos superfuncionários alagoanos. Grave, disse que levaria documentos comprovando os desmandos de seus antecessores no governo. Era o início de sua, como definiu, "guerra" contra os marajás e aqueles que os criaram. A notícia teve repercussão instantânea. Collor voltou depressa ao hotel para assistir à entrevista com seu assessor de Imprensa, Cláudio Humberto Rosa e Silva. Foram tomar o café da manhã e ao entrarem no restaurante, onde o *Bom Dia Brasil* acabara de ser transmitido num telão, várias mesas aplaudiram o governador. À tarde, câmeras e microfones o disputavam na saída do encontro com o procurador geral, garantindo a sua presença nas rádios, nos noticiários do horário nobre e nos jornais do dia seguinte. Com o procurador geral ficaram os "documentos de denúncia": cópias do *Diário Oficial*, de leis e de portarias, recortes amarelados de jornais regionais, a começar pela *Gazeta de Alagoas* dos Collor de Mello. Material já usado à farta na campanha eleitoral. Requentar notícias provincianas era o de menos. O que importava era o aparecimento dos marajás na cena nacional. Com eles debutava na grande imprensa o seu algoz, Fernando Collor.

A notícia não estava só no que ele dizia. Collor tinha o senso do espetáculo da política. Sabia que, como num drama, era necessário às vezes sair do palco para não se desgastar. Depois de eleito governador, em novembro de 1986, desapareceu durante quase dois meses. Viajou pela Europa com a mulher, Rosane. Do exterior, promoveu a organização de sua volta a Maceió para que parecesse uma apoteose. Sob um sol do meio-dia de verão nordestino, milhares de pessoas o aguardavam no Aeroporto dos Palmares. Estandartes reproduziam seu rosto. Bandeiras, faixas, fogos e banda de música o saudavam. Ao se abrir a porta do avião, o eleito surgiu e ergueu o punho direito num gesto de força e vitória. A multidão tomou a pista, houve empurra-empurra, gritos. Collor foi alçado à caçamba de um caminhão transformado em palanque. Esgoelou: "Somos todos aqui filhos da esperança", e a multidão respondeu com berros e aplausos. Ele era o único de terno escuro. Empertigado em seu 1 metro e 84, parecia o mais alto de todos. O mais forte. O atleta. Talvez fosse o único no Palmares capaz de passar num teste para galã de telenovela. Era o branco num mar de morenos, o colonizador entre os nativos. Em nenhum instante perdeu o controle do transe. Sabia o que queria da manifestação.

Queria emocionar o povo e garantir imagens na televisão. Imagens de campanha eleitoral. Collor se saía melhor disputando votos do que governando. Trocaria qualquer reunião administrativa ou partidária por um palanque. Vibrava ao se sentir o foco da atenção de milhares de pessoas. Vibrava e aprendia: ouviu a palavra "marajá" num comício, dita por um anônimo na assistência; de imediato percebeu o seu poder simbólico e a incorporou ao seu discurso. Eleito, continuava em campanha. Um cortejo de mais de uma centena de carros, aberto por motociclistas da Polícia Militar, o acompanhou pela estrada que liga o aeroporto à cidade. Percorreu as ruas centrais, circundou a praça dos Martírios e seguiu para a orla. Passou pelas praias de Jaraguá, Pajuçara, Ponta Verde e parou em Jatiúca. No trajeto, de dezenas de quilômetros, havia gente dos dois lados das avenidas, gritando o nome do herói e agitando bandeirinhas. Cumprindo ordens do superintendente Pedro Collor, a TV Gazeta, a Gazeta FM e a *Gazeta de Alagoas* trombetearam durante dias o seu retorno. As imagens da volta triunfal gravadas pelas câmeras da TV Gazeta, uma delas num helicóptero, foram mostradas naquela noite e, mais de dois anos depois, na campanha presidencial.

Para o dia da sua posse no governo, Collor planejou uma caminhada de três quilômetros, da Assembleia Legislativa à sede do Executivo, o Palácio dos Martírios. Choveu forte e a marcha fracassou. Mesmo com pouca gente para assistir à sua passagem, o diretor e ator principal do espetáculo manteve o script. Queixo empinado e olhar fixo num ponto à frente, percorreu os três quilômetros sem responder aos acenos das calçadas e janelas. A natureza não detinha o herói. Metros atrás vinha o seu ofegante secretariado.

— Ele está pagando promessa ou é doido mesmo? — perguntou o secretário de Imprensa, Cláudio Humberto, ao chefe do Gabinete Civil.

— É o pai todinho — respondeu José Barbosa de Oliveira, um amigo da família que fora nomeado oficial de gabinete do Palácio dos Martírios mais de trinta anos antes, no dia em que o pai de Collor, Arnon de Mello, tomara posse como governador de Alagoas.

* * *

Tal filho, qual pai? Fernando Collor era todo Arnon Affonso de Farias Mello. Como o pai, era um conservador numa roupagem reformista. Usara expedientes inovadores em campanhas eleitorais. Suas raízes estavam tanto na província como na capital da República. Utilizava a imprensa para fazer política. Era também diferente do pai em traços essenciais. Arnon trabalhou desde a adolescência. Sabia o valor do dinheiro. Fez fortuna sozinho. Era sovina a ponto de desdobrar embalagens de papel e usá-las para fazer anotações. Fernando Collor nasceu rico. Não precisava trabalhar para se manter. Tinha uma tal despreocupação com dinheiro que um de seus amigos, Paulo César Farias, brincava: "O Fernando não sabe assinar um cheque". Homem de leituras ecléticas, curiosidade intelectual e gosto pela escrita, Arnon deixou uma biblioteca de milhares de volumes. Fernando usou a biblioteca como escritório. Lia pouco e escrevia com dificuldade. Entre os cinco filhos, três homens e duas mulheres, o mais querido de Arnon foi Fernando. O predileto correspondeu à afeição: Fernando gostava mais de Arnon que da mãe. A morte do pai foi capital para Fernando. Liberto da sombra paterna, começou a fazer política à sua maneira.

Arnon de Mello nasceu em 1911, em Rio Largo, na Zona da Mata alagoana. Seu pai, Manoel Affonso, era dono do Engenho de Cachoeirinha. Ele teve uma infância abastada, de filho de senhor de engenho, encerrada de maneira abrupta. O presidente Epitácio Pessoa proibiu a exportação de açúcar e abalou a base da economia alagoana, arruinando Manoel Affonso. Ao cursar o secundário no Ginásio de Maceió, Arnon já trabalhava para ajudar o pai. Frequentava tertúlias literárias que discutiam as novidades modernistas, vindas do Sul. Ligou-se a um grupo de intelectuais nordestinos que emigrou em levas para o Rio de Janeiro. Dele faziam parte o poeta Jorge de Lima, o dicionarista Aurélio Buarque de

Holanda Ferreira e os romancistas José Lins do Rego e Rachel de Queiroz. Arnon viajou para o Rio aos dezoito anos. Levava o dinheiro da venda dos últimos terrenos da família para se instalar na capital e fazer a Faculdade de Direito. O dinheiro acabou e ele se sustentou como repórter de *A Vanguarda*, jornal que apoiava o presidente Washington Luís. Perdeu o emprego em outubro de 1930, com a vitória do movimento desencadeado por Getúlio Vargas. Grupos de manifestantes percorreram o centro do Rio, invadiram as redações dos jornais governistas, destruíram máquinas, jogaram móveis pelas janelas, desenrolaram bobinas de papel pelas ruas. *A Vanguarda* foi incendiada e deixou de circular. Arnon se transferiu para o *Diário de Notícias* e fez uma série de entrevistas com os políticos derrotados em 1930, depois reunidas no livro *Os sem-trabalho na política*. Um dos entrevistados, o cronista Humberto de Campos, arrumou-lhe uma colocação nos Diários Associados, o império de comunicações que o jornalista paraibano Assis Chateaubriand expandia com lances de ousadia e esperteza.

São Paulo se rebelou contra Getúlio Vargas em julho de 1932, e Chateaubriand, em prisão domiciliar, ordenou pelo telefone que dois dos melhores repórteres dos Associados cobrissem a guerra. Rubem Braga foi enviado à cidade de Passa-Quatro, em Minas Gerais, e Arnon a Cruzeiro, em São Paulo. Arnon foi um correspondente de guerra criativo. Pediu ao comandante do Exército do Leste, o seu conterrâneo Pedro Aurélio de Góes Monteiro, que escrevesse à mão um bilhete a seus familiares dizendo-lhes que estava bem. O repórter reproduziu o bilhete no *Diário da Noite*. Arnon passou a pedir aos soldados que escrevessem à família ou à noiva, e transcrevia os recados na seção Correio da Frente. Os bilhetes faziam a ligação entre os soldados e suas famílias, e contavam — indiretamente, burlando a Censura — como transcorria a guerra no Vale do Paraíba. A tiragem do *Diário da Noite* multiplicou-se por quatro graças à ideia de Arnon. E o Correio da Frente ganhou as páginas do carro-chefe dos Associados, a revista *O Cruzeiro*.

As reportagens de 1932 deram origem ao seu segundo livro, *São Paulo venceu!*, e o ajudaram a arrumar mais duas colocações como repórter, no *Diário Carioca* e em *O Jornal*, e um terceiro emprego por meio do qual retomou o contato com sua terra: o de correspondente no Rio da *Gazeta de Alagoas*. Pouco depois, Chateaubriand lhe ofereceu o cargo de diretor do *Jornal de Alagoas*, que acabara de comprar. Arnon aceitou a incumbência, embora continuasse a viver no Rio. A par da atividade na imprensa, começou a advogar, montou uma imobiliária e não deixou de frequentar os amigos intelectuais. Sua frase predileta nesses anos de ascensão social no Rio, que repetia aos parentes alagoanos, era: "Eu primo por me apresentar bem". Faltava-lhe apenas um bom casamento para que se apresentasse com perfeição na alta sociedade.

O casamento veio por intermédio de um entrevistado, Lindolfo Leopoldo Boeckel Collor, o gaúcho que apresentara o deputado Getúlio Vargas a Chateaubriand nos anos 20, quando ambos começavam suas carreiras. Filho do sapateiro João Boeckel, Lindolfo adotou o sobrenome Collor de seu padrasto, um alemão com quem sua mãe casara quando ficou viúva. Lindolfo diplomou-se em farmácia, nunca exerceu a profissão, publicou livros de poesia parnasiana, tornou-se jornalista e se elegeu deputado federal discursando em alemão para imigrantes e seus descendentes. Ao tomar o poder, em 1930, Getúlio criou o Ministério do Trabalho, e chamou Lindolfo Collor para dirigi-lo. Até então, os problemas trabalhistas ficavam sob a jurisdição do Ministério da Agricultura. E continuava a valer a concepção do destronado Washington Luís: "A questão operária é uma questão que interessa mais à ordem pública que à ordem social". Foi Lindolfo Collor quem redigiu o manifesto em que Getúlio reconheceu a existência política dos trabalhadores. De um lado, Lindolfo Collor cooptou para o novo Ministério alguns militantes que haviam participado das lutas sociais dos anos 20. De outro, chamou para a sua equipe o empresário Jorge Street, industrial de iniciativas pioneiras no trato da "questão operária", como a construção de casas para os trabalhadores de sua fábrica. A legislação trabalhista criada por Lindolfo Collor concebia os sindicatos como instrumentos na "justa e necessária conjugação dos interesses patronais e proletários", conforme escreveu na exposição de motivos da lei, e os subordinava ao Ministério do Trabalho. A legislação representou a atualização, tardia, do Brasil na realidade industrial: organizou e disciplinou a força de trabalho, ao mesmo tempo em que impedia a organização dos trabalhadores em sindicatos livres da tutela estatal. A estrutura sindical corporativista concebida por Lindolfo Collor seria ferida no final dos anos 70, com as greves de metalúrgicos do ABC paulista, lideradas pelo migrante pernambucano Luis Inácio Lula da Silva.

Lindolfo Collor saiu do governo em 1932 e aliou-se ao movimento constitucionalista de São Paulo. Derrotado, viveu em vários países da América Latina até 1934, quando Getúlio concedeu a anistia. Candidatou-se a deputado federal, não foi eleito e conspirou com a Ação Integralista Brasileira. Se o levante integralista triunfasse, seria governador do Rio Grande do Sul. O golpe foi desmantelado, Lindolfo Collor ficou seis meses preso e se exilou novamente, dessa vez na França. Arnon de Mello, vindo da África, onde visitara as colônias lusitanas na comitiva do presidente de Portugal, estava também na França, fazendo reportagens para os Associados. Numa estação de trem em Biarritz o repórter reencontrou Lindolfo Collor, que tinha entrevistado no Brasil. Reencontrou também a filha do exilado, a voluntariosa Leda (pronuncia-se "Léda"), com quem tivera um flerte no Rio. Namoraram por poucas semanas e ficaram noivos.

— Agora que você é minha noiva, vai ter que usar meias sempre, e não pode dançar com nenhum outro homem — disse Arnon a Leda na primeira vez que dançaram juntos, para comemorar o compromisso.

— Então vamos acabar com o noivado agora — respondeu a brava moça de 23 anos.

Ficando entendido que Leda continuaria fazendo o que bem quisesse, o noivado prosseguiu. Casaram-se em Lisboa, em dezembro de 1939. Voltaram ao Rio no ano seguinte, onde nasceu o primeiro filho do casal, Leopoldo, seguido por Ledinha, em 1941, e Ana Luiza, dois anos depois. Nesse período, Arnon rompeu com Assis Chateaubriand num episódio em que demonstrou lealdade e coragem. O rompimento foi provocado pela demissão de Dario de Almeida Magalhães da direção dos Associados. Advogado de prestígio, com crédito pessoal junto a banqueiros, que usava para obter empréstimos e pagar dívidas da empresa, Almeida Magalhães irritava Getúlio ao defender o fim do Estado Novo. Para agradar o ditador, Chateaubriand o demitiu, alegando que o advogado "estava com o rei na barriga". Arnon, amigo tanto de Almeida Magalhães como de Chateaubriand, mandou uma carta ao patrão pedindo demissão dos Associados "por não estar de acordo com a maneira como foi tratado um amigo tão fiel de tantos anos".

— Ah, então quer dizer que o Arnon está contra mim e do lado desse filho da puta? Pois me dê isso aqui! — disse Chateaubriand a Austregésilo de Athayde, que resumiu para o patrão a carta que fora encarregado de lhe entregar.

Chateaubriand não abriu o envelope. Andou até o banheiro segurando-o na ponta dos dedos, jogou-o na privada e apertou a descarga.

Desagradar Chateaubriand era uma temeridade. No início dos anos 40, ele era um dos homens mais poderosos do Brasil. Usava os seus vinte jornais, cinco revistas, oito estações de rádio e sua editora de livros para chantagear e achacar empresários e políticos. Arnon não precisava mais dos jornais de Chateaubriand. Tinha sua própria empresa, família, boas relações, respeitabilidade. E queria entrar na política. Com a queda da ditadura, candidatou-se em Alagoas à Assembleia Constituinte pela União Democrática Nacional, a UDN, não se elegeu e voltou ao Rio. Na capital foi procurado por Rui Palmeira, dono de uma grande usina em São Miguel dos Campos e um dos chefes da UDN alagoana. Palmeira queria que Arnon fosse o candidato do partido e dos usineiros ao governo de Alagoas. A missão era difícil não apenas porque Arnon estava distante de Alagoas. Disputar o governo significava enfrentar o temível Silvestre Péricles de Góes Monteiro, que escolheu Luís Campos Teixeira para sucessor.

Os Góes Monteiro mandavam em Alagoas. Havia na família clãs e subclãs que brigavam entre si e alternavam-se no poder em eleições fraudadas, guerras de jagunços, emboscadas. Boa parte da fama alagoana de terra violenta se deve aos Góes Monteiro, uma família de empobrecidos barões do açúcar. O governo de Silvestre Péricles foi trepidante. Ele mandou seus capangas sequestrarem um jornalista que lhe fazia oposição, Donizete Calheiros. O jornalista, que não tinha uma perna, foi amarrado num saco e jogado numa praia deserta. Calheiros conseguiu se salvar arrastando-se pela areia. Sem base legal, o governador prendeu três deputados comunistas assim que foi cassado o registro do Partido Comunista Brasileiro, o PCB. Empastelou jornais de oposição. Cercou com tropas a Assembleia Constituinte estadual para pressionar os deputados. Seus jagunços ameaçaram desembargadores e juízes. Recebeu o repórter Davi Nasser e o fotógrafo Jean Manzon, de *O Cruzeiro*, com um revólver no cinturão e frases como: "Jornalista aqui eu trato a chibata" e "Eu sou a fera que vocês procuram".

A fera era também um poeta. Compôs o hino da Rádio Difusora de Alagoas, que conta com a mimosa estrofe:

De Alagoas a rádio alvorece
Difundindo seus cantos florais.
Desabrocha, nos ares, em messe,
O torrão dos viris marechais.

Arnon de Mello topou o desafio de enfrentá-lo, mesmo tendo um filho pequeno, Fernando, nascido em 12 de agosto de 1949. Não foi uma decisão impensada. Arnon sabia que Silvestre Péricles tivera atritos com todas as facções políticas. E tinha um grande trunfo: a legislação permitia que concorresse simultaneamente a deputado e governador. Se perdesse o Palácio dos Martírios, era praticamente certo que conseguiria uma cadeira na Câmara Federal.

A campanha de Arnon foi ao mesmo tempo retrógrada e inovadora. Retrógrada porque percorria povoados do interior distribuindo enxadas, facões e pás em troca de votos. Deixava sempre à vista uma máquina de costura no caminhão que lhe servia de palanque, e dizia que iria entregá-la na próxima cidade à viúva fulana de tal, inventando um nome na hora. E inovadora porque ele se valeu de uma pirotecnia inédita para levar aos eleitores sua plataforma — apaziguar a disputa política, coibir o banditismo e a arbitrariedade. Foi o primeiro candidato a usar cartazes policrômicos. Chamativos, eles eram pendurados nas paredes de casebres como decoração. Entregou ao eleitorado uma história em quadrinhos, também com capa colorida, contando os sucessos do menino pobre de Rio Largo na capital federal. Distribuiu calendários, lápis e fotografias com o seu nome. Usou o rádio, jornais e a projeção de filmes ao ar livre para denunciar os desmandos de "Alagóes" — a Alagoas sob o jugo dos Góes Monteiro. Seus comícios eram concebidos como shows. Os alto-falantes tocavam o bordão: "Governo bom vai ser o de Arnon". Percorreu Alagoas junto com o deputado federal Rui Palmeira, cumprimentando e abraçando os eleitores, o que não era costume. Alagoas nunca vira uma campanha assim. E só veria uma tão cheia de novidades mais de trinta anos depois, numa outra eleição para governador, quando Fernando Collor venceu Guilherme, filho de Rui Palmeira.

Na campanha do oponente, Luís Campos Teixeira, quem deu o tom foi o seu protetor, o governador Silvestre Péricles. Um tom vermelho vivo: o governador chamava o adversário de "o candidato de lábios carmesins", porque os pintores exageraram no vermelho ao retocar a boca de Arnon nos cartazes. O povo não sabia o que era "carmesins", mas suspeitava ser coisa de cabra frouxo. Nos comícios, Silvestre Péricles insinuava que as suspeitas eram verdadeiras. Ao ver um grupo de estudantes udenistas pendurando faixas do candidato do partido, o brigadeiro Eduardo Gomes, à Presidência, Silvestre Péricles os fez correr de revólver em punho. A direção da UDN alagoana, com medo, refugiou-se na casa do comandante do 20º BC. Ali, Leda Collor convenceu os udenistas a denunciar o governador ao Tribunal Regional Eleitoral. Leda arrumou uma máquina de escrever, discutiu o documento a ser enviado ao TRE e o datilografou. Seus filhos, inclusive Fernando, de um ano, ficaram no Rio. No dia do comício de Eduardo Gomes, uma esquadrilha de aviões da FAB, a arma do brigadeiro, fez voos rasantes sobre o Palácio dos Martírios para atemorizar Silvestre Péricles. O anedotário alagoano registra que o governador subiu à sacada do segundo andar do palácio e deu bananas aos aviões de guerra. E ordenou a um ajudante de ordens que continuasse dando bananas quando saiu do terraço para atender a um telefonema.

Arnon teve 57 mil votos. O candidato de Silvestre Péricles, 36 mil. A chegada do novo governador a Maceió, em 31 de janeiro de 1951, mesmo dia em que tomou posse, foi a apoteose de sua vida pública. No artigo "Alagoas liberta", publicado em *O Globo*, José Lins do Rego, que conhecera Arnon quando este contava quinze anos, captou a animação da cidade: "Vi o povo alegre numa festa de libertação, gente de gravata, gente de pé no chão, homens, mulheres, meninos a expandir entusiasmo pela vitória do homem bom que chegava para o governo. Vi a cidade de Maceió debaixo da maior alegria. E quem estava ali nos braços do povo era o menino Arnon, eleito pelas urnas, vencedor da violência, do ultraje, das insanidades, de todas as misérrimas batalhas". Vencedor sobretudo das insanidades. O último ato de Silvestre Péricles como governador foi visitar a cadeia pública e garantir a soltura de todo preso que conseguisse defecar ao menos um quilo. Dezenas de criminosos foram soltos. E dezenas de quilos de fezes espalhados pelas paredes, pelo piso e pelos móveis do Palácio dos Martírios. Arnon e Leda, traumatizados com a sujeira e a fedentina, só se mudaram para o palácio mais de um ano depois da posse.

O governo de Arnon foi o contrário de sua campanha: conservador, sem audácias. Quatro meses depois da posse, seu adversário nas eleições, Campos Teixeira, foi assassinado a tiros por um deputado em frente à Assembleia Legislativa. Em Coruripe, um coronel septuagenário sucumbiu às facadas de um soldado da Polícia Militar. Em Porto das Almas, o neto de um ex-governador tombou numa emboscada. Em Água Branca, um poderoso fazendeiro foi chacinado pelo delegado de polícia. Em Quebrângulo, o beato Francisco, que juntara devotos e atrapalhara os poderosos locais, ligados à UDN, foi assassinado a mando deles. Deixando os culpados impunes, Arnon de Mello permitiu que o banditismo político campeasse. No governo de Silvestre Péricles houve 712 assassinatos políticos. No de Arnon, 861. Chamado de fraco pelos adversários, o governador se cercou de oficiais e policiais que, lembra um contemporâneo, eram "verdadeiros cães de fila prontos para enfrentar e desmoralizar os inimigos de Arnon". O governador perdeu sua pátina de liberal ao comprar um dos jornais que lhe fazia oposição, a *Gazeta de Alagoas*, dirigido pelo ex-delegado do Trabalho Muniz Falcão, eleito deputado. O governador também ordenou que se invadisse o *Diário de Alagoas* e a polícia empastelasse a redação de um terceiro jornal de oposição, o comunista *Voz do Povo*. Sua única obra de porte foi a estrada asfaltada ligando Maceió a Palmeira dos Índios. No final do seu mandato, Alagoas estava igual ao que era no início do seu governo: miserável, sem lei, parada no tempo. Mas o povo tinha mudado. O candidato de Arnon ao governo foi derrotado por Muniz Falcão, deputado apoiado por Silvestre Péricles.

Arnon se estabeleceu com a família no Rio de Janeiro. De quando em quando, no final dos anos 50, ia à província fazer política utilizando-se do jornal que comprara, a *Gazeta de Alagoas*. Ele era melhor nos negócios do que na política. Arnon se associou ao dono de *O Globo*, Roberto Marinho, em empreitadas imobiliárias de sucesso. Entre elas, a construção e incorporação do primeiro shopping center do Rio, o Cidade de Copacabana, mais conhecido como Shopping da Siqueira Campos, a rua onde se localiza. Estava bem posto na vida. O presidente Juscelino Kubitschek compareceu à inauguração de seu shopping. Arnon comprou o Sítio do Papai, em Petrópolis, uma boa casa na rua Dona Mariana, em Botafogo, e manteve uma outra em Maceió. Mandou os filhos mais velhos, Leopoldo e Ledinha, estudarem na Inglaterra. Passava as férias de julho no Grande Hotel de Araxá, em Minas Gerais, um dos mais caros do Brasil. Tinha barco no Iate Clube. Na política, no entanto, encalacrara-se. Usou a *Gazeta de Alagoas* para fazer uma campanha pelo afastamento de Muniz Falcão do governo. A UDN abriu na Assembleia Legislativa um processo para destituir o governador, que a bancada nacional do partido ecoou com estardalhaço no Congresso. Presumia-se que a sessão para votar o afastamento de Muniz Falcão, marcada para 13 de setembro de 1957, estava fadada a terminar em tiroteio, tal era o acúmulo de ódios. Houve, de fato, centenas de tiros, um deputado morto, cinco feridos e um jornalista baleado, Márcio Moreira Alves.

A ausência de Arnon de Mello em Maceió na sessão daquele dia lhe valeu a imagem de omisso. Imagem que se transformou em fama, de tanto que Silvestre Péricles o acusou de covarde na campanha do ano seguinte para o Senado, na qual Arnon sofreu nova derrota. Fama que se consolidou na convenção da UDN de 1959, quando Juracy Magalhães e Jânio Quadros disputaram a candidatura à Presidência da República. Arnon era amigo de Juracy a ponto de o ter convidado para padrinho de seu filho Fernando. Mas preferia que Jânio fosse o candidato do partido. Entre ficar com o amigo ou com sua preferência política, Arnon elaborou uma terceira via: não compareceu à convenção, o que foi visto como falta de brio por setores da UDN.

Em 1962, Arnon se candidatou mais uma vez e, com o auxílio de sua primeira rádio, a Gazeta AM, os alagoanos o elegeram senador. Silvestre Péricles deu uma entrevista a *O Globo* dizendo que impediria a entrada de Arnon no plenário do Senado. Arnon rebateu garantindo ao *Jornal do Brasil* que tomaria posse "até com risco de vida". Ele compareceu à cerimônia de posse, em 1º de fevereiro de 1963, para a qual foram tomadas medidas excepcionais de segurança. Mas até dezembro não pisou mais no plenário. "É um maricas. Não virá porque não é homem para enfrentar-me", disse Silvestre Péricles num dos inúmeros discursos de provocação a Arnon.

A terça-feira, 4 de dezembro de 1963, começou diferente para Fernando Collor. Interno do Colégio São José, no Rio, de onde só saía nos fins de semana, teve permissão naquela manhã para ir ao médico. À tarde, estava em casa, ouvindo rádio, quando uma edição extraordinária informou, sem dar o nome da vítima, que um senador levara um tiro no plenário e morrera. Fernando tinha poucas dúvidas de que seu pai não estivesse envolvido no tiroteio. Silvestre Péricles e suas ameaças eram tema constante nos almoços de domingo. Arnon havia reunido a família e avisado que discursaria no Senado. Havia se preparado, também. Amigos e parentes foram recrutados para sua estreia tardia na tribuna. Chegaram em dois carros ao estacionamento do Senado. Ao descer de um deles, Leda Collor deixou cair um revólver da bolsa. Um outro revólver foi apreendido com seu filho Leopoldo. Silvestre foi ao Congresso acompanhado de um genro, e se jactava a um grupo de senadores antes da sessão: "Vou encher de balas a boca de Arnon de Mello assim que ele começar a falar".

Silvestre entrou antes. Desafiador, circulou pelo plenário e aboletou-se na sua poltrona. Sentado ao seu lado estava o suplente de senador José Kairala, um tipo simpático que presenteava os colegas com cestas de caju de sua cidade, Brasileia, no Acre. Como o titular reassumiria o cargo no dia seguinte, era a sua última sessão no Senado. Instalara filho, mulher e mãe na tribuna de honra para testemunharem sua despedida. E porque o filho queria fotografá-lo no plenário, Kairala se sentara numa cadeira próxima da tribuna de honra. Arnon começou seu discurso às três horas da tarde.

— Senhor presidente, permita Vossa Excelência que eu faça o meu discurso olhando na direção do senador Silvestre Péricles de Góes Monteiro, que ameaçou me matar — disse.

— Crápula! — gritou Silvestre Péricles, a mão direita apontando para o inimigo, a esquerda estendida ao longo do corpo, segurando a 45 de cano longo.

Arnon largou as folhas do discurso, sacou um 38 e disparou duas vezes contra Silvestre, que se jogou no chão. Uma das balas acertou José Kairala. O senador João Agripino Filho se atirou sobre Silvestre Péricles e, valente, tentou arrancar-lhe o revólver. O alagoano apertou o gatilho e o cão do revólver esmagou a falangeta de Agripino, que mesmo assim conseguiu imobilizar o colega. Levado para o Hospital Distrital, Kairala foi atendido por um cardiologista que estava de passagem pela cidade, Adib Jatene. O senador do Acre morreu naquela noite. Seu filho não tivera tempo de tirar o retrato no Senado. Arnon e Silvestre Péricles foram presos, responderam inquérito e o Tribunal do Júri de Brasília os absolveu. Um ano depois de trocarem tiros, voltavam ao Senado. Cruzavam-se nos corredores, no plenário e no cafezinho. Só não se falavam.

No Colégio São José apenas o reitor, irmão Clemente, perguntou sobre a prisão do pai e tentou confortar Fernando Collor. Nenhum colega fez qualquer menção ao acontecido, mas ele tinha consciência de que sabiam do assassinato, tema de inúmeras reportagens. Collor percebeu que o pai mudara ao ser solto. Nunca mais seria o mesmo. Arnon, que primava por se "apresentar bem" no Rio, fora arrastado à brutalidade da terra de onde viera. Sua ascensão social estancou. Seria, até o fim de seus dias, um senador de província, acabrunhado, esquerdo. Collor viu na tristeza do pai mais um motivo para desgostar da política. Os outros motivos eram maternos. Ele não tolerava as amargas ladainhas de Leda Collor contra Getúlio Vargas, o "velhinho" sorridente com quem o menino Fernando, assim como o pai, simpatizava. Para Leda, Getúlio era o Mal, o ditador ardiloso que impusera dois exílios e inúmeros sofrimentos ao pai. Sofrimentos lembrados para mostrar, demonstrar, comprovar que ela, Leda, suportara o exílio paterno, e depois acompanhara o marido ao emporcalhado Palácio dos Martírios em benefício de um ideal maior, místico — a política. Não, Fernando Collor não seguiria a carreira paterna. Seria diplomata, arquiteto, qualquer coisa. Menos político.

* * *

Qual o pai, no entanto, Fernando Collor marchava naquele 15 de março de 1987 para tomar posse do governo alagoano. Entre o desembarque triunfal no aeroporto, dois meses antes, e a posse debaixo de chuva, Collor fez política, gerando notícias. Enquanto viajava, Cláudio Humberto e Sérgio Moreira, um peemedebista próximo do grupo paulista dos senadores Mário Covas e Fernando Henrique Cardoso, passaram a defender a implementação imediata das medidas radicais que o candidato propusera na campanha. O ponto nevrálgico, achavam, era domar os usineiros. Nas eleições de 1986, a maioria deles sustentou a candidatura de Guilherme Palmeira, o pefelista cuja família vivia do açúcar fazia três séculos. Limitar a influência dos usineiros era melhorar os índices sociais que acorrentavam Alagoas ao século XIX: 42% da população ativa desempregada, 40% ganhando até um salário mínimo, 65% de analfabetos, 70% sem acesso a saneamento básico, 98% sem água potável nas torneiras, 85% do alimento importado de outros estados, 125 de cada mil crianças morrendo antes de completar um ano. Nesse panorama, o fato de a folha de pagamento do funcionalismo consumir toda a receita do estado era um problema menor. Para José Barbosa de Oliveira, nomeado chefe do Gabinete Civil, as promessas de campanha deveriam continuar na condição de promessas: o governador deveria buscar uma acomodação com os usineiros, cujos negócios se enredavam na economia do estado a ponto de quase não se distinguirem dela, e sem os quais era inimaginável governar. Collor se alinhou com Cláudio Humberto e Sérgio Moreira, fazendo deste último o seu secretário do Planejamento. Com eles, elaborou a lista de 25 medidas que leu da sacada do Palácio dos Martírios.

É impressionante como ele está radicalizando, pensou Enio Lins, dirigente regional do Partido Comunista do Brasil, o PCdoB, a facção à esquerda na frente que elegeu Collor. Jornalista, cartunista, um dos criadores do bloco carnavalesco Meninos da Albânia (rebatizado para Meninos Órfãos da Albânia quando o PCdoB deixou de considerar Enver Hoxa o farol do socialismo), Enio Lins ficou intrigado com a passagem do discurso em que Collor dizia não ter compromissos com os usineiros. Proibir despesas com passagens e hospedagens de visitantes do estado, congelar o salário do governador e abrir mão da aposentadoria a que teria direito quando deixasse o cargo, como o governador prometia, eram medidas demagógicas e inócuas. Mas comprometer-se a cobrar as dívidas dos usineiros com o banco estadual, estimadas em 140 milhões de dólares, era afrontar um estado de coisas secular. Os usineiros tomavam emprestado de bancos oficiais e não pagavam. O calote não era um golpe usado só pelos barões da cana do Nordeste atrasado. Era o método dos usineiros de todo o país: em 1989, o setor açucareiro nacional, liderado por São Paulo, tinha dívidas da ordem de meio bilhão de dólares com bancos e entidades estatais.

Quanto ao funcionalismo, Collor determinou que todos os servidores afastados, quaisquer que fossem os motivos, deveriam se apresentar em suas repartições a partir do dia seguinte, 16 de março. Tornou obrigatório o comparecimento ao local de trabalho. Pressionou quem tivesse mais de um emprego no estado a optar por um só. Prometeu rever o pagamento de vantagens salariais indiretas. Como dos 70 mil funcionários públicos apenas 20 mil tinham ocupação definida, a obrigatoriedade de comparecimento à repartição pôs a administração pública de pernas para o ar. Foi um discurso de impacto, encerrado com ataques ao presidente da República, José Sarney. Na campanha, os candidatos governistas foram beneficiados pelo congelamento de preços e pela nova moeda, o cruzado, que mantiveram a inflação sob controle durante alguns meses. Em Alagoas, Sarney se disse neutro, mas por baixo do pano ficou com o candidato Guilherme Palmeira, e enviou ministros a Maceió para aparecerem ao lado dele na propaganda eleitoral e nos comícios. No dia seguinte à votação, o governo federal liberou o preço de vários produtos. O congelamento, seguido da liberação de preços, ficou conhecido como "estelionato eleitoral". À medida que os preços subiam, Sarney perdia pontos nas pesquisas de opinião. Não havia razão para que Collor afagasse o presidente.

Cláudio Humberto batizou as medidas de "pacote de moralização", distribuiu o discurso de posse aos repórteres locais e deu-se por satisfeito. Ao assistir ao noticiário noturno e ao ler os jornais de outros estados no dia seguinte, percebeu que errara. Dos governadores que tomaram posse, do jovem Tasso Jereissati, no Ceará, ao velho Miguel Arraes, em Pernambuco, nenhum fizera nada de destaque. Collor era a exceção, mas estava ausente da grande imprensa. Cláudio Humberto foi para o telefone e, sem conhecer ninguém, deu-se mal.

— Bom dia. Quem está falando é o Cláudio Humberto, assessor de Imprensa do governador Fernando Collor...

— Ah, sei, o governador de Sergipe — interrompeu um jornalista da *Folha de S.Paulo*.

Não só na *Folha*, mas em todos os grandes jornais, revistas e estações de televisão quase ninguém conhecia Fernando Collor. Menos de um mês depois, no entanto, Collor era personagem do *Globo Repórter*, estava na primeira página da edição de domingo do *Jornal do Brasil* e dava entrevista para as páginas amarelas de *Veja*. Foi atrás de jornalistas e os convenceu de que era notícia.

2. REDE GLOBO

Isso vale um *Globo Repórter*, pensou Alberico Souza Cruz, diretor de telejornais de rede da Globo. Ele recebera uma proposta do diretor do *Globo Repórter*, Jorge Pontual, para que se fizesse um programa a respeito de um dos maiores problemas dos governadores empossados: o da inoperância, do empreguismo e das distorções salariais do funcionalismo público. A situação era mais pitoresca em Alagoas, onde fora inventado um bom nome para os privilegiados, "marajás", e um jovem governador prometia lhes dar combate. Souza Cruz lembrava de ter sido apresentado a Fernando Collor quando ele era prefeito de Maceió. Cruzara também com ele no Congresso. Conhecia melhor o seu irmão caçula, Pedro, superintendente da afiliada da Globo em Alagoas. Com a ideia de produzir um programa sobre marajás, fez algo que os seus dois superiores hierárquicos na Central Globo de Jornalismo, o diretor Armando Nogueira e a editora executiva Alice-Maria Tavares Reiniger, jamais cogitariam: telefonou para Fernando Collor.

— Ah, é jornalista. Então vou passar o senhor para o secretário de Imprensa — disse-lhe uma telefonista do Palácio dos Martírios.

— Não, não precisa, não. Eu queria falar com o governador, e não com o secretário. Obrigado — respondeu Souza Cruz.

Mas um papel com o nome do jornalista acabou chegando à mesa do secretário de Imprensa do governador. Foi a vez de Cláudio Humberto Rosa e Silva teclar o telefone, indagando a colegas quem era e o que fazia o tal Alberico que telefonara ao chefe. Descobriu, e disse a Collor: "Governador, com esse aqui é o senhor quem tem que falar, e não eu: Alberico Souza Cruz. É o diretor do Jornalismo da Globo que cuida de política. O chefão é o Armando Nogueira, mas ele tem nojo de políticos. O Alberico é quem fala com os políticos. É ele também quem conversa com o Roberto Marinho sobre a cobertura política da Globo".

Cláudio Humberto estava certo. Não que Armando Nogueira tivesse nojo de políticos. A política apenas não era um assunto que o emocionasse. Gostava, isso sim, de futebol e aviação. Com catorze anos, Nogueira começou o curso de piloto no Acre, onde nascera, e teve de interrompê-lo por causa de um acidente: o avião em que estava bateu em outro. Mudou-se para o Rio, onde trabalhou como empacotador, cursou direito e procurou emprego no *Diário Carioca*.

— O que você sabe fazer em jornal? — perguntou-lhe Pompeu de Souza, o chefe da redação.

— Nada — respondeu Nogueira.

Ele foi alocado na seção de Esportes, depositária de quem não sabia nada de jornalismo. Assinou durante mais de dez anos uma crônica de futebol no *Jornal do Brasil*. Seu maior envolvimento com a política aconteceu por sorte. Numa noite de agosto de 1954, ao chegar em casa, viu um homem atirar em Carlos Lacerda. Correu para o telefone de um botequim e avisou o *Diário Carioca* que Lacerda sofrera um atentado na rua Toneleros, em Copacabana. Foi para a redação e escreveu um relato em primeira pessoa sobre o que vira. Convocado a depor no 2º Distrito Policial, no Galeão, entrava como testemunha e saía com notícias. Nogueira passou da imprensa escrita para a televisão valendo-se do futebol: dividia uma mesa-redonda na TV Rio no domingo, depois do jogo no Maracanã, com o jornalista João Saldanha e o dramaturgo Nelson Rodrigues. Quando trocou a TV Rio pela direção geral da Rede Globo, em 1966, Walter Clark o convidou para ser diretor de Jornalismo. Armando Nogueira ficou os 22 anos seguintes no cargo. Nessas décadas de Globo, vira de tudo, tudo se transformara, estava cansado de tudo. Não seria ele quem iria telefonar para um governador alagoano, por mais notícias que ele pudesse dar.

A Globo tornara-se miliardária e onipresente. Em 1988, a Central de Jornalismo contava com um orçamento de mais de 40 milhões de dólares. O seu carro-chefe, o *Jornal Nacional*, tinha um público cativo de mais de 60 milhões de pessoas e era o programa de maior audiência da televisão nacional. Aos sessenta anos, Armando Nogueira poderia estar tranquilo e satisfeito. Cobranças e pressões, no entanto, faziam parte de seu cotidiano. Nos primeiros anos, na década de 60, faltava tudo no Jornalismo da Globo: câmeras, dinheiro, técnicos. Mas havia aventura, invenção e profissionalismo. Quando entrou na emissora, Armando Nogueira respondia tão somente a Walter Clark. A cada quinze dias o patrão saía de *O Globo*, no centro, e dava uma passada pela emissora, no Jardim Botânico. Roberto Marinho nem sala tinha na TV Globo. Alojava-se improvisadamente na sala do diretor financeiro, o americano Joe Wallach. Graças a Wallach, os profissionais eram remunerados como executivos de grandes empresas americanas. Diretores do nível de Nogueira tinham direito a 0,4% dos lucros da emissora, fora o salário, o plano de saúde — que incluía tratamento odontológico dos familiares —, carro e passagens para o exterior.

Walter Clark de vez em quando se queixava que Nogueira reclamava demais (daí o seu apelido de Neném Dodói na emissora) e não tinha a vibração com notícias típica dos jornalistas. Mas desde que os militares não tirassem a Globo do ar em razão das notícias do *Jornal Nacional* e o programa continuasse com boa audiência, para Clark estava tudo bem no Jornalismo. Ele contava com dois assessores cuja função era amaciar censores e militares. E punha no ar um programa para, como escreveu, "afagar o regime" — *Amaral Neto, o Repórter*, que cantava as glórias do Brasil Grande. Com o tempo, desobrigou-se de acompanhar o Jornalismo. "Estou conversando com você porque não consegui achar o Walter", dizia Roberto Marinho a Nogueira toda vez que telefonava para discutir alguma notícia que deveria, ou não, ser levada ao ar. Com direito a 1% do faturamento e 2% do lucro da rede, Clark ficou multimilionário em menos de cinco anos. Entrou numa roda-viva de badalação e excessos. Em festas da empresa, os amigos arrastavam-no pela porta dos fundos para que o patrão não o visse trôpego, enrolando a língua. Mas Roberto Marinho sabia. Sabia até que a xícara de porcelana que Clark tomava no final da tarde não continha chá, e sim uísque. Esperava o melhor momento para degolá-lo.

Em maio de 1977 ele demitiu Walter Clark e redividiu o poder interno. Wallach continuou cuidando da administração. José Bonifácio de Oliveira Sobrinho, Boni, tornou-se o responsável pela operação da Globo. Roberto Marinho encarregou-se de supervisionar o Jornalismo. Passou a almoçar diariamente e a trabalhar à tarde na emissora, na sala com melhor vista do prédio: de frente para a lagoa Rodrigo de Freitas, as palmeiras-imperiais do Jardim Botânico, o mar de Ipanema ao fundo. Em 1983, o primogênito, Roberto Irineu, chegou à Rede Globo e seu pai lhe deu um cargo acima do de Boni. Em 1987, os outros filhos de Roberto Marinho também davam ordens no Jornalismo. A Globo percorrera um caminho inverso ao costumeiro: nascera com uma cúpula profissionalizada e virara uma empresa da família Marinho.

As mudanças avinagraram a vida de Armando Nogueira. Uma coisa era responder ao alegre e cada vez mais ausente Walter Clark. Outra, ter Roberto Marinho e Boni simultaneamente como chefes. O patrão passou a conversar todos os dias com o diretor de Jornalismo, ao telefone ou mano a mano. Seu estilo de comando era oblíquo. Sentava com Nogueira em sua sala e, na maior calma, lembrava a passagem do dirigível Zeppelin, histórias sobre Café Filho, casos de Getúlio Vargas, comentava fatos da semana, perguntava o que havia de importante, indagava sua opinião sobre tal político. As conversas deveriam ser tomadas como parábolas, para delas se tirar orientação para os fatos políticos da atualidade. A leitura atenta de *O Globo* ajudava o diretor na decifração do enfoque e das ênfases que o patrão queria ver no *Jornal Nacional*. Com Boni, a relação era uma montanha-russa. Apesar de amigo de Nogueira, Boni virava o cão da terceira hora ao botar o pé na Globo. "Está uma merda, faz de novo", era a frase que repetia dezenas de vezes, a propósito de tudo. E tudo era refeito uma, duas, três, quantas vezes fosse necessário até que achasse razoável. Boni reclamava de notícias secundárias que os concorrentes haviam dado e Nogueira não, de repórteres de dicção levemente pedregosa, de enquadramentos pouco canônicos, de gravatas chamativas, de iluminação por demais brilhante, de reportagens longas, de reportagens muito curtas. Era o pior tipo de chefe: o que tem razão em tudo e não deixa passar nada. Ainda por cima, era de explosões operísticas. Uma vez jogou um televisor em cima do diretor Walter Lacet, de quem era amigo e compadre.

A deterioração da ditadura tornara mais complexas as tarefas de Nogueira. Até 1976, quando o presidente Ernesto Geisel acabou com a censura à imprensa, era fácil identificar os agentes do Bem e os do Mal. Uns, os jornalistas, apuravam a verdade. Os outros, os militares, proibiam o povo de ver a realidade. Não que os militares tivessem posto censores dentro do Departamento de Jornalismo da Globo, ou de qualquer outra emissora. Havia bilhetes, com a proibição da veiculação de notícias, que a Censura enviava às redações. Sem censura, e com manifestações populares crescentes, jornalistas em postos de comando se viram obrigados a explicar suas decisões a colegas. Assim, se o *Jornal Nacional* noticiava um imenso congestionamento na Zona Sul carioca, mas ocultava que fora provocado por uma passeata de estudantes contra a ditadura, como certa vez aconteceu, não se podia mais dizer: "A Censura não deixou". Com a democratização avançando, e a luta pelo poder trazendo novas forças à arena política, as pressões se concentraram na sala de Nogueira. Foi o que ocorreu na greve dos metalúrgicos do ABC, em 1980. No jargão interno, "lapadinhas" eram as notas de meia dúzia de frases que o locutor lia. Na hierarquia das telenotícias, vinha depois a "nota pelada", um pouco mais longa mas sem imagem. A seguir, havia a "nota coberta" com imagens. No topo, aparecia a reportagem: com som, imagem e o repórter no cenário dos fatos, contando a notícia. Woile Guimarães, o diretor de Jornalismo em São Paulo, determinava que se fizesse todos os dias uma reportagem completa sobre a greve, mesmo constatando a cada dia que nem uma reles lapadinha ia ao ar no *Jornal Nacional*. Woile Guimarães não punha a reportagem na pauta porque simpatizasse com os metalúrgicos. Longe disso. Queria deixar claro para a sua equipe que considerava a greve uma notícia de primeira grandeza. A cada lapadinha que aparecia no *Jornal Nacional* sobre o movimento, a redação da Globo em São Paulo comemorava. Era uma vitória contra a cúpula do Jornalismo.

Não foi tranquila a entrada da Globo na era das eleições livres. Em 1982, na primeira escolha direta para governador em vinte anos, houve uma reunião na sala de Armando Nogueira para discutir a cobertura das apurações. Estavam presentes Woile Guimarães e os diretores regionais de Brasília, Antônio Drummond, e de Minas Gerais, Alberico Souza Cruz. Nogueira informou que fechara acordos com jornais estaduais, que passariam os números da apuração. No Rio, usaria os números totalizados pela Proconsult, empresa contratada pelo Tribunal Regional Eleitoral. "Isso não vai dar certo", disse Antônio Drummond. "Os jornais só precisam de um número da apuração, à noite, quando estiverem mandando a primeira página para a gráfica, e nós vamos precisar de todos os resultados parciais, para irmos colocando no ar o dia inteiro." Nogueira não se convenceu e manteve o planejado. Tornou a manter o previsto mesmo quando Souza Cruz contou que os técnicos da Proconsult com quem se reunira lhe causaram má impressão. Achara-os atrapalhados e desconfiara que pudessem estar escondendo algo. Fechadas as urnas, a Globo divulgou os números da Proconsult, segundo os quais o candidato do PDS, Partido Democrático Social, Wellington Moreira Franco, estava vencendo o do PDT, Partido Democrático Trabalhista, Leonel Brizola. Os resultados pareceram impossíveis ao especialista em pesquisas da Globo, Homero Icaza Sánchez, diretor da Divisão de Análise e Pesquisa. As enquetes que fizera durante a campanha mostravam que Brizola ganharia a eleição com facilidade. Com a autorização de Roberto Marinho, informara o candidato do PDT que ele seria o vencedor. Ao ver aqueles números na televisão, Sánchez suspeitou de fraude; telefonou a Brizola e sugeriu: "Bote a boca no mundo". O pedetista fez um escarcéu. Pegou a pesquisa de boca de urna do Instituto Brasileiro de Opinião Pública e Estatística, o IBOPE, os resultados parciais da Rádio Jornal do Brasil, e convocou uma entrevista coletiva com correspondentes estrangeiros. Nela, acusou a Proconsult de estar mancomunada com a Rede Globo para alterar a vontade popular.

João Saad, o dono da Rede Bandeirantes, e Manoel Francisco do Nascimento Brito, do *Jornal do Brasil*, ofereceram espaço para que Brizola denunciasse a manipulação. A cobertura da Globo, intitulada *Show das Eleições*, prosseguiu, impávida. O jornalismo global começou a se mexer quando uma caminhonete da emissora foi apedrejada e, apenas num dia, 3800 pessoas telefonaram à emissora para protestar — a média era de trezentos telefonemas diários, a maioria elogiosos. Por um intermediário, Nogueira ofereceu uma entrevista a Brizola no *Show das Eleições*. O candidato mandou dizer que só iria se a entrevista fosse ao vivo (para evitar cortes na edição), no Rio (para ficar junto do seu eleitorado), e durasse no mínimo quinze minutos.

"Pode fechar negócio", respondeu Roberto Irineu quando Armando Nogueira perguntou-lhe se devia aceitar as condições do pedetista. A entrevista durou mais de meia hora, e desde o primeiro instante Brizola insinuou que a Globo, seus donos e os responsáveis pelo jornalismo participavam de uma conspiração para roubar-lhe a eleição. Disse isso ao vivo, em horário nobre, na própria Globo. Nogueira, que estava no quartel-general do *Show das Eleições*, em São Paulo, viu-se obrigado a entrar no ar para se dizer ofendido e contestar Brizola. O governador eleito fez ironias e renovou as insinuações. Além de ter abalado a credibilidade do jornalismo da Globo, a eleição de 1982 teve consequências internas. Antônio Drummond, que criticara a cobertura quando ainda estava sendo organizada, demitiu-se. Saiu também Homero Icaza Sánchez. Apelidado de El Brujo, o panamenho havia aprofundado o uso de pesquisas de opinião para definir não só quais programas deveriam ser exibidos, mas os seus conteúdos. Sánchez traçara o perfil do telespectador típico da televisão em meados dos anos 70: mulher, casada, com pouco mais de trinta anos, tinha filhos pequenos, era religiosa, romântica e, o decisivo para os anunciantes, decidia tudo o que se comprava na casa, da marca do fogão à roupa do marido e à comida das crianças. Se a audiência era essa mulher-padrão, então tome novela, das seis da tarde às dez da noite. Os personagens das novelas tinham maior ou menor participação na trama, e até morriam, conforme as descobertas do Brujo em pesquisas qualitativas — aquelas em que um grupo de pessoas, representando os segmentos da audiência, discutiam um determinado programa.

Ensanduichado entre as novelas, às oito da noite, reinava o *Jornal Nacional*. O seu objetivo era atrair a audiência masculina, que nesse horário estaria chegando do trabalho, e manter as mulheres na frente da televisão até a próxima novela. O público-alvo era amplo e variado: homens e mulheres de todas as faixas sociais, de gaúchos a nordestinos, de adolescentes a aposentados, a maioria deles com baixa renda e parcos estudos. Esse público era a justificativa da direção da Central de Jornalismo para a superficialidade do *Jornal Nacional*, construído com frases telegráficas, vocabulário pobre, sem vontade de aprofundar ou dar nuances às notícias.

A saída de Sánchez provocou o fim da Divisão de Análise e Pesquisa, que em 1982 tivera uma verba de mais de 2 milhões de dólares e contava com vinte funcionários e quatro sucursais. Alocadas no Departamento de Mercadologia, as pesquisas continuaram a servir de bússola para Boni. Não foi preciso pesquisa, no entanto, para saber que em 1984 a Globo se chocou de frente com o interesse de seu público na cobertura da campanha pelas eleições diretas para presidente. Desde o final de 1983 as manifestações se sucediam. Quanto mais gente juntavam, maior o impacto da ausência delas no *Jornal Nacional*. O ministro Leitão de Abreu, da Casa Civil, convencera Roberto Marinho de que a campanha era nociva ao governo do presidente João Baptista Figueiredo e, portanto, ao bem-estar nacional. O melhor era ignorá-la. Assim foi feito, em prejuízo da credibilidade da rede. Seus repórteres e veículos foram hostilizados, enquanto os da Bandeirantes e da Manchete, que noticiavam a campanha, eram alvo de simpatia. Nos atos públicos e nas passeatas uma das palavras de ordem gritadas com mais entusiasmo era: "O povo não é bobo, abaixo a Rede Globo!". A mesa de Roberto Marinho foi coberta por telex, telegramas e cartas de protesto contra as distorções no noticiário. Algumas delas assinadas por anunciantes e donos de agências de propaganda. "Se a Globo continuar ignorando as diretas, corre o risco de perder verbas publicitárias", avisou o diretor de Comercialização, Dionísio Poli, a Roberto Marinho — que relutava em deixar focalizar o povo nas ruas. Até porque o político com quem mais se identificava, de quem era amigo fazia 25 anos, o ex-governador baiano Antônio Carlos Magalhães, também era contra a eleição direta.

    Dentro da rede, de contínuos aos vice-presidentes Roberto Irineu e João Roberto Marinho, todos vieram a perceber que a Globo estava na contramão da vontade popular. O executivo mais alarmado era Boni. Sua percepção dos humores do público e seu instinto de sobrevivência lhe diziam que a Globo corria um perigo profundo. A rede poderia perder sua supremacia acachapante sobre as concorrentes caso as posições se cristalizassem daquela maneira: o povo de um lado, pela democracia; a Globo de outro, pelo autoritarismo. Boni batalhou para que Roberto Marinho permitisse a cobertura dos comícios. Fosse da maneira mais discreta possível, fosse do jeito que fosse, a campanha das diretas tinha de aparecer na Globo. Em 25 de janeiro de 1984, o patrão estava irredutível. Para aquele dia, aniversário de fundação da cidade de São Paulo, fora marcado um ato público na praça da Sé. Centenas de milhares de pessoas compareceram. No palanque se encontrava desde o presidente do PT, o Partido dos Trabalhadores, Luis Inácio Lula da Silva, até Tancredo Neves, do Partido do Movimento Democrático Brasileiro, o PMDB, passando por cantoras, compositores, atores e atrizes de novelas da Globo. O próprio apresentador da manifestação, o locutor de futebol Osmar Santos, era um astro da Rádio Globo. Com a Bandeirantes e a Manchete dando flashes ao vivo e dedicando a maior parte de seus noticiários à manifestação na Sé, Boni imaginou uma maneira de mencioná-la, ao mesmo tempo que cumpria a ordem de não noticiá-la. Numa reunião em sua sala com Armando Nogueira, determinou que uma repórter falasse da praça da Sé, em menos de vinte segundos, que ali estava sendo comemorado com um show o aniversário de São Paulo. Não deu certo: além de omitir, a Globo passou a ser acusada de distorcer a verdade.*

Só dois meses depois a Globo pôde se recuperar do desastre na Sé, quando Roberto Marinho concordou em noticiar o comício da Candelária, no Rio. Com a cidade parada, a expectativa do comparecimento de 1 milhão de pessoas e a previsão de se cantar o *Hino nacional* no horário do *JN*, uma parte da manifestação teria de ser exibida ao vivo. Boni defendia que o comício não destruísse a grade da programação, atrasando em demasia os horários. O que importava, em termos jornalísticos, era mostrar a dimensão colossal do ato na Candelária, e não transmitir todos os discursos. Mexer na programação, sobretudo no horário das novelas, era desagradar parte considerável da audiência, argumentava. Armando Nogueira dizia que enquanto houvesse notícias no comício, a Globo deveria transmiti-lo. A preocupação de Roberto Irineu Marinho era impedir a veiculação de algum discurso que pudesse ser considerado uma provocação. Queria evitar ataques às Forças Armadas e incitações a saques e depredações. O poder de corte e edição, de decidir o que mostrar ao público, não ficou com os profissionais. Ficou com Roberto Irineu Marinho. Monitores foram acomodados na sua sala, e se fez uma ligação direta entre ela e a mesa de edição, na Central de Jornalismo. A convite de Roberto Irineu, a diretora italiana de cinema Lina Wertmüller assistiu à movimentação na sua sala. A cineasta pôde perceber que as discussões sobre televisão, política e jornalismo não eram acadêmicas: pouco depois das oito horas da noite, um helicóptero militar postou-se na altura da janela da sala de Roberto Irineu. Piloto e copiloto encaravam o alto escalão da Globo, com o propósito de intimidá-lo. Roberto Irineu abriu a janela e lhes deu uma banana. Passados alguns momentos, os militares foram embora.

As semanas de nervosismo, combinadas com os meses de tédio e repetição mecânica, transformaram-se em anos de desgaste para Armando Nogueira. Ele tentou se defender das fricções montando uma estrutura na Central de Jornalismo capaz de amortecer as disputas e pressões. Consolidou no cargo logo abaixo do seu, o de editora executiva, Alice-Maria Tavares Reiniger, uma professora tímida que entrara no Jornalismo da Globo em 1966, com 21 anos. Formada em história e português, ela escrevia rápido e conseguia pôr em prática as concepções e pautas de Nogueira. Nunca buscou notícias, jamais teve uma fonte e não

---

* Em setembro de 2003, o jornalista Ali Kamel descobriu no Centro de Documentação da Globo a gravação do *Jornal Nacional* do dia do comício pelas diretas na Sé. Ela mostra que o telejornal não deu entre as suas manchetes a manifestação antiditatorial que levou mais de 200 mil pessoas à praça. Mas a gravação prova que o *JN* não omitiu o comício, como afirmei. Feita por Ernesto Paglia, uma reportagem sobre o aniversário de São Paulo tem pouco mais de um minuto de duração, e nela o tema das diretas ocupa cerca de trinta segundos. Ela registra uma curta declaração de D. Paulo Evaristo Arns, cita o nome de dez artistas e de dois políticos (a ministra da Educação, Ester Figueiredo Ferraz, e o governador Franco Montoro), e mostra a imagem de vários outros, inclusive Lula.

gostava de sair da redação. O talento de Alice-Maria era a sua sensibilidade para a aparência, para a forma do jornalismo televisivo. Sabia quais roupas funcionavam no vídeo, quais repórteres agradariam ao público, onde deveria ficar tal luz no estúdio, em qual ordem as notícias deveriam se suceder num telejornal. Era a profissional sob medida para se entender com Boni. Com frequência cada vez maior Nogueira enviava Alice-Maria para substituí-lo nas penosas reuniões de segunda-feira, quando Boni juntava os diretores da rede, dizia, com franqueza ácida, o que pensava do trabalho de cada um deles e lhes determinava as tarefas da semana. Abaixo dela, num mesmo patamar hierárquico, Nogueira colocou o diretor de telejornais de rede, Alberico Souza Cruz, e o de telejornais comunitários, Woile Guimarães, que cuidava de abastecer a rede de notícias. Tê-lo no cargo era garantia de que onde houvesse notícia, lá estaria uma equipe da Globo. Já Souza Cruz falava bem com governadores, deputados e prefeitos. Mineiro, bom de conversa, ele recebia a todos, não criava atritos e resolvia problemas. Tinha aquilo que faltava ao chefe: o gosto pela política, por seus personagens, pelas rasteiras que davam uns nos outros. Nogueira o encarregou de discutir algumas matérias políticas com Roberto Marinho. Souza Cruz e o patrão se deram bem, para alegria de Armando Nogueira, que foi paulatinamente delegando a cobertura política ao diretor de telejornais da rede. Com a estrutura assim montada, Armando Nogueira ensaiou uma vida mais amena. Descasado e morando sozinho, dedicou-se ao tênis, aos voos de ultraleve, à ioga, à bicicleta ergométrica, à sua adega com mais de 250 garrafas de vinhos e champanhes. Mas continuava insatisfeito.

Souza Cruz aprendeu com rapidez a interpretar o que Roberto Marinho queria ver no ar em matéria de política. Só uma vez errou. Com a escolha de Paulo Maluf como candidato do PDS, Antônio Carlos Magalhães passou a apoiar Tancredo Neves, do PMDB, na eleição indireta para presidente. Em razão desse apoio, em setembro de 1984 foi chamado de traidor pelo brigadeiro Délio Jardim de Matos, ministro da Aeronáutica. "Traidor é ele, que apoia um corrupto", devolveu Antônio Carlos, acrescentando que Maluf era uma "calamidade" e um "malfeitor". Antônio Carlos ligou para Souza Cruz.

— Alberico, você vai dar o meu discurso na íntegra? — perguntou o ex-governador.

— Vou dar os trechos mais fortes com destaque, ministro — respondeu o jornalista.

— Está bem.

Não passaram dez minutos, Roberto Marinho ligou pelo telefone interno e deu a ordem, dessa vez sem rodeios: "Alberico, vamos dar na íntegra o que o Antônio Carlos disse sobre o ministro da Aeronáutica".

Em março de 1987, a afinação de Souza Cruz com o modo de pensar, agir e reagir de Roberto Marinho era total. Como Collor tinha jeito de que poderia crescer, o jornalista considerou que era sua obrigação profissional conhecê-lo e depois dizer ao patrão o que achara dele. Por isso telefonara para Maceió.

Cláudio Humberto estava certo em recomendar a Fernando Collor que falasse direto com aquele Alberico Souza Cruz. O governador o localizou no restaurante de executivos da Globo. Collor explicou o que estava fazendo para golpear o marajanato alagoano. Contou que a TV Gazeta tinha imagens impressionantes das filas de funcionários nas repartições, dos congestionamentos provocados pelos servidores, que, por determinação do novo governador, deviam comparecer ao local de trabalho. Se houvesse interesse, seria possível descobrir quantos parentes do ex-governador Divaldo Suruagy estavam empregados na administração pública, ofereceu Collor. Sim, claro que interessava. "Vamos fazer um *Globo Repórter* sobre esse tema, governador", disse-lhe Souza Cruz. "O senhor vai ser procurado."

O programa foi levado ao ar duas semanas depois da posse de Collor, na noite de quinta-feira, 2 de abril. Durou uma hora, fora os intervalos comerciais. O apresentador Sérgio Chapelin simulou estar um pouco exaltado, como para espelhar o presumível repúdio dos espectadores aos marajás. O comentarista Joelmir Betting usou estatísticas apocalípticas para dar a dimensão econômica do problema. O cartunista Nani amenizou o programa com piadas gráficas. A terceira das seis reportagens, apurada e apresentada pelo repórter Francisco José, foi sobre Alagoas. Mostraram-se as filas de funcionários para bater o ponto. Uma sala com sete telefonistas para atender um telefone. Trinta e seis assistentes administrativas numa sala onde só cabiam quatro. Dezenas de caminhonetes trazendo pessoas vindas do interior para bater o ponto em Maceió. Provocado pelo repórter, um dos funcionários interioranos disse, deitado num colchonete no porta-malas de uma Kombi: "Enquanto não tiver que trabalhar, está bom". Sentado à cabeceira de uma comprida mesa no Palácio dos Martírios, Collor contou a Francisco José que havia famílias em Alagoas que recebiam do estado "mais que o orçamento de muitos municípios brasileiros". Dito e feito: o repórter mostrou que na folha de pagamento do estado havia dezenas de funcionários com o sobrenome Suruagy. Somados os salários, a família Suruagy recebia por mês o equivalente a seiscentos salários mínimos. Foi hora de o ex-governador se explicar: "Devo ter empregado uns primos".

Por que o serviço público brasileiro comporta essas aberrações? O *Globo Repórter* ensaiou duas teorias. Primeira: o empreguismo vem de longe, e Sérgio Chapelin leu um trecho da carta em que Pero Vaz de Caminha, depois de relatar que a frota de Pedro Álvares Cabral descobriu terras, pedia um emprego ao rei de Portugal, d. Manuel, o Venturoso. Segunda: o presente é pior que o passado, e a cientista política Lúcia Hipólito disse que sempre houve nepotismo e troca de votos por nomeações no serviço público, mas que no Brasil dos anos 80 "a situação fugiu ao controle". O programa não investigou a existência de marajás no plano federal. Joelmir Betting encerrou a parte séria do programa com uma formulação abstrata: "O marajaísmo é um desvio moral do sistema".

Collor não teve privilégios no *Globo Repórter*. Da hora de duração do programa, menos de dez minutos foram dedicados a Alagoas. As imagens e frases de Collor não chegavam a um minuto. Não teve mais tempo que Maria Luisa Fontenelle, a prefeita petista de Fortaleza. Não foi o único governador a atacar os marajás: o de Rondônia também fez denúncias. O que mais chamava a atenção no programa era a ausência de marajás. Os funcionários apontados como privilegiados eram, pelas roupas puídas e modos desengonçados, pela candura com que olhavam para a câmera, pobres que não tinham onde cair mortos. A indignação de Sérgio Chapelin soava falsa porque era dirigida contra pessoas humildes, que despertavam compaixão, e não revolta.

A superficialidade do *Globo Repórter* dos marajás era produto de uma história. Segundo o cineasta Eduardo Coutinho, que fez parte da sua equipe a partir de 1975, o desenvolvimento tecnológico facilitou a centralização política e a padronização estética do *Globo Repórter*. Ele nasceu com o nome de *Globo Shell Especial*. Embora escancarasse o patrocínio estrangeiro, seu objetivo era apresentar documentários sobre a realidade nacional. Ele mudou de nome, mas continuou a ser feito em película, por cineastas como Jorge Bodansky e Eduardo Escorel, que trabalhavam numa casa a cem metros do Departamento de Jornalismo da Globo. A distância e o fato de não serem jornalistas, além de alguns deles não terem vínculo empregatício com a rede, dificultavam a fiscalização das chefias. O controle precário possibilitava a experimentação: Eduardo Coutinho colocou no *Globo Repórter* uma vítima da seca falando durante três minutos seguidos, sem corte; ela contou que se alimentara de raízes para não morrer de fome e mostrou raízes como as que comera. Em 1982, o programa passou a ser feito em videoteipe, como todo o jornalismo da Globo, e a sua equipe foi transferida para a sede da rede. Agora, os chefes podiam ir à ilha de edição, pegar uma fita com trechos de uma reportagem, assistir a ela num videocassete e alterá-la do começo ao fim. Houve guerras e crises internas, mas quando o episódio dos marajás foi ao ar o *Globo Repórter* era outro: deixara de produzir documentários. Tornara-se mais um produto da fórmula do telejornalismo da Globo. Nela, as entrevistas tinham que ser sumárias, as explicações precisavam ser dadas por autoridades e era obrigatório entrevistar os governantes.

Collor gostou do *Globo Repórter*. Aparecera como um político sério para milhões de pessoas. Cláudio Humberto tinha razão: era preciso se aproximar daquele Alberico. E de Roberto Marinho, óbvio. Collor foi ao Rio e ligou na hora do almoço a um e outro, pedindo para passar na Globo à tarde: queria agradecer como o *Globo Repórter* mostrara sua luta contra os marajás. Souza Cruz disse que não havia problema, que fosse lá tomar um café. Roberto Marinho mandou dizer que, infelizmente, tinha compromissos. O dono da Globo tinha por regra receber todos os políticos, desde que marcassem hora com pelo menos um dia de antecedência. Souza Cruz achou Collor inteligente. Percebeu que queria voar mais alto. Contou a Armando Nogueira que o governador estivera lá e como fora a conversa. Nogueira o encaminhou ao patrão. Roberto Marinho escutou sem interrompê-lo. Fez um único comentário: "Não gosto muito da família dele". Não disse a Souza Cruz, mas tinha dúvidas quanto ao modo como Arnon de Mello se comportara na época em que foram sócios. E alimentava suspeitas sobre o desempenho de Leopoldo Collor de Mello quando ele fora diretor regional da Rede Globo em São Paulo.

3. JORNAL DO BRASIL

Fernando Collor conhecia o chefe da sucursal paulista do *Jornal do Brasil*, Augusto Nunes. Em 1982, Nunes, então redator-chefe de *Veja*, planejara a cobertura das campanhas para governador e quis acompanhar a disputa. Viajou alguns dias pelos grotões de Alagoas com Divaldo Suruagy, o ex-governador indireto que tentava voltar ao poder pelo voto. Na caravana ia o prefeito nomeado de Maceió, Fernando Collor, buscando uma vaga na Câmara Federal. O jornalista simpatizou com Suruagy, o filho de um sargento da Polícia Militar que abrira caminho na política. "Cuidado que você está criando a cobra que vai te picar", disse a Suruagy depois de alguns dias de convivência, colocando Collor no papel da serpente.

Cinco anos depois, Nunes se transferira de *Veja* para o *Jornal do Brasil* e Collor o considerava presunçoso, paulista. Não queria ter o dissabor de se oferecer ao jornalista como tema de uma reportagem e ser rechaçado. Pediu a seu irmão Leopoldo que sondasse Nunes. Leopoldo Collor morava em São Paulo, trabalhava na Saldiva & Associados e fora apresentado ao jornalista por Rose Saldiva, dona da agência de propaganda. "O Fernando está revolucionando Alagoas", disse Leopoldo ao chefe da sucursal do *JB*. Contou o que o irmão estava fazendo no governo e sugeriu que o entrevistasse. O jornalista gostou da ideia, discutiu-a com o diretor de redação, Marcos Sá Corrêa, e acertaram publicar a matéria num domingo. A entrevista foi marcada para a manhã do sábado, 4 de abril de 1987, na casa de Leopoldo. Nunes chamou o segundo na hierarquia da sucursal, Ricardo Setti, para participar. Collor viajou a São Paulo só para falar ao *Jornal do Brasil*. Setti tinha um fiapo de recordação de Collor. Criado em Brasília, lembrava de um colega de escola de seu irmão caçula que lutava caratê e ia a festas para provocar arruaças. Ficou bem impressionado com o entrevistado. Não apenas porque Collor o reconheceu dos tempos de Brasília. Achou-o articulado, com soluções criativas para governar, como a ideia de trocar as dívidas dos usineiros com o Banco do Estado de Alagoas por terras produtivas, a serem usadas no assentamento de "100 mil camponeses". Só não gostou das despedidas. Menos de duas horas depois de serem apresentados, Collor chamou Setti de "meu amigo". Com manchete na primeira página, a reportagem foi publicada na manhã seguinte, domingo, três dias depois da exibição do *Globo Repórter* dos marajás. Na abertura da matéria está condensada a imagem que Collor teria na grande imprensa nos dois anos seguintes:

> Como impetuoso lutador faixa-preta de caratê que é, ele investe com golpes fulminantes e certeiros contra vários adversários ao mesmo tempo. Só a devassa que determinou contra os inacreditáveis marajás do funcionalismo público local já seria suficiente para catapultá-lo ao primeiro plano da política nacional, como de fato aconteceu. Mas isso é pouco para o mais jovem governador de Estado do Brasil. Imprimindo velocidade de furacão a uma gestão que mal chegou a três semanas,

ele mandou reabrir os primeiros e empoeirados inquéritos sobre os 800 assassinatos impunes cometidos pelo chamado "sindicato do crime", partiu para o saneamento das falidas finanças do estado, desafia o poder dos usineiros do açúcar que dominam 70% da economia alagoana e, de quebra, tem pronto para detonar um plano de reforma agrária que pode servir de modelo para o país.

A reportagem também resumiu as críticas que o acompanhariam pelo mesmo período (e contrapôs as explicações de Collor): ter sido indicado prefeito pelo partido da ditadura ("foi um acordo político legítimo"), ter convivido harmoniosamente com os políticos que veio a combater ("não tinha meios de enfrentá-los"), ter nomeado mais de 5 mil funcionários para a Prefeitura de Maceió às vésperas de sair do cargo ("só percebi que ocorrera uma falsificação grosseira depois do fato consumado"), ter votado em Paulo Maluf para presidente na eleição indireta de 1984 ("votei por uma questão de lealdade, sou um homem de palavra"). Nunes e Setti elaboraram uma justificativa para o passado reacionário e clientelista do governador, comparando-o ao rei da Espanha: "Da mesma forma que o príncipe Juan Carlos soube esperar sua vez travestido de dócil discípulo do generalíssimo Francisco Franco, Fernando Collor só agora se mostrou por inteiro aos conservadores que o apoiaram no começo da carreira".

Collor ficou satisfeito com a reportagem. Passou a telefonar espaçadamente para Setti e Nunes. Não agia como o político de quem os jornalistas gostam: aquele que conta fofocas, deslizes dos adversários, passa notícias. Ou o que troca ideias sobre a conjuntura política, maneira simpática de ser lembrado e, se calhar de ter uma boa análise ou frase, aparecer no noticiário. A Nunes, Collor enviava lagostins alagoanos e gravatas francesas, da marca Hermès. A Setti, mandou quase meio metro de telex detalhando o que estava fazendo contra os marajás alagoanos quando o jornalista escreveu uma coluna sobre superfuncionários paulistas. Na semana da publicação da matéria, Nunes e Setti avaliaram ter feito um bom trabalho: focalizaram um personagem novo, um político diferente do habitual, e o apresentaram aos leitores. Mais tarde, concluíram que a reportagem poderia ter sido melhor. Não porque o perfil refletisse simpatia pelo governador. E sim porque, numa matéria sobre alguém, só ouviram esse alguém e mais ninguém. Não entrevistaram amigos, assessores, adversários ou parentes do governador. Quanto a Collor, passou a gostar ainda mais do *JB*, jornal que conhecera na infância, no qual trabalhara na juventude e que, adulto, lia todos os dias.

* * *

Na infância, quando passava as férias no sítio da família, na serra fluminense, Collor ia com o pai comprar o *Jornal do Brasil* no centro de Petrópolis. Era o final dos anos 50, fase de inovações no jornal. Novidades que pipocavam em vários órgãos da imprensa carioca desde o início da década e o *JB* incorporou. Caso do *Diário Carioca*, que mudou o modo de apresentar as notícias, informando logo na abertura destas, no lead, o que acontecera, quando, por quem foram protagonizadas, onde e por qual motivo. Da *Última Hora*, tentativa de Samuel Wainer de fazer um vespertino popular que não se baseasse no sensacionalismo policial. Da *Manchete*, revista semanal ilustrada do imigrante russo Adolpho Bloch que aos poucos abalou *O Cruzeiro*. Da *Visão*, quinzenal lançada por um grupo americano que seguia o modelo de *Time*. Enquanto a imprensa carioca se agitava, o *JB* marcava passo. A última novidade do jornal, fundado em 1891 por um grupo de monarquistas, datava do início do século. Imitando o *Times* de Londres, o *JB* começou a publicar pequenos classificados na primeira página em 1906. E não parou mais. Durante cinquenta anos não houve notícias na primeira página. O usineiro pernambucano Ernesto Pereira Carneiro, dono do jornal a partir de 1918, era dono de companhias de aviação e navegação, de uma fábrica de tecidos e de uma emissora de rádio. Exerceu dois mandatos de deputado, defendendo o ensino religioso. Em retribuição ao tanto que fez pela Igreja, o papa Bento XV lhe deu o título de conde. Pereira Carneiro manteve o *JB* como um jornal essencialmente de classificados até sua morte, em 1952.

O jornal mudou graças à confluência do temperamento inquieto da condessa Maurina Dunshee de Abranches Pereira Carneiro com o pendor empresarial de seu genro, Manoel Francisco do Nascimento Brito. Maranhense, a condessa era amiga de escritores, jornalistas e padres. Quando o conde morreu, ela vendeu fábricas, usinas e estaleiros, e concentrou os investimentos no jornal. Viajou pela Europa e pelos Estados Unidos, visitando jornais e pesquisando que direção poderia dar ao seu. (Ia ao exterior com pompa: uma ocasião, roubaram-lhe 50 mil dólares em espécie num hotel parisiense.) Discutiu várias vezes o que fazer do *JB* com o genro, um carioca com jeito de lorde inglês, inclusive na graça com que contava casos, intercalando risadas contagiantes e grossuras horrendas. Tez branco-rosada de bebê, olhos azuis maliciosos, forte e alto, Nascimento Brito, o Maneco dos amigos, se formou em direito e foi advogado do Banco do Brasil. Piloto da FAB, treinou aviação nos Estados Unidos durante a Segunda Guerra Mundial. Jogou basquete, futebol e golfe, lutou jiu-jítsu e pescou em alto-mar. Ao ganhar uma causa judicial para Pereira Carneiro, seu futuro se definiu. Aceitou um convite do conde para dirigir a Rádio Jornal do Brasil, cuja administração saneou e cuja programação montou com base em música erudita e noticiário. Em seguida, casou-se com Leda, filha do primeiro casamento da condessa. Em 1953, Nascimento Brito fez um curso de jornalismo na Universidade Columbia, em Nova York. Um curso puxado, de seis meses. As aulas começavam às oito da manhã, até mesmo aos sábados, e diariamente os alunos, todos latino-americanos, tinham de apresentar trabalhos ou responder provas. Quem fosse mal ou faltasse, era reprovado. Brito foi aprovado e voltou ao Rio querendo pôr em prática o que aprendera.

Havia muito a fazer. Na verdade, o fundamental: colocar notícias na primeira página. A condessa e Nascimento Brito hesitavam em tirar os classificados. Ela temia que o jornal perdesse os leitores habituais, interessados em comprar, alugar e vender, e não encontrasse um público novo. Nascimento Brito receava perder dinheiro, pois a receita do *Jornal do Brasil* vinha toda dos classificados. Vendo que a primeira página era terreno minado, o artista gráfico e escultor Amílcar de Castro, encarregado da remodelação visual, iniciou as alterações pela página de editoriais. Preocupada, Maurina viajou para Londres a fim de conversar com diretores do *The Times*, que anos antes havia tirado os classificados da primeira página. Os ingleses a incentivaram a efetivar a mudança. Amílcar de Castro manteve os classificados na coluna da extrema esquerda e no rodapé, formando um L, e os anúncios publicados nesse espaço — ideia de Brito — ficaram bem mais caros que os das páginas internas. Ainda na noite da véspera de a nova primeira página ir às bancas Brito e Maurina estavam temerosos. Achavam que ia dar tudo errado.

Mas os anunciantes e leitores gostaram da alteração e a reforma seguiu em frente. Aos poucos, Maurina deu mais poder a Nascimento Brito, que o utilizou para se livrar de Odylo Costa, filho, que a condessa havia contratado para chefiar a redação. Brito tinha pressa. Pressa que se confundiu com afoiteza: o jornal teve seis editores-chefes em sete anos. Um punhado de jovens mudou o jornal de vez. Jânio de Freitas renovou as páginas de esportes, tirando os fios que separavam as colunas e usando as fotos com criatividade. Reinaldo Jardim criou o *Suplemento Dominical*, de grande influência nos meios intelectuais. Nele, o poeta Mario Faustino fez a página Poesia Experiência, que enfrentou acadêmicos e beletristas. Jardim editou também o *Caderno B*, que começou publicando matérias leves e fotos curiosas que sobravam de edições anteriores e só depois se dedicou com exclusividade à área cultural. Foi nessa primeira fase que saiu no *Caderno B* a foto do presidente Jânio Quadros trançando as pernas, em agosto de 1961, dias depois de ter sido batida por Erno Schneider. Ao nomear Alberto Dines editor-chefe em 1962, cargo que exerceria por doze anos, Nascimento Brito queria que ele reformulasse o jornal novamente, e rápido. O *Jornal do Brasil*, raciocinava Brito, ganhara prestígio, mantivera o mercado de classificados, mas a vendagem não aumentara de maneira significativa. Era preciso fazer algo, logo. Dines concordava com a necessidade de descobrir um caminho para o jornal. Mas como não tinha certeza de que caminho era esse, e gostava do que o *Jornal do Brasil* vinha fazendo, defendia que as alterações deveriam ser lentas.

Sem ter completado trinta anos, o carioca Alberto Dines tivera uma rica experiência profissional. Abandonara a escola aos catorze anos para militar no Movimento Socialista Sionista, ligado ao Partido dos Trabalhadores do Sion, na Palestina. Morou quase um ano num kibutz em Jundiaí, no interior de São Paulo, trabalhando como tratorista. Escreveu roteiros de filmes, dirigiu documentários e chegou à imprensa como crítico de cinema de *A Cena Muda*. Foi repórter cultural em *Visão*, editor em *Manchete*, e a convite de Samuel Wainer teve a sua primeira experiência em jornal, a de diretor da edição matutina da *Última Hora*. Estreou mal: colocou na primeira página uma foto enorme de um navio da Marinha que fazia exercícios de guerra na baía de Guanabara. Wainer passou à meia-noite pelo jornal e topou com o imenso navio paginado pelo novo diretor.

"Escuta, isto é jornal, não é revista", disse a Dines. O jornalista foi em seguida para o *Diário da Noite* de Chateaubriand, que vendera 200 mil exemplares por dia nos tempos de Arnon e caíra para 8 mil. Estava melhorando o jornal até o dia em que um grupo de anarquistas e trotskistas sequestrou no meio do Atlântico o navio *Santa Maria*, de bandeira lusitana, para protestar contra a ditadura de Antônio Salazar. Partindo do Recife, um repórter conseguiu chegar ao navio e entrevistar os sequestradores. Dines deu manchete na primeira página. No segundo dia, repetiu a dose. No terceiro, Chateaubriand mandou demiti-lo. Adolpho Bloch o contratou para dirigir *Fatos & Fotos*, uma revista que fora criada em Brasília para cobrir a posse de Jânio Quadros. Aí ficou até ser chamado por Nascimento Brito. No final de 1964, Dines fez um curso de três meses no World Press Institute, na Universidade Columbia, e estagiou em alguns jornais. Consolidou-se, na sua volta, o destino do *Jornal do Brasil*: ser um jornal de prestígio, noticioso, lucrativo e independente. Novamente, houve a confluência do senso empresarial de Nascimento Brito, da vontade da condessa Pereira Carneiro de ter um jornal que fosse lido e respeitado pela elite, com, o dado novo, a existência de uma redação, dirigida por Dines, capaz de concretizar esse projeto. Dines organizou as editorias: a de fotografia, a de esportes, a de cidades, a de economia e a de política, e deu a todas elas o mesmo status, inclusive salarial. Marcou a reunião de pauta pela manhã, para estabelecer a cobertura do dia. Algumas das mudanças surgiram das conversas de Dines com Brito, como a contratação de três profissionais que se tornaram marcas registradas do jornal: Zózimo Barroso do Amaral, o colunista social, Carlos Castello Branco, o político, e Armando Nogueira, o de esportes.

Ao longo da década de 60, o *JB* disputou leitores com o *Correio da Manhã*, o jornal dos analistas, dos colunistas e dos críticos. O prestígio do jornal vinha de seus articulistas, cujo altar ficava na página 6, onde eram alojados os editoriais e o artigo de fundo, situado num retângulo no alto da página. Nesse espaço se revezavam Paulo Francis, Hermano Alves, Márcio Moreira Alves, Otto Maria Carpeaux. Entre 1964 e 1968 o *Correio* viveu a sua melhor fase: de denúncia do arbítrio e defesa das liberdades públicas. O *Jornal do Brasil* investiu em áreas que não interessavam ao *Correio*: as reportagens, que os copidesques reescreviam com objetividade e precisão. A melhor fase do *Correio* foi também o seu canto do cisne. Com o AI-5, a ditadura acabou com o jornal: Niomar Moniz Sodré, a sua dona, ficou presa durante 72 dias, seus direitos políticos foram cassados por dez anos. Em setembro de 1969 ela se afastou do jornal, que deixou de circular em 1974.

Nenhuma mudança do *Jornal do Brasil* teve tanta influência quanto a maneira como cobriu e fomentou o movimento cultural. Sem o *JB*, nem a poesia concreta nem o Cinema Novo teriam o impacto que tiveram. A grande admiradora da poesia concreta criada por Décio Pignatari e os irmãos Augusto e Haroldo de Campos era a condessa, que lhe deu espaço. E quem pôs fim ao movimento dos poetas na imprensa foi Nascimento Brito. Quando o preço do papel de jornal subiu, ele mandou parar de publicar aqueles poemas de ralas palavras e enormes espaços em branco em volta. O Cinema Novo teve a sorte de surgir quando o *JB* era dirigido por um cinéfilo, Dines; nessa época, o jornal chegou a ter dez críticos na redação, fora os diretores do Cinema Novo, que com frequência escreviam artigos no *Caderno B*.

O *Jornal do Brasil* e *O Estado de S. Paulo* eram os jornais de maior prestígio no Congresso no final dos anos 60. E Arnon de Mello tinha relações em ambos. No *Estadão*, dava-se bem com o chefe da sucursal em Brasília, Evandro Carlos de Andrade. No *JB*, era amigo de Nascimento Brito. Maneco gostava do senador, apesar de nas conversas com seus amigos do Jockey Club referir-se ao alagoano, entre risos, como "o jagunço". Ele atendera um pequeno pedido de Arnon, arrumando um estágio no jornal para o seu filho Leopoldo.

Cursando economia na Universidade de Brasília, a UnB, Fernando Collor lia o *Jornal do Brasil*. Embora o tivessem detido duas vezes, acompanhara mais pelo jornal do que diretamente a radicalização política. A primeira detenção ocorreu quando Collor estudava no Centro Integrado de Ensino Médio, a escola vocacional que funcionava no âmbito da UnB. Os estudantes ocuparam a biblioteca da Universidade para protestar contra a presença no campus do embaixador americano, que fora fazer uma doação de livros, e a polícia os tirou dali a cacetadas. Quando o detiveram pela segunda vez foi apavorante. Num protesto em frente à Casa Thomas Jefferson, organização cultural vinculada à embaixada americana, dispersado com bombas de gás lacrimogêneo, Collor foi jogado num camburão com cerca de outros vinte secundaristas e despejado num quartel. Lá, os despiram e revistaram. Um grupo de estudantes foi posto de novo num camburão e levado para longe da cidade. Já era noite quando os desembarcaram no meio do nada, no cerrado, e um tenente da Polícia Militar gritou que iam morrer. Deram um tempo para os estudantes correrem. Enquanto corriam, ouviram as rajadas de metralhadora. Os tiros devem ter sido disparados para o alto, mas Collor, escondido num arbusto, achou que tinham alvejado os colegas. Quieto e com medo, ficou imóvel um tempão. Viu as luzes da cidade ao longe e caminhou na direção delas. Tomou um táxi e voltou para casa.

Em dezembro de 1968 a ditadura fechou o Congresso, instaurou a censura, pôs as organizações estudantis na ilegalidade e proibiu manifestações e passeatas. No ano seguinte, quando Collor começou a estudar economia na UnB, a Universidade estava desfigurada: professores foram demitidos e cassados, alunos expulsos. O curso era fraco, burocrático. Ainda mais para Collor, que não sabia por que estava fazendo economia. Sem convicção, pensara em prestar vestibular para arquitetura e direito, e em seguir carreira diplomática. Só o caratê e as mulheres o mobilizavam. Desinteressado dos estudos, trancou matrícula no final de 1969. Queria trabalhar. Um emprego na imprensa era o ideal. Na infância, fizera poesias e mantivera um diário. "Escreva crônicas que publico na *Gazeta*", incentivou o pai. Collor não escreveu. Animou-se quando Arnon garantiu que, se fizesse um jornalzinho com os colegas, iria imprimi-lo. Collor quis que o jornal, mensal, se chamasse *A Locomotiva*. O senador sugeriu um nome mais lento, velhusco, trocadilhesco e com dístico disciplinador: *O Trole — um jornal da Turma A que não sai da linha*. Ficou *O Trole*. Novamente, Arnon procurou o amigo Nascimento Brito e pediu emprego para um filho. Dessa vez, Fernando.

— Fala para ele passar aqui — respondeu Brito.

— Não, se for aqui no Rio é aí que ele se desencaminhará de vez. Não dá para ser em Brasília? — perguntou Arnon.

Dava. Brito ouvira histórias de que Fernando Collor andara envolvido com drogas, e supôs que esse era o motivo para Arnon querer que seu filho permanecesse em Brasília. O colunista político Carlos Castello Branco, pai de um amigo de Collor, Rodrigo, recebeu o jovem candidato a jornalista na sucursal brasiliense do *JB*. O senador também desconfiava que seu caçula, Pedro Collor, estava tão sem eira nem beira quanto Fernando, e se sentia culpado. Os irmãos moravam sozinhos em Brasília porque a mãe não se habituara à capital e voltara para o Rio com a filha mais nova, Ana Luiza. Arnon tinha pouco tempo para os filhos. Para tirar o caçula da letargia procurou Evandro Carlos de Andrade, que nomeou o rapaz repórter da sucursal de *O Estado de S. Paulo*. Do ponto de vista de Arnon, ter os filhos trabalhando em jornais era um modo de prepará-los para um dia cuidarem da *Gazeta de Alagoas*.

O fotógrafo Orlando Brito, de *O Globo*, surpreendeu-se ao topar com os irmãos Collor de Mello com blocos de anotação numa poeirenta cidade-satélite. Terno e gravata da moda, sapatos brilhando, bronzeado, cabeleira tratada a xampu e secador, Fernando parecia um executivo de multinacional, e não um foca apurando na periferia uma notícia policial desprezível. Pedro não sobressaía tanto quanto o irmão. Era mais baixo e menos exuberante. Orlando Brito conhecia Collor de vista. Embora tivesse apenas um ano a mais que o novo colega, aparentava ser bem mais velho por causa do seu bigode à Cantinflas e da vivência de quem entrara numa redação como contínuo, fora promovido a laboratorista e, aos vinte anos, era considerado um dos melhores fotógrafos da cidade. Na sucursal da *Última Hora*, Orlando Brito servira café a Samuel Wainer quando, depois da debacle de 1964, o dono do jornal foi a Brasília em busca de empréstimos e apoio político. Quando era contínuo, o rapaz ia a pé para a sucursal e no caminho passava pelo gramado da superquadra 208 Sul, onde meninos de vida mansa brincavam de artes marciais e imitavam os golpes de Ted Boy Marino nos programas de luta livre da televisão. Os irmãos Collor moravam na 208, num apartamento que fora de Juscelino Kubitschek. Fernando frequentava o gramado demonstrando seus dotes no caratê. Os caratecas brigavam a sério, enfrentando outras turmas de Brasília com técnica e método. Orlando Brito morava na 410, superquadra de famílias de barnabés, de bancários, de classe média baixa, cujos filhos estudavam em escolas públicas e brigavam na base do vale-tudo. A 410 era a Rocinha, e a 208, São Conrado. Enquanto os playboys da 208 tinham fuscas envenenados, os garotos da 410 andavam de ônibus — e ambos se cruzavam no Xadrezinho ou na lanchonete Pigale, onde paqueravam, comiam crepe e tomavam hi-fi. Orlando Brito trocava cumprimentos com Pedro e Fernando Collor. Pedro era compenetrado, confiável, educado — a alegria das mães de família. Fernando pouco falava. Era explosivo e briguento. Pedro mantinha suas namoradas por longos períodos. Collor, não. Assim que levava uma menina para a cama, partia para outra.

Viver só com Pedro em Brasília fora uma liberação para Fernando Collor. Liberação de um ambiente familiar de pouco afeto e muito formalismo. Nos almoços de domingo, servidos à francesa por garçons de luvas, as perorações eram elevadas. Leda fazia explanações sobre as suas leituras místicas — num sincretismo que ia do budismo tibetano à teosofia de Helena Blavatsky — e estava sempre mais engajada em expor a sua opinião do que em ouvir a do marido e a dos filhos. Nos jantares a sós com sua avó materna, Hermínia, ele era obrigado a vestir blazer. A conversa transcorria em inglês e versava sobre religião, história e política. Um tema constante era a formidável história de Lindolfo Collor e sua luta contra Getúlio Vargas, que graças a todos os santos deveria estar ardendo no fogo do inferno. Findo o repasto, um chofer levava o neto e a avó de Mercedes ao Teatro Municipal para assistir a uma ópera. Fernando Collor se ressentia de não ter uma vida como a dos colegas: a mãe não ia buscá-lo na escola, era proibido de brincar na rua ou na casa de amigos, e não podia ver televisão, que Leda e Hermínia consideravam vulgar. No colégio, Collor era congregado mariano, ia à missa e comungava diariamente. A vida sozinho na capital o livrara das obrigações e restrições, mas reiterara na adolescência a distância física que Leda e Arnon impuseram aos filhos desde a primeira infância. Quando a família morou em Maceió, Leopoldo, Ledinha e Ana Luiza foram postos durante um período num colégio interno no Recife, e uma prima de Arnon, Didiu, cuidou de Fernando e Pedro. As grandes obras de Leda como primeira-dama foram levar a Alagoas a Aliança Francesa e o movimento das bandeirantes, a versão feminina do escotismo. No Rio, Fernando foi interno no São Bento e depois no São José, só indo para casa nos fins de semana. Ledinha, sua irmã mais velha, foi a figura feminina mais importante para Collor até completar quinze anos. Era ela quem tratava de Fernando quando ele ficava doente, quem lhe dava atenção e ternura. Ledinha tentou escapar do ambiente familiar: aos dezesseis anos fugiu de casa e se casou com o filho de um fazendeiro. Seis meses depois, seus pais conseguiram a anulação do casamento.

Ao mudar para Brasília, Fernando Collor passou a imitar um de seus ídolos, o irmão Leopoldo. Dez anos mais velho, Leopoldo era independente, farrista, tinha um carro incrementado, frequentava boates. A diferença maior entre os irmãos era a dedicação maníaca de Collor ao caratê. Ele tentou primeiro o judô, mas não lhe agradou ter de pegar o adversário, arrastar-se com ele no tatame. E gostou de imediato dos gestos econômicos e elegantes do caratê: com um golpe preciso, o mínimo de energia transformava-se no máximo de eficácia, e o inimigo era neutralizado. O esporte ainda servia para soltar a agressividade e proporcionar autocontrole e concentração. Seu instrutor no São José certa vez percebeu que ele estava nervoso antes de uma luta e gritou: "Está nervoso? Morde a língua! Morde a língua até tirar sangue!". Collor mordeu, fez a língua sangrar, se acalmou e venceu a luta. Chegou a treinar seis horas por dia, socando paredes e mesas para fortalecer músculos e criar calos na mão. Ganhou a faixa preta e aplicou seus conhecimentos na rua. Uma vez, quebrou um bar inteiro e apanhou bastante. Noutra, estava no carro com um amigo do caratê e foi parado por uma radiopatrulha. Os policiais fizeram troça de seus cabelos compridos, Collor os xingou e brigaram. Na delegacia, soltaram-no ao descobrir que era filho de senador. Ele lutou também com agentes de segurança do hotel Eron, que impediram uma amiga de acompanhá-lo ao seu apartamento. Collor arrebentou os espelhos que revestiam a recepção do hotel e bateu nos seguranças.

O repórter Collor fazia perguntas aos jornalistas mais velhos sobre os macetes da profissão e aprendia rápido. Sua primeira missão foi acompanhar o batismo de um avião da TAP pela primeira-dama, Sylla Médici. Escreveu uma longa matéria, reduzida a uma notinha na coluna social de Zózimo Barroso do Amaral. Uma outra pauta, que ninguém na sucursal queria por achar que não renderia, lhe valeu a primeira reportagem assinada. Collor foi ao interior de Goiás apurar as atividades do Projeto Rondon, uma organização do governo que formava grupos de universitários e os enviava a lugarejos pobres para prestar auxílio comunitário. Descobriu que o Projeto Rondon servia de camuflagem para uma operação de treinamento antiguerrilha que o Exército promovia na região. Nascimento Brito leu a reportagem com agrado e surpresa. Até então, pensava que o filho de Arnon seria uma nulidade. Na sucursal, Collor era o único que lia *Time*, e logo descobriu que algumas notícias da revista americana, traduzidas e retrabalhadas, podiam tornar-se notas para a coluna do Zózimo. Fernando gostava do trabalho e dos colegas. Os jornalistas olhavam Fernando com condescendência e cobiça. Ele era simpático, educado e uma fonte infindável de empréstimos — e, melhor ainda, tinha vergonha de cobrar as dívidas. Sua fama de carateca era maior que a de repórter. E continuou sendo quando ele saiu do *JB*, dois anos depois de se apresentar a Carlos Castello Branco. Pedro Collor tinha boa reputação entre os jornalistas, até por ter ficado mais tempo no ofício. Transferiu-se para a sucursal do *Estadão* no Rio e acompanhava ministros em viagens. Boris Casoy, assessor de Imprensa do ministro da Agricultura, Cirne Lima, que viajou com Pedro algumas vezes, achava que ele era um bom repórter e escrevia bem.

Já adulto, e sem saber direito o que fazer da vida, exceto que não queria voltar à Universidade, Collor aceitou o convite de um amigo do curso secundário, Paulo Octavio, para trabalhar com ele no mercado de capitais. Os dois empregaram-se primeiro no Banco Denasa, do ex-presidente Juscelino Kubitschek, e depois no fundo Multiplic, de Ronaldo César Coelho. "Ninguém tem controle sobre esse negócio de ações, aplique em imóveis", dizia Arnon a Fernando. O filho achava que o pai não gostava que trabalhasse no mercado financeiro porque estava ganhando muito dinheiro e ficando independente. Collor e Paulo Octavio receberam uma informação: as ações da Acesita se valorizariam 200% em uma semana. Como o informante era confiável, os dois transformaram todos os seus investimentos e economias em ações da Acesita, indústria que fabricava aço. "Estamos milionários, vamos comemorar em Buenos Aires", propôs Collor a Paulo Octavio, que o acompanhou. Passeando pelo centro da capital argentina, viram um *Jornal do Brasil* pendurado numa banca. Compraram-no e foram direto para a página com o movimento das ações, que registrava uma queda enorme no valor da Acesita. "Deve ser erro de impressão", disse Collor a Paulo Octavio. Não era. Endividado, Collor pediu socorro a Arnon. Depois de um "Não falei?" triunfante, Arnon disse ao filho que saldaria as dívidas, desde que ele prometesse nunca mais se meter com ações. Collor concordou. Estava com 23 anos, sem diploma e sem profissão. O que lhe restava era sair da Brasília de que tanto gostava para morar em Maceió e cuidar da *Gazeta de Alagoas* e da Gazeta AM.

O cargo de superintendente da empresa fora exercido antes por Leopoldo Collor. Mas sem empenho, pois ele passava boa parte do tempo no Rio: Leopoldo nunca teve interesse em ser o sucessor de Arnon. Dizia não entender como um sujeito subia num palanque e gritava: "Povo de Tatuamunha...", e, entre os irmãos, debochava de Alagoas e dos alagoanos. Arrumou emprego na Globo e mudou-se para São Paulo. Fernando Collor passou quarenta dias como diretor comercial da *Gazeta* antes de ser nomeado diretor do grupo. Percebeu que a empresa teria um futuro limitado se continuasse com o jornal, a rádio e a gráfica, que estava sendo construída. A possibilidade de progredir, pensava, estava em ter uma emissora de televisão. Disse ao pai que ficaria apenas o tempo necessário para resolver o problema da dívida da empresa, que havia feito empréstimos em bancos para construir a gráfica e não estava conseguindo pagá-los.

— Se eu fizer a televisão, você fica em Maceió? — perguntou-lhe Arnon.

— Fico, mas seria bom a gente trazer o Leopoldo — respondeu Collor.

— Mas o Leopoldo está tão bem na Globo...

— Então por que não trazemos o Pedro? — perguntou Collor.

— Não, o Pedro não. Não quero ele ao meu lado.

Havia tempos o caçula andava às turras com o pai. Quando tinha quinze anos, de férias no Rio, ele fora chamado a Maceió por Arnon. Sua mãe e a irmã Ana Luiza haviam sofrido um grave acidente de carro e estavam hospitalizadas. O jovem, namorando, relutou em viajar. Chegou de cabelo comprido e calça boca de sino, que estavam na moda no Rio mas soavam extravagantes em Alagoas. Arnon o olhava com reprovação e não falava nada. Acabou falando, e agindo, quando tiveram uma conversa séria em casa. Pedro ia mal na escola e encasquetara de, como Leopoldo e Ledinha, estudar na Europa.

— Quero ir estudar em Paris, só me interessa isso — disse Pedro Collor ao pai.

— Ah, é? Aqui no Brasil você não quer estudar?

— Não, só se for em Paris. Meus irmãos foram para a Europa, por que eu não posso?

— Quer ir mesmo? Então levante-se, por favor — pediu Arnon, erguendo-se.

Pedro levantou-se e, desprevenido, tomou uma bofetada no rosto que o atirou longe. Recuperando-se do baque, ouviu o pai dizer:

— Pode ir para onde você quiser, mas com o seu dinheiro. Do contrário, as coisas serão exatamente como eu determinar. Estarei atento ao seu desempenho na escola. Nove horas da noite na cama, e não tem chave de casa.

Assim que pôde se desvencilhar da autoridade paterna, Pedro seguiu os passos de Leopoldo: mudou-se para São Paulo e arrumou um emprego na Globo. Aos vinte anos, estava no departamento de relações com as afiliadas da rede. Morava sozinho num pequeno apartamento alugado e tinha um fusca. Collor telefonou e contou a Pedro que tinha convencido o pai a admiti-lo na empresa. Leopoldo também insistiu para que o caçula aceitasse a proposta, dizendo que nem o pai nem Fernando entendiam de televisão e, se a família não montasse uma emissora, a Globo faria a sua própria TV em Alagoas, como fizera em Pernambuco. Pedro disse a Fernando que sim, trabalharia com ele na televisão, desde que o pai o convidasse. Collor organizou um almoço para Arnon, Pedro e ele, em São Paulo, no restaurante do hotel Hilton. Conversaram generalidades e Arnon saiu antes porque tinha voo marcado para Brasília.

— Então, quando você assume em Maceió? — perguntou Collor a Pedro assim que o pai saiu.

— Mas o papai não pediu, não me convidou, e então eu não vou.

Não adiantou Collor tentar persuadir Pedro a deixar de rabugice. O irmão continuou irredutível. Collor teve então de convencer o pai a, pelo telefone, fazer o convite formal a Pedro, que o aceitou. Moraram os dois juntos na casa da Pajuçara. Collor, com o auxílio de Pedro, inaugurou a primeira gráfica em off-set de Alagoas, que passou a imprimir a *Gazeta*, modernizou a administração da empresa, e construiu a nova sede da organização Arnon de Mello e o prédio da emissora de televisão. Os irmãos foram os responsáveis pela transformação de um jornal de propaganda política numa empresa capitalista que, além de dar lucro, apoiava determinados políticos, a começar pelos da família. Antes de assumir a direção, Collor acertou com o pai que ganharia 5% do que acrescentasse ao lucro líquido da organização. Em seis meses, Arnon quis renegociar o acordo. O filho havia aumentado muito o lucro líquido e estava ganhando bem mais do que o razoável.

A joia da coroa do império provincial de comunicações era a emissora de televisão, cuja concessão Arnon não teve maiores dificuldades em receber do governo: era senador pela Arena, a Aliança Renovadora Nacional, político de confiança da ditadura, liderança no estado, homem do ramo das comunicações. A joia ficou mais valiosa quando os Collor de Mello conseguiram retransmitir a programação da Rede Globo. Quem teve papel decisivo nessa conquista não foi Arnon, o sócio de Roberto Marinho, nem Leopoldo, funcionário da rede, nem Collor, superintendente do grupo. Foi Pedro, que se beneficiou do fato de a Globo ser em meados dos anos 70 um império ainda em formação, funcionando com base na improvisação de seus executivos. O diretor da rede no Nordeste era

Paulo César Ferreira, que trabalhara como diretor da Rádio Nacional e assessorara o ministro Delfim Netto, da Fazenda. Ferreira fora demitido do gabinete do ministro porque esmurrou, no restaurante Bistrô, em Copacabana, o jornalista Oliveira Bastos, que criticava Delfim Netto em sua coluna na *Tribuna da Imprensa*. Ferreira estava em casa, lamentando a briga, quando atendeu o telefone e uma voz rouca, sem se identificar, lhe disse: "Parabéns pelo soco. Eu faria o mesmo". Era Roberto Marinho, que gostara do seu trabalho na Rádio Nacional, convidando-o a ir para a Globo. Como fora contratado pelo dono da rede, e não pelo diretor-geral, Walter Clark, Ferreira ficou um tempo sem função definida na emissora. Clark ofereceu-lhe o cargo de diretor regional no Nordeste, com direito a 5% dos lucros da sua área. Ferreira chegou ao Recife querendo expandir os negócios da empresa para todos os lados.

A emissora pernambucana era um pardieiro. Funcionava com equipamentos velhos, máquinas roubadas da sede, estava em segundo lugar na audiência e recebia menos verba publicitária que os jornais do Recife. Oitenta por cento da programação vinha em fitas, de avião, inclusive os capítulos das novelas, que eram levados ao ar dois dias depois de exibidos no Rio. Se os voos atrasavam, tapava-se o buraco na programação transmitindo velhos desenhos animados ou capítulos anteriores das novelas. Os anúncios locais eram produzidos em slides, mostrados estaticamente. A frequente manipulação os fazia ir ao ar com arranhões e impressões digitais. Paulo César Ferreira decretou o fim dos slides. Como o Rio e São Paulo, Recife utilizaria videoteipe nos comerciais. Com cor e movimento, atrairia mais anunciantes. Raciocínio correto. Só faltavam as máquinas de videoteipe. O diretor descobriu que na vizinha Alagoas, na recém-inaugurada emissora dos Collor de Mello, havia a aparelhagem necessária, novinha. Foi a Maceió, negociou com Pedro Collor e fecharam o acordo. O equipamento de videoteipe iria para a emissora do Recife, que enviaria por terra a Maceió todas as fitas contendo a programação da Globo. Com o crescimento da Globo, prosperaram também a TV Gazeta e os Collor de Mello.

4. VEJA

José Roberto Guzzo era o único que vestia terno e gravata nas reuniões de pauta das segundas-feiras. A semana tinha início em *Veja* às onze e meia da manhã com a reunião na sala do diretor de redação. Os editores, a redatora-chefe Dorrit Harazim e o diretor adjunto Elio Gaspari discutiam as possíveis reportagens de capa, quem poderia ser o entrevistado das páginas amarelas, as matérias de maior fôlego em andamento. Era uma reunião amena. Uma de suas serventias era possibilitar aos editores ver e ouvir de perto o diretor de redação. Durante a semana, o arredio Guzzo pouco saía de sua sala, e só falava com Gaspari, Dorrit e o editor de Economia. A reunião não se destinava a avaliar a edição que fora às bancas no dia anterior, domingo. Assumia-se que todas as reportagens publicadas tinham um nível aceitável de qualidade porque passavam por um penoso processo de aprimoramento. O ciclo poderia começar com um repórter querendo fazer uma matéria. Ele tinha de convencer o seu editor de que a ideia, a pauta, era boa. Se conseguisse, o editor a encaminhava ao editor executivo, que a conduzia ao seu chefe, e assim sucessivamente. No caminho, a pauta ia sendo burilada e completada. Na apuração, eram feitas quantas fotografias e entrevistas fossem necessárias, onde fosse preciso, inclusive na Europa e nos Estados Unidos, pelos correspondentes. Depois de percorrer pilhas de fotos, para escolher as melhores, e de fazer tabelas, mapas ou gráficos com a editoria de Arte, o repórter diagramava a matéria, que era repaginada pelo editor e depois pelo editor executivo. O encarregado escrevia o texto, seu editor pedia complementos e determinava que fosse reescrito. A cada degrau na hierarquia a reportagem era reescrita novamente. Autorizada a publicação, era hora da checagem. Os checadores conferiam as datas, grafias de nomes e comparavam o texto final com os relatórios originais, buscando incongruências e erros. Esse ir e vir levava dias, às vezes semanas e, no gargalo final, era extenuante e neurótico. À meia-noite, acontecia de se reescrever uma matéria de oito páginas, com um novo enfoque e mais entrevistados, que às vezes precisavam ser tirados da cama. Às três horas da madrugada, o chefe poderia decidir que a reportagem fosse reduzida para duas páginas. O repórter que teve a ideia original saía da redação às nove horas da manhã, com o sol alto, e chegava em casa massacrado. Apenas uma das oito pessoas que entrevistara durante horas fora citada. Do seu texto original não sobraram nem as vírgulas. Tivera de refazer uma legenda cinco vezes. Como de praxe em *Veja*, a reportagem não era assinada. Nem a família, nem os amigos saberiam que algumas semanas da vida do repórter estavam impressas naquela matéria que se lia em dez minutos.

    Com esse ciclo em perpétuo movimento, o que se acertava na reunião de pauta servia apenas de indicador para a próxima edição, a ser acabada, "fechada", na manhã de sábado. As matérias iam, no jargão interno, caindo e morrendo, dando lugar a outras, que viriam a ser adiadas, ou canceladas, ou aumentadas. No sábado, pouco restava da edição imaginada na segunda-feira. Elio Gaspari tinha uma outra reunião na segunda, depois do almoço. Falava com um representante da gráfica e outro do Departamento Comercial. O gráfico relatava quando a redação enviara as matérias para a composição e a que horas os caminhões saíram da empresa com os primeiros exemplares da edição. O representante do Departamento Comercial dizia quantas páginas de anúncios estavam previstas para o próximo número. Dependendo dos comerciais, se previa o tamanho da edição. O número de páginas da redação era fixo: entre 68 e setenta. Esse número era adaptado de *Time* e *Newsweek*. Com pesquisas, as revistas americanas descobriram que o leitor tem um tempo limitado para ler as reportagens que o interessam. Dar mais páginas que o tempo médio disponível era oferecer mais do que o leitor poderia ler. Era jogar dinheiro fora, pois mais páginas significam mais papel, mais tempo de trabalho da gráfica, mais jornalistas na redação. O número de anúncios podia variar. Pesquisas mostravam que os leitores se irritavam com as intermináveis sequências de páginas publicitárias. Mas não havia o que fazer: rejeitar anúncios era jogar dinheiro fora.

Veja começava a fechar e a enviar as reportagens para a impressão na quarta-feira. Eram fechadas primeiro as da editoria de Geral, as mais frias. Na quinta, fechava-se a entrevista das páginas amarelas, as cartas dos leitores, a página de humor de Luís Fernando Veríssimo, o Ponto de Vista da última página, e as matérias e resenhas da editoria de Artes e Espetáculos. Sexta-feira era o dia do fechamento quente, o das páginas de Brasil, Internacional e Economia. Nos três dias, o fechamento se estendia até as cinco horas da manhã, no mínimo. O comum era que um editor fechasse em duas madrugadas. O que significava jornadas de trabalho de dezoito horas, sair da redação na manhã de sábado, arrasar o fim de semana, comprometer a vida em família, o convívio com os filhos. A reunião do diretor adjunto com representantes da gráfica e do Comercial fora a única conclusão prática de uma consultoria contratada pela Editora Abril para descobrir como evitar atrasos no fechamento. A consultoria concluiu que um editor de *Veja* tomava mais decisões num dia de fechamento que um comandante de submarino alemão numa batalha da Segunda Guerra Mundial. Decisões que, se não implicavam a morte de ninguém, eram difíceis e extenuantes, com repercussões sobre os 2,8 milhões de leitores (quatro para cada exemplar, numa tiragem de 700 mil, em abril de 1987), o governo federal, políticos, empresários, artistas, o dono da revista, os chefes, os subordinados. A maior revista do Brasil, diziam os consultores, era produto da tensão de um submarino em guerra. Para atenuar os atrasos, era bom que a gráfica, o Comercial e a redação discutissem semanalmente suas dificuldades.

Às três horas da tarde de segunda-feira, Guzzo descia da redação, no sétimo andar, para a diretoria da Editora Abril, no sexto. Tinha um encontro com o diretor-superintendente da Abril, Roberto Civita, em que faziam o balanço da edição e conversavam sobre a próxima. O balanço da edição era assistemático, prendia-se a um detalhe ou outro. A superficialidade da reunião era fruto do relacionamento entre os dois participantes. Um sabia o que esperar do outro. Quando Guzzo começou a dirigi-la, *Veja* vendia 180 mil exemplares por semana. Onze anos depois, era a revista que dava mais dinheiro, prestígio e poder à Editora Abril. Os eventuais atritos entre eles se davam noutra reunião, a das noites de quinta-feira, quando Civita era informado das linhas gerais do que seria impresso. Nove entre dez vezes as divergências tinham como mote as matérias sobre José Sarney. E dez entre dez vezes a conclusão se repetia: não havia como deixar de registrar que o governo de Sarney ia de mal a pior em termos econômicos (a inflação subia), políticos (sua base de apoio era fisiológica), populares (índices decrescentes de avaliação nas pesquisas de opinião pública) e morais (as denúncias de corrupção se avolumavam). Sarney era uma questão sensível. Nos anos 60, quando governador do Maranhão, ele ficara amigo de Victor Civita, que estava construindo um hotel Quatro Rodas em São Luís. Sensível também porque Roberto Civita queria entrar no negócio de televisão e disputava concessões de canais no Ministério das Comunicações, as quais, sabia-se, o ministro Antônio Carlos Magalhães levaria à apreciação de José Sarney. E sensível porque conhecidos comuns do presidente e de Civita diziam ao superintendente da Abril que Sarney considerava ridicularizante e desleal a cobertura que *Veja* fazia de seu governo.

Na terça-feira, 6 de abril de 1987, Fernando Collor visitou a Abril. Foi recebido por Roberto e Victor Civita na sala deste último. Contou o que estava realizando em Alagoas. Disse quantos funcionários havia demitido e o que pretendia fazer dali para a frente. Roberto Civita gostou dele. Nunca escutara um governador defender o enxugamento da máquina do Estado. Pediu a um dos acompanhantes dele que lhe enviasse um documento com um resumo numérico das ações de Collor. Jamais recebeu tal documento, mas falou com Guzzo sobre o jovem governador. Na semana seguinte, o diretor de redação achou que era o caso de entrevistá-lo nas páginas amarelas, e passou a incumbência ao editor executivo Tales Alvarenga. Como já era quarta-feira, Alvarenga não teve tempo de enviar as perguntas por escrito a Laurentino Gomes, o chefe da sucursal do Recife. Telefonou direto a Gomes e conversaram sobre o que perguntar a Collor. Este não causou maior impressão no entrevistador, exceto pelo olhar, arregalado e fixo. "Vou acabar com os marajás" foi o título da entrevista. A primeira questão tinha um quê de hostilidade: "O senhor está fazendo jogo de cena?". O governador respondeu com um desafio inespecífico e um autoelogio: "Quem acha que estou blefando que pague a aposta. Sempre fui de cumprir o que prometo e sou um pouco cabeça-dura nisso". Collor enalteceu Maluf ("É um homem obstinado"), atacou o presidente ("A indecisão é o seu defeito mais grave"), defendeu que o mandato de Sarney tivesse quatro anos ("É mais que razoável") e declinou o nome de seu candidato à Presidência: o senador Mário Covas, do PMDB. Na última pergunta, Gomes observou que, com sua cruzada moralizadora, Collor conseguiu projeção nacional, e arrematou: "O senhor sonha, por acaso, em ser o vice de Mário Covas?". A resposta foi engraçada: "Essa coisa é mais distante que a Lua, antes que inventassem os foguetes da NASA". Logo que a entrevista foi publicada, no entanto, Collor se pôs um objetivo ainda mais distante que a Lua.

— Vou ser candidato a presidente — disse ele a Rosane, ao constatar que aparecera na Globo, no *Jornal do Brasil*, em *Veja*, e era aplaudido por onde passasse.

— Você é tão louco que vai acabar se elegendo presidente — comentou Rosane.

Poderia estar louco se achasse, a sério, que seria eleito presidente. Mas era apenas devaneio, conversa fiada de marido e mulher. O que Collor não descartava era disputar um cargo de envergadura nacional. Em junho, o governo do estado pagou para publicar um anúncio de quase uma página em jornais do Rio e de São Paulo com a chamada: "A revolução das Alagoas". Nele se reproduzia a página de abertura da entrevista das páginas amarelas de *Veja* e a reportagem do *JB*. No final do texto da propaganda, sem destaque, figurava o dado impressionante: uma pesquisa do IBOPE sobre os primeiros cem dias dos governadores deu a

Collor o maior índice de aprovação entre os eleitos em março. Dezoito por cento dos entrevistados achavam sua atuação regular, 33%, boa, e 40%, ótima.

Enquanto buscava o cenário nacional com a cartada moralizadora, no plano estadual Collor fazia o contrário. A liminar que obtivera do Supremo Tribunal Federal suspendia o pagamento de privilégios salariais aos desembargadores do Tribunal de Justiça. Para evitar atritos jurídicos, o governador autorizou que se pagassem na íntegra os salários dos desembargadores, com a condição de que não divulgassem o acordo. "Foi meu primeiro choque com as peculiaridades do exercício do poder, que impõe o cinismo como a principal virtude dos bem-sucedidos e elege a mentira mais genuína como a característica fundamental dos muito competentes em política", escreveu Cláudio Humberto Rosa e Silva nas suas lembranças do período. Além do cinismo e da mentira, o secretário de Imprensa notou algo mais no acordo secreto do governador com os marajás da Justiça. Notou um traço psicológico: "O jogador ousado mais uma vez se divertia com o perigo".

Collor não agradeceu a entrevista nem tentou se aproximar de José Roberto Guzzo, como fizera com Augusto Nunes, Ricardo Setti e Alberico Souza Cruz. Guzzo não se importou. Não tinha políticos em boa conta. "Eles querem é roubar", dizia de todos eles, brincando com a generalização. Achava a política uma profissão como outra qualquer. Os políticos, como os dentistas ou os jornalistas, queriam ganhar a vida. Essa história de melhorar o país e a sociedade era conversa fiada, pensava. Ele era um cético. Começou a ir de terno à redação por volta de fevereiro de 1976, quando os Civita se livraram de Mino Carta e entregaram a direção da revista a ele e ao outro redator-chefe, Sérgio Pompeu. Foi uma sucessão traumática. Aos olhos da redação, os novos diretores eram menos capazes que o anterior. Antes, Guzzo só vestia terno para ir a uma entrevista ou a um almoço formal. Eleger o terno como a indumentária de diretor foi considerado por parte da redação como uma deferência aos patrões, e houve quem detectasse na mudança um sinal de ambição. Com o passar dos meses, a redação percebeu como eram grandes as diferenças entre os diretores. Guzzo exercia a autoridade com base em critérios profissionais — era um chefe. Pompeu era afável, compreensivo com os que erravam — era um companheiro. Logo, houve indícios de confusão. Matérias derrubadas por Guzzo ressuscitavam quando encaminhadas a Pompeu. Uma parte da redação gostava mais de Pompeu que de Guzzo. Outra admitia que Guzzo era melhor jornalista que o seu par.

Uma das edições de mais repercussão da gestão de Guzzo e Pompeu, ironicamente, não foi iniciativa nem de um nem de outro. O ex-presidente Juscelino Kubitschek morreu num acidente na Via Dutra num fim de tarde de domingo. O redator-chefe Carmo Chagas tentou falar com Guzzo e Pompeu, e não conseguiu. Por conta própria botou repórteres na rua para, se a direção da revista topasse, saírem com uma edição extra. Na segunda pela manhã, Guzzo não se entusiasmou com a ideia. Disse que as vendas da revista que estava nas bancas seriam prejudicadas, e os militares poderiam se abespinhar com o destaque à morte de um político cassado por eles. Carmo Chagas tinha projeções de venda e um cronograma de fechamento. Seus números demonstravam que a extra era viável. Venderia e daria prestígio. Guzzo foi convencido de que a edição era necessária. A edição extra foi um sucesso.

Num fim de semana, no começo de 1977, houve uma reunião com editores e chefes de sucursal na casa de Almyr Gajardoni, editor de Brasil. Convocada por Pompeu e Guzzo, destinava-se a debater a revista. Um a um, todos fizeram um balanço do que acontecia em suas áreas. No fim, Guzzo disse que tinha um comunicado a fazer: o comando da redação não seria mais duplo. Haviam acertado, e os Civita concordaram, que ele seria o diretor de redação, e Sérgio Pompeu, o diretor adjunto, cargo até então inexistente. Tal tipo de reunião (na qual o plenário fazia papel de bobo, porque na verdade estava lá só para ser informado) era uma necessidade. A saída de Carta fora conturbada. As editorias discutiram se deveriam pedir demissão em solidariedade a ele. Por isso, Guzzo precisava explicar aos escalões intermediários a mudança na cúpula. Se comunicasse que era o novo diretor de maneira abrupta, a redação poderia protestar. Como as demais redações, a de *Veja* era politizada. A politização era produto da efervescência do Brasil de 1977, ano em que Ernesto Geisel fechou o Congresso para impor um punhado de leis — o "pacote de abril" —, o movimento estudantil se rearticulou nacionalmente e o ministro Sylvio Frota, do Exército, foi demitido por conspirar contra o presidente. As organizações de esquerda, ainda clandestinas, contavam com militantes nas redações.

Guzzo assumiu sozinho a direção de *Veja* aos 34 anos. Tinha uma concepção geral do que deveria fazer. Concepção que desenvolvera como editor de Internacional, e segundo a qual as matérias tinham de ser claras, interessantes e bem escritas. Tinham de ter começo, meio e fim. Relatar os bastidores dos fatos; tratar os protagonistas das notícias como personagens, contando como viviam. Precisavam resumir a semana, colocando os fatos num contexto. O leitor deveria gostar de ler as reportagens, e não atravessá-las como quem cumpre a obrigação de se informar. O ideário de Guzzo estava longe de ser a descoberta da pólvora, como ele mesmo reconhecia. Bastava ler *Time* e *Newsweek* para constatar que as semanais americanas seguiam essa fórmula. A receita de Guzzo comportava dois outros ingredientes. De vez em quando, pensava, a revista deveria agitar — publicar algo inédito, surpreendente, um furo — para ser comentada, despertar a curiosidade dos não leitores. O outro ingrediente era pessoal. Decidiu que quem brilharia seria a revista, e não o seu diretor. O temperamento tímido facilitou que se recolhesse, se negasse a dar entrevistas e a frequentar ambientes jornalísticos ou de badalação mundana. Os choques entre Carta e os Civita ensinaram-lhe que, se o diretor sobressai, se aparenta ser o dono da revista, os donos de verdade tendem a se ressentir.

O novo diretor teve um primeiro momento de afirmação três meses depois de estar no cargo. O editor-assistente Fernando Morais conseguira uma entrevista de quatro horas com Fidel Castro, a primeira do ditador cubano a uma publicação brasileira. Para agitar, Guzzo queria editá-la com barulho: na capa e, dentro, num pacote de quinze páginas, nove com a entrevista e seis com a matéria introdutória de Fernando Morais. Roberto Civita tinha receio de atiçar o governo. Argumentava que o Brasil ainda vivia sob uma ditadura, a censura a *Veja* acabara fazia apenas um ano, havia uma disputa entre os militares da linha dura e os liberais. Fidel Castro na capa poderia ser uma provocação. Guzzo tinha um trunfo para discutir com o patrão: política e ideologicamente, estava distante de Castro, de Cuba, de tudo o que cheirasse a comunismo. No debate com Roberto Civita falavam de igual para igual: eram ambos conservadores. A discussão foi e voltou durante dias, até que Guzzo convenceu o patrão. Saiu a capa com a chamada: "Exclusivo — Fidel fala a *Veja*". Uma capa muito comentada. E contra a qual o governo não agiu.

O segundo lance da afirmação de Guzzo foi o desmonte da redação que herdou de Carta. A oportunidade surgiu com a rebeldia da sucursal de Brasília, que costuma causar problemas para as publicações com sede no Rio ou em São Paulo. Conflitos da mesma natureza ocorrem nos Estados Unidos, em publicações nas quais a cobertura do Parlamento e do governo também não é feita na cidade onde está a redação. A. M. Rosenthal, no *The New York Times*, e Henry Grunwald, em *Time*, só se firmaram como diretores quando nomearam gente de confiança para chefiar suas sucursais em Washington. A sucursal de Brasília busca proteger suas fontes e é tolerante com o governo e os políticos, com quem se encontra cotidianamente. Se o chefe da sucursal é forte, ou o diretor de redação é fraco, ou ambas as coisas, Brasília passa a disputar a edição das matérias políticas. É um processo clássico, que em *Veja* maturou e teve o seu desenlace durante a sucessão de Geisel. O diretor da sucursal, Pompeu de Souza, queria mandar prontas as matérias de Brasília porque nelas daria tinturas simpáticas à candidatura de Euler Bentes, o general que o MDB, Movimento Democrático Brasileiro, vestiu de democrata para torná-lo palatável à opinião pública. Guzzo apoiava João Figueiredo, o candidato oficial da ditadura. Pompeu de Souza contava com aliados de peso: o seu segundo na sucursal, D'Alembert Jaccoud, e o editor de Brasil, Almyr Gajardoni. Tinha também acesso direto a Roberto Civita. Não adiantou. Guzzo primeiro convenceu Civita que era necessário demitir Pompeu de Souza. Depois, num sábado frio, chamou seu adjunto, Sérgio Pompeu, e o redator-chefe, Carmo Chagas, para tomar um conhaque em seu pequeno apartamento, na alameda Lorena. Avisou que demitiria Almyr Gajardoni e D'Alembert Jaccoud, e obteve a aquiescência dos subordinados imediatos. A redação começava a ter o seu jeito.

Na saída do conhaque no apartamento do diretor, Carmo Chagas deu carona a Sérgio Pompeu. No carro, conversaram sobre o chefe. Carmo Chagas conhecia Guzzo havia doze anos. Trabalharam juntos na *Última Hora*, onde papeavam todos os dias. Guzzo casou sem avisá-lo, e a ninguém na redação. Também sem contar a ninguém, sumiu. Tinha ganho uma bolsa da Aliança Francesa e fora para Paris. Reencontraram-se em *Veja*. Continuaram se dando bem. Guzzo era espirituoso, mas não falava um nada de sua vida pessoal, preocupações e sentimentos. Não contou que tinha um filho. Nem que se separara. Nem que voltara a viver com a mulher. Naquele sábado frio, Carmo Chagas expôs uma hipótese a Pompeu: "Na condição de filho de juiz, a infância passada de cidade em cidade, conforme o pai ia progredindo nas entrâncias da magistratura, o Guzzo nunca tivera ocasião de firmar amizades e sempre se vira na obrigação de andar na linha. Daí esse jeito introspectivo e desconfiado de se relacionar até conosco, seus auxiliares mais próximos". O passo seguinte de afirmação de Guzzo em *Veja* foi, justamente, livrar-se de seus auxiliares mais próximos, Pompeu e Carmo Chagas. Ele queria que a revista voltasse a estar plugada na política nacional como no tempo de Carta. Era paradoxal: ainda que beneficiada pelo fim da censura, a *Veja* de Guzzo parecia descolada da vida política nacional. Talvez porque ele não tivesse participado da construção da cobertura política da revista.

A construção se deu no final de agosto de 1969, quando os ministros militares anunciaram que o presidente Artur da Costa e Silva sofrera um acidente neurológico e não tinha condições de governar. Durante o seu afastamento, o poder não seria exercido pelo vice-presidente Pedro Aleixo, como mandava a Constituição, e sim por uma junta militar integrada por eles mesmos, o brigadeiro Mareio de Souza Melo, da Aeronáutica, o general Aurélio de Lyra Tavares, do Exército, e o almirante Augusto Rademaker, da Marinha. Com menos de um ano de vida, e sob censura desde o AI-5, *Veja* estava numa situação ruim. Lançada com uma tiragem de 700 mil exemplares, caíra para menos de 70 mil, os anunciantes debandaram e as demissões na redação se sucediam. Editorialmente, ainda não se encontrara. Tivera um alento ao lançar uma série de oito fascículos semanais, a serem encadernados num livrinho, sobre a conquista da Lua. As vendas subiram durante a publicação da série, batendo a marca dos 228 mil exemplares na semana do último fascículo, a mesma em que a *Apolo 11* pousou na Lua.

O editor da série foi Raimundo Rodrigues Pereira, um pernambucano inteligente e inventivo que morava em São Paulo desde os quatro anos. No curso científico, era um ídolo dos colegas porque sabia provocar curtos-circuitos que deixavam a escola às escuras, o que levava à suspensão das aulas. Conseguira a proeza de ser aprovado duas vezes no difícil vestibular do Instituto Tecnológico de Aeronáutica, o ITA, e na primeira ainda não terminara o secundário. Na faculdade, editou o jornal dos estudantes, onde escreveu dois textos polêmicos. Num contava a vida sexual do estudante do ITA, o que não era pouca coisa: no início dos anos 60 não se faziam matérias sobre sexo na imprensa brasileira. No outro, defendeu o fim das Forças Armadas — e o ITA era um colégio militar. Com o golpe de 1964, foi expulso do instituto e ficou preso quatro meses. Saiu, passou no vestibular da Faculdade de Física da Universidade de São Paulo e lá se formou. Vivia de dar aulas. Um aluno lhe arrumou uma colocação na revista *O Médico Moderno*, onde conheceu Guzzo. Em seguida foi editor de texto da *Folha da Tarde*, em São Paulo, quando Miranda Jordão era diretor de redação e um dominicano, Carlos Alberto Libânio Christo, o Frei Betto, chefiava a reportagem. Deixou o jornal em meados de 1968, fez duas reportagens como freelancer para *Realidade*, e estava em *Veja* quando saiu o primeiro número da revista. Era editor-assistente de Ciências e, como os colegas, não tinha ideia de como fazer uma revista semanal de notícias. Mas logo se destacou. Aprendeu sozinho a escrever uma reportagem de capa, tarefa em que a maioria dos redatores se perdia por causa do excesso de material recebido das sucursais. Com o sucesso da série sobre a chegada à Lua, Pereira foi promovido a editor de Brasil.

Na crise da sucessão de Costa e Silva, Raimundo Pereira funcionava como coordenador da cobertura e repórter. Magro, de hábitos espartanos, era um líder natural. Encontrava-se na segunda-feira com os jornalistas que acompanhavam a crise, dividiam as tarefas, falavam-se pelo telefone durante a semana e só iam se ver no fechamento. No sábado, cada repórter fazia o seu relatório, que Pereira ia juntando, jogando fora o que não prestava ou não cabia, ressaltando o mais importante. Da trombose de Costa e Silva, no início de setembro, até a sua morte, no final de dezembro, *Veja* publicou uma memorável sequência de dezessete capas. Só três não estavam ligadas à crise política. Catorze foram sobre assuntos espinhosos, difíceis de averiguar, ainda mais sob censura. A revista focalizou o sequestro do embaixador americano Charles Burke Elbrick, a disputa entre os militares pela Presidência, a candidatura e a posse do general Emílio Garrastazu Médici, a reabertura do Congresso, a morte de Carlos Marighela e a adesão de alguns frades à luta armada. No final, houve duas capas históricas. Na primeira, a sucursal de Brasília descobriu uma notícia exclusiva: o presidente Médici dizia-se irritado com a tortura e os torturadores. Numa entrevista com o ministro da Justiça, Alfredo Buzaid, Dirceu Brisola obteve uma declaração em que ele se comprometia, no caso de denúncias de torturas, a "intervir dentro dos seus limites para preservar a ordem jurídica interna". Carta deu uma capa com a chamada "O presidente não admite torturas". Usou a vaga declaração de Buzaid como pretexto para apurar a capa da semana seguinte, sobre o mesmo assunto, dizendo que o ministro da Justiça havia afirmado que era preciso investigar as denúncias de maus-tratos em presos políticos. Logo, concluía, levando o sofisma adiante, *Veja* estava ajudando Médici ao preparar um dossiê sobre a tortura política. Não estava: durante a semana, a Censura ordenou aos jornais que parassem de repercutir a capa de *Veja*. Na sexta-feira, dia em que chegavam as ordens da Censura à redação, Carta mandou bloquear os telefones para evitar receber vetos. O expediente deu certo. A capa sobre a tortura foi publicada em plena ditadura, com *Veja* sob censura e os torturadores seviciando presos políticos em quartéis e delegacias.

Essas capas do segundo semestre de 1969 não tiveram nenhuma importância para a economia de *Veja*. A revista continuou vendendo mal, perdendo dinheiro e queimando o lucro de todas as outras publicações e operações da Abril. Jornalisticamente, entretanto, foi o batismo de fogo de *Veja*. Da química entre Carta e Raimundo Pereira nasceu um modo de fazer revista semanal de notícias. Na semanal brasileira, a cobertura política seria o eixo. A revista seria respeitada na medida em que fosse uma referência nas crises. Ela buscaria o furo. Teria de ser corajosa e independente. Desenvolveu-se entre setembro e dezembro de 1969 a concepção de que o jornalista de *Veja* trabalhava em equipe, sob um chefe que era repórter como ele. Uma equipe que tratava de descobrir notícias que os jornais não tinham, e apresentava os fatos melhor que eles, pois averiguaria o que se passou nos bastidores e daria o sentido dos acontecimentos. Uma concepção diferente da de *Time* e *Newsweek*. As semanais americanas privilegiavam mais o redator que o repórter. *Veja* não seria, como elas, uma revista de gabinete e de interpretação. A capacidade de Carta em detectar jornalistas de talento, e em incentivá-los, foi fundamental para a cobertura. Ele soube navegar entre as disputas militares, e a cada reportagem ampliou os limites do que a revista podia publicar, a despeito da censura. Raimundo Pereira inventou-se como editor, e inventou o editor de *Veja*: o jornalista que apura e fecha matérias. A equipe que cobriu a crise com Raimundo Pereira era formada por Luís Guttemberg, José Ramos Tinhorão (que tinha fontes no Exército porque era genro de um general), Dirceu Brisola, Bernardo Kucinski e um jovem recém-contratado pela sucursal do Rio, Elio Gaspari.

Raimundo Pereira não ficou muito tempo em *Veja*. Escreveu uma outra capa, em janeiro de 1970, sobre os planos do ministro do Planejamento, um tecnocrata piauiense que estudara em Yale chamado João Paulo dos Reis Velloso, para transformar o Brasil numa grande potência. A epígrafe de Nelson Rodrigues dava o tom do que vinha no texto: "Por causa de Velloso, seus professores e condiscípulos de Yale estão certos de que o Brasil é um mero subúrbio do Piauí". Maliciosa e bem fundamentada, a reportagem tratava as fórmulas do ministro como futurologia e magia. A pretensa cientificidade do economês virou farofa com a transcrição na revista de uma tabela em que, apressadamente e à mão, Velloso subia o objetivo de crescimento do Produto Interno Bruto de "entre 6% e 7%" para "acima de 7%". Ou seja, o PIB crescera de uma hora para outra, numa canetada, sem qualquer estudo. Reis Velloso escreveu uma copiosa carta repudiando a matéria e pressionou *Veja* e a diretoria da Abril a publicá-la na seção de Brasil. Raimundo Pereira não aceitou. Propôs que saísse na seção apropriada, a de Cartas. Ou que ele mesmo entrevistasse Reis Velloso, para que a sua contestação virasse uma reportagem. Prevaleceu a pressão de Velloso: a carta ocupou quatro colunas do espaço destinado a matérias, e Pereira pediu para ser transferido para outra editoria. Passou alguns meses em Artes e Espetáculos e saiu de *Veja*. Carta chamou então para a editoria de Brasil o novato Elio Gaspari, que, no entanto, logo deixou São Paulo. Gaspari começou a namorar Dorrit Harazim, da editoria de Internacional, e mudou-se com ela para o Rio, onde trabalharia no *Jornal do Brasil*.

Como Elio Gaspari, Dorrit Harazim emigrara para o Brasil durante a Segunda Guerra Mundial. Viera da Iugoslávia, passara a infância em Porto Alegre e estudara na Universidade de Heidelberg, na Alemanha. Em 1965, morava na rue de Panamá, no bairro árabe de Paris, e trabalhava como secretária da Aliança Francesa. Certo dia, a polícia a procurou no seu emprego e a levou à Sûreté

Nationale. Os agentes de segurança estavam atrás de um ex-namorado dela, um militante italiano de um grupo esquerdista. Interrogaram-na, ficharam-na, e ela perdeu o emprego. Foi ser pesquisadora no Departamento de Pesquisa de *L'Express*, a revista semanal dirigida por Jean-Jacques Servan-Schreiber que crescera em razão de sua oposição a De Gaulle e por defender a independência da Argélia. Estava lá quando Servan-Schreiber a chamou para conhecer dois ítalo-brasileiros. Eles queriam saber como *L'Express* funcionava porque pretendiam lançar uma revista semanal no Brasil. Eram dois moços falantes e otimistas: Roberto Civita e Mino Carta, que vinham da Alemanha, onde conheceram *Der Spiegel*, e iam aos Estados Unidos visitar *Newsweek* e *Time*. Poucas horas depois de serem apresentados, Civita a convidou para trabalhar na revista brasileira, que teria o nome de *Veja*. Passaram-se alguns meses e Carta voltou a Paris. Convidou-a para almoçar com dois outros colegas, Guzzo e Paulo Henrique Amorim, já contratados pela revista ainda inexistente. Paulo Henrique Amorim garantiu que, se fosse para *Veja*, ela iria "ganhar muito e viajar muito".

Dorrit simpatizou com os três brasileiros, tão informais comparados aos franceses, mas considerou a conversa deles pouco séria. No entanto, continuava a ser chamada à Sûreté Nationale. Por causa da revolta de maio de 1968, e da repressão que se seguiu, os agentes de segurança não a largaram mais. Vou tentar a sorte no Brasil, pensou. Escreveu a Mino Carta perguntando se o convite ainda estava de pé. Estava. Desembarcou no Aeroporto de Congonhas, hospedou-se num hotel no centro da cidade, recomendado pelo chofer de táxi, e foi para a redação. Admirou-se de o prédio existir e ser grande. Carta a encaminhou ao editor de Internacional, Guzzo. Ele lhe pediu que escrevesse uma matéria sobre Pompidou, o presidente francês. Todas as matérias eram reescritas em *Veja*. As de Dorrit, por um motivo a mais. Eram redigidas num patuá franco-lusitano que Guzzo transformava em português escorreito. Ela alugou um quartinho e, todas as noites, quando entrava nele, pensava: Passou mais um dia e não perceberam que eu não sou capaz de fazer o que eles querem. Nunca perceberam porque Dorrit aprendeu rápido. Com Guzzo, aprendeu a escrever matérias. Com Carta, o que era o Brasil, a profissão, como uma jornalista deve se comportar — "Nunca use sandálias porque só uma mulher em 1 milhão tem pés bonitos", era um dos seus mandamentos. Gaspari e Dorrit agitaram o *Jornal do Brasil* a mais não poder. Em São Paulo, em *Veja*, Guzzo admirava as mudanças no *JB*. Em 1979, concluiu que precisava de Elio Gaspari e de Dorrit Harazim na revista. Com eles, conseguiria sacudir *Veja*.

* * *

Se no final de 1969 *Veja* havia encontrado o seu coração editorial, a cobertura política, só em 1974 ela veio a dar lucro. Pelos cálculos de Roberto Civita, feitos no primeiro semestre de 1968, a revista deveria vender entre 100 mil e 150 mil exemplares por semana. À medida que a redação era montada e se faziam os números experimentais, antes do lançamento, o projeto cresceu. Roberto, seu pai, Victor, Mino Carta e toda a diretoria da Abril se apaixonaram pela nova revista. Só viam o sucesso à frente, o qual justificavam com as vendas milionárias de *Realidade* e das coleções de fascículos semanais, como *A Bíblia mais bela do mundo* e *Conhecer*, que chegaram a ser compradas por mais de 500 mil pessoas nas bancas. Se *Veja* ia ser melhor que *Realidade* e os fascículos, raciocinavam, venderia mais. Quando a revista foi lançada, em setembro de 1968, a previsão era que vendesse 700 mil exemplares semanais, todos em bancas. Ninguém, de Victor Civita ao mais modesto estagiário, pensou em vender assinaturas. Os leitores rejeitaram *Veja*. Pela campanha publicitária, parecia que a revista da Abril teria alguma semelhança com *Manchete*, da Editora Bloch. Em pouco tempo, a tiragem caiu para 100 mil exemplares. No Carnaval de 1969, as vendas estavam no fundo do poço: menos de 70 mil exemplares. Os fascículos da viagem à Lua aumentaram um pouco a circulação, que voltou a cair assim que a série foi completada. A cada três meses, a diretoria da Abril se reunia para discutir o que fazer com *Veja*. Gordiano Rossi, sócio de Victor Civita, era o encarregado do Departamento Financeiro. Trazia num papel os números dos prejuízos provocados pela revista. Explicava que todo o lucro da Abril era consumido por *Veja*. "Essa revista vai acabar com a empresa, Victor, vai nos levar à bancarrota", dizia Rossi ao sócio. "Não podemos ganhar de um lado e perder tudo de outro." Victor dava uma olhada nos cálculos de Rossi, porque não era de se deter em números, e perguntava: "Roberto, o que você acha?". Roberto Civita reconhecia que as coisas iam mal, mas achava que os números poderiam melhorar. Invariavelmente, durante mais de quatro anos, encerrava a sua resposta com a frase: "Preciso de mais três meses". Victor Civita prontamente concordava em concedê-los.

Veja começou a sair do buraco quando passou a vender assinaturas. Não se vendiam assinaturas de revistas porque os jornaleiros do Rio e de São Paulo não permitiam. Se uma publicação dava início a uma campanha de assinaturas, os jornaleiros a escondiam nas bancas, colocando-as embaixo de pilhas de concorrentes. Não vendiam nenhum exemplar de uma revista que trouxesse anúncio de assinaturas. A maioria dos donos de bancas de jornais em São Paulo e no Rio eram italianos ou filhos de italianos, quase todos vindos da Calábria. Os donos de várias bancas, ou controladores das bancas de uma região, eram chamados de "capatazes". Roberto Civita organizou duas reuniões com capatazes, uma no Rio e outra em São Paulo. Nas duas, disse que *Veja* estava em dificuldade porque vendia pouco nas bancas. Perguntou se a Editora Abril não era uma grande empresa, cujas revistas proporcionavam a eles, capatazes, um bom faturamento. Todos concordaram. Explicou então que *Veja* era a sua revista preferida, a menina dos olhos de seu pai, e da Abril. Aí fez a proposta: queria a autorização deles para vender assinaturas de *Veja*, a única maneira de salvá-la. Se as assinaturas não a salvassem, fecharia a revista. Em troca da permissão, prometeu aos capatazes que nos dez anos seguintes não venderia assinaturas de nenhuma outra publicação da Abril. Os capatazes concordaram. Sem assinar um papel, apenas trocando um aperto de mão com o chefe dos capatazes, Roberto Civita fechou o acordo.

Primeiro em São Paulo e depois no Rio. "*Va bene*, Roberto", disse o *capo* da capatazia carioca ao apertar-lhe a mão. A Abril começou a vender assinaturas de *Veja* em cursinhos de vestibulares. Depois, em universidades. Conseguiu uma base de leitores e passou a dar lucro. Durante dez anos Roberto Civita não deixou que se vendessem assinaturas das outras revistas da Abril.

5. GAZETA DE ALAGOAS

Mais profícuos do que as imagens do *Globo Repórter* dos marajás foram os laços que Fernando Collor estabeleceu com Alberico Souza Cruz. O governador alagoano virou personagem dos noticiários da Globo. As notícias a seu respeito passaram a ser elaboradas sob medida para o *Jornal Nacional*.

— Governador, tenho uma ideia de matéria para o *Jornal Nacional*: acabar com os carros oficiais — sugeriu certa vez Cláudio Humberto a Collor.

— Ótima ideia. Veja como se faz isso administrativamente. Vou falar com o Alberico — respondeu o governador.

Collor e Cláudio Humberto descobriram que a hora ideal para telefonar a Souza Cruz era à uma da tarde, porque ele gostava de conversar enquanto almoçava no restaurante dos executivos da Globo.

— Claro que dá matéria, governador. Mas não tem um estacionamento, ou um pátio grande, para reunir todos os carros que serão tirados dos marajás? — perguntou Souza Cruz quando Collor lhe expôs a ideia de acabar com os automóveis de representação do estado.

A matéria teve proeminência no *Jornal Nacional*, mercê das imagens de dezenas de carros pretos reunidos num estacionamento. Noutra ocasião, Cláudio Humberto telefonou a Francisco José, o repórter que entrevistara Collor no *Globo Repórter*, e avisou que naquela manhã seria assinada a medida tirando mais de mil superfuncionários da folha de pagamento.

— É uma boa matéria, mas não dá para ir para Maceió com a equipe a tempo de cobrir a solenidade — disse-lhe Francisco José, que trabalhava no Recife.

Cláudio Humberto pediu tempo e voltou ao telefone:

— Olha, o governador transferiu a assinatura da medida para a tarde. Dá para você e a equipe virem?

Francisco José foi autorizado pela chefia a ir a Maceió. À noite, a reportagem estava no horário nobre da Globo.

Uma vez, não foi preciso nem dizer qual era a notícia. Collor telefonou a Souza Cruz na hora do almoço e disse que tinha novidade para o dia seguinte. O jornalista perguntou do que se tratava.

— Confia no meu taco, Alberico? — perguntou Collor.

— Claro, governador.

— É uma bomba, posso garantir. Mas não confio nos telefones. Certamente estão grampeados.

— Mas o que o senhor sugere? — perguntou Souza Cruz.

— Mande alguém aqui amanhã que garanto uma boa matéria. Acho que dá até uma "escalada" — pediu Collor, usando o termo que designa as manchetes que servem de anúncio para o *Jornal Nacional* durante a programação.

Às seis e meia da manhã seguinte Cláudio Humberto recebia no aeroporto o repórter José Raimundo e a equipe da Globo. Só então souberam que o governador decretaria que os usineiros poderiam saldar suas dívidas com o estado usando Títulos da Dívida Agrária. Alberico Souza Cruz tomava o cuidado de não permitir que repórteres da TV Gazeta fizessem matérias sobre o governador para os noticiários da rede. Queria evitar que Collor tivesse controle das reportagens. Só mandava repórteres de sua confiança, como José Raimundo e Francisco José, entrevistarem Collor. Mas a TV Gazeta, por meio de seu superintendente, Pedro Collor, bancava parte dos custos do deslocamento das equipes até Maceió.

A cada matéria em que aparecia no *JN*, Collor telefonava para Souza Cruz no restaurante da Globo, agradecia e o convidava para um almoço. Almoço no Rio, e não em Maceió, porque o convidara duas vezes para passar fins de semana em Alagoas e o jornalista recusara. No máximo, Souza Cruz aceitava os lagostins alagoanos que lhe eram enviados em caixas de isopor. Quando julgava que fazia tempo que não aparecia no *Jornal Nacional*, Collor pedia a Cláudio Humberto que descobrisse alguma matéria dos telejornais da Globo em que Souza Cruz tivesse tido participação. O secretário de Imprensa descobria, o governador ligava para o jornalista, elogiava a reportagem e o convidava para um outro almoço. O diretor da Globo não via nada de impróprio no seu relacionamento com Collor. Estava conseguindo notícias, cevando uma fonte, se aproximando de um político que poderia vir a ter relevância. Fizera isso a sua carreira inteira e nunca nenhum chefe ou patrão reclamara. Para ele, política e jornalismo eram indissociáveis.

Alberico Souza Cruz nasceu em 1938 num fim de mundo de Minas chamado Abaeté. Até os sete anos viveu na fazenda da família como um indiozinho, descalço e seminu. Lia com tanta atenção *O Cruzeiro* que um vizinho profetizou: "Você vai ser mais conhecido que o Davi Nasser". Cursou o científico em Belo Horizonte, onde se habituou a ler três jornais por dia. Ligou-se ao PCB e foi eleito presidente da União Colegial de Minas Gerais. Entrou na Faculdade de Direito, onde fez agitação política, e arrumou dois empregos na imprensa: repórter da *Última Hora* mineira e do *Binômio*, um jornal humorístico. Com o golpe de 1964, ambos foram fechados e ele teve de responder a um Inquérito Policial--Militar por subversão. Souza Cruz passou pelas sucursais do *Jornal do Brasil* e da revista *Manchete*, de onde saiu depois que o dono, Adolpho Bloch, pediu-lhe que arrumasse um empréstimo no Banco do Estado de Minas Gerais. Em 1968, um amigo do PCB o convidou para ir a São Paulo participar do lançamento de *Veja*. Estava no Rio, no *Jornal do Brasil*, quando Armando Nogueira o convidou para ser o diretor de Jornalismo da Globo em Minas. Ele aceitou e logo se mostrou maior que o cargo. Tinha experiência de chefia, de reportagem e, mais que tudo, gostava de ficar na conversa de cerca-lourenço, mineira, sem objetivo e conclusão, da qual os políticos tanto gostam. Armando Nogueira o trouxe de volta ao Rio. A Globo lhe proporcionava o que buscava no jornalismo: estar no coração do poder e da política. Na Central de Jornalismo havia quem ironizasse a sua reduzida familiaridade com tecnicismos televisivos, a sua recusa em revelar a idade, o seu porte atarracado, o seu cultivo do mineirismo. Mas em matéria de política interna ninguém na Central era páreo para ele.

A última aparição de Collor na Globo em 1987 foi em dezembro. Houve uma reunião dos 23 governadores do PMDB, no Palácio das Laranjeiras, para definir uma posição quanto à duração do mandato de José Sarney. Encontro *pro forma*, para referendar o que a maioria havia combinado antes: a defesa do mandato de cinco anos para o presidente. Para dourar a pílula continuísta, três ex-cassados, Miguel Arraes, de Pernambuco, Waldir Pires, da Bahia, e José Aparecido de Oliveira, do Distrito Federal, redigiram o manifesto pró-Sarney. Vinte e dois assinaram. Collor foi o último a falar na reunião: "Não vou assinar. Meu pai me ensinou que nunca se deve dar a venta. Não concordo com mais um ano de mandato para quem o está usando tão mal. E porque não concordo não assino, mesmo ficando sozinho. O povo brasileiro também não assinaria. Ele e o tempo me darão razão".

O governador do Rio, Wellington Moreira Franco, tentou convencer o de Alagoas a não dizer nada à imprensa naquele começo de noite. Queria que o manifesto reinasse na televisão e nos jornais, e só no dia seguinte Collor explicasse por que discordava de todos os outros governadores do PMDB. Ele não topou. Antes que a secretária de Imprensa de Moreira Franco, Belisa Ribeiro, divulgasse o manifesto, Cláudio Humberto distribuiu uma nota explicitando a divergência de Collor e organizou as equipes de televisão para o entrevistarem. Os telespectadores souberam por intermédio de Collor da "traição" dos governadores peemedebistas à vontade popular.

Na imprensa escrita, Collor encerrou 1987 com uma entrevista de seis páginas à revista *Senhor*. Conduzida por José Carlos Bardawil, que lhe deu o título de "Bateu, levou", a entrevista teve a política como tema único. Collor queimou as caravelas, tornando inviável a reconciliação com o presidente: "Sarney encarna hoje a personalidade típica de um ditador sul-americano. Ele entende uma crítica à sua política como uma crítica à sua pessoa. Isso é próprio de um temperamento autoritário, ou seja, não desvincula a pessoa do poder". Tornou a defender a candidatura de Mário Covas à Presidência, e Bardawil o pressionou. "O senhor não é mesmo candidato?", perguntou. "Não. Embora, de vez em quando, até me dê vontade de ser, para acabar com essa bandalheira, com essa ineficiência, essa roubalheira, acabar com essa podridão." Tanto a candidatura a vice como a presidente estavam mais próximas do que a Lua. Seria um político nacional. Como o pai.

* * *

Fernando Collor não estava destinado a ser o herdeiro político de Arnon de Mello. Havia outros dois Collor de Mello na linha sucessória: a sisuda Leda e o recalcitrante Leopoldo. Filha e mulher de políticos, Leda queria ser parlamentar. Filiou-se à Arena e candidatou-se a deputada federal em 1974. Sua votação foi vexaminosa. Seria difícil a uma senhora de espesso sotaque gaúcho, orgulhosa de "só pensar em francês", como dizia, e sem nenhuma tarimba de palanque ser eleita em Alagoas. Ainda mais concorrendo pela Arena no ano em que o partido governista foi surrado nas urnas de norte a sul. Mas como o marido era senador, tinha currais eleitorais, dominava o partido e era dono do maior jornal do estado, Leda atribuiu sua derrota a Arnon de Mello. O marido teria feito corpo mole na eleição, segundo ela, porque não a queria como sucessora. Arnon pôs a responsabilidade pela derrota de Leda nas costas de Divaldo Suruagy, acusando-o de ter violado o acordo de despejar votos em sua mulher. Arnon baniu o nome de Suruagy da *Gazeta* e abriu espaço para os que o atacavam. Mas Leda continuou de má vontade com o marido.

Como a única coisa que Leopoldo queria da família era distância e Pedro era um rapazola estouvado, sobrava Fernando Collor. Ele tinha transferido sua matrícula da UnB para a Universidade Federal de Alagoas e, aos trancos e barrancos, concluíra o curso de economia. Casara com Celi Elisabeth Monteiro de Carvalho, apelidada de Lilibeth, uma das herdeiras do conglomerado Monteiro Aranha, que estava entre os maiores grupos empresariais do país. O pai argumentava que o filho, jovem, poderia renovar a Arena em Alagoas. Collor não concordava nem discordava, ganhando tempo. Decidiu-se quando a saúde do pai fraquejou. Arnon era hipocondríaco, tinha pavor de ficar doente. Enfileirava quase uma dezena de comprimidos na hora do almoço. Em meados dos anos 70, seus temores viraram realidade. Começou a manifestar os primeiros sintomas da moléstia cerebral que viria a matá-lo quase dez anos depois. Doença rara, diagnosticada por especialistas em Boston, a paralisia supranuclear progressiva atacou a região motora e minou os movimentos peristálticos do senador. Paulatinamente, perdeu o controle sobre a glote e a mandíbula, e chegou a babar involuntariamente.

Collor entrou na política por meio do futebol. Havia dois times no estado, o do Clube de Regatas Brasil, CRB, e o do Centro Sportivo Alagoano, CSA. Só o primeiro disputava o campeonato nacional, apesar de o outro ser mais popular. Arnon levou Collor para conversar com João Havelange, o presidente da Confederação Brasileira de Desportos, e conseguiu que o cartola incluísse o CSA no campeonato. Fernando Collor se elegeu presidente do clube e ali montou sua primeira base política.

Arnon de Mello participou em 1979 da negociação da escolha do sucessor de Suruagy no Palácio dos Martírios. O ministro da Justiça de Figueiredo, Petrônio Portela, apoiava a candidatura, indireta, do deputado Geraldo Bulhões. Suruagy patrocinava Guilherme Palmeira. Arnon fechou um acordo com Suruagy: escoraria Palmeira no jornal e na televisão, e seu filho Fernando seria secretário no próximo governo. Palmeira ganhou a indicação e ofereceu a Collor a Secretaria da Indústria e Comércio. Quarenta dias antes da posse, a família de Lilibeth deu um almoço no Rio em homenagem, nesta ordem, ao futuro secretário da Indústria e Comércio de Alagoas, ao governador eleito e ao que deixava o cargo. Empresários de expressão nacional atenderam ao convite do Grupo Monteiro Aranha. Suruagy e Palmeira ficaram impressionados com as relações poderosas de Collor e Arnon. No Rio mesmo, a caminho do hotel, Palmeira decidiu que uma secretaria era pouco para Collor. Iria nomeá-lo prefeito de Maceió.

Sem experiência política, mal entrado na casa dos trinta anos, escolhido de afogadilho, o pai querendo tutelá-lo, e ainda por cima com o casamento em crise, Collor não gostou muito de ser prefeito. Como o seu improvisado programa visava transformar Maceió num polo turístico, ele urbanizou parte da orla e doou um terreno da Prefeitura a Helena Lundgren, dona das Casas Pernambucanas, que nele construiu o hotel Jatiúca. A Prefeitura pagava a grã-finos de São Paulo para visitarem Maceió, na esperança de que eles divulgariam os encantos da cidade e atrairiam turistas. Assim, ofereceu-se passagem e estadia aos donos de restaurante José Victor Oliva e Giancarlo Bolla, ao playboy Chiquinho Scarpa e a Cinira Arruda, jurada de programas de televisão. Collor ficou amigo de um dos visitantes, o compositor Martinho da Vila, que o citou num samba sobre Maceió. Numa estrofe, o sambista de Vila Isabel homenageava Mossoró, o mais conhecido cafetão da cidade:

Só em Maceió
É que se pode vadiar
Com as meninas
Do Mossoró.

E na seguinte se referia ao prefeito, citando o sobrenome pelo qual era conhecido:

Para encontrar
Fernando Mello
Tem que ir em Alagoas.

Collor tratava com desvelo quem visitava Maceió. Depois de cobrir uma passagem do presidente João Figueiredo pela cidade, repórteres e fotógrafos se juntaram na praia para jogar futebol. Dois PMs confiscaram a bola. O prefeito proibira o futebol na praia: as peladas incomodavam os banhistas e punham em risco as crianças. Meia hora depois chegou o prefeito e revogou de viva voz a sua ordem. Estava de calção e trazia uma bola para jogar com os jornalistas. Collor reconheceu um deles, o fotógrafo Orlando Brito. Com os alagoanos, o prefeito adaptava sua postura aos interlocutores. Descobriu que os ricos não gostavam que fosse ao Clube Fênix, o mais caro e tradicional, com o Ford Galaxie preto da Prefeitura. Passou a ir ao clube dirigindo seu próprio carro. Nos bairros pobres, como a população vibrava com a chegada do carrão negro, ia sempre de Galaxie.

O maior problema de Collor foi a sujeira. Para aprovar um projeto que autorizava o prefeito a adquirir equipamento para uma usina processadora de lixo, um grupo de vereadores ganhou uma excursão à Itália. Desgastado com a repercussão da viagem, paga pela empresa interessada em vender os equipamentos à Prefeitura, Collor tentou criar uma tarifa do lixo. Não conseguiu porque o jornal de oposição, *Tribuna de Alagoas*, fez campanha contra. A *Tribuna* reunia jornalistas do PCB, do PCdoB e independentes em via de se ligarem ao Partido dos Trabalhadores. Dois meses depois, a Câmara aprovou um novo Código Tributário, imediatamente sancionado pelo prefeito. O chefe de reportagem da *Tribuna de Alagoas*, Cláudio Humberto, teve a pachorra de comparar, um por um, os trezentos artigos do Código aprovado pelos vereadores com o texto publicado no *Diário Oficial*. Tinha essa mania desde que ouvira um ex-governador afirmar que "a oposição é tão incompetente que nem lê o *Diário Oficial*". Fez uma descoberta espantosa e saiu gritando pela redação da *Tribuna*: "O *Diário Oficial* é melhor que o Carlos Zéfiro!".

Descobriu que, na passagem da Câmara para o *Diário Oficial*, mãos da Prefeitura embutiram um artigo instituindo a tarifa do lixo, que nem sequer fora discutida pelos vereadores. O chefe de reportagem escreveu a matéria expondo a falcatrua. A *Tribuna* martelou tanto a questão que foi feita uma passeata contra Collor. O jornal o prejudicava de duas maneiras. Fazia-lhe oposição cerrada. E, atacando a Prefeitura, o governo estadual e a ditadura, roubava leitores da *Gazeta*, o jornal situacionista de sua família. Na *Tribuna*, um dos jornalistas que mais atacava Collor era Cláudio Humberto.

Collor encerrou o mandato com mais um escândalo. No último dia de governo, em maio de 1982, assinou a autorização para se contratar 5 mil funcionários na Fundação Educacional de Maceió, a Femac. Dias depois, ao contemplar de uma janela a enorme fila de contratados se registrando na Fundação, Collor disse a José Barbosa de Oliveira: "Olha, Zé Barbosa, isso tudo é voto para mim". Collor veio a descobrir que, na sua ficha no Serviço Nacional de Informações, SNI, era apontado como responsável pelas contratações de fim de mandato, caracterizadas como "empreguismo eleitoral". Seu tio Lindolpho, irmão de Leda Collor, diplomata que tinha servido no SNI, recomendou-lhe que escrevesse uma explicação sobre o caso, para ser anexada à sua ficha. Collor redigiu 45 páginas de uma mirabolante isenção de culpa: teria havido apenas dezesseis nomes na folha do ofício que assinou, e ele após sua rubrica nas folhas adicionais sem perceber que era uma lista com milhares de nomes.

A saúde de Arnon piorava. Quase não aparecia em público; falava com dificuldade, não conseguia fazer nada sozinho, precisava do cuidado constante de um enfermeiro. "A nossa TV tem de ter um candidato, e esse candidato tem que ser você", dizia o pai ao filho. "A família precisa ter representação política", secundava sua mãe. Collor resolveu concorrer. O casamento com Lilibeth acabara. Seus dois filhos, Arnon Affonso e Joaquim Pedro, moravam com a mãe. Era um modo de tentar vida nova, de sair de Maceió. Se não concorresse, seria complicado voltar à empresa. Quando ele assumira a Prefeitura, seu irmão Pedro o substituíra na direção do grupo e tomara gosto pelo cargo.

— Fernando, você não está fazendo campanha. E se você não se eleger? — perguntou-lhe o irmão.

— Se não me eleger, volto para a empresa — respondeu.

— Não. Se você voltar, eu vou embora. Ou então a gente divide a empresa e cada um fica com uma parte — disse Pedro.

Collor não percebeu, mas começaram ali as suspeitas do irmão sobre ele. O caçula se sentiu desrespeitado. Achava que, por dar um duro danado na empresa, por tê-la feito crescer, deveria ser considerado o diretor de fato e de direito da Organização Arnon de Mello, e não um interino, que só ocupava o cargo quando Fernando Collor não tinha nada mais interessante para fazer.

Ao se dar conta de que o avanço da doença em breve impediria o mando de tomar decisões, Leda propôs a Arnon que assinasse uma procuração dando a ela plenos poderes para gerir os bens da família. A matriarca cogitava vender todas as propriedades da família em Maceió e se estabelecer em definitivo no Rio.

— O que você acha: passo a procuração para a tua mãe? — indagou Arnon a Collor.

— Não passe a procuração. Não deixe que o jornal e a TV sejam vendidos. As empresas existem para preservar o seu nome — aconselhou Collor.

Ao saber da conversa, Leda interpelou o filho:

— Que história é essa? Estás comigo ou com teu pai?

— Estou com papai até ele morrer. Depois vemos o que fazer — respondeu Collor.

Com a progressão da paralisia, Arnon passou a procuração a Leda. Mas Collor e Pedro conseguiram demovê-la de vender a Organização. Collor encarava as empresas como meio de fazer política; Pedro, como um negócio. O caçula de início não deu a ajuda que Collor considerava necessária à sua campanha. Só com a intervenção de Leda foi que Pedro se empenhou mais na eleição do irmão.

O próprio Collor criou a sua campanha. Nas primeiras peças do horário eleitoral na televisão, um ator se fazendo de repórter perguntava a várias pessoas: "Com quem você está?". E elas respondiam: "Estou com quem trabalha", sem dizer nenhum nome. Dias depois, surgia o candidato de número 123, Collor. O slogan foi: "Um, dois, três, vote em quem trabalha". Collor percorreu o estado numa Caravan, fechando acordos com políticos locais. Imaginava ter 35 mil eleitores. Teve 55 mil. Foi o mais votado de Alagoas.

Arnon de Mello morreu em setembro de 1983. O político da família agora era Fernando Collor, um deputado discreto, próximo da invisibilidade. Não apresentava projetos, tampouco discursava ou participava de debates na Câmara. Ia mais ao plenário do Senado. Sentava-se no fundo, nas fileiras menos iluminadas, no lugar onde seu pai costumava ficar, e passava horas ouvindo discursos nos quais não tinha nenhum interesse específico. Uma das únicas iniciativas que tomou quando parlamentar foi processar um jornalista, Sílvio Leite, editor do *Jornal do Congresso Nacional*, que publicou uma reportagem sobre as dificuldades em que vivia a família do senador José Kairala, morto por seu pai. A viúva de Kairala trabalhava como lavadeira. Collor achou que a matéria distorcia fatos e determinou que seu chefe de gabinete, o advogado Cláudio Vieira, abrisse uma ação penal contra o jornalista. Fez gestões junto às mesas da Câmara e do Senado para proibir que o jornal usasse em seu nome a expressão "Congresso Nacional", mas não conseguiu.

Todo deputado jovem, filho de político, é visto com simpatia e curiosidade pela velha-guarda do Parlamento. Um veterano deputado que se interessou por Collor foi Ulysses Guimarães. Ele achava que, com a crescente impopularidade do presidente João Figueiredo, alguns deputados do PDS poderiam ser atraídos para a órbita do PMDB. "Veja como é esse Collor de Mello, poderemos precisar dele", disse Ulysses ao jornalista baiano Sebastião Nery, que se elegera deputado pelo PDT fluminense. O baiano conhecera Collor nos anos 70, quando estivera em Maceió para lançar livros e dera entrevistas à *Gazeta de Alagoas*. Collor gostava de ouvir as histórias do jornalista. Colecionador de casos do folclore político, ele os contava com graça, em meio a uma desconcertante sequência de tiques nervosos. Quando se entusiasmava, Nery parecia estar cabeceando bolas imaginárias para todos os lados. O pedetista percebeu que o filho de Arnon tinha um projeto regional. Collor recepcionava prefeitos e deputados estaduais de Alagoas no aeroporto. Ciceroneava-os pelos gabinetes da burocracia, onde batalhavam verbas, e os hospedava na Casa da Dinda, onde morava. Quando tinham audiência com autoridades graduadas, como ministros, as cenas eram gravadas em vídeo e enviadas para a TV Gazeta, que as exibia em seus noticiários. Nery frequentou uma meia dúzia de vezes a Casa da Dinda, uma construção rústica situada num lugar remoto e pouco prestigiado de Brasília, o Lago Norte. Solteiro, Collor juntava nos fins de semana hóspedes alagoanos, amigos brasilienses e moças que trabalhavam na Câmara e no Senado.

A participação de Collor na política nacional foi ditada pelos interesses da oligarquia alagoana. Os três chefes do PDS estadual decidiram que cada um deles apoiaria um dos candidatos na convenção que escolheria o candidato do partido na sucessão de Figueiredo. Divaldo Suruagy ficaria com Aureliano Chaves. Guilherme Palmeira com Mario Andreazza. Collor apoiaria Paulo Maluf. Assim, quem quer que ganhasse, teria tido o apoio de um alagoano, que incorporaria os dois derrotados às hostes do vencedor. Ganhou Maluf, mas em vez de Palmeira e Suruagy aderirem ao candidato do PDS, bandearam-se para o lado de Tancredo Neves. Só Collor votou em Maluf, que foi vencido por Tancredo. Derrotado, e com a pecha de malufista, Collor rasgou sua ficha de filiação partidária. As alternativas que tinha eram apenas duas, e difíceis: abandonar a política (para fazer o quê?) ou mudar completamente a sua maneira de atuar (e entrar em qual partido?). Passaram-se poucos meses e Ulysses Guimarães procurou Sebastião Nery; bem-humorado, lhe contou: "Aquele seu amigo udenista de Alagoas quer entrar no PMDB".

A entrada de Collor no PMDB se deu por intermédio de Ulysses, que abonou a sua ficha de filiação em Brasília. Decidiu ser candidato ao governo estadual e montou seu próprio grupo de apoio. Necessitava, antes de mais nada, de alguém ao seu lado que entendesse de jornalismo e política. O deputado Mendonça Neto lhe sugeriu, e Collor aceitou, conversar com um dos jornalistas que mais o atacava, Cláudio Humberto Rosa e Silva.

— Como você reagiria a um convite para se encontrar com Fernando Collor de Mello? — perguntou Mendonça Neto a Cláudio Humberto.

— É uma emboscada? — brincou o jornalista.

— É não. Ele quer te conhecer.

Um jantar foi marcado, no início de 1986, na casa de Mendonça Neto. Collor chegou de camiseta polo azul-escura, bronzeado, sorridente. Foi primeiro à cozinha para, simpático e sedutor, cumprimentar a criadagem. Em nenhum momento Collor se referiu aos ataques de Cláudio Humberto ou se queixou deles, e logo expôs o seu plano: "Estou entrando no PMDB, tenho um projeto político, mas as rádios, a televisão e a *Gazeta* não estão afinadas com esse projeto. Preciso de alguém para dar unidade editorial ao grupo".

Collor disse que os veículos da Organização Arnon de Mello deveriam desenvolver um jornalismo isento. Precisavam mostrar independência do governo federal. Que não tinham compromissos com a elite político-empresarial de Alagoas, contra a qual iria se insurgir na campanha. No fim, convidou Cláudio Humberto para ser o diretor editorial da Organização. O jornalista se encantou com a conversa. Achou que Collor tinha o otimismo de Juscelino Kubitschek e queria que Alagoas se modernizasse. Quanto a trabalhar para Collor, Cláudio Humberto era realista: Ele não pode ser pior patrão que o senador Teotônio Vilela, pensou. Parecia-lhe absurdo que, fora do estado, Teotônio fosse considerado um libertário. No cotidiano da *Tribuna de Alagoas*, cansara de receber ordens peremptórias do senador, escritas à mão em papel de embrulho, e de vê-lo negociar a linha do jornal para cumprir acordos com as figuras mais reacionárias da política provinciana. Como estava de férias marcadas, pediu dez dias para dar uma resposta. No dia seguinte, encontrou-se com seus amigos de esquerda no Sindicato dos Jornalistas. A maioria achou que ele não tinha nada a perder. Afinal, era Collor que estava vindo da direita para o centro, enquanto Cláudio Humberto iria da esquerda para o centro. Os mais pragmáticos observaram que, na direção editorial das empresas, ele poderia arrumar emprego para os amigos. Depois dos dez dias de férias no Recife, ligou para Collor e aceitou o convite.

Cláudio Humberto nunca assumiu o cargo de diretor editorial da Organização Arnon de Mello. Supervisionou o noticiário de maneira esporádica, deu palpites aqui e ali, chegou a mudar a primeira página da *Gazeta* em algumas ocasiões — e logo saiu da empresa. De um lado, o superintendente Pedro Collor barrava-lhe os passos, disputando cada ordem sua. De outro, Collor começou a campanha para governador e o nomeou coordenador de Comunicação, trazendo-o para o círculo de assessores próximos. Na campanha, continuaram as fricções com Pedro Collor. Este havia fundado uma produtora, a Vídeo Frame, para fazer campanhas políticas. A produtora foi contratada por vários candidatos. Pedro Collor deu preferência aos que pagaram, e destinou poucas câmeras e apenas trinta minutos da ilha de edição de videoteipe para a equipe do irmão. Fernando Collor reclamou com a mãe, que não fez nada. O candidato acatou a ideia de Cláudio Humberto: precisavam contratar uma produtora de publicidade só para ele. Collor foi a Itaparica, na Bahia, desembarcou na praia de Mar Grande e perguntou a um senhor de cabeça toda branca: "Governador, onde fica a casa de Duda Mendonça, por favor?".

Antônio Carlos Magalhães indicou-lhe o caminho e depois comentou: "Esse filho do Arnon sabe das coisas: veio atrás do melhor homem de propaganda política da Bahia". Duda Mendonça deu suporte à campanha de Collor. Enviou a Maceió uma pequena equipe da sua agência, que montou um estúdio no prédio da *Gazeta*. O publicitário responsável ficou sendo Orlando Pacheco, irmão de Agnelo Pacheco, dono de uma agência com o seu nome em São Paulo. Orientados por Collor, Cláudio Humberto e Orlando Pacheco armaram uma campanha que se apoiava no ataque aos adversários, no registro jornalístico e na emoção. Partiram para cima dos candidatos do Partido da Frente Liberal, o PFL, ao governo e ao Senado, Guilherme Palmeira e Divaldo Suruagy, responsabilizando-os pelo atraso de Alagoas. Registraram as atividades de Collor no quadro "A semana do candidato", copiado da "Semana do Presidente", que Silvio Santos levava ao ar em seu programa dominical. Como música de fundo, usaram a trilha sonora do *Fantástico*. O ingrediente "emoção" era vago. Mostravam desde o kitsch usual da propaganda política (crianças sorrindo em câmera lenta, jovens correndo, auroras e arrebóis fulgurantes) até o discurso de Collor numa sacada, debaixo de chuva, desafiando pistoleiros que teriam tentado impedir um comício seu em Limoeiro de Anadia. As imagens do comício em Limoeiro foram feitas por uma equipe da TV Gazeta, paga pelo comitê de campanha e encarregada de acompanhar Collor o tempo inteiro. A cada gravação, Collor dava uma conferida nos monitores e perguntava se o som e a imagem estavam bons. Na cidade de Água Branca a equipe esperou do meio-dia às oito horas da noite, junto com Collor, até que um cabo eleitoral imprescindível chegasse: Frei Damião, um capuchinho corcunda que fazia o povo do sertão vibrar com o seu misticismo. A campanha deslanchou. De nada adiantaram as provocações do supermarajá Luiz Gonzaga Mendes de Barros, que disputou uma vaga para o Senado numa campanha em que insinuou que Collor usava drogas. O slogan eleitoral de Mendes de Barros era "Não às drogas", e a primeira letra, o N, era gravada no mesmo tipo utilizado no material de propaganda de Collor. O supermarajá aparecia no vídeo com uma balança. Num dos pratos havia um pó branco que lembrava cocaína. No outro, ervas verdes parecidas com maconha. Collor foi eleito.

O que demorou a engrenar na campanha foi a arrecadação de dinheiro. O encarregado da missão foi Ivan Scala, um professor da Universidade Federal de

Alagoas, que dividia tarefas com José Barbosa de Oliveira. Mas sempre faltava dinheiro para a propaganda, as viagens, a montagem dos palanques. Foi o usineiro João Lyra quem resolveu a parada. Ele colocou um homem de sua confiança como responsável pelas finanças da campanha. A partir daí, nunca faltou nada. O novo caixa se chamava Paulo César Farias.

* * *

Collor ficou amigo de Paulo César Farias, mas não a ponto de convidá-lo para ir à China, no final de 1987, como fez com meia dúzia de casais. Nem a ponto de se preocupar em trazer um presente chinês para ele. Para Alberico Souza Cruz, Collor comprou pratos de porcelana. Em Pequim, houve o jantar no restaurante Pato Laqueado onde teria sido sacramentado o desígnio de Collor de concorrer à Presidência. Da parte de Collor o que houve foi apenas um jantar divertido, animado pelos brindes incessantes de Cleto Falcão com mou tai, a aguardente local. Havia, no entanto, algo no ar. Em Hong Kong, no dia 27 de dezembro, Collor estava cheio de andar com doze pessoas. Saiu para passear com Pedro Paulo Leoni Ramos, um amigo de Brasília, e propôs: "Vamos fugir?". Numa agência de turismo, folhearam prospectos e decidiram se separar do grupo e passar o réveillon em Bali. Numa conversa a dois, em Bali, Collor perguntou-lhe:

— Você acha que devo sair para presidente?

— Não tenho dúvidas que você poderá fazer uma boa campanha e, numa eleição em dois turnos, pode até influenciar no resultado, se credenciando para vir a ser, digamos, ministro do Interior — respondeu Leoni Ramos.

— O seu raciocínio está correto. Mas você não está me entendendo: eu vou disputar e ganhar a eleição.

6. VEJA

De volta da China, Fernando Collor reencontrou um amigo da juventude. Sabia-o envolvido com um instituto de pesquisas e lhe disse:

— Estou querendo fazer uma pesquisa nacional para ver se tenho condições de disputar a Presidência.

— Você está maluco, Fernando — falou o amigo, Marcos Antônio Coimbra.

Tinham intimidade, Fernando e Marcos Antônio. Eram primos distantes e se conheciam desde os dezesseis anos, quando estudaram na mesma classe, internos no Colégio São José, na Tijuca, e dividiram o quarto nos fins de semana, na casa dos Collor. A mãe de Marcos Antônio morrera quando ele era menino, e o pai, o diplomata mineiro Marcos Coimbra, casara um ano depois com Ledinha, a filha mais velha do senador Arnon. Quando Coimbra foi designado para servir no Japão, Marcos Antônio e seu irmão mais novo, Gastão, ficaram aos cuidados da família Collor. Por ter acompanhado o pai em consulados e embaixadas, Marcos Antônio falava cinco idiomas. Era um intelectual precoce, que lia sem parar e seguia a programação do Paissandu, o templo dos cinéfilos cariocas. Collor não tinha rival como primeiro da classe até a chegada do primo, quando passaram a disputar áreas de influência. Enquanto o filho do senador exercia no colégio uma liderança religiosa, conservadora, o filho do diplomata impressionava outro grupo pela sua cultura e curiosidade. Mais que rivalidade, alimentavam entre si uma curiosidade recíproca, colorida por um quê de inveja. Marcos Antônio, vindo de uma família de classe média, olhava com interesse aqueles Collor com garçons e chofer, barco no Iate Clube e casa em Petrópolis, preocupações com automóveis e etiqueta. Percebia que Fernando Collor era uma personalidade intrincada: apesar de playboy e fútil, era inquieto e retraído. Já Collor não compreendia direito aquele rapaz sisudo, calado, que comentava filmes de Luis Buñuel e livros que ninguém tinha lido. Em 1967, o diplomata Marcos Coimbra foi transferido para Brasília, onde serviu no cerimonial da Presidência, e a situação familiar se inverteu: os irmãos Fernando e Pedro Collor se mudaram para a casa de Marcos e Ledinha Coimbra. No ano seguinte, nova mudança. O casal Coimbra foi mandado a Bucareste, na Romênia, e os quatro rapazes continuaram em Brasília, mas se separaram. Marcos Antônio e Gastão foram viver sozinhos num apartamento. Fernando e Pedro Collor, noutro.

Os primos se separaram física e existencialmente. Enquanto Collor entrou na roda do caratê, da doce vida de boates e namoros, os irmãos Coimbra — mais Gastão do que Marcos Antônio — engajaram-se na militância de esquerda. Haviam estado em Paris em junho de 1968, captaram os ecos da revolta de maio e voltaram ao Brasil com pôsteres de Mao e Che Guevara. Transformaram o apartamento onde viviam num aparelho, escondendo metralhadoras roubadas e abrigando perseguidos. A polícia descobriu que Gastão Coimbra tomara parte no sequestro de um coronel do Exército e invadiu o apartamento. Marcos Antônio foi detido três dias. Gastão, durante meses. Marcos Coimbra voltou da Romênia e levou três meses para libertar o filho, apesar de conhecer o presidente Costa e Silva e da ajuda do senador Arnon de Mello. Só conseguiu soltá-lo porque garantiu que o enviaria para fora do país. Gastão passou seis anos sem pisar no Brasil. Enquanto tentava liberar o filho, Marcos Coimbra ouviu um consolo-desabafo de Arnon: "Pelo menos os seus filhos estão interessados numa causa, querem mudar o Brasil. Veja o Fernando e o Pedro: não querem saber de nada". Foi nessa época que Collor desfilou para a primeira-dama Yolanda da Costa e Silva vestindo um modelo do costureiro francês Pierre Cardin. A participação foi arranjada pela mãe de seu amigo Paulo Octavio, que tinha contatos no Planalto. Collor desfilou com um único objetivo em mente: levar as modelos de Cardin para o seu apartamento. Conseguiu. Atraiu-as com um Mustang e garrafas de champanhe francês.

Marcos Antônio formou-se e fez mestrado em sociologia na Universidade de Brasília. Deu aulas na Universidade Federal de Minas Gerais e doutorou-se na Universidade Manchester, na Inglaterra. Estabeleceu-se em Belo Horizonte, onde três de seus ex-alunos haviam fundado o Vox Populi, um instituto de pesquisa de opinião do qual se tornou sócio. A empresa cabia numa sala quando Collor falou a Marcos Antônio Coimbra que queria aferir a sua chance de ser eleito presidente. A pesquisa foi realizada por causa do convite que Daniel Tourinho, dono do Partido da Juventude, o PJ, fez a Collor para participar do programa de televisão do partido. Tourinho lhe telefonara no final de 1987 para contar que o partido seria extinto porque só conseguira criar diretórios em oito estados, e a legislação exigia um mínimo de nove. Em três dias, num passe de mágica, Collor dera um jeito para que o PJ estivesse registrado em trinta municípios alagoanos. Tourinho conseguira o nono diretório estadual, garantira a existência legal do partido e retribuía o favor convidando o governador alagoano a participar do programa na televisão. Isso desde que pagasse pela produção, porque o PJ não tinha o dinheiro necessário. Quem fez o pagamento foi Paulo César Farias.

Collor deveria se candidatar a presidente? E o que deveria dizer no programa do Partido da Juventude na televisão? Essas foram as questões que sobraram da discussão que aconteceu em fevereiro de 1988, em São Paulo, na Saldiva & Associados. Estavam presentes Collor, Marcos Antônio Coimbra, Cláudio Humberto, Leopoldo e Rose Saldiva, a dona da agência. Coimbra saiu do encontro com a missão de descobrir a resposta para essas duas perguntas específicas sobre Collor e outras duas, genéricas: quais os problemas nacionais que o eleitorado considerava mais graves e que tipo de homem queria como candidato à Presidência. O Vox Populi preparou um questionário minucioso, com cem perguntas. Questões como: "Acha bom que o candidato vá à missa?", "O candidato deve dirigir o seu próprio carro?", "O candidato deve fazer esportes?", "Há importância em o candidato ser divorciado?", "A mulher do candidato deve trabalhar?". Numa segunda reunião, na mesma sala e com as mesmas pessoas, Marcos Antônio Coimbra apresentou os resultados da pesquisa.

"Sim, há lugar no imaginário popular para a candidatura de Fernando Collor de Mello", começou o sociólogo. O levantamento mostrou que, para os entrevistados, o problema nacional mais grave era a corrupção, da qual o marajaísmo era um elemento. Como candidato à Presidência, dois terços dos eleitores queriam alguém indignado com a roubalheira. Que tivesse ímpeto e energia para tirar o Brasil do subdesenvolvimento. Que fosse corajoso e não entrasse no jogo tradicional da política. Não pertencesse ao sistema de poder e tivesse um passado limpo. Collor, esclareceu Marcos Antônio Coimbra, era apenas um dos candidatos que poderia preencher esses requisitos. Também cabiam nesse imaginário o petista Luis Inácio Lula da Silva, o liberal Guilherme Afif Domingos, o fazendeiro Ronaldo Caiado e o comunista Roberto Freire.

Com base nas descobertas de Marcos Antônio Coimbra, Collor gravou sua participação no programa do PJ. Gravou mas não apareceu na televisão. Cada vez que se anunciava que ia aparecer, a Justiça Eleitoral tirava o programa do ar, escudando-se na lei que proibia a aparição de políticos que não fossem os filiados ao PJ — e o governador de Alagoas estava registrado no PMDB. De sessenta minutos, mais de quarenta foram vetados pela Justiça Eleitoral. A censura foi boa para Collor. Pela primeira vez no Brasil, se fez uma pesquisa em tempo real, pelo Vox Populi, aquilatando a reação dos eleitores a um programa eleitoral. O instituto descobriu que os telespectadores acharam que Collor foi proibido de falar porque "dizia verdades", "incomodava o governo", "queriam impedi-lo de fazer denúncias".

Marcos Antônio Coimbra andou bastante com Collor durante o primeiro semestre de 1988, apesar do seu pavor de avião. Estiveram juntos em Belo Horizonte, em Brasília, no Rio, em São Paulo e em Maceió. Desenvolveram uma amizade baseada no mútuo reconhecimento da capacidade profissional do outro. Coimbra via que, onde Collor passava, pessoas se aproximavam para pedir autógrafos, cumprimentá-lo pela luta contra os marajás. Quem o conhecia, gostava dele. Para que fosse candidato à Presidência era preciso torná-lo mais conhecido. Havia tempo: em junho, a Constituinte aprovou o mandato de cinco anos para Sarney, transferindo a eleição presidencial para novembro do ano seguinte. Coimbra recomendou a Collor que aparecesse o máximo que pudesse na imprensa. Em qualquer veículo ou contexto. Desde que voltara da China, Collor chegara à mesma conclusão do primo. Desembarcara declarando que Sarney havia "batido a carteira da História" e ganhara manchetes. Houve ocasiões em que beirou o ridículo para aparecer na imprensa. Como numa foto para *Veja* e no Carnaval carioca.

Janeiro era um mês tenebroso para a editoria de Brasil e a sucursal de Brasília de *Veja*. Com o verão e as férias escolares o Legislativo entrava em recesso, os parlamentares viajavam e as notícias políticas minguavam. Laurentino Gomes fora transferido do Recife para Brasília, onde chefiava a sucursal da revista. Era o seu primeiro verão na capital, e não havia notícias. Teve uma ideia de pauta e ligou para o diretor-adjunto Elio Gaspari, responsável pela cobertura política da revista.

— Que tal uma matéria mostrando que o Sarney reduziu as verbas para Alagoas porque o governador é contra o mandato de cinco anos? — perguntou Laurentino Gomes.

— Nem pensar: ninguém quer saber de Alagoas — cortou Gaspari.

Laurentino Gomes insistiu. Disse que o presidente não recebia Fernando Collor havia um ano. Fazia quatro meses que Alagoas não via a cor de verbas do governo federal. Enquanto isso, governadores que defendiam os cinco anos tinham dinheiro à vontade.

— Olha, vamos fazer esse negócio mais fácil, Laurentino. A matéria sai se o governador posar, na frente do Palácio do Planalto, puxando para fora os bolsos da calça, para mostrar que está sem dinheiro.

Gomes falou com o fotógrafo Orlando Brito, que estava morando no Rio e conhecia Collor. Brito ligou para o governador e sugeriu a foto. Collor ficou de pensar, mas topou posar na manhã seguinte na frente do Planalto. Escalado para cumprir a pauta, o fotógrafo João Ramid convenceu o governador a puxar os bolsos para fora. Gaspari publicou a matéria, abrindo a foto em meia página. Na legenda entrou a declaração de Collor: "Alagoas está com os bolsos vazios".

Dava certo, mais uma vez, uma versão fotográfica do truque que Gaspari inventara no Aeroporto do Galeão, nos anos 60.

* * *

Muito do que Elio Gaspari aprendeu na vida foi num internato em Sepetiba, no Galeão e com Ibrahim Sued. Poderia ter aprendido melhor matemática quando fez o científico na escola da Associação Cristã de Moços na Lapa, no Rio, mas sempre roubava o escapulário do professor da matéria, um velhinho católico. O aluno dizia que, se não tivesse nota 8 no boletim, queimaria o escapulário. O velhinho correria o risco de morrer subitamente, em pecado, e, sem o escapulário, não teria a garantia de ir para o céu. O aluno levava 8 no boletim, mas cresceu sem saber fazer direito contas mais complicadas. Gaspari não conheceu o pai, alistado na Aeronáutica, que morreu antes do seu nascimento, em Nápoles, em 1944. Aos cinco anos ele veio para o Rio com a mãe, que temia a eclosão de outra guerra. Eram só os dois, sem nenhum parente próximo ou distante. Se a mãe sumisse, pensava o menino, estaria só no mundo. Ele se alfabetizou em português e passou um ano semi-interno no São Bento, onde sua matrícula foi cancelada por indisciplina. Sua mãe tinha um bar em Copacabana, que vendeu em condições desfavoráveis quando o senhorio não lhe renovou o aluguel. Mãe e filho mudaram-se para Caxias, voltaram a Copacabana, e depois foram morar na rua do Senado, no centro. Pulando de escola em escola, o menino era inquieto e rebelde. Aprumou-se um pouco no ginásio, no internato em Sepetiba, que parecia mais um reformatório do que uma escola. Vários de seus colegas eram filhos de bicheiros. Na Lapa, conheceu Madame Satã, o legendário bandido homossexual. Uma vez, o compositor Ismael Silva almoçou na sua casa. Com a ancestralidade napolitana, o coleguismo de futuros bicheiros e a observação da fauna da Lapa, Gaspari embebeu-se da sabedoria das ruas. Foi aprovado no vestibular de história, mas a militância na esquerda o levou ao jornalismo.

Quando Jânio Quadros renunciou, em 1961, Gaspari foi à Cinelândia participar de uma passeata pela sua volta à Presidência, com poderes ditatoriais. A passeata não veio. Veio outra, liderada por um futuro jornalista, Miltom Coelho da Graça, defendendo a posse do vice-presidente, João Goulart. Gaspari instantaneamente se convenceu da justeza da reivindicação e aderiu à manifestação. Na sequência, aderiu à linha política de Coelho da Graça, a do Partido Comunista Brasileiro. Graças ao PCB conseguiu o seu primeiro emprego, na embaixada de Cuba no Rio, onde recortava jornais para o arquivo. A influência do PCB o levou a cursar história na Faculdade Nacional de Filosofia, na qual a base partidária chegava a cem pessoas, entre estudantes e professores. Saiu da embaixada e foi trabalhar em *Novos Rumos*, publicação do partido. Sua primeira reportagem foi sobre uma invasão de terras em Campos, no estado do Rio. Na segunda, se disfarçou de médico para cobrir uma crise na Santa Casa de Santos. Numa outra cobertura, ganhou de presente um boné com a assinatura de todos os integrantes do comando de greve dos marinheiros, inclusive a do cabo Anselmo. Gaspari foi expulso da faculdade e perdeu o emprego com o golpe militar, quando *Novos Rumos* foi fechado.

Três meses depois, ele estava numa agência de notícias no Galeão. O aeroporto era o ponto de passagem dos poderosos da República. Os políticos, ainda em trânsito da antiga para a nova capital, embarcavam nos voos matutinos para Brasília. No Galeão desembarcavam as celebridades estrangeiras que visitavam o Rio. Como se podia entrar na área da alfândega, os jornalistas circulavam e faziam entrevistas. Os repórteres da agência tinham de falar com os passageiros famosos, redigir as matérias na sala de Imprensa, tirar cópias num estêncil a álcool e mandá-las para os jornais. Gaspari logo constatou que o tempo médio de embarque e desembarque, vinte minutos, era escasso. Enquanto entrevistava um deputado, perdia outros três que entravam no avião para Brasília. Passou a acordar de madrugada para ler os jornais e, com base neles, escrever pequenas entrevistas de políticos comentando os assuntos do dia. Corria para o Galeão e oferecia as entrevistas a políticos. Se concordavam com as respostas, passavam a ser os entrevistados de fato e de direito. Assim, podia mandar aos jornais três, quatro entrevistas, em vez de uma. Os entrevistados agradeciam porque, além de estarem nos jornais, às vezes pareciam mais inteligentes ou engraçados do que realmente eram. Em *Veja*, o método foi refinado e usado anos a fio. Gaspari inventava um raciocínio para avivar uma matéria, geralmente de madrugada, no calor do fechamento, e mandava um repórter achar alguém famoso que quisesse assumir a autoria. A frase "O povo gosta de luxo, quem gosta de miséria é intelectual", nasceu assim, proposta por Gaspari ao carnavalesco Joãosinho Trinta. O truque tinha algo de molecagem, mas ficava nos limites das normas jornalísticas, na medida em que ninguém era forçado a encampar uma declaração. O seu fim último era levar um fato novo ao leitor — como a foto de um governador exibindo os bolsos vazios na frente do Planalto.

Ao lado do poeta Augusto Frederico Schmidt, Gaspari testemunhou no Galeão a volta do juiz Osny Duarte Pereira do exílio. Schmidt lhe disse: "Veja só, meu filho, teve de sair de sua terra, deixou tudo para trás, foi exilado, esteve no ostracismo. Agora, está cercado de amigos. Os amigos vieram recebê-lo. Sabe por quê? Porque na vida só se tem isso: os amigos".

Elio Gaspari ficou assaz impressionado com as palavras do poeta. E mais ainda porque Schmidt morreu dias depois de dizê-las. Para agradecer a lição sobre a amizade, foi ao seu enterro. Talvez porque não tivesse crescido em meio a irmãos, primos, tios, avós, e tenha se apoiado em amigos no tempo em que bordejou a pobreza, Gaspari fez da amizade um valor maior em sua vida. Uma amiga sua dos tempos de faculdade, a professora Dora Henrique Costa, observou: "O Elio não faz amizade, faz pacto de sangue". Seus pactos de sangue, com pessoas díspares, o levaram a criar um sistema de lealdades que às vezes só ele entendia. Ou só ao seu redor podia adquirir sentido.

Ainda no aeroporto, Gaspari começou a trabalhar para Ibrahim Sued, o colunista social que havia saído de *O Globo* e levado para o *Diário de Notícias* as suas notas e bordões como "Os cães ladram e a caravana passa", "Sorry, periferia" e "Cavalo não desce escada". O trabalho era pesado. Entrava no escritório de Sued ao meio-dia e tinha que entregar duas laudas de notas exclusivas às quatro horas da tarde. Mas o Turco ensinava como obtê-las. Ensinou-lhe que em vez de ir aos escritórios ou gabinetes entrevistar as pessoas, era mais rápido pegá-las pelo telefone. Ensinou que reescrever notícias de outros jornais, "cozinhar" matérias, era bobagem. Ensinou a ir na notícia. A procurar. Que a agenda telefônica é um instrumento de trabalho. A fazer sempre o melhor. Não foi um aprendizado suave. Sued era adepto da didática do grito e da explosão. Certa vez, Gaspari escreveu uma notinha informando que o poeta Jean Cocteau havia inaugurado uma exposição de joias. No dia seguinte, o colunista entrou bufando no escritório: "É, depois eu é que sou burro: Jean Cocteau morreu há três anos!". Sued avisava a seus repórteres que pagava mal. "Arrumando coisa melhor, vai em frente", dizia. Gaspari não tinha carteira de trabalho assinada, direito a férias nem 13º salário. Em compensação, o Turco trazia presentes de suas viagens à Europa, e em dezembro lhe dava a "natalina", um incentivo que podia, dependendo do ano, chegar ao valor de três salários. Ficou chapa de Gaspari. Iam à sauna aos sábados. Saíam à noite para fazer a ronda dos restaurantes e boates. Era uma situação irônica: mal entrado nos vinte anos, comunista e remediado, Gaspari frequentava as mesas da alta sociedade carioca. Conheceu não apenas dondocas e locomotivas. Estabeleceu contatos com capitães da indústria, ilustres senadores da República, tubarões das finanças e advogados das grandes negociatas. Sua formação avançara: sabia quem era quem entre os malandros, os comunistas e a elite.

Elio Gaspari se interessou em trabalhar em *Veja* logo que a revista foi lançada. Aprendera inglês lendo *Time* e gostava do jeito das semanais. Fez algumas reportagens como freelancer para a sucursal do Rio, agradou e foi contratado. Começaria a trabalhar numa segunda-feira, mas três dias antes a Aeronáutica o chamou para depor. Apresentou-se e foi preso, primeiro na ilha das Cobras e depois na das Flores. Detido, continuou arrumando notícias. Descobriu, e Ibrahim Sued deu em primeira mão, que um funcionário do Banco do Brasil, o Bom Burguês, tinha desviado dinheiro para o Movimento Revolucionário 8 de Outubro, o MR-8. Gaspari não havia cometido nenhum crime. Se delatasse um subversivo já conhecido dos militares, seria solto. Sued o visitou e, na presença do comandante da prisão, lhe disse:

— Ô Elio, fala alguma coisa aí para o comandante que você é solto e a gente vai embora.

— Ô Ibrahim, pensei que você tinha vindo aqui para me ajudar, e não para ajudar o comandante — brincou Gaspari, mas nem tanto.

— Tem razão! Não tem que falar porra nenhuma aqui para o nosso comandante — concordou depressa o Turco.

A libertação do jornalista se deveu a uma de suas intrincadas relações de amizade. Gaspari era amigo de Marcelo Medeiros, filho do advogado Carlos

Medeiros, o "jurila" (cruzamento de "jurista" com "gorila", gíria que designava os militares de extrema direita) que redigira o Ato Institucional número 1, três dias depois do golpe de 1964. Medeiros encontrou-se numa solenidade com o ministro Augusto Rademaker, da Marinha, e lhe disse que um amigo da família estava preso. Não discutia os motivos da detenção, que sabia políticos, mas avisou que quando se completassem os sessenta dias de prisão, entraria com um pedido de habeas corpus. Seria criada uma situação esdrúxula: o jurila que escreveu o AI-1 assinaria um pedido de habeas corpus para um preso político. Depois de 59 dias Gaspari foi solto e posto sob a custódia de Sued. Voltando para a cidade, no carro, o Turco lhe disse: "Olha, não tem esse negócio de custódia porra nenhuma; se quiser se mandar, se manda".

Ele não se mandou. Gaspari teve a sorte de começar a trabalhar na sucursal de *Veja* no dia 1º de setembro de 1969, na crise provocada pela doença de Costa e Silva. Participou do começo ao fim da cobertura coordenada por Raimundo Rodrigues Pereira e, em meados de 1970, assumiu o seu lugar de editor de Brasil, passando a despachar diretamente com Mino Carta. Italianos, interessados em artes plásticas, expansivos e afetuosos, Gaspari e o diretor de redação deram-se otimamente. Gaspari sobressaía na redação. Falava alto, ficava um tempão no telefone, se metia em todas as editorias, dava palpites, puxava discussões. E, incrementando a cobertura política de *Veja*, cavava e cultivava suas fontes. Telefonou para o general Golbery do Couto e Silva, o criador do Serviço Nacional de Informações, e marcou uma conversa. Golbery lhe contou novidades e disse uma frase que se tornaria famosa: "Eu sou o general do silêncio". Gaspari ouvia e imaginava um jeito de agendar uma segunda conversa com aquele militar que era culto e dava notícias. No final, arriscou pedir indicações de livros. O general ficou de pensar em alguns e combinaram um segundo encontro. Mantiveram contato até a morte de Golbery. Graças a fontes militares Gaspari escreveu praticamente sozinho, com um quepe de general na cabeça e sem camisa (a redação de *Veja* não tinha ar-condicionado) a edição extra sobre a escolha de Ernesto Geisel para suceder Médici na Presidência.

Mino Carta convidou-o para o cargo de redator-chefe, o segundo na hierarquia da redação, mas Gaspari não aceitou. Uma negativa estranha, visto que tinham afinidades. Talvez Gaspari possa ter intuído que a relação entre Carta e Roberto Civita se esgarçava, o que levaria o futuro de *Veja* a ser tumultuado. E pode ser que, embora inconscientemente, tenha achado que para deslanchar na profissão devesse sair da sombra de Carta. Por coincidência, seu amigo Walter Fontoura lhe telefonou, em janeiro de 1974. "O Alberto Dines foi demitido e o Brito me chamou para dirigir o *Jornal do Brasil*. Quero você comigo, Elio", disse Walter Fontoura.

Gaspari voltou ao Rio para fazer a coluna Informe JB e depois foi editor de Política. No *Jornal do Brasil*, descobriu uma obviedade que, em virtude do ambiente frenético de qualquer grande diário, às vezes é difícil perceber: a redação tende ao mínimo esforço. Assim, se o presidente Juscelino Kubitschek ou Carlos

Lacerda morrem, ou o Museu de Arte Moderna pega fogo, a inércia leva a uma cobertura burocrática, baseada no arquivo do jornal. Nos três episódios, Gaspari chegou à redação do *JB* dizendo: "Vamos ter de rodar a baiana". O que significava botar a patuleia para trabalhar. Não era simples. O crítico de arte do jornal não cogitou ir à redação escrever sobre o incêndio do museu. "Olha, é o maior desastre cultural desde a inundação do rio Arno, em Florença, mas se você não quer participar...", disse-lhe Gaspari. Rodar a baiana também queria dizer que ele próprio teria de botar a mão na massa. Não bastava dividir as pastas do arquivo sobre Carlos Lacerda para que cada redator contasse um aspecto da carreira do jovem comunista que virou arauto da direita. Era preciso descobrir um nexo, dar um sentido à vida do morto. Por isso, Gaspari juntou todas as pastas e traçou um perfil do Corvo. "Projetou-se num regime que ajudou a destruir e foi destruído noutro, que ajudou a construir", escreveu. "Disparava adjetivos como se tivesse na mão uma metralhadora giratória capaz de, numa só fuzilaria, abater o lado dos inimigos e dos amigos. Acabar com Lacerda foi, de certa forma, o desejo secreto de todos aqueles apanhados pela metralhadora giratória. Uns, por terem sido feridos, outros, mais avisados, por terem escapado incólumes, mas de cócoras."

Em *Veja*, José Roberto Guzzo admirava o vigor do *Jornal do Brasil*. Para melhorar a revista, precisava de Elio Gaspari e Dorrit Harazim, de quem era amigo desde que ela chegara de Paris, dez anos antes. Convidou-os a se transferirem para São Paulo. Convidou no momento certo: ambos achavam que o ciclo deles no *JB* se encerrara. Gaspari passou o primeiro semestre letivo de 1979 na Universidade Columbia, em Nova York, e voltou direto para *Veja*. O seu propósito inicial foi acabar com a casta que, lentamente, se formara na redação: a dos que só escreviam (os editores) o que outros apuravam (editores-assistentes e repórteres). Todos teriam de apurar, e só progrediriam os que soubessem ir para a rua, trazer uma matéria e escrevê-la. Gaspari foi recebido com frieza e até hostilidade por parte da redação. Havia motivos profissionais e políticos para a rejeição. Profissionais porque ele rodava a baiana, estava sempre insatisfeito, queria saber detalhes que ninguém lembrara de perguntar, exigia precisão, capricho. Mais trabalho, em suma. Fazia as matérias serem reescritas várias vezes, deixando inseguros os redatores mais tarimbados. E motivos políticos porque Gaspari era visto por alguns como agente do general Golbery do Couto e Silva na imprensa. Ele apostara todas as suas fichas no projeto da abertura de Geisel e apoiara a candidatura de João Figueiredo contra a de Euler Bentes. Considerava que o primordial era reconquistar as liberdades públicas. Em partes da redação, atribuíam-se a Elio Gaspari coberturas cheias de restrições às greves, matérias antipáticas ao PT e má vontade com Leonel Brizola. Sua relativa impopularidade era reforçada pelo humor agressivo ("A matéria vai sair assim porque eu sou inteligente e você não", dizia), pelo egocentrismo assumido ("O sistema é heliocêntrico, e foi Copérnico quem disse"), e por tiradas que, na 17ª repetição, molestavam almas mais sensíveis ("Vocês que perderam em 1964 fiquem aí trabalhando que eu vou jantar", era o seu bordão ao ir embora, de madrugada). Mas, para os jornalistas que fechavam direto com Gaspari, a sua criatividade, inteligência e o seu envolvimento em todos os aspectos da feitura de *Veja* funcionaram como uma escola de jornalismo. Uma escola onde uma nova geração aprendeu que o editor não é um burocrata que fecha matérias mas também um repórter com suas próprias fontes, a curiosidade é a alma do ofício, e a notícia o seu bem mais precioso.

Entre 1979 e 1983, Gaspari trocou mais de 90% da redação de *Veja*. Até Millôr Fernandes foi demitido por ter apoiado, em sua seção na revista, a campanha de Brizola em 1982. A política deixou de ser um embaraço quando Figueiredo rompeu com *Veja*, durante uma viagem a Paris. Ao depositar uma coroa de flores no túmulo do Soldado Desconhecido, o presidente errou o alvo e a jogou em cima do fogo perpétuo. O repórter Flávio Pinheiro, que acompanhava a viagem pela revista, escreveu na matéria que Figueiredo depositou uma *corbeille flambée* no mausoléu. A expressão foi para a legenda da foto, provocando a ira presidencial. Na capa sobre a morte de Elis Regina por uso de cocaína, nas seis capas sobre a Guerra das Malvinas, na descoberta de que o jornalista Alexandre Baumgarten fora assassinado, no apoio à campanha das eleições diretas, e nas seis capas consecutivas sobre a doença e morte de Tancredo Neves — em todas elas Gaspari foi o dínamo da cobertura. Em seus nove anos como diretor adjunto a tiragem de *Veja* saltou de 300 mil para 800 mil exemplares vendidos por semana.

Gaspari tinha uma boa relação com Roberto Civita, apesar das divergências. Uma delas se deu quando uma assembleia do Sindicato dos Jornalistas aderiu a uma greve geral de um dia, numa sexta-feira, reivindicando a reparação de perdas salariais. Da meia-noite de quinta à meia-noite de sexta a redação parou, inclusive Gaspari e exceto Guzzo. A revista fechou porque muitas matérias foram feitas na quinta. Na hora da entrega do bônus, remuneração a que Gaspari tinha direito, Roberto Civita quis discutir a sua participação na greve.

— Elio, na greve você me apunhalou pelas costas — começou Civita.

— Não, Roberto, eu te apunhalei pela frente. Eu faço o que o meu sindicato manda, assim como você faz o que o seu manda. Se você me der ações da Abril e me colocar no sindicato patronal, demitirei qualquer grevista.

— Mas o seu cargo é de confiança.

— Não é, Roberto. Meu cargo é de competência. Se fosse de confiança você teria colocado nele um parente ou um amigo.

— Mas a greve foi política.

— É, a greve pode ter tido motivos políticos. Mas, se tivesse havido uma greve pela entrada do Brasil na Segunda Guerra, você teria vergonha de dizer aos seus filhos que a boicotou.

Roberto Civita não concordou. Mas como respeitava Elio Gaspari, pagou-lhe naquele ano um dos seus bônus mais altos. Não havia por que haver maiores conflitos, pois *Veja* era lucrativa e tinha prestígio.

* * *

Em fevereiro de 1988, Collor assistiu ao desfile das escolas de samba na Marquês de Sapucaí, no Rio, num camarote comprado por Paulo César Farias. Como a Imperatriz Leopoldinense fazia alusão aos marajás no enredo, Cláudio Humberto sugeriu que o governador fosse cumprimentar a escola no final de sua passagem. Desceram do camarote e saíram no início da avenida. Cláudio Humberto teve um calafrio ao ver que era preciso percorrê-la em toda a sua extensão, vazia, para chegar à praça da Apoteose, onde a escola se dispersava. Esses cariocas vão vaiar o Collor e eu vou ser demitido antes de chegar no fim da pista por ter dado uma sugestão idiota, pensou. Pensou errado. Collor foi aplaudido do começo ao fim.

Na Quarta-Feira de Cinzas, a foto do governador acenando para as arquibancadas estava nos jornais. No *Jornal do Brasil*, em cima da foto vinha uma manchete inesperada: "SNI espiona Collor e o compara a Al Capone e Goebbels". O repórter Ricardo Boechat havia descoberto um dossiê do Serviço Nacional de Informações sobre o governador de Alagoas. Num dos trechos, o relatório afirmava que Collor vinha se revelando "um Al Capone moderno e discípulo aplicado de Goebbels". Apesar do notório cretinismo do SNI, a mistura do gângster americano com o ministro nazista era tão estapafúrdia que tinha todo o jeito de linguagem de panfleto de adversário político. Boechat esclareceu que as fontes do SNI no dossiê eram reportagens de jornais de oposição ao governador, a começar pela *Tribuna de Alagoas*, onde Cláudio Humberto trabalhara. Collor pediu uma audiência com o ministro-chefe do SNI, general Ivan de Souza Mendes, que a marcou e depois cancelou. Na manhã de quinta-feira, o governador e seu secretário de Imprensa estavam em Brasília. "Vamos lá no SNI", propôs Cláudio Humberto. "O senhor é governador de estado, foi eleito, e esse general é um funcionário público que tem a obrigação de atendê-lo." Para provocar maior impacto, Collor foi de táxi. Chamados por Cláudio Humberto, dezenas de repórteres o aguardavam na entrada do Planalto. Do saguão, ligou para o gabinete do general, que não o atendeu. Pouco importava. O que Collor queria, o que Marcos Antônio Coimbra recomendara, já acontecera: Collor estaria na imprensa outra vez. Construindo a imagem de um político corajoso, impaciente com as tramoias do poder, com passado limpo, sem nada a ocultar.

O planejado não deu certo em *Veja*. Numa matéria de meia página, a revista registrou que o governador começava "a exibir um comportamento em que o gosto pelo sensacionalismo se mistura com recursos da demagogia mais vulgar", e abriu espaço para o ministro das Comunicações, Antônio Carlos Magalhães, fonte com quem Elio Gaspari tinha um pacto de sangue, declarar à revista: "Collor faz calor, não faz luz; vive dizendo que há corrupção nas altas esferas, mas não aponta um nome sequer". O juízo não era definitivo: exatamente um mês depois, combinou-se na reunião de pauta de segunda-feira que *Veja* deveria fazer uma reportagem de capa com Fernando Collor.

— Meu nome é Dettmar. Eu fotografo muito mal. Nem sei por que me mandaram vir aqui fotografar. Se você não me ajudar vai sair tudo uma merda

— disse Ubirajara Dettmar a Fernando Collor, apresentando-se para fazer as fotos para a capa.

Falou com uma expressão brava, dispensando o "senhor" protocolar, olhando fixo nos olhos do governador, apertando a mão dele o máximo que podia. Para surpresa ainda maior de Collor, quem lhe falava daquela maneira, e não soltava a sua mão, era um senhor baixo, gordote, barba comprida e desgrenhada, cabelo crespo, loiro e salpicado de branco. Parecia um urso, vergado pelo peso de máquinas fotográficas, lentes, filmes e bolsas penduradas no pescoço. Urso de verdade, sem nada da afabilidade dos de pelúcia.

— Vou ajudar, pode ficar tranquilo. O que você quer que eu faça? — perguntou o governador.

— Olha, para começar eu queria que trouxessem aqui para cima aqueles quadros que estão sendo montados para a exposição. Os que estão no saguão. Quero fazer uns retratos seus na frente deles. Depois vou querer que suba aquela escada.

Dettmar era imprevisível. Era difícil saber quando estava brincando ou falando sério. Durante dez anos, viajou o Brasil e o mundo pela *Folha de S.Paulo*, emplacou dezenas de fotos na primeira página do jornal e lapidou sua reputação de excelente profissional e encrenqueiro contumaz. Teve uma breve passagem por *Veja São Paulo*, o suplemento paulistano de *Veja*. Adorou trabalhar lá. Fazia várias pautas por dia, rodava a cidade, conhecia gente, só havia jovens na redação. Um dia, Dorrit Harazim, a redatora-chefe de *Veja*, o chamou à sua sala e lhe ofereceu uma promoção: transferir-se para a sucursal de Brasília, ganhar mais, viver uma nova experiência. Ele se transferiu para a capital e estranhou o ambiente da sucursal. Não gostou nem dos colegas nem do chefe. Para piorar, teve problemas de enfoque. Fotografar o poder e a política em Brasília é para Orlando Brito, todos os outros somos figurantes, pensava, comparando-se desfavoravelmente ao fotógrafo que saíra da revista para ser editor no *Jornal do Brasil*. Dettmar recebeu com agrado a pauta de ir a Alagoas fazer uma reportagem de capa com o governador. Ainda mais porque iria junto com Eduardo Oinegue, um repórter com quem trabalhara em *Veja São Paulo* e agora chefiava a sucursal do Recife. Exceto por Collor ter marcado a entrevista para as seis da manhã, e ter posado de todas as dezenas de maneiras que Dettmar pediu, não houve nada de anormal na apuração.

Oinegue enviou o seu relatório à redação e com base nele o editor executivo Tales Alvarenga escreveu o texto final da reportagem. Nela, Collor admitiu que era candidato, e seria presidente como um outro alagoano, o marechal Deodoro da Fonseca. A matéria considerou a menção à Presidência "um exagero de retórica" e ironizou Collor: para ser como Deodoro, "teria de passar pela academia, vestir farda e dar um golpe". Seus adversários foram chamados a opinar. "Ele é um Jânio Quadros sem caspa", disse o ex-deputado Mendonça Neto, do PMDB alagoano. "Collor é a maior farsa montada no Brasil, não passa de um fruto da mídia eletrônica", sustentou o ex-governador Divaldo Suruagy. O colunista

Ibrahim Sued, que o conheceu quando era um garotão da Zona Sul carioca, não o poupou. "Ele era meio paspalhão", lembrou o Turco. O único a elogiá-lo foi Paulo Maluf: "Eu votaria em Collor para presidente". A reportagem transcreveu uma pesquisa do Vox Populi, feita no Sul e no Sudeste, que mostrava Collor em segundo lugar entre os políticos mais admirados, depois de Leonel Brizola. O mote da matéria havia sido a recusa do governador em cumprir uma decisão do Supremo Tribunal Federal. O julgamento se referia ao mérito da ação que Collor encaminhara a Sepúlveda Pertence, sustentando que alguns dos benefícios salariais dos marajás eram ilegais. O Supremo julgara os benefícios constitucionais e ordenara ao governador que os pagasse. Como Collor se negava, o estado corria o risco de sofrer intervenção federal. A reportagem de *Veja* afirmou que a recusa de Collor em obedecer à Justiça o colocava "numa posição insustentável e incorreta, por melhor que seja a intenção que o move".

Na mesma edição, havia outra matéria com envergadura para sair na capa: sobre as manobras de Sarney para ganhar o seu mandato de cinco anos, e as articulações de Ulysses Guimarães para que o parlamentarismo fosse aprovado na Constituinte. O que decidiu a parada em favor da capa com o governador alagoano foi uma foto de Dettmar. Collor posou na frente da tela *Avançar*, do artista alagoano Rosalvo Ribeiro, pintada em Paris, em 1894, que mostra um soldado a cavalo, com a espada desembainhada e gritando. Além de expressiva, a foto tinha enquadramento perfeito para o formato da capa, e se casava à maravilha com o título criado por Tales Alvarenga: "O caçador de marajás". Apesar de excelente, a fotografia não ajudou a trajetória de Dettmar em *Veja*. Poucos meses depois o fotógrafo foi demitido pelo chefe da sucursal de Brasília. Dettmar magoou-se e sentiu-se também humilhado; disse a Laurentino Gomes: "Você, com essa risadinha, esse jeito bonzinho, está me desrespeitando: quando você nasceu eu já fotografava".

Dois meses depois, Collor entrou na sala de Guzzo na redação, acompanhado por Cláudio Humberto. Tinha marcado o encontro na véspera. Queria agradecer a reportagem. "Gostaria de cumprimentar o Roberto Civita, é possível?", perguntou. O diretor de redação ligou diante do governador para o superintendente da Abril, que disse estar ocupadíssimo. Guzzo insistiu e pediu que descessem ao sexto andar. Civita cumprimentou Collor, explicou que estava ocupado e lamentou que o encontro não tivesse sido marcado com antecedência. Collor ficou chateado porque Civita o recebeu de pé.

A capa com Collor foi logo esquecida na redação de *Veja*. Ela se enquadrava na categoria das capas que buscavam flagrar novos personagens da cena política. Ao menos uma desse tipo era publicada todos os anos. Em 1985 houve uma com Lula ("O PT cresce e agita"). Em 1986, com Ronaldo Caiado ("A força da UDR"). Em 1987, Afif Domingos ("A rebeldia da classe média"). Em 1988 foi a vez de Collor.

A redação continuou a trabalhar sem perceber que havia uma crise na direção da revista. Até fevereiro daquele ano Guzzo e Elio Gaspari vinham convivendo bem, e conversavam sobre o futuro profissional de ambos. As conversas se davam em torno de três ideias. Gaspari e Dorrit Harazim pretendiam trabalhar alguns anos no exterior, para que parte da educação da filha deles, Clara, fosse feita fora do Brasil. Mas não tinham data certa para ir. Gaspari poderia dirigir a redação de *Veja* antes de virar correspondente no exterior, numa articulação em que Guzzo ocuparia um novo cargo na Abril, sendo o responsável por *Veja* e *Exame*. Cogitava-se, também, que Gaspari viesse a dirigir uma nova revista a ser lançada pela editora. A definição se acelerou num jantar entre os dois. Na preparação de uma capa de *Veja São Paulo* sobre restaurantes, Gaspari havia dito a Tales Alvarenga, encarregado de supervisionar a *Vejinha*, para colocar uma receita de cada um deles na matéria. Num jantar na churrascaria Esplanada, nos Jardins, Guzzo disse a Gaspari que havia mandado Tales Alvarenga tirar as receitas da reportagem de capa sobre restaurantes. O diretor adjunto falou que já sabia da alteração porque Alvarenga o avisara, uma vez que fora ele, Gaspari, quem lhe dera a ordem. Ordens e contraordens desse tipo, envolvendo questões menores, eram comuns na redação. Guzzo, porém, sustentou que Alvarenga deveria ser demitido por ter quebrado a hierarquia. Gaspari tentou convencê-lo, várias vezes, de que Tales Alvarenga fizera o correto, o padrão: comunicara a quem lhe deu a ordem que o superior de ambos a cancelara. Guzzo insistiu na quebra de hierarquia, até porque, argumentou, o editor da *Vejinha*, Paulo Nogueira, se queixara do "duplo comando". Tanto Gaspari insistiu que Alvarenga não foi demitido. E o diretor adjunto avisou Guzzo de que não deixaria Nogueira entrar mais na sua sala, como de fato não deixou.

Em quase dez anos de trabalho cotidiano, eles nunca haviam tido uma discussão como aquela, na qual Guzzo usava um problema inexistente para sublinhar a sua autoridade sobre Gaspari. Talvez pudesse ter havido uma recomposição, mas Guzzo tratou com desinteresse o problema e o amigo, deixando-o distanciar-se sem fazer um gesto. Ele achava que Gaspari vinha se "esquerdizando" politicamente. Mas era Guzzo, na verdade, quem estava mudando. Afastou-se dos conhecidos de muitos anos e entrou num novo círculo de contatos. Elio Gaspari e Dorrit Harazim decidiram se mudar para Nova York. Ele como correspondente de *Veja*, e ela como chefe do escritório da Abril. Mantiveram a decisão mesmo quando foram informados de que ganhariam menos do que se continuassem em São Paulo. Partiram em dezembro de 1988, sem reclamar e sem contar a ninguém na redação o que de fato ocorrera. Não havia como esconder, porém, que a saída dos dois representava um baque na qualidade da revista. Redatora-chefe, Dorrit era uma das chaves do sucesso de *Veja*, tanto pelas matérias que escrevia ou supervisionava como pelo que ensinava. Ela descobriu como fazer a cobertura de esportes olímpicos num semanário. Inventou uma abordagem para os temas femininos, escapando dos dogmas do feminismo americano e das fórmulas das revistas nacionais, que encaravam as mulheres como consumidoras de produtos e serviços. Com uma sensibilidade fina para as misérias da vida nacional — talvez decorrente da sua visão de estrangeira, desacostumada dos mecanismos de exploração do patriarcalismo —, apurou inúmeras reportagens que captaram o heroísmo cotidiano de brasileiros anônimos. De temperamento didático e disciplinador, ensinou dezenas de repórteres a não se satisfazerem com nada menos que o excelente, o melhor. Num meio predominantemente masculino, se impôs pelo profissionalismo, que a fazia temida (suas broncas ardiam) e admirada (suas reportagens e edições especiais eram modelos de solidez e rigor). Dorrit servia também de referência emocional na redação. Acolhia em sua sala colegas em dificuldades familiares, psicológicas, profissionais e até monetárias. De uma tacada, a redação perdia dois terços de sua cúpula. *Veja* cobriria a campanha presidencial sem o seu melhor profissional na área política.

7. REDE GLOBO

O primeiro amor passou. O segundo amor passou. Mas o coração continua. Mesmo para um homem de 83 anos, o coração continua? Se esse homem é dono de cem empresas, do maior complexo de comunicações do Brasil, tem um patrimônio de 1 bilhão de dólares, a vida continua a despeito de sua vontade, tal o poder que emana do nome dele. Se o nome desse homem é Roberto Marinho, no entanto, a vida continua sem que ele abdique de uma mínima lasca de seu poder. Como se fosse eterno, começará agora o empreendimento que levará décadas para concluir. "Se um dia eu vier a faltar...", é a frase que lhe atribuíam, e ele sorria, sem desmentir a autoria, quando perguntavam se era verdadeira. Em 1988, Roberto Marinho procurava um candidato a presidente. Oscilava entre o prefeito paulistano, Jânio Quadros, e o governador de São Paulo, Orestes Quércia. Isso no terreno da razão e da política. E o coração, continuava? O primeiro amor, Stella, lhe deu quatro filhos e passou. O segundo amor, Ruth, também passou, apesar de continuarem casados. *O eflúvio da manhã, quem o pede ao cair da tarde?*

No final de 1987, Jânio deu uma entrevista a *O Estado de S. Paulo*. Disse que a esquerda dominava o Congresso, o parlamentarismo não era bom para o Brasil e o país precisava de um presidente "forte, austero". Em janeiro de 1988, divulgou um manifesto atacando os partidos ("cogumelos partidários") e a corrupção ("Um turbilhão de apetites pessoais ou grupais atingiu quase toda a cidadania"). Em março, também no *Estadão*, voltou a entoar sua cantilena antipartidária: "Quem quiser administrar no Brasil não pode levar em conta pleitos políticos e partidários, pois os partidos invariavelmente preferem atender suas conveniências eleitorais e não o interesse público". Roberto Marinho considerava Jânio um candidato em condições de enfrentar Leonel Brizola, que aparecia em primeiro lugar nas pesquisas de opinião pública. Chegou a escrever duas notas para a Coluna do Swan, a mais prestigiada de *O Globo*, louvando o cosmopolitismo e a sofisticação do ex-presidente. Era um acontecimento: em quinze anos como titular da coluna, Ricardo Boechat só recebeu quatro notas escritas por Roberto Marinho, contando as duas sobre Jânio. Em maio de 1989 o ex-presidente tirou seu nome do jogo sucessório: anunciou que problemas de saúde o obrigavam a sair da vida pública. Marinho ficou sem candidato.

Orestes Quércia conheceu Roberto Marinho em 1986, ao ser eleito governador. Pediu a Antônio Carlos Magalhães que o apresentasse ao dono da Globo. Desde então, o governador entrara na seleta lista dos convidados a jantares na mansão do Cosme Velho e a fins de semana na casa de praia de Angra dos Reis. Alaíde, a mulher de Quércia, ficou amiga de Ruth Albuquerque, casada havia nove anos com Roberto Marinho. Enquanto as duas andavam pela praia, o governador e o empresário conversavam no terraço, contemplando a Ilha Grande. Falaram várias vezes sobre a sucessão de Sarney. Discutiram inclinações, nomes, possibilidades eleitorais. Nunca se referiam a reportagens ou ao modo como o governador paulista era mostrado nos noticiários da Globo. Quércia tratava desses assuntos com Alberico Souza Cruz. Embora nenhuma conversa tivesse sido conclusiva, o conjunto delas deu a Quércia a impressão de que, se saísse candidato, contaria com a simpatia de seu anfitrião em Angra. O governador não disputou a Presidência. Roberto Marinho viu a reportagem da Globo sobre a convenção em que Ulysses Guimarães foi escolhido para ser o candidato do PMDB. Desapontou-se com a cena de Quércia levantando o braço de Ulysses. Como Quércia, um político jovem e bom de voto, à frente de um estado da dimensão de São Paulo, abdicava da luta e permitia que o partido optasse por um candidato tão ultrapassado?, perguntava-se. Roberto Marinho gostava de Ulysses Guimarães, mas discordava de seu ideário e tinha certeza de que ele seria derrotado. Na campanha, fez uma singela homenagem ao líder peemedebista: foi o único candidato com quem apareceu numa foto de primeira página de *O Globo*. Também gostava de Paulo Maluf, mas nem o cogitou como candidato porque achava que ele teria ainda menos votos que Ulysses. Estava sem candidato.

Sem candidato e irritadiço. Uma chateação imprecisa o acompanhava. Durante o dia, conversava com os companheiros, recebia gente, falava ao telefone e a impaciência se dissipava. Ia para casa e, pronto, vinha a exasperação. Ligava depois do jantar para *O Globo* e fazia cobranças despropositadas. A bílis que tonificava as broncas não se coadunava com seu jeito de mandar. Costumava ser enfático nas reclamações, mas jamais elevava a voz ou demonstrava agressividade. Seus amigos supunham que estivesse com problemas conjugais. Ruth, sabiam, era uma senhora fechada, de opiniões inamovíveis, que preferia receber uns poucos em casa a participar de passeios, festas ou ir a espetáculos artísticos. Anticomunista, apontava ao marido exemplos da insidiosa infiltração vermelha em diferentes recônditos da vida nacional, inclusive nas Organizações Globo. Um tanto negativa, outro tanto amarga, implicara com amigos do marido, e estes se afastaram. Também nutriu uma relação fria com os enteados e belicosa com uma de suas noras, Aparecida, casada com Roberto Irineu. Com os anos de convivência, o casal se transformara. Roberto Marinho não reconhecia mais a mulher tranquila e culta com quem se encantara. Antes, maravilhava-se do desvelo com que Ruth cuidava de seus gatos. Agora, não aguentava mais tantos gatos pela casa. Pulavam de dentro de armários, enroscavam-se nos seus pés. Tinha ganas de chutá-los. O Segundo Império estava em vias de desabar.

O Primeiro Império fora Stella Goulart, com quem Roberto Marinho se casara já entrado na casa dos quarenta anos. O longo solteirismo não implicara solidão amorosa e muito menos celibato. Recebera inúmeras "pequenas", como dizia, e se esbaldara com elas num apartamento na Urca. Era um galanteador que fazia a corte com determinação implacável e elogios precisos. Sua estratégia de sedução apoiava-se mais no verbo e na presença física do que na riqueza. Se desconfiava que a pequena estava interessada em dinheiro, logo lhe dava o fora. Se ela gostava de uma longa conversa, da sua roda de amigos e da vida ao ar livre, era meio caminho andado. De estatura média, Roberto Marinho era forte e atlético. Fazia pesca submarina (tinha fôlego para mais de um minuto embaixo d'água) e equitação (ganhou inúmeros troféus em provas de salto). Encontrou em Stella um par ideal. Casaram-se e tiveram quatro filhos: Roberto Irineu, Paulo Roberto, João Roberto e José Roberto. Mas eis que Roberto Marinho teve um *affaire* extraconjugal e a mulher ficou sabendo. Foi, segundo ele, um "tropeço", um caso fortuito e superficial. Tentou uma reconciliação, mas Stella, magoada, recusou-se a contemporizar. O rancor envenenou a mansão do Cosme Velho. A família sentava-se à mesa, e o casal não se falava. Foram quatro anos penosos para os filhos, os três maiores na adolescência. Na infância, tiveram um pai distante porque Roberto Marinho, que nunca foi de papariçar crianças, estava empenhado na construção da Globo. O Primeiro Império ruiu quando o patriarca desconfiou que a esposa poderia estar flertando com um amigo de Roberto Irineu. Stella e os filhos se mudaram para uma casa nas imediações do Parque Guinle. Roberto Marinho permaneceu no Cosme Velho. Conhecera Ruth antes da separação, e logo estavam morando juntos.

Na noite de 10 de maio de 1988, Roberto e Ruth Marinho compareceram ao jantar de aniversário de Lily Monique de Carvalho, em seu apartamento de cobertura na avenida Atlântica. Lily e Marinho haviam se conhecido cinquenta anos antes. Filha de um major britânico, nascida na Alemanha e criada na França, Lily era esbelta, graciosa, *ravissante*. Ela desembarcara no Brasil com a faixa de Miss França, no esplendor de seus dezenove anos, dançara em trajes sumários no palco do Cassino da Urca e casara com Horácio de Carvalho, dono do *Diário Carioca*. Foi quando conheceu outro dono de jornal, Roberto Marinho, amigo do marido. Dançaram uma vez no Golden Room do Copacabana Palace. Ele lhe parecera um *danseur argentin*: moreno, bigode fininho, apertando-a de encontro ao corpo com alguma impetuosidade. Enfrentaram depois tragédias paralelas. No réveillon de 1969, o segundo filho do jornalista, Paulo Roberto, morreu num acidente de carro em Cabo Frio, e Lily foi ao enterro. Pouco depois, o filho único de Lily, Horacinho, também morreu numa trombada de automóvel. Ela ficou tão abalada que não lembrava se Roberto Marinho havia ido ao enterro. Sete meses depois, Lily adotou um menino, João Batista. Veio a saber mais tarde que a criança padecia de problemas neurológicos. Precisaria de medicação constante e de um acompanhante sempre ao lado. Foram golpes profundos, que a afastaram do convívio mundano e isolaram-na num casamento complicado. Lily era ciumenta. Horácio de Carvalho, além de também ciumento, era um *homme à femmes* conspícuo e reincidente. Quando bebia, o ciúme o deixava fora do prumo, tornava-o ameaçador. Horácio de Carvalho morreu em 1983, e Lily se viu dona de 21 fazendas, três estúdios de gravação e quinze automóveis, entre eles duas Mercedes Benz. Com um patrimônio de 150 milhões de dólares, queria aproveitar a vida, deixar para trás meio século de um casamento que atravessara vários períodos difíceis. Passou a dar festas, a frequentar restaurantes da moda, a ser a anfitriã de um dos camarotes mais disputados da Marquês de Sapucaí. Em 1988, lembrara-se de convidar Roberto Marinho e Ruth para o seu aniversário.

No aperitivo, o dono da Globo puxou o assunto televisão e ficou conversando a sós com Lily no terraço de onde se contempla a praia de Copacabana. A conversa se estendeu além da conta, chamando a atenção dos outros convidados. A aniversariante fez um discreto meneio de cabeça para que Vicky, mulher do banqueiro José Safra, viesse resgatá-la. A operação foi bem-sucedida e a conversa entre os dois prosseguiu, mas com mais participantes. Dias depois, numa briga com seu filho João Batista, Lily o ameaçou:

— Se você não se comportar eu caso de novo.

— Com o Roberto Marinho? — quis saber João Batista.

Lily não respondeu. Ficou intrigada. Por que o filho mencionara justo Roberto Marinho? Numa conversa subsequente, sua melhor amiga, Helô Guinle, disse que ela era jovem e bonita, e deveria se casar outra vez. "Olha, Helô, eu fui casada com Horrácio de Carvalho. Depois do Horrácio, não há homem parra mim nesse Rio de Janeiro", retrucou Lily, carregando nos erres do sotaque francês que nunca perdeu. Pensou mais alguns segundos e completou, meio na brincadeira: "Bom, há um homem: Roberto Marinho. Mas ele tem o defeito de estar casado".

Helô Guinle organizou um jantar para os amigos de Lily. Convidou-se novamente o casal Marinho. Ruth foi colocada na mesa de Helô Guinle. Roberto Marinho, noutra, ao lado da homenageada. No dia seguinte, Roberto Marinho enviou um buquê de flores a Lily e um cartão agradecendo o convite. Cartão com dois detalhes significativos: só ele o assinou, Ruth não; anotou nele o telefone de seu escritório, e não o de casa. Passou-se mais um tempo e ele telefonou a Lily. Disse que Ruth estava viajando e gostaria de se encontrar com ela. Jantaram no apartamento dela. Os jantares se repetiram. Tornaram-se frequentes. Mais longos.

— Gostaria que você ficasse mais — disse Lily a Roberto Marinho depois de um jantar, quando ele anunciou que precisava ir.

— Mas você conhece a minha situação. Sabe que sou casado — disse-lhe o empresário.

— Eu sei, mas gostaria que ficasse mais.

— Você gostaria que eu me separasse?

— Ah, isso seria ótimo! — entusiasmou-se Lily.

Iniciava-se, na terminologia de Lily, o Terceiro Império. Do começo semiclandestino à oficialização do pedido de divórcio, em junho de 1989, Roberto Marinho comportou-se com a discrição que a situação exigia — e o disse que disse do *grand monde* carioca permitia. O falatório foi alimentado pelos comentários de Hélio Fernandes na *Tribuna da Imprensa* e pelos de um amigo de Roberto Marinho, o ex-ministro da Justiça de Ernesto Geisel, Armando Falcão, cujo filho foi advogado de Ruth no divórcio. O dono da Globo rompeu e nunca mais falou com Armando Falcão. Numa recepção no Itamaraty, em Brasília, o ministro Roberto Cardoso Alves, da Indústria e Comércio, deu asas à fofoca:

— Doutor Roberto, o que o Hélio Fernandes tem contra o senhor? Por que ele anda escrevendo essas coisas?

— Não sei, francamente não sei — respondeu Roberto Marinho, pausadamente. — Posso ter feito algum bem a ele, e esqueci. Posso ter feito algum mal, e também esqueci. Mas, agora, pelo menos ele tem sido veraz quando escreve que estou apaixonado.

Bien sûr. Passeava de mãos dadas com Lily. Cobria-a de mimos e delicadezas. Iam a sorveterias. Davam jantares. Reformaram o Cosme Velho e a casa de Angra. Combinaram dormir em quartos separados, mas no meio da noite ele se esgueirava para o dela. Em ambas as casas Roberto Marinho criou dúzias de flamingos sul-africanos. Seu orgulho era mostrar aos amigos o balé natural que as aves encenavam no cair da tarde. Os amigos voltaram e perceberam que remoçara. A ranhetice sumira. Além de alegre, estava atento e curioso. Queria conversar sobre a situação nacional e a sucessão de Sarney. Aos 83 anos, o coração continuava. O outono do patriarca se transmutara em primavera amorosa.

O primeiro filho a quem o jornalista contou do romance foi o do meio, João Roberto, que ficou alegre com o entusiasmo do pai, como viriam a ficar Roberto Irineu e José Roberto. João Roberto era o filho com quem ele tinha maior identificação e intimidade. Na infância, como seus irmãos, recebera do pai um afeto contido. As conversas sérias da adolescência, de pai para filho, haviam sido formais e desconfortáveis. Em meados dos anos 70, João Roberto entrou em *O Globo* como diagramador. Foi repórter de Geral e de Esportes, e depois coordenador das relações entre a redação e a gráfica. Pairando acima das facções e do corporativismo das duas partes, azeitou os horários da redação e da gráfica, evitando atrasos na distribuição do jornal. Em 1983, foi promovido a vice-presidente. Trabalhava numa sala ao lado da do pai todas as manhãs. A convivência profissional os aproximou emocionalmente. O reconhecimento da capacidade de João Roberto levou o pai a orgulhar-se do filho. Mais que isso: a reconhecer-se no filho e a nele depositar o carinho que represara. João Roberto tinha — e/ou apreendera — algumas das características paternas: sabia ouvir os interlocutores, era ponderado no pensamento e na ação. Também era um psicólogo nato. Mediava as divergências entre o pai e os irmãos, tomando invariavelmente o partido de Roberto Irineu e José Roberto. Quando necessário, fazia o mesmo papel entre o pai e o diretor de redação do jornal, Evandro Carlos de Andrade.

Roberto Irineu herdou — e/ou apreendeu — outros traços do pai. Era aguerrido, impetuoso, de visão ampla. Vibrava com novas tecnologias. Falava de televisão a cabo, telefonia móvel e transmissão de dados via satélite anos antes de serem lançadas comercialmente. Falava e agia: teve um papel preponderante no ajuste da Globo aos meios de comunicação digitais. Arrojado, patrocinou a ideia de montar um canal de televisão na Itália, a Telemontecarlo. Para consternação de pai e filho, o empreendimento fracassou. Roberto Marinho competia com ele, e tinha dificuldade em separar o executivo do filho. Em vez de chamá-lo para um braço de ferro, perguntava: "Como vai a Telemontecarlo?". Poderia haver, do pai em relação ao primogênito, um resquício de ciúme da época da sua separação de Stella. A mãe era a referência afetiva dos filhos, a fonte maior de amor, e os três ficaram mais ligados a ela, a começar por Roberto Irineu, o mais velho. Já José Roberto era tratado pelo pai como o caçula a quem tudo se perdoa. "Ele é uma bola, um estroina, um excelente rapaz", era sua frase feita sobre José Roberto. Quando perguntavam como tinha reagido ao terceiro casamento do caçula, respondia: "Você vê, é um estroina". Pensava um pouco e se perguntava, brincando: "Mas quem sou eu para reclamar de excesso de casamentos?".

No final de 1988, Fernando Collor esteve com João Roberto e Roberto Marinho em *O Globo*. Contou que seria candidato a presidente e fez um resumo de suas ideias políticas. Não pediu nada. Expressou-se com convicção e humildade. Collor não conhecia nem um nem outro. No encontro, sentiu que Roberto Marinho o tratava como o filho de um antigo sócio, e João Roberto lhe pareceu reservado, talvez arisco. João Roberto, no entanto, o incentivou. "Acho que o senhor faz bem em se candidatar, em abrir caminho, procurar o seu espaço político", disse-lhe. Não usou a palavra "presidente" porque pensou que Collor estava se lançando para conseguir entrar numa chapa como candidato a vice. Roberto Marinho implicou com a camisa de punhos duplos e abotoaduras do candidato. Durante meses, se referiu a Collor como "aquele rapaz de punhos virados". Encarava-o, sim, como o filho de um antigo sócio. Um sócio que, desconfiava, poderia ter lhe passado a perna em alguns negócios. Mas nunca teve certeza de nenhuma desonestidade de Arnon de Mello. Também não provou nada contra Leopoldo Collor de Mello. O irmão mais velho de Collor entrara na rede por baixo, como vendedor de anúncios do Departamento Comercial, e fizera carreira até chegar ao comando de sua diretoria regional mais poderosa. Era um cargo político, de representação, que o obrigava a falar ao menos uma vez por semana, pelo telefone, com Roberto Marinho. Uma investigação interna descobriu que um funcionário subordinado a Leopoldo Collor montara uma empresa e, por meio dela, vendia vídeos à própria Globo. O funcionário foi demitido. Leopoldo Collor teve o mesmo destino um mês depois — período em que Roberto Marinho não lhe atendeu os telefonemas. Boni fez gestões para que a Manchete contratasse Leopoldo como diretor comercial da rede em São Paulo. Leopoldo ficou um tempo na empresa de Adolpho Bloch e se transferiu para a Saldiva & Associados. Roberto Marinho achava que Pedro Collor vinha fazendo um bom trabalho na afiliada da Globo em Alagoas, a TV Gazeta. Mas esse não era motivo para apoiar Collor na eleição. O dono da Globo continuava sem candidato.

Apesar de não contar com o apoio do dono, Fernando Collor seguia aparecendo nos noticiários da Globo. Com base num levantamento que realizara, Marcos Antônio Coimbra concluíra que ele era pouco conhecido nas cidades médias. Era nelas que deveria se mostrar, começando pelas do Centro-Sul e do Sul, a região mais populosa. Collor combinou com Cláudio Humberto que ficaria dez dias por mês à sua disposição, viajando às cidades detectadas pelo Vox Populi e falando à imprensa. O secretário de Imprensa ligava para associações comerciais, sedes sub-regionais do Lions Clube, sindicatos empresariais e centros acadêmicos, e dizia que o governador de Alagoas gostaria de dar uma palestra na entidade. Com a conferência marcada, Cláudio Humberto telefonava para a sucursal da Rede Globo mais próxima da cidade e informava que Collor estava indo para lá. "Que tal uma entrevista ou uma reportagem?", perguntava ao pauteiro. Era infalível. Se a conferência era em Apucarana, conseguia uma entrevista no *Bom Dia Paraná*. Se fosse em Erexim, aparecia no *Bom Dia Rio Grande*. Afinal, era raro ter no estúdio entrevistados de nome nacional, e o governador atacaria o governo Sarney e os marajás, daria audiência: era notícia. Cláudio Humberto agendava também uma entrevista coletiva nas cidades e chamava as rádios e os jornais locais. Todos mandavam representantes. Em Goiânia, Collor deu sua palestra e à noite assistiu a uma partida do CSA alagoano contra o time da cidade. Na manhã seguinte, foi ao estúdio da Globo para participar do *Bom Dia Goiás* e encontrou Luis Inácio Lula da Silva. No ar, Lula criticou o presidente Sarney e todos os políticos. "Mas o senhor não vê nada de promissor, nenhum político que esteja fazendo algo de diferente?", quis saber o entrevistador. Talvez porque tivesse visto o governador de Alagoas minutos antes, o líder do PT respondeu que nem tudo era desolação: Collor estava tendo a coragem de enfrentar os usineiros. De antenas ligadas, Cláudio Humberto captou nos bastidores da emissora que Lula daria uma coletiva no final da tarde. Procurou o repórter Jorge Morais, da Rádio Difusora de Alagoas, que ainda estava na cidade depois de cobrir a partida do clube alagoano, e lhe disse que fosse à coletiva e perguntasse a Lula o que ele achava de Fernando Collor. O petista repetiu os elogios no microfone da rádio da Organização Arnon de Mello. No dia seguinte, os elogios eram manchete na *Gazeta de Alagoas*, para fúria dos militantes do PT alagoano. Collor fazia sucesso nacionalmente, mas em Alagoas sua popularidade sofria um abalo: em novembro de 1988, o seu candidato, Renan Calheiros, perdera a eleição à Prefeitura de Maceió para Guilherme Palmeira, do PFL.

Embora as pesquisas fossem favoráveis, ainda em 1988 Marcos Antônio Coimbra descobriu nelas um grande perigo. "Você praticamente está no segundo turno, Fernando, e só perde se o Silvio Santos concorrer", alertou Coimbra. O dono do Sistema Brasileiro de Televisão, o SBT, vinha fazendo movimentos erráticos. Tivera um problema nas cordas vocais e receou que não pudesse mais apresentar o seu programa dominical. Especulava em público sobre o que poderia fazer fora da televisão. Ora dizia que gostaria de entrar na política, ora se desdizia. Collor viajou a São Paulo e foi à casa do empresário, no Morumbi. Relatou a pesquisa e lhe disse:

— Silvio, quero saber se você é candidato ou não. Porque se você for, eu não sou. Não vou perder dois anos de mandato de governador à toa.

— Não, de jeito nenhum. Não vou ser candidato. Sou um artista e não um político. Essa história de disputar a Presidência não tem cabimento. Não é verdade? — perguntou à mulher, que confirmou o desinteresse do marido pelo Planalto.

Como se inclinava a sair candidato, Collor precisava de uma equipe para fazer a campanha. Tinha o núcleo dela: Cláudio Humberto e Marcos Antônio Coimbra. Para discutir política contava com dois alagoanos, Renan Calheiros e Cleto Falcão. Contava também com uma consultora econômica, a jovem Zélia Cardoso de Mello, que conhecera no Ministério da Fazenda. Subsecretária do Tesouro, responsável pela dívida dos estados e municípios, Zélia fora interlocutora do governador de Alagoas durante a gestão de Dilson Funaro. Saíra do ministério com Funaro e montara com amigos uma empresa de assessoria econômica, a ZLC. O governo de Alagoas contratou a ZLC em abril de 1988. O contrato, no valor de 420 mil dólares, a serem pagos mensalmente durante um ano e meio, foi rescindido em outubro. Mas Zélia continuou trabalhando para Collor.

O governador alagoano contava ainda com a simpatia de Sebastião Nery, o ex-deputado e ex-brizolista que escrevia artigos na *Tribuna da Imprensa*. Em junho, ele publicara uma reportagem com longas declarações de Collor. "Sou candidato a presidente. Só a presidente. Não serei candidato a vice. E não há hipótese de desistir", foi uma delas. No final do ano, Nery escreveu um artigo, sustentando que a oposição ganharia a eleição presidencial, que acabava com o aviso: "Anotem esse nome: vai dar Fernando". Collor telefonou-lhe no dia seguinte. "Você continua inteligente, precisamos conversar." Nery, que tinha viagem marcada a Salvador para visitar a mãe, seguiu depois para Maceió. Encontrou-se com o governador na casa de Pedro Collor, onde estavam também Cláudio Humberto, Cleto Falcão e Renan. Collor submeteu o jornalista a uma bateria de perguntas.

— Você acredita que um candidato de Alagoas pode ganhar?

— Se empolgar, ganha. Senão, consolida sua imagem de político nacional — respondeu Nery.

— Você acha que com quantos pontos no IBOPE um governador de Alagoas deve abandonar o cargo e se candidatar a presidente?

— Com 5% nas pesquisas, ser um candidato alagoano à Presidência é melhor que ser governador de Alagoas.

— O que você acha do Covas?

— É um bom nome. Você topa ser vice dele? — foi a vez de o jornalista indagar.

— É uma hipótese a considerar — desconversou Collor. Mas em seguida perguntou: — Você topa me ajudar nesse projeto político?

— Topo, desde que você não se alie ao Brizola — respondeu Nery.

8. JORNAL DO BRASIL

Fernando Collor jantou em fevereiro de 1989 com Etevaldo Dias no restaurante La Becasse, em Brasília. Queria expor seus planos ao chefe da sucursal do *Jornal do Brasil* e fazer-lhe um convite. Anunciou que deixaria o governo de Alagoas e seria candidato a presidente, empunhando a bandeira da modernidade e da moralização do serviço público. Ao longo da campanha, criaria um partido. Sabia que perderia, mas divulgaria o seu nome e o da sua legenda. Em 1992, seria candidato a senador pelo Rio Grande do Sul ou pelo Rio de Janeiro. Em 1994, se candidataria e, aí sim, chegaria à Presidência.

— Queria que você participasse desse projeto, Etevaldo — disse Collor, segurando o copo de uísque do qual tomou uns poucos goles.

— Não posso, Fernando. Sou jornalista, tenho um bom cargo, não quero sair da profissão.

Collor insistiu. Conhecera Etevaldo Dias depois de eleito governador. Numa de suas viagens a Brasília para tentar arrancar verbas do Ministério da Fazenda, combinara um encontro na sucursal do *Jornal do Brasil*. Etevaldo Dias saíra para um almoço e chegou atrasado quarenta minutos. Enquanto esperava, Collor conversou com a secretária, que o achou simpático e bonitão. Dias também gostou do governador. Era boa-praça, sabia manter um diálogo normal: falou de sua experiência de repórter, sobre filmes e livros. Continuaram em contato e almoçavam juntos quando Collor ia à capital. O governador era reconhecido nos restaurantes. Na churrascaria Lake's, um cozinheiro veio à mesa para pedir-lhe um autógrafo. Esse cara eletriza, pensou o jornalista. Em dezenas de almoços com Ulysses Guimarães, Leonel Brizola e toda sorte de governadores e parlamentares, nunca vira ninguém em Brasília pedir autógrafo a um político. Dias certa vez sugeriu-lhe que recorresse ao Conselho de Ética do PMDB para protestar contra o corte de verbas do governo federal para Alagoas. Collor acatou o conselho e conseguiu o que queria: aparecer na imprensa como vítima da discriminação do presidente Sarney. Dias passou as férias de janeiro de 1988 em Maceió, num hotel na praia do Francês. Recém-separado, foi só com o filho, que pisou num ouriço-do-mar e teve uma inflamação no pé. Collor estava no exterior, mas Cláudio Humberto o visitou. Na hora de acertar a conta no hotel, o atendente lhe disse que não devia nada. "O governador já mandou pagar", explicou. Quando Collor voltou, o jornalista o procurou, querendo pagar a hospedagem. Não era possível: o dinheiro já saíra, fora contabilizado nas despesas do governo. "Mas então me dê o número de uma conta de uma entidade beneficente do governo que eu deposito um cheque no valor da estadia", propôs Dias. Collor não aceitou. Perguntou sobre a separação do jornalista e o pé do filho. Durante a apuração da matéria de capa "Caçador de marajás", o governador falou com Dias. Estava preocupado. "O Eduardo Oinegue me fez um monte de perguntas sobre a morte do José Kairala. Esse caso é um trauma na família. O que você acha que devo fazer?", perguntou. Dias recomendou que não fizesse nada. "É bom que a informação saia assim, diluída no meio de uma matéria simpática", disse. Publicada a reportagem, agradeceu o conselho: *Veja* tratara o assunto como ele previra.

— Você tem dinheiro para fazer uma campanha presidencial? — quis saber Dias no La Becasse, onde tocava a música "The impossible dream", do musical *O Homem de La Mancha*.

— Minha mãe me deu 100 mil dólares e o João Lyra vai emprestar o jatinho.
— Mas só isso?
— Quando eu começar a campanha, vem mais.
— Eu posso te ajudar informalmente, dando sugestões, conversando — disse o jornalista. Fez uma pausa e prosseguiu: — Presta atenção na música que está tocando, Fernando. Ela poderia ser a trilha sonora da sua campanha: um sonho quixotesco, em que o impossível se torna possível.

Para ajudar, o editor executivo do *JB* em Brasília deu um jantar para apresentá-lo a repórteres políticos da capital, que quase não o conheciam. Convidou Collor e Rosane, com quem havia casado, Cláudio Humberto e sua mulher, Tais, Cleto Falcão e 34 colegas, pelos quais era chamado de ET. Pegou pratos e talheres do La Becasse e pediu emprestada, por ser maior que a sua, a casa de Ingrid Rocha, sua namorada. Collor provocou mais excitação na cozinha do que na sala. "Só fiz o jantar porque o ET é seu amigo", disse Ingrid a Collor. O pai dela trouxe uma máquina para tirar fotos junto com o candidato, e houve quem manobrasse para não aparecer ao lado de Collor num jantar privado. Cleto Falcão organizou uma votação para ver quem, naquele ambiente, venceria a disputa presidencial. "Essa letra é do papai", anunciou a filha de ET ao mexer numa das cédulas improvisadas. O voto era para Collor e houve um constrangimento coletivo. Lula ganhou a eleição e outra onda de embaraço percorreu o ambiente. "Deu Lula porque o pessoal da cozinha não votou", tentou consertar Cleto Falcão. Dias sentiu no próprio jantar que a imagem de Collor mudara entre os jornalistas. Antes era um governador de oposição que atacava Sarney e o empreguismo, pensou. Agora, um candidato da direita que disputava o poder com Lula. Sentiu que mudava também a maneira como os jornalistas se relacionavam com ele, Etevaldo Dias. A partir do jantar, ao seu apelido os colegas acrescentariam uma vírgula e um aposto: ET, o Amigo de Collor.

ET, o Amigo de Collor, foi metalúrgico na adolescência. Botava o macacão às seis da manhã. Seu cargo era avaliador de ponto de fusão: dizia quando a peça estava na temperatura certa para ser fundida. Dias nasceu em 1945, em Pontal, no interior paulista. Como o pai dele era chefe de estação de trem, morou em onze cidades diferentes. Tem um único diploma, o de técnico em contabilidade, mas leu centenas de livros entre os doze e os catorze anos, quando uma descalcificação no cóccix o impediu de andar. Sua formação política foi eclética. Menino, em Jaú, foi simpatizante da Frente Anticomunista, a FAC. Jovem, morando numa pensão no Catete, no Rio, aproximou-se do PCB, e um companheiro do partido o levou para *O Jornal*, onde trabalhou sete meses sem receber. Em 1968, cobriu as passeatas e manifestações, e virou área de influência do Partido Comunista Brasileiro Revolucionário, o PCBR. Deixou de lado a política no ano seguinte, quando se firmou como repórter de *O Globo*, primeiro no Rio, depois em São Paulo e finalmente em Brasília, para onde se mudou em 1972. Fez dezenas de reportagens na Amazônia, em dupla com o fotógrafo Orlando Brito. Em 1984, foi para *Veja* e teve uma experiência ruim. Convidou Elisabeth Cataldo para o cargo de repórter. Antes de ser contratada, ela viajou a São Paulo para conhecer José Roberto Guzzo, o diretor de redação da revista. Durante o almoço, percebeu que ele a queria não como repórter especial, e sim para ocupar o cargo de Etevaldo Dias, o de chefe da sucursal de Brasília. Elisabeth Cataldo não aceitou e Dias saiu de *Veja*.

ET continuou ajudando Collor. Alertou-o de que era preciso estar preparado para golpes baixos durante a campanha.

— É preciso saber antes os seus pontos vulneráveis para preparar a defesa — disse.

— Por exemplo? — perguntou o candidato.

— Por exemplo: você toma ou tomou drogas?

— Não, de jeito nenhum.

— Dizem que você quebrou boates, é verdade? — continuou ET.

— Não, nunca. O único caso parecido foi aqui em Brasília, mas os funcionários do hotel Eron foram mal-educados com uma amiga minha.

— É verdade que você bateu na Lilibeth na época da separação?

— Isso é um absurdo. A separação foi amigável. Sou amigo da Lilibeth até hoje.

A última pergunta fora passada a Etevaldo Dias por Marcos Sá Corrêa, o editor-chefe do *Jornal do Brasil*. Corria no Rio um rumor intermitente a respeito de uma agressão a Lilibeth Monteiro de Carvalho. O boato dava conta de que existiria um boletim de ocorrência numa delegacia registrando a queixa da ex-mulher. Boletim de ocorrência não houve, mas o passado de playboy do candidato enodoava sua imagem em setores da elite carioca. Dizia-se nesses meios, de piada, que os sócios do Country Club realizariam a primeira passeata na sua história: contra a candidatura de Collor. Marcos Sá Corrêa sabia serem verdadeiros outros rumores — os que percorriam a redação do *JB* colocando Etevaldo Dias na condição de amigo de Collor. Para o editor-chefe, a relação entre o jornalista e o candidato não configurava um problema, porque ET vinha abastecendo o jornal de notícias sobre Collor, algumas delas exclusivas. De mais a mais, desde que assumira a direção da redação, Sá Corrêa tinha posto profissionais leais a ele nos cargos-chaves. Eles zelariam para que a cobertura da campanha não favorecesse qualquer candidato.

Sá Corrêa viveu o jornalismo dentro de casa. Filho do veterano repórter político Villas Boas Corrêa, começou como fotógrafo. Um fotógrafo que além de padecer da neurose obsessiva da categoria (a de achar que a vida não vale a pena ser vivida se uma foto sua não é estampada diariamente no jornal, de preferência na primeira página, onde ela só não está por causa da cegueira da chefia), sabia escrever e preferia livros de texto aos de fotos. No jornalismo brasileiro há famílias e filiações. Nas empresas, as famílias estão estabelecidas com solidez e, se há mais de um herdeiro, podem entrar em crise na passagem do mando de uma geração para a outra. Nas redações, famílias e filiações estão sempre mudando. Os laços se criam e se dissolvem ao sabor das coberturas, que fazem deslanchar e brecam carreiras, firmando linhagens ao longo do tempo. Elio Gaspari pertenceu à linhagem (contraditória) de Ibrahim Sued e Mino Carta, mas deles se soltou e deu origem a outra dinastia, formando dezenas de jornalistas que com ele conviveram. O seu delfim foi Marcos Sá Corrêa, ao lado de quem trabalhou em *Veja* e no *Jornal do Brasil*. O delfim, por sua vez, deu origem a outra família jornalística, que tinha pontos de contato mas se distinguia da de Elio Gaspari — até pelo estilo de chefiar de Sá Corrêa, menos centralizador, "eliocêntrico", que o de seu mentor, e também menos didático: Sá Corrêa não tinha paciência em ensinar repórteres e editores. Ele chamou Flávio Pinheiro e Roberto Pompeu de Toledo para serem seus imediatos no *JB*, botou Ancelmo Gois como titular da coluna Informe JB e editor de Política, e convidou Nunes e Setti para a sucursal de São Paulo.

Enquanto Flávio Pinheiro era um carioca da gema, ninguém poderia ser mais paulistano que Roberto Pompeu de Toledo, inclusive no sobrenome ilustre. Suave no trato e leitor voraz, Flávio Pinheiro entendia de economia e psicanálise. Seus amores eram Portugal e a música clássica. Amores sobre os quais nunca se atreveu a escrever. Andara por quase todas as redações cariocas e trabalhara com Raimundo Rodrigues Pereira no *Opinião*, o semanário alternativo mantido por Fernando Gasparian nos anos 70. Pompeu de Toledo estudou direito no largo São Francisco, como convinha a um moço paulistano de boa cepa, mas no segundo ano da faculdade já estava ganhando a vida como redator na Rádio Eldorado. Teve uma passagem pelo *Jornal da Tarde* e foi para *Veja*, onde trabalhou sob a chefia de Dorrit Harazim na editoria de Internacional. Dorrit mudou para o *JB* e ele ficou com o seu cargo. Quando ela voltou à revista, em 1979, José Roberto Guzzo a colocou no lugar de Pompeu, que foi remanejado para uma editoria inexistente, a de Ideias. Em semanas, Pompeu constatou que não havia tantas ideias em circulação para justificar uma editoria, pediu as contas e foi editar Internacional no *Jornal da República*, criado por Mino Carta. Imaginava que fariam o *Le Monde*, e logo se descobriu servindo a uma caricatura do *Jornal da Tarde*. O jornal fechou, Pompeu transferiu-se para *IstoÉ* e depois voltou a *Veja*, onde passou um período como editor executivo até ser nomeado correspondente em Paris. Era o correspondente ideal: bolava pautas em todas as áreas, apurava as matérias sozinho e mandava o texto pronto. Estava muitos degraus acima do profissional médio da redação. Contudo, o seu salário o obrigava a uma vida quase de estudante, e ele rondava os quarenta anos, tinha mulher e filhos. Com a saída de Dorrit e Gaspari, Guzzo não só manteve intacto o seu salário como quis que retornasse a São Paulo. Passaram-se alguns meses e Guzzo voltou atrás: o correspondente poderia permanecer em Paris. Pompeu, no entanto, tinha resolvido voltar ao Brasil, mas não para *Veja*: aceitara o convite de Sá Corrêa para ser editor executivo do *Jornal do Brasil*, no Rio. Desde o seu primeiro dia como editor-chefe, Sá Corrêa sabia que a saúde econômica do *JB* era difícil. Não sabia o quão difícil: em 1988 houve dias em que o estoque de papel só dava para imprimir duas edições, e os fornecedores ameaçavam não abastecer o jornal da matéria-prima se as dívidas não fossem saldadas. Mesmo com os problemas, achava possível renovar e melhorar o jornal. Possibilidade que se robusteceu ao ler *The paper*, livro de Richard Kluger sobre a vida e a morte do *The New York Herald Tribune*. Nos anos 60, um antecessor de Sá Corrêa no cargo se deslumbrara com o jornal em que Karl Marx fora colaborador e Tom Wolfe, um dos criadores do *new journalism*, repórter. Alberto Dines fez um estágio no *Herald* e quis implantar no *JB* alguns de seus procedimentos e enfoques: as matérias misturando notícia e análise, a escrita autoral e literária, o desenho gráfico que combinava elementos de tabloides, de revistas semanais e até de anúncios publicitários. Para Sá Corrêa, duas décadas depois, o livro de Kluger sugeria que, mesmo se o *Jornal do Brasil* tivesse de fechar na sua gestão, poderia ter um canto do cisne majestoso como o do *Herald*. Roberto Pompeu de Toledo se inspirou no *Le Monde* para defender um recurso que cabia na fórmula editorial imaginada por Sá Corrêa: criar um quadrado na primeira página, onde um jornalista do primeiro time da redação comentaria uma notícia. Foi nesse quadrado que despontaram duas notícias-comentários de repercussão. Uma, escrita pelo próprio Pompeu, dava a real dimensão do assassinato do sindicalista Chico Mendes, que no princípio saíra na imprensa como um crime qualquer no meio do mato. O outro quadrado selecionava da maçaroca de notícias sobre a campanha uma declaração de Paulo Maluf que passara quase despercebida, na qual o candidato fazia uma recomendação a um hipotético criminoso: "Está com desejo sexual? Estupra mas não mata".

Collor só veio a aparecer mais tarde no quadrado da primeira página. Sua presença no jornal se dava por intermédio de Etevaldo Dias e de um outro canal, que abriu por conta própria. Ele almoçou no *Jornal do Brasil* e impressionou Ancelmo Gois por falar contra a velha política, baseada na corrupção. Gois passou a ligar para Collor e Cláudio Humberto em busca de notas para o Informe JB. Recebeu certa vez uma caixa de isopor com lagostins em seu apartamento. Quase não acreditou: de Maceió ao Galeão, e do aeroporto até a Barra da Tijuca, onde ele morava, era uma viagem longa e complicada, e os lagostins chegavam fresquinhos. Collor, pareceu-lhe, estava muito empenhado em agradá-lo. "Olha, Cláudio Humberto, eu adoro o Collor, mas não manda jabaculê porque assim eu não vou poder falar dele", disse ao seu secretário de Imprensa. Cláudio Humberto explicou que o presente era uma gentileza sem valor monetário, mas atenderia o pedido. Ancelmo Gois ainda ganhou uma segunda caixa, reclamou de novo e o tiraram de vez da lista dos mimoseados.

Ricardo Setti, agora na chefia da sucursal paulista do *JB* no lugar de Nunes, que saíra para ser diretor de redação de *O Estado de S. Paulo*, encontrou-se com Collor em março, no hotel Maksoud Plaza. A conversa rendeu um artigo, no qual o candidato afirma que assusta os empresários. "Eles se sentem sem pontos de contato comigo", diz. Durante a entrevista, porém, atendeu um telefonema de Roberto Marinho, que tratava de estabelecer pontos de contato com o governador. Tinha motivos: uma pesquisa do IBOPE colocava Brizola em primeiro lugar, com 19% das intenções de voto, Lula em segundo, com 16%, e Collor em terceiro, com 9%. Setti ficou horrorizado com a maneira como Collor dizia: "Vou botar os corruptos na cadeia". Ele fala como se o Executivo tivesse esse poder, pensava o jornalista ao ouvi-lo. Ao indagar como faria isso na prática, obteve uma resposta mais que vaga do candidato. "Irei reforçar e melhorar a Polícia Federal".

Foi na sucursal de São Paulo que surgiu a primeira matéria da campanha do padrão que Sá Corrêa ambicionava. A iniciativa e a apuração foram do repórter do *JB* Luiz Maklouf Carvalho, um paraense de 35 anos. Num fim de semana de abril de 1988, ele estava numa festa de crianças em Mogi das Cruzes, na casa de um amigo, e alguém contou que em alguns meses seria publicado um livro em que Lula falaria da sua filha fora do casamento. Maklouf fez uma anotação mental, ficou quieto e segunda-feira já estava averiguando a história. Não contou a Setti que tentava checar se Lula de fato tinha uma filha. Era sua norma nesses casos: nunca dizer ao chefe o que está fazendo por conta própria, para não se desgastar caso o trabalho paralelo não rendesse matéria. Achou um velho folheto biográfico de Lula, distribuído na sua campanha para deputado federal, que registrava secamente que o candidato tinha uma filha. Movimentou-se com discrição entre os petistas, para que o partido não fizesse um cordão sanitário em torno do assunto; ou, se a história fosse verdadeira, não a divulgasse antes, para tentar controlar a repercussão. Maklouf encontrou um amigo de Lula que andava afastado do candidato do PT. Esse amigo primeiro confirmou a existência da filha e depois o seu nome: Lurian. A pedido de Maklouf, o amigo de Lula pesquisou mais e soube o primeiro nome da mãe da menina, Miriam, e que era enfermeira num hospital de São Bernardo. Maklouf começou a ligar para todos os hospitais da cidade, dizendo que queria falar com a enfermeira Miriam. "Ela já vem atender", lhe disseram quando telefonou para o Pronto-Socorro Municipal. Falo agora ou vou lá pessoalmente?, hesitou o repórter. Desligou o telefone e foi ao pronto-socorro com o fotógrafo José Carlos Brasil. Miriam Cordeiro ficou nervosa ao saber o assunto, mas aceitou falar. Foram todos no carro do *JB* à Escola Estadual Maria Luiza Ferrari Cícero, onde a menina estudava, e ela já havia saído. Seguiram para a casa da mãe de Miriam, Beatriz, de 82 anos, e esperaram Lurian. Comeram bolo e tomaram café enquanto aguardavam. No que a menina entrou, José Carlos Brasil começou a bater fotografias. Em matérias envolvendo menores de idade, o melhor era fotografar antes e pedir autorização depois: se houvesse alguma encrenca, pelo menos as fotos já teriam sido feitas. Mas não houve problema. Lurian, de quinze anos, falou carinhosamente do pai, assim como sua mãe e sua avó. Maklouf foi para a sucursal, na avenida Paulista. Entrou na sala de Setti, contou a história toda e foi redigir a matéria. No meio, resolveu fazer uma gozação com um amigo, Ricardo Kotscho, que deixara havia pouco a sucursal do *JB* para ser assessor de Imprensa de Lula. Ligou para ele e perguntou se sabia que o seu candidato tinha uma filha que se chamava Lurian Cordeiro da Silva. Mas foi Kotscho quem fez a gozação. "Está querendo tirar um sarro? Eu sei que a matéria está aí, Maklouf", respondeu. O repórter foi reclamar com seu chefe, pois fora ele, Setti, quem contara a descoberta ao assessor do PT. Lula demorou horas para responder aos telefonemas de Maklouf, que queria colocar na reportagem a sua reação. Só ligou à noite. Pareceu ao repórter que tinha bebido e estava fulo. "Quem foi o filho da puta que te contou a história?", perguntou diversas vezes, e disse estar "cercado de traidores". Maklouf queria outro tipo de conversa. "Lula, não importa como eu descobri, a matéria vai sair, diz alguma coisa bonita sobre a sua filha", pediu. O candidato não disse nenhuma frase bonita. O repórter registrou no texto a irritação de Lula com a divulgação da existência de Lurian e a sua opinião de que a imprensa não deveria abordar a vida pessoal dos candidatos. "Minha família não é candidata a nada e faço tudo para preservá-la", foi a única frase que deixou ser publicada.

Com a sabedoria de seus quinze anos, Lurian disse não ter interesse em que todos soubessem que era filha de Lula. "O que me interessa é que ele me ama e está assumindo isso", falou. Contou que estava no oitavo ano de balé e o pai prometera lhe pagar um curso em Cuba quando ela completasse dezoito anos. Até brincou com o candidato: "Se ele for eleito presidente, a primeira coisa que vou pedir é que aumente o salário mínimo — e também a minha mesada". Miriam lembrou como conheceu Lula, em 1972, quando ele cuidava do Departamento Assistencial do Sindicato dos Metalúrgicos de São Bernardo. "Ele era um peãozão, mas um neguinho bonito, um gatinho", disse. O namoro correu tranquilo, iam ao cinema e a festas no sindicato, até Lula saber que Miriam estava grávida. Ter um filho não estava nos planos de nenhum dos dois. Ela quis ter a criança e Lula ficou abalado. O relacionamento definhou. Miriam Cordeiro contou a Maklouf que Lula "ficou superalegre" com o nascimento, pagou todas as despesas da maternidade da Clínica São Camilo, registrou a filha em seu nome e passou a visitá-la com alguma frequência, "mas sem querer assumir um compromisso maior". A mãe chegou a proibir que Lula visse a menina. Mas a avó sempre dava um jeito para que ele a visse. Maklouf escreveu que a relação entre Lula e Miriam se agravou quando o petista se casou com Marisa Letícia da Silva. Durante quatro anos o pai não falou pessoalmente com Lurian, se bem que Beatriz a pusesse no telefone para conversar com Lula. Quando ele aparecia na televisão, a avó dizia a Lurian que aquele era o seu pai. Miriam se casou em 1981, teve dois filhos e ficou viúva em 1987. O repórter percebeu, e pôs na matéria, que a tensão maior estava no relacionamento entre Miriam e Marisa, que classificou de "tumultuado". A relação entre Lula e a ex-namorada, segundo descreveu, era "cordial, mas tensa". Miriam disse ao repórter que votaria em Fernando Collor na eleição presidencial.

Maklouf jamais teve dúvidas sobre o interesse jornalístico da matéria. Considerava um direito do eleitor saber se um candidato tinha um filho fora do casamento. A maneira como o candidato tratava esse filho era uma informação importante sobre o seu caráter, pensava. Além do mais, conhecia Lula havia anos, gostava dele e simpatizara com o PT. Maklouf foi a alma do jornal alternativo *Resistência*, fundado no Pará, em 1978. Ele saía de Belém com os fotolitos e viajava de ônibus até São Paulo para imprimir os 3 mil exemplares do jornal na gráfica de Flávio Andrade, herdeiro da empreiteira Andrade Gutierrez. Conseguiu depois rodar o *Resistência* numa gráfica de Belém, onde uma edição inteira do jornal foi apreendida por estampar a manchete "Fomos torturados no Ministério do Exército". A reportagem transcrevia em doze páginas as entrevistas de quatro ex-presos políticos paraenses. Maklouf, editor do jornal, foi processado na Justiça Militar. Na primeira visita de Lula ao Pará, quando ainda era sindicalista, o editor do *Resistência* foi recebê-lo no aeroporto. Respondendo a quatro inquéritos, sem dinheiro, desempregado e detestado pelos donos dos grandes jornais paraenses, Maklouf mudou-se para São Paulo. Queria ser jornalista profissional e trabalhar na grande imprensa. Em 1988, convidaram-no para ser repórter do *JB* no Rio. Ficou três meses, não se adaptou à cidade e Sá Corrêa o transferiu para São Paulo.

Sá Corrêa pôs a matéria de Maklouf no alto da primeira página do *Jornal do Brasil*, ao lado de uma foto enorme de José Carlos Brasil que mostrava Lurian, com um bonito sorriso, segurando um retrato de Lula. Dentro, a reportagem prosseguia por mais meia página, com outra foto de Lurian, abraçada com a mãe. No dia seguinte à publicação, Ricardo Kotscho passou pela sucursal do *JB* e não encontrou Maklouf. Usou a máquina de escrever do repórter para bater uma pequena carta, que deixou sobre a sua mesa. Nela, elogiava e dizia que a matéria sobre Lurian era "muito digna". Apesar da boa repercussão da reportagem, Lula continuou a criticá-la. Numa "suíte" (matéria no dia seguinte sobre o mesmo assunto) elogiou a beleza da filha na foto, mas considerou a reportagem "uma pobreza: tentar envolver a família de qualquer forma é uma lástima". Ainda assim, Maklouf procurou durante semanas conseguir que Lula ao menos posasse para uma foto com Lurian. "Nada feito", mandava dizer-lhe o petista.

A questão familiar afligia Lula. Ele não gostava de falar a respeito de Lurian nem com os amigos íntimos. Kotscho, por exemplo, só soube que a menina existia pouco antes de o *Jornal do Brasil* revelá-la — e não foi Lula quem lhe contou. Esconder de Kotscho a existência da filha era um sinal do desconforto de Lula. Ele confiava totalmente no jornalista. Eram amigos, suas mulheres e seus filhos também. Kotscho era um dos jornalistas mais queridos entre os colegas paulistas, incluindo patrões, chefes e subordinados. Filho de imigrantes alemães, que chegaram a São Paulo uma semana antes de ele nascer, em 1948. Quando tinha doze anos, seu pai morreu e ele teve de trabalhar. Empregou-se numa banca de revistas, onde lia todos os jornais. Apresentou-se para uma vaga num jornal de bairro, em Santo Amaro. Como era bom em redação na escola, passou no teste e começou sua carreira. Mas ainda tinha dúvidas sobre a sua real vocação, porque sonhava em ser padre, cantor e jogador de futebol. Tentara jogar no São Paulo e não conseguira. Gostaria de ser sacerdote, mas achava o voto do celibato impossível de cumprir. Um exame vocacional na adolescência detectou que Kotscho deveria ser, pela ordem, padre, assistente social e jornalista.

Ele se empregou no *Estadão* e lá fez a sua matéria mais conhecida, a que retirou a palavra "mordomia" dos dicionários e a colocou no uso corrente. Em 1976, Fernando Pedreira, o diretor de redação, lhe deu uma reportagem do *The New York Times* sobre os privilégios trabalhistas e administrativos dos altos funcionários da burocracia da União Soviética, e a missão de fazer uma semelhante, ambientada no Brasil. Kotscho, que mal sabia inglês, pediu que um colega lhe contasse o que dizia a matéria americana. Saiu a campo e descobriu uma enormidade de privilégios da burocracia federal, apresentados no *Diário Oficial* sob a rubrica "mordomias". Ministros tinham direito a avião, carro, mansões, verbas para alimentação, festas, decoração e móveis de suas casas, além de serem servidos por dezenas de empregados. Enquanto Kotscho apurava, as sucursais arrumavam exemplos estaduais de mordomia. Organizou e escreveu a série de reportagens em casa, durante quase um mês, e a entregou a Fernando Pedreira. O diretor de redação mandou que fizesse novas investigações, conferisse todas as informações outra vez. Não havia mais o que fazer, e Pedreira sugeriu que o repórter tirasse suas férias, já vencidas. Kotscho foi para Caraguatatuba, no litoral paulista, desconfiado de que as matérias dormiriam na gaveta do diretor até apodrecerem. Afinal, estavam em plena ditadura. Na volta da praia, num domingo, comprou *O Estado* na estrada. Lá estava a primeira matéria da série, na manchete do alto da primeira página. Os textos foram publicados na íntegra. A repercussão, avassaladora.

Kotscho conheceu Lula ao voltar da Alemanha, onde fora correspondente do *Jornal do Brasil*. Estava na *Istoé* e o sindicalista do ABC era um tipo de personagem que não existia antes de ir para a Europa. Antes, só havia pelegos nos sindicatos. Cobriu as greves do ABC e ficaram amigos. No início de 1989, Lula lhe fez o convite:

— Vou ser candidato a presidente e você vai ser meu assessor de Imprensa.

— Não, não quero, Lula. Sou jornalista. Vai me tirar a liberdade. E nunca fui assessor.

— Ah, Ricardo, não enche o saco. Eu também nunca fui candidato a presidente.

Não aceitou, mas Lula insistia. Começou a se remoer em dúvidas. Tinha um excelente emprego: repórter especial na sucursal do *JB* em São Paulo. Mas Lula era seu amigo, considerava a sua candidatura importante para o Brasil, respeitava o PT, e só não se filiara ao partido para manter a liberdade jornalística. Aconselhou-se com Setti, um amigo maduro e ajuizado. Setti lhe disse que há momentos na vida em que se deve arriscar, fazer o que o coração manda. Ligou para Lula dizendo que concordava em ser seu assessor. Andava para baixo e para cima com o petista todos os dias, e o candidato jamais lhe falou sobre Lurian. O candidato falou da filha a outro amigo, Carlos Alberto Libânio Christo, que, como Kotscho, tinha vocação para o jornalismo, a assistência social e o sacerdócio. Ele estudou jornalismo no Rio, quando era dirigente da Juventude Universitária Católica, a JUC, até ser preso, em junho de 1964. Solto, fez o noviciado em Minas Gerais, os votos de pobreza e castidade, adotou o nome de Frei Betto e mudou-se para o convento dos dominicanos, nas Perdizes, em São Paulo. Como na ordem era obrigatório trabalhar, pediu emprego a Roberto Freire, que conhecera no *Brasil Urgente*, semanário católico de esquerda. Freire o levou para *Realidade*. Da revista foi para a *Folha da Tarde*, onde chegou a chefe de reportagem. Saiu do jornal para ser militante da Aliança Libertadora Nacional, a ALN de Carlos Marighela. Foi preso, torturado e escreveu o livro *Batismo de sangue* para contar a história do envolvimento dos dominicanos com a luta armada.

Frei Betto ficou amigo de Lula no início dos anos 80, quando era assessor da Pastoral Operária de São Bernardo do Campo. Lula lhe pareceu um homem com uma vontade enorme de ajudar os trabalhadores, com um carisma extraordinário, mas sem saber ao certo como agir, sem formação e sem experiência política. Achou que o pensamento do sindicalista era mais moral que político. A indignação de Lula era com a injustiça, a humilhação. Um pensamento com pontos de contato com o de Frei Betto, que desde a prisão abandonara as teorias revolucionárias e passara a acreditar só na prática, na possibilidade de melhorar a sociedade pouco a pouco, em vez de adiar as mudanças estruturais para depois da revolução. Aproximou-se da família e dos amigos de Lula da diretoria do Sindicato dos Metalúrgicos. Ensinou a Lula e aos sindicalistas, envolvidos na grande greve de 1980, táticas da clandestinidade: esconder documentos, falar em código, como se comportar em interrogatórios. Quando Lula foi preso, Frei Betto estava dormindo na casa dele. Comprometeu-se a não sair de lá, a cuidar da sua família até ele ser solto. A amizade se consolidou. Passava os Natais com Lula, Marisa e os filhos. A amizade, para Frei Betto, tinha também um conteúdo político: queria ajudar um líder trabalhador que defendia os pobres e poderia ser uma esperança para o Brasil.

Certa noite, jantando sozinhos, o petista falou de Lurian e das dificuldades que tinha em lidar com a situação familiar. Em 1988, Frei Betto teve a ideia de escrever uma biografia de Lula. Dois motivos o levaram a pensar no livro. O primeiro foi que a história daquele brasileiro era fabulosa. Quinze dias antes de Lula nascer, seu pai, Aristides Inácio da Silva, abandonou a mulher, Eurídice Ferreira de Melo, e os filhos e viajou de Garanhuns para Santos, onde trabalhou como ensacador de café, casou novamente e teve dois filhos. Quando Lula contava quatro anos, o pai voltou para Garanhuns. Ficou vinte dias e voltou a Santos, levando os dois primeiros filhos de seu primeiro casamento — e deixou Eurídice outra vez grávida. Eurídice recebeu então uma carta de Aristides da Silva dizendo que viesse para Santos com todos os filhos. Mãe e filhos pegaram o pau de arara e chegaram a Santos em dezembro de 1952. Só então Eurídice descobriu que fora o seu primogênito, Lula, com saudade da mãe, quem forjara a carta e a assinara com o nome do pai. Aristides continuava a viver com a outra mulher, Valdomira, e tivera mais filhos com ela. (Teve 23 filhos, dez com Eurídice e treze com Valdomira; morreu de alcoolismo em 1978.) Lula morou nos fundos de um bar, e usava o banheiro destinado aos fregueses. Com seus próprios meios, estudou, trabalhou, elegeu-se presidente de um dos maiores sindicatos brasileiros, liderou greves portentosas e se tornou candidato de um poderoso partido à Presidência. Era essa a história que desafiava o escritor Frei Betto.

O segundo motivo era pragmático: convinha que um perfil do candidato, traçado por um escritor simpático a ele, fosse lançado no início da campanha. Lula aceitou e gravaram horas de entrevista. O relato do namoro com Miriam, o nascimento de Lurian e a separação não eram o mote do livro. A filha fora do casamento não era encarada como um problema. Afinal, a existência da menina constava da ficha biográfica de Lula no livro da Câmara dos Deputados, Lula era o pai legal dela e contribuía para o seu sustento. Era um fato da vida do candidato, e só. Mesmo assim, Frei Betto teve o cuidado de procurar Marisa, também sua amiga, para explicar como abordaria a questão no livro, cujo título seria *Lula — O coração da estrela*, numa alusão ao símbolo do PT. Mas o livro não saiu. O candidato estava na Europa quando a Editora Ática, que o publicaria, soltou um comunicado dizendo que Betto estava escrevendo a biografia dele. Lula se aborreceu. Considerava que a obra era sua, e não do amigo. Frei Betto pretendia escrever um livro de autor, de um escritor que gostava de seu tema, mas não uma biografia autorizada, e muito menos uma hagiografia. Tinham combinado que Lula leria os originais e discutiriam eventuais alterações, como Betto fizera com seu livro *Fidel e a religião*, resultante também de uma série de entrevistas com o ditador cubano. Fidel Castro leu os originais, discutiu com Betto e pediu que alguns trechos fossem cortados. Mas o livro continuou sendo de Frei Betto, ele é quem o assinou. Com *O coração da estrela* foi impossível fazer o mesmo. Percebendo a irritação de Lula, Betto lhe disse: "Vamos deixar esse livro de lado, prometo nunca usar o material gravado sem a sua autorização".

9. PLAYBOY

Desde o final de 1988 Fernando Collor estava decidido a disputar a Presidência. Confidenciara só a Etevaldo Dias que achava impossível ganhar a eleição, mas concorreria para ter melhores condições mais para a frente. Não expôs esse plano a ninguém de seu círculo porque o queria empenhado ao máximo na campanha. Entre março e maio de 1989, no entanto, tudo mudou. Passou a acreditar que venceria já naquele ano. Pelas pesquisas do IBOPE, em março Collor tinha 9% das intenções de voto, bem atrás de Brizola, com 19%, e Lula, com 16%. Em maio, porém, contava com 32% da preferência do eleitorado, mais do que o dobro de Brizola, com 15%, e quase o triplo de Lula, com 11%. Nesses três meses decisivos, a imprensa foi irrelevante. O que explica a arrancada fenomenal? A resposta cabe em duas palavras: propaganda e dinheiro. Em pouco mais de dois meses, o candidato apareceu em três programas publicitários, de uma hora cada um, em rede nacional de televisão. Programas caros, pagos por Collor.

Marcos Antônio Coimbra refez em dezembro de 1988 a sua pesquisa com cem perguntas do início do ano e acrescentou outras. Conversou com Collor sobre a necessidade de protagonizar um fato noticioso a cada mês. Em maio, haveria um desses acontecimentos momentosos: a saída de Collor do governo alagoano. Até lá, Coimbra achava que Collor deveria ter atingido mais de 10% da predileção do eleitorado para que sua candidatura fosse viável. No início do ano, o governador esteve com Carlos Augusto Montenegro, diretor do IBOPE e pediu a sua opinião. Montenegro fez uma análise sucinta, sob o impacto da atitude de Collor, que acabara de lhe expor, com garra e ênfase, a sua determinação de atacar os dois maiores problemas brasileiros, a inflação e a corrupção:

— Você tem uma boa proposta. Você é o novo. A Constituinte frustrou as expectativas dos brasileiros, que esperavam que ela resolvesse os problemas do país, e você pode vir a se tornar uma esperança. O seu problema é ser pouco conhecido pelo eleitorado.

— O que você acha que devo fazer? — perguntou Collor.

— Você tem que aparecer. Em qualquer veículo. E como der: um minuto numa rádio de interior, duas linhas na *Veja*, nesses programas de uma hora dos partidos na televisão — respondeu Montenegro.

— Quais candidatos você acha que têm boas chances?

— O Lula tem, porque também representa o novo. Talvez tivesse maiores chances se a Erundina não tivesse sido eleita em São Paulo.

— Por quê?

— Porque ela tirou um pouco a novidade do Lula: já se sabe o que é uma administração do PT — respondeu Montenegro. E prosseguiu: — E tem também o Silvio Santos. Acho que, se ele entrar, estará no segundo turno.

O diretor do IBOPE deixou claro que fazia apenas um diagnóstico. Não falava com base numa pesquisa específica. Aos candidatos que o procuravam, dizia sempre que, se quisessem pesquisas, teriam de contratar o IBOPE. Sabia que Collor trabalhava com o Vox Populi e dificilmente contrataria o seu instituto, mas convinha manter boas relações com todos os políticos, seus clientes em potencial. Ofereceu-se a Collor para conversar quando quisesse. O candidato passou a lhe telefonar mensalmente, pedindo que comentasse o seu programa no horário eleitoral e analisasse os números de pesquisas eleitorais. Logo depois do encontro, Montenegro disse a seu pai e a seu irmão, ambos diretores do IBOPE: "Esse Collor é bom, é um cara ousado, mas é pretensão achar que vencerá a eleição".

Collor já estava conversando com os donos dos pequenos partidos. O Partido Liberal o havia sondado para montar uma chapa em que Guilherme Afif Domingos seria o candidato a vice-presidente. O Partido Democrático Cristão lhe oferecera o seu horário na televisão. O Partido Social Progressista também.

Collor preferiu fechar negócio com o Partido da Juventude, de Daniel Tourinho. Trabalhara com ele, e o programa anterior dera bons resultados, apesar de censurado pela Justiça Eleitoral. Passado um ano, o PJ tinha direito a outra hora de programa na televisão. Coimbra sugeriu e Collor aceitou que o programa fosse produzido por uma agência de propaganda de Belo Horizonte, a Setembro, de seu amigo Almir Salles. Rachid Xavier, sócio de Coimbra no Vox Populi, defendeu que se mudasse o nome do partido. Coimbra topou na hora. "Partido da Juventude para um candidato de 39 anos não cola", dizia. "Se eu fosse o Brizola, iria na televisão e diria ao Collor: 'Pega a tua guitarra e vai tocar iê-iê-iê no Partido da Juventude'." Paulo César Farias foi persuadido e convenceu Collor a trocar o nome do partido. Coimbra encarregou-se de achar o novo nome. Decidiu que não deveria ter derivados dos verbos "renovar", para não ecoar o partido da ditadura, Aliança Renovadora Nacional, nem "mudar", por demais associado ao slogan "Muda Brasil", da Nova República. Acabou criando o nome Partido da Reconstrução Nacional, PRN.

O programa do PRN foi ao ar no final de março. Quem o apresentou, mediante cachê, foram os atores Alexandre Frota e Cláudia Raia. Sua filosofia era transmitir indignação e compromisso com mudanças. Collor usou pela primeira vez a expressão "minha gente", atacou as elites, chamou os coronéis do sertão de "assassinos" e "canalhas", e disse que só pagaria a dívida externa depois de fazer uma auditoria do acordo com os credores. Como o Vox Populi identificara que as preocupações ecológicas eram grandes em meio ao eleitorado jovem, um locutor enumerou os problemas ambientais brasileiros, ao som de machadadas num tronco. Quando acabou de falar, a imagem do locutor tombou como uma árvore. Os piores momentos do programa mostravam a cantora Elba Ramalho, sentada num sofá, com um bonequinho do Pateta nas mãos, falando que o Brasil ia mal. Nos melhores, Cláudia Raia colocou Collor como o antídoto contra expressões que simbolizavam a esperteza dos políticos: Lei de Gérson, Cadê o meu?, Trem da alegria, Toma lá dá cá, É dando que se recebe, Farinha pouca? Meu pirão primeiro, Quero ser marajá. Mostrou-se a capa de *Veja* sobre o "Caçador de marajás" e as velhas imagens da TV Gazeta das sete telefonistas alagoanas ao redor de um telefone. O programa se encerrou com a pergunta: "Quantos somos nessa caminhada?". Eram mais do que quando o programa começou: Collor saltou de 9% para 15% na preferência eleitoral.

Finda a exibição, Collor foi para o telefone. Durante o programa, aparecera escrito no vídeo: "Fale com Collor. Disque Brasil Novo", seguido de um número de telefone. Foram cerca de oitocentas ligações na primeira noite, atendidas por sete telefonistas e o candidato. No decorrer dos meses, aumentou-se de oito para cinquenta as linhas telefônicas para ouvir eleitores. A todos os que telefonavam eram enviados pacotes contendo material de propaganda, com uma carta de Collor. Coimbra formou grupos de discussão sobre o programa. Veio a saber que 81% dos telespectadores gostaram. As pesquisas qualitativas também revelaram que eles só não gostaram das cenas em que se mostrava miséria. Por isso, a pobreza foi banida do programa seguinte, o do Partido Trabalhista Renovador, exibido na noite de 27 de abril. A concepção do programa do PTR foi toda de Collor. Ele se baseou em *Amaral Netto, o Repórter*, apresentado pela Globo na época da ditadura. Admirava a força visual do programa, que trazia ao espectador paisagens do Brasil Grande. Para reforçar a mensagem ecológica, Collor, seus dois filhos e Rosane navegavam de lancha em rios da Amazônia. Numa sequência com enfoque de reportagem, Collor percorreu armazéns do governo federal, no estado de Tocantins, apontando para as toneladas de arroz que apodreciam enquanto os brasileiros passavam fome. O candidato detalhou sua proposta sobre a dívida externa, derivando para o irrealismo: garantiu que só a pagaria quando o Brasil estivesse crescendo 7% ao ano. A cada mudança de assunto aparecia um coro de jovens gritando: "Queremos um Brasil novo!". Vinte dias depois, o candidato estava novamente no ar, no programa do Partido Social Cristão, apresentado pela atriz Mayara Magri. O deputado Bernardo Cabral explicou ao telespectador como, sob a inspiração de Collor, incluiu na Constituição artigos para restringir privilégios dos marajás. Collor protestou contra o excesso de partidos no Brasil, mas não informou que acabava de acrescentar uma sigla à salada partidária. O programa foi entremeado com cenas de uma longa fila em São Paulo, acompanhadas da pergunta: "Que fila é essa?". No final, um locutor esclareceu que era a fila para se tirar passaportes, na Polícia Federal. Segundo o programa, as pessoas não estavam tirando passaporte para sair de férias, e sim para abandonar o Brasil de vez. Os programas do PTR e do PSC levaram Collor a ter, em maio, 32% das intenções de voto.

Enquanto consolidava a liderança nacional, Collor teve de se voltar para Alagoas. Era improvável conseguir se eleger se os alagoanos estivessem contra o seu governo. E parecia que estavam, pois Renan Calheiros fora derrotado na eleição para prefeito. Para modificar o quadro desfavorável, lançou mão das mesmas alavancas que usara no plano nacional: propaganda e dinheiro. Nos últimos cinco meses de governo, despejou quase 1 milhão de dólares da verba estadual em publicidade, oito vezes mais do que gastara no mesmo período do ano anterior. Mais de metade do dinheiro foi destinada a veículos da Organização Arnon de Mello. A TV Gazeta recebeu 480 mil dólares, 80% da verba para todas as rádios e emissoras de televisão do estado. Pelo critério da audiência, deveria ter direito a 72%. Collor não esqueceu os amigos: a rádio Maceió FM, do deputado Geraldo Bulhões, ficou com 70% das verbas das emissoras locais.

Nas vésperas de se desincompatibilizar com o governo, Collor se reconciliou com a elite alagoana, celebrando o acordo dos usineiros. Como os hostilizara, usou nas negociações um amigo com trânsito entre eles, Paulo César Farias. Durante quinze anos, os governos estaduais receberam o Imposto sobre a Circulação de Mercadorias e Serviços, ICMS, sobre a cana plantada nas terras das usinas. Como consideravam que a cana era "própria", isto é, não circulava fora das usinas, usineiros de todo o Brasil arguíram a inconstitucionalidade da cobrança. Em setembro de 1987, o Supremo Tribunal Federal lhes deu ganho de causa e ordenou que cessasse a cobrança. Apesar de a sentença não obrigar a devolução do ICMS já pago, os usineiros alagoanos entraram com uma ação pedindo o ressarcimento do imposto recolhido durante quinze anos. Basearam-se num parecer do jurista Ives Gandra Martins, que lhes dava razão. Foi Paulo César Farias quem teve a ideia de encomendar o parecer pró-usineiros. O governo alagoano encomendou um segundo parecer, ao advogado Geraldo Ataliba, que concordou com a tese de Ives Gandra. Collor determinou então que se fechasse o acordo com a Cooperativa dos Usineiros e informou os seus termos ao procurador geral de Alagoas, Daniel Brandão. O procurador lhe explicou que o acordo era lesivo ao estado e recomendou que não o assinasse. Era mais vantajoso deixar que a pendenga se arrastasse durante anos na Justiça. Brandão viajou para Juazeiro no dia 20 de julho de 1988. Quando voltou, dois dias depois, soube que Collor havia assinado e mandado homologar o acordo. Demitiu-se na mesma hora.

Seis dias antes de Collor sair do Palácio dos Martírios, o Tribunal de Contas de Alagoas decidiu que o cálculo dos juros constante no acordo levava o estado a pagar um terço a mais do que o devido. As contas foram refeitas e Collor estendeu o acordo aos usineiros que não participavam da Cooperativa. Como o estado não tinha meios para pagar, combinou-se que os usineiros passariam a não recolher impostos estaduais. A isenção foi estendida às empresas coligadas às usinas. Na prática, todas as empresas dos usineiros deixaram de pagar impostos: companhias de aviação, concessionárias de automóveis, fábricas de adubos, postos de gasolina e até as butiques de suas mulheres e filhas. O acordo beneficiou os irmãos Carlos e João Lyra, o pefelista Guilherme Palmeira e o tucano Téo Vilela. O governador que desafiara os usineiros, ameaçando lhes tomar as terras, foi o único em toda a Federação a lhes devolver o que pagaram de ICMS. Em 1987, os usineiros eram responsáveis pela arrecadação de 60% dos impostos de Alagoas. Cinco anos depois, contribuíam com menos de 3%. Alagoas quebrou.

O dia da saída de Collor do governo foi de comemoração popular em Maceió. Os três programas na televisão, e as verbas publicitárias locais, tinham surtido efeito. Mas havia bolsões de resistência. O repórter Ricardo Amaral, da *Folha de S.Paulo*, registrou em sua matéria sobre a desincompatibilização uma carreata à beira-mar em que as pessoas cantavam uma musiquinha composta para a ocasião:

Vai, mas vai de vez.
O inferno é pouco
Para o que você fez.

A arrancada de Collor levou Carlos Costa, diretor de redação de *Playboy*, a pensar numa matéria para ser comentada e ganhar prêmios: a ascensão e a queda de um candidato. Carlos Costa achava que Collor era fogo de palha. Lá para o final da campanha, avaliava, cairia nas pesquisas com a velocidade de uma bigorna. O repórter que, logo no começo da subida, tivesse feito amizade com Collor e sua turma, poderia estar no coração da campanha quando ela desandasse. Estaria com o candidato no tempo das vacas gordas, da paparicagem e das promessas, e no das magras, registrando as brigas e a debandada. A pauta apresentava um toque de humor sádico, pois a reportagem pronta deveria levar o leitor a se comprazer com a derrocada de um candidato que, um dia, tivera certeza de que venceria. Era esse o jeito de Carlos Costa. Até fisicamente ele parecia o frade baixinho e maldoso das histórias em quadrinhos de Henfil: era gordinho, tinha um ar entre o traquinas e o zombeteiro. Como o personagem do humorista, Costa foi seminarista e frade. Formou-se em teologia e filosofia, era católico praticante — e dirigia a redação de uma revista de mulher pelada. Fez a sugestão de pauta a seu superior, Mario de Andrade, diretor do grupo de *Playboy*, que a aceitou no ato. O repórter não poderia ser alguém da redação, pensou Costa. A matéria demoraria meses para ser feita, obrigaria o jornalista a viagens constantes: ele teria de estar colado ao candidato. Convidou Belisa Ribeiro. Gostara do livro dela sobre o atentado do Riocentro e sabia que ela trabalhara na campanha de Moreira Franco para o governo do Rio. Acertou com Belisa uma boa remuneração. Ela trabalharia como freelancer e receberia mensalmente o equivalente ao salário de um repórter especial. A revista também pagaria as passagens aéreas, a hospedagem e as refeições dela. Carlos Costa obteve de Cláudio Humberto a anuência para que ela pudesse circular livremente na equipe de Collor. O compromisso era de *Playboy* não publicar nada sobre a campanha antes da vitória. Sim, porque Carlos Costa dissera a Cláudio Humberto que a matéria era sobre a ascensão e a vitória do candidato do PRN. Lógico que não ia contar o que realmente pretendia. Carlos Costa conheceu Collor em outubro de 1987, quando o governador foi à redação agradecer a publicação de sua longa entrevista a *Playboy*. Duas características do governador alagoano lhe chamaram a atenção. Ele não conversava; discursava, recitava frases. Sua colocação pronominal era a da linguagem escrita, e não da falada. A segunda característica foi a falta de desconfiômetro. Collor ficou a tarde inteira na redação, sem se dar conta de que Costa e Mario de Andrade precisavam trabalhar. No dia seguinte, o comentário na redação era o de que Collor não passava de um chato, um inconveniente. Quando Costa encomendou a matéria, já havia decidido que votaria em Mário Covas. Achava que o tucano ganharia a eleição. Quanto a Andrade, não sabia em quem ele pretendia votar, apesar de serem amigos e trabalharem lado a lado desde 1975. Fizeram juntos os primeiros projetos do que viria a ser a revista *Homem*. Carlos Costa começou na revista como preparador de textos e revisor. Era bom de títulos, legendas e "olhos", os textos em destaque salpicados no meio das matérias. Era melhor em reescrever do que em escrever. Pegava uma matéria alheia e tornava-a mais clara, lhe dava ritmo. Seu truque básico era retalhar as frases longas: de uma sentença comprida fazia quatro curtas. Mario de Andrade era um trabalhador obsessivo. Chegava na redação às sete da manhã e punha bilhetes nas mesas dos colegas. Queria saber como iam as matérias, dava ordens, cobrava tarefas, reclamava de atrasos. Não deixava ninguém em paz.

O título da revista, *Homem*, foi escolhido de caso pensado: se fosse *Playboy*, atrairia ainda mais a ira da Censura. De caso mal pensado, aliás, porque Domingo Alzugaray, um ex-executivo da Abril que montara sua própria editora, a Três, já havia registrado *Homem* como título dele e entrou com um processo para impedir os Civita de usá-lo. A Editora Três publicava *Status*, que competia na mesma faixa de revistas masculinas, e queria dificultar a vida da concorrente. Em julho de 1978, Alzugaray ganhou o processo. Num acordo não só verbal como telefônico, Roberto Civita conseguiu de Hugh Heffner, o criador e dono da *Playboy* americana, a licença para usar o título no Brasil. Da noite para o dia, *Homem* virou *Playboy*. Carlos Costa passou uma madrugada na gráfica da Abril trocando o nome de *Homem* no rodapé de todas as páginas. *Playboy* foi para as bancas de supetão, sem qualquer campanha de lançamento. Os leitores perceberam que, enfim, tinham à disposição a verdadeira *Playboy* e o primeiro número se esgotou. Os problemas com a Censura pioraram. A publicação era vista pelos militares como um sofisticado estratagema do comunismo internacional para solapar os fundamentos da célula mater da sociedade ocidental e cristã, a família. Cópias das matérias eram enviadas com dois meses de antecedência a Brasília, e os censores cortavam sem piedade seios flagrados de frente, pelos pubianos fartos, nádegas opulentas. Para tentar convencer os censores que *Playboy* era respeitável, chamaram Jarbas Passarinho e Carlos Castello Branco para serem colunistas. Como Castello Branco tinha de escrever com dois meses de antecedência, seus comentários políticos eram genéricos e vagos. Quando a redação julgava alguns cortes absurdos, tentava negociar a liberação. Foi o que fez com uma entrevista dos irmãos Villas Bôas sobre índios em que a Censura vetou a espinha dorsal do raciocínio deles. Carlos Costa foi a Brasília e falou com Rogério Nunes, o chefe do Departamento de Censura. No entusiasmo da discussão, ele tratou Nunes de "você". Para quê? O censor se irritou e vetou a entrevista inteira. Noutra ocasião, Rogério Nunes, num dia em que estava emocionado e nostálgico, liberou para a publicação uma nádega mais que reveladora. Escolado, Mario de Andrade não deixou que a foto saísse. Porque havia também o perigo de os juízes de varas de menores julgarem que a revista continha material passível de prejudicar a criançada e mandarem apreendê-la nas cidades sob a sua jurisdição. No Rio, uma edição com a atriz Bo Derek na capa foi apreendida por ordem de um juiz de menores. A apreensão, impedindo a venda, era prejuízo certo.

A sintonia entre Andrade e Carlos Costa era fina. O diretor era bem-apessoado, fazia sucesso com as mulheres, emocionava-se com facilidade e exigia o máximo de sua equipe. Costa era reflexivo, sardônico, e mesmo quando duvidava das ideias do chefe empenhava-se em cumpri-las. Mario de Andrade estava de férias quando a travesti Roberta Close foi a vedete do Carnaval de 1984. Ninguém na redação, exceto Carlos Costa, cogitou desnudá-la para os leitores de *Playboy*. Na sua volta, Andrade perguntou: "Estamos dando bem a Roberta Close, não é?". Abespinhou-se ao saber que sairia só uma foto dela, pequena e em preto e branco. Na edição seguinte, Roberta Close estava na capa da revista. Em

1987, Carlos Costa foi promovido a diretor de redação e Mario de Andrade assumiu a direção do grupo *Playboy*, ficando responsável pela publicidade e circulação da revista. Era o coroamento de uma dupla que tornara *Playboy* um sucesso.

* * *

A ideia de editar *Playboy* surgira quase trinta anos antes, a bordo de um cargueiro que atracava no porto de Santos. Nele vinha Roberto Civita, um rapaz nascido em Milão, na Itália, que retornava de uma temporada de cinco anos de estudos e estágios nos Estados Unidos. Na madrugada, enquanto estivadores descarregavam o navio, Victor Civita encontrou o filho, abraçou-o e conversaram:
— Que bom que você voltou, depois de tanto tempo, e vai ficar. Agora me diga: qual é o teu sonho, o que você quer fazer? — perguntou.
— Quero lançar *Time*, *Fortune* e *Playboy* no Brasil — respondeu Roberto Civita.
O pai ficou surpreso com a resposta, e desconversou:
— Ótimo, mas agora não temos como. A editora é pequena. Você poderia começar com coisas mais simples.
Apesar de taxativa, na verdade Roberto Civita improvisou a resposta na hora. Ele retornava de um estágio de um ano e meio na empresa que editava *Time* e *Fortune*, Time Inc. Poderia lançar revistas semelhantes no Brasil, onde não havia um semanário de notícias e uma mensal de economia e negócios. E também poderia publicar *Playboy*, porque percebera, nos Estados Unidos, o impacto da revista em termos de libertação sexual. Além do quê, Roberto Civita era jovem e apreciava mulheres, sobretudo despidas.
O mais importante para o rapaz, naquele cargueiro e naquela madrugada, era o sentido profundo da volta. Ela significava que trabalharia na editora do pai e o Brasil seria a sua pátria de adoção. Roberto Civita também chegou de navio na primeira vez que veio ao Brasil. Ele, a mãe, Sylvana, e o irmão caçula, Richard, desembarcaram do *SS Argentina* no porto do Rio no sábado do Carnaval de 1950. Vinham da Itália, onde Victor Civita os deixara três meses antes. Enquanto os pais matavam a saudade internando-se durante três dias num quarto de hotel, os meninos foram entregues aos cuidados do embaixador da Holanda no Brasil, com quem Victor Civita fizera amizade. O fulcro do Carnaval carioca era a avenida Rio Branco, onde havia um tablado destinado ao corpo diplomático. Roberto e Richard, de treze e onze anos, sem entender nada da língua, achavam tudo extraordinário. A família foi em seguida para São Paulo e se instalou no melhor hotel da cidade, o Esplanada, atrás do Teatro Municipal. De manhã, os irmãos iam de bonde até as imediações da Graded School, onde Roberto editava o jornalzinho escolar. Haviam passado a infância nos Estados Unidos, a mãe os obrigava a falar italiano em casa, e tinham aula de português diariamente na escola americana. Roberto lia *Life* e a *Readers Digest*. Tinha predileção pela seção "Enriqueça o seu vocabulário" da *Seleções*. O sentido diferente que palavras ita-

lianas adquiriam em português o intrigava: *caldo* ("quente", em italiano), *squisito* (delicioso), *scarpa sinistra* (sapato esquerdo). Fascinado pelas descobertas atômicas, queria ser físico nuclear. No último ano de High School, mandou seu histórico escolar para as melhores faculdades americanas de física, o Instituto de Tecnologia de Massachusetts, Rice, no Texas, e o Caltech, na Califórnia. Foi aprovado nas três. Escolheu Rice porque obteve bolsa integral — era pesado para Victor Civita manter o filho nos Estados Unidos. Um mês depois de completar dezessete anos, morava sozinho em Houston.

No exame do primeiro ano, Roberto Civita tirou nota baixa em física — 43, para um máximo de cem pontos. Ficou mortificado. Nunca fora tão mal numa prova. Mas, entre os quatrocentos alunos do primeiro ano, só um estudante, chamado Baker, havia tirado 81. Em segundo lugar vinha Roberto Civita. Os outros 398 receberam notas menores de 43. Mesmo assim, foi ao Departamento de Física e pediu desligamento do curso.

— Mas por quê? Você tirou a segunda nota da turma. Você está doido? — perguntou um diretor.

— Não. O Baker será um grande físico. Eu serei um físico de segunda linha. E não quero ser um físico de segunda linha — respondeu Roberto Civita.

Ele mandou carta para três outras universidades pedindo transferência imediata. Foi aceito pela Universidade da Pensilvânia. Lá, fez dois cursos simultaneamente. O de jornalismo e o da Escola Wharton de Finanças e Comércio. Completou os dois e ganhou um diploma de *publisher*.

No último ano do curso, obteve um estágio em Time Inc. Em dezoito meses na empresa aprendeu mais do que em quatro anos em duas faculdades. Passava dois meses em cada departamento: Planejamento, Comunicação, Publicidade, Circulação, Assinaturas, Redação e Distribuição. Fazia desde reportagens até campanhas publicitárias. Na redação de *Time*, repetiu um exercício atroz: escrever uma matéria de duas páginas; depois reduzi-la para uma página, mantendo todas as informações e o texto leve; em seguida, esprimê-la em uma única coluna, também sem prejuízo da substância e da facilidade de leitura. Fez um relatório, que circulou no topo de Time Inc., respondendo à questão: "Por que a edição de *Life* em espanhol não vai bem?". Leu tudo o que havia nos arquivos da empresa sobre a operação latino-americana. O seu relatório repetia a pergunta e dava a seguinte resposta: "Porque a América Latina não existe. Quem quiser se aprofundar na questão vide o anexo". A edição em espanhol consistia em uma matéria sobre cada país latino-americano em que a revista circulava e reportagens traduzidas da edição americana. No anexo, Roberto Civita demonstrava que os leitores argentinos não estavam interessados em matérias sobre o México, a Venezuela e os outros países latino-americanos. Assim como os venezuelanos não queriam ler sobre a Argentina, o México etc. *Life* em espanhol deixou de circular.

Roberto Civita morava num quarto andar na esquina da rua 64 com a Park Avenue. O salário era baixo. Uma vez, convidou uma moça para irem de ferry-boat até Staten Island. Convidou porque o tíquete do barco custava cinco cents, e ele tinha exatos dez cents no bolso — mas o céu estava azul, do Hudson podiam contemplar a silhueta dos edifícios em Manhattan, morava em Nova York, trabalhava em Time Inc., a vida era boa. Sem muito dinheiro, comia em casa. Sua mãe lhe escrevia três cartas por semana, e a cada duas lhe enviava uma receita. No final do estágio, a empresa lhe ofereceu um emprego no seu escritório em Tóquio. Seria vice-diretor da operação de Time Inc. no Pacífico. Roberto Civita vibrou. Pediu um interurbano e contou a boa nova ao pai, em São Paulo.

— Você não acha que está na hora de voltar para casa e começar a trabalhar? — perguntou-lhe Victor Civita do outro hemisfério do planeta.

— Mas eu estou trabalhando! — gritou Roberto Civita, pois a ligação estava péssima.

— Não, não. Eu digo trabalhar a sério, numa coisa sua.

O filho de Victor Civita passou a noite em claro. Não sabia o que fazer. Ficar significava cortar os laços com a família e seguir uma carreira em Time. Tinha certeza de que, se fosse bem, depois de um período no Japão seria transferido para outro país, depois para outro, e assim até se estabelecer em Nova York e galgar postos na empresa. Voltar significava morar num país que desconhecia e com o qual não tinha identificação. Voltar para uma língua da qual entendia pouco mais que o bê-á-bá. Para a empresa paterna que, de longe, desconfiava não ser lá essas coisas. Para uma família com a qual tivera poucos contatos nos últimos cinco anos e meio. De manhã cedo, resolveu voltar. Dois elementos pesaram na escolha. Primeiro, a família, o pai, a mãe e o irmão. Era a sua gente. Em segundo, a consciência de que, com tudo o que aprendera nos Estados Unidos, poderia fazer uma diferença na empresa do pai e no Brasil. Em Time Inc., estava fadado a ser um entre outros. No Brasil, seria o único a saber os meandros de revistas: tiragens, circulação, tabela de publicidade, campanhas de lançamento e renovação de assinaturas. Seria o único e o primeiro. Não haveria um Baker à sua frente. Três décadas depois de responder ao pai, no navio em Santos, o que queria fazer, Roberto Civita tinha a sua *Time*, *Veja*, a sua *Fortune*, *Exame*, e sua *Playboy*, *Playboy*.

* * *

Belisa Ribeiro trabalhou na reportagem para *Playboy* sobre a campanha de Collor durante uns três meses. Uma tarde, telefonou para Carlos Costa. Disse-lhe que estava em crise. Topara fazer a matéria, sabia que ela existia, poderia ficar ótima. Mas recebera uma proposta: coordenar a campanha de Fernando Collor na televisão. Costa ficou pasmo. Percebeu, apesar de Belisa repetir sem parar que não sabia o que fazer, que ela já havia decidido abandonar a pauta. Não tentou demovê-la: que fizesse o que bem entendesse. Consternado, deu a notícia a Mario de Andrade, que também se surpreendeu, mas, estranhamente, não se encolerizou como Carlos Costa esperava. Sem Belisa, não cogitam procurar outro repórter e desistem da matéria. Nem deveriam cogitar: a dedução lógica era que Belisa, assumindo um cargo de direção na equipe collorida, deveria ter contado a ele qual era a intenção real da revista.

10. O GLOBO

Roberto Marinho achou o seu candidato. Em 4 de abril de 1989 ele assinou um editorial em *O Globo* intitulado "Convocação". Nele, advogou que os líderes do PMDB e do PFL optassem por um nome de consenso, "um candidato de renovação que não se enrede em manhas e combinações inaceitáveis. Um candidato que não fuja de temas controversos e não faça do subterfúgio a suprema sabedoria política. Um candidato, afinal, com uma abordagem moderna e otimista dos problemas brasileiros, que devolva à Nação o direito de sonhar com o futuro". Esse candidato, prosseguiu, ofereceria à nação "uma alternativa melhor que a de obrigá-la a escolher entre um projeto caudilhesco-populista e um outro meramente contestatório" — ou seja, Brizola e Lula. Ninguém atendeu à convocação de Roberto Marinho. PFL e PMDB, que se associaram no fim da ditadura para gerir o Estado, escolheram candidatos à sua imagem e semelhança: Aureliano Chaves e Ulysses Guimarães. Um pouco antes da publicação do editorial, Ulysses e Collor tentaram decifrar as inclinações de Roberto Marinho. Ambos usaram vias indiretas. O peemedebista convidou Antônio Drummond, diretor da Rede Globo em Brasília, para um almoço na casa de seu escudeiro Renato Archer e lhe disse:

— O PMDB tem condições de deslanchar quando emocionar a população. O Collor é um produto da mídia, e a mídia no Brasil é a Globo.

Drummond, analista sutil da cena política, homem da confiança de Marinho, mais dado a ouvir do que a falar, e a falar com políticos sem completar as frases, a fim de levá-los a deduzir o raciocínio dele e a se sentirem seus autores, esboçou-lhe um panorama mais complexo:

— Concordo com 50% da sua análise, doutor Ulysses, e discordo da outra metade. Collor é, sim, um produto da mídia. Mas a mídia é do PT. Collor tem a bandeira dos marajás. Ele está na mídia porque faz oposição a Sarney. Os militantes e simpatizantes do PT na mídia acham que incensá-lo pode abrir caminho para o PT. Mas o Collor não é só um produto da mídia. Ele é também um fenômeno político-eleitoral, como Jânio.

Como sempre fazia com esse tipo de conversa, Drummond a relatou a Roberto Marinho, que continuou a considerar Ulysses carta fora do baralho eleitoral. E Ulysses Guimarães insistiu em pedir a Alberico Souza Cruz que o colocasse nos noticiários da Globo. Souza Cruz o levava ao ar sempre que havia notícias da campanha do PMDB. Mas não adiantava. Ulysses não subia nas pesquisas. Quem emocionava era Collor. Sua campanha se tornava um fenômeno político-eleitoral, surpreendendo os donos de empresas de comunicação e desagradando os muitos jornalistas petistas. Boa parte dos 520 jornalistas de *O Globo*, por exemplo, simpatizava com as candidaturas de Lula e Brizola. Um editor que não votava nem no

PT nem no PDT era Merval Pereira. Tinha a mesma idade de Collor e estudara com ele no São Vicente, onde trabalharam juntos no jornalzinho da escola. Repórter político, encontrara o ex-colega algumas vezes. Merval Pereira acompanhava de longe e achava interessante o que Collor fazia em Alagoas. Já candidato, Collor o convidou para um café da manhã. Queria saber quem Roberto Marinho apoiaria contra Brizola e Lula. "Não tenho a menor ideia de quem ele vai apoiar, e se é que vai apoiar alguém", respondeu-lhe Pereira, que não gostava desse gênero de conversa. Em seguida, a relatou a Evandro Carlos de Andrade, o diretor de redação de *O Globo*. Como o candidato pedira conselhos, o editor telefonou-lhe quando Collor chamou Brizola de "filho da puta".

— Você não pode falar isso, Fernando — começou.

— Você acha, Merval? Mas ele é um filho da puta.

— Está certo que você ache que ele é, mas não diga em público. Você pode virar presidente, e um presidente não diz isso.

Collor não usou mais palavrões contra nenhum candidato. E também nunca mais atendeu a um telefonema de Merval Pereira. Queria conselhos, mas pelo jeito não gostou daquele.

Para atacar Brizola, e também Guilherme Afif Domingos, Collor usava Sebastião Nery. O jornalista publicava artigos na *Tribuna da Imprensa* fustigando Brizola, ligando-o ao tráfico de drogas no Rio, e Afif, apresentando-o como o candidato da Federação das Indústrias de São Paulo. Os artigos eram depois reproduzidos, como anúncios, em *O Dia*, *O Globo* e no *Jornal do Brasil*. O estratagema funcionou até que o PDT e o Partido Liberal, de Afif, entraram com representações contra Nery. A Justiça Eleitoral descobriu então que a republicação dos artigos nos jornais fluminenses era paga pela Setembro, a agência da campanha de Collor, e impediu que continuassem a ser veiculados fora da *Tribuna da Imprensa*. A republicação de pelo menos um deles, descobriu-se também, foi paga pela Associação dos Bancos do Estado de São Paulo. De julho a outubro de 1989, Nery recebeu 6 mil dólares por mês para ajudar na campanha de Collor. Em novembro e dezembro, o salário subiu para 8 mil dólares mensais. Durante esses seis meses, Nery seguiu ganhando o seu salário de assessor do ministro da Cultura, José Aparecido de Oliveira. *Veja* publicou uma pequena matéria sobre o assunto, e observou: o candidato caçador de marajás tinha um marajá na sua assessoria, Nery, que recebia um salário do estado embora não comparecesse ao local de trabalho.

Um velho amigo de Roberto Marinho, Jorge Serpa, convenceu-o a ajudar um candidato. Jorge *de* Serpa, conforme estava gravado em letras douradas na porta de vidro de seu escritório de advocacia, no prédio ao lado do restaurante Mosteiro, no centro do Rio. Ali almoçava todos os dias, sempre de terno preto; apoiava os cotovelos juntos sobre a mesa, formando um V com os braços. Dispensava a famosa empada do restaurante, pedia um raquítico filé de frango e na sobremesa se soltava: mandava vir um romeu e julieta. Raramente abria a guarda a seus interlocutores, apesar de falar bastante. Contava casos dos últimos cinquenta anos da história brasileira e, aqui e ali, punha-se ao lado de presidentes, ministros, generais e empresários. Usava palavras como "blandícia", "estamento" e "solerte" com a maior naturalidade. Pontuava as frases com "entende?", ou "você está me entendendo?". Sentindo-se pressionado, dizia: "Não é assim, meu bem", ou: "Meu amor, isso é tudo mitologia". Tinha uma expressão para sublinhar a extensão de sua experiência: "Naquele tempo eu ainda me espantava com as coisas". Figura mitológica, cultivava o folclore em torno de sua pessoa. Morava em endereço incerto e não sabido, e só andava de táxi, mesmo quando viajava a Brasília. Serpa integrava, junto com o banqueiro José Luiz Magalhães Lins e os advogados Sérgio Bermudes e Antônio Bulhões de Carvalho, uma categoria bem carioca, a das Eminências-Discretas-Mas-Nem-Tanto. As Eminências trafegavam entre donos de jornais, políticos e banqueiros, apartavam brigas entre eles, promoviam reconciliações, azeitavam acordos, faziam amigos e influenciavam pessoas ricas e poderosas. Cearense, Serpa formou-se em 1945 e foi trabalhar no escritório de Santiago Dantas, que o apresentou a Roberto Marinho. Logo montou o seu próprio escritório, de consultoria. Passava na redação de *O Globo* para conversar com seu novo amigo. Marinho era um homem de redação. Ou, como dizia, um "redator de banca". Pegava às cinco horas da manhã e só largava o batente à noite, depois de preparar a pauta para o dia seguinte. Ficava entre os companheiros, escrevendo, canetando matérias, recebendo gente. Queria ser considerado, e de fato era, um jornalista — desses que saíam da redação para jogar sinuca. Prudente, escondia o jogo e só deixava de lado a bola da vez quando uma mais valiosa estivesse pendurada na caçapa. Era modesto. O que não sabia, perguntava aos companheiros que sabiam mais do que ele.

Esse respeito pelos profissionais marcou os primórdios de *O Globo*. Irineu Marinho, que começou no jornalismo sendo aprovado num concurso para revisor da *Gazeta de Notícias*, fundou o vespertino *O Globo* em 1926. Vinte e três dias depois, como demorasse a sair do banho, e não respondesse aos chamados de sua mulher, Francisca, o mais velho de seus cinco filhos entrou pela janela do banheiro. Roberto Marinho encontrou o pai morto, de ataque cardíaco. Com vinte anos, recusou-se a assumir o comando do jornal. Julgou que seria melhor um profissional mais experimentado, Euclydes de Matos, chefiar a redação. Nas eleições de 1930, Roberto Marinho divergiu de seu chefe de redação. Matos dizia que os dois candidatos, Júlio Prestes e Getúlio Vargas, eram "vinho da mesma pipa, farinha do mesmo saco", e Marinho defendia que o jornal deveria engajar-se na candidatura de Getúlio. No dia em que o presidente Washington Luís foi derrubado, na Revolução de 1930, o dono do jornal estava diante do Palácio Guanabara, trabalhando como repórter. Um repórter esperto: quando Washington Luís deixou o Palácio, Roberto Marinho postou-se na frente do carro para dar tempo ao fotógrafo de *O Globo* registrar a cena. A foto, exclusiva, saiu na primeira página do jornal. Só no ano seguinte, com a morte de Matos, Marinho assumiu a direção da redação. Apoiava Getúlio mas protestou contra a ruptura institucional do Estado Novo. A ditadura colocou na redação um censor que mal sabia ler. A cada notícia, ele ligava para a sede da Censura, na Polícia Central, pedindo orientações. Com isso, atrasava o fechamento do jornal, cuja primeira edição saía às onze horas da manhã. Roberto Marinho solicitou a substituição do censor, que lhe foi negada. Uma vez, exasperado com os atrasos, perdeu a tramontana, cobriu o censor de pancadas e o expulsou da redação. No dia seguinte, prosperou a história de que o diretor de *O Globo* pedira asilo numa embaixada e o jornal seria fechado — até que Roberto Marinho foi encontrado no salão de bilhar ao lado da redação. O censor foi trocado e o jornal deixou de atrasar.

No pós-guerra, Jorge Serpa integrou o estamento que abraçou o ideário da planificação, da industrialização e do desenvolvimento. O estamento viu o segundo governo de Getúlio Vargas com receio, pois desconfiava do trabalhismo, e se sentiu plenamente no poder com Juscelino Kubitschek. Mas o solerte Serpa, na maior blandícia, tinha um pé no getulismo: frequentara o Palácio do Catete no segundo governo de Getúlio e se fez amigo de João Goulart. Roberto Marinho comungava, em linhas gerais, com o pensamento político de Serpa. Foi Juscelino quem lhe deu a primeira concessão de televisão, no Rio, e Goulart a segunda, em Brasília. O dono de *O Globo* foi dos primeiros a se dar conta da interligação decisiva entre imprensa e tecnologia. Em 1944, fundou a Rádio Globo e obteve depois uma concessão para FM, antes mesmo que houvesse aparelhos receptores no Brasil. A radicalização do governo de Jango separou os amigos. Roberto Marinho conspirou com militares para derrubar o presidente. Ia disfarçado a reuniões clandestinas, o que muito o divertia, e franqueou seus microfones, câmeras e colunas de jornal para a pregação golpista de Carlos Lacerda. Serpa percebeu que o golpe vinha, tentou mudar o curso do governo e fracassou. No dia 13 de março de 1964, de saída para o comício das reformas de base, na Central do Brasil, Jango despediu-se de Serpa dizendo: "Agora eu vou para a oposição", e o advogado lhe perguntou: "A qual governo, presidente?". Com a tomada do poder pelos militares, Serpa foi preso e torturado pela polícia de Carlos Lacerda e processado por ter sido diretor da mineradora Mannesmann, que emitira títulos falsos. Uma voz se ouviu em defesa do advogado em desgraça: a de Roberto Marinho, em editoriais e reportagens de *O Globo*.

Quando foi lançado, *O Globo* concorria com mais de uma dezena de jornais no Rio. Na concepção de Roberto Marinho, herdada do pai, o vespertino deveria estar ligado à sociedade, ser eminentemente carioca. Para tanto, Roberto Marinho patrocinou a Orquestra Sinfônica e ajudou na organização do primeiro desfile de escolas de samba do Rio. Na trajetória que levou o vespertino acanhado, com um quê de provinciano, a sobreviver à maioria de seus concorrentes e a se transformar num jornal de porte nacional, houve duas figuras-chaves. Um, o seu dono, que combinou em doses iguais o ânimo de brigar por melhorias no dia a dia com uma visão de longo prazo. O outro, o profissional com quem melhor trabalhou, também ele um brigão austero e determinado, foi Evandro Carlos de Andrade. Viram-se pela primeira vez no dia da renúncia de Jânio Quadros à Presidência. Andrade era assessor de José Aparecido de Oliveira, secretário de Jânio. Roberto Marinho, outra vez na função de repórter, testemunhava, dessa vez por acaso, a saída de um presidente do poder. Encontraram-se na porta de um elevador no Palácio do Planalto e Roberto Marinho fez o comentário possível, um banal: "Que coisa, hein?". Evandro Carlos de Andrade nasceu no Maracanã, trabalhou na floricultura da família, foi caixa de hotel e tentou ser advogado. Deve ter batido algum recorde porque fez três vezes o primeiro ano de direito, em épocas e faculdades diferentes, e nunca foi adiante. Trabalhou no *Diário Carioca*, cobriu a morte de Getúlio, as campanhas de Juscelino e Jânio, e foi articulista político do *Jornal do Brasil* e de *O Estado de S. Paulo* antes de assumir a direção da redação de *O Globo*. Quem sugeriu o seu nome a Roberto Marinho foi a mais discreta das Eminências, José Luiz Magalhães Lins, amigo de ambos. Andrade teve dois encontros com Roberto Marinho e, logo no primeiro, avisou: "Eu sou papista". O cardeal cumpriria as ordens do pontífice de *O Globo*. Mas se discordasse, se demitiria. Demitiu-se três vezes, e nas três o papa voltou atrás em suas ordens e convenceu o cardeal a reconsiderar.

O entendimento entre Evandro Carlos de Andrade e Roberto Marinho é único na história da imprensa brasileira. Nenhum diretor de redação ficou mais de duas décadas no cargo, como Andrade, e saiu dela para ser promovido. Frio e formal, ele pouco circulava pela redação, apesar de controlá-la com mão de ferro. Às vezes, explodia em broncas apoteóticas e, gélido, demitia amigos, colegas com quem trabalhava fazia mais de uma década. Gostava de se sentir desafiado, de ouvir ideias ousadas e críticas, desde que não violassem a linha hierárquica. Nesse aspecto, era igual a Roberto Marinho, que uma vez lhe perguntou:

— O que você achou do meu artigo?
— Posso falar com toda a franqueza? — retorquiu Andrade.
— Mais ou menos — aconselhou Roberto Marinho.

Críticas, sim, mas devagar com o andor. As editorias a que Roberto Marinho dedicava mais atenção eram as de Política, Sociedade e Cidade. Dizia a Andrade que as notícias mais importantes deveriam estar na primeira ou na terceira página. Se não estavam, reclamava. Reclamava sempre. A frase que mais usava para se queixar de erros era: "Em cinquenta anos de *O Globo* é a primeira vez que isso acontece". Nunca foi de encomendar matérias nas editorias de Economia ou em Política, mas seu diretor de redação entendia muito bem quem eram os políticos que o patrão admirava. Marinho era discreto ao passar notícias a Andrade. Quando sabia algo, em vez de informar, perguntava. "O que está havendo com o ministro fulano?" A indagação era um sinal de que o ministro poderia estar saindo do governo.

Lentamente, *O Globo* mudou. Andrade limpou a redação, coalhada de policiais e repórteres que, simultaneamente, eram assessores de Imprensa das instituições que cobriam pelo jornal. Organizou as faixas salariais, deu aumentos e trouxe gente nova para a redação. Seu objetivo era fazer um jornal que desse todas as notícias e uma só opinião, a do dono. Roberto Marinho coordenou o enfrentamento com o *Jornal do Brasil*. Lançou a edição de domingo, dia em que o concorrente reinava sozinho. Renovou a gráfica com equipamentos off-set. Botou cor no jornal. Percebendo o crescimento da classe média além da Zona

Sul, buscou leitores nos subúrbios. Partiu para a conquista dos anunciantes vitais ao *JB*, os dos classificados. De um vespertino, chapa branca, pró-ditadura e protetor dos poderosos, *O Globo* se tornou um matutino ágil, com espaço para todas as notícias. Em 1989, era o segundo jornal brasileiro de maior venda nos dias de semana (258 mil exemplares), perdendo apenas para a *Folha de S.Paulo* (308 mil). Aos domingos, o jornal carioca vendia mais que o paulista (443 e 382 mil exemplares, respectivamente). A mudança transcorreu numa quadra histórica marcada pela agonia e fim da ditadura, pelas crises da Nova República e pela ampliação da democracia. Foi o período da convivência e da longa transição do mando de Roberto Marinho para seu filho João Roberto. O jornal também se beneficiou enormemente do crescimento da Rede Globo. Entre as tardes de sábado e as manhãs de domingo, durante anos a Globo pôs no ar dezessete anúncios da edição dominical de *O Globo*, uma campanha cujo custo real o *Jornal do Brasil* nem sequer podia sonhar despender em publicidade.

Com a expansão de seus negócios, o poder de Roberto Marinho cresceu junto. Ele exerceu esse poder fazendo e desfazendo ministros, ao mesmo tempo que lutava para que políticos e militares não entrassem nos domínios dele. Na ditadura, o marechal Cordeiro de Farias lhe pediu que empregasse um conhecido na Globo. "Lamento, Cordeiro, mas é impossível. Eu sou muito rigoroso com os meus companheiros de televisão e não posso me expor ao risco de, amanhã, quando reclamar de algum erro, me responderem que o erro foi cometido por alguém empregado graças a um pistolão", falou. Noutra ocasião, Juracy Magalhães, ministro da Justiça de Castelo Branco, convocou uma reunião com donos de jornais do Rio e de São Paulo, e os conclamou para demitirem os comunistas das redações. "Ministro, essa conversa não tem cabimento", disse-lhe Marinho. "Nos meus comunistas mando eu: eles escrevem o que eu quero." Agentes dos órgãos de segurança descobriram uma série de cheques para o PCB. Entre eles, um de Henrique Caban, coordenador de produção de *O Globo*, e avisaram o dono do jornal. "É, doutor Roberto, dei dinheiro para o partido, eu sou comunista", respondeu Caban a Marinho, que lhe pediu explicações. O patrão reclamou, lhe ofereceu um conselho ("Mas dar em cheque? Dê em dinheiro") e o manteve no jornal. Em suas relações com os governos, Roberto Marinho tinha uma postura reivindicante e cautelosa. Reivindicante porque achava que era um direito dele, como homem de imprensa, ter concessões de rádio e televisão, independentemente de apoiar ou não tudo o que o governo fizesse. E cautelosa porque, nas divergências e atritos com políticos, não descambava para o ataque pessoal e tentava evitar as rupturas. Deixava uma porta aberta aos seus opositores para uma reconciliação, ou ao menos para um diálogo. Também não guardava rancor. No governo Médici, um grupo de jornalistas e humoristas do semanário *O Pasquim* foi preso, e *O Globo* publicou a notícia, falsa, de que eles estavam na lista dos presos políticos a serem banidos do país em troca da libertação de um diplomata sequestrado por terroristas. Entre os presos se encontrava o colunista Paulo Francis que, solto, escreveu um artigo sobre Roberto Marinho intitulado "Um homem chamado porcaria". Passaram-se os anos e o empresário aceitou que Francis trabalhasse em seu jornal e na sua televisão.

O ápice da influência de Roberto Marinho se deu durante a Nova República. Influência pedida e acatada por Tancredo Neves e José Sarney. "Eu brigo com o ministro do Exército mas não com Roberto Marinho", dizia Tancredo na formação de seu governo. Presidente eleito, ele escolheu Antônio Carlos Magalhães, dono da retransmissora da Rede Globo na Bahia, para ser o ministro das Comunicações. "O senhor se incomoda se Roberto Marinho lhe fizer o convite para ser ministro?", perguntou Tancredo a Antônio Carlos, querendo agradar o dono da Globo. "Não, não me incomodo, ele é meu amigo", respondeu o político. Mas Roberto Marinho não aceitou. Explicou a Tancredo que, se ele fizesse o convite, estaria enfraquecendo Antônio Carlos, que deveria ser visto como ministro do presidente, e não da Globo. Ao demitir Dilson Funaro do Ministério da Fazenda, o presidente José Sarney quis pôr no cargo o governador cearense Tasso Jereissati, e articulou uma conversa entre ele e Roberto Marinho. Jereissati não foi ministro porque Ulysses Guimarães impôs Bresser Pereira, que ficou meses no Ministério. Novamente, Sarney organizou um encontro entre Roberto Marinho e seu candidato para o cargo, Maílson da Nóbrega. Eles se reuniram no escritório da Globo em Brasília no começo de 1988. Cortês, Roberto Marinho sabatinou Maílson da Nóbrega. Queria saber as ideias dele sobre inflação, câmbio, juros, tudo. Maílson saiu da sala e encontrou Antônio Carlos Magalhães, que entrou para falar com Roberto Marinho, voltou e lhe disse que o dono da Globo gostara da conversa. Dez minutos depois, antes que Sarney avisasse Maílson, o plantão do *Jornal Nacional* noticiou que ele era o novo ministro.

Empossado, o ministro fez a via-sacra de visitas aos donos de meios de comunicação. O governo era fraco, a situação econômica se deteriorava, ele precisava de apoio. Todos o receberam com simpatia, inclusive Roberto Marinho, que até lhe fez uma confidência: disse-lhe que fora ele quem escolhera o ministro do Exército, o general Leonidas Pires Gonçalves. Manteve uma boa relação com a Globo e seu dono. Passava notícias para Alberico Souza Cruz, pedia divulgação, dava entrevistas, ia ao *Bom Dia Brasil*. Maílson só ligava para Roberto Marinho quando ia dar grandes notícias, como a assinatura do acordo da dívida externa. Explicou-lhe em detalhe o Plano Verão, outra tentativa de segurar a inflação com um congelamento de preços. Sem o apoio da Globo, acreditava, o Plano Verão teria fôlego curto. E necessitava, desesperadamente, de fôlego, sob risco de o país naufragar num vagalhão hiperinflacionário.

Maílson teve um primeiro atrito com a Globo a propósito de um decreto regulamentando loterias na televisão. Técnicos do Ministério da Fazenda não viram problemas no decreto. Mas Silvio Santos procurou Maílson da Nóbrega e o convenceu que a medida inviabilizaria o seu Baú da Felicidade e beneficiaria a Globo. Maílson levou o problema a Sarney e lhe deu a sua opinião: revogar o decreto. O presidente aceitou. Houve então outro atrito, mais sério. A pedido de Sarney, Maílson recebeu Jorge Serpa, que lhe disse falar em nome de Roberto

Marinho. O advogado defendeu uma proposta em estudos no Ministério sobre a exportação da dívida externa. Pelos estudos, empresas comprariam títulos da dívida, por cerca de 70% do seu valor, e os usariam para financiar exportações especiais. A ideia morreu no Ministério porque foi impossível definir o que era exportação "especial". Tanto que, quando se abriu o período para que as empresas fizessem o registro de seus projetos de exportações "especiais", a soma deles chegou a 10 bilhões de dólares. Entre eles, havia um projeto de exportação de casas pré-fabricadas para os Estados Unidos, no valor de 1 bilhão de dólares, no qual Serpa estava particularmente interessado. Mesmo com a proposta morta, Serpa continuou insistindo. Sarney pediu que o ministro fosse ao Palácio do Planalto explicar a Roberto Marinho por que vetara o plano. Maílson fez a explanação e disse uma frase que irritou o jornalista: "Esse projeto não interessa ao país". Mudou a relação do ministro com a Globo: ele deixou de ser entrevistado no *Bom Dia Brasil*, os editoriais de O Globo tornaram-se críticos à sua gestão, as aparições dele no *Jornal Nacional* restringiram-se às notícias inevitáveis. E o pior: a proposta de conversão da dívida reapareceu num dos itens do documento para se promover um "pacto social" entre empresários, sindicalistas e o governo. Maílson fez o Banco do Brasil contratar uma agência de detetives para descobrir quem eram os americanos interessados na importação de casas pré-fabricadas brasileiras, pois no dossiê apresentado no registro das propostas de exportação especial existia uma carta de um escritório nos Estados Unidos. A investigação revelou que a empresa americana que importaria as casas era fantasma. No seu endereço havia apenas uma placa. O relatório dos detetives foi entregue a Sarney e a Antônio Carlos Magalhães. O projeto não saiu, e os tiros da Globo contra o ministro prosseguiram. *O Globo* chegou a noticiar que Maílson fora demitido, mas o ministro permaneceu no cargo até o último dia do mandato de Sarney.

O episódio das casas pré-fabricadas deixou Roberto Irineu e João Roberto ainda mais desconfiados de Serpa. Respeitavam-no por ser amigo do pai, mas suspeitavam de seus planos mirabolantes, suas maquinações cerebrinas, suas elucubrações sobre grandes negócios, nos quais aparentava não tirar nenhum proveito material. Achavam que poderia se valer da amizade com Roberto Marinho para defender interesses próprios. Ambos consideraram o plano das casas danoso ao pai.

Ante o ascenso de Collor nas pesquisas, Roberto Marinho se alegrou moderadamente. Considerava-o melhor que o desastre — Lula ou Brizola ganharem — embora mantivesse reservas para com ele. No final de maio, negou a *Veja* que estivesse apoiando o candidato do PRN: "A Globo não está apoiando Collor, está apenas noticiando os fatos relacionados com o candidato que está na frente". Para Serpa, o melhor candidato era Mário Covas, do PSDB. Roberto Marinho tinha dúvidas acerca de Covas, e no começo de junho convidou para um almoço um tucano de quem gostava, Tasso Jereissati. Também participaram do almoço Jorge Serpa e o governador do Rio Grande do Norte, Geraldo Melo. Serpa defendeu que Collor subira muito rápido nas pesquisas e deveria cair quando se aproximasse o dia da votação. Era preciso ter outra alternativa a Lula e Brizola para a eventualidade de a candidatura de Collor fazer água. Tasso Jereissati argumentou em favor de Covas: era um político de biografia, tinha substância, além de ser mais confiável do que o ex-governador alagoano. "Conheço Collor desde o pai dele", concordou Roberto Marinho, aludindo aos seus negócios com Arnon de Mello. Tasso Jereissati informou que, quando Covas abandonasse a cadeira de senador para sair em campanha, faria um discurso com o seu programa de governo. Discurso que, decidiu Roberto Marinho, se o agradasse, teria uma boa cobertura nos veículos das Organizações Globo.

Foi a vez de os tucanos atraírem Serpa para a sua órbita: convidaram-no para discutir o conteúdo da fala de Covas. Ele se reuniu com o senador Fernando Henrique Cardoso e o deputado José Serra, e fizeram algumas anotações sobre os pontos que deveriam constar no discurso. Roberto Marinho leu as anotações e gostou delas. Mas continuava ressabiado com Mário Covas. "Esse moço é comunista e tem uma visão cultural restrita", disse a Fernando Henrique Cardoso. Os tucanos buscaram mais adesões na imprensa. Tasso Jereissati falou com Roberto Civita e José Roberto Guzzo, de *Veja*. Fernando Henrique Cardoso, com Júlio de Mesquita Neto e Ruy Mesquita, de *O Estado de S. Paulo*. O discurso, lido por Mário Covas no Senado no dia 28 de junho, foi redigido por José Serra. O deputado escreveu uma referência velada aos expedientes de Collor para aparecer na imprensa: "Não me submeterei a um esforço artificial de criação de atos e fatos, a qualquer jogo de aparência, ou a truques de persuasão publicitária". Serra fez uma alusão, em negativo, às hesitações e tibiezas da Presidência de Sarney: "O país precisa e está ansioso para ter governo". Na parte final, colocou a expressão que no dia seguinte ganharia as manchetes: "Basta de gastar sem ter dinheiro. Basta de tanto subsídio, de tantos incentivos, de tantos privilégios sem justificativas ou utilidade comprovada. Basta de empreguismo. Basta de cartórios. O Brasil não precisa apenas de um choque fiscal. Precisa, também, de um choque de capitalismo, um choque de livre iniciativa, sujeita a riscos e não apenas a prêmios".

A matéria sobre o discurso do "choque de capitalismo" tomou um minuto e vinte segundos no *Jornal Nacional*, um tempo considerável em termos televisivos. Na manhã seguinte, na Central Globo de Jornalismo, tocou o telefone na sala de Alberico Souza Cruz, que tinha recebido ordem de Roberto Marinho para dar espaço à fala de Mário Covas. Era Fernando Collor, ligando da Europa, onde se encontrara com o papa João Paulo II e Margaret Thatcher, a primeira-ministra inglesa.

— Que boa cobertura do discurso do Covas, não é, Alberico?
— É, foi um discurso importante — respondeu Souza Cruz.
— Mas foi jornalística ou a pedido do doutor Roberto? — insistiu Collor.
— Jornalística, Fernando, eminentemente jornalística.

O candidato não acreditou. Nem poderia: naquela mesma manhã *O Globo* estampou um editorial com elogios a Covas, que também foi entrevistado no *Bom Dia Brasil*. Com o choque de capitalismo ecoando na imprensa, os arrecadadores tucanos procuraram empresários a fim de pedir capital para a campanha.

Um dos procurados foi o ex-ministro Ângelo Calmon de Sá, dono do Banco Econômico. Calmon de Sá falou com o diretor do Econômico encarregado de ajudar candidatos, Lafaiete Coutinho. Sensibilizado pelas promessas de Covas na despedida do Senado, Calmon de Sá desejava doar algumas centenas de milhares de dólares à sua campanha. Lafaiete Coutinho alegou que era muito, e o convenceu a dar só a metade. Engajado na candidatura de Collor, queria evitar que a de Covas encorpasse. Enquanto uma parte do PSDB ia conversar com banqueiros, a ala esquerda do partido rotulava o discurso de Covas de "contemporizador" e "direitista". Sensível às críticas, Covas não usou a expressão "choque de capitalismo" durante meses.

Collor percebeu a extensão do perigo ao voltar da Europa. Com o compromisso de que não a publicaria, deu ao repórter Ricardo Amaral, da *Folha de S.Paulo*, a sua opinião sobre o choque de capitalismo: "Quem está por trás do discurso do Covas é o Roberto Marinho, que quer ter dois finalistas no segundo turno. Mas eu não quero: é só eu contra a esquerda". Collor não perdeu tempo. Procurou Roberto Marinho, voltou a expor as suas ideias e falou que Covas era esquerdista e estatizante. Procurou-o novamente dez dias depois, e lhe disse que iria acabar com a *Voz do Brasil* e extinguiria o Serviço Nacional de Informações. Prometeu também estudar com carinho uma ideia defendida por Roberto Marinho: retransferir a capital de Brasília para o Rio, situando os órgãos de governo na Barra da Tijuca. Covas passou de 3% para 5% na preferência dos eleitores no começo de julho, e oscilou um ponto para cima ou para baixo até outubro. Sua candidatura não decolara, enquanto a de Collor seguia alta, em voo de cruzeiro, com mais de 40% das preferências eleitorais nas pesquisas do IBOPE.

Um mês depois do discurso de Covas, Roberto Marinho tinha um candidato: Fernando Collor. Numa entrevista à *Folha de S.Paulo*, declarou não acreditar que Covas tivesse "condições de se eleger" e julgou Collor "mais assentado, mais ponderado e mais equilibrado, com suas boas ideias privatistas", do que os outros concorrentes. Se o candidato continuasse nesse caminho, acrescentou, "vou influir o máximo a favor dele". Dito e feito. Cinco dias depois da entrevista, Roberto Marinho esteve outra vez com Collor e lhe disse: "Eu soube que há emissoras de TV que não te apoiam. Quero que você me diga quem são porque vou conversar com eles". Roberto Marinho aderiu à candidatura de Collor porque era a que tinha mais condições de derrotar Lula e Brizola. Mas passou a gostar dele, considerando-o um jovem bem-apessoado, educado, com ideias sensatas para governar. Collor veio a integrar a lista dos políticos que mais admirou e com quem teve melhor relação: Castelo Branco, o único que considerou um "estadista", Antônio Carlos Magalhães e José Sarney. João Roberto Marinho teve outra atitude, apesar de concordar com o programa de governo de Collor. Sempre dizia ao pai: "Vamos ficar com um pé atrás porque o Collor se acha acima do bem e do mal e pode dar com os burros n'água".

O pé-atrás também existia por parte de Collor em relação a Roberto Marinho, mesmo depois de o empresário apoiá-lo publicamente. Não esquecia de suas primeiras conversas com o dono da Globo, frias e rápidas, e reclamava, no seu círculo íntimo, de sua adesão ter se dado só quando ele estava muito à frente dos outros candidatos nas pesquisas. Com o tempo, porém, veio a se encantar com o jeito de Roberto Marinho. Achava graça na maneira como, apontando para a paisagem que se descortina de sua sala no Jardim Botânico, ele criticava Brizola. "O Brizola esteve aqui uma meia dúzia de vezes, e nunca, como você, fez referência à beleza dessa vista", disse-lhe. "Quem não tem sensibilidade para apreciar essa vista não tem sensibilidade para governar o Brasil." A admiração de Collor por Roberto Marinho não era extensiva à cobertura da campanha da Rede Globo. Em agosto, num comício em Niterói, Collor foi recebido a pedradas por brizolistas. Viu a matéria do *Jornal Nacional* a respeito e não gostou; de madrugada, em Brasília, disse: "O Armando Nogueira e a Alice-Maria estão me sacaneando. O doutor Roberto me apoia, e eles estão traindo o doutor Roberto". Seu contato na Central Globo de Jornalismo era Alberico Souza Cruz, que tentou aproximar o candidato do chefe instando-o a comparecer à noite de autógrafos do lançamento de um livro de Armando Nogueira. Collor foi, e Nogueira não se impressionou com ele. Quando sentia que o noticiário lhe era desfavorável, o candidato procurava o dono da Globo e lhe dizia: "Doutor Roberto, fale para o seu pessoal me tratar bem". Roberto Marinho costumava perguntar: "Mas não estão te tratando bem? Você precisa ser bem tratado". Quando alguma matéria era excepcionalmente boa, Collor lhe falava: "Que bela matéria que o senhor fez ontem".

11. FOLHA DE S.PAULO

Ricardo Kotscho deixou o seu bom emprego no *Jornal do Brasil* para ganhar uma miséria como assessor de Imprensa de Lula. No primeiro mês, não tinha nem sala, nem mesa, nem telefone porque ninguém queria alugar um imóvel para o PT. Candidato e assessor viajavam em aviões de carreira, e Kotscho organizava entrevistas coletivas nos aeroportos. Cumpriam a programação, iam a comícios e reuniões e, à noite, nos hotéis, o jornalista escrevia relatos sobre o dia de Lula e os transmitia, por telex ou telefone, ao seu braço direito em São Paulo, Sergio Canova, que os retransmitia aos jornais. Alguns jornais do interior publicavam os relatos como se fossem matérias, com a assinatura de Kotscho, e reclamavam quando ele atrasava. O PT não fez nenhuma pesquisa a respeito da imagem de Lula. Todo mundo na direção do partido dava palpites sobre como ele deveria se vestir e falar, e Lula não seguia nenhum. Detestava tirar fotos para cartazes. "Por que que candidato tem que dar risada? Não sou miss para ficar sorrindo", queixava-se. A filosofia no PT era não levar o candidato aos patrões da imprensa, considerados inimigos de classe, que distorciam o noticiário sobre o partido. Houve apenas um encontro entre Lula e donos de órgãos de comunicação. A convite da direção da Rede Bandeirantes, almoçou na sede da empresa, no Morumbi, em São Paulo.

Lula estava inspirado. Desatou a defender, com veemência, a reforma agrária. Além de João e Johnny Saad, pai e filho, donos da Bandeirantes, e do diretor de Jornalismo da emissora, Fernando Mitre, também estava no almoço o jornalista esportivo Juarez Soares, vereador em São Paulo pelo PT. Como Lula se estendesse no ataque aos latifundiários, Soares saiu de seu lugar na mesa, agachou-se ao lado de Kotscho e sussurrou no ouvido dele: "Fala aí para o candidato maneirar com esse negócio de reforma agrária". Nem Lula nem Kotscho sabiam, mas a família Saad era dona de fazendas no interior de São Paulo. Fazendas que João Saad, também proprietário de dezenas de imóveis na capital, adorava. Quem sabia era Soares, que trabalhava na empresa. Não houve oportunidade de Kotscho interromper Lula, que prosseguiu na catilinária. Tanto João como Johnny Saad gostaram da sinceridade do candidato.

No começo do ano, Leopoldo Collor procurara Johnny Saad para contar que seu irmão seria candidato a presidente. "Não me diga, é mesmo?", perguntou Johnny Saad, incrédulo. Leopoldo Collor disse que havia uma disputa judicial sobre o cabimento de Fernando Collor participar do programa de televisão do Partido da Juventude. Com as dúvidas legais, nenhuma rede de televisão estava querendo gerar o sinal do programa, a ser captado e retransmitido pelas emissoras de todo o país. "Será que a Bandeirantes poderia gerar o sinal?", indagou Leopoldo Collor. "Se vocês conseguirem a autorização judicial, não tem problema", respondeu Johnny Saad. O PJ, em via de ser rebatizado de PRN, obteve a autorização e a Bandeirantes cumpriu o prometido. Leopoldo Collor falou a Johnny Saad que seu irmão queria visitá-lo para agradecer. O candidato foi à Bandeirantes no dia da transmissão do programa e quis conhecer João Saad. Cumprimentaram-se, trocaram poucas frases. Como fizera com Lula, João Saad perguntou a Collor se ele se julgava preparado para governar o Brasil. O candidato do PRN, como o do PT, respondeu que sim. Despediram-se e Johnny Saad acompanhou Collor até o carro. "Quando eu for presidente, espero retribuir o favor", disse o candidato ao empresário, despedindo-se. Johnny considerou remotíssima a possibilidade de Collor ser eleito, mas o achou carismático. Voltou ao andar da diretoria e quis saber a opinião do pai:

— Então, o que o senhor achou do Collor?

— Achei ele louco — respondeu João Saad.

— Mas como, louco? Por quê?

— Não sei. Mas ele é louco. Louco.

Na visita à Bandeirantes, Collor foi abordado por Marília Gabriela. Fora apresentado a ela por Leopoldo Collor no início dos anos 80, quando o executivo e a jornalista estavam na Globo. Gabriela jantara uma vez com Rosane e Collor em Brasília, e almoçaram em São Paulo. Haviam se encontrado também em Nova York, onde ela, o marido, Collor, Paulo Octavio e a mulher foram juntos à boate Limelight e assistiram aos musicais *Zorba, o Grego*, e *The ring*. Ela ficara surpresa ao saber que Collor concorreria à Presidência. Considerava-o inteligente, mas, bronzeado e de camiseta polo, ele lhe parecia mais um playboy italiano do que um presidenciável. Por intermédio de um assessor, Collor pedira que ela o entrevistasse no *Cara a Cara*. Como não queria levar candidatos de segundo escalão ao seu programa, a jornalista tinha enrolado o assessor e não marcara a entrevista. Com a subida nas pesquisas, Gabriela voltara atrás: agora queria levá-lo ao *Cara a Cara*. Só que não conseguia falar nem com Cláudio Humberto. Collor tratou-a com efusividade na Bandeirantes, mas, ao ouvir o convite para dar a entrevista, desconversou. Gabriela achou que fora Collor, ressentido, quem dera a ordem para a sua assessoria enrolá-la. Quando Brizola chamou o candidato do PRN de "filhote da ditadura" no *Cara a Cara*, Leopoldo Collor ligou para a direção da Bandeirantes e protestou. Explicaram-lhe que a entrevistadora não poderia ter obrigado o pedetista a se desdizer.

Collor convidou-se para almoçar com a diretoria do Sistema Brasileiro de Televisão. Silvio Santos não foi, e o vice-presidente Guilherme Stoliar o recebeu no restaurante da torre da emissora, no Sumaré, em São Paulo. Não conversaram sobre a possibilidade de Collor aparecer nos programas da emissora. Os políticos que se entendessem com os responsáveis pelos programas jornalísticos, como Boris Casoy e Jô Soares — era essa a orientação de Silvio Santos e Stoliar. A função de ambos era produzir e organizar a programação, levá-la ao ar, arrumar anunciantes e pagar as contas. Não queriam envolvimento com governos e políticos. Collor não precisou pedir para ser entrevistado no *Jô Soares Onze e Meia* porque Jô Soares havia decidido que levaria todos os candidatos a seu programa. O humorista encontrara Collor em 1981, quando passara a Semana Santa em Maceió. Estava na praia e Collor, acompanhado do ministro Maximiano da Fonseca, da Marinha, se aproximou. "Eu sou o Fernando, irmão de um amigo seu, o Leopoldo da Globo", apresentou-se. "Sou prefeito de Maceió e está dando para fazer muita coisa porque, sempre que peço verbas, o Gordo libera." O Gordo era Antônio Delfim Netto, secretário do Planejamento, satirizado por Jô Soares. Em 1988, o humorista fazia um personagem levemente inspirado em Collor, o Caçador de Corruptos, que os levava presos numa gaiola. As duas entrevistas no *Jô Onze e Meia* não foram boas para Collor. Jô fez perguntas sobre as incoerências de sua carreira. "Como quem é contra os marajás votou em Maluf?", por exemplo. Quando Collor usou o plural majestático, Jô fez piada: "Nós quem: você e o Leopoldo?".

Boris Casoy tinha Collor como fonte. Quando o jornalista ainda estava na *Folha de S.Paulo*, o diretor de redação, Otavio Frias Filho, o havia pautado para fazer uma longa entrevista com o governador alagoano. Collor começou a passar notícias para Casoy, que as transformava em notas da coluna Painel, sob a sua responsabilidade. Ao mudar-se para o SBT, o jornalista manteve a fonte. Como algumas das críticas dele a Sarney não tinham espaço na Globo, Collor procurava Casoy. A filosofia do apresentador era dar todas as notícias, e quando a Globo não dava algumas, como os ataques a Sarney, melhor para o *TJ Brasil*. Em casa, uma manhã, Casoy recebeu um telefonema. Era o governador alagoano, contando que disputaria a Presidência. "Você?!", espantou-se Casoy, rindo. "Tenho bons índices no Nordeste, mas o Sul ainda não sabe da minha candidatura", explicou Collor, e pediu que ele o entrevistasse no *TJ Brasil*. A linha do programa era não entrevistar personagens do segundo escalão, fosse da política, do esporte ou do empresariado. Era mais trabalhoso, mas Casoy e sua equipe queriam entrevistar só gente do primeiro time. E Collor, quando deu o telefonema, era um candidato de segunda. O jornalista ficou com pena dele, topou a entrevista e logo percebeu que cometera um erro: cedera ao pedido de uma fonte. No dia marcado, Collor chegou com Cláudio Humberto e um PM que pareceu a Casoy um membro da Volante das Alagoas. Minha nossa, que supersegundo time, pensou o jornalista. Para completar, a entrevista foi ruim. Collor não respondeu nenhuma pergunta. Falava só o que lhe interessava: marajás, Sarney, a campanha. Depois do programa, Marcos Wilson, o diretor do Departamento de Jornalismo do SBT, chamou o apresentador à sua sala.

— Mas, Boris, esse governador de Alagoas dando entrevista? É uma figura menor na política — reclamou.

— Marcos, você passou muito tempo na Argentina e está por fora: Collor é um dos candidatos mais promissores, está bem nas pesquisas e vai crescer muito — inventou Casoy, não querendo dar o braço a torcer.

Transcorreram alguns meses e Marcos Wilson passou a considerar Casoy um analista sofisticadíssimo: fora ele o primeiro a lhe dizer que Collor tinha chance de ser presidente.

No *Estadão*, a postura da família Mesquita em relação a políticos, por motivos diferentes, era igual à do SBT. Júlio de Mesquita Neto, diretor de *O Estado de S. Paulo*, e seu irmão Ruy Mesquita, responsável pelo *Jornal da Tarde*, foram orientados pelo pai a não frequentar políticos porque, uma hora ou outra, seriam levados a criticá-los em seus editoriais. Era melhor que o julgamento não fosse inibido, ou exacerbado, por impressões subjetivas. A crítica, rezava a cartilha de Júlio de Mesquita Filho, o "doutor Julinho", deveria ser impessoal. O irônico é que ele era político até a raiz do último fio de suas hirsutas sobrancelhas, tão características do clã. O doutor Julinho foi amicíssimo de Carlos Lacerda, frequentava políticos, discutia estratégia com eles. Quando achava que não estavam agindo direito, passava-lhes pitos. Aos filhos, às vezes era inevitável o envolvimento com políticos. Roberto de Abreu Sodré, por exemplo, foi amigo de infância de Ruy Mesquita. Quando Sodré foi feito governador de São Paulo, *O Estado* publicou matérias sobre roubalheiras no Departamento Estadual de Estradas de Rodagem e o responsabilizou pela situação. O governador revidou. Disse que Ruy e Mesquita Neto haviam herdado o jornal e não tinham competência para geri-lo. Encarregado de redigir o editorial de resposta, Ruy Mesquita escreveu que Sodré entendia de herança porque casou com uma senhora rica para usar a fortuna dela na sua carreira política. Salvas trocadas, foram reaproximados. Sodré ofereceu um almoço a Ruy Mesquita e mandou servir uma pasta da qual o jornalista gostava. "Roberto, se você pensa que vai me comprar com uma macarronada toda vez que brigarmos, o nosso colesterol vai aumentar, porque sempre vamos criticá-lo quando acharmos que fez algo errado", disse-lhe Ruy Mesquita.

Não obstante, Collor esteve duas vezes no *Estado*, no bairro do Limão, a convite dos jornalistas, que organizavam almoços às sextas-feiras com políticos e empresários. Na primeira, quando ainda era governador, logo nos cumprimentos chamou o diretor do *Jornal da Tarde* de Ruy. Ele o corrigiu: "Doutor Ruy, por favor". A segunda visita, como candidato, foi proveitosa. Collor a conseguiu por intermédio do editor de Política do *Estadão*, o paraibano José Nêumanne. Collor e Nêumanne haviam sido apresentados na Festa de São João de 1987, quando almoçaram com Pelé em Campina Grande, na casa de José Carlos da Silva, dono de uma penca de órgãos de comunicação na Paraíba. ("Seria importante para o Brasil que você se candidatasse a presidente", dissera Collor a Pelé na ocasião.) Excepcionalmente, Mesquita Neto foi uma das doze pessoas que participaram do almoço. "Doutor Júlio, o meu ministério caberá nesta mesa", disse-lhe Collor, vestido de terno azul-claro, camisa branca e gravata azul com enfeites vermelhos. Mesquita Neto gostou da disposição do candidato em racionalizar a máquina governamental. Depois do almoço, Nêumanne falou ao patrão: "Ele sabia que o almoço era para poucas pessoas, doutor Júlio, e deve ter vindo com a frase feita". O diretor não se importou. Disse a seu filho, Júlio César, que gostara de Collor: ele expusera ideias semelhantes às da Casa.

Mesquita Neto e Ruy Mesquita gostariam de poder votar em Carlos Lacerda. No Lacerda que, na fazenda dos Mesquita em Louveira, no interior de São Paulo, recitava de cor a oração fúnebre de Marco Antônio ("Mas Brutus é um homem honrado!"), do *Júlio César*, de Shakespeare. Mas como o governador udenista morrera, escolhiam os candidatos entre os disponíveis. Ruy Mesquita votou em Mário Covas no primeiro turno. Como Roberto Marinho, achava o tucano cabeça-dura e estatizante. Dos dezenove adultos do clã Mesquita, catorze trabalhavam no grupo Estado. Reuniam-se nas primeiras quartas-feiras do mês para trocar ideias sobre a empresa. Nesse fórum, a maioria foi simpatizando com Collor ao longo da campanha. Dois dos quatro filhos de Ruy Mesquita, Rodrigo, diretor da Agência Estado, e Fernão Lara, diretor de redação do *Jornal da Tarde*, eram os mais críticos em relação ao candidato do PRN. Tinham ouvido histórias sobre os tempos de juventude de Collor e não o consideravam capaz de governar o Brasil.

Isso entre os Mesquita, porque entre 260 jornalistas de *O Estado*, e os trezentos da Agência Estado, os que gostavam de Collor eram minoria. Tratava-se de um problema para Augusto Nunes, que assumira a direção de redação em março de 1988. Mesquita Neto o contratou porque queria mudar o jornal, que perdera o primeiro lugar em circulação (vendia 222 mil exemplares de terça a sábado, 393 mil no domingo e não circulava às segundas-feiras) para a *Folha* e vira diminuir o número de seus anunciantes. Indicado para o cargo pelo ex-ministro Roberto Gusmão, amigo seu e de Mesquita Neto, Nunes vinha tentando deseditorializar o noticiário, confinando as opiniões dos Mesquita na página 3, a dos editoriais, os mais bem escritos e influentes da imprensa brasileira. Nas eleições, Nunes percebia o perigo de o noticiário ser editorializado pela redação. Na sucursal de Brasília, os coordenadores, Luiz Cláudio Cunha e Hélio Doyle, admiravam Leonel Brizola. Na editoria de Política, em São Paulo, com 24 redatores e repórteres, o PT era o partido predileto da maioria. Numa festa da redação, na casa de uma repórter, de brincadeira chegou-se a queimar uma fotografia de Collor. Além do petismo, havia a inexperiência, pois ninguém cobrira uma eleição presidencial direta. Paulatinamente, definiu-se um critério: os candidatos teriam no jornal um espaço proporcional aos seus índices nas pesquisas do IBOPE.

Collor também visitou duas vezes Domingo Alzugaray, dono da Editora Três, que publicava *IstoÉ*. Na primeira, bem no início de 1989, estava acompanhado de Cláudio Humberto e Paulo César Farias. Foi recebido na sala de reuniões da editora, um bonito galpão construído por comerciantes ingleses nas proximidades da estação de trens da Lapa, em São Paulo. Eis um dono de órgão de imprensa diferente, pensou Collor no meio da conversa. O editor falava menos de política e mais de impressoras, gráficas, tintas, mercado, investimento, retorno do capital. Alzugaray também gostou de Collor. Pareceu-lhe um sonhador, um visionário, mas demasiado moço para sair da província direto para o Planalto. Como conhecia Leopoldo Collor, o editor chamou-o duas vezes de Leopoldo e desculpou-se. No fim, trocaram seus números de telefone e Collor convidou-o a passar um fim de semana em Maceió, passeio que não entrou nas cogitações do empresário. Quando o candidato do PRN disparou nas pesquisas, o dono da Três consultou sua agenda e lembrou: Mas é o sujeito que veio me visitar. No segundo encontro, meses depois, Alzugaray chamou Mino Carta, diretor de redação de *IstoÉ*, para conhecer o candidato. Collor adquirira maior segurança e o editor prestou mais atenção nele. E continuou julgando que ele não era o homem ideal para ocupar a Presidência. Gostaria de votar em Orestes Quércia, mas como ele não entrara na campanha, estava sem candidato. Mino Carta achou pitoresco que Cláudio Humberto, seu fã, lhe pedisse um autógrafo. *IstoÉ* encomendara pesquisas eleitorais ao Instituto Gallup e as publicava quinzenalmente. Um ou dois dias antes de a revista ser distribuída, Leopoldo telefonava para Alzugaray perguntando os resultados. O editor lhe dava os números, mas advertia:

— Olha, é só para você, porque se os resultados saírem na televisão antes da revista a gente se ferra.

— Claro, é só entre nós — respondia Leopoldo.

A conversa era um teatro. A Alzugaray interessava que o irmão do candidato passasse os números para emissoras de televisão porque elas divulgavam os resultados e citavam a fonte, propagandeando indiretamente a revista. E Leopoldo queria saber os números justamente para que mais gente fosse informada, por meio da televisão, de que seu irmão liderava as pesquisas.

Roberto Civita acompanhava a subida de Collor nas pesquisas e quis conhecê-lo melhor. Convidou-o para jantar em seu apartamento, no Itaim, em 23 de agosto de 1989. Jantaram só os dois. Laura, a mulher do superintendente da Abril, sentou-se à mesa antes da refeição para ver um pouco o candidato. Ficou espantada com a onipotência e a excitação de Collor, que só tomou Coca-Cola e uns poucos goles de vinho. O candidato falava sem parar e não via qualquer dificuldade à frente. Civita disse que ele enfrentaria dificuldades com o Congresso, onde não teria maioria, e o convidado dizia que isso não era problema. Quando ele saiu, Laura falou: "Roberto, o Collor é louco no sentido clínico, ele não vê a realidade, vive no mundo dele". Depois, ela veio a achar que o comportamento eufórico de Collor no jantar era semelhante ao dos usuários de cocaína. No mês seguinte, o candidato telefonou a Victor e Roberto Civita para agradecer uma entrevista, publicada pela *Folha*, cujo título era "Victor Civita colloriu".

Nas visitas às redações, Collor só se sentiu tratado de forma descortês nas duas que fez à *Folha de S.Paulo*, além de ter achado soturno e de mau gosto o prédio do jornal, na alameda Barão de Limeira. Na primeira, nem Octavio Frias de Oliveira, dono do jornal em sociedade com Carlos Caldeira Filho, nem o diretor de redação, Otavio Frias Filho, estavam presentes. Foi recebido pelos secretários do jornal, Mario Vitor Santos e Leão Serva, e pelo repórter Mauro Lopes, que fez uma pequena entrevista, publicada no dia seguinte. Tanto o diretor de redação como seu pai estavam no Canadá naquele dia. Dagmar Frias de Oliveira, mulher de Frias, tivera um aneurisma cerebral e os médicos que a atenderam disseram que ela não poderia ser operada no Brasil. Submetera-se, então, a uma cirurgia num hospital especializado na cidade canadense de London, e se recuperava. Na segunda visita, Otavio Frias Filho e o repórter especial Clóvis Rossi recepcionaram Collor e seu acompanhante, o empresário Olacyr de Moraes, amigo de Octavio Frias de Oliveira. O encontro foi num final de tarde, quando se acelerava o ritmo de trabalho no jornal, levando Collor a ser tratado de maneira um tanto expedita. Como a sala de reuniões acabara de ser usada, e estava suja e esfumaçada, com os cinzeiros cheios de bitucas, conversaram numa sala de espera do saguão do oitavo andar. Olacyr teve de sair antes, e Frias Filho o acompanhou até o elevador.

— Então, o que você achou do Collor?

— Não sei. Não deu para formar uma opinião. E o senhor?

— Também não sei, vamos ver — respondeu o empresário, que logo aderiria ao candidato.

No final do encontro, Frias Filho tinha uma opinião: Collor era um político como tantos outros que visitavam o jornal e recitavam chavões e frases ocas. No início do ano, num seminário interno da *Folha* que discutiu a cobertura da campanha presidencial, o texto que serviu de base para as discussões notava a falta de estofo de Collor. Escrito pelo diretor da sucursal de Brasília, Gilberto Dimenstein, trazia um título indagativo: "Vamos vender Coca-Collor?". Não, não venderiam. Precisava-se saber quem era o governador. Com base nas conclusões do seminário, Frias Filho e o pai decidiram uma linha de cobertura: colocar um repórter colado em cada candidato, um "carrapato", na nomenclatura interna, e tentar descobrir o máximo de cada um deles. Na prática, era cada candidato por si e a *Folha* contra todos.

O carrapato de Collor era Ricardo Amaral, um mineiro de 31 anos, filho de um comerciante que faliu quando ele tinha dez anos. Terminou o segundo grau graças a uma bolsa de estudos, formou-se em jornalismo, trabalhou nas sucursais de *O Globo* e *Veja* em Belo Horizonte, e mudou-se para Brasília. Conheceu Collor em 1988, quando estava em *Veja* e fez a matéria ilustrada com a foto do governador com os bolsos de fora. Achou-o exótico e bem-intencionado. No baixo clero do funcionalismo do Congresso, deparou-se com uma imagem diversa do governador alagoano. Suas fontes lhe contaram histórias a respeito dos milhares de nomeações de Collor na véspera de sua saída da Prefeitura e de uma verba extraordinária que foi gasta na compra de flores para um diplomata alemão. Amaral leu um dossiê sobre os parentes de Collor e Rosane empregados no funcionalismo alagoano. No gabinete do deputado Thomaz Nono lhe garantiram: "Collor é ladrão". Ao cobrir o seu primeiro comício com Collor, em Manaus, o carrapato descreveu como as meninas do Instituto de Educação, do mesmo modo que os rapazes do Colégio Militar, saíram à rua para saudar o candidato, numa cena parecida com a da minissérie *Anos dourados*, levada ao ar pela Rede Globo. Ao lado da reportagem, Amaral escreveu uma coluna interpretativa, sustentando que Collor tinha algo de bonapartista: não estava ligado a partidos e falava direto às massas, sem intermediários. Quando alguns membros da equipe de Collor o procuraram para observar que suas matérias se destacavam da hostilidade da *Folha* contra Collor, o repórter explicou: "Eu sou eu, eu não sou a *Folha*".

A "hostilidade" estava presente nas matérias que foram feitas em Maceió por Clóvis Rossi, Gilberto Dimenstein e Elvira Lobato. Rossi e Dimenstein haviam tomado um café da manhã com Collor no início da campanha, num hotel em Brasília. Foi uma conversa longa, ao fim da qual um fotógrafo da campanha tirou um retrato do candidato com os dois jornalistas que, durante meses, ornamentou o QG de Collor em Brasília. No dia seguinte, em sua coluna na página 2, Rossi comparou Collor a Jânio Quadros. "Não tenho condições, por enquanto, de dizer se o projeto 'independentista' de Collor é real ou mera criação propagandística", escreveu. Mas notou a contradição no fato de o candidato apresentar-se como independente e prometer, se eleito, forjar uma conciliação que envolveria do PT ao PDS. Uma conciliação semelhante à que Sarney tentou durante o seu governo e, constatou Rossi, "deu no que deu". Exposto à contradição, Collor respondeu que ela seria superada pelo exemplo de um presidente "honesto, digno, de caráter, de vergonha na cara". Na sequência da transcrição da frase de Collor, o colunista encerrou sua análise: "De novo, um ar de janismo remoçado. De novo, a ideia da necessidade de um salvador da pátria". A impressão de Dimenstein, informada por seis anos de vida em Brasília, durante os quais ele ouviu rumores sobre brigas e cafajestagens, também não foi boa. Considerou Collor uma "traição histórica": um político indigno de ser presidente depois de décadas de luta pela democracia. A sua eleição, comparava, seria como se o Brasil perdesse uma final de Copa para o Uruguai.

Dimenstein fez matérias em Maceió fornecendo os valores do contrato do governo com a ZLC de Zélia Cardoso de Mello e sobre a contratação de funcionários nos últimos dias de Collor como prefeito. O candidato mandou uma carta ao jornal explicando que vereadores tinham adicionado folhas com nomes de funcionários às poucas nomeações que de fato fez. Ricardo Amaral escreveu uma reportagem demonstrando que as explicações eram implausíveis: havia a rubrica do prefeito em 131 folhas dos 101 pedidos de nomeação, alguns deles com até seis folhas. Em Maceió, Clóvis Rossi ficou espantado com o que se falava sobre Collor. Não eram apenas sindicalistas ou a oposição que atacavam o governador. As críticas estavam disseminadas por toda a sociedade civil. A *Folha* também publicou matérias sobre o assassinato de José Kairala por Arnon de Mello, sobre o mau uso das verbas de representação do governador (os gastos com flores foram um exemplo), sobre as suas viagens constantes para fora de Alagoas quando devia governá-la. As reportagens que mais irritaram a equipe de Collor foram as de Elvira Lobato. Fundamentadas em documentos e entrevistas, eram indesmentíveis. Elvira Lobato dissecou o acordo dos usineiros numa sequência de seis matérias, deixando claro que Collor beneficiara os barões da cana por vontade própria, e não por constrangimento legal. Em outra reportagem, relatou a derrama de verbas para publicidade nos últimos meses do governo.

A despeito da "hostilidade", o carrapato Ricardo Amaral continuava grudado em Collor. Pediu a Cláudio Humberto um pingue-pongue, uma entrevista para ser publicada com perguntas e respostas, com o candidato. O assessor ficou de ver a possibilidade e voltou dizendo:

— Que sacanagem contigo: o Mauro Lopes e o Clóvis Rossi também pediram um pingue-pongue.

— Não tem problema — disse Ricardo Amaral. — Se eles pediram, está pedido. Mas eu quero a minha entrevista.

— Mas se a entrevista for para você o jornal não publica. Acho que a direção prefere que o Clóvis Rossi e o Mauro Lopes façam a entrevista — disse Cláudio Humberto.

Amaral relatou o diálogo a Josias de Souza, diretor executivo da sucursal de Brasília da *Folha*, que lhe disse: "Não tem nada disso: vai em frente e faz a entrevista". Foi feito o pingue-pongue e o jornal o publicou. Amaral sentiu que, a partir daí, aumentaram as desconfianças na redação, em São Paulo, de que ele teria collorido. Até que um dia Josias de Souza lhe disse que ele não seria mais o carrapato do candidato do PRN. "A redação quer ter uma ligação direta com quem cobrir Collor", justificou. Amaral não se conformou. Suspeitava que Mauro Lopes tramara o seu afastamento para ficar com a função dele. Lopes tentou conversar com Amaral. "Me poupe, não quero falar com você", respondeu-lhe o repórter, que em seguida trocou a *Folha* por *O Globo*. Mauro Lopes era sobrinho-neto de Barbosa Lima Sobrinho e militara quase dez anos no PCB. Foi diretor de Imprensa da União Estadual dos Estudantes de São Paulo e editor de Assuntos Populares e Sindicais do semanário comunista *Voz da Unidade*. Entrou na *Folha* no plantão do Natal de 1987, cobrindo as férias de um copidesque, foi promovido a repórter da sucursal de Brasília e voltou à redação, em São Paulo, no começo de 1989 para ser o carrapato de Jânio Quadros. Como o ex-presidente não concorreu, foi colocado na editoria de Política. Ficou quase seis meses acompanhando Collor. A proximidade levou-o a mudar sua opinião, desfavorável, sobre o candidato. Achou-o inteligente. Explicou a Cláudio Humberto, a Zélia, a Renan Calheiros e a Cleto Falcão o que entendia pela missão de carrapato. Queria estar sempre a dez metros de Collor porque, tamanhas eram as paixões e a hostilidade que o candidato despertava, achava que ele poderia ser alvo de um atentado. Escreveria matérias sobre tudo o que visse. Se não quisessem que publicasse algo, que não o deixassem ver. Deliberadamente, não investigou denúncias ou procurou casos de corrupção. Sua intenção era mostrar o visível. O que às vezes era difícil. Lopes fez uma reportagem contando que, num comício em Belo Horizonte, meninas tinham sido pagas para agitar bandeiras de Collor. "O chefe ficou puto", avisou-lhe Cláudio Humberto. O mau humor do chefe se disseminou entre os seus seguranças, que passaram, nos comícios, a afastar Lopes do candidato com cotoveladas e empurrões. Uma vez, se Cláudio Humberto não tivesse se posicionado na sua frente, um segurança o teria jogado de cima de um palanque de mais de cinco metros de altura.

Mauro Lopes acompanhou Collor a Florianópolis e, na volta para São Paulo, pegou carona num jatinho de um empresário, amigo de Leopoldo Collor. Na viagem, o irmão do candidato lhe disse: "Esse Clóvis Rossi é um safado, um sem-vergonha. Se eu encontrar com ele, parto-lhe a cara". O repórter achou o tom agressivo demais. Leopoldo Collor, que tomara uns goles de uísque mas estava sóbrio, falara a sério. No dia seguinte, de Brasília, Lopes mandou um telex a Frias Filho relatando o que ouvira. Clóvis Rossi já desagradara Collor com as perguntas que lhe fez no *Roda Viva*, programa de entrevistas da TV Cultura de São Paulo, com base nas suas reportagens e nas de Elvira Lobato. Na sua coluna, Rossi criticava Collor com frequência. Com o telex de Mauro Lopes à frente, Octavio Frias de Oliveira, Frias Filho e o colunista discutiram o que fazer. Não poderiam prestar uma queixa formal porque a ameaça não fora pública, e a única testemunha era o repórter da *Folha*. Decidiram que Lopes deveria fazer um depoimento e registrá-lo em cartório para, caso acontecesse algo com Rossi, terem uma prova de que houvera uma ameaça prévia.

Com 331 jornalistas na redação, e quarenta na Agência Folha, a *Folha de S.Paulo* era o jornal brasileiro que mais vendia em 1989. No Projeto Editorial que divulgara no ano anterior, o jornal fazia a apologia da modificação permanente: "Ao disseminar a ideia de que é preciso estar sempre mudando, sempre desconcertando, de surpresa em surpresa a *Folha* tornou-se vítima de sua própria estratégia: não lhe resta outro caminho senão continuar, não há tranquilidade que ela possa alcançar, nem descanso". Havia, no entanto, um fio de continuidade no jornal a partir de 1962, quando Carlos Caldeira Filho e Octavio Frias de Oliveira o compraram. A *Folha* fora fundada em 1921 por Olavo Olívio Olival Costa, passou dez anos depois para as mãos de um grupo liderado pelo conde Francisco Matarazzo e por Octaviano Alves de Lima, e de 1945 a 1962 esteve sob a direção de José Nabantino Ramos. A continuidade era representada por Octavio Frias de

Oliveira, um exemplo de empresário schumpeteriano que descobriu a sua verdadeira vocação com mais de cinquenta anos. Um homem pequeno, de olhos muito vivos e brilhantes, que não desgrudava dos do interlocutor, ele pegava com frequência no braço deste para sublinhar, por meio do contato físico, o que julgava mais importante no que está dizendo. Falava rápido, não desperdiçava palavras e usava palavrões com liberalidade.

Octavio Frias de Oliveira era descendente dos barões de Itaboraí e Itambi, que fundaram o Banco do Brasil. Ocupou a terceira posição na escala do ditado "Avô rico, pai remediado e neto pobre". Seu avô era um próspero empreiteiro. Seu pai, Luiz de Oliveira, um juiz culto, que falava francês e inglês. O juiz começou a carreira no Vale do Paraíba. À medida que progredia na magistratura, o transferiam para cidades maiores e mais próximas de São Paulo. Chegou até Jundiaí, porta de entrada da capital. Sua mãe, Maria Elvira, era muito próxima de uma tia, Zélia Frias Street, casada com o empresário Jorge Street, que morava em São Paulo e assessorou Lindolfo Collor no Ministério do Trabalho. Como a tia queria ficar junto da sobrinha, fez-se uma pressão familiar para que o juiz trabalhasse com o tio empresário. Luiz de Oliveira resistiu, mas acabou abandonando a magistratura para ser prefeito da Vila Maria Zélia, que Jorge Street construíra para abrigar os trabalhadores de sua empresa.

Octavio Frias de Oliveira, o oitavo dos nove filhos do casal, e o último homem, foi concebido em São Paulo, mas nasceu no Rio porque era costume que as senhoras descem à luz na casa dos pais. A casa do prefeito da Vila Maria Zélia ficava atrás da igreja, onde o menino Octavio teve a sua iniciação religiosa e foi coroinha. Conheceu não só a glória do altar como as tramoias da sacristia e perdeu a fé, tornando-se agnóstico. Nem os cinco anos que passou no Colégio São Luís, estudando com jesuítas, o fizeram voltar à igreja. Sua mãe morreu quando ele contava cinco anos, e sua irmã mais velha, de catorze, assumiu a direção da casa. O ambiente familiar era bom, com os irmãos unidos e um pai que gostava de ensinar, se bem que fosse tremendamente exigente. Já a situação material degringolou quando Jorge Street perdeu tudo, numa de suas débâcles espetaculares, e ficou devendo até para a farmácia e o verdureiro. Luiz de Oliveira também perdeu tudo, além do emprego. Tentou cultivar um sítio, não teve sucesso e voltou à magistratura. Nesse período, a pobreza da família era tal que Octavio Frias, com catorze anos, não tinha nem sapatos. Disse ao pai que sairia do São Luís, uma escola cara, na qual era mantido com o sacrifício da família, e trabalharia para ajudar no sustento da casa. O juiz, que prezava a educação e a cultura, chateou-se com a saída do filho da escola, mas era o que precisava ser feito. Frias tomou emprestado um par de sapatos de um irmão e bateu à porta de um tio materno, Félix Frias, um boêmio que havia fundado o Fluminense, no Rio, e em São Paulo era gerente da Companhia de Gás. Os sapatos do irmão eram de uma cor chamativa, Frias se sentiu desconfortável ao calçá-los e partiu rumo à rua do Carmo, à casa que pertencera à marquesa de Santos e servia de sede à Companhia de Gás. "Mas que sapato é esse?", foi a primeira pergunta de Félix Frias, passando a mão direita no queixo e olhando o sobrinho de cima a baixo. Setenta anos depois, Frias tinha na memória a cena em toda a sua espezinhante nitidez: da expressão e dos gestos do tio boêmio à vergonha que sentira. Foi empregado como contínuo. Ao levar papéis para cá e para lá, seu receio era entregar documentos no caixa, onde se dava o contato com o público, pelo risco de encontrar algum colega do São Luís, que o veria na vexatória condição de contínuo.

De boy passou a operador de mecanógrafo, uma combinação de máquina de escrever com calculadora e impressora plana que emitia as contas, faturas e outros documentos contábeis da Companhia de Gás. O adolescente pegou o serviço porque ninguém mais o queria. Era preciso se debruçar sobre a mesa alta, de superfície ampla, forçando as costas, que com o passar do tempo doíam cada vez mais. Frias deu-se bem na função, desempenhando-a com agilidade. Sua destreza foi notada por um executivo da Assunção e Cia., a firma responsável pelos mecanógrafos, que o convidou para ser demonstrador da empresa. Daí, foi para o setor de Contabilidade Mecânica da Receita Estadual. Aprendendo rápido outras tarefas, aos 21 anos foi nomeado diretor de Contabilidade Mecânica da Receita Federal. A carreira no funcionalismo prosseguiu, célere. Ele se transferiu para o Departamento Estadual do Serviço Público e tornou-se um dos seus seis diretores, o do Orçamento. No funcionalismo, melhorou de vida: tinha apartamento e carro.

Como diretor de departamento — e inteligente e falante e sociável — conheceu muita gente e fez amizades. Um de seus amigos, o visionário Orozimbo Roxo Loureiro, o convidou para montarem juntos um banco. Fundaram o Banco Nacional Imobiliário, depois rebatizado de Banco Nacional Interamericano, que manteve a sigla BNI. Era um banco emissor, que fazia incorporações e tinha correntistas. Frias, com 10% das ações, ficou com o cargo de diretor da Carteira Imobiliária. Organizou dezenas de incorporações. Entre elas, a que resultou na construção do Edifício Copan, projetado por Oscar Niemeyer. O banco ia bem, mas tinha inimigos na esfera federal, a começar pelo ministro da Fazenda, Clemente Mariani. Houve boatos sobre negócios pouco ortodoxos do BNI, corrida ao caixa e intranquilidade — mas o banco sobreviveu. Roxo Loureiro certo dia avisou a Frias que seria candidato a deputado federal. O amigo advertiu o sócio de que não daria certo misturar banco com política, pois a tendência seria tirar dinheiro da empresa para colocá-lo nas campanhas eleitorais. Como o sócio não voltasse atrás, Frias lhe disse que, assim sendo, queria sair do BNI. Roxo Loureiro concordou, mas, para não ser prejudicado pela defecção, pediu-lhe que permanecesse mais uns seis meses. Loureiro foi eleito e Frias deixou a sociedade.

Seis meses depois, o ministro Octavio de Bulhões assinou o ato de intervenção no BNI — e o nome de Frias continuava a figurar, nos documentos oficiais, como diretor da Carteira Imobiliária. Com os técnicos do Ministério da Fazenda revirando a contabilidade do banco, Frias se viu numa roda-viva, com pouco dinheiro e nenhum crédito. Não se encontrou nada de desonesto na contabilidade do BNI, e Amador Aguiar assumiu o banco, na primeira das incorporações que dariam origem ao Bradesco. "Um dos maiores erros que cometi na vida foi não ter feito o Frias meu sócio", dizia Amador Aguiar anos depois. Na época da intervenção no banco, Frias sofreu um outro revés. Ao voltar de seu sítio em São José dos Campos, numa Via Dutra de uma só mão, subitamente se viu diante de dois caminhões no sentido contrário, que ocupavam ambas as pistas sem lhe dar espaço para desviar o seu Ford. No desastre, morreram sua mulher, Zuleika, e um dos irmãos dele. A filha Elisabeth, adotiva, sobreviveu.

Frias tinha também a Transações Comerciais S.A., Transaco, uma corretora na direção da qual pusera um sobrinho. Quando assumiu ele mesmo a condução da empresa, os negócios se multiplicaram por oito. Chegou a ter quinhentos corretores contratados e ganhou muito dinheiro. Comprou terras, diversificou seus investimentos — mas continuou marcado pela intervenção no BNI. Em meados dos anos 50, seu amigo Carlos Caldeira Filho, que fora diretor de Compras do BNI, lhe fez uma proposta surpreendente. "Vamos construir uma estação rodoviária", disse. "Uma rodoviária, mas por quê?", perguntou Frias. Em vez de explicar, Caldeira levou-o para ver como as pessoas tomavam ônibus intermunicipais e interestaduais no centro de São Paulo. Embarcava-se na rua, as malas ficavam nas calçadas, os passageiros esperavam sob o sol e a chuva. Havia filas, barulho, confusão. Fã, e leitor diligente, de livros de autoajuda empresarial, Frias tinha acabado de ler um que oferecia um conselho a quem quisesse lançar um negócio: *Find the need and fill it*. Observando a balbúrdia de ônibus e passageiros, percebeu de imediato que havia ali uma necessidade, e quem a suprisse faria um bom negócio. Se a frase não estivesse tão presente na sua mente talvez nunca tivesse existido uma Estação Rodoviária no centro de São Paulo — forrada de pastilhas multicores e coberta com placas de plástico colorido e transparente.

Frias aplicou a maior parte do seu dinheiro na empreitada. A construção foi trabalhosa, o orçamento e os prazos estouraram e ele se endividou mais uma vez. Iniciativa particular, a Rodoviária precisava ter a sua planta aprovada pelo Executivo estadual para poder funcionar. O governo remanchava em aprová-la, apesar de Frias dar-se bem com Carvalho Pinto e Caldeira conhecer Ademar de Barros, dois governadores paulistas que se sucederam enquanto a estação foi construída e eram adversários entre si. Os empresários mandaram fazer duas placas de bronze, que trocavam conforme a visita que recebessem. Uma dizia: "Obra do Governador Ademar de Barros". A outra: "Obra do Governador Carvalho Pinto". Num Natal, sentaram-se Caldeira e Frias diante da Estação Rodoviária, finalmente pronta. Útil e imponente, ela era atacada de maneira sistemática em reportagens e editoriais do maior jornal da cidade, *O Estado de S. Paulo*. A pedra de toque da campanha do *Estadão* era a "invasão" da Rodoviária em espaços públicos, como a cobertura edificada em frente para evitar que quem desembarcasse ficasse a céu aberto. Frias e Caldeira consideravam a cobertura uma benfeitoria. *O Estado*, não — e ressuscitara a história da intervenção no BNI para apimentar a campanha.

A Rodoviária começou a funcionar e deu certo. Frias foi pagando suas dívidas e pensou em descansar, em viajar para a Europa. Armando Nieto, um diretor da *Folha*, o procurou. Nieto lhe disse que José Nabantino Ramos queria vender o jornal, e seria bom se Frias e Caldeira o comprassem. Por meio da Transaco, Frias vendera assinaturas do jornal e ficara amigo de Nabantino Ramos. Não queria comprar a *Folha* de jeito nenhum, mas preferiu passar a tarefa de dizer *não* à proposta para Caldeira, que, dos dois, era o que tinha menos papas na língua. Telefonou ao sócio e pediu que fosse ao seu escritório, na rua Major Diogo. Lá, Caldeira tomou conhecimento da proposta e disse: "Sim, ótimo, vamos comprar, vamos assinar o contrato". Frias entrou na sociedade e adquiriu o jornal — sem nunca ter pisado numa redação ou numa gráfica. Por que o comprou, então? No plano consciente, Frias nunca conseguiu responder à questão com segurança. Talvez tenha sido movido pelo renome que um jornal propicia, e o nome Frias estivera associado, na imprensa, a dois "escândalos", o do BNI e o da Rodoviária. Talvez porque fosse um empreendedor nato e irrefreável, que preferia os desafios e o novo a um cotidiano de tranquilidade. O certo é que a sua vocação, sem ele o saber, era a de jornalista. Jamais imaginara que a *Folha* pudesse suplantar *O Estado*, o jornal que, quando criança, via seu pai ler. "Temos de comer as migalhas que caem da mesa do *Estadão*", repetia-lhe Caldeira nos primeiros anos em que dirigiram a *Folha*.

Uma das lembranças que mais marcou Frias foi, ao chegar em casa tarde da noite, ter encontrado o pai estudando um processo enorme. Com a vista ruim, o juiz estava de lupa na mão, penando para destrinchar um caso. Luiz de Oliveira levava o trabalho a sério. Nunca teve uma sentença reformada. Só uma vez, na verdade: deu ganho de causa a uma operária que fora agredida pelo chefe numa fábrica, mas como não havia sido feito o exame de corpo de delito, a instância superior mudou a sua decisão. Ao se conscientizar da dificuldade e da delicadeza do trabalho paterno, Frias tomou horror a julgar as pessoas. Pela vida afora, evitou fazê-lo. Mas como ninguém escapa à sua vocação, acabou se encontrando numa atividade, a de editor de jornal, cuja essência é julgar, dizer diariamente quem, e o quê, está certo ou errado.

12. SBT

Demitido de *Veja* em Brasília, o fotógrafo Ubirajara Dettmar retornou a São Paulo e Adilson Laranjeira, diretor de redação da *Folha da Tarde*, lhe deu emprego. Antes de assumir o comando do jornal popular do Grupo Folha, Adilson Laranjeira fora chefe de reportagem da *Folha*. Tinha uma rara virtude entre os que exercem a função: ouvia os repórteres quando voltavam da rua, loucos para contar o que haviam apurado, e os orientava, dizendo-lhes como começar o texto e o que colocar em seguida. Já o chefe de reportagem comum tem uma frase-padrão para receber repórteres: "Senta lá e escreve". Sem uma conversa, o repórter, principalmente o iniciante, escrevia um cartapácio confuso, deixando de hierarquizar as novidades. Laranjeira fazia o mesmo com os fotógrafos. Dettmar certa vez cismou de tirar fotos só com uma lente olho de peixe, e seu chefe se dispôs a organizar uma vaquinha para comprá-la do fotógrafo. "Assim, quando você me trouxer a próxima foto tirada com olho de peixe, eu quebro essa porcaria dessa lente e te dou o dinheiro", disse a Dettmar. Laranjeira pautou Dettmar para acompanhar Collor numa passagem por São Paulo. "O chefe está atrás de você há meses", disse Cláudio Humberto ao fotógrafo. "Ele quer que você trabalhe com a gente, fotografando a campanha." Dettmar falou com Collor e aceitou o convite. Ganharia três vezes mais do que na *Folha da Tarde*. Sua tarefa era fotografar o candidato, e revelar, ampliar e distribuir as fotos à imprensa. Tinha autonomia para escolher as que seriam passadas às redações, sem submetê-las a Cláudio Humberto ou a Collor. Seu trabalho era frenético. Tinha que sair do avião correndo, entrar no primeiro carro que aparecesse e ordenar que seguisse o de Collor. Se vacilasse, adeus candidato e fotos. Em Manaus, Collor dava uma entrevista à televisão e Dettmar a acompanhava pelo monitor. Acabou de falar e perguntou, a ninguém especificamente, se a entrevista tinha ficado boa. Houve cabeças assentindo em silêncio e a voz rouca de Dettmar:

— Ficou uma merda.

— Se ficou uma merda, o que você tem a ver com isso? — perguntou Collor, ríspido. — A sua área é fotografia, você não entende de televisão.

— Tenho a ver porque fui contratado para cuidar da imagem do candidato, e estou vendo aqui no monitor que houve uma queda de força e as cores borraram.

De mau humor, Collor mandou passarem o teipe. Estava ruim e ele refez a entrevista. Dettmar se afastou, quieto. Collor bateu no seu ombro. Não pediu desculpas, como o fotógrafo esperava, mas disse: "Faça isso sempre, vamos trabalhar".

Editor de fotografia do *Jornal do Brasil*, Orlando Brito viu Fernando Collor em visita ao diretor de redação, Marcos Sá Corrêa. Falou um pouco com o candidato e pensou: Esse sujeito tem um troço diferente. Telefonou para José Roberto Guzzo, diretor de redação de *Veja*. Disse-lhe que gostaria de voltar à revista para cobrir a campanha presidencial, o grande momento da política, sua área desde os tempos da ditadura. Queria viajar com Fernando Collor na campanha. Achava que ele poderia vencer a eleição, mas guardou a opinião extravagante só para si.

No fim da segunda viagem, já em *Veja*, Brito tinha certeza de que Collor venceria. Impressionava-o a disciplina e a determinação do candidato de perseguir um único objetivo: ser percebido visualmente — nas fotos, nas gravações para a televisão e nos comícios — como o representante da modernidade. Nas poucas conversas que tiveram na campanha, Collor perguntava a Brito sobre filmes, iluminação e lentes. No mais das vezes, entendia-se com o fotógrafo apenas pelo olhar. Collor sabia como se posicionar em relação às câmeras e evitava ficar diante de fundos sujos, que pudessem estragar as fotos. Ao folhear a revista americana *Life*, Cláudio Humberto havia notado que os presidentes americanos sempre apareciam em destaque nas fotografias de palanques. O secretário de Imprensa fez croquis e providenciou que os palanques fossem feitos com um puxado para a frente, de cerca de oitenta centímetros de comprimento. Com o puxado, Collor se desvencilhava dos papagaios de pirata, os políticos que se postam ao lado do candidato para sair nas fotos. Ali, só cabia Collor. E, mais alto que os papagaios, o pirata sobressaía. A bordo do jato Challenger que usou nas viagens da campanha, dava instruções precisas para a organização dos comícios. "No próximo, o carro de som deve estar uns dez metros mais para a esquerda do palanque. É preciso fazer novas faixas, que estão sem cor. Coloquem mais luz lateral em cima de mim", dizia Collor a Cleto Falcão, que anotava tudo e tomava providências. Assim que entrava no Challenger, acomodava-se na última poltrona, à esquerda, ao lado da janela, dava uma tremida de frio e vestia uma de suas duas jaquetas, uma preta e outra branca. Sentava-se com as costas eretas, punha os óculos escuros e logo dormia. Só comia sanduíches de queijo prato preparados pelo chefe da segurança, o tenente Dário César Corrêa, da PM alagoana. Todas as noites voltava a Brasília para dormir na Casa da Dinda. Não esperava ninguém da comitiva, nem mesmo Rosane, para mandar o avião levantar voo. Sua ordem era para que o motor ficasse ligado, a fim de que o jato decolasse rápido, sem precisar esquentar o birreator. No jatinho, Collor quase não ia ao banheiro. Nas vezes que foi, demorou pouco, e Brito entrou no banheiro logo em seguida. O fotógrafo queria ver se achava vestígios de cocaína. Nunca encontrou.

Depois de um mês viajando juntos, Cláudio Humberto disse a Orlando Brito:
— Estamos precisando de mais um fotógrafo para a campanha e o chefe disse para te convidar.
— Obrigado, Cláudio, mas não dá. Tenho emprego e sou jornalista — respondeu Brito.

O fotógrafo estava tão entrosado com Collor que poderia ser confundido com um integrante da campanha. Brito recebeu da redação a pauta de fazer uma foto para abrir uma reportagem de capa, e pediu ajuda a Collor. "Esteja na Dinda às sete da manhã", disse-lhe o candidato, ciente de que a luz matutina era a melhor para fotos. Brito chegou, deu uma olhada no jardim enquanto Collor tomava o café da manhã e propôs a fotografia: o candidato andando à beira do Lago Norte, a silhueta de Brasília ao fundo, segurando o paletó por cima do ombro com o dedo indicador direito, sendo seguido pela cadelinha branca de Rosane. A foto foi publicada e Collor telefonou para o fotógrafo. "A fotografia ficou linda, Brito, obrigado por me conseguir mais uns 300 mil votos", disse. Brito cumprira a pauta, mas ao ouvir o cumprimento de Collor ficou em dúvida acerca dos limites que separam o fotojornalismo da propaganda.

No *Jornal do Brasil*, Marcos Sá Corrêa estava insatisfeito com a cobertura da campanha. A imprensa, como um todo, conduzia as matérias para o que chamava de "politicagem". A mesma politicagem que contaminara, e destruíra, a cobertura da Constituinte: em vez de analisar as propostas de leis e investigar como ficaria o Brasil com a nova ordem jurídica, a imprensa gastara piscinas de tinta para se reportar a briguinhas inter e intrapartidárias, o toma lá dá cá das negociações pelo mandato de cinco anos de Sarney e as artimanhas do bloco de direita da Constituinte, o Centrão. Na campanha presidencial, a imprensa aferrava-se aos resultados das pesquisas eleitorais e transcrevia as opiniões dos políticos. Para mudar a cobertura, Sá Corrêa se inspirou no *Herald Tribune* e criou o repórter-sombra: aquele que seguia o candidato durante um período, geralmente uma semana, e depois contava numa matéria longa e aprofundada como ele se comportava na campanha. Colocou alguns dos melhores jornalistas do *JB* na nova função: Ricardo Setti ficaria com Collor, Etevaldo Dias com Brizola, Zuenir Ventura com Lula, e Wilson Coutinho com Mário Covas.

Em razão das matérias da *Folha*, e da evidente preferência da maioria dos repórteres por Lula, Collor estava arredio a toda a imprensa. Mesmo conhecendo Setti, não permitiu que ele o acompanhasse no Challenger. Cláudio Humberto arrumou para que o repórter-sombra viajasse no avião da equipe que fazia o programa de televisão da campanha. Setti captou um fenômeno extrapolítico e se referiu a ele na matéria "Collor faz ao vivo videoclipe político", que começava num quadro na primeira página e continuava dentro do jornal:

> Para o grande teórico da comunicação Marshall MacLuhan, como se sabe, o meio é a mensagem. Para Fernando Collor de Mello, a campanha é a mensagem. Basta seguir o candidato em sua busca pelos votos pelo país para perceber que são os símbolos emitidos pela campanha, muito mais que os discursos, que comunicam a mensagem de Collor. E por meio de seu comportamento, de seus gestos, de suas atitudes, de música, barulho e luz que Fernando Collor de Mello passa ao eleitorado, seja ou não verdade, o que pretende ser sua marca — juventude, força, resistência, coragem.

Setti chamou atenção para como Collor usava o vigor físico, pulando janelas, escalando palanques, andando rápido em cortejos. Se um congestionamento o detinha, ele saltava numa moto e ia ao comício. Se as nuvens estavam carregadas, insistia para que, mesmo com perigo, o piloto pousasse o helicóptero na cidade. Era todo surpresa, coragem, juventude e vigor. A agitação pública contrastava com a calma e a quietude a que se recolhia no jatinho. Dormia, tomava água, pingava colírio, tinha pastilhas para a garganta sempre à mão: era um ator descansando, com poucas características do personagem que interpretava, o do candidato com pressa de mudar o Brasil.

Pelo *Estadão*, José Nêumanne participou de duas viagens no jatinho de Collor, nas quais estavam Renan Calheiros, Cláudio Humberto, Sebastião Nery, o tenente Dário César e o secretário particular do candidato, Celso Cavalcanti. O carro pegou o jornalista no hotel, em Brasília, Collor o cumprimentou e dormiu até o aeroporto. No avião, continuou a dormir enquanto os outros passageiros permaneciam num silêncio respeitoso. Collor acordou, inclinou-se para a frente na poltrona, apontou para Cavalcanti e perguntou, alto: "Celso, como é aquela?". Cavalcanti saltou de seu assento e representou um caso do folclore político alagoano. Collor sorriu, beatificado, e quando o secretário acabou a história, voltou a dormir. Na outra viagem, a pantomima se repetiu — a mesma história, os mesmos esgares, as mesmas palavras de Cavalcanti. Ao chegarem ao Aeroporto Dois de Julho, em Salvador, a multidão ocupava a pista, sob um sol alucinante. Collor se concentrou, cerrando os olhos enquanto o jato taxiava. A porta se abriu, ele se levantou e gritou: "Vamos, Dário! Vamos!", e mergulhou na multidão. Nêumanne, repórter político rodado, nunca vira esse tipo de relação entre um candidato e a massa. A multidão fremia como adolescente histérica diante de um ídolo pop.

Em ambientes empresariais, Fernando Collor também desempenhava o seu papel. Em São Paulo, houve uma reunião na casa do empresário Carlos Salem para que ele expusesse o seu programa de governo. Compareceram, entre outros, o plantador de soja Olacyr de Moraes, dono da construtora Constram e do Banco Itamaraty, Eugênio Staub, proprietário da Gradiente, Abílio Diniz, do Pão de Açúcar, e Cosette Alves, dona das lojas Mappin e colaboradora da *Folha de S.Paulo*. Cosette Alves estivera no casamento de Collor com Lilibeth. Reviu-o num jantar em Paris com os Monteiro de Carvalho. Pareceu-lhe que Collor, deslocado num canto da mesa, estava um pouco intimidado pela conversa da família da mulher, que falava sobre milhões de dólares como se fossem trocados. Quando o marido de Cosette ficou doente, Collor fez uma visita ao casal no hospital e se mostrou delicado e solidário. Como Carlos Salem insistisse, Cosette decidiu ir ao encontro com o candidato. Espantou-se com a sua mudança. Fisicamente, era o mesmo homem, mas falava de maneira postiça e dura. O espanto virou assombro quando, depois de o candidato discursar, ela perguntou quais eram suas ideias para a preservação da Amazônia. "Cosette, essa conversa de preservação da Amazônia, nós sabemos, é coisa de comunista", foi o início da resposta. Dias depois, Leopoldo Collor ligou, pedindo uma contribuição financeira. Cosette o encaminhou a Carlos Antônio Rocca, o executivo do Mappin. E Rocca, já orientado, deu a Leopoldo a seguinte explicação: o Mappin era uma sociedade anônima, não podia doar o que pertencia aos acionistas sem fazer uma assembleia geral, e ele não faria uma assembleia...

Enquanto atacava o governo Sarney nos palanques, Collor manobrava nos bastidores. Procurou logo o ministro das Comunicações, Antônio Carlos Magalhães, do PFL, que em março passara por uma cirurgia de implantação de pontes de safena e se recuperava na casa de um amigo, o embaixador Paulo Tarso Flecha de Lima, em Brasília. Collor queria apoio e conselhos. O apoio era complicado. Antônio Carlos vira as bases do PFL na Bahia debandarem da candidatura oficial do partido, a de Aureliano Chaves, em direção à de Collor. Mas como era ministro, não podia apoiar abertamente um candidato que atacava o presidente com virulência. Antônio Carlos ofereceu sua demissão a Sarney, que não a aceitou porque havia liberado seus ministros para votarem em quem bem entendessem. Mas ao candidato do PRN também não interessava a sustentação explícita de um político que estivera ligado à ditadura e era suporte da Nova

República. Conselhos, Antônio Carlos podia dar. Encontrava-se com Collor todas as semanas na casa de Flecha de Lima. Alberico Souza Cruz participou de algumas dessas reuniões. Antes de serem levadas ao ar, Collor mostrava ao ministro e ao jornalista da Globo fitas de vídeo com peças de sua propaganda na televisão. Antônio Carlos e Souza Cruz evitaram que alguns ataques mais violentos a Lula fossem exibidos no horário gratuito do PRN.

No SBT, a cobertura da campanha transcorria com relativa tranquilidade. Houve apenas um problema, quando a repórter Denise Abraham perguntou a opinião de Leonel Brizola, em Campo Grande, sobre uma declaração do governador do Rio, Moreira Franco, que insinuara existir uma ligação entre o crime organizado carioca e o candidato do PDT. Como a repórter insistisse na pergunta, Brizola perdeu a paciência: "Também me disseram que você é chegada a cheirar pó e eu não sou obrigado a acreditar". Sem se atemorizar, Denise quis saber se, em 1964, ele fugira do Brasil disfarçado de mulher. "É verdade, fugi vestido de mulher", atacou Brizola. "Tomei emprestadas até as tuas calcinhas." O diálogo foi exibido no *TJ Brasil* do SBT e, por ordem de Roberto Marinho, no *Jornal Nacional* da Globo. Brizola pediu desculpas à repórter e à emissora. E protestou quando o *TV Pirata*, o programa humorístico da Globo, mostrou um ator, vestido de bombachas e tomando mate, que dizia a uma repórter: "A primeira calcinha a gente nunca esquece".

Fora um incidente menor, considerando que o *TJ Brasil* vinha noticiando tudo sobre a campanha e abria o mesmo espaço para os candidatos dos grandes partidos. E considerando, ainda, que a inexperiência em cobrir uma corrida presidencial, espalhada por toda a imprensa, era maior no SBT. O Departamento de Jornalismo da rede fora criado apenas um ano antes, e os seus diretores e o apresentador, Boris Casoy, vinham todos da imprensa escrita. Desde que ganhara a primeira concessão de televisão, em 1976, Silvio Santos nunca investira em jornalismo. Carioca da Lapa, filho de um casal de imigrantes de origem judaica, o pai grego e a mãe turca, Senor Abravanel adotara o nome artístico de Silvio Santos e se tornara um empresário de televisão contra a vontade da grande imprensa. Em 1981, obteve a sua segunda concessão numa concorrência da qual participaram a Editora Abril, o *Jornal do Brasil* e a *Manchete*. O publicitário Mauro Salles o apresentou ao general Golbery do Couto e Silva, estrategista político do presidente João Figueiredo. Na conversa, Silvio Santos foi reconhecido por um oficial que o conhecera quando serviu na Escola de Paraquedistas em Deodoro, no Rio: o brigadeiro Délio Jardim de Matos, ministro da Aeronáutica. Délio lhe pediu que ajudasse a dupla Dom e Ravel, que cantava músicas enaltecendo o regime militar. Para obter a concessão, o apresentador usou Dom como lobista na área militar. Usou também os serviços de um jurado do programa de auditório dele, José Renato, primo da primeira-dama Dulce Figueiredo. E pôs no ar, no programa dominical, um quadro que refletia a sua concepção de jornalismo, "A Semana do Presidente", no qual relatava de forma elogiosa o que João Figueiredo fizera nos sete dias anteriores. A Abril e o *JB*, que se dedicavam ao jornalismo, foram derrotados na concorrência pelo apresentador e pela *Manchete* de Adolpho Bloch, revista também pródiga em elogios ao governo.

Silvio Santos foi convencido a criar um Departamento de Jornalismo pelo seu sobrinho e cunhado Guilherme Stoliar, vice-presidente do SBT. O raciocínio de Stoliar, um carioca da Tijuca que trabalhou como contínuo do Baú da Felicidade e se formou em administração, era empresarial. Ele defendia que, para crescer, o SBT deveria se apoiar nas três pernas que costumam sustentar uma rede de televisão: audiência, faturamento e prestígio. Audiência para poder ter anunciantes de produtos populares. Faturamento para produzir a programação. E prestígio para atrair os anunciantes de produtos caros, que precisam atingir um público mais qualificado. Em 1988, quando foi criado o Departamento de Jornalismo, o SBT tinha duas das pernas: uma audiência média de 10% do público total da televisão e um faturamento de 80 milhões de dólares — e nenhum prestígio. Para ter prestígio, e ser visto pela audiência de maior poder aquisitivo, argumentava Stoliar, o Jornalismo da rede deveria ser independente e isento. Com o mesmo objetivo, Carlos Alberto de Nóbrega, apresentador de *A Praça é Nossa*, sugerira a contratação do humorista Jô Soares. O dono do SBT negociou com Jô e o contratou para fazer um programa de humor e outro de entrevistas, no fim da noite. Silvio Santos concordava com as ideias de Stoliar, mas faltavam-lhe os jornalistas para transformá-las em realidade. Ao conceder uma entrevista a Marcos Wilson e Luiz Fernando Emediato, de *O Estado de S. Paulo*, encontrou-os: os próprios entrevistadores, poucos meses depois, foram convidados a ingressar no SBT. Wilson e Emediato decidiram com Guilherme Stoliar as linhas mestras do Jornalismo: total separação entre a redação e o Departamento Comercial, nenhuma interferência da diretoria da rede no conteúdo do noticiário e a contratação de um "âncora", um jornalista que editasse e apresentasse o telejornal do horário nobre. Stoliar concordou com a figura do âncora porque, com um orçamento de 2,5 milhões de dólares, era mais econômico ter um jornalista no estúdio, ocupando boa parte do telejornal, do que contratar outras equipes de reportagem para produzir matérias externas. "Esse cara não é de televisão", disse Silvio Santos quando Guilherme Stoliar lhe contou qual jornalista estava contratando para ser âncora: Boris Casoy.

De televisão Casoy não era mesmo. Sua origem era o rádio. Aos oito anos, lia notícias do *Estadão* para o pai, um judeu russo que imigrara para São Paulo nos anos 20 e, com diabetes, tinha dificuldade em enxergar. Era o encarregado na família de sintonizar o rádio para que o pai escutasse o *Repórter Esso* e o noticiário da BBC. Ele teve nefrite e poliomielite, passou parte da infância na cama, escutando rádio, e decidiu ser locutor esportivo. Seu pai morreu e, aos quinze anos, ele foi ser locutor da Rádio Piratininga, para desgosto da mãe, que considerava a profissão indigna. Ela se conformou porque o salário do filho garantia o sustento da casa e, trabalhando, pelo menos ele saía da rua e deixava de causar problemas. Sequelas da paralisia não impediam Casoy de, pulando como um saci, azucrinar a vizinhança, que às vezes chamava a polícia para controlá-lo. Um de seus divertimentos de moleque era postar-se na pequena ponte do Parque Trianon e jogar sacos de cocô nos carros que passavam pela alameda Santos. O rádio foi um bico que o ajudou a pagar o curso de direito. Achava que seria juiz ou procurador, mas largou o curso no último ano. Foi assessor de Imprensa de Herbert Levy, secretário da Agricultura de São Paulo, de Cirne Lima, ministro da Agricultura de Médici, e do prefeito paulistano José Carlos de Figueiredo Ferraz até que, em 1974, Octavio Frias de Oliveira o chamou para trabalhar na *Folha*. Dos tempos do rádio, ele manteve a dicção clara, a articulação verbal, a facilidade para improvisar e uma notável capacidade para imitar vozes. As imitações que fazia de Jânio Quadros e Paulo Maluf eram indistinguíveis dos originais. Representando a *Folha*, participou de um debate na televisão entre os candidatos à Prefeitura de São Paulo, em 1985, e perguntou a Fernando Henrique Cardoso se ele acreditava em Deus. Obteve uma resposta canhestra: "Boris, você prometeu que não me faria essa pergunta". Antes do debate, o jornalista dissera ao candidato que talvez fizesse a pergunta. Amplificada no horário eleitoral, a resposta contribuiu para a derrota de Fernando Henrique, que foi chamado pelos janistas de "comunista", "ateu" e "maconheiro" — porque numa entrevista a *Playboy* dissera ter experimentado e não gostado da droga. Casoy também pedira ao candidato do PT que dissesse o preço do pãozinho, e Eduardo Suplicy não sabia. Na mesma noite em que estreou como âncora do *TJ Brasil*, Casoy recebeu um telefonema de parabéns de Silvio Santos: ele era um jornalista de televisão. Falava com segurança, tinha presença no vídeo, era sério e transmitia credibilidade. Suas levantadas de sobrancelha opinavam mais que dez editoriais.

Uma das maiores notícias da eleição presidencial teve o efeito de um furacão no Departamento de Jornalismo do SBT. Guilherme Stoliar queria ser tão isento na cobertura que cronometrava o tempo que cada candidato aparecia nos noticiários da rede, para que nenhum, entre os principais, aparecesse mais que os outros. Estava nessa cronometragem quando Silvio Santos o chamou para informar, menos de um mês antes do primeiro turno, que seria candidato. "Mas, Silvio, você é empresário e artista, não é político", tentou dissuadi-lo. Não houve jeito. Aos 58 anos, Silvio Santos aparentava ter tudo o que queria: um patrimônio de 150 milhões de dólares e 33 empresas, que empregavam 16 mil funcionários e garantiam um faturamento anual de 380 milhões de dólares. Era dono do Baú da Felicidade, da fábrica de móveis e das Lojas Tamakawy, de uma fazenda com 6 mil cabeças de gado nelore no Pará, da revendedora de carros Vimave, da Panamericana de Seguros, da previdência privada Aposentec, da Baú Financeira, do plano de saúde Ciam, do Teatro Imprensa, de uma casa na Flórida, outra em São Paulo e mais quinze imóveis. Estava bem casado e tinha cinco filhas. Conseguira tudo com o seu maior dom, a voz. Começara como camelô, vendendo carteiras no centro do Rio, e agora era dono da segunda maior rede de televisão. No ano anterior, se desesperara com o risco de ter um câncer nas cordas vocais, mas a cirurgia extirpara o tumor benigno e ele voltara a apresentar o seu programa dominical, líder de audiência. Em contrapartida, nunca se interessara por política e, fora do trabalho, levava uma vida discreta. Não ia a festas, não visitava amigos e fugia da imprensa. Centenas de vezes lhe perguntaram por que se candidatou, e ele nunca soube responder. Com o passar do tempo, firmou-se numa explicação tríplice: a vaidade o levou a querer ter todos os brasileiros como audiência; teve uma inspiração de ordem mística; esteve momentaneamente louco.

A candidatura do dono do SBT surgiu no rastro da crise do PFL e dos ataques de Collor a José Sarney. Atolado no 1% nas pesquisas, e desgostoso com a falta de apoio dos próceres do PFL, Aureliano Chaves foi convencido pelos senadores Hugo Napoleão, do Piauí, Edison Lobão, do Maranhão, e Marcondes Gadelha, o paraibano líder do governo no Senado, a retirar a sua candidatura em favor de Silvio Santos. Contaram com o aval de Sarney, que queria prejudicar Collor. Pouco antes, o presidente havia chamado a Brasília Antônio Ermírio de Moraes, do Grupo Votorantim, para insuflá-lo a se candidatar, mas o empresário se recusara a participar da manobra. "Combateremos o veneno com um veneno igual", disse Gadelha a Aureliano num jantar, em 17 de outubro, na casa em Brasília do ministro do Interior, o sergipano João Alves — os venenos sendo Collor e Silvio Santos. "Vamos dar uma canelada neles", concordou Aureliano. Dois dias depois, na mesma casa, Silvio Santos dizia ao candidato renunciante do PFL: "Doutor Aureliano, o senhor é o homem mais culto que conheço. A cultura é tanta que o impede de descer até o nível do povo para se comunicar com ele. Esse é o problema do senhor". E completou: "Eu saio candidato e ganho essa eleição em uma semana". Aureliano deixou a casa de João Alves, foi para o hotel Nacional, telefonou a Jânio Quadros e o pôs a par da candidatura do apresentador de televisão. Jânio em seguida contou a novidade a Jorge Serpa, que avisou Roberto Marinho. Antes mesmo que Aureliano renunciasse, as forças contra Silvio Santos já se organizavam para combatê-lo. Gadelha, Napoleão e João Alves procuraram Antônio Carlos Magalhães. Não tiveram nem o gostinho de dar-lhe a notícia em primeira mão. "Eu já sei tudo", disse-lhes o ministro, que fora informado da candidatura de Silvio Santos por Roberto Marinho e o aconselhara a enviar uma equipe de reportagem da Globo para perguntar a Aureliano se iria realmente renunciar. Antônio Carlos avisou os senadores, apelidados na imprensa de Três Porquinhos, de que trabalharia contra a tramoia.

No domingo, no seu programa, Silvio Santos comunicou ao público que não transmitiria uma entrevista com Lula, como estava previsto, porque queria explicar a sua candidatura. Gastou uma hora se explicando. Leu até uma carta de sua mulher, Íris, incentivando-o a concorrer. Durante a semana, o apresentador Fausto Silva apareceu no horário nobre da Globo dizendo que no próximo *Programa do Faustão* anunciaria que, também ele, era candidato a presidente.

Boris Casoy soube pelos jornais que o patrão disputaria a Presidência. Se o Jornalismo da emissora fosse colocado a serviço da campanha de Silvio Santos, ele sairia, decidiu. Expôs as suas preocupações a Marcos Wilson, que o aconselhou a conversar com Guilherme Stoliar. "Calma, Boris, continue a cobrir a campanha como vem fazendo, com a independência que o seu contrato garante", disse-lhe Stoliar. Casoy tentou balancear o noticiário. Entrevistou Antônio Ermírio e Pelé, e ambos falaram contra Silvio Santos. O empresário classificou Silvio Santos de "oportunista" e a sua candidatura de "trama armada pelo Sarney". Leonel Brizola declarou a uma repórter da emissora que o dono do SBT estava faltando com a palavra, pois um mês antes lhe garantira que não seria candidato. No final, Brizola lançou um repto: queria ver se Casoy teria coragem de pôr suas palavras no ar. Por decisão do âncora e de Dácio Nitrini, editor do *TJ Brasil*, a declaração do pedetista foi mostrada no telejornal. Em determinado momento, Casoy sentiu que o telejornal estava desequilibrado — mostrava mais críticas que elogios a Silvio Santos — e entrevistou pessoas que defendiam o apresentador. Quando foi marcado um debate entre os candidatos na Rede Bandeirantes, o jornalista procurou Stoliar novamente e lhe disse:

— Guilherme, se o Silvio não for ao debate, vou ter que criticá-lo, como critiquei o Collor quando ele se recusou a debater.

— Eu ficaria muito surpreso se você não fizesse exatamente isso — respondeu o vice-presidente do SBT.

Pressionado, Aureliano Chaves não cedeu seu lugar na chapa e continuou candidato. "Eu tive dificuldades de explicar a saída à minha família", justificou-se. "Não tive condições de contar à minha mãe que ia renunciar." Como Silvio Santos seguisse com a intenção de se candidatar, Casoy o procurou. Queria notícias. Mas quem fez a maioria das perguntas foi Silvio Santos. Foi uma conversa cheia de dedos de parte a parte, pois opôs um jornalista a sua fonte, um patrão a seu empregado, dois profissionais que se respeitavam e divergiam politicamente. O empresário quis saber a opinião de Casoy sobre os pequenos partidos. O jornalista disse que poderiam ser uma opção de candidatura, mas via dois deles com maus olhos. O Partido do Povo Brasileiro, cujo candidato era Antônio dos Santos Pedreira, porque atacava todos os concorrentes gratuitamente, ou talvez não tão gratuitamente assim. E o Partido Municipalista Brasileiro porque o seu candidato, Armando Corrêa, tinha uma folha corrida na polícia mais impressionante que a própria biografia. Silvio Santos ouviu as opiniões com respeito. Mas não desistiu. Começou a negociar o uso da legenda do PMB com Armando Corrêa, que obtivera 4200 votos e o 11º lugar na última eleição para a Prefeitura de São Paulo. Corrêa abdicou de sua candidatura em favor de Silvio Santos. O candidato a vice, Agostinho Linhares, deveria fazer o mesmo, passando a vaga para o senador Marcondes Gadelha. Como não havia tempo para imprimir novas cédulas, criou-se uma situação absurda: quem assinalasse o nome de Armando Corrêa, estaria votando no dono do SBT.

A entrada de Silvio Santos embaralhou as pesquisas eleitorais. Segundo o IBOPE, Collor cairia de 31% para 23%, mas continuaria em primeiro lugar, à frente de Silvio Santos, com 18%, e de Brizola, com 14%. Nas contas do Gallup, o dono do SBT chegaria em primeiro lugar com 29%, Collor viria em segundo com 19%, e Brizola e Lula estariam empatados em terceiro, no patamar dos 10%. De acordo com o Datafolha, o candidato do PRN teria 25%, o do PT e o do

PDT estariam tecnicamente empatados, com 15% e 14%, e Silvio Santos teria 10% dos votos. "É altamente possível que as eleições brasileiras sejam disputadas entre os dois maiores grupos de televisão do Brasil", disse Lula ao *The New York Times*, que publicou na primeira página uma reportagem sobre a balbúrdia provocada por Silvio Santos e a reação iracunda de Roberto Marinho. No lançamento da candidatura, Roberto Marinho tratara o concorrente com um humor ardido. Num editorial de *O Globo*, dizia: "Do animador SS: 'Tenho tempo ocioso que quero aproveitar. Por isso resolvi ser candidato a presidente da República'. Conhecem-se muitos motivos que podem levar alguém à vida pública. Falta do que fazer, confessada, é a primeira vez". Marinho mandou que uma equipe de reportagem da Globo transmitisse a Collor o recado de que precisava se comunicar com ele com urgência. De Manaus, Collor falou pelo telefone com Roberto Marinho, que o aconselhou a colocar Silvio Santos e Sarney no mesmo saco, atacando os dois com firmeza. O candidato do PRN recolheu-se à suíte do hotel Tropical à uma da manhã e às nove horas saiu com um texto de quatro páginas, escrito à mão. Gravou seu pronunciamento para o horário gratuito numa sala do hotel transformada às pressas em estúdio de televisão. Denunciou a "negociata" entre Silvio Santos e Sarney, e chamou o presidente de "político de segunda", "incompetente", "desonesto", "fraco" e "omisso". Simultaneamente, Roberto Marinho enviou Jorge Serpa para conversar com Sarney. Era amigo do presidente e não queria que considerasse as críticas de *O Globo* como ataques pessoais.

Embora os órgãos de imprensa tenham sido unânimes na reprovação da entrada de Silvio Santos na disputa, os veículos da Globo estiveram sempre uma nota acima nos ataques. *O Globo* dedicou páginas e páginas a reportagens, caricaturas, opiniões negativas de juristas e editoriais esculhambando o apresentador. Nenhum deles, porém, teve um efeito político tão poderoso quanto as matérias de Teodomiro Braga e Tereza Cardoso no *Jornal do Brasil*. Os dois repórteres passaram parte do sábado, 4 de novembro, com Armando Corrêa e sua turma. Jantaram juntos e o dono do PMB se abriu. Os repórteres contaram que o candidato a vice-presidente do PMB, Agostinho Linhares, exigiu dinheiro para ceder seu lugar na chapa a Marcondes Gadelha, do PFL. Segundo Corrêa, Linhares levou também uma soma "do outro lado", o de Collor, para manter-se na chapa. E disse ter testemunhado o telefonema do presidente José Sarney ao vice-governador do Maranhão, João Alberto, pedindo que pressionasse o seu irmão, Agostinho Linhares, a deixar que Gadelha fosse o candidato a vice de Silvio Santos. Por fim, os dois repórteres do *Jornal do Brasil* demonstraram que a ata do PMB com o registro da candidatura de Silvio Santos fora forjada. O dono do SBT não deu dinheiro algum ao PMB, mas manteve a sua candidatura até o julgamento do Tribunal Superior Eleitoral.

Na véspera da decisão judicial, Silvio Santos convidou Boris Casoy a visitá-lo em sua casa. Logo na entrada, o apresentador e Íris cumprimentaram o âncora pela qualidade e independência do *TJ Brasil*. O jornalista procurou mostrar as vantagens de Silvio Santos comparecer ao próximo debate entre os presidenciáveis, caso o TSE o mantivesse na disputa. O empresário perguntou se Casoy achava que sua candidatura seria impugnada.

— Acho. Como os jornais estão dando que você perderá por sete a zero, é possível que os próprios juízes tenham vazado a informação — respondeu o jornalista.

— Mas como? — espantou-se Silvio Santos. — Os meus advogados disseram que juridicamente eu tenho razão.

— Os juízes vão julgar o caso de maneira política, e não estritamente jurídica. E como eles te consideram um arrivista, um *outsider* na política, acho que irão impugnar a candidatura.

Na noite seguinte, as previsões de Casoy se confirmaram. A candidatura de Silvio Santos foi impugnada por 7 a 0. A unanimidade e o voto do presidente do Tribunal, Francisco Rezek, que lhe era facultativo, foram sinais do teor político da decisão. Os juízes entraram no mérito de duas questões. Constataram que em 15 de outubro vencera o prazo para que o PMB realizasse um mínimo de nove convenções estaduais exigidas pela legislação. Como não o fizera, o partido teve o seu registro provisório cassado automaticamente. No segundo aspecto, decidiram que Silvio Santos, por ser concessionário de empresa de serviço público, uma rede de televisão, deveria ter se afastado do cargo três meses antes da eleição, como exigia a lei. As pesquisas eleitorais voltaram ao que eram antes. É provável que a candidatura do apresentador tenha prejudicado mais a de Mário Covas. O senador estava ascendendo nos números do IBOPE. Em um mês, saltara de 5% para 8%, mas permaneceu estacionado nas pesquisas durante a tumultuada passagem do apresentador pela campanha. *Veja*, que havia preparado uma reportagem de capa sobre o crescimento de Mário Covas, trocou-a na última hora por uma sobre Silvio Santos, intitulada "A grande confusão".

"O seu Silvio mandou dizer que está com muita dor de cabeça e não tem condições de falar", avisou a copeira Marília Lopes às dezenas de repórteres, fotógrafos e câmeras que se aglomeravam na porta da casa de Silvio Santos. Durante o dia, ela servira trezentos cachorros-quentes aos jornalistas. "A festa acabou: se ele tivesse ganho, a gente comemorava em dobro", completou a copeira, choramingando. As luzes da casa se apagaram pouco depois das dez da noite. Um *ufa!* de alívio percorreu o Departamento de Jornalismo do SBT. A tempestade passara. E havia mais o que fazer: naquela mesma noite o povo da antiga capital da Alemanha, separada desde o final da Segunda Guerra Mundial, punha abaixo o Muro de Berlim. Guilherme Stoliar fez um balanço positivo do caso, mas não o compartilhou com ninguém: a isenção do *TJ Brasil* ao tratar da candidatura de Silvio Santos trouxera prestígio ao Jornalismo da rede.

Tempos depois, Silvio Santos pediu a Jô Soares que entrevistasse o senador Marcondes Gadelha no seu programa.

— Silvio, vai ficar ruim para mim, para você e para o senador — disse-lhe Jô Soares.

— Por quê?

— Porque vai ficar evidente que se está acertando uma dívida política, já que não há qualquer motivo para entrevistar o Gadelha.
— É, você tem razão. Tá bom. Eu entrevisto no meu programa mesmo e ele fica satisfeito — encerrou Silvio Santos.

13. REDE POVO

O bom desempenho de um candidato no horário eleitoral da televisão e do rádio não garante a vitória. Mas pode ser a sua mais poderosa alavanca. Na propaganda gratuita, o político fala direto ao eleitorado, sem a intermediação da imprensa. Apresenta-se da maneira que mais lhe convém, ataca os adversários, diz o que quer sem o filtro de repórteres, editores e donos de órgãos de comunicação. Como a eleição de 1989 foi solteira, não houve a distração das disputas para os governos estaduais e o Congresso. Os sessenta dias de horário eleitoral foram ocupados pela corrida presidencial. A legislação permitia que se mostrassem cenas externas, levando-se os comícios, passeatas e carreatas para dentro da casa dos telespectadores. Possibilitava, ainda, que os partidos produzissem simulacros de reportagens e adesões às candidaturas. A lei dava um bom tempo aos partidos de bancada relativamente pequena. A coligação Brasil Novo, de Collor, e a Frente Brasil Popular, de Lula, por exemplo, tinham direito a dez minutos diários na televisão, metade à tarde e os outros cinco minutos no horário nobre. No dia em que se iniciou a campanha gratuita, 15 de setembro, Collor tinha 39% das preferências nas pesquisas do IBOPE. Lula, 7%. Abertas as urnas do primeiro turno, em 15 de novembro, Collor havia conquistado 25,1% do eleitorado. Lula, 14,2%. O mestre da comunicação televisiva, Collor, perdeu 36% de seu eleitorado. No mesmo período, o pouco telegênico Lula, o "sapo barbudo", como o chamou Brizola, teve um crescimento de 100%. Brizola também dispunha de dez minutos diários. Considerado imbatível na televisão, tinha 14% das preferências quando passou a usá-la. Terminou com 13,6% do eleitorado. Ulysses Guimarães, com longuíssimos 22 minutos, começou com 4% nas pesquisas. Acabou com 3,9% do eleitorado. É certo que a maioria dos candidatos concentrou seus ataques em Collor, tentando desbancá-lo do primeiro lugar. Mas Collor perdeu cerca de 11,4 milhões de eleitores e Lula ganhou quase 6 milhões de votos a mais durante os dois meses de horário gratuito do primeiro turno.

A estrutura da campanha televisiva de Collor era luxuosa. Mais de dez equipes de reportagem chegaram a trabalhar simultaneamente. Uma delas acompanhava o candidato em tempo integral. No estúdio em Brasília havia equipamentos avaliados em 4 milhões de dólares. Quatrocentas fitas, com cem horas de gravação, estavam catalogadas em quarenta assuntos diferentes num computador. Em Belo Horizonte foi instalado um estúdio de 6 mil metros quadrados. Quem coordenava a campanha na televisão era Jucá Colagrossi, que no início do ano tinha dirigido o programa de uma hora do PTR. A estreia de Collor foi um fiasco. O candidato apareceu em cima do monte Pascoal. Com o vento lhe agitando os cabelos, lembrou o descobrimento do Brasil e a primeira missa. Em seguida, foram reprisadas as velhas cenas da sua campanha para governador, gravadas pela TV Gazeta de Alagoas. Debaixo de chuva, em Limoeiro de Anadia, os cabelos molhados, desafiava coronéis e jagunços. Numa edição mais econômica e acelerada, poderia ser confundido com um modelo de anúncio de xampu para dias de vento ou de chuva. Uma semana depois, na viagem de volta de Campos, no Rio, para Brasília, estavam todos exultantes no Challenger. O comício fora um sucesso, assim como os do dia anterior, em Dourados e Campo Grande, no Mato Grosso do Sul.

— É uma pena que o programa de televisão não esteja refletindo a força da campanha — comentou Renan Calheiros.

— O programa está muito frio, não tem nada a ver com o calor do candidato — concordou Sebastião Nery.

— Vocês não são do Comitê? — perguntou Collor. — Vão lá, se reúnam, decidam e mudem.

Collor mandou o piloto desviar a rota para Belo Horizonte, onde todos desceram, exceto ele. Encarregou o seu cunhado, o embaixador Marcos Coimbra, de presidir uma reunião de mudança dos rumos da campanha. E autorizou Renan Calheiros a falar em seu nome. No encontro, foi feita uma rodada de críticas. Jucá Colagrossi, o responsável final pelo programa, rebateu:

— Há um mês não há um só comício. Como vocês querem ver comício e emoção na tela?

Colagrossi indiretamente responsabilizava Collor, que viajara ao Caribe durante uma semana para descansar. Também explicou que, como as gravações eram feitas em Belo Horizonte, o candidato estava distante do comitê de comunicação.

— A verdade é que o programa não tem representado a imagem do caçador de marajás, que se coaduna com a personalidade de Collor — disse Belisa Ribeiro, que havia abandonado no meio a sua matéria para *Playboy* e passara a integrar o comitê de campanha do PRN.

Renan decidiu transferir as gravações para Brasília e mudar o comando da propaganda. Jucá Colagrossi já não seria o único responsável por ele, que passaria a ser integrado também por Belisa Ribeiro, o publicitário Roberto Medina e o jornalista Hélio Costa, ex-estrela do *Fantástico*, da Rede Globo. Colagrossi não aceitou e saiu do comitê. Medina e Hélio Costa não chegaram a entrar no comando, que ficou apenas com Belisa. Collor continuou reclamando dos programas. Achava-os chochos, defensivos. Quando acordava, a música que lhe vinha à mente era o jingle da campanha do PT:

Lula lá,
Brilha uma estrela
Lula lá,
Cresce a esperança.

Poucas horas antes da gravação do programa de estreia do PT, Paulo de Tarso Santos, um publicitário magro e elétrico, mordia as pontas dos bigodes de nervoso. O cenário, pintado de bege, era uma pobreza só. Tinham posto três câmeras diante da bancada onde Lula sentaria. O candidato seria obrigado a olhar para a esquerda, para a frente e para a direita conforme as luzes vermelhas das câmeras acendessem. "Derruba tudo", disse Santos, que não havia abandonado o seu emprego na agência Denison e trabalhava na campanha durante metade do expediente. Santos deixou uma câmera só, no centro, e mandou o cenógrafo, que bufava de contrariedade, colocar três cabos de aço, na diagonal, no fundo do cenário. Iluminou os três cabos por trás, a fim de que parecessem fios de neon. Tudo foi feito às pressas para que Lula não chegasse antes de a reforma terminar e achasse que sua campanha era uma bagunça. Apareceu minutos depois de aprontarem o cenário. Vestia um terno emprestado, meio ponto maior que o seu tamanho. Deu uma passeada pelo amplo estúdio, na Bela Vista, em São Paulo, e chamou a um canto o coordenador de rádio e televisão da campanha, o jornalista José Américo Dias:

— Ô, Zé Américo, isso tudo não vai ficar caro demais?

— Não, Lula, sossega. O aluguel já está pago e vamos ficar aqui só duas semanas — explicou Dias.

O candidato deu uma lida no script e decorou o conteúdo. Ele se recusava a usar o teleprompter, a máquina que permite a leitura de um texto enquanto se olha para a câmera. Sentou na cadeira atrás da bancada, a câmera foi ligada, e disse: "Agora o povo vai poder ver a verdade na televisão. Agora o povo vai poder ver como a campanha da Frente Brasil Popular está crescendo e eletrizando este país. Porque agora existe uma rede de televisão que só diz a verdade: a Rede Povo".

Na sequência, entrou no ar uma animação gráfica de uma bolinha saltando pelo vídeo até ser congelada e uma vinheta sonora anunciar, imitando a da Globo: "Rede Povo, plim-plim". Um locutor comunicou as próximas atrações da rede: "Povo Repórter", "Povo de Ouro", "O Povo na TV" e a "Onda Lula". O impacto foi imediato. Uma pesquisa do IBOPE, feita na Grande São Paulo, mostrou que o programa do PT, visto por 61% dos telespectadores, liderou a audiência nos primeiros doze dias do horário político.

Um mês antes de a propaganda do PT entrar no ar, no entanto, os encarregados de produzi-la não se entendiam. De um lado, estavam Regina Festa e Luis Roberto Santoro, responsáveis pela TV do Trabalhador, a TVT, uma produtora de vídeo. De outro, o publicitário Paulo de Tarso Santos, o artista gráfico Toni Cotrim e o jornalista Carlos Azevedo. A oposição entre os grupos tinha elementos de disputa de poder, antipatias de parte a parte e, num pano de fundo pouco claro, pontos de vista divergentes quanto à comunicação. Sem querer se envolver diretamente no debate, Lula convocou José Américo Dias, secretário-geral do PT em São Paulo, para uma reunião com os deputados Luiz Gushiken e José Dirceu. "Zé Américo, vai lá e resolve quem é melhor para fazer a campanha", disse-lhe Lula, com a concordância dos deputados. Lula confiava em Dias e gostava de suas ideias em matéria de televisão. Dias ouviu os dois lados e percebeu que a real discrepância entre eles, apesar de jamais explicitada, tinha um componente teórico. Santoro e Regina Festa, da TVT, vinham da tradição do vídeo popular, tendo gravado programas para sindicatos, associações de moradores de bairros pobres e organizações não governamentais. No seu trabalho, partiam da concepção de que era preciso afastar-se da linguagem vigente na televisão comercial, controlada pela classe dominante, para ajudar a forjar, com base nas organizações populares, uma forma de comunicação em que o povo trabalhador fosse o sujeito das imagens, e não apenas figurante ou consumidor passivo e acrítico. A tomada pelos trabalhadores do poder do Estado, segundo depreendeu Dias do argumento dos produtores da TVT, passaria pela construção de um modo próprio de comunicação, politicamente popular.

Paulo de Tarso Santos vinha de outra linhagem. Seu pai, cujo nome também era Paulo de Tarso, fora ministro da Educação no governo de João Goulart. No dia 31 de março de 1964, o menino viu uma fila imensa de carros num posto de gasolina e perguntou ao pai o que estava acontecendo. "O Magalhães Pinto se rebelou em Minas", respondeu o ministro ao filho de dez anos, que não entendeu nada. O pai se escondeu numa fazenda em Goiás com o deputado Plínio de Arruda Sampaio. Não adiantou. Foi preso e solto três vezes até que pediu asilo na embaixada do Chile e, em janeiro de 1965, seguiu para o exílio com a mulher e os cinco filhos. Santos viveu no Chile até 1971. Foi o seu despertar político, num tempo de discussão partidária cotidiana na escola, do engajamento e da radicalização que levaram à eleição de Salvador Allende, do Partido Socialista, para a Presidência. Ele oscilava entre a esquerda e a influência paterna, um democrata cristão da mesma linha de Franco Montoro. Voltou para São Paulo em plena ditadura, quis estudar música, mas o pai insistiu em que fosse advogado. Discutiram e, como o filho teimasse em não cursar a faculdade de direito, mandou-o trabalhar com um amigo, o publicitário Alcântara Machado.

Em 1982, Santos participou do comitê que fez a campanha de televisão de Franco Montoro para o governo de São Paulo. Não havia muito o que criar, porque a legislação eleitoral da ditadura, a Lei Falcão, elaborada pelo ministro da Justiça, Armando Falcão, autorizava apenas que se lesse o currículo dos candidatos e que suas fotos fossem mostradas. Santos pediu a um irmão advogado que procurasse brechas na legislação para que ele pudesse produzir algo diferente. O irmão descobriu uma ambiguidade: do texto legal, poderia se deduzir que era permitida também a leitura do "currículo" do partido. Santos pegou dados sobre o PMDB com Ulysses Guimarães, escreveu uma história do partido. "Nascido no movimento de resistência democrática...", começava o currículo, que foi lido por Montoro, cuja voz era conhecida do público, enquanto apareciam no vídeo as fotografias das centenas de candidatos peemedebistas. No dia seguinte à exibição, *O Estado de S. Paulo* deu a manchete de primeira página: "PMDB dribla a Lei Falcão" e outros jornais transcreveram o currículo na íntegra. Santos percebeu que a comunicação política era o que gostava de fazer. Na publicidade comercial, jamais conseguira tamanha inserção na vida nacional. Para ele, a propaganda eleitoral deveria gerar fatos políticos, em vez de ser somente um espelho, um reflexo das posições partidárias.

Santos tomou parte na campanha de Fernando Henrique Cardoso para a Prefeitura paulistana e se desiludiu de vez com o PMDB. Queria usar gírias que Montoro não compreendia e não permitiu. Queria fazer programas mostrando as obras do prefeito do partido, Mário Covas, e o caixa da campanha, Sérgio Motta, vetou, porque pretendia que a campanha fosse parecida com a do adversário, Jânio Quadros. O publicitário proibiu que se exibisse uma gravação em que Fernando Henrique apontava para uma cratera numa rua do bairro de Sapopemba e prometia que, se eleito, taparia todos os buracos. "Não lutamos vinte anos contra a ditadura para ficarmos falando de buracos e atacando o prefeito do nosso partido", concordou Ulysses Guimarães. Mas o candidato aprovou a cena e a crítica ao buraco foi ao ar.

Vladimir Pomar, o coordenador nacional da propaganda presidencial do PT, convidou Santos no início de 1989 para participar de reuniões sobre o que se faria no horário gratuito. Eram discussões mais técnicas, sobre cronograma e equipamentos, do que políticas. A filosofia geral, com a qual Santos a princípio concordou, era envolver a militância petista na produção da campanha. Ao colaborar com a feitura, a base do partido se engajaria na propaganda, que, por seu turno, refletiria os anseios populares inclusive na forma televisiva do programa. Nesse espírito, foi organizado um festival de música do PT para selecionar os jingles da candidatura de Lula. Havia também a ideia de fazer vídeos para os militantes, que seriam exibidos em sindicatos e até em casas, a fim de gerar debates políticos e uma maior participação popular. Santos não gostou de nada do que foi produzido e concluiu que a colaboração das bases levava mais ao amadorismo que à eficácia política. A controvérsia sobre a concepção do programa não avançava e os prazos se estreitavam. Os equipamentos de televisão que a TVT importara estavam retidos na alfândega por problemas burocráticos. Não se contrataram repórteres e câmeras. E faltava um mês para o horário político começar. Paulo de Tarso Santos pediu demissão de seu cargo, diretor de criação da campanha, mas Vladimir Pomar não aceitou. Quis que o publicitário fizesse uma proposta alternativa.

José Américo Dias também tomara parte na campanha de Suplicy e se aproximara de Gabriel Priolli, de quem tinha sido contemporâneo na Escola de Comunicações e Artes da USP. Passaram a se encontrar esporadicamente com outro jornalista, Florestan Fernandes Júnior, para falar sobre comunicação política. Debateram as teorias de Umberto Eco e os livros *Marketing de guerra* e *Posicionamento: como a mídia faz a sua cabeça*, de Jack Trout e Al Ries. As conversas, informais e assistemáticas, os levaram a algumas concordâncias. Achavam que a linguagem vigente da televisão brasileira — cristalizada no padrão Globo de qualidade de novelas, telejornais, programas humorísticos e shows — era um dado da realidade enraizado no imaginário popular. Consideravam impossível, num curto período histórico, construir uma linguagem televisiva alternativa, baseada na militância popular, que fosse capaz de substituir o modelo da classe dominante. Imaginavam, no entanto, ser possível usar elementos do discurso estabelecido para subvertê-lo e colocá-lo a serviço da causa trabalhadora. Paulo de Tarso Santos, um profissional mais pragmático, concordava com as linhas gerais das ideias surgidas das discussões de Priolli, Dias e Fernandes Júnior.

Nos anos 70, José Américo Dias fora trotskista, tendo militado na Organização Socialista Internacionalista e ajudado a editar o seu jornal, *O Trabalho*. Na década de 80, fizera política apenas no PT. Tinha experiência de sobra para saber que, se não houvesse afinação e confiança entre os encarregados da campanha eleitoral, e uma hierarquia definida, ela explodiria. Era melhor que o estouro acontecesse logo. Explicou a Lula o impasse e pediu que decidisse. O candidato mandou que Dias montasse a equipe do seu jeito, mas queria um plano de campanha com urgência. Dias o fez; Regina Festa e Luis Carlos Santoro deixaram a campanha.

Santos chamou o jornalista Carlos Azevedo para integrar a equipe, junto com Toni Cotrim e o produtor Roberto Nunes Lima. Azevedo, com 49 anos, era o mais velho do grupo. Antes do golpe de 1964 já havia trabalhado no *Estadão*, na *Folha* e no *Jornal do Brasil*. Depois, esteve na *Realidade* e, em 1967, militando na Ação Popular, entrou na clandestinidade. Quando a AP se dividiu, ficou com o grupo que aderiu ao PCdoB. Nos doze anos de clandestinidade, fez boletins de denúncias de torturas de presos políticos e trabalhou nas publicações partidárias, *Libertação* e *A Classe Operária*. Com a anistia, saiu do jornal do PCdoB, para *Doçura*, revista que o Pão de Açúcar distribuía à sua freguesia. Aprendeu televisão no *Globo Rural*. Azevedo, Santos e Dias formaram o núcleo da propaganda televisiva. Acertaram primeiro as tarefas práticas. Azevedo montaria uma equipe de televisão com profissionais da área. O produtor Roberto Lima conseguiu que Jean Pierre Manzon, filho do fotógrafo francês que fazia dupla com Davi Nasser em *O Cruzeiro*, alugasse o seu estúdio na Bela Vista por um preço camarada. Algumas das imagens dos primeiros programas do PT, mostrando um Brasil exuberante, com vistas aéreas de florestas, praias, cavalgadas de vaqueiros foram tiradas de documentários que Jean Manzon fez para o cinema no início dos anos 70, enaltecendo o Brasil Grande.

Como havia afinidade entre Santos, Dias e Azevedo, as discussões sobre o programa fluíram rumo à concordância acerca de duas noções básicas. Do início do ano até o meio de agosto, Lula caíra de 16% para 5% na pesquisa do IBOPE. Estava muito atrás de Collor e Brizola, e emparelhara-se no terceiro lugar com Paulo Maluf e Mário Covas. Teriam que fazer uma campanha politicamente radical: a primeira noção consistia nisso. Precisavam mostrar que Lula era o candidato dos deserdados, dos humilhados e dos ofendidos pela estrutura social e pela concentração da renda. Deixar claro que o Estado servia a classe dominante, e o povo trabalhador, por intermédio de Lula, deveria colocá-lo a seu serviço. Um programa de esquerda, para fustigar e assustar a classe média alta e a burguesia. Para tanto, e essa era a segunda noção, usariam a linguagem da programação de sucesso da televisão, subvertendo-a mediante o humor e a paródia.

"Tudo bem, mas é preciso tomar cuidado para isso não virar uma brincadeira, uma piada", disse Azevedo a Santos. Tratava-se de um perigo real, pois o programa *TV Pirata* costumava satirizar a programação da rede em que era exibido, a Globo. Não poderiam ser confundidos com humoristas. Dias era o que elaborava com maior afinco os fundamentos teóricos do que deveriam realizar. Ele pensava que, ao pôr no ar um programa tão bem-acabado quanto os da televisão comercial, estaria demonstrando na prática que o PT e os trabalhadores eram capazes de governar o Brasil — uma capacidade contestada pelos outros candidatos e disseminada na sociedade por preconceitos do tipo: "O Lula não tem estudo e não sabe falar direito", ou: "O Lula é bem-intencionado mas o PT é xiita e atrasado".

Ao explicar o que seria a campanha para a direção do PT, Dias insistiu na necessidade de contarem com um orçamento alto para os padrões do partido. Sem dinheiro, não conseguiriam mimetizar a programação da Globo. Não bastava o esforço não remunerado dos militantes do PT. Precisavam de técnicos, repórteres e editores de verdade, pagos segundo os padrões do mercado jornalístico — não os de campanhas, com seus salários fantásticos. Se o programa não tivesse qualidade, desqualificaria o candidato. Para os sessenta dias antes do primeiro turno, dispôs de 600 mil dólares. Azevedo passou a ganhar cerca de 5 mil dólares por mês. Dias continuaria com seu salário de dirigente profissional do PT, de 1500 dólares. Santos receberia uma ajuda de custo, pois não deixara seu emprego na Denison. Azevedo contratou os repórteres José Licursi, Graziela Azevedo e Pio Redondo. Houve dúvidas na direção do PT quanto à campanha quando Dias a apresentou. Mas uma intervenção favorável e entusiasmada do deputado Aloizio Mercadante convenceu a todos.

Com o sinal verde da direção, a equipe de Dias, Azevedo e Santos fez uma reunião de criação. Logo concordaram que a programação deveria ter um nome que começasse com a palavra "Rede", para dar a ideia de contraposição às redes comerciais. Pensaram em Rede Brasil, Rede Brasil Popular, em Rede Popular do Brasil, e não gostaram. O produtor Roberto Nunes Lima disse: "Vamos dar o nome de Rede Povo". Com as mesmas duas sílabas, ambas terminando com um *o* fechado, a Rede Povo de imediato remetia à Rede Globo. Símbolo maior do status quo televisivo, inimiga maior das transformações, a Rede Globo era subvertida tomando-se por base o seu próprio nome. O achado permitiu que a paródia se estendesse aos quadros do horário eleitoral do PT. O "Povo Repórter" apresentaria reportagens. Jingles, clipes e manifestações de apoio de músicos e cantores apareceriam no "Povo de Ouro". Para convocar os telespectadores aos comícios nas diversas cidades, Paulo de Tarso Santos inventou a "Onda Lula". Quando o comício era numa praça, usavam a chamada "A praça é nossa", título do programa humorístico do SBT, e "Vem pra praça você também", copiado de um anúncio da Caixa Econômica. Toni Cotrim criou a vinheta da Rede Povo. Parodiou, com graça, a assinatura gráfica da Globo: a bolinha ziguezagueava e ricocheteava pelos quatro lados do vídeo, até se encaixar no seu lugar, no canto esquerdo. Levada à apreciação dos outros partidos da Frente, a vinheta e o nome Rede Povo foram vetados pelo PCdoB. Depois de muita discussão, Dias conseguiu uma autorização para levá-la ao ar durante dois dias. Raquel Moreno, pesquisadora do PT, fez uma enquete qualitativa e concluiu que o público não gostara da vinheta. Dias e Santos rasgaram a pesquisa e mantiveram a Rede Povo e o seu símbolo. O PCdoB desistiu do veto. Hans Donner, da Rede Globo, ameaçou entrar com um processo contra o PT, acusando o partido de plágio. O PT respondeu pelos jornais que não se tratava de plágio, e sim de paródia, paródia escancarada, contra a qual não havia nenhuma lei. O processo não foi adiante.

Hilton Aciolli, ex-parceiro de Geraldo Vandré, fez primeiro um jingle em ritmo de samba-enredo. Santos não gostou.

— Samba-enredo é coisa de carioca, o Brasil não vai entender. Precisamos de uma coisa mais pop, uma música que dê para o pessoal nos comícios acompanhar com palmas — disse o publicitário ao compositor.

— Mas o quê? Qual é o slogan da campanha? — perguntou Aciolli.

— A gente ainda não viu isso. O que eu tenho é quase uma brincadeira. Uma expressão que não foi discutida: "Lula lá" — respondeu Santos.

Dias antes, durante uma reunião chata, Santos se distraiu rabiscando ideias. Escreveu "Lula lá", ficou intrigado e passou a expressão num bilhete para Florestan Fernandes Júnior. O jornalista leu e fez um sinal positivo com o polegar. E só. De madrugada, Hilton Aciolli acordou Santos:

— Olha, o negócio é esse "Lula lá". Ouve só — disse, e cantou o refrão do jingle que virou marca registrada da campanha.

O publicitário petista Carlito Maia, que inventara numa campanha anterior o slogan op*tei*, coincidentemente também chegou à expressão "Lula lá", sozinho, na mesma época em que Santos a escreveu num papel e Aciolli compôs a música. O "Lula lá" sintetizava o objetivo do PT: fazer Lula chegar aonde os trabalhadores brasileiros nunca estiveram. *Lá*, no Planalto, no governo, no comando do Estado. Nos comícios, Ricardo Kotscho percebeu que um dos versos do jingle cantado com mais entusiasmo pela multidão era "Sem medo de ser feliz". Comentou com Lula se não seria o caso de destacá-lo de alguma forma. O candidato pediu a Santos que a frase fosse sublinhada na propaganda na televisão. O publicitário passou a aumentar o som no momento em que ela era cantada, ao mesmo tempo que a escrevia no vídeo. Santos cumpriu a ordem, mas tinha dúvidas se a ideia era mesmo boa. Poderia parecer que o PT estava incorporando o medo que os adversários tentavam associar a Lula: o medo de um brasileiro que não era doutor, o medo de um trabalhador, o medo do comunismo.

Havia humor na campanha televisiva do PT, mas não se tratava de gracejo publicitário. Setenta anos depois, num contexto histórico diverso, ela ecoava o que o Departamento de Agitprop do Partido Bolchevique fizera na Revolução Russa de 1917. Agitação e propaganda que o ex-trotskista Dias e o ex-maoísta Azevedo conheciam bem. Para mostrar as contradições brasileiras, Azevedo mandou o repórter José Licursi entrevistar um carregador de um frigorífico, que entregava carne em açougues e supermercados. Gostou do resultado e pediu ao repórter que entrevistasse uma dondoca com um cachorro num parque. Na edição, juntou as duas cenas. "Não, não como carne: só carrego", dizia o trabalhador. Corte para a dondoca: "Ah, ele come carne moída, frango e legumes, duas vezes por dia", dizia ela, referindo-se à alimentação do cachorrinho. José Licursi foi também a uma reunião da FIESP com uma câmera, pediu holofotes emprestados dos colegas das emissoras comerciais e perguntou a empresários como ganhavam com a inflação e o que faziam com suas sobras de caixa. "Coloco tudo no over", respondeu Olacyr de Moraes, que apoiava Collor.

Com duas semanas de exibição, o programa do PT começou a ratear. A equipe de propaganda saiu do estúdio de Jean Manzon e foi para o da TVT. Teve dificuldade em se adaptar aos novos equipamentos, e o padrão técnico caiu. Nos escalões médios do PT surgiram críticas ao programa: era por demais parecido com a Globo, o partido estava se submetendo aos mecanismos ideológicos e à estética de falsificação da realidade e alienação da rede de Roberto Marinho, a pasteurização se sobrepusera à politização. Entre os que faziam o programa, reconhecia-se que ele deveria ser melhorado, mas mantendo a linha da paródia. O diagnóstico deles era outro: o jorro inicial de criatividade estancara, talvez por causa do acúmulo de tarefas braçais para produzi-lo diariamente. Precisavam de mais tempo e mais gente para criar. Santos saiu do dia a dia da operação e se ligou à Conecta Vídeo, uma produtora de publicidade, com a missão de idealizar novos quadros para o programa. Passou também a ter contato com os redatores do *TV Pirata* e com os atores Marco Nanini e Cristina Pereira. Um militante do Paraná procurou Dias e disse que tinha uma ideia. "Qual?", perguntou o jornalista. O paranaense não falou nada. Esticou o braço direito e fez um L, com o indicador levantado e o polegar servindo de base. O militante levou ainda um rebuscado estudo sobre o gestual das multidões, a fim de comprovar que o L, de Lula, seria um identificador importante tanto nos comícios como nas imagens deles na televisão. O símbolo foi adotado. A campanha, arejada, voltou aos trilhos — agora para bater nos adversários. No primeiro turno, a campanha do PT se dividiu em quatro fases no tratamento dos concorrentes. Primeiro, não atacou nenhum adversário, apenas o governo de Sarney. Depois, investiu contra Guilherme Afif Domingos, que crescia nas pesquisas e ameaçava Lula. O PT lembrou o desempenho de Afif na Constituinte, quando, segundo os critérios do Departamento Intersindical de Assessoria Parlamentar, o DIAP, ele votou sistematicamente contra leis que beneficiavam os trabalhadores. Na terceira fase, poupou Brizola e Mário Covas, aliados em potencial no segundo turno. No quarto estágio, elegeu Collor como alvo.

Uma campanha de televisão que nunca saiu dos trilhos foi a do PDT. Brizola escolhera como inimigo principal a Rede Globo. Insistiu em pregar que a sua primeira medida, se fosse eleito, seria acabar com o "monopólio" da empresa de Roberto Marinho. Havia problemas de conteúdo e forma na pregação brizolista. No conteúdo, em 1982, Brizola foi eleito governador do Rio atacando a Globo.

O que não o impediu de, assim que tomou posse, acomodar-se com a rede. Visitou diversas vezes Roberto Marinho, manteve intacta a publicidade governamental na emissora e não hostilizou a Globo. O passado de acomodamento colocava dúvidas sobre as suas invectivas em 1989. Na forma, o programa "Brizola, o Estadista", apoiava-se na oratória do candidato. Gestos largos, pausas retóricas, sintaxe bem-arrumada, ele soltava o verbo no vídeo. Tinha carisma, mas era repetitivo e prolixo. Perto do programa do PT, corrosivo e surpreendente, o do PDT parecia antiquado, verboso.

Depois de pôr o seu voto na urna do primeiro turno, em 15 de novembro, Lula encontrou Frei Betto. "Tenho certeza que é o Brizola que vai para o segundo turno", disse o candidato ao dominicano. "O que não tenho certeza é se vou com ele." Otavio Frias Filho passou boa parte da tarde de 15 de novembro reunido com técnicos do Datafolha. Pela pesquisa de boca de urna do instituto, Collor teria 30% dos votos, Lula 18% e Brizola 14%. Como a margem de erro era de dois pontos percentuais, tanto Lula como Brizola poderiam ir para o segundo turno. Mas, diziam-lhe os especialistas do Datafolha, a possibilidade de Brizola vencer era teórica: Lula chegaria à segunda rodada. À noite, Frias Filho participou de outra longuíssima reunião com editores, da qual saiu várias vezes para conversar com o pai pelo telefone. Frias Filho autorizou a manchete do jornal do dia seguinte: "Collor e Lula se enfrentam na decisão daqui a um mês". Como a boca de urna do IBOPE também deu 30% para Collor, mas colocou Lula e Brizola empatados com 17%, a Rede Globo e *O Globo* não fizeram prognósticos sobre qual dos dois venceria. Mas no sistema de apuração paralela da Rede Globo, o pedetista saiu na frente do petista nos dois primeiros dias de contagem. No *Jornal do Brasil*, o diretor de redação, Marcos Sá Corrêa, fiou-se nas análises de Homero Icaza Sánchez, o ex-bruxo da Globo. Sá Corrêa botou na manchete do jornal que Brizola iria para o segundo turno. Estava instalada a confusão.

Frias Filho e Sá Corrêa tiveram reações em tudo semelhantes. Passaram a dormir de madrugada e acordar cedo, acompanhando a apuração com apreensão. Sentiram nos dias subsequentes que haviam errado. Não nas manchetes em si, mas por terem apostado num resultado. Frias Filho, alarmado, lembrava do que aprendera na adolescência com Cláudio Abramo e Antônio M. Pimenta Neves, que dirigiram a *Folha de S.Paulo* e a *Folha da Tarde*: um jornal não pode fechar e mandar para a gráfica a notícia de que um tal show aconteceu, mesmo que ele esteja prestes a começar. O cantor pode ficar doente, o palco pode desabar, o show pode ser cancelado. O certo era esperar o show acontecer, não querer antecipar os fatos. A credibilidade da *Folha* e do *JB* estava em risco. Sá Corrêa e Frias Filho não polemizaram acerca dos prognósticos de boca de urna. Escaramuças públicas houve entre a *Folha* e a Rede Globo. Dois dias depois da eleição, a Globo anunciou o encerramento dos trabalhos de seu sistema de apuração e colocou Brizola à frente. A partir daí, divulgaria só os números do TSE, que traziam Lula na dianteira. Na manhã seguinte, no entanto, comunicou que durante a madrugada o sistema continuara trabalhando — e Lula passara Brizola.

A *Folha* noticiou que a Globo se furtara a informar logo de início que Lula estava à frente de Brizola. Segundo o jornal paulista, a "hipótese mais plausível" para explicar a atitude da Globo era que a emissora tentara "manter o suspense para segurar altos índices de audiência: se desde o início das apurações ela já apontasse a vitória de Collor e Lula, a cobertura 'perderia a graça' e a audiência". A Globo retrucou com uma nota oficial: "Enquanto o Datafolha divulgava uma boca de urna escandalosamente errada, atribuindo ao candidato Lula quatro pontos percentuais sobre Brizola, a Rede Globo dava uma demonstração de competência, noticiando números absolutos com precisão matemática".

Com uma estrutura capilar, chegando aos mais remotos municípios, o PT contava com militantes devotados acompanhando a apuração. Fiscalizavam urna por urna, faziam perguntas aos fiscais da Justiça eleitoral e pediam recontagem de votos. O sistema de acompanhamento da apuração do PRN também era eficiente. Ele foi montado pelo deputado Alceni Guerra, do PFL, que entendia do assunto porque, no Paraná, sempre disputara eleições com grandes estruturas partidárias, como as do PMDB, e se elegera realizando uma fiscalização cerrada. Alceni apresentou o plano de fiscalização a Renan Calheiros e Itamar Franco, o candidato a vice de Collor. Precisava de 1 milhão de pessoas. Vinte e sete coordenadores estaduais, um advogado em cada município, um fiscal por urna e um supervisor por junta de apuração, além de duzentos terminais de computador, seiscentos digitadores, trabalhando em três turnos de oito horas, e centenas de linhas telefônicas, centralizadas em Brasília. O projeto foi levado à prática. Custou cerca de 3 milhões de dólares.

Na véspera da votação do primeiro turno, coordenadores estaduais do PRN telefonaram para Alceni e contaram a mesma história: seus símiles do PT queriam um acordo. Onde o PT não tivesse fiscais, os do PRN se encarregariam de controlar também os votos para Lula. E onde o PRN não contasse com fiscais, os do PT cuidariam de evitar fraudes contra o PRN. Havia interesse de ambos os lados. Collor preferia enfrentar Lula no segundo turno, pois achava que Brizola teria maior capacidade de fazer alianças e assustaria menos a classe média. E o PT queria vencer Brizola para chegar ao segundo turno.

Os resultados oficiais ficaram dentro da margem de erro do IBOPE e do Datafolha, para alívio de Frias Filho e consternação de Sá Corrêa. Na contagem da Justiça Eleitoral, Collor teve 20 611 011 votos, ou 28,5% dos votantes. Lula teve 11 622 673, 16,1% dos votantes. Brizola teve 11 168 228 votos, 15,5%. A diferença entre Lula e Brizola foi de 454 445 votos, ou 0,6% dos votantes.

14. TV RECORD

Na semana que se seguiu ao primeiro turno, Lula foi a vedete dos telejornais. Mostraram-no disputando voto a voto com Brizola e depois articulando apoios para o segundo turno. Só no *Jornal Nacional* Collor continuou a aparecer mais do que o candidato do PT — 15% do total do noticiário, contra 12% de Lula. Durante todo o primeiro turno, ele teve maior destaque que os outros candidatos no *JN*. Havia argumentos jornalísticos para justificar a primazia. O candidato na liderança tende a gerar mais notícias. Os editores deduzem que há maior curiosidade pelo líder das pesquisas do que pelos demais candidatos. Se o órgão se apresenta como isento, mas na prática beneficia um candidato, o problema é da publicação ou do programa e de seu público, que pode deixar de comprá-la ou assistir a ele. Mas como a teledifusão é uma concessão do Estado, e deve tratar os concorrentes de maneira equânime para contemplar as diversas correntes de pensamento que existem na sociedade, houve contestações. Atendendo uma solicitação do PDT, a Procuradoria Geral Eleitoral encaminhou uma notificação à Globo no sentido de que providenciasse uma distribuição balanceada do tempo destinado a cada candidato nos noticiários. Pela amostragem apresentada pelo PDT, o tempo concedido a Collor em agosto foi seis vezes superior ao dedicado a Brizola. "Com as óbvias vantagens da maior disseminação de sua imagem e mensagem junto ao público eleitor, o candidato favorecido se robustece eleitoralmente, ficando os demais concorrentes em segundo plano, gerador de desigualdade de chances", escreveu em seu parecer o vice-procurador geral eleitoral, Ruy Ribeiro França.

Domingo Alzugaray e Mino Carta tiveram uma discussão sobre essa questão. *IstoÉ* fez duas longas entrevistas, uma com Collor e a outra com Lula. Carta defendeu que deveriam ser publicadas na capa e, dentro, com o mesmo número de páginas e enfoque. Como Collor continuava com mais pontos nas pesquisas, argumentou o dono da Editora Três, mereceria mais páginas. O diretor de redação contra-argumentou que o segundo turno zerava o jogo, ambos os candidatos tinham chance de vencer e, portanto, deveriam receber o mesmo destaque editorial. Alzugaray, que votou em Brizola no primeiro e em Collor no segundo turno, se convenceu que Carta estava certo. Discussões semelhantes, com conclusões parecidas, ocorreram em toda a grande imprensa. Inclusive na Rede Globo, que, passada a primeira semana do segundo turno, equilibrou o espaço dedicado ao candidato do PRN e ao do PT no segundo turno. Para não ser acusado de favoritismo, *O Globo* alternava diariamente fotos de primeira página de Collor e Lula.

No dia 23 de novembro, Collor almoçou com Roberto Marinho no edifício Palacete Atlântica, onde Lily de Carvalho morava. Ao sair, o empresário encontrou repórteres no calçadão. Não quis dizer o que conversou, mas comentou que considerava correta a avaliação de Collor sobre o segundo turno: o embate seria entre o moderno e o arcaico, e não entre direita e esquerda, capital e trabalho. A dinâmica da campanha, porém, levou a disputa a tomar outro rumo: o da luta de classes. A diretoria da Federação das Indústrias de São Paulo convocou uma entrevista coletiva de empresários e pregou o voto no candidato do PRN. Collor não gostava do presidente da FIESP, Mario Amato, desde o dia em que o procurara, no início do ano, para expor o seu programa de governo. O empresário o recebeu com impaciência, olhando no relógio. Até que interrompeu o candidato: "Preciso ir embora. Quanto o senhor quer?". Collor respondeu que não precisava de nada, obrigado — e fustigou a FIESP durante toda a campanha. Não parou de criticar Mario Amato nem quando ele declarou que 800 mil empresários deixariam o Brasil se Lula vencesse. Uma equipe do programa de televisão do PT gravou a entrevista dos empresários. Carlos Azevedo a editou em preto e branco, reforçando o efeito cômico das figuras macilentas que, à pergunta de um narrador irônico — Em quem você vai votar? —, respondiam: "Collor de Mello". No mesmo dia, Antônio Rogério Magri, o dirigente da Central Geral dos Trabalhadores, tradicionalmente dócil ao patronato, anunciou sua adesão à candidatura do PRN. Na mesma semana, Collor falou que o PT pregava "um banho de sangue" e a direção da Central Única dos Trabalhadores, CUT, oficializou seu apoio a Lula. O presidente da CUT, Jair Menegueli, declarou que haveria uma onda de greves se Collor fosse o vitorioso.

O PSDB e o PT montaram uma comissão para definir um programa de pontos em comum, que serviria de base para os tucanos apoiarem Lula no segundo turno. Pelo PSDB, o senador Fernando Henrique Cardoso e o deputado Euclides Scalco integraram a comissão. Pelo PT, os deputados Plínio de Arruda Sampaio e José Dirceu. Não conseguiram estabelecer uma plataforma. Os tucanos achavam que os petistas queriam colocar itens irrealistas e radicais no programa comum. Entre os pontos que inviabilizaram o documento estava o compromisso de os dois partidos defenderem a criação de comitês de jornalistas nas redações. Os comitês haviam sido uma das principais reivindicações, junto com o aumento de salários, da greve dos jornalistas de 1979, em São Paulo. A greve não impediu a publicação dos jornais, foi derrotada e a ela se seguiram cerca de trezentas demissões. Fernando Henrique Cardoso disse a Arruda Sampaio e José Dirceu: "O que estamos vivendo é apenas uma eleição, não é uma revolução". Mesmo sem o programa comum, o PSDB recomendou o voto em Lula. No mesmo período, Waldir Pires, candidato a vice-presidente na chapa do PMDB, procurou Lula. Insistiu para que o petista telefonasse a Ulysses Guimarães, que só estava esperando o chamado para subir no palanque da Frente Brasil Popular no segundo turno. Mas como o PT fechara posição de que não queria o apoio do PMDB, Lula não telefonou a Ulysses.

O PRN realizou comícios em trinta cidades no segundo turno, dezessete deles em municípios gaúchos. A intenção dos estrategistas colloridos era evitar que a formidável vitória de Brizola no primeiro turno, quando ele conquistou 61% dos votantes gaúchos, fosse transferida para Lula e se transformasse numa onda avassaladora, capaz de abalar o favoritismo de Collor no plano nacional. Marcos Antônio Coimbra analisou as pesquisas feitas logo após a votação de 15 de novembro e descobriu que existia um grande contingente de brizolistas indecisos quanto ao voto no segundo turno. Avaliou que havia espaço para garimpar votos a Collor nas cidades gaúchas do interior, onde vivia uma população majoritariamente conservadora, católica e ligada à produção agrícola. A estratégia tinha uma dose de risco, pois se sabia que o PDT e o PT contavam com milhares de militantes organizados em boa parte do Rio Grande. Entre os dias em que foram marcados os comícios e a sua realização, no entanto, ocorreu uma mudança significativa: a maioria dos indecisos se definiu pelo voto no candidato do PT. Collor estava fadado a encontrar um ambiente hostil.

No dia 30 de novembro, ele percorreu nove cidades gaúchas. Em Osório, sua carreata foi interrompida por grupos que carregavam bandeiras da Frente Brasil Popular. Em Passo Fundo, militantes do PT lhe atiraram ovos, tomates e repolhos. Antes mesmo de o candidato chegar a Caxias do Sul, grupos petistas se espalharam nas margens da praça do comício, gritando palavras de ordem e provocando os colloridos. Seguranças de Collor, recrutados na PM alagoana, atacaram os petistas com bombas de gás lacrimogêneo e cassetetes. Encurralaram-nos num bar ao lado de uma galeria e os cobriram de bordoadas. Os petistas se reaglutinaram e, atirando pedras, avançaram para a praça do comício. Derrubaram as torres de som e destruíram metade do palanque. Os seguranças do PRN revidaram. A praça virou um campo de guerra e o comício foi cancelado. Os repórteres e fotógrafos da *Zero Hora* foram para a redação de *O Pioneiro*, um jornal de Caxias. De lá, mandariam suas matérias e fotos para a redação, em Porto Alegre. Os fotógrafos Loir Gonçalves, da *ZH*, e Paulo Lima, de *O Pioneiro*, descobriram que haviam tirado fotos de um segurança, vestindo uma camiseta de propaganda de Collor, armado com um revólver. A descoberta de alguma maneira ganhou as ruas, pois pouco depois meia dúzia de seguranças de Collor entrou no prédio do jornal: queriam as fotos do colega armado. Os jornalistas esconderam as fotografias e negaram tê-las feito. Os agentes foram embora. A foto do segurança armado foi enviada e a *Zero Hora* a publicou. (No segundo turno, Lula foi o escolhido por 73% dos 166 mil votantes de Caxias do Sul; Collor ficou com 22% deles.)

Na manhã seguinte, Júlio de Mesquita Neto chamou Augusto Nunes à sua sala no *Estado de S. Paulo*. Não gostara da cobertura dos incidentes em Caxias do Sul. Achara que a versão publicada pelo jornal era incompleta e favorecia o PT.

— O senhor tem razão, o noticiário está desbalanceado. Faltou enfatizar que a segurança do Collor estava respondendo às provocações do PT — concordou o diretor de redação.

— Então demita toda a editoria de Política — disse Júlio de Mesquita Neto, mais bravo que o seu habitual.

— Se a gente fizer esse banho de sangue, doutor Júlio, no dia seguinte as demissões vão estar no horário político do PT. Acho que não devemos fazer nada no momento, sob pena de ajudarmos o PT — rebateu Nunes.

Mesquita Neto resmungou algumas interjeições de desagrado e disse que depois voltariam ao assunto. Não voltaram, mas Nunes encarregou dois de seus editores executivos de supervisionar o fechamento da editoria de Política. Quatro dias depois, publicou um artigo intitulado "É preciso deter as milícias", no qual escreveu: "Quem viu as cenas [dos incidentes em Caxias na televisão] terá alguma dificuldade para atribuir sua origem aos agentes de segurança do candidato do PRN — que, se de fato marcaram muitos pontos no campeonato da truculência eleitoral, foram agora amplamente batidos pelas milícias do PT".

Estamos ferrados, pensou Paulo de Tarso Santos ao ver as cenas do quebra-quebra em Caxias do Sul exibidas no horário gratuito do PRN. Conversou com Carlos Azevedo e José Américo Dias sobre o que fazer. Decidiram apresentar testemunhas que apontavam os seguranças do PRN como responsáveis pelo tumulto e logo tiraram o assunto do ar. Santos se afastara da agência Denison no segundo turno para se dedicar exclusivamente à campanha de Lula. O trabalho dobrara. Agora, tinham de produzir dois programas de dez minutos todos os dias, o mesmo tempo concedido a Collor. Havia mais dinheiro, também: foram gastos 400 mil dólares na propaganda do segundo turno. A linha definida foi responder com bom humor aos ataques de baixo nível. "Combater a baixaria com a alegria", era o código interno para explicar o que pretendiam fazer. Os responsáveis pelo programa combinaram usar no máximo 20% do tempo para atacar o adversário. Os outros 80% seriam dedicados a transmitir a mensagem da "esperança". Circularam pelo comitê de campanha rumores sobre supostas fotos de Collor fumando maconha e a respeito da existência de um filho ilegítimo dele em Pernambuco. Lula proibiu que se procurassem as fotos e o filho. Não queria entrar nesse terreno. Também chegou ao QG petista o processo do "caso Ana Lídia" — o estupro, seguido de assassinato, de uma menina de Brasília, cometido por filhos de figurões da cidade. O envolvimento do candidato no crime era um boato persistente. O advogado Hélio Bicudo leu o processo e defendeu que não se tocasse no assunto: Collor não tivera nada a ver nem com o estupro nem com o assassinato. Mas os petistas compraram um vídeo amador, e o exibiram no horário gratuito, no qual Collor aparecia, no meio de uma multidão, afastando com um murro um repórter que tentava entrevistá-lo com um microfone. Havia a intenção de caracterizar o candidato adversário como instável e emocionalmente desequilibrado. Com o mesmo objetivo foi levada ao ar a resposta de Collor, num programa de entrevistas do ano anterior, a um repórter que lhe perguntou se alugaria uma legenda para concorrer a presidente. "Da mesma maneira como não aluguei a senhora sua mãe, eu não vou alugar nenhuma legenda", respondera Collor.

O ator Paulo Betti telefonou a Paulo de Tarso Santos e se ofereceu para ajudar. Morando no Rio, ele queria engajar o máximo possível de artistas da Globo na campanha de Lula. Santos pediu a Betti que reunisse os globais para gravar um clipe. A ideia era vestir a maioria dos artistas com camisetas brancas e uns poucos com vermelhas. Movendo-se numa lenta coreografia e captados de cima, com a câmera numa grua, os artistas formariam a palavra *Lula* em vermelho, contrastando com os de camisetas brancas. O ator Paulo José encarregou-se de dirigir o clipe. Dez dias antes da gravação, apresentou a Santos a lista dos equipamentos de que precisava. O mais caro era a grua, de seis metros de altura. Santos calculou que o aluguel das máquinas ficaria em 3500 dólares e entregou o orçamento a Paulo Okamoto, o petista incumbido de administrar o dinheiro na campanha. Okamoto alugou o equipamento em São Paulo e o enviou ao Rio numa caminhonete. Assim, economizaria 2 mil dólares. "Não vai dar certo", disse Santos ao encarregado de finanças. O publicitário ficava fora do sério com esse tipo de economia. Achava que levavam ao que chamava de "estética operária": imagens sujas, vinhetas mal-acabadas, boas ideias pobremente executadas.

No Rio, Santos gravou dois clipes num mesmo dia. No primeiro, Chico Buarque, Gilberto Gil e o alagoano Djavan cantaram o jingle da campanha com um novo arranjo, composto por Hilton Aciolli e Wagner Tiso. O arranjo, acelerado, combinava versos da canção original com o refrão "Olê, olê, olê, olá, Lula, Lula", cantado quase como se fosse um grito de torcida de futebol. Enquanto gravava, Paulo Betti telefonou da Fundição Progresso, onde os artistas estavam reunidos, para contar que o equipamento alugado em São Paulo não chegara. A caminhonete quebrara em algum ponto da via Dutra. Sem holofotes possantes e sem a grua de seis metros não foi possível fazer a coreografia imaginada. Em vez das camisetas vermelhas e brancas, os artistas usaram adereços dos candidatos em quem votaram no primeiro turno: lenços vermelhos brizolistas, tucaninhos e estrelas do PT. O clipe era em tudo parecido com a mensagem de fim de ano da Rede Globo. Só que em vez de desejar boas festas, uma parte significativa do elenco da emissora cantava "Lula lá".

No final da gravação, o diretor Guel Arraes, da Globo, procurou Paulo de Tarso Santos. Elogiou a campanha do PT e disse que a equipe do *TV Pirata* estava querendo participar. Combinaram que os redatores do programa humorístico escreveriam roteiros e os enviariam para o comitê de propaganda da Frente Brasil Popular. Se aprovados, seriam gravados. Um dos aprovados, escrito e dirigido por José Lavigne, foi mostrado no quadro "Povo pirata". A atriz Cristina Pereira interpretava uma repórter que cobria um acidente ecológico numa praia. "Depois de encalharem focas, tartarugas e baleias, um filhote da ditadura encalhou esta madrugada. O que houve, Fernandinho?", perguntava ela ao filhote da ditadura, interpretado pelo ator Guilherme Karan, que terminava por morrer na praia. O programa do PT também mostrou uma minibiografia satírica do adversário, informando que o seu pai tinha atirado num colega de Senado. Também foi dito que Collor havia casado duas vezes e, na primeira, com Lilibeth Monteiro de Carvalho, ganhara a Prefeitura de Maceió de presente de núpcias.

Na Frente Brasil Popular houve um debate acirrado acerca da apresentação de um programa de televisão dedicado aos partidos que integravam a frente. Desde o início da campanha, os militantes do PCdoB levavam dezenas de bandeiras do partido aos comícios de Lula e as agitavam diante das câmeras da TVT. Quando as imagens iam ao ar no horário eleitoral de Lula, os petistas reclamavam a Carlos Azevedo do exagero de cenas com bandeiras do PCdoB. Desconfiavam que Azevedo, por ter militado no partido e simpatizar com ele, escolhia justamente as cenas com mais bandeiras para colocar no ar. O jornalista rebatia dizendo que não podia alterar a realidade. O PT adiou o quanto pôde a exibição do programa apresentando os partidos da Frente. Tinha receio de que a aparição do dirigente máximo do PCdoB, João Amazonas, assustasse muitos eleitores. O programa acabou indo ao ar na última semana, e mostrou Amazonas defendendo o comunismo, nos mesmos dias em que o eixo da propaganda de Collor era o anticomunismo.

Cada vez mais, Collor demonstrava impaciência com a sua campanha televisiva. Carlos Augusto Montenegro, do IBOPE, tinha dito no início de dezembro que se ele não mudasse o seu programa, perderia a eleição. Collor achava que a sua equipe não revidava os ataques do PT. O único agressivo no horário gratuito do PRN era o próprio candidato, que aparecera no vídeo chamando Lula de "burro". O maior trunfo da reestreia do programa foi o desenho animado de um trem que passava entre cartazes com as prioridades do candidato: saúde, emprego, transporte, escola e habitação. O desenho impressionava mais pelos efeitos de computação gráfica, mimetizando a "modernidade" do candidato, do que propriamente pelo seu conteúdo. No horário do PT, fez-se troça da vinheta do PRN, contrapondo à locomotiva computadorizada o "trem do atraso" collorido, que parava nas estações do "desemprego" e da "miséria". No final da passagem do trenzinho mambembe, um locutor dizia: "Eta trem ruim". Também havia artistas participando da campanha de Collor, mas numa quantidade ínfima, comparados aos mais de cem que estiveram no clipe dirigido por Paulo José. Os colloridos eram Cláudia Raia, Marília Pêra, a cantora Simone, Isis de Oliveira e Pepita Rodrigues, além de Tereza Rachel e seu marido, o cineasta Ipojuca Pontes. Até Elba Ramalho, que tomara parte em programas de Collor em 1988, trocara de lado e aparecera cantando "Lula lá" no clipe do PT. Ao ser vaiada por uma passeata do PT, Marília Pêra escreveu uma carta copiosa e lacrimosa, publicada pelo *Estadão*, dizendo-se vítima de "patrulhas". Mario de Andrade, diretor de *Playboy*, fez circular um abaixo-assinado contra o patrulhamento nas eleições e pediu que seu colega Carlos Costa batalhasse adesões ao manifesto. Costa, que votara em Mário Covas no primeiro turno, conseguiu algumas, entre elas a do humorista Luis Fernando Verissimo. O texto do abaixo-assinado era elástico o suficiente para abrigar adesões de quem votaria em Lula, como Carlos Costa, ou em Collor, caso de Mario de Andrade.

Em seu programa de entrevistas na TV Record, o jornalista Joaquim Antônio Ferreira Neto começou a atacar a campanha na televisão de Collor dias depois de ela reestrear no segundo turno. Dizia que estava sem pulso, sem rumo, não reagia às agressões do PT. Aos 51 anos, Ferreira Neto já trabalhara em quase toda a imprensa paulista. Fizera o seu nome com uma coluna sobre televisão na *Folha da Tarde* e com um programa de debates de fim de noite na televisão. Acreditava que, indiretamente, ajudara na construção do PT, pois em plena ditadura levava políticos de esquerda, recém-chegados do exílio, para debater no seu programa. Mas tinha consciência de que era malvisto por muitos de seus colegas de imprensa, que o julgavam um ogro direitista e, na surdina, o acusavam de receber dinheiro de políticos para entrevistá-los no *Programa Ferreira Neto*. Diversas vezes, fez desafios públicos: queria que seus inimigos apresentassem uma pessoa, uma só, qualquer uma, que lhe tivesse pago para ser entrevistada. Ferreira Neto entrevistara Collor quando este era deputado e governador. No início do ano, participara de uma reunião com Leopoldo, Pedro e Fernando Collor, além de Cláudio Humberto e Marcos Coimbra. O encontro servira para discutir a campanha de Collor, mas Ferreira Neto não levou a sério a candidatura do governador alagoano. A única lembrança que guardou da reunião foi das provocações que os irmãos Collor de Mello faziam uns aos outros. Só passou a levar Collor a sério quando ele subiu nas pesquisas.

À uma hora da madrugada do sábado, dia 9 de dezembro, Leopoldo Collor telefonou para Ferreira Neto.

— Ferreira, o Fernando quer falar com você. Às seis da manhã está saindo um jatinho de Congonhas para Brasília. Você vem nele — disse.

— Escuta, Leopoldo, é uma da manhã. Não vou acordar às cinco horas só porque o Fernando está me chamando.

Combinaram então que o jornalista embarcaria às nove horas. O jato atrasou e Ferreira Neto só chegou a Brasília ao meio-dia. Foi levado ao Sistema Salesiano de Vídeo, onde Collor gravava seu programa eleitoral. Lá, ninguém explicou o que se queria dele. Perambulou pelo estúdio, ao sabor das rodas de conversas que se formavam, até que chamou o cunhado do candidato, Marcos Coimbra, e lhe disse:

— Embaixador, estou aqui de bobeira, sem fazer nada, vou me mandar para São Paulo.

— Não, fica, vamos almoçar — pediu Marcos Coimbra.

Ferreira Neto aceitou o convite. Na saída, foi abordado pelos repórteres que davam plantão em frente ao Sistema Salesiano de Vídeo. Queriam saber o que estava fazendo no estúdio. "Vim convidar o Collor para dar uma entrevista no meu programa", respondeu. No almoço, pediu a Marcos Coimbra para acompanhar Collor na viagem que faria naquela tarde a Curitiba, onde o candidato realizaria o seu antepenúltimo comício. A motivação de Ferreira Neto era extrajornalística: tinha um filho morando em Curitiba e queria vê-lo. No jato, Collor pareceu-lhe desligado. Trocaram umas poucas frases. "Fernando, você precisa falar mais nos comícios", aconselhou o jornalista. "O povo todo quer te escutar, quer saber o que você pensa, o que pretende fazer." Collor não disse nem sim nem não, mas no comício discursou por mais tempo que os seus dez minutos de praxe. Chamou a atenção de Ferreira Neto o contraste entre o homem apagado do jato e o candidato aceso e entusiasmado no palanque. O jornalista se encontrou com o filho, o qual lhe disse que votaria em Lula. Enquanto aguardava o jato num hangar, para voltar a Brasília, conversou com um ex-assessor de Jânio Quadros, João Carlos Camargo, que participava da campanha do PRN, e com o banqueiro José Eduardo Andrade Vieira, dono do Bamerindus, que ajudou a financiá-la. Camargo reclamava da falta de dinheiro na campanha e foi interrompido. "Assim não é possível", protestou o apresentador. "Se o doutor Andrade Vieira aqui não tem dinheiro para ajudar a barrar o PT, quem tem? Vocês têm que ir para a frente, criar fatos, revidar os ataques." Collor, que se aproximara, ouvia com atenção. Durante a viagem, Ferreira Neto tomou umas doses de uísque, desinibiu-se e disse ao candidato tudo o que pensava. Que ele estava acuado, apanhava quieto e fugia da discussão das verdadeiras diferenças entre o PT e o PRN. Era preciso vencer nas urnas, sustentou, e lhe parecia que alguns membros da sua equipe, como Cláudio Humberto e Belisa Ribeiro, se davam por satisfeitos em ter chegado ao segundo turno. Para exemplificar o que estava em jogo na eleição, Ferreira Neto contou a Collor o que o caseiro de sua casa no Guarujá, no litoral paulista, lhe dissera: se Lula vencesse, os caseiros da vizinhança ocupariam as casas dos patrões. Feito o desabafo, dormiu o resto da viagem.

Era a segunda vez que Collor ouvia uma história sobre medo de expropriação. A primeira fora contada por sua mãe. Uma amiga dissera a Leda Collor que a sua empregada doméstica ameaçara ocupar o apartamento da patroa quando Lula vencesse a eleição. Os estrategistas da campanha também haviam discutido a adoção de um enfoque anticomunista. Marcos Antônio Coimbra se posicionara contra. Achava a pregação anticomunista ineficaz do ponto de vista eleitoral. A seu ver, bastava mostrar na televisão a derrubada do Muro de Berlim e o massacre de estudantes na praça da Paz Celestial, em Pequim, para deixar claro que o comunismo falira. O telespectador faria a associação das cenas da Alemanha e da China com o programa do PT. Ele vetara o quadro em que a bandeira brasileira perdia as cores e ficava vermelha, enquanto um locutor falava dos riscos de o PT tomar o poder. Contra a sua vontade, o quadro com a bandeira vermelha foi ao ar. Também circulara pelo estúdio uma fita, enviada anonimamente, com cenas de fuzilamentos no *paredón* durante a Revolução Cubana, entremeadas com gravações, bem mais recentes, de Fidel Castro e Lula fazendo gestos aprovativos, como se aplaudissem as execuções. Mas ninguém quisera exibi-la no horário gratuito. As conversas de Ferreira Neto e Leda mostraram a Collor o medo que setores da classe média tinham de Lula, que associavam à desapropriação de seus bens. O mesmo medo que fora explorado no início de 1964, na propaganda golpista contra João Goulart e suas reformas de base.

Em Brasília, com o quartel-general da campanha reunido, Collor começou a discussão:

— Ferreira, fala o que você me disse no avião — pediu.

— Fernando, se você não lembra o que falei é porque não prestou atenção ou não levou a sério. Então não vou ser eu quem vai se repetir e ficar chovendo no molhado.

Na verdade, como fruto do cansaço, da bebida e da soneca, Ferreira Neto não lembrava direito o que dissera a Collor. Mas o candidato lembrava, e repetiu o que o jornalista lhe falara com as mesmas ênfases. Terminada a reunião, Ferreira convidou e Collor concordou em ir ao seu programa. Na segunda-feira, já em São Paulo, o apresentador ficou sabendo que a Justiça Eleitoral havia proibido a entrevista com um único candidato. Ambos deveriam ter o mesmo tempo. Às seis e dezoito da tarde de segunda-feira, a produção do *Programa Ferreira Neto* enviou um telex à assessoria de Lula, convidando-o para uma entrevista naquele mesmo dia, às onze da noite. Uma cópia do telex foi enviada à Justiça Eleitoral. O candidato do PT não foi. Collor chegou agitado e não permitiu a presença de nenhum jornalista no estúdio. Ferreira Neto combinou em fazer sinais para Collor durante a entrevista. Se o candidato se mostrasse exaltado, ele abaixaria a mão, fora do enquadramento das câmeras, para sinalizar que deveria diminuir a intensidade da voz. Se estivesse monocórdio ou pouco convincente, o apresentador o avisaria levantando a mão.

Não foi preciso fazer qualquer gesto. O candidato falou com eloquência e clareza. Saiu-se bem, exceto por ter empapado a camisa azul-clara de suor. Collor quase não se deteve na questão dos marajás nem nas contradições entre a modernidade e o arcaísmo. Seu alvo era o PT. Sua mensagem, a do anticomunismo. Seu objetivo, aprofundar o medo de Lula disseminado pela classe média. Seu método, o amálgama de fragmentos de verdade com mentiras. Primeiro responsabilizou o PT por atos de "vandalismo". Em seguida disse que o partido de Lula poderia confiscar as cadernetas de poupança. Olhando direto para a câmera, sustentou que se "esse PT louco" chegasse ao poder, "a classe média que vive com sua família num apartamento de três quartos" correria o risco de pessoas "arrombarem a sua porta e tomarem um ou dois quartos para colocar ali outras pessoas, militantes do partido, para morar com você". Em nenhum momento Lula, nem ninguém da Frente Brasil Popular, defendera o confisco da poupança e muito menos a expropriação de imóveis.

Exibido ao vivo, das onze da noite à uma e vinte da manhã de terça-feira, dia 12 de dezembro, o *Programa Ferreira Neto* com Collor teve uma média de 5,4% da audiência, segundo o IBOPE. Foi visto por cerca de 830 mil pessoas na Grande São Paulo, além de ter sido transmitido por dezessete outras emissoras de diversos pontos do país. O PT entrou com uma ação no Tribunal Superior Eleitoral pedindo direito de resposta, a suspensão do *Programa* até o encerramento da apuração dos votos e a retirada do ar da TV Record por dez dias. O partido sustentou que o envio do fax com o convite a Lula, menos de cinco horas antes de a entrevista ir ao ar, visara "descaracterizar a flagrante ilegalidade do programa" e demonstrava a "má-fé e leviandade" dos envolvidos, pois Collor fora convidado bem antes. O TSE não tirou a TV Record do ar nem suspendeu o programa, mas concedeu o mesmo tempo da entrevista de Collor ao PT. Lula recusou-se a ser entrevistado por Ferreira Neto. Enviou o deputado Plínio de Arruda Sampaio para representá-lo. Como o deputado também se recusasse a ser entrevistado pelo jornalista, foi feito um acordo: Ferreira Neto se limitaria a ler perguntas escritas, à mão, pelo próprio Arruda Sampaio. O apresentador recitou-as a fim de deixar clara a sua má vontade. Em determinada altura, disse a Arruda Sampaio: "Deputado, não está dando para entender a sua letra nessa pergunta". O uso que Collor fez do *Programa Ferreira Neto* foi bem mais eficaz do que o que fez o PT. A ausência de Lula, a leitura das perguntas pelo apresentador, o estilo professoral de Plínio de Arruda Sampaio e as longas citações de textos programáticos tornaram a sua entrevista, antes de tudo, maçante.

15. FRENTE BRASIL NOVO

Para amenizar o estrago provocado pela participação de Collor no *Programa Ferreira Neto*, Paulo de Tarso Santos criou um quadro para o horário gratuito: o da atendente do Centro de Valorização do Voto, o CVV. Pelo script, um telefone tocaria, uma mulher o atenderia, diria: "Boa noite. Como? Que o Lula vai confiscar a poupança? Não, de maneira alguma", e afirmaria que era tudo mentira do adversário. Ou diria: "Os petistas vão invadir apartamentos? Imagine!". Santos, no entanto, sentia-se inseguro: não estaria incorporando a propaganda de Collor à do PT? Valia a pena dar curso às baixarias do adversário? Na dúvida, decidiu não exibir o quadro. Afinal, Lula progredira com rapidez. No final de novembro, segundo as pesquisas do IBOPE, Collor estava com 51% das intenções de voto. Lula com 37%. Em 12 de dezembro, a diferença fora reduzida para quatro pontos percentuais — 47% a 43% —, e ainda faltavam seis dias para a eleição. No ano anterior, acontecera o mesmo com Luiza Erundina, a candidata do PT à Prefeitura paulistana. Com uma ascensão fulminante, ela ultrapassara Paulo Maluf na véspera da votação. No comitê eleitoral da Frente Brasil Popular, reinavam o inebriamento e a ansiedade. Achava-se que Lula iria vencer. O repórter Ernesto Paglia começou a preparar uma matéria para o *Globo Repórter*, a ser exibido depois da eleição, contando como Lula fora eleito. Publicitários procuraram Paulo de Tarso Santos para saber o que pretendia fazer quando fosse responsável pela publicidade do governo federal.

Santos e José Américo Dias se alarmaram quando foram procurados por um técnico de gravação da TVT. Um amigo dele, que trabalhava como técnico na campanha de Collor, lhe contara que o comitê do adversário preparava a gravação de uma entrevista com Miriam Cordeiro. Ela diria que Lula havia lhe oferecido dinheiro para abortar. Santos e Dias conversaram separadamente com Lula sobre o assunto. A Santos, o candidato disse: "Se essa fita for ao ar, não responderei. Só direi que a Lurian nasceu de um ato de amor". A Dias, Lula falou: "Essa baixaria não cola: eu pago a pensão, dou assistência à menina, a família dela está do meu lado". O publicitário e o jornalista aguardaram os acontecimentos com relativa calma. Até porque a existência de Lurian já era conhecida desde abril, quando o *Jornal do Brasil* a mostrara. E em 27 de outubro, ao comemorar o seu aniversário no Sindicato dos Metalúrgicos de São Bernardo, Lula cortara o bolo ao lado da filha.

Na quinta-feira, 7 de dezembro, Leopoldo Collor, coordenador da campanha do irmão em São Paulo, chamou a jornalista Maria Helena Amaral à sua sala. Passou-lhe o telefone de Mario Chekin, um dentista de São Caetano do Sul, e a incumbiu de encontrá-lo. Ela deveria pedir ao dentista que acertasse com Miriam Cordeiro a gravação de um depoimento para o programa do PRN. Em maio, Miriam estivera no comitê e Leopoldo nem a recebeu. Maria Helena Amaral e Leopoldo se conheciam havia quatro anos. A jornalista assessorava o secretário da Cultura de São Paulo, Jorge Cunha Lima, quando ele se reunia

165

com o então diretor da Rede Globo, para discutirem ações conjuntas. O irmão de Collor viu que a jornalista resolvia problemas com facilidade e a convidou para trabalhar com ele na Globo. Maria Helena foi nomeada sua assessora direta. Diversas vezes ela fez sala para Fernando Collor na emissora enquanto ele aguardava o irmão. A notícia da presença de Collor logo percorria os andares da Rede Globo, atraindo algumas moças que queriam dar uma espiada no bonito irmão do diretor. A jornalista também conheceu a mãe de Leopoldo, sua irmã Ana Luiza e seu irmão caçula, Pedro Collor.

Leopoldo era um chefe trabalhador (nunca faltava ao serviço), vaidoso (foi um dos primeiros a ter um treinador físico pessoal), católico fervoroso (ia à missa todos os domingos) e centralizador (no fim do mês, ao receber as contas telefônicas de seu departamento, ele mesmo ligava para os números dos interurbanos discados pelos subordinados, para averiguar se não estavam usando os telefones da empresa para ligações particulares). Emocionava-se com problemas de saúde de crianças. Ficou abalado ao saber que seu filho Henrique tinha uma suspeita de sopro no coração. E também ao receber a notícia de que o filho de Maria Helena, Pedro, podia estar padecendo de hemofilia. Quando Leopoldo foi demitido da Globo, sua assessora foi transferida para o Departamento Comercial. Mantiveram-se próximos e se falavam. Maria Helena foi a primeira pessoa que Leopoldo Collor convidou para trabalhar na campanha do irmão. Pouco depois, ele contratou Egberto Baptista, irmão do empresário Gilberto Miranda, suplente de senador pelo Amazonas. "O Gilberto Miranda tem um irmão que não dá muito certo na vida, mas como tem a experiência de ter feito a campanha do Quércia, ele vem trabalhar com a gente", avisou Leopoldo a Maria Helena, cuja função era atender a imprensa e lidar com as equipes de gravação do programa eleitoral em São Paulo.

Maria Helena cumpriu a ordem: falou com Mario Chekin, que ficou de conversar com a ex-namorada de Lula. O dentista ligou de volta para Maria Helena e disse que Miriam Cordeiro aceitava dar o depoimento na televisão, mas havia sentido que ela queria ser paga pela entrevista. Acrescentou que como o caso envolvia remuneração, ele, Chekin, preferia ficar fora das negociações. A jornalista telefonou para Leopoldo, que estava na casa do embaixador Marcos Coimbra, em Brasília, e lhe fez um relato do que acontecera. O irmão do candidato pediu um tempo. Cinco minutos depois telefonou para Maria Helena e disse: "Procure o Mario Chekin e diga que a gente topa, por quanto dinheiro for". A assessora repetiu que o dentista não queria negociar e acrescentou: "Se é assim, eu também estou fora, porque o assunto envolve dinheiro". Leopoldo ordenou que passasse a responsabilidade pelo caso para Marco Paulo Fileppo, um empresário do setor têxtil que ajudava na campanha. Fileppo disse à jornalista que arrumasse uma equipe de televisão para a segunda-feira (o dia em que Collor daria sua entrevista ao *Programa Ferreira Neto*), e a incumbiu de redigir um texto, para ser lido por Miriam Cordeiro. Maria Helena recusou-se a escrevê-lo.

No sábado, Leopoldo telefonou para Marcos Antônio Coimbra, contou o que pretendia fazer e perguntou:

— Você acha que devemos colocar o depoimento no ar?

— Acho que não. Não sabemos a repercussão que isso possa ter. Convém não arriscar — respondeu o dono do Vox Populi.

— Dá para fazer uma pesquisa para saber a repercussão? — indagou Leopoldo.

— Não, não dá tempo de reunir um grupo para uma pesquisa qualitativa. O máximo que dá para fazer é juntar quem trabalhou nas pesquisas e perguntar o que eles acham de colocar a entrevista no ar.

Os pesquisadores do Vox Populi se reuniram no domingo. A maioria deles achou que não se deveria exibir o depoimento da mãe de Lurian. Coimbra relatou a conclusão a Leopoldo e expôs outro argumento contra a ideia. As últimas pesquisas mostravam que Lula vinha adquirindo uma aura de "santo" junto às camadas mais pobres do eleitorado. O ataque a um "santo", afirmou, poderia prejudicar o atacante — Collor. Coimbra vinha defendendo que o candidato centralizasse suas críticas em José Sarney. Pesquisas mostravam que os eleitores gostavam quando Collor agredia o presidente. Leopoldo ouviu Coimbra e encerrou a conversa dizendo: "Temos de levar a entrevista ao ar. Não podemos perder a eleição sem fazer nada".

No mesmo domingo, o estúdio de gravação em Brasília era o epicentro do pandemônio em que se transformara a campanha de Collor. A crise estourara na semana anterior, quando Leopoldo acusara Belisa Ribeiro, Cláudio Humberto e Renan Calheiros de estarem sabotando o irmão. Leopoldo suspeitava que Belisa estivesse usando o seu namorado, o ator Marcos Paulo, petista, para passar informações sobre a campanha do PRN para o QG de Lula. Ofendida, e reclamando da falta de orientação política, Belisa abandonara a campanha. Foi Paulo César Farias quem pediu ao candidato que falasse com Belisa. O caixa da campanha tinha medo de que a jornalista, irada, fosse ao horário eleitoral do PT dizer que votaria em Lula. Belisa voltou ao comitê, mas saiu novamente quando quatro publicitários da agência Fischer & Justus foram chamados para ajudar. Os publicitários paulistas foram afastados depois de ficarem um dia no comitê, Belisa retornou ao trabalho, e dessa vez foi forçada a aceitar um novo colaborador, imposto por Leopoldo — Chico Santa Rita, que havia feito a campanha eleitoral de Orestes Quércia para o governo paulista. As desavenças continuaram. Leopoldo, Egberto Baptista e Santa Rita defendiam que o programa deveria bater em Lula com força, denunciando o "comunismo", o "vandalismo" e o "despreparo" do PT. Belisa, Cláudio Humberto e Renan preferiam não seguir essa trilha. Collor se reuniu no domingo com Belisa, Cláudio Humberto, Renan, Leopoldo, Sebastião Nery e Zélia. Primeiro assistiu ao programa que se pretendia mostrar no dia seguinte. Achou que estava ruim.

— Estou levando porrada do PT há uma semana e ninguém consegue fazer um programa decente. Vocês só me colocam no ar com postura de estadista. Eu não sou assim — reclamou Collor.

— Se você quer um programa pesado, eu tenho aqui um contra o Bisol — disse Belisa Ribeiro, pondo no monitor uma fita com um ataque contra o candidato a vice-presidente na chapa de Lula, o senador gaúcho José Paulo Bisol, do PSB.
Quando a fita acabou, Collor explodiu:
— É isso? É de muito mau gosto. Quero algo forte. Quem vai para as praças levar porrada sou eu. Quem apanha na TV sou eu, enquanto os intelectuais ficam aqui dentro, no estúdio, com ar-condicionado, colocando abobrinha no ar.
Às onze horas da noite de domingo, Marco Paulo Fileppo telefonou para a casa de Maria Helena, em São Paulo. Queria confirmar se ela convocara uma equipe de gravação para o dia seguinte. Comunicou-lhe que uma pessoa, que não identificou, lhe entregaria 200 mil cruzados novos, equivalentes a 24 mil dólares, que deveriam ser repassados a Miriam Cordeiro. A jornalista disse a Fileppo que por questões de princípio não participaria da transação. Falou depois com Leopoldo. Afirmou que pagar pela entrevista era corrupção. O irmão do candidato desligou o telefone no meio da conversa. Maria Helena ligou de novo, começou a falar e o coordenador bateu o telefone novamente. Ela discou outra vez. Exaltada, avisou que, se o depoimento fosse ao ar, se demitiria e contaria à imprensa que Miriam Cordeiro havia sido paga — e dessa vez ela bateu o telefone. Leopoldo Collor telefonou em seguida. Aparentava calma. Disse que ela estava certa. Mudara de ideia. Não se faria nada com Miriam. Leopoldo pediu que Maria Helena cancelasse a gravação e se apresentasse normalmente para trabalhar na manhã seguinte.
Mas a gravação foi feita. Técnicos arrebanhados por Chico Santa Rita e Egberto Baptista fizeram-na no estacionamento da empresa Mikson, em Moema. Collor assistiu à fita com o depoimento de Miriam na tarde de segunda-feira, junto com Leopoldo, Cláudio Humberto, Renan, Belisa e Zélia. Só Leopoldo defendia que a fita fosse exibida no horário gratuito. Zélia foi encarregada pelos dissidentes de falar contra a exibição com o candidato. "Zelinha, eles mexeram com o meu pai, que não pode se defender", respondeu Collor. Foi a única vez que usou o diminutivo ao se dirigir a sua assessora econômica. Ordenou que a entrevista da ex-namorada de Lula fosse ao ar. A intenção dele era provar que o candidato do PT não tinha nada de "bom moço" e era "capaz de fazer sacanagens", conforme afirmou. Chamou Leopoldo para uma sala contígua. Conversaram um pouco e saíram; Collor batia no ombro do irmão e dizia a ele, na presença dos outros: "Você está no comando". Cláudio Humberto, Zélia, Renan e Belisa constataram que haviam perdido aquela batalha. Não abandonariam a campanha. Concentrariam seus esforços na preparação do debate final, a ser transmitido por todas as emissoras dali a três dias, na noite de sexta-feira.
Na madrugada de terça-feira, Collor e Ferreira Neto saíram juntos da TV Record, em frente ao Aeroporto de Congonhas. Na porta da emissora, um grupo de petistas, equipes de televisão e dezenas de repórteres e fotógrafos aguardavam o candidato do PRN. O carro de Collor foi chutado e amassado por militantes do PT e jornalistas, que gritavam palavras de ordem da campanha de

Lula. O apresentador viajou com Collor até Brasília, onde se separaram. O apresentador foi para o Sistema Salesiano de Vídeo e o candidato para a Casa da Dinda. No estúdio, Ferreira Neto soube da entrevista de Miriam Cordeiro e disse a Leopoldo Collor:

— Você não deveria usar essa fita, Leopoldo. Nós não sabemos o impacto que esse negócio de colocar a família numa disputa política pode ter junto ao grande público.

— Mas você acha que se o Lula tivesse alguma coisa semelhante ele não colocaria no ar, Ferreira? É claro que colocaria — falou Leopoldo Collor.

— Olha, não sei se o PT colocaria. Mas se eu fosse vocês não colocaria. Isso é um baixo-astral que não tem tamanho. E pode dar zebra e sair ainda pior para vocês — respondeu Ferreira Neto.

Com cinco filhos e oito netos de três casamentos vivendo em razoável harmonia, o apresentador da TV Record achava que não se devia levar problemas familiares a público.

Na noite de terça-feira, Maria Helena Amaral estava na redação de *Veja*. O repórter Luiz Augusto Falcão, da editoria de Brasil, a procurara. Pedira que ela contasse os bastidores da campanha de Collor, para uma reportagem dele que seria publicada depois da eleição. A jornalista aceitara falar, mas preferira dar a entrevista na redação. Tinha certeza de que o depoimento de Miriam Cordeiro não seria exibido até que a televisão da redação começou a mostrar o programa eleitoral do PRN. Miriam Cordeiro apareceu no vídeo e disse, a respeito de Lula:

> Eu não posso, em momento algum, apoiar um homem que acabou com a minha vida. Como eu posso apoiar um homem que me ofereceu dinheiro quando ele soube que eu estava grávida de um filho dele? Ele me ofereceu dinheiro para eu abortar. Que confiança eu posso ter nesse homem? O que ele pode fazer por esse Brasil? Ele foi no hospital no dia que a Lurian nasceu, à tarde. Ela nasceu de manhã, mas ele não foi ao quarto, ele só foi ao berçário. Aí, no dia seguinte, ele foi no quarto. Eu estava com amigas, com a madrinha da Lurian no quarto. Ele chegou com um amigo. Aí eu pedi para que todos saíssem do quarto. Eu quis ficar sozinha com ele um minuto. Eu peguei a Lurian, entreguei no colo dele e falei: "Agora você mata, porque quando ela estava na minha barriga eu não permiti". Depois de quatro anos de vida é que ela foi conhecê-lo, no sindicato. Ele sabendo que ela estava doente, pela ausência dele, se negou a visitá-la. O catolicismo, que é tão contra o aborto, será que está apoiando o homem certo? Uma outra coisa: o Lula sempre foi um homem racista. Ele nunca suportou negro. No nosso tempo de namoro, ele dizia que detestava negro. Apareciam artistas negros na televisão, e ele ficava nervoso. Como é que fica hoje?

Nada do que falou na televisão Miriam Cordeiro dissera na entrevista, em abril, a Luiz Maklouf Carvalho, que insistia em saber sobre as condições do parto e a relação do pai com a filha.

Terminado o programa, Maria Helena Amaral tremia, de tão nervosa. Acendia um cigarro na bituca do que acabara de fumar. Da redação de *Veja*, telefonou para Leão Serva, secretário de redação da *Folha de S.Paulo*, e contou a sua participação no episódio. Ligou depois para o *Jornal do Brasil* e repetiu a história. Foi para casa e recebeu três telefonemas: uma voz masculina ameaçava matá-la. O deputado Plínio de Arruda Sampaio foi visitá-la. Ao tomar conhecimento das ameaças, o petista ofereceu a sua fazenda para que ela se refugiasse e avisou o advogado Márcio Thomaz Bastos dos telefonemas. O advogado conseguiu proteção policial para o prédio onde a jornalista morava. No dia seguinte, Pedro Collor telefonou de Maceió para Maria Helena. Queria saber o que acontecera. Ela falou, e o caçula dos Collor sugeriu que viajasse com o filho para Maceió. "Aqui eu tenho condições de te proteger", disse. Romeu Tuma, diretor geral da Polícia Federal, também telefonou à jornalista, e sugeriu que, para evitar o perigo, fosse com o filho para o exterior. Maria Helena não viajou. Ficou em casa e não deu mais entrevistas. Escreveu um texto dizendo o que sabia e o distribuiu à imprensa. Pelo interfone, solicitou a um dos repórteres de plantão na calçada em frente que transmitisse um pedido dela aos fotógrafos e cinegrafistas: que não fizessem imagens de seu filho nem do prédio. Estava com medo. Não queria que fotos ou cenas de televisão possibilitassem a identificação do lugar onde morava. Recebeu em seguida o recado para que olhasse pela janela. Em sinal de solidariedade, os fotógrafos e cinegrafistas haviam colocado os equipamentos no chão. Maria Helena se recusou a repetir a sua denúncia no horário eleitoral de Lula. Um locutor leu no programa do PT o texto que ela encaminhara à imprensa. Miriam deu várias entrevistas nos dias que se seguiram. Em todas negou que tivesse recebido dinheiro para falar mal de Lula. Não quis responder quem estava pagando o aluguel do apart-hotel para onde se mudara, temendo represálias. Leopoldo também veio a público: disse que Miriam dera a entrevista de graça e acusou Maria Helena de ser uma petista infiltrada no comitê de Collor.

Lula estava no jatinho que o PT alugara no segundo turno, viajando de um comício em Campinas para outro em Belo Horizonte, quando Miriam Cordeiro apareceu no horário do PRN. Ficou surpreso e prostrado. Não esperava que ela gravasse o depoimento nem que Collor o pusesse no ar. Imediatamente, amigos de Lula de São Bernardo levaram Lurian, sua tia Cacilda Cordeiro e sua avó, Beatriz Cordeiro, de 84 anos, para o estúdio de gravação do PT. Também foram para lá os deputados José Dirceu, Plínio de Arruda Sampaio e Luiz Gushiken. A irmã de Miriam disse a José Américo Dias que gostaria de dar um depoimento no horário eleitoral para dizer que Lula ajudava a filha financeiramente e era um pai preocupado e atencioso. Lurian, desapontada e triste, havia rompido com a mãe e saíra de casa. Parecia ter chorado. Também ela queria elogiar o pai na televisão. Dias esboçou a estrutura de um programa: primeiro falaria a menina, depois Lula, e por fim a tia Cacilda Cordeiro. Paulo de Tarso Santos viu uma gravação da fala de Miriam Cordeiro e pensou: Ganhamos a eleição. Raciocinou que a equipe de Collor deveria ter pesquisas eleitorais mostrando que Lula estava na frente. Era por isso que partiram para a baixaria e estavam se arriscando daquela maneira. A entrevista era um sinal de desespero. Santos achou que deveriam dar uma resposta sóbria. Pelas pesquisas feitas naquele dia, Collor e Lula estavam tecnicamente empatados. Segundo o IBOPE, Collor tinha 47% das intenções de voto e Lula 43%. Pelo Datafolha, Collor estava com 46% e Lula com 45%.

O candidato do PT chegou ao estúdio abatido e nervoso, além de cansado. Conversou com uns e outros, assuntando opiniões. Paulo de Tarso Santos o chamou para assistir à entrevista de sua ex-namorada em um monitor. Lula não quis. José Américo Dias disse ao candidato que pretendia gravar Lurian e sua tia Cacilda.

— Não, Zé Américo, de jeito nenhum. Não vou permitir que uma filha fale mal da mãe. A Lurian é uma menina, a gente não sabe o que ela vai estar pensando daqui a dez anos — disse Lula.

— Está certo. Concordo com você. Mas por que não pegar um depoimento da dona Cacilda, que é uma senhora madura e equilibrada? — perguntou Dias.

— Não, não. Esse é um problema meu e só eu vou falar.

Dias percebeu que Lula estava inamovível e não queria falar mais do assunto. Não insistiu em defender a sua ideia também porque não tinha certeza se era a correta. Achava que o depoimento de Miriam Cordeiro poderia ser um tiro pela culatra, o tiro de misericórdia na candidatura de Collor. Lula só aceitou que Lurian ficasse ao seu lado e fosse captada pela câmera enquanto ele respondia ao ataque no horário gratuito do PT.

Lula sentou-se com Ricardo Kotscho num canto para escrever a resposta a Miriam Cordeiro. O candidato ditou o texto inteiro. Kotscho limitou-se a pôr no papel o que ele dizia. A gravação foi penosa. Tenso, Lula teve de repeti-la várias vezes. De camisa branca, gravata e sem paletó apareceu no vídeo com a mão direita sobre o ombro da filha e disse: "Esta é a minha filha. Ontem, fui surpreendido, no programa do adversário, com a mãe de minha filha tentando criar uma imagem negativa a meu respeito. No começo da campanha, pensei que o debate ficaria no campo das ideias e não no campo pessoal". Afirmou que não responderia a Miriam Cordeiro e não se importava com o julgamento que seu oponente e a ex-namorada faziam a respeito dele. Importava-lhe o que a filha pensava, e ela estava ali, ao seu lado. "Lurian não é resultado de um gesto de ódio, mas, sim, de amor." No estúdio, todos gostaram da resposta. Passava das duas horas da manhã. Lula foi para São Bernardo, para a casa onde vivia, emprestada pelo amigo Roberto Teixeira. Lurian, para a casa de Kotscho. Considerou-se que a menina se sentiria mais à vontade com as filhas do jornalista, também adolescentes.

Na manhã seguinte, quinta-feira, *O Globo* publicou um editorial com o título "O direito de saber". Estampado na primeira página, ele sustentou que "o povo brasileiro não está acostumado a ver desnudar-se a seus olhos a vida particular dos homens públicos. O povo brasileiro também não está acostumado à prática da democracia. A prática da democracia recomenda que o povo saiba tudo que for possível saber sobre seus homens públicos, para poder julgar melhor na hora de elegê-los". Mais adiante, afirmou que a Frente Brasil Popular esquadrinhou o passado de Collor, "sua infância, adolescência, suas relações de família, seus casamentos, suas amizades". Foi uma estratégia diferente da de Collor, que "não incluía a intromissão no passado de Luis Inácio Lula da Silva". O editorial relatou as acusações de Miriam Cordeiro a Lula e acrescentou: "É chocante mesmo, é lamentável que o confronto desça a esse nível, mas nem por isso deve-se deixar de perguntar se é verdadeiro. E se for verdadeiro, cabe indagar se o eleitor deve ou não receber um testemunho que concorre para aprofundar o seu conhecimento sobre aquela personalidade que lhe pede o voto para eleger-se Presidente da República, o mais alto posto da Nação". O jornal de Roberto Marinho concluiu assim o editorial: "Houve distorção? Ou aconteceu tal como narra a personagem apresentada no vídeo? Não cabe submeter o caso a inquérito. A sensibilidade do eleitor poderá ajudá-lo a discernir onde está a verdade — e se deve influenciar-lhe o voto, domingo próximo, quando estiver consultando apenas a sua consciência".

A *Folha de S.Paulo* não fez editorial sobre o assunto. O *Jornal do Brasil*, sim, e condenou o PRN por ter mostrado a entrevista de Miriam Cordeiro. "A horas do seu encerramento, a campanha eleitoral foi truncada pela invasão da vida privada de Luis Inácio Lula da Silva. Na moldura de uma exploração sensacionalista incompatível com a eleição do presidente da República, o abuso de confiança desrespeitou os cidadãos — e não apenas os eleitores do PT", sustentou o editorial. Dois dias depois, na véspera do pleito, o jornal fluminense voltou ao assunto no editorial "Final infeliz", agora para condenar a resposta do PT. "A presença da filha ao lado de Luis Inácio, no programa oficial, só serviu para equalizar o desrespeito ao eleitor, que é o destinatário da propaganda imposta aos veículos de comunicação. Repetiu-se a violência contra a filha, que acabou pessoalmente envolvida na exploração." O *JB* comentou a acusação de que a ex-namorada de Lula havia sido paga para atacá-lo: "O candidato Luis Inácio sustentou a denúncia de suborno sem oferecer a prova. A personagem [Maria Helena Amaral] que assumiu a denúncia da compra do escândalo, em vez de sustentar o depoimento, desapareceu de circulação. Não se passou de palavra contra palavra, na moldura da propaganda oficial".

Na quinta-feira, ainda, *O Estado de S. Paulo* dedicou o seu primeiro editorial, o do alto da página 3, às eleições, mas não se referiu a Miriam Cordeiro. Intitulado "O perigo dos radicais", apresentou Lula como "prisioneiro das minorias anticonstitucionais que o PT abriga, afora os *albaneses* que se reúnem no PCdoB. Foram os *albaneses* e os grupos petistas anticonstitucionais que levaram o sr. Luis Inácio da Silva a mudar a orientação de sua campanha, já no primeiro turno, radicalizando-a; são eles que, possuidores de militante fanatismo *xiita*, percorrem as ruas de grandes cidades, intimidando moral, quando não fisicamente, aqueles que têm coragem de exibir sua preferência pelo outro candidato, além de ameaçar quantos são proprietários". No fecho do editorial, o jornal da família Mesquita afirmou: "O programa do PT transformará o Brasil num país fora do mundo moderno; a ação deletéria dos grupos anticonstitucionais, fazendo pressão sobre o temperamento fraco do sr. Luis Inácio Lula da Silva, fará da democracia um simulacro e sacrificará os trabalhadores, como Stálin os sacrificou na Rússia, Castro em Cuba e Mao na China. Por tudo isso, a posição do bom senso e do patriotismo recomenda que se vote no respeito à Constituição, que hoje é encarnado pelo sr. Fernando Collor de Mello".

16. REDE BANDEIRANTES

Fernando Mitre assistira a um teipe do debate entre John Kennedy e Richard Nixon em 1960. Nunca esquecera do desempenho de Nixon, das gotas de suor que desciam pelo seu rosto e entravam no colarinho. Nascido em Minas Gerais, Mitre integrou a redação que fez o número 0 do *Jornal da Tarde*, em 1965, de onde só saiu vinte anos depois para dirigir a revista semanal *Afinal*. Em 1987, participou de um *Canal Livre* da Rede Bandeirantes e conheceu Johnny Saad. Uma semana depois, Saad o convidou para trabalhar na emissora. Mitre aceitou: a *Afinal* já se mostrara um fracasso. No começo de 1989, no cargo de diretor de Jornalismo da Bandeirantes, Mitre achava que a televisão teria um papel primordial na campanha. Se fosse possível organizar um debate ao vivo entre os dois candidatos do segundo turno, haveria a chance de a eleição ser decidida diante das câmeras. Ele queria produzir e tomar parte nesse debate.

A noite de 26 de setembro de 1960 mudou as eleições presidenciais americanas. Às oito e meia, nos estúdios da CBS em Chicago, foi realizado o primeiro dos quatro debates ao vivo, transmitidos em cadeia nacional pelas emissoras de televisão e rádio, entre o candidato republicano, Richard Nixon, e o democrata, John Kennedy. Desde 1952, agências de propaganda eram contratadas pelos dois partidos para produzir anúncios para a televisão. Mas esta era um meio acessório nas campanhas. Contavam mais, para efeitos eleitorais, os comícios e a cobertura da imprensa escrita. Nunca houvera um debate entre candidatos na televisão. Kennedy se preparou para o encontro durante uma tarde inteira, discutindo perguntas e respostas com sua equipe. Passara os dias anteriores desfilando em carro aberto na Califórnia. Estava bronzeado e relaxado. Nixon, em contrapartida, estivera doente e emagrecera cerca de dez quilos. Conversou apenas meia hora com o especialista dele em televisão. Seu assessor viu que a face do candidato tinha uma tonalidade cinza, ele usava uma camisa que parecia ser o dobro do seu tamanho e estava exausto. O republicano não refizera a barba à tarde e, cerrada, ela lhe sombreava o rosto. Ao descer do carro em frente à emissora, Nixon bateu o joelho com força na porta e um ríctus transfigurou o seu semblante — era o mesmo joelho que havia machucado dias antes. Durante o debate, o democrata, tranquilo e seguro, contrastava com um Nixon defensivo e desajeitado. As câmeras mostraram o republicano suando profusamente. Kennedy venceu as eleições, e os historiadores atribuíram importância decisiva ao debate na televisão para a vitória democrata. Pesquisas junto a ouvintes do rádio revelaram que o democrata e o republicano tinham empatado. Os telespectadores, segundo a enquete feita com eles, consideraram que Kennedy se saíra bem melhor. Ou seja, por poderem *ver* os candidatos, os telespectadores acharam que um deles tivera um desempenho superior. O grande vitorioso no debate foi a própria televisão. De 1960 em diante, os candidatos presidenciais americanos se esforçaram em ser telegênicos: políticos com uma boa performance televisiva. Ideias e projetos políticos perderam espaço na disputa eleitoral para a personalidade dos candidatos, tal como captada e transmitida pela televisão. Aparência, idade, apresentação, articulação verbal, roupas, gestos, rapidez de raciocínio, postura, beleza e desenvoltura ante as câmeras ganharam relevância nas campanhas.

Uma semana depois do debate entre Nixon e Kennedy em Chicago, houve no Brasil uma eleição presidencial. No dia 3 de outubro de 1960, Jânio Quadros foi escolhido por 5,6 milhões de pessoas e venceu o marechal Henrique Lott, que teve 3,8 milhões de eleitores. A televisão, incipiente no Brasil, não foi usada na campanha. Os comícios, o rádio, os panfletos, os cartazes, as caminhonetes com alto-falantes que transmitiam os jingles dos candidatos e as reportagens da imprensa escrita eram os meios principais de divulgação. Não havia horário eleitoral gratuito no rádio: as estações transmitiam os comícios conforme a preferência política de seus donos. Em 1960, 23% dos brasileiros podiam votar. Em 1989, o contingente eleitoral subira para 58% da população, incorporando os analfabetos e os maiores de dezesseis anos. O Brasil se tornara uma democracia de massas. Nessa democracia, o acesso às informações políticas se dava fundamentalmente por meio da televisão. Em 1989, *O Estado de S. Paulo, O Globo, Folha de S.Paulo* e *Jornal do Brasil* tinham uma tiragem somada de menos de 1 milhão de exemplares diários — pouco mais de 1% dos brasileiros em condições de votar. Já a televisão chegava praticamente a todos os 82 milhões de eleitores.

Fernando Mitre expôs sua ideia a Johnny Saad: convidar os 21 candidatos a debater em grupos na Rede Bandeirantes. Essa seria a melhor maneira de criar o ambiente propício para a realização de um grande debate no segundo turno, apenas entre dois candidatos. Saad concordou de imediato, apesar dos riscos da iniciativa. É difícil controlar um debate ao vivo. Alguns dos candidatos eram sérios e experientes. Outros, aventureiros de poucos escrúpulos. Mas haveria compensações. A produção era barata. As discussões gerariam notícias e comentários na imprensa escrita. Atrairiam uma audiência politizada e de bom nível. Saad encarregou Mitre de organizar os debates, batizados com o nome de *Encontros dos Presidenciáveis*.

O diretor de Jornalismo gastou horas e mais horas do segundo semestre reunindo-se com assessores dos candidatos, discutindo regras interminavelmente. O estabelecimento das normas teve por objetivo dar as mesmas condições a todos os participantes. Mas Mitre orientou os jornalistas encarregados de fazer perguntas a questionar com maior intensidade os presidenciáveis que tivessem mais pontos nas pesquisas eleitorais. Dos quatro *Encontros*, o melhor foi o último, apresentado no domingo, dia 5 de novembro. Apesar de ter começado às onze horas da noite, foi visto por 22 milhões de pessoas, segundo o Datafolha. Num dos bons momentos, o tucano Mário Covas acuou Afif Domingos, do PL, cobrando a sua ausência do plenário em algumas das votações importantes da Assembleia Constituinte.

Mitre também modificou o *Canal Livre* durante o período eleitoral. Chamava representantes dos candidatos para temas específicos. Todos os candidatos participaram dos *Encontros dos Presidenciáveis* e enviaram assessores ao *Canal Livre*, exceto Fernando Collor. Mitre chegou a ir à TV Cultura no dia em que Collor foi entrevistado no programa *Roda Viva* para convidá-lo pessoalmente. Até então, apesar de ter falado inúmeras vezes com Cláudio Humberto e Leopoldo Collor, nunca recebera uma resposta. Sempre lhe diziam que a ida do candidato do PRN ao programa estava sendo estudada. Na TV Cultura, Mitre tentou falar com Collor na saída do estúdio, mas ele fez que não escutou o convite. No que se refere ao *Canal Livre*, a reação dos colloridos foi ainda pior. Embora o PRN não mandasse representantes, Leopoldo telefonava a Mitre para reclamar dos ataques que os porta-vozes de outros candidatos faziam a Collor. O jornalista insistia: o melhor meio de responder às acusações era enviar gente do PRN ao programa. Leopoldo não mandou ninguém, e ainda processou Mitre e a Bandeirantes, responsabilizando-os pelas acusações sofridas por seu irmão no *Canal Livre*.

Collor não esteve em nenhum dos debates no primeiro turno. Era o candidato que mais poderia perder se participasse deles. Por estar na liderança nas pesquisas, seria questionado com maior agressividade. Só concedeu entrevistas individuais nos programas da televisão voltados para as eleições, como o *Palanque Eletrônico*, da Globo. Collor não gostou da maneira como a rede o tratou no programa. Enquanto Roberto Irineu Marinho recebeu Leonel Brizola na chegada para a sua entrevista, quando Collor foi ao *Palanque Eletrônico* nenhum membro da família proprietária apareceu para recepcioná-lo. Alberico Souza Cruz e Afrânio Nabuco, outro diretor regional da rede, fizeram as honras da casa. O candidato demonstrou seu mau humor quando Nabuco perguntou se queria tomar uma dose de uísque, para se descontrair um pouco. "Não vim aqui para participar de uma festa", replicou ele. A entrevista com Brizola foi meticulosamente preparada. Todas as perguntas foram elaboradas pela direção da Central Globo de Jornalismo, que também providenciou um dossiê sobre as relações de Brizola com a rede. A entrevista transcorreu sem maiores percalços. Ao responder à última pergunta, o pedetista fez um apelo à Globo: que promovesse uma discussão entre todos os candidatos. Logo depois, Armando Nogueira anunciou que a rede faria um debate entre os presidenciáveis. Esclareceu em seguida que este teria lugar antes do primeiro turno, "com ou sem" a presença de Collor.

Uma semana depois do anúncio de Nogueira, no dia 11 de setembro, Roberto Marinho compareceu a uma homenagem a empresários organizada pela *Gazeta Mercantil*. Procurado por repórteres, falou que a Globo não transmitiria discussões entre os candidatos no primeiro turno. Sem a participação de Collor, não haveria debates na Globo, disse. Quanto à informação do diretor de Jornalismo, afirmou que o Nogueira deveria "ter se equivocado", e completou: "Ele falou como presidente, mas é um diretor setorial. Nada acontece na Globo sem a minha autorização". Brizola reagiu horas depois: "Depois dizem que sou eu o caudilho, o autoritário". No dia seguinte, Armando Nogueira estava chateado. Só divulgara que a emissora promoveria o debate porque a direção da empresa havia concordado. Sentia-se desprestigiado. Roberto Marinho convidou Jorge Serpa a opinar sobre a questão. O advogado expôs um argumento ardiloso: o real interesse de Brizola era atacar a Globo para auferir dividendos eleitorais; logo, o pedetista não queria de fato o debate; logo, para combater Brizola, a Globo deveria realizá-lo. A contragosto, o dono da rede aceitou que o *Jornal Nacional* anunciasse, enfim, a promoção do debate. Passaram-se mais quinze dias e o *JN* divulgou outro comunicado, dizendo dessa vez que o debate não aconteceria. A nota oficial informava que o encontro fora suspenso por causa da dificuldade em reunir todos os candidatos. E criticava o debate da Bandeirantes, classificando-o de "bate-boca entre candidatos, alguns dos quais chegaram à troca de insultos". O *Palanque Eletrônico* apresentou uma entrevista com Collor e outra com Lula. Como a de Collor foi exibida uma semana antes da de Lula, a rede poderia ter sido acusada de favorecimento: o candidato do PT ficou com a última palavra e deu a entrevista numa noite mais próxima do dia de votação. Mas ninguém da equipe de Collor reclamou.

Logo depois da apuração dos votos do dia 15 de novembro, Fernando Mitre propôs um debate entre os candidatos aos assessores de Lula e Collor. As outras redes também se interessaram. Foi feita uma reunião no Golden Room do Copacabana Palace da qual participaram Cláudio Humberto, porta-voz de Collor, o deputado petista Luiz Gushiken, Alberico Souza Cruz, da Globo, Zevi Ghivelder, representando a Manchete, Luiz Fernando Emediato, pelo SBT, e Fernando Mitre. Concordaram em promover dois debates, que seriam transmitidos pelas quatro redes. Combinou-se que dois jornalistas de cada emissora fariam as perguntas e mediariam a discussão. Gushiken e Cláudio Humberto defenderam que os jornalistas não deveriam ter direito a comentar as respostas dos candidatos. Os representantes das emissoras protestaram, mas como o deputado petista e o secretário de Imprensa de Collor foram irredutíveis, aceitaram a condição.

O primeiro debate foi marcado para a noite de 3 de dezembro, um domingo, no estúdio da Rede Manchete, no Flamengo. Collor se preparou na Casa da Dinda, respondendo a perguntas formuladas por Zélia. Lula esteve no sítio do irmão de Ricardo Kotscho, Ronaldo, em Atibaia. Comeu churrasco e tomou cerveja, e, depois do almoço, sentou-se à mesa com Paulo de Tarso Santos, Kotscho e os deputados Luiz Gushiken, José Dirceu e Aloizio Mercadante para conversar sobre o debate. Collor quase não dormiu na noite de sábado para domingo. Estava com dor de dente. No domingo pela manhã, dirigiu o próprio carro até o consultório de um dentista, em Brasília, que diagnosticou um problema de canal e receitou analgésicos. Chegou ao Aeroporto Santos Dumont às quatro e meia da tarde, saiu por um portão lateral para não se encontrar com os trezentos militantes do PT que aguardavam Lula no saguão, e se hospedou com Rosane no hotel Caesar Park, em Ipanema. Tentou dormir mas não conseguiu. Pouco antes de sair para a Manchete, pegou um pouco do gel da mulher e passou nos cabelos: não queria que eles caíssem na testa. Lula chegou ao aeroporto pouco depois e seguiu com Marisa e seus assessores para o hotel Novo Mundo, na praia do Flamengo, onde foi examinado pelo cardiologista Leôncio Feitosa. O médico disse que sua saúde estava perfeita e recomendou que tentasse relaxar. A Polícia Militar fez um cordão de isolamento para separar as torcidas dos candidatos na porta da Manchete.

Collor chegou primeiro ao estúdio, onde era gravado o programa infantil de Angélica. Foi recepcionado por Adolpho Bloch, que pouco antes passeara pela emissora com uma estrelinha vermelha do PT pregada na lapela. Seguiu direto para a sua tribuna, de onde só saiu para pedir uma caneta emprestada a Marília Gabriela, a jornalista da Bandeirantes encarregada de apresentar o primeiro dos quatro blocos do programa. Lula chegou quinze minutos depois, encaminhou-se a Collor, apertou-lhe a mão e postou-se na sua bancada. Os técnicos da Manchete perceberam que Lula, cerca de quinze centímetros menor do que o adversário, ficaria em desvantagem visual ante as câmeras. Ofereceram um pequeno tablado para ele subir e parecer mais alto. O petista o aceitou de bom grado e comentou: "Não é que eu seja baixinho, ele é que é um encanicado, um espigão".

O debate durou duas horas e 45 minutos. Collor insistiu em denunciar as alianças que o adversário vinha tentando fazer no segundo turno. Lula respondeu que sentia "muito orgulho" em estar procurando obter o apoio de Brizola, Mário Covas, Roberto Freire e Miguel Arraes, porque "esse pessoal, em 1977, 1978 e 1979 na maioria estava exilado pela briga com a ditadura militar enquanto o meu adversário comia pela mão do regime militar e era indicado prefeito biônico, ganhando a Prefeitura de presente de casamento, em Maceió". O candidato petista disse que Collor tentava se eleger "com discursos progressistas, falando para o pobre, para depois governar para os ricos", pois tinha "o apoio do maior canal de televisão deste país", de Antônio Carlos Magalhães e de setores da FIESP. Collor tentou encurralar Lula com uma pergunta que lhe fora sugerida por Renan Calheiros: qual seria a posição do PT caso ele, Collor, fosse eleito. A intenção era, na tréplica, afirmar que o adversário reconhecia que ele seria o vitorioso. Mas o candidato do PT respondeu que não havia hipótese, porque ele, Lula, seria o presidente, e Collor ficou sem ter o que dizer. Enquanto o adversário respondia a uma pergunta, Lula se aproximou de Alexandre Garcia, da Globo, e pediu emprestado seu exemplar de bolso da Constituição. O jornalista emprestou o livrinho, tomando o cuidado para não ser captado pelas câmeras, já que poderia parecer que ele estava favorecendo um dos candidatos. Lula em seguida exibiu a Constituição e disse que sempre a trazia consigo. Collor saiu-se mal quando Luís Fernando Emediato, do SBT, mostrou uma fotografia, publicada em agosto pela *Folha de S.Paulo*, em que Collor fazia o gesto de dar uma banana para os brizolistas que o atacaram em Niterói. "Nunca fiz esse gesto", disse Collor. "Mas está na fotografia", contestou Emediato.

Quando acabou o debate, Marília Gabriela abordou Collor. Queria reaver sua caneta e novamente convidá-lo a participar do *Canal Livre*. O candidato fez menção de chamar Cláudio Humberto, mas a jornalista o interrompeu: "Já falei com ele e com todo mundo da sua equipe, e eles só me enrolam". Collor disse: "Pois é, Gabi, eu quis tanto essa entrevista no começo da campanha...", e se afastou. Ao descer do tablado, o candidato do PT foi surpreendido por Plínio de Arruda Sampaio, que se aproximou gritando: "Lula! Lula! Lula!", e o abraçou demoradamente. Poucos tiveram dúvida no estúdio de que o petista vencera.

Carlos Azevedo, José Américo Dias e o jornalista Mylton Severiano trabalharam a madrugada de domingo inteira editando o debate para apresentar um resumo no horário gratuito. Pela primeira e única vez na campanha puderam alugar um jatinho, a fim de enviar a fita com o programa à Justiça Eleitoral, em Brasília, para que ele pudesse ser exibido já no dia seguinte. Na fita eram mostrados só os melhores momentos de Lula. Azevedo escreveu, e um locutor leu, que Collor "entrou rugindo como um leão e saiu miando como um gatinho". A edição petista foi repetida durante dias no quadro "Vale a pena ver de novo". Collor ficou irritado porque a equipe dele não conseguiu fazer com a agilidade do PT um resumo do debate. Na quinta-feira, dia 7, o Datafolha divulgou o resultado de uma pesquisa: 39% dos telespectadores consideraram que Lula foi o vitorioso, e 35% acharam que Collor foi o vencedor. O melhor desempenho de Lula marcou o início da sua ascensão e a descida de Collor nas pesquisas do IBOPE. No dia do debate, o candidato do PT contava com 37% das intenções de voto. Na pesquisa seguinte, subira para 40%, enquanto Collor descia de 52% para 49%. As tendências se mantiveram constantes até o segundo debate, quando Lula estava apenas um ponto percentual abaixo de Collor.

O segundo round foi acertado para a noite de quinta-feira, dia 14 de dezembro. Durante toda a semana, Paulo de Tarso Santos reclamou a José Américo Dias: fora um erro ter marcado o debate para o último dia do horário gratuito. A experiência havia ensinado que o que ficara na memória dos espectadores tinha sido a reedição apresentada pelo PT. "Mas então nós não vamos ficar com a palavra final, vamos deixar para a Globo e as outras emissoras contarem o que aconteceu?", perguntava Santos. Como o debate fora combinado com antecedência pelas assessorias de Collor e Lula, junto com as emissoras, era impossível mudar a data. Collor também estava preocupado com a edição do debate nos telejornais. Mais especificamente, temia o resumo que o *Jornal Nacional* faria. Encarregou Renan Calheiros, Cleto Falcão e Alceni Guerra de conversar com Alberico Souza Cruz sobre o assunto. Os três viajaram para o Rio. Para marcar a reunião, disseram ao jornalista que queriam contar como era o sistema de apuração paralela montado por Alceni Guerra e colocá-lo à disposição da Central Globo de Jornalismo. Encontraram-se com Souza Cruz no piano-bar do hotel Caesar Park. Conversaram bastante sobre a apuração das eleições — e só. Cada vez que um dos três tentou falar da edição que o *Jornal Nacional* faria do último debate, Souza Cruz mudou de assunto. Não queria falar sobre o tema, e não falou. No avião, na viagem de volta para Brasília, os três estavam macambúzios: a missão fracassara.

Dias depois do primeiro debate, Roberto Marinho chamou José Bonifácio de Oliveira Sobrinho, Boni, à sua sala. Pediu que o vice-presidente de Operações da Rede Globo fizesse uma análise do desempenho de Collor. Boni falou durante quase dez minutos. O patrão gostou do que ouviu e disse: "Gostaria que você fizesse essa análise para o pessoal do Collor". Boni disse que a faria, em caráter pessoal e informal, até mesmo porque pretendia votar no candidato do PRN. O vice-presidente da Globo tinha convidado Collor no começo do ano para um churrasco na sua casa de praia, numa ilha em Angra dos Reis. Convidou-o na condição de dono de uma afiliada da Globo e de governador de Alagoas. Soube que ele era candidato no churrasco, quando o próprio Collor lhe contou. Notou que o político era uma personalidade forte: as rodas se formavam e se desfaziam conforme ele se movimentava pelo jardim da casa. Roberto Marinho pediu a Boni que chegasse à Globo mais cedo, na manhã do dia seguinte, e avisou que o chamaria para uma reunião com o "pessoal do Collor" na sua sala.

Além de ser o profissional que mais entendia de televisão no Brasil, Boni era uma personalidade complexa. Tinha a capacidade de ouvir e tirar o melhor do talento dos subordinados. Trabalhador obsessivo, dedicava-se com igual empenho às coisas boas da vida: ao amor, à família, aos amigos, às viagens, ao vinho, à culinária e à música. Era alternadamente rude e carinhoso no trato pessoal. De uma franqueza brutal nas suas reclamações e cobranças, deixava-as de lado para se alinhar aos amigos — principalmente se eles estivessem em dificuldades. Não tinha nenhum tique de intelectual, mas a sua cultura estendia-se a campos inusitados: lia aos magotes livros de psicologia, de medicina, de jazz, dos mais variados tratados técnicos (mecânica, eletricidade, geologia) e tudo o que lhe caía nas mãos, em português, inglês e francês, sobre vinho e televisão. Começou a tomar e a comprar vinhos das boas safras francesas nos anos 60, três décadas antes de a enologia se tornar uma afetação de novos e velhos ricos. Entre as suas criações figuram a expressão "ponte aérea", a assinatura "Varig, Varig, Varig" das peças publicitárias da companhia aérea, o "plim-plim" que separava a propaganda da programação da emissora, as chamadas para os programas da rede durante os intervalos publicitários e o desenvolvimento do "padrão Globo de qualidade". Mais que um objetivo administrativo, o padrão Globo era também uma expressão da alma de Boni: na sua casa predileta, a de Angra dos Reis, os enfeites na sala, os barcos na garagem, as panelas na cozinha e as plantas no jardim estavam sempre reluzentes e nos lugares certos. Imperavam a ordem e a beleza, como que para atenuar aquilo que a vida fora da ilha tinha em excesso: o caos e a feiura, que Boni associava à doença e à morte. A linguagem da televisão é uma criação coletiva que se estende ao longo do tempo e é constantemente reformulada. Mas, no Brasil, ela teve um inventor. Um executivo, produtor e diretor, um técnico e artista capaz de criar programas, compor trilhas sonoras, escrever capítulos de novelas, dirigir programas de música clássica, cobrir corridas de fórmula 1 e coordenar um departamento de jornalismo: Boni, o filho de um músico e de uma psicóloga, que nasceu em Osasco, na periferia de São Paulo, em 1935.

Boni se encantou primeiro com o rádio: começou a frequentá-lo aos cinco anos, ao lado do pai, que acompanhava calouros ao violão. Tinha sete anos quando seu pai morreu. Foi internado no Liceu Coração de Jesus, onde tomou aversão a tudo o que lembrasse o catolicismo. Mal conseguia passar alguns minutos numa igreja. Cursou a Escola de Rádio da Prefeitura do Rio, trabalhou em várias emissoras cariocas e paulistas. No rádio, conheceu o ator e apresentador Túlio de Lemos, que lhe serviu de pai profissional: obrigou-o a rever a sua cultura, a estudar mais, a subordinar o seu talento ao conhecimento. Em 1952, foi contratado como redator da rádio e da TV Tupi. Três anos depois, trabalhava na agência de propaganda Lintas e foi contratado pela TV Paulista, que estava em dificuldades. Seu salário era pago em pneus e passagens de ônibus para o trajeto São Paulo-Santos, sendo que Boni não tinha carro nem ia a Santos. Na Lintas, conheceu o Brasil inteiro, viajando como inspetor de mídia da agência com o PRK-30, o programa humorístico. Aquilo que veio a desenvolver na Rede Globo é produto de sua experiência no rádio. Mais no rádio paulista, dedicado ao jornalismo e à dramaturgia, do que no carioca, popularesco e humorístico. Enquanto a televisão americana nasceu como exibidora dos programas feitos pela indústria cinematográfica, a brasileira evoluiu com base no rádio. Boni já era rico quando foi para a Globo. Lá, trocou um rendimento certo de 30 mil dólares mensais por um percentual do faturamento da rede. Nos primeiros anos, não ganhou nada. Quando a Globo começou a dar lucro, ficou milionário. Seus melhores anos na rede foram os do período entre a demissão de Walter Clark, em 1977, e a chegada de Roberto Irineu Marinho, em 1983. Nesses cinco anos, Joe Wallach cuidou da administração e Boni de todo o resto. Quando Clark saiu, a Globo possuía dez emissoras próprias e onze estações repetidoras. Na chegada de Roberto Irineu, contava com 31 emissoras e cem repetidoras.

Na manhã marcada para falar com o pessoal de Collor, Roberto Marinho ligou pelo telefone interno para Boni e avisou que a reunião seria na sala de Miguel Pires Gonçalves, filho do ministro do Exército de Sarney, o general Leonidas. Miguel fora nomeado diretor financeiro da Globo por sugestão de José Luiz Magalhães Lins, ex-diretor do Banco Nacional e do Banerj, a seu amigo Roberto Marinho. Quando entrou na Globo, em 1980, Miguel Pires Gonçalves foi convidado por Roberto Marinho para um almoço de apresentação aos executivos da Globo. No final do encontro, Boni pediu a palavra e contou, como ficou conhecida nos bastidores da emissora, a parábola do frango de Jacareí. "Era uma vez um restaurante de beira de estrada, nas imediações de Jacareí, que estava sempre cheio de gente, ávida de comer as generosas porções de frango ali servidas", começou. O filho do dono voltara de um mestrado em administração nos Estados Unidos cheio de ideias para racionalizar o negócio, maximizando os lucros. Observou que as famílias pediam um frango mas só comiam a metade. Reduziu o tamanho da porção para evitar desperdícios. Trocou as toalhas de pano por toalhas de papel e fechou a lavanderia. Passou a cobrar o couvert, antes gratuito. Como a freguesia já conhecia o restaurante, apagou a luz do anúncio luminoso para economizar energia. A cada medida racionalizadora, a clientela diminuía, até que o restaurante faliu. Fez-se silêncio quando Boni terminou a história. Todos entenderam que a parábola era um protesto contra o excesso de controles, as restrições administrativas, a mentalidade gerencial e o incremento da burocracia na Globo, simbolizada pela contratação de um executivo da área financeira, Miguel Pires Gonçalves, e a decorrente perda de liberdade da velha--guarda da emissora, a dos profissionais "fazedores" que haviam construído e solidificado a empresa. No decorrer dos anos, Pires Gonçalves e Boni vieram a se acomodar um ao outro, delimitando as suas áreas de atuação. Mas Boni não considerava o diretor financeiro um profissional do seu grupo.

Como imaginara que o encontro com os colloridos teria caráter particular, seria realizado na sala de Roberto Marinho e não envolveria a empresa, Boni consultou Roberto Irineu, seu superior imediato na rede:

— O doutor Roberto pediu que eu vá à sala do Miguel falar com assessores do Collor. O que você acha? Vou lá?

— A Globo não tem nada a ver com essa reunião. Foi o Miguel quem falou com o papai. Acho que você pode ir na sala dele e dar uns palpites — respondeu Roberto Irineu.

Boni encontrou Zélia Cardoso de Mello na sala de Miguel Pires Gonçalves. Disse a ela que Collor entrara mal no debate porque parecia ter acabado de sair do banho. O candidato estava limpinho demais, usava um terno sem nenhum amassado, parecia um modelo, um autômato, alguém sem passado. Já Lula parecia ter chegado do trabalho e contou parte de sua história. O candidato do PT se saíra bem porque parecia real, concreto, palpável, um homem convicto, com coisas a dizer. Collor, não; se mantivera duro, frio e superior. Boni deu o exemplo de Larry King, o apresentador americano de um programa de entrevistas. Pesquisas haviam demonstrado que os telespectadores gostavam de Larry King porque ele aparecia na televisão sem terno, com as mangas da camisa arregaçadas e a gravata fora do lugar: era uma pessoa atarefada, de carne e osso, que perguntava o que de fato tinha curiosidade de saber. Para piorar, completou Boni, Collor pronunciara várias vezes o nome de Lula. Em publicidade, era um erro primário: falar da concorrência no seu espaço.

"O que você acha que o Collor deve fazer?", perguntou Zélia. Boni sugeriu que ele desse uma volta pelo estúdio antes de começar o debate, para aquecer, soltar o corpo e ficar um pouco suado. Para parecer que estivera envolvido em alguma atividade, e não descansando. Tinha de controlar sua loquacidade, esforçando-se para falar devagar. Precisava enfatizar os pontos principais de sua fala, com expressões faciais e gestos com a mão. Como Collor queimara os seus cartuchos em ataques no horário eleitoral, pondo no ar a entrevista de Miriam Cordeiro, Boni aconselhou o candidato a levar várias pastas ao último debate, o que não havia feito no primeiro. Daria a entender não só que dominava vários assuntos, mas que numa das pastas poderia haver novas denúncias contra Lula. Dessa maneira, atemorizaria o adversário. Por fim, o vice-presidente da Globo recomendou que Collor não proferisse o nome de Lula. Que usasse uma expressão neutra: "o outro candidato".

Na noite de quarta-feira, dia 13, véspera do debate, Lula reuniu-se à tarde com assessores a fim de preparar-se para o debate na televisão no dia seguinte e foi para o Rio, onde houve o último e maior comício da campanha: mais de 300 mil pessoas se reuniram na Candelária. Luis Carlos Prestes discursou, naquela que foi a sua derradeira aparição pública. Na última eleição presidencial direta, a de 1960, o representante do stalinismo no Brasil pregara o voto num candidato anticomunista, o marechal Lott. Também falou no comício Leonel Brizola, que defendera a renúncia de Lula no segundo turno em favor de Mário Covas, dizendo que o tucano teria mais chances de vencer Collor ("Se o Covas tivesse mesmo mais chances, teria ficado na frente da gente no primeiro turno", respondeu-lhe Lula), e passara a apoiar a Frente Brasil Popular, mas acusava o candidato a vice-presidente, José Paulo Bisol, de ser um "corrupto". Um dos oradores mais aplaudidos foi Mário Covas, que aderiu à candidatura de Lula 25 dias depois do primeiro turno, e só participou de dois comícios, o do Rio e o de São Paulo.

Lula voltou tarde para São Bernardo, onde tinha um jantar marcado num restaurante com dezenas de sindicalistas e metalúrgicos. Gostava de estar com seus amigos metalúrgicos e de conversar com a "peãozada" na saída de fábricas. Sentia-se revigorado entre companheiros de profissão. Na viagem para São Paulo, Frei Betto lembrou-lhe:

— Lula, está agendada para amanhã de manhã uma reunião em Brasília com d. Luciano, da CNBB. Como fui eu que marcou o encontro, posso desmarcá-lo. Aí você descansa e se prepara para o debate.

— Não precisa desmarcar, não. Eu vou lá. O encontro com a CNBB é importante — disse Lula.

O candidato do PT foi dormir de madrugada e acordou cedo para ir a Brasília. Durante a viagem de jatinho, membros da comitiva perceberam, pelo que Lula falava, que o ambiente na sua casa estava ruim. Marisa, que detestava Miriam Cordeiro, não parava de xingá-la. Antes mesmo do depoimento, evitava contatos com a menina Lurian. Lula via a filha quase às escondidas. Durante o voo, Lula referiu-se a Miriam como "a bruxa", e perguntava como Collor podia ter sido tão baixo. Em Brasília, d. Luciano Mendes de Almeida, presidente da Confederação Nacional dos Bispos do Brasil, entregou ao candidato um documento com a súmula das posições políticas da Igreja católica. Um dos itens era a condenação da legalização do aborto, o crime que Miriam Cordeiro acusara Lula de defender. Ao saírem da CNBB, os políticos petistas receberam a notícia de que o Tribunal Superior Eleitoral havia concedido o direito de resposta ao partido. Lula poderia usar metade do tempo do horário político do PRN, cinco minutos, para responder às acusações de Miriam. A gravação foi feita em Brasília mesmo, onde a fita deveria ser entregue.

Na volta para São Paulo, Frei Betto fez uma nova proposta: "Lula, vamos para um hotel, escondidos. Você precisa descansar para o debate. Num hotel você pode dormir a tarde toda. Na sua casa vai ser impossível. A imprensa e o PT não vão deixar. Me comprometo a levar a Marisa lá. Você fica tranquilo". Lula preferiu ir para casa. Betto interpretou a negativa como uma necessidade de Lula: queria estar onde se sentia seguro, desfrutar do aconchego e da intimidade familiar. O candidato nunca recebera repórteres, fotógrafos, equipes de televisão e políticos em casa. Nunca se deixara fotografar pela imprensa com os filhos. No Aeroporto de Congonhas, Lula encontrou no hangar com Alberico Souza Cruz, que também chegava de Brasília num jatinho alugado por João Carlos Di Gênio, dono dos colégios Objetivo e entusiasta da candidatura de Collor. O petista reclamou do excesso de reuniões e do cansaço. O jornalista da Globo o aconselhou a caprichar na escolha do terno que vestiria à noite. Lula teve mais uma reunião, a última para discutir o debate. Teve de ouvir um longo relato sobre o governo de Collor em Alagoas. Depois, Aloizio Mercadante falou sobre os planos econômicos do PT. O advogado Luiz Eduardo Greenhalgh e Vladimir Pomar sugeriram que Lula acusasse o adversário de ser moralmente despreparado para se tornar presidente, por ter usado o depoimento de Miriam. Lula não aceitou a sugestão: não queria tocar em assuntos familiares. Mas concordou em não cumprimentar Collor. Lula parecia avoado, com dificuldade em se concentrar.

Em casa, o candidato não pôde pregar o olho um minuto. Repórteres insistiam em entrevistá-lo, amigos e petistas entravam e saíam da casa. Enquanto um barbeiro lhe aparava o cabelo e a barba, ele disse a Ricardo Kotscho: "Avisa lá na Bandeirantes que eu não vou". O jornalista atribuiu a ordem à tensão e não a cumpriu. Lula não voltou mais ao assunto. Kotscho conseguiu ficar uns minutos a sós com ele e sugeriu que, qualquer que fosse a primeira pergunta, não a respondesse. Deveria explicar por que não apertara a mão de Collor: o adversário era um cafajeste, que colocara uma menina de quinze anos no meio da sujeira de sua campanha; em seguida diria que poderia ter levado ao ar todas as denúncias que recebera sobre Collor, como as de que ele estivera envolvido com drogas, e não o fizera porque respeitava o eleitor. A intenção era tirar o adversário dos eixos logo de saída. Lula achou boa a ideia. Disse que usaria a sua primeira fala para atacar Collor com virulência.

Fernando Collor se preparou para o debate duas noites antes, na quarta-feira. Foi uma reunião curta. O candidato estava saturado de seus assessores. Cumprira as orientações deles no debate inicial — comportar-se como um estadista — e perdera pontos nas pesquisas. Dessa vez, faria as coisas ao seu modo. Partiria para o ataque. Diria que o PT queria incendiar o país, que não passava de um bando de baderneiros e grevistas. Não levantaria o caso de Miriam Cordeiro, ao menos na primeira metade do debate. Mas se Lula o acusasse de ter baixado o nível da campanha, o acusaria de ser um desequilibrado moral. Numa das pastas que levou à Bandeirantes estava uma cópia da entrevista que o adversário dera à *Playboy*, em 1979. Foram assinalados três trechos da entrevista. No primeiro, Lula relatava a sua iniciação sexual: "Naquele tempo a sacanagem era muito maior do que hoje. Um moleque com dez, doze anos, já tinha experiência sexual com animais. A gente fazia muito mais sacanagem do que a molecada faz hoje". No segundo trecho grifado, o petista falava de seu comportamento ao ficar viúvo da primeira mulher, Maria de Lurdes: "Só depois que fiquei viúvo eu virei sacana. Aí eu queria sair com mulher todo dia. Endoidei de vez". No terceiro, contava como conhecera a sua segunda mulher: "Nessa época, a Marisa apareceu no sindicato. Ela foi procurar um atestado de dependência econômica para internar o irmão. Eu tinha dito ao Luisinho, que trabalhava comigo no sindicato, que me avisasse sempre que aparecesse uma viuvinha bonitinha. Quando a Marisa apareceu, ele foi me chamar".

Collor passou a sexta-feira na Casa da Dinda, recolhido e descansando. Não falou com assessores. Pegou o jatinho no aeroporto de Brasília às seis horas da tarde. Chegou a Congonhas pouco antes das oito e seguiu para a sede da Rede Bandeirantes. O trânsito estava pesado e chovia em São Paulo. Em frente à emissora, havia muito mais colloridos do que petistas — estes últimos preferiram se concentrar na avenida Paulista, para acompanhar o debate por um telão instalado no prédio da Gazeta. Na emissora, cumprimentou Johnny Saad e deu uma volta pelo estúdio. Ofereceram-lhe uma cadeira. Sentou, bateu a palma da mão direita no tampo da mesa em frente e pensou: Vou arrebentar aquele filho da puta.

Lula e Marisa estavam entrando no carro para ir à Bandeirantes quando Marcos, o filho mais velho do candidato, de dezessete anos, saiu de casa correndo. Tinha recebido um telefonema de alguém que dizia ter uma informação da liderança do PT no Congresso, a ser transmitida a Lula com urgência: Miriam Cordeiro estaria presente no debate. Marisa ficou nervosa. Durante o trajeto até o Morumbi, disse que se encontrasse a ex-namorada do marido, bateria nela. Lula tentou acalmar a mulher.

O petista foi recepcionado na Bandeirantes por Johnny Saad, que se esforçou para dispensar a mesma cortesia a ambos os candidatos. Intimamente, sentia mais simpatia por Lula, apesar de discordar de sua política. Havia estado mais tempo com ele e percebera como o candidato do PT raciocinava. Com Collor, Saad tivera apenas um rápido contato. Depois, ouvira coisas boas e más sobre ele. Mas, decididamente, não gostara do uso que fizera do depoimento de Miriam Cordeiro. Achava que os assuntos de família deviam permanecer no âmbito privado. Saad tentou encetar uma conversa leve, e Lula, transfigurado, logo lhe disse: "Eles mexeram com minha filha, com minha família". Fernando Mitre se aproximou e Lula falou: "Não vou apertar a mão daquele filho da puta". O diretor de Jornalismo da Bandeirantes disse que seria preciso mudar o script do debate, pois até o aperto de mão fora combinado com os assessores dos candidatos e as emissoras. Saiu da roda e avisou Collor: "Governador, vamos precisar mudar o script do programa porque o seu adversário não quer apertar a sua mão". O candidato reagiu com um sorriso triunfante, Mitre se afastou e Collor disse aos que o circundavam: "E quem quer apertar a mão daquele escroto?". Ao cumprimentar Alberico Souza Cruz, Lula perguntou: "Esse debate não vai ser longo e cansativo, vai?". O jornalista da Globo respondeu que o debate seria importante.

Os dois candidatos se postaram nos seus lugares. Collor, de terno cinza-claro, usando um broche com a bandeira brasileira na lapela e uma meia dúzia de pastas em frente. Lula, de terno escuro, as mangas engolindo-lhe o início da mão e apenas uma pasta na bancada. Boris Casoy, pelo SBT, fez a primeira pergunta, sobre os efeitos econômicos da queda do Muro de Berlim. Lula não chamou Collor de cafajeste nem empregou nenhum dos argumentos que havia combinado com Ricardo Kotscho. "O PT foi fundado na base da liberdade política, da liberdade de autonomia sindical, no pluralismo político. Nós sempre entendemos que não haveria socialismo possível se não houvesse socialismo democrático", disse. Na sua resposta, Collor foi direto: "De um lado, está a candidatura do centro democrático, por mim representada. Do outro lado está uma candidatura que esposa teses estranhas ao nosso meio, teses marxistas, teses estatizantes". A primeira pergunta deu o tom do debate. Incisivo, Collor associou o PT à "luta armada", à "baderna", ao "caos", ao "calote das cadernetas de poupança", à "invasão de terras produtivas ou não" e à "invasão de casas e apartamentos". Lula falou que o adversário estava "disposto a virar o Pinóquio nessas eleições, porque não foi o Lula quem invadiu terrenos. A imprensa divulgou esta semana que o meu adversário, que é um cidadão possuidor de alguns recursos, invadiu 4 mil metros do governo do Distrito Federal para aumentar a sua residência, aumentar o seu patrimônio. Então não é o Lula quem defende a invasão, é o meu adversário quem invade, é ele quem ocupa a terra pública". Lula insistia em querer provar que a gestão do adversário em Alagoas tinha sido calamitosa, e Collor respondia que tivera 64% dos votos do estado no primeiro turno. Por duas vezes o candidato do PRN disse que seu concorrente não sabia a diferença entre fatura e duplicata. Noutra ocasião, afirmou que não tinha dinheiro para comprar um aparelho de som igual ao do adversário. Sustentou que o petista não trabalhava desde 1978. Lula não respondeu às acusações.

O jornalista Villas Boas Corrêa, entrevistador pela Rede Manchete, aludiu aos incidentes em Caxias do Sul e ao depoimento de Miriam Cordeiro. Falou da "violência" e disse que a "campanha enveredou para o lado particular", levando aquele último debate a ser aguardado com "uma grande expectativa, de que seria um instante de choque mais veemente". O jornalista perguntou se não era o caso de encerrar a campanha num nível alto, para que demonstrassem ao povo não serem "indignos do exercício da Presidência da República". Lula não tocou no nome de Miriam nem acusou Collor na resposta a Villas Boas Corrêa. Disse apenas que "determinados candidatos" haviam baixado o nível da campanha e ele, Lula, estava tranquilo "por ter cumprido o meu dever cívico enquanto candidato, enquanto pessoa preocupada em elevar o nível de consciência política de nosso povo". Collor contou que uma sua apoiadora, a jogadora de basquete Norminha, fora "agredida covardemente por seis marmanjos que brandiam a bandeira vermelha, com a foice e o martelo, do PT". E encerrou sua resposta com um recado a Lula: "Eu reajo da maneira que eu julgar conveniente, de acordo com as agressões que eu sofrer".

Kotscho foi o primeiro a se aproximar de Lula quando as câmeras foram desligadas. O candidato lhe disse: "Nos fodemos, perdemos a eleição". Fernando Mitre considerou evidente que Collor ganhara o debate. Ao despedir-se do líder petista, perguntou: "Você jogou pelo empate, Lula?". O candidato respondeu que sim, jogara pelo empate. De Alberico Souza Cruz, Lula quis saber: "O que você achou?". O jornalista respondeu que tinha achado bom o debate, mas não sabia avaliar o seu impacto no eleitorado. Souza Cruz considerava, no entanto, que Collor havia se saído melhor.

Em Maceió, Pedro Collor tirou a camisa e saiu para a avenida da beira-mar assim que acabou o debate. Estava bêbado e eufórico. Andou da Ponta Verde até a Jatiúca. Batia a mão direita com força no peito e na barriga, e gritava: "Isso é sangue! É raça! Meu irmão tem raça!". E perguntava à noite calma e à cidade quieta: "Cadê o PT? Cadê o PT?".

O PT e a esquerda estavam acuados em Alagoas. A popularidade nacional de Collor levara 70% dos votantes alagoanos a apoiar Collor no segundo turno. O PT teve dificuldade em entrar em bairros pobres da periferia de Maceió, tal a hostilidade com que seus militantes eram recebidos. O PCdoB não era capaz de explicar à sua área de influência por que apoiara Collor na campanha para o governo do estado e rompera com ele na campanha presidencial. No segundo turno, o jornalista Enio Lins, do PCdoB, participara da reunião em que uma fração da oligarquia alagoana, representada pelo ex-governador Divaldo Suruagy, decidiu engajar-se na campanha de Lula. Lins estava temeroso de que os recém-convertidos da direita continuassem a usar os seus métodos costumeiros. "É preciso proibir a violência. Não pode haver óbitos. Se algum dos cabos eleitorais do Collor morrer, estamos perdidos", disse o jornalista na reunião. O coronel Elísio Maia, da cidade de Pão de Açúcar, garantiu que não haveria mortes, mas conseguiu que a surra fosse liberada. Um cabo eleitoral de Collor foi sequestrado em Pão de Açúcar. Só o soltaram porque o PCdoB e o PT fizeram uma grande pressão.

Ao desligar a televisão no final do debate, José Américo Dias pensou: Nos estrepamos. Durante a transmissão, o petista Carlos Azevedo sentiu um desconforto semelhante ao de Marcos Antônio Coimbra, do Vox Populi. Ambos consideraram que os candidatos encarnaram o papel dos dois principais personagens do drama social brasileiro: o rico e o pobre. Para Coimbra, o patrão e o empregado haviam se digladiado e o patrão vencera. Para Azevedo, o representante da burguesia e o líder da classe operária se enfrentaram no vídeo — e havia sido penoso assistir ao espetáculo.

17. REDE GLOBO

Francisco Vianey Pinheiro assistiu ao debate entre Lula e Collor num apartamento do hotel Caesar Park, no Rio. Ele era o chefe do Jornalismo da Globo em São Paulo desde julho, quando Woile Guimarães deixou o cargo para trabalhar na campanha de Mário Covas. No segundo turno, fora transferido para o Rio a fim de ajudar na cobertura eleitoral. Encarregaram-no de coordenar o fechamento do *Bom Dia Brasil*, do *Hoje*, do *Jornal Nacional* e do *Jornal da Globo*. Horas antes do debate, reuniu-se com os editores de Política do *Hoje*, do *JN*, e do *JG*. Recomendou que acompanhassem a transmissão em suas casas, e não na Central Globo de Jornalismo, para evitar o nervosismo, as distrações e as torcidas na redação. Sozinho, tomando um uísque, Pinheiro anotou os pontos principais das falas de Lula e Collor. Achou que Collor vencera o debate.

Pinheiro tinha 39 anos. Fisicamente, aparentava ser mais novo. Pelos gestos contidos e pela seriedade, parecia mais velho. Andava sempre de calça azul e imaculadas camisas brancas. Tinha um basto bigode negro e raramente sorria. Nascido no interior do Ceará, foi o caçula de dezoito irmãos. Com a seca de 1952, seu pai vendeu tudo, comprou um caminhão e viajou com a família para São Paulo, instalando-se na Vila Ré, na zona leste. Seus quatro irmãos mais velhos trabalharam como taxistas e frentistas em postos de gasolina para que os mais novos pudessem estudar. Aos treze anos, Pinheiro era contínuo do Bradesco, ao mesmo tempo que estudava contabilidade e aprendia datilografia. Sua fama de bom datilógrafo chegou à *Gazeta Esportiva*, que o contratou como teletipista e o incumbiu de fazer a ligação entre a redação e o estádio do Morumbi. Aos dezessete anos, virou repórter do jornal e entrou na faculdade Cásper Líbero, onde se formou em jornalismo. No final dos anos 60 transferiu-se para a *Folha de S.Paulo*. No fim da década de 70 foi eleito vice-presidente do Sindicato dos Jornalistas numa chapa de esquerda, integrada majoritariamente por um grupo que veio a aderir ao PT. Liderou, junto com Perseu Abramo e Davi de Moraes, a derrotada greve dos jornalistas de 1979. Como tinha imunidade sindical, não podia ser demitido. Foi transferido, como repórter especial, para a *Folha da Tarde*, onde a maioria da redação, dirigida por delegados do Departamento de Ordem Política e Social, o DOPS, trabalhara durante a greve. Sem ambiente, Pinheiro pediu que o demitissem. Estigmatizado como líder grevista, não conseguiu emprego e passou um tempo como redator de publicidade até que Woile Guimarães o convidou para trabalhar na Globo. Durante nove dias tentou redigir notícias para os telejornais e não conseguiu: formado em jornal, seu texto era prolixo, cheio de vírgulas e interpolações. Escreveu uma carta se demitindo e foi para casa, deprimido. Guimarães o convenceu a fazer outra tentativa. Começou a passar o dia no Departamento de Jornalismo, observando os colegas, vendo como escreviam e editavam — até que aprendeu a fazer jornalismo televisivo.

Às oito horas da manhã de sexta-feira, 15 de dezembro, Pinheiro chegou à Globo. Ligou para o Departamento de Programação e pediu mais tempo para o *Hoje*, porque teria de mostrar o debate. Ganhou seis minutos a mais. Os editores do telejornal se reuniram para decidir as notícias que iriam ao ar. A conclusão, unânime, foi que Collor tinha se dado melhor do que Lula. Pinheiro e o editor Carlos Peixoto compararam as suas anotações e fizeram um esqueleto da condensação do debate. Resolveram que cada candidato deveria receber o mesmo tempo na edição: três minutos. Às onze horas, recebeu um fax com uma pesquisa do Vox Populi informando que, para 44,5% dos telespectadores consultados pelo telefone, Collor havia ganho o debate, enquanto para 32% deles Lula fora o vencedor. Como o Vox Populi trabalhava para Collor, e o IBOPE, o instituto contratado pela Globo, não fizera pesquisa sobre o debate, Pinheiro achou melhor perguntar a Alberico Souza Cruz o que fazer com os números da enquete. Localizou-o num hotel em São Paulo. Antes que falasse da pesquisa, Souza Cruz lhe perguntou:

— Você recebeu a pesquisa do Vox Populi sobre o debate?

— Recebi, por quê? — perguntou Pinheiro.

— Vamos botar no ar.

— Mas não é pesquisa do IBOPE, Alberico.

— Não faz mal: dá no *Hoje*.

Pinheiro contou quais trechos das falas de Collor e Lula pretendia colocar no ar no noticiário do meio-dia. Souza Cruz sugeriu três alterações. O coordenador dos telejornais foi para a ilha de edição e fez os ajustes finais, incorporando duas das sugestões de Souza Cruz. Pegou um cronômetro e contou quantos minutos cada candidato falava. Collor ocupava 3min do tempo e Lula 2min49. Como para chegar aos três minutos salomônicos Pinheiro teria de cortar uma frase de Collor no meio, deixando-a sem sentido, optou por manter a diferença de 22 segundos a favor do candidato do PRN. Mandou que a compactação fosse ao ar, seguida do resultado da pesquisa do Vox Populi. O *Hoje* acabou e Pinheiro estava de saída para tomar um lanche quando Armando Nogueira, o diretor da Central Globo de Jornalismo, lhe telefonou. "A edição ficou ótima: coloque essa mesma versão do debate no *Jornal Nacional*", disse. Pinheiro respondeu que só iria mexer nas vinhetas. Achou que elas estavam pobres e poderiam ser melhoradas.

* * *

Roberto Civita telefonou para Collor na Casa da Dinda e o cumprimentou pelo desempenho no debate.

— Acho que você virou o jogo e ganhou a eleição — disse o superintendente da Abril.

— Vou ganhar por uma diferença de 5 milhões de votos — previu Collor.

— Fecho negócio por 1 milhão de votos — brincou Civita.

* * *

Alberico Souza Cruz não assistiu à edição do *Hoje*. Estava viajando de São Paulo para o Rio, junto com Alexandre Garcia e Joelmir Betting, novamente de carona no jato alugado por Di Gênio. Chegou à Globo depois do almoço e encontrou na sua antessala Daniel Tourinho, o presidente do PRN. Tourinho procurara antes Roberto Marinho para falar da edição do debate entre Lula e Collor, e o empresário lhe dissera que conversasse com Souza Cruz. Havia também um recado sobre a mesa de Souza Cruz: Roberto Marinho pedira que o jornalista lhe telefonasse. O dono da Globo não gostara da versão do debate apresentada pelo *Hoje*. "O Collor ganhou e a edição foi favorável ao Lula. Isso é inadmissível para os padrões da Globo. Faça a matéria correta", disse Roberto Marinho. Souza Cruz chamou Ronald Carvalho, o editor de Política da Central de Jornalismo, transmitiu a orientação e o encarregou de reeditar o debate. Pelo telefone, falou a Armando Nogueira que estava "dando uma mexida" na edição. Nogueira entendeu que o subordinado estava acertando um detalhe ou outro, para evitar que um telespectador que tivesse visto o *Hoje* não se deparasse com uma edição exatamente igual do debate. Não imaginou, mesmo porque Souza Cruz não contou a ele, que o trabalho de Pinheiro estava sendo totalmente refeito. Daniel Tourinho passou a tarde na sala de espera. Cada vez que Souza Cruz saía da sala, Tourinho perguntava: "Já está pronto? Podemos ver como ficou?". E ouvia que a reedição não estava pronta. Tourinho foi embora da Globo no começo da noite, sem assistir à compactação final.

Roberto Irineu e João Roberto Marinho estavam na Globo e, cada qual na sua sala, assistiram ao telejornal *Hoje*. Os irmãos chegaram à mesma conclusão: a versão do debate estava ruim, levava o telespectador a acreditar que Collor e Lula tiveram desempenhos equiparáveis. Ambos procuraram o pai para dizer isso. "É como se um jogo que Collor venceu por 5 x 0 tivesse sido compactado para parecer um empate", falou Roberto Irineu. Roberto Marinho disse aos filhos que pensava da mesma maneira e já havia ordenado a Alberico Souza Cruz que refizesse o trabalho.

Vinte minutos antes de o *Jornal Nacional* entrar no ar, havia o ritual do "terrorismo" na redação, quando um chefe percorre o corredor onde estão as ilhas de edição gritando: "Vamos subir! Quem não mandar as fitas agora não entra no ar!". Fábio Perez, o editor do *JN*, e Vianey Pinheiro fizeram o terrorismo naquela noite. Pinheiro foi chamado na ilha de edição de Internacional para dar um palpite numa matéria, resolveu a questão e ia voltar para a redação quando percebeu barulho e movimentos no fundo do corredor, à esquerda, na ilha 10, onde tinha editado o debate. Foi ver o que acontecia lá e encontrou o editor Otávio Tostes trabalhando freneticamente.

— O que você está fazendo? — perguntou Pinheiro.

— A edição do debate — respondeu Tostes.

— Mas ela já está pronta: é a mesma do *Hoje*.

— Não, o Ronald e o Alberico mandaram refazer tudo. Não acabei ainda. Não vai dar para mandar a fita agora.

Pinheiro viu um trecho da nova edição e ficou possesso. Considerou que a nova versão mostrava Collor massacrando Lula e achava que isso não acontecera no debate. Foi para a redação. Estava transfigurado. Disse que ia subir à sala de Souza Cruz para enchê-lo "de porradas". Colegas o seguraram e o empurraram até o pátio na entrada da emissora, onde, tremendo, fumando e praguejando, Pinheiro esperou o *Jornal Nacional* ir ao ar e voltou à redação para assistir.

É difícil compactar com neutralidade um debate de quase três horas em seis minutos. Ainda mais um debate em que um dos contendores, Collor, saiu-se melhor do que o outro, como acreditavam não só os jornalistas envolvidos nas duas edições mas os próprios dirigentes do PT, além dos telespectadores consultados pelo Vox Populi. Selecionar os melhores momentos de cada um poderia ser um critério, mas levaria a crer que ambos tiveram um desempenho igualmente bom, o que não aconteceu na íntegra do debate. Escolher as falas mais reveladoras, as mais noticiosas, também seria um eixo, e nesse caso a subjetividade do editor, o seu senso jornalístico, constituiria o fator preponderante. Havia, contudo, um critério objetivo: o tempo que se dá, na edição, a cada candidato. O tempo, na televisão, equivalia ao lugar do "espaço" na discussão que Domingo Alzugaray e Mino Carta tiveram em *IstoÉ* no começo do segundo turno. Na ocasião, concordaram que deveriam dedicar o mesmo número de páginas às entrevistas de Lula e Collor. Em 15 de dezembro, não havia nem mais a questão de um candidato estar na dianteira nas pesquisas eleitorais e por isso mereceria um espaço jornalístico maior, como Alzugaray a princípio defendeu. As pesquisas do IBOPE e do Datafolha colocavam Collor e Lula num empate técnico, com o primeiro um ponto percentual à frente do outro. A busca da divisão equitativa do tempo entre os dois candidatos em todos os telejornais, decidida pela direção da empresa e pela cúpula da Central Globo de Jornalismo no início do segundo turno, foi a orientação seguida por Vianey Pinheiro na condensação para o *Hoje*. Obedecendo a essa determinação, ele procurou dar três minutos a cada candidato.

Em conformidade com o acordo das redes e das assessorias dos candidatos, Collor e Lula falaram cerca de setenta minutos cada um durante o debate. Foram trinta falas para cada um. Na condensação do *Jornal Nacional*, Lula falou sete vezes. Collor, oito: teve direito a uma fala a mais que o adversário. No total, Lula falou 2min22. Collor, 3min34: 1min12 a mais que o candidato do PT. No resumo do *JN*, Collor foi o tempo todo sintético e enfático, enquanto Lula apareceu claudicante, inseguro e trocando palavras (*cerca* em vez de *seca*). É possível argumentar que a escolha das falas dos dois candidatos tentou refletir o conteúdo do debate. Mas é impossível defender que o *Jornal Nacional* buscou espelhar o debate de modo neutro e fiel: dar 1min12 a mais para Collor foi uma maneira clara de privilegiá-lo. A responsabilidade pela edição foi de Alberico Souza Cruz e Ronald Carvalho. Nem Roberto Marinho nem seus filhos ordenaram que Collor tivesse mais tempo do que Lula na versão final. Roberto Marinho mandou que se refizesse a compactação para evidenciar que Collor vencera. Mas não revogara a decisão tomada no início do segundo turno: os candidatos deveriam ter o mesmo tempo de exposição nos telejornais da Rede Globo.

Terminado o *Jornal Nacional*, a redação estava aparvalhada. Não houve ânimo para se comemorar o aniversário de Fábio Perez. As telefonistas atenderam cerca de duzentos telefonemas de protesto contra a versão do debate. Vianey Pinheiro falou com Armando Nogueira pelo telefone. Num jorro, disse tudo o que pensava, acusando e xingando Souza Cruz. Saiu da redação e se isolou no apartamento do hotel.

O dia seguinte, sábado, véspera da votação, foi de tensão na Globo. Na madrugada, a polícia cercara uma casa no bairro do Jabaquara, em São Paulo, onde sequestradores mantinham em cativeiro o empresário Abílio Diniz, dono dos supermercados Pão de Açúcar. As autoridades policiais tinham avisado a imprensa e os candidatos do sequestro, e pediram que não o noticiassem para evitar que as investigações fossem prejudicadas. O embargo da notícia foi mantido até que a polícia localizou e cercou o cativeiro. Policiais disseram a repórteres que haviam achado material de propaganda do PT num outro esconderijo dos sequestradores. A notícia logo se espalhou. Durante todo o dia, algumas emissoras de rádio de São Paulo insinuaram que Diniz fora sequestrado por petistas.

Quando Armando Nogueira chegou à Globo na tarde daquele sábado havia uma manifestação de umas poucas centenas de artistas na porta da emissora. "Marinho, Marinho, não seja tão mesquinho!", gritavam os artistas, entre eles, o compositor Chico Buarque de Holanda, o ator Paulo Betti e as atrizes Marieta Severo, Joana Fomm e Tássia Camargo. "Safado, safado, divulga o resultado!", gritavam também, acreditando que haveria uma pesquisa do IBOPE mostrando que Lula estava à frente e a Globo não quereria divulgá-la. Nogueira mandou chamar Roberto Talma, um diretor de programas que participava do protesto. Talma disse que os artistas tinham três questões: saber se a Globo divulgaria a pesquisa do IBOPE; se a emissora associaria os sequestradores de Abílio Diniz ao PT; e queriam explicações sobre a edição do debate do *Jornal Nacional*. Nogueira respondeu que a pesquisa do IBOPE seria divulgada. Falou que a vinculação dos sequestradores ao PT só seria feita se houvesse confirmação oficial. E explicou que a edição do debate transcendera os limites do Departamento de Jornalismo: fora uma decisão da direção da empresa. Talma desceu para falar com os manifestantes e voltou para dizer a Armando Nogueira que eles estavam satisfeitos com as explicações e sairiam em seguida da porta da emissora. No mesmo dia, o PT encaminhou ao Tribunal Superior Eleitoral um pedido de direito de resposta à edição do debate apresentada pelo *JN*. O pedido foi negado, Francisco Rezek, presidente do TSE, defendeu que a Constituição não admitia restrições à liberdade de imprensa e, portanto, protegia o noticiário das televisões.

O secretário da Segurança de São Paulo, Luiz Antônio Fleury Filho, telefonou para Armando Nogueira e Alberico Souza Cruz. Disse a ambos que eram fortes os indícios de que os sequestradores de Diniz tinham ligações com o PT e perguntou se a Globo iria divulgar a informação. Os dois jornalistas haviam falado, individualmente, com João Roberto Marinho sobre o tema. João Roberto disse aos dois que a notícia deveria ser colocada no ar somente se alguma autoridade a assumisse publicamente. Também sugeriu que repórteres da emissora procurassem Fleury, o delegado-chefe da Polícia Federal, Romeu Tuma, e o ministro da Justiça, Saulo Ramos. Quando Souza Cruz ofereceu a Fleury espaço no noticiário para que falasse sobre o PT e o sequestro, o secretário da Segurança recusou: "Não fica bem eu dar uma entrevista sobre isso". Leopoldo Collor telefonou a Souza Cruz para pressioná-lo a noticiar que o PT participara do sequestro. "A Globo deve dar a notícia porque a eleição do Collor depende disso", disse ao jornalista. Frei Betto também conversou com Souza Cruz. "Alberico, você me conhece", disse o dominicano. "Garanto que o PT não está envolvido no sequestro. A Globo não pode comprar essa versão."

No sábado à tarde, Lula deu uma entrevista coletiva no Sindicato dos Metalúrgicos de São Bernardo, tomou cerveja com aposentados e, acatando uma ideia de Ricardo Kotscho, foi ao estádio do Morumbi assistir à final do Campeonato Brasileiro: São Paulo contra o Vasco. Na entrada do estádio, deu entrevistas a repórteres de rádio dizendo que era corintiano mas, no Rio, torcia para o Vasco, e seguiu para o setor de cadeiras cativas. Lá sentou-se: um candidato operário, de esquerda, junto à classe média alta (detentora das cativas), um corintiano no meio de são-paulinos que acabara de dizer que torceria para o Vasco. Foi saudado com a maior vaia que jamais ouviu e os gritos de "Au, au, au, Lula pro Mobral!" e "Brasil, urgente, Lula pra semente!". O candidato não aguentou e deixou o estádio quando terminou o primeiro tempo. Considerou a vaia no Morumbi o pior momento da campanha e um dos fatos mais degradantes da sua vida.

O *Jornal Nacional* daquela noite não associou os sequestradores ao PT. Assim que o *JN* acabou, Leopoldo Collor tornou a telefonar para Souza Cruz. Com maus modos, protestou contra a "omissão". O jornalista revidou no mesmo tom.

Na manhã de domingo, o dia da eleição, *O Estado de S. Paulo* noticiou na primeira página que "um padre da zona sul, simpatizante do PT, foi o avalista da casa alugada pelos sequestradores". Fleury dera uma entrevista ao jornal dizendo ter sido encontrado material de propaganda petista numa casa alugada pelos sequestradores. O *Estadão* transcreveu declarações de Saulo Ramos e Romeu Tuma negando que houvesse qualquer evidência de que os criminosos fossem ligados ao PT. Saulo Ramos levantou a hipótese de que os bandidos espalharam material de propaganda petista na casa para que, se fossem presos, se beneficiassem das penas mais brandas que a lei estabelecia para os crimes com motivação política. *O Estado* relatou que Alcides Diniz, irmão do sequestrado, sustentava que o PT participara do sequestro. Mas a reportagem não esclarecia que Alcides Diniz era amigo de Leopoldo Collor e se engajara na campanha do candidato do PRN. A principal manchete do jornal *O Rio Branco*, do Acre, foi "PT sequestra Abílio Diniz".

Com a intermediação de d. Paulo Evaristo, cardeal Arns, os sequestradores se renderam naquele domingo. Vianey Pinheiro foi chamado no seu apartamento para coordenar a transmissão, ao vivo, da libertação de Abílio Diniz. Foi à sede da Globo e dirigiu a cobertura. Na mesma tarde, pediu a Armando Nogueira que o demitisse. O diretor da Central de Jornalismo insistiu em que continuasse na empresa. Pinheiro colocou uma condição — não queria mais falar com Alberico Souza Cruz — que foi aceita por Nogueira, e permaneceu na Globo.

Boni entrou na polêmica sobre a condensação do debate numa entrevista publicada pela *Folha de S.Paulo* no dia da eleição. Disse que a Central de Jornalismo cometera um "erro de avaliação" e fizera uma edição "favorável a Collor". A orientação da direção da empresa, reafirmou, era que os dois candidatos recebessem um tratamento equânime, o que não acontecera na compactação do *Jornal Nacional*, que refletira "com uma pitada de exagero" a superioridade de Collor sobre Lula. A respeito da manifestação dos artistas na entrada da emissora, disse não ter nada contra. "O artista da Globo é contratado para ser artista", afirmou. "A livre manifestação do pensamento é um direito deles." Roberto Marinho reagiu numa entrevista que a *Folha* publicou na manhã seguinte, segunda-feira: "Boni é o melhor diretor de televisão do Brasil, mas nunca o tive como especialista em questões eleitorais". O empresário também defendeu que o *JN* resumiu de maneira correta. Foi a única vez, na longa convivência entre Roberto Marinho e Boni, que externaram posições opostas. Passada a refrega, o empresário repreendeu o vice-presidente por ter divergido dele em público.

* * *

Fernando Collor de Mello foi o escolhido por 35 milhões de eleitores, 50% dos votantes. Luís Inácio Lula da Silva conquistou 31 milhões de eleitores, 44%. Uma diferença de 4 milhões de votos na eleição presidencial mais polarizada e disputada da história do Brasil.

* * *

André Singer, jornalista e cientista político, deixou a Secretaria de Redação da *Folha de S.Paulo* em 1989 e passou anos analisando os resultados e as pesquisas de opinião pública sobre a eleição presidencial, tendo escrito vários trabalhos sobre o tema, inclusive suas teses de mestrado e doutorado. Cruzando os dados disponíveis, Singer descobriu que, no início do ano, Collor conseguiu a adesão do eleitorado mais rico e mais escolarizado, e apenas em julho conquistou os de menor renda e menos escolarizados. "Tal movimento não causa surpresa", escreveu o jornalista, filho do economista Paul Singer, do PT. "É de se esperar que os mais ricos e educados, por estarem mais atentos e informados, notem antes um personagem novo e até então desconhecido do grande público." Foi com a ajuda da televisão que Collor se tornou conhecido pela maior parcela do eleitorado, os pobres e os que cursaram apenas o primário. É possível deduzir que os três programas partidários (os do PTR, do PSC e do PRN) transmitidos pela televisão tiveram um papel mais importante para Collor atingir a grande massa do eleitorado do que a adesão de Roberto Marinho a ele. Quando o dono da Globo decidiu apoiá-lo, Collor já havia conquistado os "descamisados". No segundo semestre, a adesão dos ricos e educados a ele encolheu drasticamente: a simpatia por Collor entre as pessoas com curso superior caiu de 37% em abril para 9% em novembro. Singer atribuiu essa queda ao "desgaste da imagem do candidato depois dos levantamentos jornalísticos sobre o seu passado e dos ataques dos adversários". O jornalista não afirma isso, mas a leitura da imprensa no período permite concluir que os "levantamentos jornalísticos" que expuseram Collor foram os da *Folha de S.Paulo*, e "os ataques dos adversários" mais intensos partiram da TV Povo. Singer provou com números, no entanto, que o desgaste da imagem de Collor não atingiu as camadas pobres e menos educadas, que no final lhe garantiram a vitória.

O fulcro dos trabalhos de André Singer não foi a imprensa, e sim a tentativa de descobrir se haveria motivação ideológica no voto dos brasileiros nas eleições presidenciais de 1989 e 1994. Ele defendeu que, sim, a ideologia, consubstanciada nos polos direita/esquerda, foi um dos elementos de decisão do voto. O Brasil seria, portanto, um país moderno. Como nas democracias da Europa Ocidental, o eleitor se expressara, entre outros fatores, com base no posicionamento ideológico: esquerda e direita, liberais e conservadores. Mas haveria particularidades nacionais. No Brasil de 1989, as camadas mais pobres preferiram o candidato da direita. Na Europa, as classes populares tendem a votar nos partidos da esquerda. Os brasileiros de menor renda votaram em Collor não porque fossem pobres, argumentou Singer, mas porque eram menos escolarizados. Collor, ainda, não era um candidato conservador típico para os padrões europeus. Na campanha, se apresentou como um político de oposição ao status quo, contra a "elite" e defendeu mudanças sociais — três pontos em comum com a pregação de Lula. A diferença entre o candidato do PT e o do PRN residiu em que Lula, na tradição da esquerda, defendeu o igualitarismo, a participação popular e a restrição de privilégios dos ricos e proprietários. No segundo turno, Collor atacou resolutamente essa ideologia no horário eleitoral, no *Programa Ferreira Neto* e no último debate na televisão. Arvorou-se em candidato da ordem. Na sua mensagem final no debate, deixou isso claro: "No dia 17, nós vamos dar um não definitivo à bagunça, ao caos, à intolerância, à intransigência, ao totalitarismo, à bandeira vermelha. Vamos dar um sim à nossa bandeira, à bandeira do Brasil, à bandeira verde, amarela, azul e branca. Vamos cantar o nosso *Hino nacional* e não a *Internacional socialista*".

A eleição foi decidida na última semana. Uma semana em que a imprensa esteve envolvida nos fatos principais. Na segunda-feira Collor foi entrevistado no *Programa Ferreira Neto*. Na terça, Miriam Cordeiro atacou Lula no horário gratuito do PRN e Maria Helena Amaral disse ao *JB* e à *Folha* que ela foi paga. Na quarta, o PRN repetiu o depoimento de Miriam, Lula apareceu ao lado de sua filha Lurian no horário do PT e Plínio de Arruda Sampaio falou no programa de Ferreira Neto. Na quinta-feira, as quatro grandes redes transmitiram o debate entre Collor e Lula. Na sexta, o *Jornal Nacional* deu 1m12 a mais para Collor no seu resumo do debate. No sábado, veio a público o sequestro de Abílio Diniz, junto com insinuações no rádio de que petistas teriam participado dele.

Lula começou a semana com 43% das preferências, estava com 46% no dia do debate e foi o escolhido por 44% dos votantes. Collor tinha 47% das intenções de voto na segunda-feira, manteve-se nesse patamar até a noite do debate e subiu para 50% nas urnas. É difícil medir o impacto das denúncias de Miriam sobre o eleitorado, já que Lula manteve sua curva ascendente nas pesquisas mesmo depois delas. Talvez seja razoável supor que elas possam ter contribuído para diminuir o ritmo do crescimento. E é certo que o depoimento da ex-namorada abalou emocionalmente o candidato do PT, segundo os que estiveram ao seu lado naquela semana, e o prejudicou no último debate.

Carlos Augusto Montenegro, do IBOPE, e Carlos Matheus, diretor do Gallup, defenderam que o fator decisivo para a eleição de Collor foi o debate de quinta-feira. Como numa partida do Brasil numa Copa do Mundo, as ruas ficaram vazias naquela noite. "Se não tivesse ocorrido nada de novo, os dois candidatos iriam se encontrar numa situação de empate técnico até a eleição, mas houve o debate e o quadro mudou", disse Carlos Matheus. O mesmo fenômeno aconteceu no primeiro debate, no dia 3 de dezembro: Lula se saiu melhor e deslanchou nas pesquisas, diminuindo a diferença de quinze pontos percentuais que o separava de Collor.

Mas qual foi a influência da edição do debate veiculada pelo *Jornal Nacional*? Boni classificou de "ridícula" a suposição de que o resumo do *JN* influenciou o resultado da eleição. No raciocínio do vice-presidente da Globo, exposto numa entrevista por escrito ao *Jornal do Brasil*, a audiência somada do debate, transmitido durante quase três horas por todas as redes, foi muito maior que a do *Jornal Nacional*. Os eleitores formaram a sua opinião no debate e, antes mesmo de a edição do *Hoje* ser levada ao ar, concluíram que Collor se saíra melhor, conforme pesquisa do Vox Populi. "Já existia, logo após o debate, a evidência de que o candidato Collor fora o vencedor", escreveu Boni. "A edição [do *JN*], a meu ver, foi infeliz porque acentuou a superioridade do vencedor, mas só poderia ser considerada antiética se tivesse invertido as posições." O que aconteceu nos dias subsequentes foi a cristalização das opiniões do eleitorado, desde o início marcada pela superioridade da performance de Collor. "O eleitor não é um robô. Não vê um debate e já decide, ou pior, já vai mudando de opinião. A maioria amadurece, pesa, cristaliza a opinião." A opinião de Carlos Matheus foi semelhante. O que Boni definiu como "cristalização", Matheus chamou de "efeito secundário". Esse efeito, disse ele, deve ser creditado aos meios de comunicação, que amplificaram a vitória de Collor sobre Lula no debate. Por isso, na sexta-feira 42% dos eleitores consultados pelo Gallup disseram que Collor fora o vencedor, e 39% afirmaram que Lula fora o vitorioso. No sábado, uma nova pesquisa mostrou que a diferença se ampliara: 48% achavam que Collor tivera um desempenho superior, e 32% consideraram Lula melhor. Matheus não quis dar destaque à edição do *Jornal Nacional* na disseminação do "efeito secundário" porque não tinha uma pesquisa específica sobre ele. Mas relatou o que aconteceu com ele mesmo: "A condensação feita pela Globo favoreceu Collor", disse. "Quando assisti ao debate inteiro, fiquei com a impressão que Collor tinha se saído um pouco melhor que Lula. Mas quando vi a edição da Globo me surpreendi, achando que ele tinha sido mesmo melhor que Lula."

* * *

Às quatro e meia da madrugada do dia 18, segunda-feira, a televisão estava ligada na Casa da Dinda, tomada por dezenas de parentes, amigos e correligionários do candidato. Uma das emissoras anunciou, com base em projeções, que Fernando Collor de Mello era o novo presidente. Ele levantou-se, ergueu os punhos e gritou: "Vamos lá, minha gente! Brasil! Brasil! Brasil!". Todos se abraçaram e muitos choraram, inclusive Collor. Ele cumprimentou e agradeceu a todos que estavam na sala, de sua mãe aos seguranças e motoristas. Ao jornalista Sebastião Nery, Collor disse, depois de abraçá-lo: "Vou devolver a dignidade a este país".

* * *

Investigações posteriores provaram que nenhum militante do PT estivera envolvido no sequestro de Abílio Diniz, realizado por aventureiros ligados a grupos esquerdistas da América Central. Os sequestradores disseram em juízo que policiais civis os torturaram e, antes de os apresentarem à imprensa, os forçaram a vestir camisetas do PT. A Polícia Civil estava sob o comando do secretário da Segurança, Luiz Antônio Fleury Filho. A vítima, Abílio Diniz, protestou contra a tortura de seus algozes. Quase um ano depois, em outubro de 1990, o governador de São Paulo, Orestes Quércia, superior imediato de Fleury, disse numa entrevista ao *Estado de S. Paulo* que durante o sequestro "houve pressões no sentido de que se conduzissem as investigações para envolver o PT". Deu a entender que o Comando Militar do Leste exerceu as pressões. O general Jonas de Morais Correia Neto era o comandante da unidade na ocasião.

A Globo veio a modificar os contratos de seu elenco, objetivando proibir que atores e atrizes que estivessem trabalhando em programas da emissora na época de campanhas eleitorais pudessem aparecer no horário gratuito. Uma atriz que estivesse representando um papel numa novela ou num programa humorístico, por exemplo, estava impedida de participar da campanha de um partido na televisão.

O Congresso mudou a lei que rege a propaganda no horário eleitoral da televisão, diminuindo o tempo destinado aos partidos menores e alterando o formato dos programas partidários. Na eleição presidencial de 1994, o PT, mesmo tendo aumentado a sua bancada em relação a 1989, teve direito a um tempo menor. Dispôs de cinco minutos no primeiro turno de 1989, e 3m43 em 1994. Com o intuito de baratear os programas do horário eleitoral, impedindo a prevalência do poder econômico, o Congresso proibiu a gravação de cenas externas com os candidatos — caso dos comícios. Na prática, o custo dos programas eleitorais aumentou, pois os partidos mais ricos passaram a usar efeitos especiais caríssimos, a alugar estúdios enormes e a contratar dezenas de figurantes para enchê-los.

Só dezesseis anos depois do debate de 1960 entre Nixon e Kennedy, candidatos às eleições presidenciais americanas voltaram a discutir na televisão. Os primeiros colocados nas pesquisas eleitorais perceberam que eram enormes os riscos que corriam num debate televisionado. Nas eleições presidenciais brasileiras de 1994 e 1998, o candidato melhor posicionado nas pesquisas, Fernando Henrique Cardoso, se recusou a participar de debates com adversários na televisão.

SEGUNDA PARTE

18. TRIBUNA DE ALAGOAS

Fernando Henrique Cardoso conversou com Paulo César Farias no restaurante La Tambouille, em São Paulo, no dia 30 de dezembro de 1989. O senador tucano almoçava com o deputado José Serra e o empresário Pedro Piva, e, numa mesa próxima, estavam Farias e Lafaiete Coutinho, diretor do Banco Econômico e vice-presidente da Federação dos Bancos do Brasil. Dias antes, Carlos Chiarelli, do PDS gaúcho, que havia aderido logo no início da campanha à candidatura de Fernando Collor, visitara Fernando Henrique em seu apartamento, em Higienópolis. Chiarelli transmitiu um recado ao tucano: o presidente eleito queria convidá-lo a participar do novo governo. "É inviável: o PSDB acaba de apoiar o Lula no segundo turno", respondeu o senador. Em 1988, quando Collor instou Mário Covas a se lançar candidato à Presidência, Fernando Henrique defendeu no PSDB que o governador alagoano fosse escolhido para vice da chapa. Por ser um governador popular, de oposição a Sarney e nordestino, dizia ele aos companheiros de partido, Collor traria votos aos tucanos. Quando Mário Covas finalmente decidiu ser candidato, Collor já estava em campanha.

No final do almoço, Paulo César Farias e Lafaiete Coutinho falaram com os tucanos na porta do restaurante. "O presidente gosta muito do senhor", disse Farias a Fernando Henrique. O senador, Serra e Piva não tinham a menor ideia de quem era aquele senhor careca e bigodudo. Mas perceberam que ele conhecia mesmo Collor poucos dias depois, quando a imprensa confirmou uma notícia que ele lhes dera em primeira mão: "O Bernardo Cabral vai ser nomeado ministro da Justiça". Um dos tucanos comentou com Farias: "É uma escolha ruim: o Cabral é incompetente e inconfiável". Embora não conhecesse Fernando Henrique, Lafaiete Coutinho já havia feito um gesto, indireto e anônimo, para ajudá-lo, em 1984. No segundo semestre daquele ano, Ângelo Calmon de Sá, o dono do Banco Econômico, disse ao diretor que providenciasse algumas dezenas de milhares de dólares, explicando que iria doá-los à campanha de Fernando Henrique à Prefeitura paulistana. Coutinho sacou o dinheiro do Econômico e o entregou ao seu chefe, o qual lhe afirmou que faria a doação pessoalmente.

Naquela véspera de réveillon, Paulo César Farias estava andando nas nuvens. "Sem você, eu não teria nem ido para o segundo turno", Collor lhe dissera dias antes, durante uma conversa a sós na Casa da Dinda. Em 1986, Farias, chamado de PC pelos amigos e familiares, já exercera o mesmo papel, decisivo, para a eleição de Collor ao governo de Alagoas: o de caixa de campanha. PC era ligado ao usineiro João Lyra, que naquela eleição concorreu ao senado junto com Mendonça Neto e Téo Vilela. Lyra, o principal financiador da campanha de Collor, queria que o candidato ao governo lhe desse apoio exclusivo. Collor se negou a fazê-lo, por temer que os outros dois candidatos ao Senado deixassem de pedir votos para ele. João Lyra parou de dar dinheiro à sua campanha. PC solucionou o problema, arrumou dinheiro com outros empresários e não faltou nada ao candidato a governador. Desde então, Collor encarregou Paulo César Farias de resolver todas as questões relativas a dinheiro em sua carreira política. A remuneração de assessores, o aluguel de jatinhos e carros, as negociações com empresários, o pagamento dos programas de televisão do PJ, do PTR, do PSC e do PRN — tudo passou pelas mãos de Paulo César Farias.

Em 1988, Collor tentou transformar Farias em sócio da Organização Arnon de Mello, levando-o a comprar as partes de seus irmãos Ana Luiza e Leopoldo, cada qual detentor de 5% da empresa. Ana Luiza na última hora desistiu de vender a parte dela, mas o empresário comprou os 5% de Leopoldo. Pedro Collor impugnou o negócio: pela lei, Leopoldo era obrigado a oferecer seu quinhão à acionista majoritária, sua mãe, Leda, dona de 75% da Organização. Pedro suspeitou que PC atuara como testa de ferro de Fernando. Considerou, outra vez, que o irmão o desrespeitara, promovendo um negócio que visava sabotar o seu trabalho na Organização Arnon de Mello. Se Farias tivesse comprado as ações de Leopoldo e Ana Luiza, quando a mãe deles morresse Fernando Collor controlaria mais ações do que Pedro, e poderia tentar afastá-lo da direção da empresa.

Não era uma suspeita absurda. Uma parte do dinheiro de Collor, desde que ele assumiu o governo de Alagoas, em 1987, se confundia com o de Paulo César Farias. Collor não tinha paciência para lidar com aplicações financeiras, pagamentos, compra de dólares, controle de contas no exterior, conferência de extratos bancários. Uma parcela do dinheiro dele era administrada por sua secretária, Ana Acioli. Outra, por Farias. Collor achava o empresário um sujeito alegre e divertido. Quando conheceu Farias, este já havia cumprido um objetivo que se fixara ao ler uma biografia do milionário grego Aristóteles Onassis: conseguir o seu primeiro milhão de dólares antes de completar trinta anos. Considerava PC um quebra-galho ideal. Ele resolvia todos os problemas, não relatava as dificuldades que encontrara no caminho e era discreto. Foi o que Farias fez em relação aos atritos entre o governador e os barões da cana. O acordo com os usineiros foi concebido, negociado e fechado por Paulo César Farias. As conversas entre PC e

Collor eram sempre a dois. "A minha relação com o Fernando é no fio do bigode", dizia PC, à maneira árabe, para deixar claro que entre eles não era preciso assinar contratos ou vigiar o que o outro fazia. A confiança de um no outro era total.

No início da campanha presidencial, Collor disse a Paulo César Farias o que precisava: dinheiro para produzir um bom programa de televisão, jatinhos para locomover-se, e uma estrutura para organizar os comícios e carreatas. Não queria, de jeito nenhum, ele, Collor, pedir nada a nenhum empresário. Era uma missão praticamente impossível: um alagoano desconhecido teria de procurar a nata do empresariado de São Paulo e do Rio e conseguir sustentação econômica para um candidato que dizia atacar a elite.

Logo no começo do ano, Carlos, irmão de João Lyra, cortou o jato que Collor estava usando. O usineiro avisou numa manhã de segunda-feira ao piloto Jorge Bandeira que o avião não poderia voar enquanto não fossem saldadas as dívidas de viagens anteriores. O candidato tinha uma viagem marcada para as duas da tarde. Bandeira transmitiu o aviso a Paulo César Farias, que tirou e pôs os óculos, passou várias vezes as duas mãos pela careca, consultou papéis e talões de cheque, e sentenciou: "Não tem dinheiro, estamos fodidos". PC fez então um cheque pessoal, sem fundos, e o preencheu com a data de quatro dias depois.

— Vai lá e entrega para o Carlinhos, Flag — disse o empresário, que chamava Bandeira pela tradução de seu sobrenome para o inglês. — Até sexta-feira eu arrumo o dinheiro.

— Ele não vai aceitar, Paulo.

— Vai tomar no cu, Flag. Vai lá e entrega que ele aceita — mandou Farias.

Carlos Lyra averiguou a data do cheque e disse ao piloto: "Você foi enrolado". Mas aceitou o pagamento. Na sexta-feira, PC fez o depósito para cobrir o cheque. Tinha dificuldade em ser recebido por empresários. Esperava até quatro horas na recepção de escritórios, e só conseguia ninharias. "Um dia eu faço estes caras me esperarem quatro horas, mas hoje eu espero", dizia a Jorge Bandeira quando saía dos encontros.

Em abril de 1989, sentado diante de uma mesa oval em sua sala na Tratoral, de costas para uma parede de cortiça, Farias disse ao irmão dele, Luís Romero:

— O Fernando vai ser presidente, já estou providenciando.

— Para de sonhar, Paulo — falou Luís Romero.

— Ah, doutor, o Fernando já está solto no meio do mundo e vai ser eleito.

— Mas e o dinheiro?

— Vou botar tudo o que tenho nisso. Só não vou colocar em risco as empresas. Tenho dois milhões de dólares numa conta do BNP no Panamá e vou botar tudinho na campanha — respondeu.

— Mas isso é uma aventura, Paulo, você é louco.

— Não tem outro, dom Luís. Escreve aí: vai dar Fernando.

* * *

Ao investir 2 milhões de dólares na campanha de Collor, Paulo César Farias externou três das suas características: o pendor pela aventura, a vontade de apostar e ganhar, e uma autoconfiança irrefreável. Elas estão presentes em todos os lances de sua vida. Paulo César Cavalcanti de Farias nasceu em 20 de setembro de 1945, em Murici, na Zona da Mata alagoana. O pai, Gilberto Lopes de Farias, coletor da Receita Federal, era um homem simples, apegado ao trabalho e provedor. Saía de manhã cedo e voltava à noite para o jantar. A mãe, Joselita Holanda Cavalcanti de Farias, cuidava dos oito filhos (seis homens e duas mulheres). Muito religiosa, era respeitada na vizinhança, que a chamava de "dona Nita" e pedia a sua ajuda para dirimir desavenças. Fazia a roupa das crianças, obrigava-as a estudar, cozinhava e limpava a casa. No final dos anos 40, a família, de classe média baixa, mudou-se para Maceió. Moraram na rua Cristóvão Colombo, no bairro do Jaraguá. Os meninos dormiam todos juntos no sótão. Ana e Eleuza, as meninas, num quarto só para elas, e Joselita e Gilberto, que os filhos chamavam de Coletor, num quarto no andar térreo. Todos os filhos do casal estudaram no Colégio Marista, a meia hora de caminhada da rua Cristóvão Colombo. Os meninos brincavam numa praça das imediações, jogando futebol e peteca. A família jantava junto. Quando sobrava um bife na travessa, os filhos se candidatavam e Joselita decidia quem poderia comê-lo. As crianças só falavam durante as refeições se os pais autorizassem.

Joselita queria que um de seus filhos fosse padre, outro advogado e um terceiro médico, e matriculou o mais velho, Paulo César, no Seminário Regional de Maceió, onde ele aprendeu latim e francês. Aos catorze anos, já dava aulas particulares para ajudar a família. O jovem não tinha vocação religiosa e saiu do Seminário para cursar a Faculdade de Direito de Alagoas. Os filhos das famílias ricas de Maceió faziam a universidade no Recife, no Rio ou em São Paulo, mas o Coletor não teve meios de mandar o primogênito para fora do estado. PC se dava melhor com a mãe. Era extrovertido como ela e gostava de provocá-la. "Esse Padre Cícero era um grande sem-vergonha, não é, mãe?", volta e meia perguntava. Mas era também o mais querido do pai, para sofrimento do filho que vinha imediatamente depois, Carlos. Fez política na faculdade, elegeu-se presidente do Diretório Central dos Estudantes, apoiou o golpe de 1964 e foi o orador na formatura de sua turma. Na eleição indireta para o governo estadual, em 1966, votavam representantes dos estudantes e dos empresários. Em nome dos estudantes, PC votou em Lamenha Filho, primo do pai dele, que quando eleito convidou o jovem advogado a ser seu secretário.

Foi uma época em que Farias fez várias coisas sucessivamente. Defendia causas no interior de Alagoas, recebendo em pagamento caixas de frutas e engradados de galinhas. Comprou um jipe e percorria o estado oferecendo telefones dos planos de expansão da Companhia Telefônica de Alagoas; ganhava um percentual por aparelho que negociava. Apresentava-se como secretário e amigo do governador Lamenha Filho e vendeu inúmeros aparelhos. Montou uma empresa de comercialização de publicidade e usava o jipe para pregar cartazes de propaganda nos postes de iluminação ao lado dos pontos de ônibus de Maceió. Foi também disc-jóquei da Rádio Palmares, de propriedade do Arcebispado. A rádio era vizinha da catedral, na praça da Assembleia, ponto de compra e venda de carros usados. O comércio de carros fascinava o disc-jóquei, o que lhe rendeu o apelido de Paulinho Gasolina. Passava boa parte do tempo na praça, negociando automóveis, aceitando relógios em pagamento, se metendo em todo tipo de rolo. Enquanto comprava e vendia, deixava tocando na rádio uma fita com programas antigos. D. Adelmo Machado, o bispo de Maceió, tirava uma pestana depois do almoço e em seguida trabalhava na catedral, ouvindo a Rádio Palmares. Uma tarde, notou que os programas eram repetitivos e foi ver o que estava acontecendo na emissora. Descobriu o truque de Farias e quis demiti-lo. "Não faça isso, D. Adelmo", disse-lhe PC, que obteve o perdão do bispo e continuou no comércio de automóveis. Montou um consórcio de carros e ganhou muito dinheiro.

Paulo César Farias não brigava nunca. Não havia agressividade nele. Sabia lidar com pessoas mas não com objetos. Sua inabilidade manual era espantosa. Não conseguia trocar uma lâmpada nem abrir uma garrafa térmica. Numa ocasião, destruiu um videocassete novo ao tentar colocar uma fita. Punha sal em qualquer prato de comida, mesmo antes de experimentá-la. Gostava de vinhos, de gim, de vodca, de uísque, de champanhe, de charutos, de camisas de seda e correntes de ouro. Preferia se relacionar com os mais velhos e os mais ricos, como os irmãos Carlos e João Lyra. Ambos eram empresários e políticos, se bem que Carlos gostasse mais de empresas e João da política. O elo entre eles era Farias. Bem mais jovem que ambos, ele os ouvia, intermediava, levava recados de um ao outro. A um chamava de Carlinhos; a João, de Tio Joca. Ficou amigo de Berga Catalian, um comerciante que tinha representação da Adidas em Alagoas. Catalian queria trazer uma fábrica de zíper do Japão para Maceió. Farias foi a Tóquio tratar da importação. O negócio não deu em nada. Era amigo também de Antônio da Fonte, dono de uma concessionária da Chevrolet no Recife, que o ajudou a ter a concessão da empresa em Maceió. Outro amigo era Mario Leão, com quem abriu a Motoral, depois transformada em Tratoral, a revendedora de tratores Massey Fergusson em Alagoas. Na época do Pró-Álcool, PC criou a Terral, que chegou a contar com trinta tratores, usados no desmatamento para a plantação de cana-de-açúcar e a instalação de usinas. Foi também concessionário da Chrysler, tornando-se um dos maiores vendedores de caminhões do Nordeste. Nos anos 80, abriu uma empresa de reflorestamento e comprou uma fazenda com 80 mil coqueiros. O empreendimento não foi bem e ele pediu concordata. O Banco Central fez uma investigação, descobriu irregularidades nas suas empresas, entre elas "emissão fraudulenta de nota fiscal". A investigação levou a Procuradoria Geral da República a instaurar doze inquéritos contra o empresário, posteriormente arquivados pela Justiça.

No final dos anos 70, Paulo César Farias conheceu Jorge Tenório Bandeira de Mello, um pernambucano que, apesar do sobrenome tradicional, vinha de uma família da classe média baixa e cujo avô fora funileiro. Bandeira trabalhava na butique Hombre, no Recife. Chegou ao cargo de gerente e o encarregaram de abrir uma filial em Maceió. A loja foi um sucesso, mas o dono pôs um sobrinho para gerenciá-la e Bandeira pediu as contas. Decidiu ficar em Maceió por considerar os alagoanos menos arrogantes que os pernambucanos. Abriu a sua própria butique e depois uma confecção. Os negócios iam bem, mas ele queria ser outra coisa, não sabia o quê. No Recife, fora criado no bairro de Pina, perto do aeroclube, e fez aeromodelismo. Em Maceió, certa tarde, andando na avenida ao lado do aeroclube, resolveu entrar. Acabou se inscrevendo no curso de aviação. Na primeira aula, assim que pisou na cabine, pensou: Sou piloto. Também na primeira aula, pilotou o avião sozinho. Dois anos depois, já era instrutor de voo. Mais um ano e o promoveram a checador do Departamento de Aviação Civil. Nunca foi copiloto, sempre comandante.

Bandeira servia ao comendador Tércio Vanderlei, um usineiro, como secretário e piloto. Paulo César Farias pediu permissão a Vítor Vanderlei, filho do comendador, para que Jorge Bandeira trabalhasse com ele. Farias estava metido na sua costumeira ciranda de negócios: vendia tratores que ainda não tinha, trocava lotes por carros, barganhava imóveis e fazendas. Mas sempre cumpria a sua palavra. A missão que PC confiou a Bandeira foi pegar um monomotor em São José dos Campos, no interior de São Paulo. "Vai buscar o avião e depois a gente acerta o salário." Bandeira insistiu em conversar sobre a remuneração e Farias lhe disse: "Vai tomar no cu, depois a gente vê isso". Foi a primeira vez que o empresário usou a expressão com o piloto. Ele a repetiria milhares de vezes, como sinal de camaradagem. Bandeira começou por chamar o empresário de "doutor Paulo", ao que PC reagiu, rindo: "Vai tomar no cu, Flag. Quando estivermos sozinhos você me chama de Paulo. No escritório, na frente do povo, aí você me chama de doutor". O comandante Bandeira foi a pessoa mais próxima de Paulo César Farias durante anos: seu funcionário, seu sócio, seu amigo. Mesmo na época da concordata, jamais o empresário atrasou o pagamento do salário do piloto. PC não suportava ficar só. Precisava de um interlocutor para pensar em voz alta. Inúmeras vezes Bandeira foi chamado ao seu escritório sem qualquer motivo. O empresário queria apenas alguém para conversar.

Quase todos os irmãos Farias trabalharam em uma de suas empresas, e ele os tratava como quaisquer outros funcionários. Chegou a demitir alguns deles, mas a mãe o obrigava a readmiti-los. "Mas, mãe, a empresa não é a Santa Casa de Misericórdia, os meninos têm que trabalhar direito", dizia. "Você pensa que eu tenho medo de bigode de filho, Paulo? Fecha a matraca e faça como eu estou mandando", rebatia a mãe. Os pais e os irmãos o encaravam como modelo. Bem jovem, já ganhava mais que o pai e ajudava os irmãos. Com o auxílio dele, Luís Romero pôde estudar medicina no Rio e completar sua formação na Califórnia, onde morou três anos. Farias tinha carro, apartamento e viajava para o exterior. Preferia Monte Carlo aos cassinos americanos. "Os cassinos americanos ficam no meio do deserto, cheios de gente feia, que se veste mal, não toma champanhe e só fala inglês", brincava ele, que falava mal inglês.

PC era uma pessoa especial em Maceió. Destoava dos outros pela capacidade de conversar, convencer, iniciar empreendimentos e pela sua confiabilidade: jamais deixou de honrar um compromisso. Não tinha ideologia nem posições políticas sólidas. Era um capitalista nato, um empresário ambicioso, em ascensão numa região miserável, com uma contabilidade precária de seus negócios e sabedor dos meandros da burocracia e das leis para escapar de punições. Possuía as condições para criar uma nova oligarquia alagoana e esse foi o objetivo dele durante anos: ser o chefe de uma família rica, dona de negócios múltiplos e poderosos, com respeitabilidade e influência política. Convertido ao espiritismo pela mulher, Elma, lembrava que vivera outras encarnações. Na pior delas, fora trabalhador rural na Zona da Mata. Na melhor, um rico comerciante árabe. As encarnações de certa forma diziam de onde ele vinha e o que pretendia ser. A amizade com Fernando Collor veio a acelerar seu projeto de escalada social. Ficou amigo do governador e era benquisto pelos Collor de Mello e pelos Lyra, duas das famílias mais ricas de Alagoas. Foi até padrinho no casamento de Pedro Collor com Thereza Lyra — o afilhado o chamava de Paulinho, e PC tratava o caçula dos Collor de Pedrão. Seus negócios floresceram. A campanha presidencial o lançou a novos mundos. O mundo dos potentados das finanças e da indústria do Rio e de São Paulo. O submundo do dinheiro de campanhas, da sonegação fiscal e da evasão de divisas. O mundo secreto da corrupção empresarial, estatal e política. O mundo da grande imprensa.

* * *

Paulo César Farias disse a Lafaiete Coutinho no começo de 1989 que conseguiria dinheiro para a campanha formando uma espécie de clube, com três categorias de sócios. Numa delas, composta de vinte empresários, pediria 1 milhão de dólares a cada um dos integrantes. A dez empresários, solicitaria 3 milhões de dólares. De cada um dos cinco empresários da nata do clube, obteria 10 milhões de dólares. Lafaiete Coutinho achou curioso o plano do clube, ainda mais porque Farias escrevera num papel as listas com as três categorias. Deu palpites no rol de sócios e abriu algumas portas de empresários paulistas para o alagoano. Assombrou-se com a capacidade de Farias em arrumar dinheiro e organizar a campanha. O executivo do Econômico defendia que Collor deveria chamar Guilherme Afif Domingos para ser o seu candidato a vice. Farias preferia um nome de maior peso empresarial, Eduardo Rocha Azevedo, presidente da Bolsa de Valores de São Paulo. Acreditavam que Itamar Franco não acrescentava nada em termos de votos.

A única semelhança de Coutinho com o tesoureiro de Collor estava na origem nordestina. Lafaiete pertencia a uma família da elite paraibana. Seu pai era amigo do escritor José Lins do Rego e de Abelardo Jurema. Quando João Goulart nomeou Jurema ministro da Justiça, Coutinho foi seu oficial de gabinete. No dia do golpe militar, o oficial de gabinete procurou o ministro em sua casa. Jurema não fugira, estava lá, esperando os militares, e explicou por quê: "Paraibano não se esconde debaixo da cama". No final dos anos 60, Frank Sá, um dos donos do Econômico, junto com o irmão Ângelo Calmon de Sá, convidou Coutinho a trabalhar no banco. Ele fez carreira com rapidez. Em 1973, fechou o negócio pelo qual o Econômico comprou o Banco Novo Mundo, expandindo-se para o Sul. Anos depois, foi incumbido de dirigir o Econômico em São Paulo. O gerente da agência de Campinas o apresentou a Orestes Quércia. Ele considerou Quércia um homem de futuro, um político de estilo nordestino em São Paulo, um candidato que falava a linguagem do povo. Se Coutinho fosse dono do Econômico e pudesse dispor do dinheiro do banco, achava que Quércia poderia ter sido governador já em 1982, quando foi vice de Franco Montoro. Aproximou-se também de Paulo Maluf. Conheceu primeiro Calim Eid, amigo e tesoureiro das campanhas malufistas. Dono dos supermercados Gigante, Eid era o maior cliente da agência do Econômico no bairro de Pinheiros. Depois, a filha de Coutinho, Jacqueline, conheceu Flavio, filho de Maluf, numas férias em Campos do Jordão. Namoraram, se casaram e Lafaiete virou cossogro de Maluf. No final de 1988, Lafaiete o avisou de que apoiaria Collor na eleição presidencial. "Você está maluco", disse-lhe Maluf. No segundo turno, o cossogro quis ajudar Collor. Coutinho ponderou que não ficaria bem apoiar o candidato do PRN de maneira ostensiva. Maluf deu então dezenas de entrevistas a emissoras de rádio criticando Lula e o PT.

Coutinho coordenou as doações da Federação Brasileira dos Bancos aos candidatos na eleição. Esforçou-se para que Collor fosse desde o início o candidato exclusivo da entidade. Não conseguiu. Os principais concorrentes, exceto Lula, tiveram direito ao seu quinhão. Para Collor, Coutinho obteve dos bancos cerca de 7 milhões de dólares, fora o que PC arrecadou com eles por conta própria. A Febraban também deu 200 mil dólares para a campanha de Leonel Brizola. Feita a doação, o PDT não levou adiante o processo que movera contra a Associação dos Bancos de São Paulo, acusando-a de crime eleitoral por ter pago a republicação de artigos de Sebastião Nery atacando Brizola. O maior temor dos banqueiros era que o futuro presidente estatizasse o sistema bancário, a exemplo do que acontecera no México.

Paulo César Farias só pediu ajuda a Lafaiete Coutinho uma vez. Em setembro, telefonou dizendo que precisava de alguns ônibus para transportar eleitores a um comício de Collor na Bahia. Coutinho arranjou a condução. No mais, Farias fez tudo sozinho. (Leopoldo Collor também tentou arrumar dinheiro com empresários paulistas, mas seu irmão candidato o proibiu.) Conseguiu 3 milhões de dólares do Banco Itamaraty. Outros 3 milhões de dólares do Banco Safra. Quase 4 milhões de dólares do Bamerindus. As empreiteiras Tratex, Odebrecht, Andrade Gutierrez e OAS contribuíram com milhões de dólares. A que mais contribuiu entre as empreiteiras foi a Andrade Gutierrez, que doou mais de 7 milhões de dólares. PC foi visitado por Jorge Cutrale, o maior plantador de laranjas do Brasil, e por Edemar Cid Ferreira, dono do Banco Santos, e obteve a colaboração deles. Quanto mais Lula subia nas pesquisas de opinião, mais fácil se tornava a tarefa de Paulo César Farias. Falava em nome de um candidato em condições de vencer o PT.

Poucas vezes Farias fracassou. Foi recebido pelo advogado Jorge Serpa. Explicou os propósitos de Collor e não falou em dinheiro: quis uma conversa com Roberto Marinho. Acompanhado de seu filho João Roberto e de Serpa, o empresário concordou com o encontro. O tesoureiro discorreu sobre o programa do candidato, contou como a campanha estava sendo conduzida, mencionou as dificuldades financeiras para organizá-la e, com sutileza, pediu uma contribuição financeira. Marinho comentou extensamente o que o seu interlocutor dissera, menos o pedido de dinheiro. O coletor de doações voltou ao tema. O dono da Globo respondeu mudando de assunto. Os dois realizaram um sinuoso balé verbal. Simulando que não compreendera a intenção do alagoano, Roberto Marinho venceu a contenda: recusou-se a atender o pedido sem ser explícito na negativa.

Por intermédio de Cláudio Humberto, Mauro Lopes, o repórter "carrapato" da *Folha de S.Paulo* que se grudara em Collor, marcou um encontro com o tesoureiro da campanha. Almoçaram no restaurante do hotel Ca D'Oro, em São Paulo. No fim do almoço, Farias disse: "Olha, o que você precisar, qualquer ajuda, se estiver em dificuldade, me procure que eu resolvo". Mauro Lopes ficou com a impressão de que a frase era ambígua o bastante para conter um oferecimento de dinheiro e quis esclarecer a sua postura.

— Olha, não vou publicar isto que você falou, e você nunca mais me fala sobre esses assuntos, me faz esse tipo de oferecimento, está certo? — disse o repórter da *Folha*.

— Não, você entendeu mal, eu não estava falando de dinheiro — respondeu Farias.

Lopes deixou o assunto morrer. E como achou que o oferecimento não havia sido explícito o suficiente para caracterizar uma proposta de suborno, não o relatou à direção do jornal.

Farias contratou o jornalista Hildeberto Aleluia para fazer algumas pesquisas e lhe dar informações sobre a imprensa. Baiano de nascimento, estabelecido no Rio fazia muitos anos, Aleluia tinha publicado reportagens no *Jornal do Commercio*, em *O Jornal*, no *Jornal de Brasília* e em *IstoÉ*, até abrir uma assessoria de Imprensa. Em 1989, trabalhava para as empreiteiras Andrade Gutierrez e Norberto Odebrecht. Foi Sérgio Andrade, um dos donos da Andrade Gutierrez, quem o apresentou a Paulo César Farias. O tesoureiro de Collor pediu que Aleluia fizesse um levantamento sobre a situação do PT no Rio. Gostou do relatório e lhe passou outras tarefas. Uma delas foi avaliar, junto com Cláudio Humberto, a proposta de um sujeito que se dizia do PDT. Ele queria vender, doze horas antes de irem ao ar, fitas com os programas de televisão da campanha de Leonel Brizola. Aleluia, PC e Cláudio Humberto conversaram com o homem num apartamento do hotel San Marco, em Brasília. Os três logo desconfiaram que o suposto pedetista podia estar preparando uma arapuca. Talvez estivesse gravando a conversa. "O senhor não tem vergonha de estar traindo o seu partido?", perguntou Cláudio Humberto, antes de cortar a conversa. Farias se afeiçoou a Aleluia.

Collor detectou, num certo momento, excesso de dinheiro à sua volta. No início da campanha, quando foi a Roraima, reparou que no aeroporto só havia uns poucos monomotores de garimpeiros. Ao voltar ao estado, no fim da campanha, contou mais de meia dúzia de jatos, todos ocupados por gente da equipe dele. "Mas o que é isso, por que tantos jatinhos?", perguntou ao tesoureiro. Farias respondeu que todo mundo da equipe pedia jatos para acompanhar os comícios e ele não tinha condições de barrar ninguém, pois não sabia as responsabilidades de cada um. Mas se Collor lhe apresentasse uma lista das pessoas autorizadas a viajar, acrescentou, zelaria por que só eles o acompanhassem. Collor não tinha tempo para fazer tal seleção. Considerava a eleição uma guerra. Precisava confiar nos subordinados, delegando-lhes tarefas importantes. Foi o que fez com seu tesoureiro.

Farias fazia os pagamentos à equipe de Collor. No primeiro escalão estavam Cláudio Humberto, Zélia e Belisa Ribeiro, que receberam 30 mil dólares líquidos por mês a partir de julho, mais as despesas de aluguel, hospedagem, transporte e alimentação. Houve casos de assessores que tiveram direito a debitar como despesas de campanha as prestações da escola dos filhos e as contas de supermercado. Paulo César Farias pagou 940 mil dólares pelas pesquisas do Vox Populi. Três milhões de dólares para que Alceni Guerra montasse o sistema de acompanhamento da votação. Mais de 20 milhões de dólares com o programa de televisão. Depositou o equivalente a 700 mil dólares numa conta de Geraldo Faria, assessor e amigo do candidato a vice-presidente, Itamar Franco, o encarregado de gerir a campanha em Minas Gerais.

A importância de PC na eleição de Collor não foi percebida pela imprensa. Houve umas poucas referências a ele. Em Alagoas, contudo, sabia-se quem ele era e o que fazia. Nas vésperas da votação do segundo turno, já tarde da noite, Marcos Sá Corrêa estava na redação do *Jornal do Brasil*. O telefone tocou e, como as secretárias tinham ido embora, o próprio editor-chefe o atendeu. Era um psicanalista, Eduardo Bandeira, com quem o jornalista não falava fazia anos. Bandeira havia ciceroneado um dos papas da psicologia, Carl Rogers, em sua visita ao Brasil nos anos 70. Sá Corrêa o conheceu por intermédio de sua mulher, Angela, também psicanalista. Bandeira depois abandonou a profissão e se mudou para Maceió. Abriu um hotel, o empreendimento não deu certo, e comprou uma fazenda onde criava bodes e cavalos. "Os jornais do Sul estão escrevendo muita bobagem sobre a eleição", disse Bandeira ao jornalista. "Todo mundo sabe em Alagoas que o Collor é um ladrão. E o chefe da quadrilha dele é um sujeito chamado Paulo César Farias." Foi a primeira vez que Sá Corrêa ouviu falar de PC.

* * *

Na primeira conversa depois da vitória, ainda em dezembro, quando Collor disse a Paulo César Farias que ele havia sido o responsável por levá-lo ao segundo turno, o caixa fez um relato sobre o dinheiro usado na campanha. Dos 160 milhões de dólares que arrecadara, sobraram cerca de 60 milhões.

— O que faço com esses 60 milhões de dólares, Fernando? — perguntou Farias.

— Vai administrando o dinheiro. Use o que for necessário nesse período de transição até a posse. Pague os salários, as viagens e as hospedagens da nossa equipe. O resto você guarda para a gente gastar na campanha eleitoral do ano que vem. Vamos precisar ter uma bancada forte e governadores que apoiem o governo.

Farias administrou o dinheiro. Alugou o jato Falcon 900 com o qual Collor foi às ilhas Seychelles, no oceano Índico, e de lá para Roma. Pagou todas as despesas da equipe econômica de Zélia, inclusive hospedagem e alimentação no hotel Transamérica, em São Paulo, e na Academia de Tênis, em Brasília. Pagou pela reforma na Casa da Dinda, onde o presidente pretendia morar: era necessário construir acomodações para agentes de segurança e Collor queria melhorar o jardim. Pagou pela reforma do apartamento do presidente eleito em Maceió. Comprou terrenos nas imediações da Casa da Dinda. Alugou casas e escritórios em Brasília e São Paulo. Começou a procurar um apartamento em Paris para Collor comprar.

Paulo César Farias continuou pagando toda sorte de despesas depois da posse. Entre março e agosto de 1990, usou cheques de suas empresas para transferir 30 mil dólares para a conta de Ana Acioli, secretária do presidente; 39 mil dólares para a de Rosane Collor; 765 mil dólares para a de Maria Izabel Teixeira, secretária da primeira-dama; 77 mil dólares para a de Berto José Mendes, mordomo da Casa da Dinda; 1,2 milhão de dólares para a da Brazil's Garden, encarregada de reformar o jardim da Casa da Dinda; 5 mil dólares para a de Lilibeth Monteiro de Carvalho, ex-mulher do presidente; 4 mil dólares para a de Leda Collor; 76 mil dólares para a de Cláudio Vieira; 38 mil dólares para a de Cláudio Humberto; 7 mil dólares para a de Elisabeth Luporini, secretária de Marcos Coimbra, e 8 mil dólares para a de Dário César, chefe da segurança de Collor. O levantamento é parcial, pois não contabiliza os pagamentos em dinheiro vivo. Ele mostra que em seis meses PC e Collor tiraram mais de 2 milhões de dólares para cobrir as despesas da família e da casa do presidente. E 130 mil dólares foram entregues a assessores de Collor no Planalto.

Na divisão do dinheiro, Paulo César Farias não esqueceu de si mesmo. Terminou de construir a sua casa na ladeira de São Domingos. Edificada ao lado de uma favela e avaliada em 5 milhões de dólares, a casa é um colosso de concreto aparente. Só a suíte principal tem cinquenta metros quadrados. A decoração era uma algaravia de estatuetas e oratórios do barroco mineiro, quadros de pintores modernos brasileiros, tapetes persas, enfeites chineses, japoneses e alagoanos, mesas de vidro e de madeira, poltronas estofadas e cadeiras de vime, frisos de alumínio e pisos de mármore. Farias comprou também um novo jato pouco depois da eleição, e outro logo em seguida. Pagou 10,5 milhões de dólares pelos dois.

Não é fácil administrar 60 milhões de dólares. Ainda mais quando é preciso deixar o dinheiro tal como foi obtido: na ilegalidade, evitando o pagamento de impostos. Além de nunca ter visto tanto dinheiro na vida, durante a campanha

Farias o viu sob as mais variadas formas. Letras de câmbio, ações, cheques ao portador, cheques administrativos, cheques de correntistas inexistentes, dólares em espécie, dólares depositados em contas no exterior, viu de tudo. Tendo os doadores do grande empresariado brasileiro como mestres, Paulo César Farias aprendeu novas maneiras de lavar dinheiro, de mantê-lo escondido no país e no exterior, de montar e gerir um caixa dois. Abriu empresas e contas no Caribe, nos Estados Unidos, na França e na Suíça. Para cuidar delas, usou três testas de ferro. O brasileiro Ironildes Teixeira e o cubano Andrés Gomez Mena atuavam no eixo Flórida-Caribe. O francês Guy de Longchamps, casado com uma alagoana, cuidava dos negócios na França e na Suíça. O suprimento das despesas pessoais e familiares de Collor era supervisionado por PC, mas a operação no dia a dia se dava nos contatos da secretária dele, Rosinete Melanias, com a de Collor, Ana Acioli. A partir do primeiro dia do governo, os pagamentos foram feitos com dinheiro em espécie e cheques de suas empresas. A partir de agosto de 1990, utilizou cheques de correntistas inexistentes, os "fantasmas". Era um sistema eficaz, pois contava com a colaboração de gerentes do Banco Rural, do BMC e do Bancesa.

Paulo César Farias batalhou por algumas pessoas na formação do governo. Primeiro pensou no industrial Jorge Gerdau para o Ministério da Economia, mas acabou defendendo a nomeação de Zélia. Farias encontrou Lafaiete Coutinho no Aeroporto de Congonhas, no hangar da Líder, poucos dias depois do segundo turno. Coutinho desembarcava com Romeu Tuma do jatinho da Febraban, e o superintendente da Polícia Federal lhe pediu que falasse com Farias, para que este defendesse junto a Collor a sua permanência no cargo. Coutinho transmitiu o pedido. Uma semana depois, PC telefonou de Paris para o diretor do Econômico. "Emplaquei mais um: Tuma na Polícia Federal." Veio a emplacar mais um meses depois, Vitor Werebe, nomeado superintendente regional da Receita Federal em São Paulo. Era um cargo que garantia a Farias a camaradagem da alfândega paulista quando ele retornasse de viagens ao exterior. Emplacou também Luis Quatroni, na presidência do Instituto de Resseguros do Brasil, e Marcelo Ribeiro, diretor da empreiteira Tratex, na Secretaria Nacional de Transportes. Ribeiro foi o protagonista do primeiro escândalo do governo Collor, quando tentou implementar um programa de recuperação de estradas, o SOS Rodovias. O projeto previa que se distribuíssem, sem licitação, 500 milhões de dólares a empreiteiras, incumbidas de reformar estradas federais.

A indicação mais visível de PC foi a de seu irmão para a secretaria executiva do Ministério da Saúde. Luís Romero Farias entrou na campanha a convite do próprio Collor. Em abril, sentindo dores nas costas, o candidato foi consultá-lo; ele diagnosticou uma fissura numa costela e o curou. Collor chamou o médico a tomar parte no grupo que preparava o seu programa para a área de Saúde. "Fui formado para tratar do indivíduo, e não do coletivo", resistiu Romero, mas dias depois concordou em participar das discussões. Por sugestão de Antônio Carlos Magalhães, Collor chegou a convidar o cirurgião Adib Jatene para ser ministro da Saúde. Ao fazê-lo, no entanto, o presidente eleito disse que Luís Romero já fora escolhido secretário executivo do Ministério. Jatene pediu um tempo para pensar e conversou com Antônio Carlos.

— Eu poderia até aceitar e convidar Luís Romero para a secretaria, mas não dessa forma, como uma imposição — disse o cardiologista ao ex-governador da Bahia.

— Acho que você não deve aceitar o convite — aconselhou Antônio Carlos, e Jatene decidiu não ser ministro.

Collor ofereceu então o cargo a Alceni Guerra, que quis nomear Reinhold Stephanes secretário executivo. Guerra tentou convencer o próprio Luís Romero a aceitar um cargo subalterno. O irmão de Paulo César Farias lhe disse: "Vou ser o que o presidente quiser que eu seja". Houve a contrapressão, PC, Zélia, Cláudio Humberto e Renan Calheiros procuraram Alceni Guerra, apelando para que nomeasse Luís Romero. "Se você não escolher o irmão do PC, acabará perdendo o ministério", disse-lhe Renan Calheiros. Luís Romero foi nomeado secretário executivo.

Lafaiete Coutinho queria ser presidente do Banco do Brasil. Achava-se capacitado para a função, que significaria o coroamento de sua carreira de executivo bancário. Mas Zélia não o escolheu. O diretor do Econômico pleiteou a função de diretor de privatizações do Banco Nacional de Desenvolvimento Econômico e Social, o BNDES, desde que respondesse diretamente ao presidente da República. Novamente, sua pretensão foi barrada por Zélia. Coutinho não queria ir para a Caixa Econômica porque o Sistema Financeiro da Habitação estava falido. Conversou com Farias sobre o assunto. "O cargo é bom", disse PC. "Os governadores dependem da Caixa, você vai poder fazer muitas coisas." Zélia fez o convite para a presidência da Caixa, e Lafaiete colocou uma condição: "Só aceito depois de uma reunião da senhora com os representantes dos bancos. Eles estão com medo que o novo governo dê um calote na dívida interna". A reunião foi realizada. Do lado do governo, participaram Zélia e Ibrahim Eris, o novo presidente do Banco Central. Do lado dos banqueiros, Coutinho e Pedro Conde, dono do BCN, e Léo Cochrane, presidente da Febraban. Zélia acalmou os banqueiros e Coutinho assumiu a Caixa Econômica. Especulou-se nos jornais que ele fora indicado por pressão de Farias. Outra versão dizia que fora Zélia quem o escolhera. O novo presidente da Caixa telefonou para Ricardo Boechat, titular da Coluna do Swan de *O Globo*, e contou a história de sua nomeação. Boechat publicou uma nota curta, intitulada "Sem pai nem mãe", informando que Coutinho não havia sido apadrinhado nem por Zélia nem por Farias: fora indicado pelos banqueiros. A Febraban adiantou o salário do vice-presidente da entidade dezenas de meses para que ele pudesse se manter em Brasília.

"O que você quer, agora que ganhamos a eleição?", perguntou Paulo César Farias a Jorge Bandeira. O piloto queria ser dono de uma empresa de aviação. Farias deu-lhe 5% da Brasil-Jet e o cargo de sócio-gerente. Encarregou-o de tocar uma outra empresa de aviação, a Mundial. O plano era criar uma companhia de correio aérea privada, nos moldes da americana Federal Express. Farias e Bandeira puseram em prática uma estratégia para comprar mais jatinhos. Pediam a grandes empresas que pagassem antecipadamente viagens nos aviões. A Odebrecht e a Votorantim, entre outras, compraram viagens. Com o dinheiro adiantado, Farias pagava as prestações de jatos adquiridos nos Estados Unidos. Em muitos casos, as empresas não se apressavam em usar as viagens a que tinham direito. Com crédito fácil e perspectivas de fretamento, a Brasil-Jet e a Mundial cresceram. Em dois anos, PC comprou quatro jatos: dois Lear 35, um HS 800 e um Lear 55, batizado com o nome de Morcego Negro.

Passado o segundo turno, Paulo César Farias continuou a dizer a empresários que era tesoureiro e amigo do presidente. Deixava subentendido que era o seu homem de confiança, o seu representante extraoficial. Não mentia: dois dias depois da posse, em 17 de março de 1990, Zélia e Cláudio Humberto foram à Casa da Dinda. Enquanto Rosane fazia as unhas na sala, o presidente e PC conversavam sozinhos na sala de jogos. Collor tomava uísque, e Farias, gim. O porta-voz e a ministra saíram da Dinda com a convicção de que o tesoureiro era íntimo do presidente. Zélia contou a Renan Calheiros que perguntou ao presidente o que deveria fazer com os pedidos que Paulo César Farias lhe fazia. "Vá tocando", respondeu Collor à ministra.

No Dia das Comunicações, 5 de maio de 1990, Collor convidou Antônio Carlos Magalhães para um almoço — na casa de Paulo César Farias em Brasília. Collor chegou de helicóptero. Farias participou do encontro, no qual Antônio Carlos disse que pretendia concorrer ao governo da Bahia na eleição daquele ano. O presidente deu a entender que preferia que Geraldo Bulhões fosse eleito governador de Alagoas, e não Renan Calheiros. PC ficou quieto durante o almoço. Nas despedidas, enquanto Collor embarcava no helicóptero, uma empregada trouxe um recado ao anfitrião: um dos maiores empreiteiros do país o aguardava ao telefone. "Fala que eu não estou", disse-lhe Farias. Por que o presidente, havia menos de três meses no Planalto, convidou um dos políticos mais poderosos do país para um almoço na casa de seu caixa de campanha, e deixou que Farias participasse de uma conversa que não lhe dizia respeito? Antônio Carlos chegou à conclusão, inescapável, durante o próprio almoço: Collor queria demonstrar que PC era um homem forte no seu governo, apesar de não ocupar nenhum cargo.

Por ser frequentada pelo presidente, a casa de Farias em Brasília era vigiada por soldados do Gabinete Militar da Presidência. A direção da Secretaria de Assuntos Estratégicos, que substituiu o extinto Serviço Nacional de Informações, também monitorava a mansão. Sabia que o presidente a usava para conversas políticas e encontros íntimos. E tinha conhecimento de que Farias recebia ali empresários e membros do primeiro e do segundo escalão do governo.

O jornalista Hildeberto Aleluia pediu a Paulo César Farias que o nomeasse diretor de alguma estatal. Qualquer uma, mesmo que fosse deficitária. Pretendia tornar-se um executivo, um administrador. Farias disse não. Queria que Aleluia continuasse a trabalhar com ele, ajudando-o a lidar com a imprensa. O jornalista não planejava ser consultor de Farias. Aconselhou-se com um de seus maiores clientes, Sérgio Andrade, dono da construtora Andrade Gutierrez. O empreiteiro lhe disse que aceitasse o cargo. Era bom para a empresa tê-lo ao lado de PC. Aleluia aceitou. Era remunerado pela Andrade Gutierrez e Paulo César Farias.

No primeiro semestre de 1990, Jorge Bandeira pilotou o jatinho que viajou do Rio para Havana. A bordo estavam Paulo César Farias, Hildeberto Aleluia, Sérgio Andrade e José Maurício Bicalho Dias, também diretor da Andrade Gutierrez. PC tinha contatos em Havana e se dava bem com o embaixador de Cuba em Brasília, Jorge Bolanos. Os empreiteiros e Farias foram recebidos por Fidel Castro num jantar. A Andrade Gutierrez queria discutir com o ditador a construção de plataformas marítimas de petróleo em Cuba. Farias pretendia importar vacinas e acalentava o sonho de construir hotéis em Havana e — se Castro servisse de intermediário — casas populares para o governo de Angola. Findo o jantar, o ditador deu de presente a Farias uma caixa de charutos, cada um deles com um selo personalizado onde se lia "Don Pablo". PC acendeu um na hora, e baforou no rosto de Fidel — que havia deixado de fumar. A embaixada cubana em Brasília passou a enviar regularmente caixas de charutos a dois dos homens mais influentes no Brasil: Fernando Collor e Don Pablo.

* * *

Paulo César Farias mudou no segundo turno da eleição presidencial. Perdeu algo da capacidade de se divertir. Deixou de fazer tantas piadas e contar casos. Tornou-se mais resguardado e cheio de segredos. O que conversava com Collor era tabu. Compartimentava as informações de que dispunha sobre o governo, o empresariado e políticos. A sua mudança aprofundou as alterações que, desde março de 1987, ocorriam na personalidade da mulher dele, Elma. Naquele mês, morreu Joselita, a mãe de Farias. Até então, em respeito ao catolicismo fervoroso da sogra, Elma refreava o seu acentuado misticismo. O máximo que Joselita tolerava era que a nora realizasse discretas sessões espíritas na casa do filho. Com a morte da sogra, Elma afastou-se do espiritismo e aderiu à umbanda, promovendo os mais variados — e sinistros, para os incréus — rituais. A mulher de Farias também passou a implicar com os cunhados e as cunhadas, distanciando-o da família. E açulou a já enorme ambição do marido.

Com a posse do amigo na Presidência, Farias radicalizou o seu plano de ascensão social. Tinha, como dizia, "cacife". A fina flor do empresariado o papparicava e propunha negócios. Emílio Odebrecht ofereceu um jantar em sua casa a ele, Elma, ao irmão de PC, Carlos Gilberto, e esposa. Roberto Marinho atendia aos telefonemas dele. Farias passou a frequentar a casa de Nascimento Brito, do *Jornal do Brasil*. Encontrava Sérgio Andrade com frequência. Estava no centro do poder. Achava que Collor e seu grupo dominariam o Brasil durante vinte anos. Para isso, teria de eleger governadores e uma bancada formidável em novembro de 1990. Agiria nas sombras, azeitando concorrências públicas, privatizações e promovendo meganegócios — sempre em consonância com os interesses de Collor. Agiria no sentido de pôr de pé uma companhia de aviação que se contrapusesse ao poderio da Varig. Começaria por participar da privatização da companhia aérea do governo paulista, a VASP. Tentaria comprar um jornal e talvez montasse uma rede de televisão. A sua autoconfiança se transformara em megalomania.

Decidiu manter a base em Alagoas a fim de que sua família prosperasse e crescesse na cena política. Para tanto, precisaria ter emissoras de rádio e um jornal. O ideal seria relançar a velha *Tribuna de Alagoas*. Sabia que esse projeto interessava a Collor, que contaria com uma alternativa, na área de comunicações, à própria Organização Arnon de Mello, caprichosamente dirigida por Pedro Collor.

19. FOLHA DE S.PAULO

Às três e meia da tarde de sexta-feira, 24 de março de 1990, seis fiscais da Receita, um delegado e dois agentes da Polícia Federal adentraram o prédio da *Folha de S.Paulo*, na alameda Barão de Limeira. Os policiais estavam armados e uniformizados com coletes pretos. O chefe deles, o delegado João Lourenço, além de um revólver, carregava um walkie-talkie. Lourenço disse à recepcionista Carim Oliveira que precisava falar com Renato Castanhari, diretor financeiro da empresa. A moça avisou que seria necessário anunciá-los. "Somos da Polícia Federal, você não pode nos barrar", retrucou um dos agentes. Um segurança do prédio esboçou o gesto de deter os policiais, que o afastaram, tomaram um elevador e apertaram o botão do nono andar, o dos escritórios da diretoria. Ali, intimaram uma outra recepcionista, Ana Paula Veiga, a levá-los à sala de reuniões. Não bateram na porta, entraram direto e viram que estava vazia. Exigiram que Ana Paula os conduzisse à sala de Octavio Frias de Oliveira, o dono da *Folha*. Pálida de medo, a moça, que tinha votado em Collor, disse que iria falar com a secretária do patrão, Vera Lia Roberto. Um agente a ameaçou de prisão se não cumprisse a ordem. O grupo invadiu a sala de Vera Lia e um deles disse que ela seria detida se não os levasse à presença de seu chefe. O colunista e repórter especial Clóvis Rossi, que ocupava uma sala ao lado, separada por divisórias de madeira que não chegavam até o teto, ouviu o alarido, levantou-se e foi averiguar o que estava acontecendo. Encontrou os policiais e os fiscais fazendo gestos bruscos, andando inquietos e dizendo à secretária: "Onde está o Frias? Queremos o Frias".

Clóvis Rossi lembrou na hora de uma cena que presenciara vinte anos antes, na redação de *O Estado de S. Paulo*. Em 1970, um tenente do Exército saltara de um jipe na porta do prédio do jornal, na rua Major Quedinho, subira até a redação, entrara na sala do diretor Oliveiros S. Ferreira e lhe tomara um papel com uma mensagem do grupo terrorista que havia sequestrado o cônsul japonês em São Paulo, Nobuo Oguchi. Os sequestradores deixavam comunicados com suas exigências à ditadura em algum ponto de São Paulo. Em seguida, telefonavam para a redação de *O Estado* e avisavam onde estavam as cartas. Repórteres as coletavam e as entregavam ao diretor, que tirava cópias e telefonava para autoridades pedindo que fossem buscá-las. O tenente não esperou Oliveiros entregar o papel: arrancou-o com violência da sua mão. A truculência e a prepotência do tenente, pensou Rossi, eram idênticas às dos agentes da Polícia Federal que invadiram a *Folha*.

"Aqui não tem ninguém, não", falou Clóvis Rossi, assim que percebeu o que ocorria. Com quase dois metros de altura, 47 anos, cabelos e barbas grisalhos, ele não era facilmente intimidável. Nem era de perder o sangue-frio: trabalhara sob censura no *Estadão*, cobrira manifestações, guerras e revoluções. Tinha experiência e sabia usá-la. O seu objetivo era tirar os policiais do nono andar, pois com certeza Frias estava por ali. "O doutor Tuma sabe dessa operação?", perguntou ao delegado Lourenço, recebendo um sorriso de escárnio como resposta. Outras secretárias, contínuos e jornalistas entraram na sala. Enquanto tentava convencer os policiais a irem para a sobreloja de um prédio anexo, onde ficava a diretoria administrativa da empresa, Rossi dava ordens às secretárias: telefonar para os advogados do jornal, para o presidente da Ordem dos Advogados do Brasil, para Otavio Frias Filho e pedir que viessem com urgência.

Otavio Frias Filho estava numa lanchonete perto de seu apartamento, nas imediações do Parque Ibirapuera, quando os homens da PF e da Receita entraram no jornal. Almoçava e lia o romance *Guerra e paz*, de Tolstói. No começo de março tirara uma licença de seis meses, previamente acordada com o pai. Frias Filho estava cansado. Os anos 80 haviam sido duros para ele. Assumira a direção de redação, enfrentara resistências para implementar a sua concepção de jornal — o Projeto Folha —, demitira dezenas de jornalistas, coordenara a cobertura da campanha pelas eleições diretas e a disputa presidencial. Com a posse de Fernando Collor, presumira, a situação nacional se acalmaria e ele poderia dedicar um semestre ao que mais gostava de fazer: ler, escrever e ir ao cinema. Acompanhou à distância a posse de Collor, a edição do pacote econômico e a nomeação do Ministério. Numa conversa na casa de seu pai, da qual participou também o irmão mais novo, Luís Frias, responsável pela administração da empresa, decidiram apoiar as medidas econômicas do novo governo.

Pouco depois de entrar de licença, Frias Filho recebeu um telefonema de Sílvio Cioffi, seu amigo dos tempos de faculdade e jornalista da *Folha*. "Você não vai acreditar: o João Bafo de Onça foi nomeado ministro", disse o colega. Bafo de Onça era o apelido de João Santana, indicado para ser secretário da Administração, cargo com status ministerial. Cioffi e Frias Filho haviam participado de dezenas de reuniões com Santana na Faculdade de Direito da Universidade de São Paulo nos tempos de militância estudantil. O espanto do diretor de redação advinha de ver alguém de sua geração, que lembrava como um jovem politiqueiro, ser chamado a ocupar um cargo importante no governo.

Frias Filho elaborara então uma opinião sobre Fernando Collor: o novo presidente não era um produto da mídia, e sim um político excepcional, beirando a genialidade: rápido, audaz, capaz de ocupar todos os espaços simbólicos. Seu programa, se implementado, poderia atualizar o capitalismo brasileiro. Collor tinha a vocação para realizar no Brasil, com dez anos de atraso, o que Margaret Thatcher e Ronald Reagan haviam feito na Inglaterra e nos Estados Unidos: a modernização conservadora. Numa conversa com o cineasta Roberto Gervitz, o diretor de redação da *Folha* dissera que no futuro ele seria conhecido como um diretor de cinema da "era Collor", numa alusão à era Vargas. Acreditava que o novo presidente poderia ter um papel na história do Brasil tão marcante quanto o de Getúlio. Fruto de sua leitura de *Guerra e paz*, também achava possível comparar, nas devidas proporções, Collor com Napoleão Bonaparte: a encarnação de uma tendência histórica.

Quando voltou da lanchonete para casa, Frias Filho encontrou na secretária eletrônica três recados sobre a invasão da *Folha*. Telefonou para o editorialista Marcelo Coelho. "A Polícia Federal está vasculhando o prédio e quer prender o teu pai", contou Coelho. Vestiu um terno, deu o nó na gravata e foi para o jornal. A primeira pessoa com quem falou foi Clóvis Rossi, que, entre apreensivo e bem-humorado, disse: "Você vai ser preso". Os policiais e fiscais tinham ido com a secretária Vera Lia Roberto para os escritórios da diretoria administrativa, onde apreenderam quatro blocos de documentos, notas fiscais e cópias de duas faturas, uma ainda na moeda extinta pelo pacote econômico, cruzados novos, e outra em cruzeiros. Estavam acompanhados pelos advogados Luis Francisco Carvalho Filho, Ives Gandra Martins e José Carlos Dias, bem como pelo presidente da Ordem dos Advogados do Brasil, José de Castro Bigi. Ives Gandra telefonou para o superintendente da Polícia Federal, Romeu Tuma, o qual lhe disse que iria relatar o acontecido à ministra da Economia, Zélia Cardoso de Mello. A ministra ligou em seguida e pediu que Ives Gandra conversasse com o secretário executivo do Ministério, Eduardo Teixeira. O secretário executivo disse ao advogado que estudaria o parecer da Associação Nacional de Jornais sobre a cobrança de serviços prestados pelas empresas jornalísticas na fase da transição da moeda de cruzados novos para cruzeiros.

O pretexto para a diligência era averiguar se a empresa estava cobrando em cruzados novos ou cruzeiros as faturas publicitárias referentes à primeira quinzena de março. A *Folha*, seguindo a orientação da Associação Nacional de Jornais, da Associação Nacional de Editoras de Revistas e da Associação Brasileira de Emissoras de Rádio e Televisão, fizera as cobranças na nova moeda, o cruzeiro. Usara o mesmo critério de todos os jornais, revistas e emissoras de televisão e rádio, mas foi o único órgão de comunicação a ter os arquivos contábeis vasculhados. Por isso, desde o primeiro momento os Frias consideraram a invasão uma pressão política, uma retaliação contra as reportagens críticas a Collor. Nos primeiros dias do Plano Collor, a Polícia Federal prendeu algumas dezenas de pessoas, a maioria gerentes de supermercados, bancos e farmácias, com base em duas medidas provisórias, editadas junto com o pacote econômico, autorizando a detenção dos autores de crimes contra a Fazenda Pública e de abuso do poder econômico.

Os policiais disseram aos advogados que estavam ali para dar um flagrante. O advogado Luis Francisco Carvalho Filho indagou se a matéria "flagrante" era tema de provas na Polícia. Explicou-lhes que não poderia haver flagrante porque as notas fiscais e faturas que queriam apreender haviam sido expedidas dez dias antes. O delegado Lourenço ameaçou prender Carvalho Filho por desacato. Os policiais continuavam perguntando: "Onde está o Frias?".

Quando Otavio Frias Filho chegou ao jornal, encontrou-se com o pai no oitavo andar. Carlos Caldeira, o sócio de Frias, tinha construído ali um apartamento, onde residira durante um período. A família Frias também morara no apartamento durante três meses, em 1971. Na ocasião, a Vanguarda Popular Revolucionária e a Aliança de Libertação Nacional queimaram caminhonetes de distribuição dos jornais da empresa. Elas suspeitavam que Frias havia cedido os veículos à polícia, que os estaria utilizando na repressão às organizações esquerdistas. Também deram telefonemas ameaçadores ao dono do jornal, que reagiu publicando um editorial na primeira página da *Folha* em que os desafiava a cumprir as ameaças. Agentes de segurança recomendaram que ele e sua família morassem um tempo no próprio prédio da empresa e saíssem sempre em automóveis diferentes. Sugeriram ainda que Frias Filho aprendesse a usar armas, e o garoto de catorze anos fez um curso de tiro na Delegacia de Ordem Política e Social. A polícia vedou as janelas do apartamento do oitavo andar com placas de metal, a fim de evitar atentados a bomba e tiros disparados dos prédios da redondeza.

Depois da proteção, certas coisas começaram a mudar na empresa. Se até o final de 1968 organizações de esquerda destacaram alguns de seus militantes jornalistas para trabalhar na *Folha da Tarde*, no início dos anos 70 foi a vez de policiais dos órgãos de informação da ditadura se assenhorearem do jornal. Frias se considerava no meio de uma guerra. Achava bravata resistir à ditadura, então no auge de seu poderio, e, do outro lado da batalha, esquerdistas o ameaçavam de morte. Durante a dominação da *Folha da Tarde* pelos terroristas de direita que estavam incrustados no aparelho repressivo do Estado, o jornal noticiou que Eduardo Leite, o Bacuri, escapara da prisão. O militante da Vanguarda Armada Revolucionária, que havia participado de dois sequestros e dois assaltos a bancos, não fugira. Preso e torturado, leu na cadeia a notícia de sua fuga. Era o sinal de que estava condenado à morte. Pouco depois, Bacuri foi assassinado pelos algozes numa dependência militar no Guarujá. Em abril de 1971, um comando do Movimento Revolucionário Tiradentes e da Aliança Libertadora Nacional matou a tiros o empresário Henning Boilesen, dono da Ultragás e colaborador dos órgãos de segurança. No dia 16 de abril, a *Folha da Tarde* noticiou que Joaquim Alencar de Seixas, dirigente do Movimento Revolucionário Tiradentes, morrera num tiroteio com agentes de segurança. Seixas, no entanto, fora preso. Torturado na presença do filho Ivan, de dezesseis anos, morreu um dia depois de a *Folha da Tarde* ter noticiado sua morte. Quando cursou a universidade, Frias Filho ouviu histórias sobre o envolvimento da empresa da família com os órgãos de repressão política, inclusive sobre o uso de caminhonetes na caça aos esquerdistas. Perguntou ao pai qual era a verdade. "Se aconteceu, foi à minha revelia", respondeu Frias. "Nunca me pediram isso."

Frias Filho teve uma conversa rápida com o pai no oitavo andar. Sugeriu que fizessem um editorial de protesto, num tom duro, e o publicassem na primeira página. A resposta deveria ser forte e altiva para mostrar, não ao governo mas aos leitores, que o jornal repelia a tentativa de intimidação. Frias Filho foi para o nono andar e presidiu na sala de almoço uma reunião com editores e editorialistas para organizar o contra-ataque: as reportagens e editoriais do dia seguinte. Os colegas notaram que Frias Filho se mostrava diferente do habitual. Lépido e bem-disposto, parecia que ia atuar num filme ou aparecer na televisão. O diretor de redação estava eufórico. No cotidiano do jornal, dava a impressão de estar um pouco entediado, com o olhar baixo, mexendo interminavelmente na caneta. Aos mais chegados, queixava-se da rotina massacrante, da chatice intrínseca às questões administrativas, da mesmice e da eterna repetição de assuntos. Frias Filho, contudo, crescia nos momentos de crise. Quanto maior a dificuldade, maior o seu empenho. E a invasão, além de ser uma crise, dava a oportunidade de a *Folha* desempenhar na era Collor um papel de resistência semelhante ao que *O Estado de S. Paulo* tivera na era Vargas. Vamos fazer algo histórico, pensou. Na reunião, determinou que a reportagem principal, relatando a invasão, seria apurada por Clóvis Rossi. A Marcelo Coelho, o coordenador dos editoriais, disse que escrevesse um editorial repudiando com veemência a atitude do governo, que deveria ser caracterizada como "fascista".

Marcelo Coelho foi todo feliz para a sua mesa. Era esse tipo de editorial que gostava de redigir. Havia conhecido Frias Filho em 1981, quando faziam pós-graduação em Ciências Sociais na Universidade de São Paulo, e se tornaram amigos. Numa brincadeira daquela época, encarnaram dois personagens epistolares, que trocavam cartas a respeito das chances da candidatura do jurista e sociólogo Raymundo Faoro a uma cadeira na Academia Brasileira de Letras. Coelho se empenhava quando escrevia as cartas, criando com destreza e animação o estilo de seu personagem, um gaúcho letrado e eloquente que atacava os ardilosos inimigos de Faoro na Casa de Machado de Assis. Na faculdade, não comentava a *Folha* com o amigo Otavio. Achava invasivo tocar no assunto. Às vezes, Frias Filho dizia que ele deveria trabalhar no jornal, sem especificar no quê. Em 1984, Marcelo Coelho era professor de metodologia científica numa faculdade pouco conhecida, onde dava aulas para classes de mais de cem alunos, quando o amigo o convidou a passar uma semana acompanhando os trabalhos no jornal. Topou, e logo no primeiro dia deram um editorial para ele fazer. Escreveu e foi elogiado. Gratificado, redigiu outros, sempre de maneira um tanto empolada, usando palavras preciosas e fora de moda. Estava criando um novo personagem: em vez do gaúcho pró-Raymundo Faoro, o editorialista sisudo. Foi efetivado no cargo.

Octavio Frias de Oliveira era o responsável pelos editoriais. No princípio da tarde, ele se reunia com os editorialistas para discutir os temas que seriam abordados. Geralmente, um sobre economia, outro sobre política, e um terceiro mais leve, sobre questões municipais. As discussões eram intermináveis e recorrentes. O patrão jamais começava um debate com uma opinião acabada. Não dizia nunca, por exemplo: "Vamos condenar a reforma agrária". Sempre fazia questão de que os editorialistas falassem sobre a propriedade rural, o latifúndio, o problema da terra no quadro da história do Brasil e a questão agrária em outros países. Mas, sem variação nenhuma, ao longo dos anos os editoriais da *Folha* condenavam a reforma agrária e defendiam o imposto progressivo, com base no tamanho da propriedade rural. Frias era um discutidor implacável. Não dava tréguas aos interlocutores, tentando convertê-los a todo custo às suas posições. Sabia ouvir os antagonistas e não os deixava sem resposta. Parecia querer que os editorialistas encampassem suas teses porque acreditassem nelas, e não porque fossem pagos para defendê-las. A polêmica não era um jogo de cartas marcadas, porque na contraposição das ideias se fortalecia a argumentação. Depois dos debates, os editoriais eram escritos e encaminhados ao coordenador — primeiro Oswaldo Peralva e depois Marcelo Coelho —, que lhes dava uns retoques e os levava a Frias. Caneta vermelha em punho, o dono do jornal parava em cada frase, implicava com palavras, queria saber por que essa e não aquela, determinava que se reformulasse tal trecho. Obsessivo e detalhista, era um editor atemorizante. Marcelo Coelho se sentia intimidado. Comparava o patrão a um trator e a si mesmo a uma pluma. Frias havia iniciado dezenas de empreendimentos, construído uma rodoviária, montado um jornal. Era um homem com tal pugnacidade que Coelho, um intelectual de temperamento artístico, um jovem que vivia mais no pensamento que na ação, não se sentia confortável em desafiá-lo. Mas o editorialista também se sentia recompensado pelos elogios, pela atenção do chefe, pela sua total ausência de preconceito contra a juventude. Com pouco mais de vinte anos, lá estava ele, discutindo de igual para igual com um senhor de mais de setenta, que prestava atenção nos seus argumentos e os rebatia com seriedade, em vez de ordenar que escrevesse do modo como ele pensava. Uma das maneiras como o trator e a pluma gostavam de encerrar uma contenda era com Frias dizendo: "Vai lá, Marcelo, e chama ele de filho da puta numa linguagem bonita". Empregando palavras solenes e sonoras, Coelho escrevia então um editorial xingando alguém.

    Marcelo Coelho terminou o editorial, deu-lhe o título de "A escalada fascista" e, laudas na mão, entrou na sala de reuniões do nono andar. Encontrou um ambiente relaxado. Os policiais tinham deixado o prédio. Levaram Renato Castanhari, Vera Lia Roberto e o vice-diretor geral da empresa, Pedro Pinciroli, para a sede da Polícia Federal, onde estes prestaram depoimentos e foram liberados. Ao se encaminharem para a saída do prédio, um dos policiais pediu desculpas pela maneira como haviam feito a diligência, alegando que estavam acostumados "a tratar com outro tipo de gente", e acrescentou: "Vai acabar a impunidade dos ricos". Um jornalista retorquiu dizendo que a secretária Vera Lia e a recepcionista Ana Paula não eram ricas. "Há certas secretárias que sabem como fazer o patrão se evadir e aí acaba o flagrante", respondeu o agente. Frias, conversando com os advogados, se não estava radiante como seu filho, também não demonstrava preocupação. Leu o editorial com sinais de aprovação e repassou as laudas para Ives Gandra Martins, o qual obtemperava que tal frase era "forte" e tal adjetivo "agressivo". Frias concordava com os reparos. Saiu da roda, chamou Coelho e lhe explicou que era obrigação profissional do advogado fazer aquelas ponderações. E, indicando-lhe com a mão que saísse da sala, disse: "Vai, desce". No código interno da *Folha*, "descer" significava mandar o texto para a gráfica.

"Assassinos da ordem jurídica, anunciadores do tumulto fascista que se desencadeia sobre a sociedade brasileira, esbirros de uma ditadura ainda sem nome — 'Era Collor'?, 'Brasil Novo'? — invadiram ontem a *Folha de S.Paulo*", começava o editorial escrito por Coelho, aprovado por Frias e publicado no alto da primeira página na manhã seguinte, sábado.

> Esta *Folha*, que criticou duramente a candidatura de Fernando Collor — como, aliás, todas as outras —; mas que aprovou a audácia do presidente na edição das medidas econômicas, vê essa audácia transformar-se em prepotência e tirania; vê nos apelos do chefe de Estado aos "descamisados", nas ameaças que profere contra a livre iniciativa, na arrogância pretensamente incontrastável de suas atitudes, na precária corte de bajuladores que se acanalha à sua volta e no espetáculo de desorganização política, de obscurantismo e mistificação que se estabelece em seu governo, os sinais inequívocos, alarmantes e inaceitáveis de uma aventura totalitária [...]

prosseguia a peça mais adiante. A seguir, forçava a comparação de Collor com o ditador romeno Nicolae Ceausescu, que três meses antes fora destronado e fuzilado durante um levante popular: "A democracia brasileira não tolera aspirantes a Ceausescu ou versões juvenis de Mussolini. Aberta, como qualquer empresa, à fiscalização das autoridades, esta *Folha* não aceita intimidações grosseiras nem ameaças policiais".

Na preparação de sua reportagem, Clóvis Rossi anotou uma declaração de Frias Filho. Quando acabou a matéria, Rossi achou que as frases do diretor de redação poderiam ser tomadas como uma provocação, causando mais dificuldades. Ligou para ele: "Escuta, Otavio, vou ler a sua declaração que está entrando na matéria; vê se é isso mesmo que você quer que saia". Eram essas mesmas as duas sentenças que Frias Filho queria ver publicadas: "Considero a invasão uma violência estúpida e ilegal. Por trás dos esbirros policiais, está Collor de Mello, a quem não reconheço como presidente da República mas como usurpador vulgar da Constituição".

Tendo lido o editorial e a reportagem do concorrente, Ruy Mesquita, diretor responsável do *Jornal da Tarde*, ligou para Otavio Frias Filho."Queria hipotecar minha solidariedade a você e a seu pai", disse. "Entendo como vocês se sentem. Já passamos por isso. Mas credite a ação ao temperamento teutônico do presidente. E não esqueça que as instituições democráticas estão funcionando e as liberdades públicas não foram suspensas." Frias Filho gostou do telefonema solidário. Interpretou o "teutônico" na frase do confrade como uma referência ao avô do presidente, Lindolfo Collor, o ministro de Getúlio de ascendência germânica. Ao começar a trabalhar no jornal, em 1975, Frias Filho ouvira do pai um conselho a respeito das relações com as outras famílias da imprensa: "Não assuma como suas as disputas e rancores de outras gerações". Quando assumiu responsabilidades maiores na redação, Frias Filho pediu a José Eduardo Farias, seu professor de filosofia do direito e editorialista do *Jornal da Tarde*, que intermediasse um encontro com os Mesquita. O professor marcou um jantar no restaurante Paddock, ao qual compareceram os Mesquita da quarta geração com funções editoriais no grupo Estado — Júlio César, Rodrigo, Fernão e Ruyzito — e Otavio Frias Filho, da segunda geração da *Folha*. O jantar transcorreu bem e propiciou uma cortês troca de visitas: os jovens Mesquita foram à *Folha*, e Frias Filho visitou *O Estado de S. Paulo* e o *Jornal da Tarde*, onde conversou com Ruy Mesquita. Na sua visita, o diretor de redação da *Folha* disse a Ruy Mesquita que o considerava um dos melhores jornalistas brasileiros. O diretor do *JT* se impressionou com o interlocutor. Admirou-lhe a formação intelectual e, ao longo dos anos, a competência jornalística.

Ao prestar solidariedade, Ruy Mesquita não achava que a agressão à *Folha* pudesse ser comparada ao que *O Estado* e sua família sofreram. Em 1924, seu avô fora preso. O pai tivera de se exilar e Getúlio Vargas lhe confiscara o jornal. Depois, desafiara a ditadura, que colocou censores na redação. O pai vivera apenas para *O Estado*. Quando morreu, Júlio de Mesquita Filho possuía apenas um apartamento e a nona parte da fazenda da família em Louveira. O que Collor fizera com o concorrente fora um caso menor, uma cafajestada, pensava Ruy Mesquita, que a *Folha* aproveitou com habilidade para se promover. Afinal, o Congresso estava aberto e havia liberdade de imprensa. O governo Collor não tinha nenhuma semelhança com as ditaduras de Getúlio e dos militares.

Frias Filho escreveu um artigo, publicado no domingo, aprofundando a comparação entre Collor e Mussolini. A ideia estava na sua cabeça desde que um colega da *Folha*, Marco Chiaretti, chamara a atenção dele para a semelhança entre um dos lemas do presidente, "Vencer ou vencer", e a maneira como o líder fascista acabava seus discursos. "Vencer!", gritava o Duce, e a multidão ecoava: "Venceremos!". No artigo, o diretor de redação notava que o fascismo italiano fora um movimento popular que "recrutou suas legiões entre desempregados, ex-combatentes, trabalhadores sem qualificação técnica, ressentidos de todo tipo, antes de empolgar pequenos proprietários, funcionários de classe média e finalmente até a alta burguesia, preocupada com a iminência de um governo de esquerda e que identificou no fascismo um mal menor". Frias Filho comparou Renan Calheiros, Zélia Cardoso de Mello, João Santana e Antônio Kandir, os integrantes da equipe de Collor que haviam militado na esquerda, aos intelectuais socialistas que, na Itália, "o sentimento de fracasso ou uma impaciência excessiva compeliu a aderirem às fanfarras triunfantes". A referência impessoal a Antônio Kandir tinha motivação subjetiva. Kandir fora editorialista da *Folha*. Era um economista do Centro Brasileiro de Análise e Planejamento, o Cebrap, próximo ao PT. Entre as votações do primeiro e do segundo turno, Frias Filho encontrou-o na saída de um cinema e foram para a casa de amigos comuns. Nas conversas, o jornalista percebeu que o economista continuava simpático ao PT e achou estranho quando, três meses depois, ele assumiu o cargo de secretário de Política Econômica. Decepcionou-se com o mutismo do ex-editorialista quanto à invasão do jornal. Não esperava a solidariedade pública de um membro do governo. Mas teria gostado de receber um telefonema privado lamentando o episódio.

No final, Frias Filho usou uma imagem de Tolstói em *Guerra e paz*, a do sino e do relógio, para expressar o seu ceticismo acerca do papel de líderes como Mussolini e Collor:

> Esses dirigentes messiânicos e autossuficientes, dos quais Mussolini é um paradigma neste século, são justamente os joguetes mais cegos da história, que os utiliza e descarta implacavelmente. Como a pessoa que vê as horas em seu relógio, ao mesmo tempo ouve as badaladas na igreja mais próxima e daí conclui que foi o seu ponteiro que acionou os sinos, eles imaginam comandar os acontecimentos quando na verdade são comandados; veem a superfície rumorosa da política, onde imperam a ferro e fogo, mas não alcançam a profundidade subterrânea, as relações microscópicas onde milhões de pessoas constroem, sem saber e sem ter tampouco a pretensão de sabê-lo, o destino da sociedade — e de seus pequenos mussolinis.

Para Tolstói, a vontade de Napoleão era frívola, na medida em que há forças obscuras na sociedade que moldam o devir. O imperador francês refletira essas forças e encarnara a tendência histórica. Collor, apesar do seu programa, vinha se revelando um voluntarista, fascinado pelo alarido que gerava, mas sem traduzir na ação as microscópicas relações sociais que de fato produzem a história. O andamento calmo e a conclusão filosófica do artigo contrastavam com o título, "Qualquer semelhança não é mera coincidência", e as fotos que o ilustravam, ambos jocosos. As fotografias mostravam Mussolini e Collor em poses marciais e fazendo esportes.

* * *

Carlos Caldeira Filho, dono de 50% da *Folha de S.Paulo*, não presenciou a invasão. Fazia muitos anos que vinha se afastando da empresa. Caldeira era alto, encorpado, usava camisas brancas folgadas, de manga curta, por fora da calça. Tinha grande senso para negócios, uma capacidade fantástica para fazer cálculos numéricos de cabeça e nenhuma paciência para tarefas administrativas. As grandes paixões dele eram o Santos Futebol Clube (seu pai construiu o estádio da Vila Belmiro), carrões importados (teve vários deles, numa época em que os impostos sobre a importação de automóveis eram pesadíssimos), cães pastores alemães (era juiz em concursos de cinofilia) e cruzeiros de navio (passava meses em viagens de volta ao mundo). Desde que compraram a *Folha*, em 1962, Caldeira e Frias combinaram que este último administraria o jornal. Almoçavam juntos três vezes por semana. Frias ouvia e acatava sugestões do sócio, mas tinha ascendência sobre ele: era mais informado e culto. Embora não fosse um intelectual, Frias amava a controvérsia, gostava de discutir e de se cercar de empresários, escritores, artistas e cientistas, a quem crivava de perguntas. Fora amigo de Portinari e Di Cavalcanti nos anos 50. Ainda que a arte não o mobilizasse, sabia do valor desta, e levava os filhos pequenos para visitar museus. Na sua casa de praia em Ubatuba, debatia em longos serões o comunismo e o fascismo com Victor da Cunha Rego, um jornalista antissalazarista que se exilara no Brasil e trabalhara no *Estadão* e na *Folha*. Caldeira preferia conversar sobre negócios. Despolitizado, tendia para o conservadorismo. Era-lhe quase indiferente viver numa democracia ou sob a ditadura militar.

Nos primeiros anos à frente do jornal, Frias e Caldeira concentraram esforços na reforma operacional do Grupo Folha e na modernização de seu parque gráfico. Ambos eram intuitivos e improvisadores, mas Frias reconhecia a importância de organizar a firma, e tentava aplicar as teorias que aprendia em livros de americanos sobre gerência e autoajuda empresarial. Caldeira gostava mais de comprar e vender, fechar negócios, iniciar empreendimentos e enriquecer. Certa vez, viu Otavio Frias Filho mexendo em objetos que não identificou. Quis saber o que eram. "É a coleção de moedas que estou começando; e o senhor, tio, também gosta de moedas?", perguntou o menino. "Muitas", respondeu Caldeira.

Em 1963, Frias conheceu o Virgílio que o guiou na caminhada pelos paraísos e infernos da imprensa — Cláudio Abramo, um fidalgo sarcástico, moralista, encrenqueiro e sobretudo inteligente. Autodidata, ele se formou lendo clássicos italianos e franceses e literatura marxista. Seu avô era anarquista, e seus irmãos Fulvio e Lívio, dirigentes trotskistas. Durante toda a carreira, Abramo se debateu entre suas convicções de esquerda, resolutamente antistalinistas, e sua prática profissional, a de prestação de serviços a jornais que considerava burgueses. Viveu e se consumiu nessa contradição como talvez nenhum outro jornalista da época, alternando períodos de pragmatismo com outros de revolta e ressentimento — ressentimento com os donos de jornais, com a classe dominante, com os partidos de esquerda, com o subdesenvolvimento brasileiro e até consigo mesmo, quando se arrependia do que havia feito ou do que deixara de fazer. Atormentado e intenso, Abramo marcou dois grandes momentos da imprensa paulista: a reforma do *Estado* nos anos 50 e a da *Folha* nos 70.

Abramo entrou no *Estado de S. Paulo* em 1948. Começou como repórter, foi redator, ganhou uma bolsa e passou um ano na Europa, e, em 1952, Júlio de Mesquita Filho o chamou para ser o secretário do jornal. Abramo alterou o horário de fechamento, adiantando-o das três horas da manhã para a meia-noite, reduziu o formato do jornal, delimitou os espaços publicitários e, depois de uma luta titânica, conseguiu que a gráfica se submetesse à redação. A par das reformas estruturais, injetou sangue novo na redação, contratando universitários de talento que converteu em repórteres e editores. Comprava artigos e matérias de jornais americanos e europeus. Preparava grandes coberturas e séries de reportagens. Combateu a linguagem empolada e beletrista. Montou uma redação grande, em termos de quantidade e qualidade de jornalistas. Fez tudo isso com a concordância e o apoio de Júlio de Mesquita Filho, por quem desenvolveu uma afeição filial. O doutor Julinho só não encampou uma das suas propostas: a de que se publicassem também notícias nacionais na primeira página. Abramo considerava a publicação só de notícias internacionais na página mais nobre uma manifestação do colonialismo do patrão, "que considerava a Europa e o mundo mais importantes que o Brasil, mesmo para brasileiros", conforme registrou nas suas memórias. A única exceção aberta por Mesquita Filho, depois de muita insistência dos filhos e de Abramo, foi permitir que se desse na primeira página a notícia do suicídio de Getúlio Vargas, em 1954. Com a radicalização da luta política em 1963, que dividiu a redação em alas de esquerda e direita, e o alinhamento dos Mesquita com os militares golpistas, as intrigas internas prosperaram. Cláudio Abramo não viu como continuar e se demitiu em 1963. A partir do golpe de 1964 o *Estado* passou a publicar notícias nacionais na primeira página.

Um dia depois da demissão, Frias recebeu um telefonema de Rocha Diniz, diretor do Banco Nacional. "Conheço um jornalista que você precisa conhecer. Chama-se Cláudio Abramo e acaba de sair do *Estado*", disse o diretor. O dono da *Folha* se interessou, menos pela indicação e mais pelo fato de o jornalista ter sido do *Estadão*, o jornal que admirava. O jornalista e o empresário encontraram-se no escritório de Diniz, que fez as apresentações.

— Dizem-me que você é autoritário, comunista e tem frequentes acessos de loucura — disse Frias.

— É tudo verdade, mas em outros termos. Sou marxista de formação, desde menino, sou autoritário, mas também sou disciplinado, e tenho meus acessos de raiva, como todo secretário de redação, pois vivemos sob tensão — respondeu o jornalista.

Desde o primeiro encontro, e para o resto da vida, Frias considerou Abramo um homem reto, simpático e inteligente. Contratou-o no ano seguinte para fazer análises políticas e as repassava para o diretor da *Folha*, J. Reis. Em 1965, nomeou-o chefe de produção do jornal e, dois anos depois, secretário geral. Abramo foi recebido com hostilidade pela redação, que, comparada com a do *Estado*, era mal paga e medíocre. Levou jornalistas de sua confiança e, em meio a inúmeros atritos, começou a mudar a *Folha*. Não conseguiu fazer o que pretendia. Primeiro porque não havia dinheiro, pois Frias ainda lutava para sanear a publicação. Depois porque, a partir do fim de 1968, com o endurecimento do regime, não houve como realizar mudanças de vulto. Com amigos presos, assassinados e exilados, Abramo dedicou-se sem entusiasmo ao ramerrão de fazer o jornal. Pessimista e triste, chegava à redação, reunia os editores, jogava um exemplar do *The New York Times* na mesa e dizia: "Isso é que é jornal, e não essa merda que vocês fazem; essa merda aí eu nem leio", e apontava para a *Folha*. Frias o afastou da direção em 1972, mas o manteve como colaborador.

As mudanças decisivas na *Folha* tiveram início em 1974, quando fatores políticos, históricos, econômicos e pessoais se combinaram. No começo do ano, o general Golbery do Couto e Silva, então articulando a formação do governo de Ernesto Geisel, que tomaria posse em março, convidou Frias para um encontro no largo da Misericórdia, no Rio. Frias Filho também iria à reunião, mas esqueceu a carteira de identidade e não pôde embarcar. Golbery expôs ao dono da *Folha* seu plano de distensão lenta, gradual e segura do regime. A preocupação de Golbery com São Paulo remontava à revolta constitucionalista de 1932, que, na interpretação de Frias, era um ponto cego nas formulações do general. Quando Ademar de Barros foi cassado, Golbery telefonou para o dono da *Folha* querendo saber se havia o risco de São Paulo se levantar contra a punição ao ex-governador. No largo da Misericórdia, o general não fez nenhum oferecimento a Frias de ajuda material, como colocar anúncios de empresas estatais ou abrir linhas de créditos de bancos oficiais. Mas deu a entender que gostaria que houvesse um segundo diário de prestígio em São Paulo, deixando evidente que visava contrabalançar o poder do *Estadão* — jornal antigetulista, identificado com o movimento constitucionalista de 1932, que apoiara o golpe de 1964 mas não aceitara a autocensura e, em meados dos anos 70, estava no auge. *O Estado* era uma voz forte na cena política. A *Folha*, pouco mais que um sussurro. O jornal dos Mesquita estava no centro do poder. O de Frias e Caldeira, na periferia.

O projeto liberalizante de Geisel e Golbery, bem como o sinal verde para que a *Folha* avançasse editorialmente, confluíram com a mudança das perspectivas de Frias. Ele achava que já havia feito fortuna. Em sociedade com Caldeira, era dono do Grupo Folha, de uma gráfica de bom porte, e de imóveis e terrenos em São Paulo. Sozinho, tinha uma granja produtiva perto de São José dos Campos. Não queria iate, helicóptero ou apartamento na Europa. Terminara a reformulação administrativa do jornal. Agora, se dedicaria à sua melhoria editorial. Queria transformá-lo numa instituição independente, lucrativa e influente. Caldeira não compreendia direito as novas ideias do sócio. Preferia continuar a fazer negócios. Considerava a *Folha* uma empresa como outras. Data dessa época o início da disjunção entre Frias e Caldeira. Tiveram os seus instantes de irritação mútua, mas o afeto e o respeito recíproco prevaleceram. Ainda permaneceram sócios durante quase vinte anos, período em que Caldeira foi lentamente se afastando do jornal.

Também em 1974, Cláudio Abramo foi convidado a participar de um seminário sobre a imprensa brasileira na Universidade Stanford, na Califórnia. Abramo insistiu e convenceu Frias Filho a acompanhá-lo. Achava que seria um bom aprendizado para o jovem. No aeroporto, nas despedidas, Abramo pediu a Frias, como um favor pessoal, que chamasse Alberto Dines, demitido do *Jornal do Brasil*, para trabalhar na *Folha*. Frias Filho e Abramo conversaram muito em Stanford. Sobre as mudanças políticas no Brasil, o crescimento do partido oficial de oposição, o MDB, o esgotamento do regime militar e a necessidade de a *Folha* se adaptar e aproveitar os novos tempos. Depois do seminário, os dois se encontraram com Frias em Nova York. Falaram durante horas num hotel. Os três concordavam acerca do que fazer. Voltaram ao Brasil para reformar a *Folha*, transformá-la num grande jornal.

A reforma se estendeu de 1975 a 1977. Segundo Frias Filho, a ideia de publicar artigos de diferentes correntes de opinião, estimulando o debate nacional e tornando o jornal pluralista, foi de seu pai — que por sua vez a atribui ao filho, o qual as condensou num artigo intitulado "Saco de gatos". Frias, que era dado à polêmica e promovia discussões em qualquer lugar — em casa, no escritório, na redação, em jantares — levaria os debates às páginas do jornal. Abramo encarava o pluralismo com má vontade. "Eu sou bolchevique", dizia. Profissionalmente, concordava com a diretriz. Achava que artigos de políticos de oposição, artistas, intelectuais e professores universitários ajudariam a colocar a *Folha* onde ela não estava: no panorama político. Para saber qual era o debate nacional, a elite precisaria ler a *Folha*. Politicamente, o que interessava a Abramo era derrubar a ditadura, para que houvesse em seguida um período de democracia burguesa, quando se organizariam as forças para realizar a revolução proletária. Expunha essas teses aos patrões com a maior candura. Frias ria delas. "São coisas do Cláudio", dizia ao filho. No começo de 1975, Abramo e sua mulher, a crítica de arte Radhá, foram detidos no DOI-CODI, acusados de subversão, e libertados em seguida por falta de provas.

Abramo convidou Paulo Francis para ser correspondente em Nova York, escolheu Newton Rodrigues como comentarista político e chamou Alberto Dines para chefiar a sucursal do Rio e ser colunista. Reformulou a página 3, na qual começaram a escrever oposicionistas. Frias Filho trabalhava ao lado dele, via-o editar o jornal, checando notícias, desenhando a primeira página, confiando em alguns poucos jornalistas e desconfiando de toda a redação. Abramo dava livros para Frias Filho, agia como seu mentor intelectual e jornalístico. Era reservado, não tocava em assuntos pessoais e tinha pruridos em influenciá-lo em demasia. Só deu de presente a Frias Filho uma edição francesa de *O capital*, de Karl Marx, quando o filho do patrão completou dezoito anos. Abramo tinha um humor ambíguo, no limite do nonsense. Era difícil saber se estava falando sério ou fazendo blague. Certa vez, Frias Filho testemunhou um telefonema de Abramo a Delfim Netto, ministro da Agricultura do presidente João Figueiredo. O jornalista disse a Delfim — com quem se dava bem por conta da origem italiana de ambos — que ele deveria convencer o governo militar a invadir a Bolívia e o Chile, para que o Brasil estendesse o seu território até o Pacífico. "Pense historicamente, ministro: não há potência mundial que não tenha saída para dois oceanos", falava Abramo, com a maior seriedade. Ao desligar o telefone, Frias Filho perguntou:

— Mas, Cláudio, para que isso? Você não pode ter falado sério.

— Como as nossas Forças Armadas são muito ruins, o Brasil será derrotado, o que provocará a queda da ditadura e a abertura de uma crise revolucionária. Deveremos perder uns 200 mil soldados, mas o que se há de fazer?

Do entendimento entre Frias, Abramo e Frias Filho nasceu a nova *Folha de S. Paulo*. Como a ditadura ainda não morrera, foi um nascimento complicado e traumático. Em 1977, o ministro do Exército, Sylvio Frota, mediu forças com o presidente Ernesto Geisel e Golbery do Couto e Silva, chefe da Casa Civil. Não conseguiu derrubar o presidente. Mas levou Cláudio Abramo a perder poder na *Folha*.

* * *

No mesmo dia em que Frias Filho publicou o seu artigo sobre Collor e Mussolini, domingo, 26 de março, Cláudio Humberto deu uma declaração dizendo que a Polícia Federal e a Receita "agiram corretamente" ao entrar na *Folha*, e a "tentativa de vinculação política do incidente" era "tola". Não quis comentar a comparação do presidente com o fascista italiano. "Esse tipo de coisa, além de ser um desrespeito, ainda revela desequilíbrio do jornal." O porta-voz, ao contrário do presidente, não fora informado previamente da diligência. A Superintendência da Polícia Federal em São Paulo recebera uma denúncia de que a *Folha* estaria cobrando de maneira irregular as faturas da primeira quinzena de março. O superintendente Marco Antônio Veronezzi avisou seu superior, Romeu Tuma, de que pretendia fazer uma "inspeção" nos documentos do jornal. Tuma passou a informação à ministra da Economia, Zélia, que comunicou o fato ao presidente. Collor concordou com a inspeção. Ao ser posta em prática, a diligência se transformou num espetáculo truculento. Desde a ditadura não se viam agentes armados em um jornal, procurando o seu dono com a intenção de forçá-lo a prestar depoimento numa dependência policial. Na segunda-feira, o governo anunciou a suspensão das medidas provisórias que possibilitavam ações fiscalizadoras como a promovida na *Folha*. Os Frias decidiram parar com os artigos e editoriais contra a invasão do jornal. Mesmo porque ganharam a parada. Com menos de dez dias no governo, o primeiro presidente eleito em quase trinta anos havia atacado um jornal e fora obrigado a recuar. Frias e Frias Filho não guardaram rancor de Collor. Já a hostilidade do presidente para com a *Folha* aumentou.

20. REDE GLOBO

Na mesma semana em que a *Folha de S.Paulo* foi invadida, Armando Nogueira resolveu que deveria forçar o confronto com Alberico Souza Cruz. Ele era o diretor da Central Globo de Jornalismo, tinha oitocentos jornalistas sob o seu comando, uma audiência de 60 milhões de pessoas no programa mais visto da rede, o *Jornal Nacional*, e se sentia como a rainha da Inglaterra: não mandava nada. A fonte do seu poder, Roberto Marinho, preferia dar ordens diretamente a Souza Cruz. O desgaste da relação de Nogueira com o patrão, que se arrastava havia anos, acentuara-se a partir da edição final do debate entre Fernando Collor e Lula. Em janeiro, Nogueira ainda tinha esperanças de reconquistar o poder. Almoçara com Alice-Maria e os responsáveis pelo jornalismo da Globo em São Paulo. O grupo paulista lhe perguntara o que pretendia fazer e ele respondera: "O Alberico está forte mas estou articulando. Vou passar férias na Europa e ver se consigo falar com o Boni a respeito. Na volta, falo com vocês". Mas viajou, voltou e não conversou com o vice-presidente de Operações. Na posse de Collor, sofreu um outro revés. Roberto Marinho, Roberto Irineu, Boni e Souza Cruz foram a Brasília acompanhar a cerimônia e o lançamento do Plano Collor. Armando Nogueira recebeu a ordem de ficar no Rio. Sentiu que era o momento de enfrentar Souza Cruz.

Collor convidara Boni para uma conversa em Brasília. Encontraram-se na casa do embaixador Marcos Coimbra. O presidente pediu opiniões sobre televisão educativa, mídia eletrônica, o uso de satélites para a transmissão de programas para as escolas públicas e sobre a atuação do governo nessas áreas. O vice-presidente da Globo falou a respeito de todos os temas e Collor então perguntou a ele se poderia ajudá-lo nessas questões. Boni disse que o máximo que poderia fazer era dar palpites esporádicos. Explicou que como a Globo tinha projetos para televisão educativa, haveria conflito de interesses se ele, funcionário da empresa, aconselhasse formalmente o presidente. Para enfatizar o problema do conflito, pediu a Collor que não contasse a Roberto Marinho que ele estivera lá, pois sabia que o empresário preferia ter contato exclusivo com o presidente. Collor ficou decepcionado com Boni. Considerou-o totalmente subordinado a Roberto Marinho.

Nas vésperas da posse, Boni esteve em Brasília para participar da cobertura do lançamento do Plano Collor. Foi novamente à casa do embaixador Marcos Coimbra, onde estavam Pedro e Thereza Collor. O presidente o apresentou a um rapaz que ele não conhecia: "Boni, esse é o João Santana, nosso futuro secretário da Administração". Foi nesse momento que Santana soube qual seria o seu cargo no governo. Na casa de Coimbra, Boni perguntou a que horas ia ser divulgado o Plano Collor, para saber se poderia organizar uma rede nacional. Insistia em que a apresentação deveria ser didática. Santana disse a Boni que o presidente falaria com Zélia, para que ela jantasse com ele na Academia de Tênis e acertassem os ponteiros.

* * *

Um dia antes da posse, Orlando Brito, de *Veja*, fez um pedido a Collor: gostaria de fotografá-lo em casa, antes de sair para as solenidades no Palácio do Planalto e no Congresso. "Está certo, venha bem cedo", respondeu o presidente eleito. Quando o fotógrafo chegou à Dinda, motociclistas da Polícia do Exército estacionavam suas motos em frente à garagem. Brito entrou e ouviu a voz de Collor: "Oi, Brito, tudo bem?". Sentaram-se à mesa. O presidente comeu duas bolachas, tomou alguns goles de suco de melancia e várias xícaras de café enquanto repassava em voz alta o discurso de posse, escrito pelo embaixador José Guilherme Merquior. Ensaiava gestos, repetia trechos com ênfases diferentes e testava se era melhor segurar o discurso com a mão esquerda ou a direita. Roberto Krause, o chefe do cerimonial, entrou na sala.

— Presidente, precisamos ver aquela questão do parlatório — disse.

— Parlatório? — indagou Collor.

— É. Se o vice-presidente Itamar Franco deve ficar ao lado do senhor durante o discurso no parlatório — explicou o diplomata, referindo-se à tribuna na frente do Palácio do Planalto, de onde Collor falaria ao povo.

— Que Itamar? — perguntou o presidente, em tom de galhofa, evidenciando que não queria um papagaio no ombro quando discursasse.

Orlando Brito percebeu onde deveria se colocar: numa janela do Planalto, acima do parlatório, para focar o presidente de costas, com a multidão abaixo dele. Brito achou a melhor sala, no quarto andar. Estava arrumando o equipamento quando entrou Gastão, irmão de Marcos Antônio Coimbra, do Vox Populi. O rapaz olhou a mesa, a multidão lá fora, o dia de sol. Tirou o paletó, sentou na cadeira, botou os pés em cima da mesa e disse: "Uau!". Brito se deu conta de que o poder havia mudado de mãos: jovens desconhecidos ocupavam o palácio onde pouco antes a moda era o jaquetão. Mas ele não conseguiu fazer a foto de capa. Uma de Antônio Ribeiro, feita embaixo, foi para a capa de *Veja*.

* * *

No horário marcado, oito da noite, Boni e Alberico Souza Cruz estavam na Academia de Tênis. Às dez horas pediram o jantar. Tomavam licor, já perto da meia-noite, quando Zélia chegou, junto com Antônio Kandir e Ibrahim Eris. Boni solicitou que ela fizesse um resumo do pacote econômico.

— Não posso dizer: é segredo — respondeu a ministra.

— Mas amanhã é feriado bancário, tanto faz eu saber ou não — insistiu Boni.

— Não posso contar.

— Escuta, ministra: estou aqui porque o presidente, através do João Santana, pediu que eu viesse, para ser informado e preparar a televisão para a cobertura. O objetivo é explicar as medidas da maneira mais clara possível — disse o vice-presidente da Globo, enchendo o copo da ministra de licor, para ver se ela se soltava e contava algo.

— Não podemos dizer nada.

— Mas nós temos que saber ao menos as linhas gerais para poder vender o plano.

— O plano econômico não é um sabonete, um produto para ser colocado à venda, é um projeto de transformação do Brasil.

— Que se não for bem-apresentado não surtirá nenhum efeito — rebateu o executivo da Globo, levantando-se pouco depois para ir dormir.

No dia seguinte, na mesa de café, Boni disse a Souza Cruz: "Vai dar cagada. Esses economistas não têm ideia do que é televisão, de como atingir o público.

Vou voltar para o Rio". Estava mal-humorado. Perdera tempo em Brasília, achara Zélia uma casca-grossa e dormira mal: o cobertor de seu apartamento no hotel, fininho, não o protegera do frio.

Na manhã de sexta-feira, 16 de março, o editor e comentarista econômico Paulo Henrique Amorim, da Globo, deu uma passada na sucursal do *Jornal do Brasil* em Brasília e perguntou ao decano dos colunistas políticos, Carlos Castello Branco, o que achava do novo presidente. "Ele pode ser um novo Getúlio", opinou Castelinho. Amorim foi para o Ministério da Economia, onde, junto com outros jornalistas econômicos, ouviu Zélia e seus assessores explicarem o plano. Escreveu as principais medidas no seu bloco de anotações e entrou no ar ao vivo para relatá-las. Foi o resumo mais claro do pacote que a Globo pôs no ar naquele dia. Zélia, Kandir e Ibrahim Eris deram em seguida uma conturbada entrevista coletiva. Os três não conseguiram se fazer entender. Não diziam o que pretendiam nem quais eram os fundamentos do plano. A ministra falava "transferência da titularidade" com a naturalidade de quem diz "hoje está calor". Eris, o presidente do Banco Central, nascido e criado na Turquia, dizia "os torneiras" e "as critérias".

O que deu para compreender da apresentação do Plano Collor era surpreendente: as contas correntes e as cadernetas de poupança estavam congeladas no limite máximo de 1250 dólares. O que estivesse acima desse limite seria liberado ao longo de dezoito meses. O presidente fez exatamente aquilo que durante a campanha dissera que o PT faria se Lula fosse eleito: o confisco. Ou seja, a maior intervenção estatal na propriedade privada jamais promovida no Brasil foi realizada por um presidente de direita. Quase tão impressionante quanto o confisco foi a reação da grande imprensa. Os editoriais foram unânimes no aplauso irrestrito ao plano. Jornais, revistas e emissoras de televisão deixaram de lado o credo liberal e os dogmas antiestatais. Reduzidos à sua essência, os editoriais de apoio às medidas econômicas do novo governo expuseram uma mesma justificativa: era preciso fazer algo contra a inflação, que chegara a 80% ao mês no fim do governo Sarney. Mesmo que esse "algo" fosse a alteração da propriedade privada, pilar do capitalismo.

Lílian Witte Fibe, repórter econômica da Globo, estava em Brasília. Fora transferida de São Paulo para fazer matérias secundárias. Ela se formara em jornalismo na Escola de Comunicações e Artes da Universidade de São Paulo, trabalhara na *Folha de S.Paulo* e na *Gazeta Mercantil*. Roberto Muller a encarregou de apresentar um quadro diário de quatro minutos, na madrugada, na Rede Bandeirantes, no qual diria as principais notícias da edição da *Gazeta* na manhã seguinte. Muller queria um programa diferente dos da Globo. Lílian passou a dar o resumo das manchetes sem usar o teleprompter, só olhando de vez em quando para as suas anotações. Saiu-se tão mal na estreia que Johnny Saad quis tirá-la do ar. O programa acabou se firmando porque Lílian era brava e determinada. Alice-Maria percebeu o potencial da moça e a contratou para ser repórter de Economia da Globo. Lílian deixou a emissora em 1985, meses depois de Paulo Henrique Amorim ser nomeado seu chefe. Achava que Amorim não gostava das reportagens dela e não as punha no ar. Voltou um ano depois, pensando que ele não seria mais o seu superior hierárquico.

Em Brasília, Lílian captou sinais de revolta contra o confisco das poupanças. As linhas telefônicas da emissora ficaram congestionadas, tantas eram as perguntas e reclamações dos telespectadores. A repórter recebera um telefonema de um homem dizendo que iria matar Zélia. No hotel, um outro sujeito, transtornado, a perseguira para contar que todas as suas economias estavam bloqueadas num consórcio. Foi tão ameaçador que Lílian, atemorizada, mudou de hotel. O motorista que a atendia na capital contou que o dinheiro dele, com o qual pretendia comprar um táxi, estava imobilizado. Havia um misto, avaliava a repórter, de desinformação, ansiedade e raiva. Várias pessoas queriam saber detalhes do plano que Lílian não tinha como explicar.

Um dia depois do lançamento, de manhã, Lílian teve a oportunidade de ajudar no entendimento do plano. Zélia chegou à emissora de blusinha branca, saia preta e colar de pérolas. A ministra reclamou do cansaço, e pediu um sanduíche e um suco de laranja. Alberico Souza Cruz escalou Lílian para entrevistá-la ao vivo no *Hoje*. Imbuída da repercussão que captara nas ruas, a jornalista entrou no estúdio disposta a dirimir as dúvidas práticas, microeconômicas. Fez perguntas sobre consórcios, cartões de crédito, mensalidades de escolas e clubes, salários, dívidas e empréstimos. Demonstrando desconhecimento ou desarticulação, a economista não conseguiu esclarecer dúvidas singelas. A repórter indagou se a poupança seria reajustada em 84%, o índice da inflação daquele mês, e Zélia tergiversou. A jornalista insistiu.

— Isso eu já respondi, Lílian — disse Zélia, azeda.

— Mas, como eu, muitos telespectadores podem não ter entendido a resposta — rebateu Lílian.

Para a repórter, fora mais uma entrevista, com alguma fricção, é certo, mas nada extraordinária. Fora da emissora, no entanto, foi tratada como uma heroína. Era cumprimentada e até aplaudida. Nunca um trabalho dela tivera tanta repercussão. Pessoas a elogiavam por haver "apertado" e "criticado" a ministra e "protestado" contra o confisco — atitudes que ela considerava não ter tomado. Circularam rumores de que Lílian pressionara Zélia porque todo o seu dinheiro estava depositado em cadernetas de poupança. Não era verdade: ela havia acabado de usar suas economias para comprar um apartamento. Na Globo, ninguém a elogiou ou admoestou. Souza Cruz gostou da entrevista e repetiu alguns trechos dela no *Jornal Nacional*. Roberto Marinho perguntou a Souza Cruz por que escalara "aquela moça" para entrevistar a ministra. O jornalista respondeu que tinha sido uma entrevista muito esclarecedora, um bom trabalho.

Dias depois, Lílian escreveu um comentário para o *Jornal Nacional*, com base numa informação que lhe fora passada por Ibrahim Eris, dando conta de que o governo puniria com rigor os bancos que não seguissem as novas normas. Minutos antes de entrar no ar, Paulo Henrique Amorim, já no Rio, telefonou e pediu que ela lesse o texto. O editor de Economia não gostou do comentário e não o levou ao ar.

Lílian ficou brava mas não protestou. Foi para o hotel e, na manhã seguinte, sem falar com ninguém na Globo, viajou de volta para São Paulo. No voo, a tripulação lhe entregou uma carta, assinada por todos, do comandante às aeromoças, elogiando sua atitude perante a ministra. Francisco Vianey Pinheiro telefonou para Lílian e transmitiu um recado de Armando Nogueira, com o qual ele concordava: já havia crises demais para tourear na Central de Jornalismo, a situação não estava fácil, por favor, volte a Brasília e faça o seu trabalho. A repórter retornou à capital. Decidiu não fazer mais reportagens e comentários para o *JN*. Trabalharia para o *Hoje* e o *Jornal da Globo*, e assim evitaria novas trombadas com Amorim.

Jô Soares, que tinha votado em Mário Covas no primeiro turno e em Lula no segundo, empolgou-se com o discurso inaugural do presidente. Considerou-o forte, um anúncio de novos tempos. No dia seguinte, ficou estatelado com o Plano Collor. Não acreditava no despreparo de Zélia, Eris e Kandir. Assim como outros 10 milhões de brasileiros que estiveram em bancos nos três primeiros dias de vigência do plano, o humorista foi a uma agência. Passou horas numa fila e foi entrevistado por emissoras de rádio e televisão. Circunspecto, sem fazer piadas, disse aos repórteres que o plano era uma violência. Ele punha a vida das pessoas de pernas para o ar, e impedia a realização de projetos e sonhos: a compra da casa própria, o casamento marcado, o tratamento médico. Como a de Lílian, a opinião de Jô Soares era impessoal, já que apenas parte do seu salário estava retida. A opinião dele, contudo, traduzia o efeito das medidas econômicas sobre o que Otavio Frias Filho descrevera como "as microscópicas relações interpessoais onde se tece o destino de uma sociedade". Uma pesquisa do Datafolha aquilatou que 81% da população aprovara as medidas. Foi o ápice de Collor. Dali em diante, o apoio ao plano e a sua popularidade só cairiam.

— Não te falei que ia ser uma catástrofe, Alberico? — perguntou Boni a Souza Cruz pouco depois do anúncio do plano.

— O que você acha que se deve fazer?

— O único que pode dar um jeito é o Collor. Esses tecnocratas falam de um jeito incompreensível. São hostis ao telespectador. O turco nem português fala. O presidente deveria aparecer na televisão. A Zélia poderia ir ao *Faustão* e ao programa do Silvio Santos.

— Vou falar com o Fernando.

Alberico Souza Cruz era o jornalista mais querido do presidente, que sabia de seu papel na edição do debate com Lula. Na formação do governo, Collor lhe dissera em primeira mão quem seriam os principais ministros, e o jornalista levara as notícias ao ar com exclusividade, em plantões do *Jornal Nacional*. Soubera antes de Alceni Guerra que ele seria o ministro da Saúde. O jornalista pediu e o presidente aceitou dar uma entrevista à Globo, e disse a Souza Cruz que a ministra da Economia iria ao *Faustão* e ao *Programa Silvio Santos*. Collor telefonou a Boni para agradecer os conselhos. "O senhor é um bom comunicador", disse o vice--presidente da Globo. "É o senhor quem deve apresentar o plano. Os ministros devem ficar na execução." Meses depois, o presidente lhe enviou um bilhete perguntando quais eram as melhores marcas da safra do Beaujolais Nouveau daquele ano. Boni lhe mandou algumas garrafas de presente. Nunca mais se falaram.

Silvio Santos atendeu o pedido para que entrevistasse Zélia no domingo. Era algo fora dos moldes do programa, mas ele achara que o Plano Collor não fora entendido e queria dar a sua contribuição para aclará-lo. Fez perguntas didáticas à ministra, que se saiu bem. Collor deu a entrevista à Globo na noite de domingo, logo depois do *Fantástico*. Não teve conhecimento prévio das questões, feitas por Paulo Henrique Amorim e Joelmir Betting, e aceitou ser entrevistado ao vivo. Amorim quis saber qual era a garantia de que os cruzados novos confiscados seriam devolvidos após dezoito meses num país onde os governos primavam por não cumprir promessas. "A garantia é que eu assino embaixo", respondeu o presidente. Com isso, associou os resultados do plano ao destino de sua Presidência. Voluntarista e imperial, desconsiderou tudo o mais: os interesses contrariados, a luta política, a precariedade da equipe econômica e a possibilidade de a inflação voltar.

Apesar das dúvidas e críticas dos amigos, e de ter tido prejuízo pessoal com o Plano Collor, Ruy Mesquita fez um editorial no *Jornal da Tarde* apoiando o pacote econômico. Deu uma entrevista a Marco Antônio Rocha, da Rede Manchete, dizendo que o plano era patriótico e tinha intenção honesta. Contou que acabara de plantar um seringal na fazenda dele e, com as novas medidas, os subsídios ao projeto haviam sido cancelados. No dia seguinte, recebeu um telefonema do presidente, que agradeceu, como disse, "a fala patriótica". Seu filho Fernão Lara Mesquita, diretor de redação do *Jornal da Tarde*, concordou com a publicação do editorial, mas disse à mulher: "Esse Collor é louco mesmo, vai levar dez anos para o Brasil sair do buraco". O único da família que tivera um segundo encontro com Collor, após os almoços do candidato na empresa, fora Júlio César, filho de Júlio Neto e sobrinho de Ruy Mesquita. No início do ano, Júlio César, diretor da Sociedade Interamericana de Imprensa, levara um grupo de editores de jornais do continente a uma audiência com o presidente eleito. Collor pediu-lhe que servisse de intérprete, e durante uma hora expôs seus projetos aos editores americanos, entre eles o do *Los Angeles Times* e o do *Chicago Tribune*, que ficaram bem impressionados.

Uma semana depois de sua entrevista com Zélia, Silvio Santos se reuniu com Guilherme Stoliar. Tinham um problema: estavam sem dinheiro para pagar os salários dos funcionários do SBT, que somavam cerca de 3 milhões de dólares. Silvio Santos havia recentemente tomado 10 milhões de dólares emprestados do Bradesco para concretizar uma ideia de Stoliar: a construção dos novos estúdios da emissora, nas margens da via Anhanguera. O empresário colocara sua própria casa como garantia para o empréstimo. Com o Plano Collor, o SBT ficou sem dinheiro em caixa. Não podiam pedir um outro empréstimo ao Bradesco. "O único que tem esse dinheiro é o Quércia", disse Stoliar. "Então vamos falar com ele", propôs o dono do SBT. Encontraram-se com o governador paulista, que os encaminhou a Wadico Bucchi, recém-nomeado presidente da Caixa Econômica de São Paulo. Bucchi lhes concedeu o empréstimo a juros de mercado.

Informações sobre as negociações bancárias do SBT com o Bradesco e a Caixa chegaram de maneira truncada aos ouvidos de Roberto Marinho. O empresário mandou sua secretária telefonar para Walter Fontoura, diretor de *O Globo* em São Paulo, e perguntou onde ele estava.

— Estou de férias, na minha casa em Petrópolis — respondeu o jornalista.

— Acho que vai ser necessário que você interrompa suas férias, Walter, para cumprir uma missão.

— Pois não, doutor Roberto.

— O Bradesco assinou um contrato de publicidade de 10 milhões de dólares com a emissora do Silvio Santos. Como a Globo tem cinco vezes mais audiência que o SBT, quero que você diga ao Bradesco que gostaríamos de assinar com ele um contrato de 50 milhões de dólares.

— Está certo, irei a São Paulo tratar desse assunto.

— Quando você vai?

— Acho que amanhã, por que, doutor Roberto? — perguntou Fontoura.

— Nesses assuntos, Walter, é melhor bater no ferro enquanto ele ainda está quente...

— Então vou descer hoje mesmo para o Rio e de lá sigo para São Paulo.

Walter Fontoura teve dificuldade em marcar um encontro com Lázaro Brandão, presidente do Bradesco. Os bancos tentavam entender as novas regras econômicas e se adaptar a elas. Brandão passava os dias em reuniões no Bradesco ou em Brasília, com técnicos do governo, e não atendia o jornalista. "Walter, você está muito silencioso", dizia Roberto Marinho, que de vez em quando telefonava a Fontoura pedindo notícias. Depois de mais de uma semana, o banqueiro finalmente recebeu o jornalista. Brandão esclareceu o mal-entendido. Não se tratava de um contrato de publicidade. O banco havia feito um empréstimo a Silvio Santos. Marinho se deu por satisfeito com as explicações. Podia agora tratar da situação da Central de Jornalismo.

Mantido à margem da cobertura da posse e do lançamento do Plano Collor, Armando Nogueira não deu nenhuma orientação a Souza Cruz. Quando ele telefonava de Brasília para contar quais reportagens pretendia enviar ao Rio, o diretor dizia para se entender com o editor regional em Brasília. De volta ao Rio, Souza Cruz procurou Nogueira, que o mandou falar com Alice-Maria. A diretora executiva lhe disse que a partir daquela data as reuniões de definição do *Jornal Nacional* teriam lugar na sala dela, e não na de Souza Cruz, como ocorria até então. Souza Cruz decidiu pagar para ver quem tinha mais poder. Conversou com Armando Nogueira.

— Não concordo com a mudança e quero sair da Globo. Mas preciso que você me demita e consiga minha *love letter* da família Marinho — disse, usando o jargão empregado na rede para as indenizações concedidas aos funcionários graduados quando saíam da empresa.

— Você entendeu mal, Alberico. A Alice-Maria pode ter sido desastrada ao explicar a mudança, que é apenas operacional. Acho que você não deve se demitir. Não posso conseguir a *love letter*. Você tem mais prestígio do que eu com os Marinho.

No dia seguinte, Souza Cruz não foi trabalhar. Rumores sobre a sua queda de braço com o chefe se espalharam. Passou-se mais um dia, e ele voltou à rede. Disse a Armando Nogueira que sairia da empresa com ou sem indenização. A notícia do conflito chegou ao Palácio do Planalto. Collor convidou Souza Cruz para um almoço em que estiveram presentes Cláudio Humberto e Belisa Ribeiro. Era um sinal de prestígio: o presidente, que tinha acertado com o jornalista a sua primeira entrevista exclusiva, agora o chamava ao Planalto mesmo sabendo-o demissionário. Não havia maneira de deixar mais claro que preferia Souza Cruz a Armando Nogueira.

No domingo, 25 de março, Collor se encontrou com Roberto Marinho no autódromo de Interlagos, onde assistiram juntos ao Grande Prêmio de Fórmula 1. Dois dias depois, na terça-feira, o dono da Globo interveio na Central de Jornalismo. Havia muito ele dava sinais de impaciência com Armando Nogueira. Queixava-se de ele chegar tarde, e tinha a impressão de que seus almoços e suas férias eram demasiado longos. Quando não o achava, magnificava as ausências dele perguntando aos filhos e a Boni: "Onde anda o nosso viajante?". Sem consultar Nogueira, divulgou um memorando na terça-feira dando mais poder a Souza Cruz e rebaixando Alice-Maria. Ele seria o responsável pelos telejornais de maior impacto, o *Jornal Nacional*, o *Bom Dia Brasil*, o *Hoje* e o *Jornal da Globo*. A diretora executiva cuidaria do *Globo Repórter*, do *Fantástico*, do *Globo Esporte* e do *Globo Rural*. Ambos continuariam subordinados a Nogueira. Souza Cruz ganhara a parada. Retirou o pedido de demissão.

"Foi uma decisão do doutor Roberto, não a discuto", disse Nogueira ao novo homem forte do jornalismo global, e determinou que a linha dos telejornais fosse discutida com Roberto Marinho e Roberto Irineu, e não com ele. Armando Nogueira passou dias indo pouco à Globo. Considerava-se vítima de um golpe branco. Estava machucado, triste, sozinho. Trabalhara 25 anos na emissora, ajudara a construí-la, sempre fora leal ao patrão — e era posto para escanteio sem um motivo justo. Nenhum dos velhos companheiros intercedera em seu favor. Sentia-se traído por Souza Cruz. Achava-o um arrivista, que ele ingenuamente prestigiara e promovera. No apartamento dele, de frente para a lagoa Rodrigo de Freitas, foi visitado na quarta-feira, dia 4 de abril, por Vianey Pinheiro, que desde dezembro não falava com Souza Cruz por causa da modificação que ele fizera na sua edição do debate entre Collor e Lula.

— Armando, não dá mais. Quero que você me demita — pediu Pinheiro.

— Agora não tenho mais poder nem para te demitir, Pinheirinho — lamentou Nogueira.

Vianey Pinheiro foi procurado pela repórter Sônia Apolinário, da *Folha de S.Paulo*, que queria notícias sobre o que se passava na Globo. Pinheiro resolveu falar o que sabia e pensava, precipitando a crise. "A empresa se rendeu de uma maneira declarada ao governo Collor", disse à repórter. "Alberico tem sido, ao longo desses tempos, o principal articulador dos interesses do novo governo dentro da Globo." Segundo ele, o "empenho" de Souza Cruz em favorecer Collor, a quem só chamava de Fernando, vinha "desde os primórdios da campanha".

Assim que leu a reportagem na *Folha*, Roberto Marinho determinou que Alice-Maria e Vianey Pinheiro fossem demitidos, este último por justa causa. Sabia que eles eram amigos e considerava que ambos vinham atuando como petistas. Ficou magoado com Alice-Maria, a quem havia acompanhado pessoalmente num depoimento, de natureza política, durante a ditadura. Achou que a jornalista agira com arrogância, pois entendera que ela queria que as reuniões sobre o *Jornal Nacional* fossem realizadas na sua casa, e não na sua sala na Globo, como de fato fora determinado. O empresário tentou preservar Armando Nogueira. Em vez de demiti-lo, convidou-o a trabalhar como seu diretor adjunto, em salas vizinhas. Vianey Pinheiro deixou a emissora no mesmo dia. Disse aos colegas que não queria que nenhum saísse em solidariedade a ele. Mas Paulo Roberto Leandro e Marcelo Vaz, em São Paulo, e Gilney Rampazzo, em Brasília, bem como Luis Gonzales, editor-chefe de Eventos, se demitiram pouco depois. (Pinheiro entrou com um processo contra a demissão por justa causa; após dois anos a Justiça do Trabalho decidiu que ele estava certo e a Globo lhe pagou a indenização.)

Nogueira se reuniu no dia seguinte com Boni e Miguel Pires Gonçalves. Boni lhe disse que, caso não aceitasse ser diretor adjunto de Roberto Marinho, estava autorizado a negociar a sua ida para outro cargo. Poderia ser o diretor da Central Globo de Esporte, aventou. O trabalho seria mais suave, numa área que ele gostava; ele teria participação nos merchandisings da nova Central e poderia dobrar a sua remuneração. Armando Nogueira tirou os óculos escuros antes de responder. Havia chorado. Os olhos dele estavam vermelhos e inchados. Era um homem pacato e sensível, que não gostava de atritos. Por mais que tivesse cogitado sair da Globo e quisesse mudar de vida, chocara-se com a brutalidade com que fora tratado. Disse: "Vocês dois têm um bom relacionamento com médicos aqui no Rio. Poderiam me internar na Clínica São Vicente e pedir que me aplicassem um remédio que amolecesse o caráter. Se isso acontecer, aceito a proposta. Mas como isso não vai acontecer, peço que vocês me consigam uma *love letter* da empresa".

Boni relatou a conversa a Roberto Marinho e defendeu que concedesse uma indenização a Nogueira. O dono da Globo não perguntou a Boni quem ele achava que deveria ficar no lugar de Nogueira. Chamou Roberto Irineu à sua sala e disse: "Vamos aposentar o Armando. Cuide disso. Vou nomear o Alberico para o lugar dele". João Roberto também não discutiu com o pai a troca de comando. A decisão de promover Souza Cruz foi exclusiva de Roberto Marinho. Se tivesse pedido a opinião dos filhos, tanto Roberto Irineu como João Roberto teriam dito que Souza Cruz era a escolha mais prática e viável, mas colocariam para a análise do pai a alternativa de Evandro Carlos de Andrade, o diretor de redação de *O Globo*. Os filhos consideravam Andrade mais experiente e qualificado, e julgavam o recém-nomeado demasiado íntimo de políticos. Roberto Irineu acertou com Armando Nogueira os termos de sua *love letter*: ele receberia 1 milhão de dólares, em parcelas mensais, ao longo de três anos.

"Você é o meu diretor de Jornalismo. Não tenho mais confiança no Armando", disse Roberto Marinho a Souza Cruz, e mandou-o combinar a sua remuneração com Roberto Irineu. O jornalista e o executivo não chegaram a um acordo. Roberto Irineu lhe ofereceu o mesmo salário mensal (cerca de 30 mil dólares) e os mesmos benefícios do antecessor, mas quis diminuir o bônus: 0,3% do lucro operacional da Globo. Para Roberto Irineu, havia diferença entre receber 0,3% do lucro operacional da emissora quando ela começou e nem sequer dava lucro, e em 1990, quando era uma empresa de sucesso e o seu lucro, fabuloso. O bônus do diretor de Jornalismo poderia atingir meio milhão de dólares num ano de bom lucro. Souza Cruz disse que não lhe interessava dirigir o Jornalismo se não recebesse o mesmo bônus que Nogueira. Roberto Irineu levou o problema ao pai, que lhe disse para acatar a reivindicação do novo diretor.

Um dia depois da entronização de Souza Cruz, Roberto Marinho foi entrevistado por *Veja*. Quando lhe perguntaram se em algum momento, e especificamente durante a corrida de Fórmula 1 em Interlagos, tinha conversado com Collor sobre a troca de guarda, Roberto Marinho foi enfático na negativa: "É um absurdo imaginar que o presidente tenha tido qualquer influência nas alterações em nosso departamento de Jornalismo: quem dirige a Globo sou eu". Collor também negou que houvesse falado com o empresário sobre o assunto. Roberto Marinho achou que tomara a decisão certa e agira com lisura para com Armando Nogueira, um velho companheiro, já que a princípio o mantivera como diretor, depois lhe oferecera a oportunidade de trabalhar ao lado dele e, por fim, lhe pagara uma bela indenização. Mas se decepcionou com as lágrimas de Nogueira no seu último dia na Globo. Admitia que o jornalista estivesse emocionado. Ele também estava. No seu código de comportamento, contudo, considerava falta de hombridade um funcionário chorar ao deixar o cargo.

Com a ascensão de Souza Cruz, Roberto Marinho tirou de Boni a responsabilidade pelo conteúdo dos telejornais. Ele mesmo discutiria com o novo diretor a linha do Jornalismo. Na segunda-feira seguinte, na reunião de todos os diretores de unidade da rede, Boni disse, na presença de Souza Cruz, que não tivera qualquer papel na escolha do novo diretor de Jornalismo, e a partir daquele dia não teria participação nas notícias que a Globo desse ou deixasse de dar. Muitos dos presentes tomaram a manifestação como um sinal de hostilidade para com Souza Cruz. Mas não o jornalista. Sempre que necessário, pedia a opinião de Boni e se aconselhava com ele. O vice-presidente também não tinha nada pessoal contra o novo diretor. Quisera delimitar os compromissos de cada um. Vieram a se aproximar, embora, como fizera antes com Miguel Pires Gonçalves, Boni deixasse bem nítidas as fronteiras funcionais que os separavam. Cada um atuaria na sua área.

Souza Cruz começou a montar a própria equipe logo que assumiu o posto. Promoveu Ronald Carvalho, que editara a versão final do debate entre Lula e

Collor, transformando-o no seu subordinado imediato, o segundo homem na hierarquia do Departamento de Jornalismo. Transferiu de volta ao Rio o correspondente em Nova York, Lucas Mendes. Argumentou que fazia muitos anos que ele estava nos Estados Unidos e quis colocar Paulo Henrique Amorim no seu posto. Mas, durante a campanha, Lucas Mendes dera uma declaração à revista *IstoÉ* chamando Collor de "jagunço yuppie". Quanto a Amorim, o novo diretor não se dava bem com ele desde que trabalharam juntos no *Jornal do Brasil*. Mendes não aceitou a transferência. Saiu da Globo e continuou em Nova York, como correspondente da TV Record. Paulo Henrique Amorim foi comandar a sucursal da Globo em Nova York.

Collor gostou da mudança. Agora era amigo do dono da Globo e do seu diretor de Jornalismo. Mas continuava a sentir que João Roberto Marinho se mostrava reticente a ele. Mandou alguns recados, por intermédio de Souza Cruz, Antônio Drummond e Jorge Serpa, dizendo que teria prazer em se encontrar com ele. Como não eram convites formais, João Roberto concordava mas não marcava datas. E quando elas eram acertadas, dizia que tinha compromissos previamente agendados. Não queria se aproximar do presidente. Apoiava o programa de Collor, mas, em *O Globo*, fazia críticas pontuais quando achava que o presidente errara, além de não interferir na publicação de reportagens que, sabia, não seriam do agrado do governo.

21. FOLHA DE S.PAULO

Numa viagem à Europa depois de eleito, Collor se encontrou com José Guilherme Merquior, embaixador do Brasil na UNESCO.

— Não sei se cumprimento o senhor pela vitória ou dou os pêsames — disse o diplomata.

— Por quê? — perguntou o presidente.

— Porque o senhor tem contra si as elites, os políticos, os sindicalistas, a Igreja, o funcionalismo, os militares, toda a sociedade organizada.

— E o que eu deveria fazer?

— O senhor precisaria construir pontes em direção a essas instituições, e acho que deveria começar pelos militares.

— Embaixador, preciso de uma base ideológica. Falam que eu sou de direita, e para mim a direita é o Delfim Netto e o Roberto Campos. O senhor me vê como um político de direita?

— Não. Eu o vejo como um socialista liberal.

— Mas não há uma contradição entre socialismo e liberalismo?

— Não. O Norberto Bobbio usa e defende essa classificação — disse o diplomata, apoiando-se nas teorias do cientista político italiano.

Da conversa, Collor tirou conclusões práticas. Pediu ao embaixador que escrevesse textos programáticos sobre a conjunção de liberalismo e socialismo, esmiuçando os problemas brasileiros dessa perspectiva ideológica. Pretendia usar os textos como plataforma para a construção de um novo partido. Na Presidência, decidiu também, se aproximaria dos militares.

Começou a aproximação abandonando um projeto que defendera na campanha, o da criação do Ministério da Defesa, que controlaria o Exército, a Marinha e a Aeronáutica. Vestindo uniformes e fazendo o que os militares faziam, ele os prestigiou. Usou um uniforme camuflado e copilotou um caça da FAB. Os gestos de apreço aos militares se confundiram com as atividades esportivas do presidente, para gáudio de fotógrafos e cinegrafistas. A imagem dele, tal como transmitida pela imprensa, não formava um todo coerente. O presidente juntava símbolos de juventude (foi fotografado de camiseta, tênis e abrigo), de esportista (corria, jogava futebol e vôlei), de religioso (aparecia contrito ao lado de Frei Damião), de ecologista (visitando a Amazônia), de playboy (pilotando motocicleta e jet-ski), de intelectual (carregando um livro de Norberto Bobbio), de soldado (uniformizado como Rambo) e de rico consumista (usando gravatas Hermès, tomando uísque Logan e fumando charutos cubanos). A espetacularização da Presidência tinha duas cerimônias semanais. Na tarde de sexta-feira, Collor descia a rampa do Palácio do Planalto acompanhado de atletas, comediantes, ministros e atores. Na manhã de domingo, corria nas imediações da Casa da Dinda vestindo camisetas com mensagens antidrogas, ecológicas e pseudofilosóficas, como "O tempo é senhor da razão". À noite, no *Fantástico*, e na primeira página dos jornais de segunda-feira, era infalível o registro de suas corridas.

A construção de uma imagem presidencial não era novidade. João Figueiredo também posou fazendo ginástica e montando a cavalo. José Sarney se apresentava como literato: fazia-se fotografar lendo e escrevendo. A novidade era a superexposição, que logo foi classificada na imprensa como artificial, produto de uma Central Collor de Produções. A produção nem sempre era bem cuidada. A motocicleta que ele pilotou em Brasília, uma possante Ninja — descobriu-se em seguida — fora contrabandeada. Na Suécia, Collor dirigiu um caminhão que derrapou e saiu da pista. Na Espanha, pendurou mais comendas e medalhas no fraque do que o rei Juan Carlos. Vestindo um colete da Polícia Federal, ateou fogo numa montanha de maconha, mas o excesso de gasolina provocou uma explosão que chamuscou a sua comitiva. A mãe dele assinou um artigo em *Veja* sustentando que o presidente não deveria realizar atividades arriscadas, como pilotar um caça a jato. "Dona Leda nunca se preocupou com os filhos e agora vem com essa conversa mole", disse Collor a Cláudio Humberto quando leu o artigo. A pedido da revista, o presidente fez um artigo rebatendo o de Leda Collor.

O homem que assumiu a Presidência estava mudado. Muitos dos que o conheceram antes da campanha, em graus variáveis de proximidade, perceberam que a mudança era profunda, caso de Pedro Collor e Cláudio Humberto. Para passar-se por mais velho, começou a usar gel no cabelo. Parecia que também envelhecera interiormente. Perdera algo da sua energia. Estava mais fechado e formal. Distanciou-se dos amigos e aliados. Não tinha intimidade com ninguém.

Os únicos no governo a quem dava autonomia eram Zélia e Cláudio Humberto, e mesmo com eles não travava conversas francas. Tomava decisões sozinho, seguindo como critério primordial a reação popular. Entre os amigos fora do governo, confiava em Paulo César Farias. Não gostava de falar com políticos, que em sua maioria lhe pediam nomeações e verbas. Não tinha base sólida no Congresso. Deleitava-se mais com as pompas do poder do que com o seu exercício efetivo. Não conseguia materializar a sua vontade de mudar o país. O "único tiro" que ele dera para matar a inflação errara o alvo, e ela voltou a subir.

Intrigado, Silvio Santos acompanhava pela televisão o infatigável exibicionismo do presidente. Não o compreendia direito. Uma noite, achou que descobriu a chave para entender Collor. "Ele tem a síndrome do galã", disse à mulher, Íris, que perguntou o que ele estava querendo dizer. Explicou que Collor era inteligente, bonito, sabia falar e se comportar. Era um galã natural. Ele, Silvio Santos, o contrataria para apresentar um programa de auditório, porque tinha certeza de que seria um sucesso de audiência. Por ser galã, e ainda por cima rico, tudo na vida fora fácil para Collor: namorou as mulheres que desejou, e foi cortejado e paparicado. Não precisara, como o empresário, fugir do rapa quando era camelô ou adular militares e se endividar para obter a sua emissora. A beleza e o carisma levam pessoas como Collor a desenvolver a síndrome do galã: tornam-se personalistas e vaidosos. Na Presidência, avaliava o dono do SBT, Collor, vítima da síndrome, estava sobretudo preocupado com ele mesmo, com a própria imagem: seus ternos, suas camisetas, suas corridas e seu porte físico. O governo era o seu palco.

Collor resistia a dar acesso a jornalistas e donos de órgãos de comunicação. Os seus contatos com eles eram episódicos e erráticos. Convidou um grupo de diretores de redação de emissoras de televisão e, no dia seguinte, os de jornais e revistas. Os jornalistas, que preferem encontros individuais, não gostaram da reunião. A experiência não foi repetida. Numa ocasião, Cláudio Humberto disse a Carlos Chagas, da Rede Manchete, que Collor gostaria de lhe conceder uma entrevista. Chagas vira um programa americano, apresentado pelo jornalista Peter Jennings, chamado *24 Horas com o Presidente*, e sugeriu que fizessem algo parecido. Queria estar ao lado de Collor durante um dia inteiro. O porta-voz concordou e Chagas acompanhou o presidente, numa sexta-feira, do café da manhã na Dinda à descida da rampa do Planalto. No fim do dia, o entrevistou. O programa, de quarenta minutos de duração, foi ao ar na mesma noite. No almoço, o presidente confessou ao jornalista: "Não consigo me relacionar bem com a imprensa, principalmente com a de São Paulo, que é mais arrogante". Chagas opinou que estava faltando "contato pessoal" e ofereceu-se para promover um jantar em sua casa com jornalistas influentes. Collor gostou da ideia. O jornalista fez a lista dos convidados e a submeteu a Cláudio Humberto, que não vetou nenhum e sugeriu que Carlos Castello Branco e Marília Gabriela sentassem à mesa do presidente. Quando tudo estava organizado, Chagas telefonou a Adolpho Bloch e explicou que não ficaria bem que ele comparecesse, pois o jantar era só para jornalistas. "Claro, não tem problema, mas faço questão que a Manchete te ajude", disse o patrão. A emissora colaborou na contratação de garçons e cozinheiros e no aluguel de cadeiras e pratos. O jantar foi agradável. Na mesa de Collor, discutiu-se presidencialismo e parlamentarismo. Ninguém fez perguntas sobre a volta da inflação. O encontro serviu para quebrar o gelo entre a imprensa e o presidente. Mas, novamente, não gerou notícias nem abriu canais individuais entre Collor e jornalistas.

Collor convidou Johnny Saad para um único encontro no Planalto, no começo do governo. Pediu a opinião do dono da Bandeirantes sobre telecomunicações. Saad falou contra os privilégios e a tendência à monopolização. Disse que o governo deveria propor mudanças na legislação, a fim de garantir a existência de várias redes. Por exemplo, deveria evitar que uma empresa tivesse vários veículos e formas de comunicação numa mesma base territorial. O presidente solicitou uma cópia de um programa que a Bandeirantes exibira recentemente, um episódio do noticioso americano *60 Minutes*. O programa contava a história de um indiano que havia se formado em finanças e administração em boas universidades americanas. Ao voltar ao seu país, ele abriu um banco que logo faliu. Onde errara? Para obter a resposta, passou um ano andando pela Índia e descobriu que a maioria dos compatriotas dele precisava de empréstimos modestos, da ordem de quinhentos dólares, para iniciar negócios. O indiano começou então a emprestar essa quantia, e depois transformou os primeiros clientes em seus representantes. Eles trabalhavam em suas lojas e em casa, emprestavam o dinheiro do banqueiro e recebiam um pequeno percentual sobre o que resgatavam. A experiência foi bem-sucedida. Virou um caso de administração, estudado em faculdades americanas. Saad enviou a fita ao presidente. Imaginava que Collor lançaria uma iniciativa como a do indiano. Ou que poderia aproveitar algumas das ideias que expusera sobre telecomunicações. Nenhuma das duas coisas aconteceu. O presidente nunca mais o procurou. Em compensação, pouco tempo depois executivos do Departamento Comercial da Bandeirantes receberam propostas de funcionários que trabalhavam na área de publicidade do governo: queriam ganhar comissões para veicular anúncios oficiais na emissora. Saad mandou não pagar as comissões. Assustou-se com a contradição entre o presidente que visitara, interessado em ideias, e a crueza do pedido de propinas de gente de seu governo.

A mesma crueza impressionou Mauro Salles, um publicitário com vocação política. Pernambucano, ele era filho de Apolônio Salles, senador e ministro da Agricultura de Getúlio Vargas. Aos domingos, o presidente oferecia churrascos aos amigos no Palácio do Catete. O senador foi convidado para um deles, e o menino Mauro tanto pediu para ir junto, pois queria conhecer Getúlio, que o pai o levou. Sem cerimônia, sentou-se no colo do presidente, que vestia bombachas, e perguntou se ele ia ao cinema. Foi o primeiro dos vários presidentes que conheceu. Quando da renúncia de Jânio Quadros e da imposição do parlamentarismo, o primeiro-ministro Tancredo Neves o chamou para ser secretário do Conselho de Ministros. Em 1984, escolhido presidente pelo Colégio Eleitoral, Tancredo convidou Mauro Salles novamente. Queria que ele fosse seu secretário de Assuntos Extraordinários, uma função não remunerada, que só existiria quando o presidente tivesse algum problema e o encarregasse de solucioná-lo. Salles fora chefe de redação de *O Globo*, participara da fundação da Rede Globo e, em 1966, abrira uma agência de publicidade, que batizou com o seu sobrenome. Afável e sorridente, ele conhecia políticos, empresários e jornalistas. Não havia pessoa poderosa no Brasil que não tivesse pelo menos ouvido falar dele. A única tarefa que Salles realizou para Tancredo foi acompanhar a sua agonia e a sua morte.

Antes da posse do presidente, Salles foi procurado por Leopoldo Collor. Costumavam encontrar-se em festas e coquetéis de agências de propaganda. O irmão de Fernando Collor perguntou como Salles achava que a publicidade governamental deveria ser reorganizada. As intenções de Leopoldo pareceram boas ao publicitário: moralizar e democratizar a área, impedindo que agências picaretas, ou as mesmas de sempre, abocanhassem todas as contas federais. Salles sugeriu que, nos editais de concorrências, se requisitasse um capital mínimo. Era uma forma de evitar que se criassem agências exclusivamente para ganhar concorrências. Aconselhou que se exigissem propostas de trabalho o mais concretas possível e que estas fossem submetidas ao crivo de uma comissão idônea. Tempos depois, Leopoldo telefonou a Salles. Avisou que a área de publicidade ficaria sob a responsabilidade de Cláudio Vieira, secretário particular do presidente.

Contemporâneo de Paulo César Farias no Seminário de Maceió, Cláudio Francisco Vieira cursara direito e trabalhava como secretário de Collor desde o governo de Alagoas. Baixo e atarracado, falava pouco. Causava má impressão aos repórteres: tinha dentes malcuidados e, em dez minutos de conversa, começava a falar sobre mulheres. Ninguém o conhecia nos meios publicitários. Em 15 de abril de 1990, o governo baixou um decreto suspendendo por sessenta dias os contratos de propaganda governamental. A medida parecia correta: visava sustar os contratos acertados no apagar das luzes do governo Sarney. Um mês depois, o Planalto editou outro decreto, tornando obrigatória a licitação para a contratação de serviços de publicidade, o que não acontecia até então. Mais uma vez, o objetivo parecia moralizador. Com a concorrência, evitava-se que os governantes escolhessem agências ligadas a eles. Passaram-se mais três meses e, em 20 de junho, dois decretos centralizaram a aprovação de toda a propaganda do governo, inclusive das estatais, nas mãos de Cláudio Vieira. Os decretos criaram também duas comissões, uma de licitação e outra de aprovação da publicidade. Esta última deveria ser integrada por quatro membros, não remunerados, indicados por Vieira e aprovados pelo presidente. Na prática, Collor conferiu ao secretário superpoderes na área da publicidade oficial. Caberia a ele decidir os destinos de uma verba orçada em 500 milhões de dólares anuais. As verbas de divulgação de estatais como a Petrobras, o Banco do Brasil e a Caixa Econômica estariam sob o seu controle. A descentralização dessas verbas fora obra de Golbery do Couto e Silva, chefe do Gabinete Civil de Geisel. O general achava que a disputa da propaganda oficial era um jogo pesado e, muitas vezes, sujo. Era melhor que esse dinheiro, foco de manipulações e corrupção, fosse mantido fora do Planalto. Collor fez o contrário. Trouxe-o para o coração do governo, para a sua secretaria particular.

Cláudio Vieira começou a agir. Chamou Mauro Salles para uma conversa. Sem preâmbulos, disse que a agência dele poderia ganhar contas grandes, desde que os 20% que os veículos (emissoras de rádio e televisão, jornais e revistas) destinavam às agências, como era de praxe no meio, fossem entregues ao governo. Vieira explicou que o dinheiro não ficaria com ele. Seria usado para pagar despesas do governo. Entre elas, a remuneração de redatores dos discursos de Collor. Salles rechaçou a proposta e explicou por quê. Ela era inviável e contraproducente. A Salles/Interamericana adotava a política de contas abertas. Isto é, cada cliente tinha o direito de averiguar o custo das campanhas de outros clientes, para evitar suspeitas de que um ou outro pudesse ter melhores condições. A prática era adotada por outras agências. Logo, as boas agências brasileiras não poderiam abrir exceção para o governo. O mecanismo das contas abertas, enfatizou, baseava-se numa questão de princípio: prevenir a corrupção. Além do mais, prosseguiu, os 20% que os veículos encaminhavam às agências integravam os custos das campanhas. Se metade fosse para o governo, a qualidade das campanhas oficiais pioraria. Ficariam medíocres e não atingiriam seus objetivos. Nunca mais Cláudio Vieira falou com Mauro Salles.

* * *

O repórter Gustavo Krieger era um leitor atento do *Diário Oficial* do seu estado. Em 1987, foi contratado como repórter político pelo jornal *Zero Hora*, o maior do Rio Grande do Sul, para trabalhar na Assembleia Legislativa. Ali, descobriu que nenhum ato do Legislativo, do Judiciário e do Executivo era secreto. Todos apareciam no *Diário Oficial*. O jornalista que soubesse ler e interpretá-lo levantaria pistas para matérias. Krieger aprendeu a decifrar decretos e portarias. Fez uma reportagem sobre os cinquenta maiores marajás gaúchos com base em documentos publicados pela imprensa oficial. A matéria lhe valeu uma promoção a repórter especial e o cargo de correspondente do *Correio Braziliense*. Neto do senador Daniel Krieger, líder da UDN, primeiro presidente da Arena e amigo de Arnon de Mello, ele se encontrava politicamente no campo oposto ao do avô. Na faculdade, aderira ao trotskismo. Quando cobriu a campanha de 1989, já havia abandonado a militância. Fizera uma entrevista de duas páginas com Collor para o *Zero Hora* e estava em Caxias do Sul quando houve a batalha entre colloridos e petistas. No segundo turno, Collor visitou o seu avô, que lhe deu apoio. "O senhor abandonou a política, por que então apoiar um sujeito inconfiável?", perguntou o neto a Daniel Krieger. "O meu candidato seria o Aureliano, mas tenho laços afetivos com a família de Collor", respondeu o avô. Todos os Krieger votaram no candidato do PRN, exceto Gustavo.

Ainda em 1989, Gustavo Krieger leu um anúncio na *Folha* procurando repórteres políticos e enviou o seu currículo. Em fevereiro de 1990, foi chamado por Nelson Blecher, o encarregado de avaliar os candidatos, para uma entrevista na redação, em São Paulo. Enquanto aguardava ser recebido pelos secretários do jornal, perguntou a Blecher o que deveria dizer na entrevista. "Fale mal da *Folha*", respondeu ele. Krieger criticou o jornal e foi contratado como repórter em Brasília. Na sucursal, cobriu a reforma administrativa. Fez reportagens comparando as promessas de campanha com os atos do governo. Demonstrou a irracionalidade da reforma: milhares de funcionários foram obrigados a parar de trabalhar mas continuaram recebendo o salário integral.

Em Brasília, Krieger trocou a leitura do *Diário Oficial* gaúcho pelo da União. Em 15 de maio, leu o decreto tornando obrigatórias licitações para a contratação de agências de publicidade. No final de julho, viu no DO um aviso: sem fazer licitação, a Petrobras Distribuidora contratara uma agência para realizar a campanha de lançamento do óleo Lubrax Ultra-SG, ao custo de 2,5 milhões de dólares. O *Diário Oficial* dizia que a contratação se baseara numa lei de 1986 que dispensava as licitações. A agência escolhida fora a Setembro, de Almir Salles, que tomara parte na campanha eleitoral de Collor. Krieger se pôs a par da legislação sobre o assunto, comprou e estudou livros do jurista Helly Lopes Meirelles, que era citado no contrato, e saiu a campo. Descobriu que a Setembro nunca participara de uma concorrência federal. Entrevistou o encarregado de publicidade da Petrobras Distribuidora, Carlos Pinheiro. Ele disse ao repórter que a ordem para usar a Setembro fora dada, por meio de uma carta, por Cláudio Vieira. Pinheiro acrescentou que, se coubesse a ele decidir, teria entregado a conta à agência Alcântara Machado, que fazia a publicidade da empresa havia dezessete anos.

Carlos Pinheiro não contou ao repórter, mas fora o presidente da Petrobras, Luís Octávio da Motta Veiga, quem dera a orientação para que se obtivesse uma carta formal de Cláudio Vieira determinando que a Setembro fosse a escolhida. Motta Veiga tinha sido avisado do pedido do secretário de Collor, oral, pelo presidente da Petrobras Distribuidora, o almirante Maximiano da Fonseca, ministro da Marinha no governo Figueiredo. Percebeu o escândalo em potencial — o Planalto pretendia entregar uma conta importante a uma agência pequena, ligada a Collor nas eleições — e quis um registro escrito de que a subsidiária da Petrobras estava cumprindo ordens.

Krieger entrevistou Cláudio Vieira. O secretário o recebeu com cordialidade. Disse que a Setembro fora contratada sem licitação por causa da "excepcionalidade" do caso: o lubrificante seria lançado e era preciso propagandeá-lo.

— Mas por que a Setembro? — perguntou o repórter.

— Porque é uma agência em quem o governo confia — respondeu Vieira, que em seguida começou a falar de mulheres.

Em 27 de julho de 1990, Gustavo Krieger publicou a primeira matéria sobre as contratações de agências sem licitação. Revelou que a Setembro também fora chamada para fazer campanhas da Caixa Econômica, da Receita Federal e de divulgação do Plano Collor. No dia seguinte, Josias de Souza, diretor executivo da sucursal da *Folha* em Brasília, contou numa reportagem que a ordem de trabalhar com a Setembro fora dada pelo próprio Collor. No mesmo dia, o jornal estampou uma longa carta de Cláudio Vieira rebatendo a matéria de Krieger. A resposta do secretário continha um paradoxo insolúvel: lamentava que o governo Sarney tivesse contratado agências sem licitação e defendia que o governo Collor o fizesse, com fundamento no critério da "excepcionalidade". Cláudio Vieira também escreveu que outras agências, além da Setembro, tinham sido contratadas sem licitação, mas não disse quais. Passou-se mais um dia e Krieger descobriu uma outra agência que fora contratada, pelo Banco do Brasil, sem licitação: a Giovanni e Associados. Paulo Giovanni, o dono, havia feito a campanha eleitoral de Collor no rádio.

* * *

A nova regulamentação de publicidade determinou que só poderiam participar de licitações agências que apresentassem atestados de "capacidade técnica". Isto é, que já tivessem prestado serviços publicitários ao governo. A Setembro e a Giovanni nunca tinham trabalhado antes para o governo. Mas como no período da "excepcionalidade" puderam fazer campanhas para órgãos governamentais, obtiveram os atestados. Participaram então de licitações que vieram a vencer. Ou seja, Collor trocou as agências tradicionais e poderosas que tinham contas no governo Sarney por outras, pequenas, que o ajudaram a se eleger.

Antes de Collor, as contas acabavam migrando para outras agências grandes. Uma das responsáveis pela propaganda governamental na Presidência de João Goulart foi a MPM. Seu dono, Luis Vicente Goulart Macedo, era primo do presidente. Quando Goulart foi derrubado, Macedo correu o risco de ser preso e de ter de se exilar. Nos governos militares, e no de Sarney, voltou a ganhar contas de estatais. Era uma agência respeitada. Fazia boas campanhas e contratava os melhores profissionais de concorrentes. Quando uma agência ficava muito tempo com uma conta — caso da Alcântara Machado, que manteve a da Petrobras Distribuidora por dezessete anos, e da Denison, que cuidou da propaganda da Vale do Rio Doce durante quinze anos —, ela se tornava imbatível. Tinha pesquisas e experiência, além de conhecer o mercado.

A política do governo Collor para a publicidade oficial mudou esses parâmetros. Foi uma política semelhante à de Orestes Quércia. Quando dividiu as verbas publicitárias do governo paulista, Carlos Rayel, o encarregado da área, escolheu agências ligadas a ele e ao governador: a Delta, a CBP e a Bonturi, Barone & Associados. Cláudio Vieira se orientava pela filosofia, cuja fonte era o presidente, de que era necessário se livrar das agências estabelecidas — as da "elite". No governo Sarney, não havia licitações. As cartas-convites para participar de campanhas eram dirigidas às mesmas agências. Privilégios se cristalizaram. Comprava-se e pagava-se com antecipação de meses o espaço publicitário em emissoras. Vieira queria mudar tudo isso, o que era legítimo. Mas queria também desviar uma parte das verbas para o seu gabinete. E era ali, no seu gabinete, que Ana Acioli, a secretária particular de Collor, geria as contas pessoais do presidente, abastecidas por Paulo César Farias.

A centralização da publicidade na sala de Vieira lhe dava força para tentar pressionar a imprensa. Apesar da existência de critérios objetivos para veiculação de anúncios, como a audiência de emissoras e a circulação de jornais e revistas, sempre havia espaço para determinar que tal órgão de imprensa, simpático ao governo, veiculasse a propaganda estatal. E outro, mais fuçador ou crítico, não fosse escolhido. A *IstoÉ* de Domingo Alzugaray foi alocada nesta última categoria. Como a revista não recebia propaganda oficial, Alzugaray pediu ao secretário do Interior, Egberto Baptista, que o apresentasse a Vieira. O secretário de Collor disse ao editor que a revista não recebia publicidade porque publicava matérias contra o governo. Ao sair da sala, Alzugaray pensou: Sobreviveremos.

Em geral, quanto maior o órgão de imprensa, menor a participação da propaganda oficial no seu faturamento publicitário. Em 1990, os lucros provenientes da propaganda do governo federal não chegavam a 3% da receita publicitária da Rede Globo, da *Folha* e de *Veja*. Empresas endividadas, como a Rede Manchete e o *Jornal do Brasil*, eram mais vulneráveis ao corte da propaganda oficial. Naquele ano, as verbas publicitárias estatais foram reduzidas. Em 1989, o Banco do Brasil gastara 41 milhões de dólares em publicidade. Em 1990, despendeu 6 milhões de dólares. No mesmo período, a Caixa Econômica Federal reduziu sua verba em propaganda de 32 milhões de dólares para 12 milhões de dólares.

* * *

No início de agosto, o ministro da Justiça, Bernardo Cabral, encaminhou à Procuradoria da República um pedido de abertura de processo contra a *Folha de S.Paulo*. O ministro escreveu que o jornal movera uma campanha "no mínimo difamatória" contra o presidente. A decisão de processar foi exclusiva de Collor, que a tomou depois de ouvir Cláudio Vieira. Foi difícil fundamentar o processo. As reportagens de Gustavo Krieger se baseavam em documentos publicados no *Diário Oficial* e entrevistas com fontes identificadas. Ele também tivera a preocupação de publicar a versão do governo. Não fizera suposições ou ilações. Apresentara os fatos. Collor não desmentia o teor das matérias, já que a Setembro e a Giovanni haviam sido contratadas sem licitação. Tampouco contestava a reportagem de Josias de Souza, o qual sustentara que Vieira cumprira ordens de Collor. O advogado de Collor se apegou a duas notas, que saíram no dia 2 de agosto na coluna Painel Econômico, para caracterizar a calúnia. A primeira, intitulada "Acerto de contas", dizia: "Calcula-se — em áreas do próprio governo — que a campanha presidencial deixou uma dívida entre 70 e 80 milhões de dólares a ser paga às agências de publicidade que estão sendo contratadas em 'caráter excepcional'". A outra nota, "Contrato mantido", informava que a Setembro fora contratada pela Petrobras Distribuidora com dispensa de licitação "em caráter excepcional". Collor e Cláudio Vieira não eram mencionados nas notas.

Abriu-se o processo contra Josias de Souza, Nelson Blecher, Gustavo Krieger e Otavio Frias Filho. Blecher, no entanto, participara marginalmente da apuração, entrevistando publicitários. E o diretor de redação, Frias Filho, estava de licença quando as matérias e as notas foram publicadas. Nenhum dos quatro processados escrevera as notas do Painel Econômico. Nem sequer as haviam lido. Já o titular da coluna, Frederico Vasconcelos, não foi indiciado. Ele conseguira as notas de uma pessoa do primeiro escalão do governo.

O processo deixou Gustavo Krieger envaidecido e preocupado. Envaidecido porque sabia que suas matérias estavam corretas. Frias Filho o chamara a São Paulo só para dizer que o jornal apreciava o trabalho dele e iria apoiá-lo juridicamente. E preocupado porque tentou obter um financiamento para comprar um apartamento e o Banco Nacional não o concedeu porque ele era réu num processo movido pelo presidente da República.

Krieger foi o autor de outra matéria de repercussão sobre o governo Collor. Na apuração, deixou o *Diário Oficial* de lado e empregou truques heterodoxos. Numa conversa na sucursal, especulava-se sobre os gastos de Cláudio Humberto, que pareciam incompatíveis com o seu salário. Gilberto Dimenstein, o diretor da sucursal, tinha um almoço marcado com o porta-voz, e Krieger sugeriu que reparasse no cartão de crédito que ele usava. Dimenstein voltou dizendo que era um American Express. O repórter telefonou para a secretária de Cláudio Humberto, Emerenciana Cândido, e a enganou. Passou-se por um funcionário da American Express e disse que o cartão de seu chefe tinha estourado. Como a dívida era alta, prosseguiu, o cartão seria cancelado, e a conta, cobrada judicialmente. A secretária afirmou que deveria haver algum engano, pois os pagamentos estavam em dia. O "funcionário" sustentou que não havia erro. O nome do titular e o telefone eram os mesmos, e disse o número do cartão. Krieger falou os quatro primeiros algarismos de seu próprio American Express e inventou os restantes. "Está errado", disse Emerenciana, e recitou o número correto do cartão do porta-voz. A seguir, o repórter telefonou para o American Express. Disse que era Cláudio Humberto Rosa e Silva, deu o número do cartão e solicitou a conferência das suas despesas. A funcionária leu as despesas lançadas no cartão e Krieger anotou todas elas. Não pediu que ela enviasse um fax com as despesas para não deixar rastros. Publicou a reportagem no dia seguinte. A matéria comprovava que os gastos de Cláudio Humberto eram superiores ao seu salário. Krieger sabia que a matéria era boa. Mas não se orgulhava dela. Escondera a condição de jornalista e a própria identidade para apurá-la.

* * *

O processo de Collor contra a *Folha* era inédito na história brasileira. Jamais um presidente no exercício do cargo processara uma publicação. Em 1923, Epitácio Pessoa entrara com uma ação contra o *Correio da Manhã*, mas já havia deixado a Presidência. "Não digam um terço do que disseram de Sarney, porque outros processos legais serão movidos contra quem caluniar esse governo", disse Bernardo Cabral ao justificar a ação judicial. Sarney adotara uma posição tolerante para com a imprensa e os que o ofendiam. Não processara nem a Collor, que na campanha o chamara de "ditador de opereta, ditador corrupto e ditador cercado de assassinos".

Otavio Frias Filho não se surpreendeu. Esperava que o governo voltasse a atacar o jornal. Imaginava que a pressão se daria nas áreas fiscal e contábil da empresa. Conversou sobre o assunto com o pai, levantando a hipótese de contratarem uma auditoria externa para revisar as operações nesses dois departamentos, "Vamos enfrentar o que tivermos de enfrentar", dissera-lhe Octavio Frias de Oliveira. "Não vamos mudar o nosso comportamento, as nossas contas estão em ordem."

O último enfrentamento da *Folha* com um governo se dera em 1977, num episódio em que o jornal foi obrigado a recuar. Na verdade, a *Folha* não se chocara com o governo Geisel. Foi pega no contrapé quando o ministro do Exército, Sylvio Frota, pressionou o presidente a voltar atrás em seu projeto de abertura, ao mesmo tempo que se colocava como candidato à sucessão dele. Em agosto daquele ano, João Figueiredo, chefe do Serviço Nacional de Informações, entregou a Armando Falcão, ministro da Justiça, um relatório do SNI sobre a *Folha de S.Paulo*, jornal onde existia, conforme o documento, "o esquema de infiltração mais bem montado da chamada grande imprensa". O relatório dizia que entre os infiltrados estavam Cláudio Abramo, Samuel Wainer, Alberto Dines, Mauro Santayana, Dalmo de Abreu Dallari, Luiz Alberto Bahia e Ruy Lopes. Caracterizava a *Folha* como "vanguarda entre os veículos da imprensa empenhados em isolar o Governo da opinião pública", e dava como exemplos de cobertura "facciosa" as reportagens sobre manifestações estudantis e a trigésima reunião anual da Sociedade Brasileira para o Progresso da Ciência. O SNI afirmava que Cláudio Abramo era um "elemento que exerce grande influência na direção do jornal".

No primeiro dia de setembro de 1977, Lourenço Diaféria publicou uma crônica sobre um garoto que caíra no poço das ariranhas no zoológico de Brasília e fora salvo por um bombeiro. O salvador do menino foi atacado pela ariranha, feriu-se e morreu. O cronista comparou o bombeiro a heróis militares, e especificamente ao duque de Caxias. Escreveu sobre a estátua do patrono do Exército, em São Paulo, e arrematou: "O povo está cansado de espadas e de cavalos. O povo urina nos heróis de pedestal". Nem Frias nem Abramo haviam lido a crônica antes da publicação. Diaféria foi preso, acusado de ofender as Forças Armadas. Abramo, Frias, Caldeira e Ruy Lopes, diretor da sucursal de Brasília, reuniram-se para decidir como agir. Caldeira, o mais despolitizado deles, propôs que se deixasse em branco o espaço da crônica de Diaféria, em sinal de protesto, e no fim se colocasse uma nota informando que o cronista estava preso. Frias e Lopes concordaram com a sugestão. Abramo votou contra. Defendeu que o jornal não tinha força para fazer esse protesto e seria obrigado a voltar atrás. "Não temos armas para resistir", disse. Otavio Frias Filho não participou da reunião porque ela ocorreu num dia em que fazia o curso de pós-graduação na Universidade de São Paulo, sob a orientação da professora Ruth Cardoso.

No dia 17 de setembro, o jornal saiu com o espaço da crônica em branco e o chefe do Gabinete Militar, o general Hugo Abreu, telefonou para Frias. Ameaçou processar o jornal com base na Lei de Segurança Nacional e suspendê-lo por dois meses, renováveis por outros dois. Ligado ao general Sylvio Frota, Hugo Abreu não disse o que queria nem mencionou nomes de jornalistas a serem afastados. Frias se alarmou. Se o jornal parasse de circular durante dois meses, quebraria. Num encontro tenso, pediu a Abramo que se demitisse. Sabia que os militares consideravam o diretor de redação um perigoso subversivo. O jornalista entendeu a situação do patrão e concordou. Frias chamou Alexandre Gambirasio, um liberal do grupo de Abramo, para assumir o comando da redação. Também decidiu deixar de ser o diretor responsável da *Folha* e determinou que se tirasse o nome dele do alto da primeira página. Disse a Alberto Dines, chefe da sucursal carioca, que estava cancelando a publicação de sua coluna política diária, que também desagradava os militares. E aceitou uma ideia do filho: cessar de publicar editoriais. No lugar deles, poriam textos de autores clássicos. Frias Filho achava que os leitores mais inteligentes perceberiam que o jornal não se sentia seguro para emitir a sua opinião.

À tarde, o advogado encarregado de lavrar a ata da mudança de comando levantou um detalhe crucial: Gambirasio havia nascido na Itália, e a lei determinava que só brasileiros podiam ser responsáveis por jornais. Frias precisava achar, com urgência, um outro jornalista para dirigir a *Folha*. Pediu ao filho que telefonasse para Boris Casoy, que estava de férias. Às cinco horas, Frias Filho encontrou Casoy em Araxá e passou o telefone ao pai.

— Boris, estou tendo alguns problemas e gostaria de conversar com você com uma certa rapidez — disse Frias.

— Está bem. Eu janto, pego o carro e amanhã de manhã estou aí — falou o jornalista, notando que o assunto era grave.

— Não, eu mando um avião te buscar.

Casoy percebeu que o assunto era gravíssimo: Frias, econômico por natureza, nunca alugava aviões. Não fazia ideia de qual pudesse ser o problema. Chegou à redação às oito da noite. Passou rapidamente por Ruy Lopes, Alberto Dines e Abramo, e foi levado pela secretária à presença do patrão. Com lágrimas nos olhos, Frias disse:

— Eu fui ameaçado, Boris. O jornal está correndo um perigo muito grande. Estou tendo de fazer modificações e queria que você assumisse a direção da redação. Você precisa assumir. Eu te peço. Salve o jornal.

Boris Casoy ficou perplexo. Frias explicou que havia recebido um telefonema violento de Hugo Abreu e soubera que militares queriam punir a *Folha*. Ele mesmo poderia ser preso.

— Se você precisa, Frias, eu aceito. Mas antes quero conversar com o Cláudio. Eu não posso assumir sem falar com ele — respondeu o jornalista.

Casoy estava emocionado. Não entendera se Abramo fora demitido ou não e queria se certificar.

— Meu caro, assuma o cargo, salve o jornal — pediu-lhe Abramo.

Cláudio Abramo gostou do gesto de Casoy. Considerou-o amigo e leal. Abramo se achava vítima de uma conspiração militar. Foi interrogado na Polícia Federal e disse que, se tivesse lido a coluna de Diaféria, não a teria publicado e teria demitido o colunista, que julgava medíocre. Posteriormente, veio a defender que Diaféria agiu como um provocador, ou então foi manipulado por militares. Frias ofereceu a Abramo o cargo de correspondente do jornal em Londres. Foi à sua casa para convencê-lo, mas o jornalista não aceitou, dizendo que não queria fugir do país.

Vinte e cinco dias depois da nomeação de Boris Casoy, Geisel demitiu Sylvio Frota do Ministério do Exército. "Mas se foi o Frota quem pressionou, por que não chamam Cláudio Abramo de volta à direção da redação?", perguntou o general Golbery a Mino Carta. Não era do temperamento de Frias mudar o que fizera. "Quem olha para trás vira estátua de sal", era uma de suas frases prediletas.

Não era a primeira vez que Boris Casoy se tornava editor-chefe da *Folha*. Ele conheceu Abramo quando era assessor de Imprensa do prefeito José Carlos de Figueiredo Ferraz, de São Paulo. Passava informações ao jornalista da *Folha* e trocavam ideias. Abramo dizia a Frias que Casoy era um bom profissional, um assessor de Imprensa honesto. O dono da *Folha* e o assessor foram apresentados em março de 1971, no enterro de Itic Mellé, o jornalista romeno naturalizado brasileiro que fundara o *Notícias Populares*, jornal comprado por Frias. Figueiredo Ferraz incumbiu Casoy de acompanhar o processo de regularização do prédio da Fundação Cásper Líbero, presidida por Frias. O prédio, na avenida Paulista, tinha problemas de segurança, que o dono da *Folha* foi arrumando aos poucos, enquanto conhecia melhor o assessor do prefeito. Frias dizia a ele que deveria trabalhar no jornal, que o seu negócio era imprensa, e o fez prometer que seria a primeira pessoa com quem Casoy falaria quando saísse da Prefeitura. Queria fazer-lhe uma proposta profissional.

Certa vez, Abramo procurou Casoy e disse: "Você não vai gostar da minha análise, porque é uma análise marxista, mas é o seguinte: essa lei do zoneamento que o prefeito aprovou, e está todo mundo elogiando, atinge diretamente os interesses da classe dominante. Por isso, o Figueiredo Ferraz vai cair. Pode avisar o prefeito: ele vai cair". Meses depois, em agosto de 1973, Figueiredo Ferraz foi afastado do cargo pelo governador Laudo Natel. Frias não se encontrava no Brasil, e Casoy aceitou um emprego de Caio Alcântara Machado para organizar feiras e exposições. Passou um ano nessa atividade, a maior parte do tempo em Bruxelas, na Bélgica. Depois, Frias o convidou para ser editor de Política da *Folha*. Casoy estava aprendendo o ofício, quando Frias o chamou para dirigir o jornal. Ele aceitou. Foi um erro. Não estava habilitado para o cargo. Os editores, seus subordinados, sabiam mais do que ele. Casoy se desgastou: não conseguia fazer o que lhe solicitavam. Um dia, teve uma crise de nervos e disse ao patrão que ia embora. Não aguentava mais. Frias pediu que ficasse mais um pouco. Ele esperou até que Abramo fosse nomeado para o seu lugar. Casoy saiu da *Folha* para dar aulas na Fundação Armando Álvares Penteado. Começou a sentir saudade da redação. Percebeu que gostara de ser jornalista. Era aquela a vida que queria. Como continuava a conversar com Frias, voltou a trabalhar com ele. Dessa vez, como editor da coluna de notas políticas, o Painel.

Foi uma boa fase para Casoy e para o jornal. Ele deu nova vida ao Painel. Até ele assumir, o editor da coluna costumava passar o dia fora da redação. Tinha um almoço com uma fonte e à tarde visitava outras duas, no máximo. Casoy começou a ficar na redação e a procurar fontes pelo telefone, o que não era comum: os repórteres iam para a rua e os editores permaneciam na redação, fechando o jornal. Com o telefone, ouvia mais gente e arrumava mais notícias. Ganhou o apelido de Boris Graham Bell. De vez em quando, ia a Brasília, conversava com vários ministros, voltava à redação e passava as informações a Abramo, que com elas compunha uma matéria ou um artigo. Casoy escrevia melhor notas curtas. Tinha dificuldade em redigir matérias. Era amigo de Abramo, apesar de discordarem política e ideologicamente. Provocavam-se, de brincadeira. "Então, Cláudio, é bom ter eleições e liberdade no Brasil, mas não em Cuba, não é?", perguntava. "Isso, Boris. Em Cuba deve continuar a existir a ditadura revolucionária." Frias Filho também se dava bem com Casoy, mas preferia falar com Abramo. A relação de Octavio Frias com Abramo era mais complicada. Gostavam um do outro e se admiravam. Mas divergiam com frequência. Às vezes, pareciam competir entre si e invejar as qualidades que um não possuía e o outro esbanjava. No caso de Abramo para com o patrão, a capacidade de organização e de trabalho, a determinação e o fato de poder fazer o que quisesse com o jornal; no de Frias em relação ao diretor de redação, o talento jornalístico, a cultura e a verve. Nesse ambiente, o jornal melhorou, até a crise provocada por Hugo Abreu.

Ser editor-chefe da *Folha* em 1977 foi novamente uma experiência difícil para Boris Casoy. Ele passava o dia no jornal, envolvido em problemas e reclamações. Seu único divertimento era tomar banho. Pelo menos não vem ninguém aqui para me encher, pensava ele enquanto se ensaboava. Veio a admirar Frias ainda mais. O patrão não mentia nunca, não o enganava, não escondia fatos. Elogiava-o na presença dos outros com ênfase, e jamais o repreendeu diante de terceiros. Era também um grande crítico. Às sete da manhã telefonava para o editor-chefe e perguntava: "Boris, você viu a bosta de jornal que está entregando hoje aos leitores?". E dizia os erros que havia anotado na edição, página por página. Eram erros reais. O telefonema usualmente se encerrava com Frias dizendo: "Às duas horas quero saber que providências você tomou". Casoy se sentia impotente. Tinha ganas de demitir metade da redação. As críticas eram sistemáticas e, o que é pior, corretas. Um dia, o editor-chefe reclamou:

— Frias, tudo bem que você é meu patrão, mas eu quero ser tratado com dignidade, com maior respeito. Às vezes você me trata de maneira humilhante.

— Mas eu te trato como trato meus filhos — disse Frias.

— Mas eu não quero ser tratado como se fosse teu filho.

— Então está bem.

O dono da *Folha* tinha um senso de humor peculiar. Na manhã seguinte, telefonou no horário de sempre. "Senhor Boris, bom dia. Como vai o senhor? Dormiu bem? O senhor está descansado?", perguntou, e prosseguiu: "E o senhor viu a bosta de jornal que o senhor está entregando hoje aos leitores?" Passou um mês chamando-o de "senhor", até que Casoy pediu que voltasse ao antigo tratamento.

Quando João Figueiredo, chefe do Serviço Nacional de Informações, foi indicado por Geisel para ser o seu sucessor, Casoy enviou-lhe um pedido de entrevista. Getúlio Bittencourt e Haroldo Cerqueira Lima, da sucursal de Brasília, foram falar com Figueiredo, que não os deixou usar o gravador nem tomar notas. Os repórteres o entrevistaram durante 95 minutos, voltaram para a sucursal e escreveram todas as perguntas e respostas de cabeça. Nunca um general--candidato dera uma entrevista à imprensa. Ainda mais como aquela, em que o chefe do SNI se expunha. Mas havia o risco de desmentidos, de problemas. De saída do jornal, no elevador, Frias perguntou a Casoy o que ele ia fazer com a entrevista. "Vou publicá-la", respondeu o jornalista. "Eu não publicaria", disse Frias. Casoy manteve a sua decisão e a entrevista saiu. Figueiredo considerou os repórteres "provocadores", mas não a desmentiu.

A autonomia de Casoy não se estendia a questões orçamentárias. Frias certa vez o chamou e disse que a empresa estava se aproximando do vermelho. Teria de cortar 30% da folha de pagamento da redação. "Se fizermos isso o jornal vai perder qualidade", rebateu o editor. "Não me fale isso, Boris. Você tem que dizer: eu vou fazer as demissões e o jornal vai melhorar. É isso que você deve fazer." Casoy efetuou as demissões e, de fato, num primeiro momento o jornal melhorou. Há lógica no processo. Demitiram-se os mais fracos, aqueles que não estavam ajudando o jornal e, em alguns casos, até o atrapalhavam. Os melhores acumularam funções e o jornal melhorou. Com o tempo, a empresa se recuperou e foram feitas novas contratações.

Em 1979, Cláudio Abramo foi fundar o *Jornal da República* com Mino Carta. O jornal durou só cinco meses e o jornalista ficou desempregado. Frias se distanciara dele. Chegou a dizer a Casoy que evitasse contatos com o ex-diretor de redação. Casoy estava ciente de que o seu antecessor no cargo discordava de muito do que ele vinha fazendo no jornal. Mas uma noite resolveu visitá-lo em sua casa. Queria dar-lhe um abraço, saber como estava e quais eram os planos dele. No dia seguinte, contou ao patrão sobre a visita. "Eu sabia que você faria isso", disse Frias. Na presença de Casoy, telefonou para Abramo e falou que o convite para ser correspondente em Londres continuava de pé. O jornalista aceitou. Foi para a Inglaterra em 1980, ficou lá até 1983, quando se mudou para Paris, também como correspondente. Voltou ao Brasil em 1984 e fez uma coluna política diária na página 2 da *Folha* até morrer, em agosto de 1987. Algumas vezes, nos anos 70, quando se exasperava com a redação, e talvez para provocar os jornalistas de esquerda, Abramo gritava: "O Boris é o único decente aqui! Quero que ele escreva o meu necrológio!". Casoy escreveu o necrológio de Cláudio Abramo publicado pela *Folha*.

O fato mais marcante da gestão de Casoy na *Folha* foi a campanha pelas eleições diretas para presidente, no final de 1983 e começo de 1984. Quem primeiro trouxe para a redação a ideia de se fazer a campanha foi o repórter político João Russo. Ele a ouviu do governador de São Paulo, Franco Montoro, e a apresentou numa reunião de editores. Frias achou que a proposta não tinha cabimento, nenhum dos outros participantes a defendeu e ela foi deixada de lado. Frias Filho, que não estava na reunião, tomou conhecimento da proposta depois. Num encontro com o pai e Casoy, defendeu-a. Não conseguiu convencê-los, mas balançou-os. Em encontros posteriores, insistiu, e Casoy e o pai concordaram. O repórter Ricardo Kotscho, sem saber das reuniões dos três, também chegou à mesma conclusão: o jornal deveria se engajar nas diretas. Expôs a proposta ao patrão, que a essa altura já fora convencido pelo filho. A campanha foi o maior movimento de massas dos anos 80. Realizaram-se centenas de comícios em todo o país. A emenda pelas diretas foi derrotada no Congresso. Mas a campanha significou também que o domínio militar chegava aos estertores. Na eleição indireta que se seguiu, a base política de sustentação da ditadura se esfarelou. Setores dela aderiram a Tancredo Neves, o candidato do PMDB, que venceu Paulo Maluf no Colégio Eleitoral. A *Folha*, que se associara ao movimento desde o início e foi mais fundo no apoio à campanha do que todos os órgãos da imprensa, ressurgiu no panorama político com a marca de um jornal distinto dos concorrentes. Era um diário sintonizado com o momento histórico, que ousava ligar-se a uma causa libertária e a manifestações de rua. O jornal que recuara em 1977 foi o que teve, em 1984, um papel relevante no sepultamento da ditadura. Usaria a sua experiência em atritos com o governo para enfrentar o processo de Fernando Collor.

22. VEJA

Quando Elio Gaspari e Dorrit Harazim preparavam sua partida para Nova York, no final de 1988, José Roberto Guzzo convidou Marcos Sá Corrêa para ser o diretor adjunto de *Veja*. Sá Corrêa estava insatisfeito no *Jornal do Brasil*, onde era editor-chefe. O jornal se endividara, os salários atrasavam, faltava dinheiro para viagens, contratações e pagamento de colaboradores. Produto da má situação financeira da empresa, mas também sua causa, as desavenças na família proprietária, os Nascimento Brito, permeavam a redação. A condessa Pereira Carneiro imaginara uma transição suave de comando. O neto mais velho dela, José Antônio, o Josa, que tinha queda para empresário, seria encarregado da administração. O mais novo, Manoel Francisco Brito Filho, o Kiko, pensava a condessa, cuidaria da redação, pois desde cedo mostrara ser um bom jornalista. E o genro, Manoel Francisco do Nascimento Brito, deveria supervisionar o trabalho dos filhos e, aos poucos, passaria o controle total a eles. O plano não deu certo. Nascimento Brito sempre dizia estar *steping out*, mas nunca saiu de fato. Dera poderes limitados a Josa e nomeara Kiko editor do caderno Cidades. A redação percebia as disputas entre os três Brito. O patriarca publicava notas na coluna social de Zózimo Barroso do Amaral cutucando amigos e inimigos. Josa mandava a editoria de Economia fazer reportagens sobre determinados negócios. Kiko escrevia matérias no caderno Cidades torpedeando as iniciativas do irmão.

Com a situação entre os Brito malparada e sem perspectivas de melhorar, Sá Corrêa queria sair do jornal. O convite de Guzzo veio em boa hora. Não o aceitou de imediato porque notou que faltava um elemento na equação: um telefonema de Gaspari, amigo dele, incentivando-o a ocupar o cargo que estava abandonando. Sá Corrêa não sabia que Guzzo redefinira a sua relação com Gaspari e se afastara dele. Ainda pensava se iria para *Veja* quando Josa se demitiu do *JB*. Nascimento Brito chamou Sá Corrêa para uma conversa em sua casa. Ele e a mulher, Leda, fizeram-lhe um apelo para que continuasse no jornal. O jornalista telefonou a Guzzo e disse que ficaria no *Jornal do Brasil*. Falou com Kiko em seguida: "Está evidente para a redação que você venceu uma disputa familiar. Não há como eu possa ser o seu chefe na redação: ou você vira presidente do jornal, e eu fico como seu subordinado, ou então você volta a ser o correspondente em Washington". Kiko preferiu retornar aos Estados Unidos.

Como Guzzo não contratou ninguém para substituir Dorrit e Gaspari, nem conseguiu trazer Roberto Pompeu de Toledo de Paris para a redação, *Veja* passou por dificuldades. A revista não se destacou na campanha presidencial nem na cobertura dos primeiros meses do governo Collor. Suas duas matérias de maior repercussão foram feitas fora da área política. Em abril de 1989, a revista publicou uma reportagem de capa, lastreada numa entrevista de Cazuza a Alessandro Porro, chefe da sucursal carioca, contando como o roqueiro vivia e encarava a sua doença. A matéria e a chamada de capa — "Cazuza: uma vítima da AIDS agoniza em praça pública" — levaram a atriz Marília Pera a organizar um abaixo-assinado de protesto. A outra reportagem, de junho de 1990, relatava o sequestro do publicitário Roberto Medina. Os bandidos tinham exigido da família Medina que nada fosse divulgado. Toda a grande imprensa acatou o pedido, exceto *Veja*. Guzzo achava que esconder a notícia só beneficiava os sequestradores. A posição dele veio a ser adotada depois pela maioria dos jornais e emissoras de televisão.

* * *

Na sexta-feira, dia 24 de agosto de 1990, Victor Civita chegou às nove e meia da manhã ao escritório, no sexto andar no edifício Abril. Ditou algumas comunicações internas à secretária, atendeu pessoas e conferiu capas de revistas que haviam acabado de ser impressas. Aos 83 anos, ele vinha supervisionando apenas a Fundação Victor Civita, entidade dedicada à educação e à cultura, mas fazia questão de ver todas as capas produzidas pelo seu império de comunicações de

15 mil funcionários, que publicava mais de duzentas revistas e se espalhava pelas áreas de televisão, distribuição de publicações, fitas de vídeo, hotéis, transporte, frigoríficos e embalagens. Naquela manhã, estava preocupado com Sylvana, com quem se casara fazia 64 anos. Internada semanas antes num hospital, ela entrara em coma. Victor Civita tinha medo de que sua mulher não recobrasse a consciência e estivesse condenada a viver como um vegetal.

Sylvana era filha de Amilcare Piperno, um romano dono de lojas de roupas e fábricas de tecidos. Seu magazine principal ficava numa das avenidas então mais chiques de Roma, a via del Corso, que vai da piazza del Popolo à piazza Venezia. O nome da loja era Piperno al Corso, e os fregueses a chamavam de Al Corso. A identificação era tamanha que Amilcare mudou o sobrenome de Piperno, tipicamente judeu-italiano, para Alcorso. Sua filha foi registrada como Sylvana Alcorso. Civita recebeu o nome de Victorio, mas o mudou para Victor. Eles se conheceram na praia do Lido, em Veneza. Civita se apaixonou pela bela moça de olhos azuis. Ela resistiu. Como todos os romanos, considerava os milaneses presunçosos e arrogantes. No réveillon de 1935, depois de algumas taças de champanhe, Sylvana consentiu em se casar com o jovem que usava roupas extravagantes, era conversador e bom dançarino, e, como ela, vinha de uma família judaica.

Os pais de Victor eram Vittoria Carpi e Carlo Civita, nascido na região de Mantova. Vittoria era filha do cantor lírico Michelangelo Carpi do Scala, o teatro de ópera de Milão. Carpi foi contratado pelo conservatório de Chicago, onde passou a viver com a família, e Carlo Civita, enamorado de Vittoria, a seguiu até os Estados Unidos, onde se casaram. Os dois primeiros filhos do casal, Cesar, de 1905, e Victor, de 1907, nasceram no Village, em Nova York, e o terceiro, Artur, de 1912, em Milão, cidade em que a família se estabeleceu. Carlo Civita abriu uma importadora em Milão e um escritório de representação em Nova York. Importava da América equipamentos para oficinas de automóveis e postos de gasolina: bombas de combustível, elevadores para troca de óleo, compressores, ferramentas e apetrechos de lubrificação. Tinha exclusividade na venda de Sterno, uma lata com óleo que servia para cozinhar ao ar livre usada pelo Exército italiano. Vendia seus produtos em todo o país e no Norte da África. Foi ele quem primeiro levou para a Itália as embalagens de leite feitas de papelão. Mas os fabricantes de garrafas de vidro fizeram tanta pressão que aprovaram uma lei impedindo que o leite e o vinho fossem embalados com material não transparente. Carlo Civita montou ainda uma rede de oficinas de carros e postos de gasolina, e publicou uma revista mensal para a freguesia, a *Garage moderna e stazioni servizi*. Foi presidente de uma companhia de navegação e possuía dezenas de imóveis.

Cesar, o primogênito de Carlo e Vittoria, deslumbrou-se com o cinema. Deixou de trabalhar nas empresas da família para fazer filmes. A indústria cinematográfica era incipiente e ele não teve como se manter. Era amigo do filho do dono da Mondadori, uma grande editora de Milão, e foi trabalhar lá. Na

Mondadori, Cesar Civita lançou uma revista de histórias em quadrinhos chamada *Topolino*. Ela publicava em italiano as aventuras de um personagem criado por um desenhista americano, Walt Disney. Topolino era o nome italiano de Mickey Mouse. Cesar Civita ficou amigo de Disney.

Victor Civita, fascinado por aviões, serviu na Força Aérea. Não gostava de estudar. Com vinte anos, o pai lhe deu um talão de cheques e o embarcou num navio para os Estados Unidos. Victor passou quase um ano na América. Visitou 27 cidades, trabalhando como operário, e voltou a Milão, onde se dedicou às empresas do pai.

Dois irmãos de Sylvana, Cláudio e Orlando Alcorso, também serviram na Força Aérea. Eram amigos de Bruno e Vittorio Mussolini, filhos do líder fascista. Os quatro jovens formaram uma esquadrilha e combateram na guerra civil espanhola do lado das tropas de Franco. A amizade não teve qualquer valia em 1938, quando foram aprovadas as primeiras leis antissemitas. Uma delas proibia judeus de se filiarem ao partido fascista. Os Alcorso e os Civita não se sentiram ameaçados: não eram fascistas e não tinham intenção de entrar no partido de Mussolini. Uma outra lei, impedindo italianos de trabalhar para patrões judeus, preocupou Niny Alcorso, mãe de Sylvana. Ela vivia numa casa enorme em Roma, da qual cuidavam dezenas de arrumadeiras, cozinheiras, mordomos, jardineiros e motoristas dos sete carros dos Alcorso. (A casa depois abrigou a sede do Partido da Democracia Cristã.) Os empregados, italianos, disseram a Niny que continuariam trabalhando normalmente, não haveria problemas. Niny não se convenceu. Tomou um trem para Paris, alegando que precisava fazer umas compras. Seus familiares enviaram telegramas perguntando quando ela voltaria. Niny não voltou. Respondia dizendo que todos saíssem da Itália enquanto era tempo. Carlo Civita se achava nos Estados Unidos nessa época. Leu no *New York Times* a entrevista de um renomado cientista que afirmava não considerar italianos os judeus que viviam em seu país. O pai de Victor Civita também mandou mensagens incentivando os parentes a abandonar a Itália. A legislação racista impôs um limite para a quantia de dinheiro que os judeus poderiam levar quando emigrassem. Os Alcorso e os Civita, temendo a expropriação de seus bens, passaram as propriedades para o nome de bons amigos, italianos e católicos, e emigraram. Esperavam reavê-las quando findasse a maré antissemita. Georgina Alcorso, irmã de Niny, preferiu continuar no país. Foi deportada para a Alemanha e desapareceu. No final da guerra, os bons amigos dos Civita e dos Alcorso, italianos e católicos, não lhes devolveram as propriedades.

Cesar Civita saiu direto de Milão para Los Angeles, na Califórnia, e pediu emprego a Walt Disney. "Por que você não vai para a América Latina cuidar dos nossos negócios?", ofereceu-lhe Disney. "Estamos sendo roubados lá: todo mundo reproduz nossas revistas e ninguém paga direitos autorais." César topou e tempos depois se estabeleceu em Buenos Aires, onde fundou a Editorial Abril. Era o representante da Disney na América Latina e tinha o direito de licenciar as suas revistas na Argentina.

Sylvana, grávida de sete meses, foi para Londres, onde deu à luz seu segundo filho, Richard, em fevereiro de 1939. Dois meses depois, encontrou-se em Paris com o marido e o primogênito, Roberto, e seguiram para os Estados Unidos. Moraram primeiro em New Rochelle e depois em Kew Gardens, em Queens, bairro de Nova York. Richard e Roberto foram alfabetizados em inglês. Em casa, por exigência da mãe, eram obrigados a falar italiano. Apesar de americano, Victor Civita não foi chamado a servir na guerra porque tinha filhos. Mas trabalhou como gerente noturno de uma fábrica de paraquedas. Entrou como sócio minoritário de uma fábrica de embalagens de cosméticos, que vendia seus produtos para Helena Rubinstein e Elisabeth Arden. A cada fim de semana, Victor Civita levava os filhos a templos de credos diferentes. Não lhes contou que eram judeus. Dizia-lhes que religião era uma questão de fé e as religiões adoravam uma mesma divindade rezando de maneiras diferentes. Matriculou-os numa escola pública católica, onde Richard foi coroinha e acompanhava missas em latim.

Com o final da guerra, os irmãos Civita voltaram à Itália. Encontraram-se na Toscana no verão de 1949. Cesar sugeriu a Victor que se mudasse para o Brasil, a fim de cuidar das operações da Disney no país. O irmão respondeu que não podia: tinha sua empresa em Nova York e os filhos estavam bem adaptados aos Estados Unidos. Mas foi convencido a conhecer a Editorial Abril. Deixou a família na Itália e seguiu para Buenos Aires. Não gostou da Argentina e fez uma visita ao Rio de Janeiro. Ali, conversou com Roberto Marinho e Adolpho Bloch sobre o mercado editorial. Não achou o Rio grande coisa e foi para São Paulo. Os cariocas haviam lhe dito que São Paulo não passava de uma província, uma cidade com poucos jornalistas, artistas e gráficas. O melhor lugar para criar uma editora, falavam, era a capital da República, o Rio. Mas Victor Civita gostou de São Paulo: um centro industrial, um lugar de pessoas empreendedoras. Mandou um telegrama para a mulher, ainda na Itália, dizendo que vendesse tudo o que tinham em Nova York e viesse com os filhos para São Paulo, onde iria montar uma editora. *"Vostro padre è impazzito"*, disse Sylvana aos filhos. Mesmo pensando que o marido enlouquecera, atendeu o seu pedido.

A família morou numa casa na esquina da rua Honduras com a Gabriel Monteiro da Silva, em São Paulo. Richard ganhou de presente um pastor alemão, Ricky, que ficava preso num arame. Um dia, quando o menino de treze anos estava num piquenique, o cachorro se soltou, foi atropelado e morreu. Richard, que fora crismado recentemente, cavou um buraco no jardim, enterrou Ricky, fincou uma cruz em cima da cova, rezou e subiu para o seu quarto, desconsolado. Os pais o chamaram à sala e Sylvana disse: "Precisamos te contar uma coisa: nós somos judeus". Richard não entendeu direito a conversa. Perguntou: "E daí?", e continuou católico praticante. Roberto, três anos mais velho, sentiu o baque da revelação. Nos Estados Unidos, fora educado num meio onde havia laivos de antissemitismo e, de chofre, se descobria judeu. Tornou-se agnóstico.

* * *

Como fazia todos os dias, Richard visitou a mãe no hospital na manhã de 24 de agosto de 1990. Quando seu caçula estava no quarto, Sylvana saiu do coma, o reconheceu e disse: "Eu sempre quis uma filha, que se chamaria Claudia. Mas você, *occhi azurri della mamma*, foi melhor do que uma filha. Foi atencioso e amoroso, cuidou de mim e de seu pai". Fechou os olhos e voltou ao coma. Foi a última vez que chamou o filho de "olhos azuis da mamãe". Richard telefonou ao pai na Abril e o acalmou. "Fique tranquilo, *chief*, a *mamma* não vai virar um vegetal", disse, e combinaram jantar juntos naquela sexta-feira. Victor Civita foi para o apartamento onde morava, em Higienópolis, almoçou e se deitou para fazer a sesta. Acordou gritando, com fortes dores no peito. Baltazar, seu motorista e secretário, telefonou para Richard, que o orientou a chamar uma ambulância e correu para o apartamento. Não adiantou. Um ataque cardíaco tirara a vida de Victor Civita. Roberto chegou pouco depois. Enquanto Richard cuidava da burocracia do velório e do enterro, seu irmão voltou para a Abril. Era dia do fechamento de *Veja* e ele queria escrever uma Carta ao Leitor sobre a morte do pai. Ao abrir o cofre no escritório de Victor Civita, Roberto encontrou um papel com o seu último desejo: que a morte dele fosse noticiada na capa de *Veja*. Fundara a revista em 1968 e só aparecera numas poucas fotos internas. A capa foi das que mais venderam naquele ano. Fernando Collor deu uma declaração para a reportagem: "Victor Civita foi um cidadão exemplar, cujo maior mérito foi acreditar no Brasil, onde investiu o melhor do seu talento".

Às onze da noite, apareceu um padre no velório e pediu a Richard para colocar um rosário no caixão. Contou que conversava todas as semanas com Victor Civita. Richard ficou desconfiado: nunca soube que o pai era amigo de um sacerdote católico. Mas a secretária dele depois confirmou que o padre passava duas vezes por semana na Abril para falar com o empresário. Nas gavetas de Victor Civita foram encontrados três crucifixos. Sylvana não recobrou a consciência e faleceu uma semana depois. Ela havia se convertido ao catolicismo aos 54 anos. Victor e Sylvana deixaram ordem para serem cremados. Um de cada lado de um barco, Richard e Roberto jogaram as caixas com as cinzas dos pais no mar em frente à praia de Maresias, no litoral norte de São Paulo.

* * *

Victor Civita era sócio minoritário da empresa que criou em São Paulo, no princípio dos anos 50. A maioria do capital pertencia a seu irmão Cesar. Victor entrou no negócio com o dinheiro da venda da parte dele na empresa americana de embalagens e com o adiantamento da herança que Carlo Alcorso doou em vida à filha Sylvana. Como a lei exigia que o proprietário da empresa fosse brasileiro nato, associou-se a Gordiano Rossi, um filho de italianos que nasceu em Minas Gerais, passou os primeiros meses de vida no Brasil e voltou com os pais para a Itália. Cesar e Victor discordavam o tempo todo. O irmão mais velho, com experiência editorial na Itália e na Argentina, dizia que a gráfica precisava ser assim, tal revista assado e seu lançamento de determinada maneira. "Não vou fazer assim porque no Brasil as coisas são diferentes", retrucava Victor. Intuitivo, ele teve dois grandes acertos. Lançou *O Pato Donald* no formato-padrão internacional. Poucas edições depois, diminuiu o seu tamanho e ela passou a vender mais. Adotou também a fórmula internacional para *Capricho*, sua primeira revista de fotonovelas. Em cada edição, eram publicados quatro capítulos de quatro fotonovelas diferentes, uma delas no início da trama. O objetivo era levar as leitoras a comprar a revista todo mês, para seguir o enredo das quatro histórias. *Capricho* vendia menos de 100 mil exemplares. Intempestivamente, dizendo que "brasileiro não gosta de esperar", Victor Civita decidiu que toda edição apresentaria apenas uma fotonovela completa, do primeiro ao último capítulo. A revista começou a vender meio milhão de exemplares. Com o sucesso, Victor foi comprando aos poucos a parte do irmão na Abril brasileira. O negócio interessava a ambos. Cesar precisava de capital para reforçar sua empresa na Argentina. O irmão dele queria mandar livremente na brasileira.

O dono da Abril gostava de se apaixonar. Teve várias namoradas. Era reservado nesses assuntos. Abria-se mais com Richard. Com Roberto, só falou uma vez, apesar de trabalharem em salas vizinhas durante quarenta anos. "Estou muito triste", disse ao primogênito nessa ocasião. Contou que a mulher de quarenta anos com quem tinha um caso fazia cinco meses, casada e com dois filhos pequenos, o havia abandonado. "Preciso urgentemente me apaixonar de novo", disse. Estava com setenta anos. Nos negócios, agia de modo parecido. Apaixonava-se por uma ideia e queria concretizá-la logo. Na Abril, suas ideias resultaram em revistas para crianças, mulheres, jovens, empresários e esportistas, em fascículos, coleções de livros e de discos. Também iniciou empreendimentos que não tinham nada a ver com a editora, caso dos hotéis Quatro Rodas e dos armazéns frigorificados. Era um empresário impulsivo, mais de desbravar que de planejar e administrar. Logo se cansava do que havia lançado, deixava os filhos gerindo o negócio e desenvolvia outra ideia. Não ligava para posses e luxo. "Eu vivo com um monge", dizia Sylvana, reclamando que o marido acordava com o raiar do dia, trabalhava até o fim da tarde, às dez da noite estava na cama e não bebia nem fumava. Ao morrer, eles possuíam apenas o apartamento em São Paulo, outro no Guarujá e dois carros. Victor era um pai atento aos filhos, mas do jeito dele e nos horários de que dispunha fora do trabalho. Como seu primogênito, relutava em demonstrar os sentimentos. Sylvana, parecida com Richard, exprimia afeto com facilidade e intensidade. Victor vestia a personalidade do interlocutor. Era comum levantar-se com um sorriso de orelha a orelha para receber um desconhecido a quem queria vender algo.

Em 1959, Victor Civita percebeu que a indústria automobilística estava fadada a crescer e seria bom lançar uma revista sobre carros. Um diretor da Abril, Luís Carta, sugeriu que contratasse o seu irmão para comandar a nova revista, inspirada na italiana *Quattro Ruote*. Em dezembro, o empresário foi a Roma convidar o irmão do diretor. "Fico feliz com o convite, mas não posso aceitá-lo: eu não sei dirigir, não diferencio um Volkswagem de uma Mercedes, ficaria ridículo", respondeu Mino Carta. Civita também lhe falou que havia registrado o nome *Veja* e pretendia usá-lo como título de uma revista ilustrada que concorresse com *Manchete*.

Mino Carta nascera em Gênova, em 1933. Era filho de Gianinno Carta, que em 1947 foi contratado pela *Folha de S.Paulo*, mas acabou trabalhando no *Estadão*, onde foi editor de Internacional e organizou o arquivo. Adolescente, Mino Carta ajudou a equipe do jornal italiano *Il Messaggero* na cobertura da Copa do Mundo de 1950, disputada no Brasil. Em 1956, voltou à Itália. Arrumou emprego primeiro na *Gazzetta del Popolo*, em Turim, e em seguida no *Il Messaggero*, em Roma. Nas duas cidades, os efeitos da guerra ainda se faziam sentir. Havia na periferia favelas pobres como as brasileiras, mas não tão extensas. A esquerda constituía uma força política importante. Nela, se considerava que o operariado era o vetor da consciência de classe, mas se achava normal que os trabalhadores quisessem, e às vezes conseguissem, sair da sua condição, vivendo como se fossem da classe média. Carta ganhava a vida como jornalista, mas queria ser pintor. Fizera uma exposição em Milão e desejava continuar na Itália. Aceitou o convite de Victor Civita porque sua mulher, Daisy, queria retornar ao Brasil. E também porque sabia que, na Itália, um jornalista geralmente é chamado para dirigir uma revista depois dos cinquenta anos. A oportunidade oferecida pela Abril era boa. Em São Paulo, conheceu Roberto Civita, que tinha voltado dos Estados Unidos. Para preparar a revista de automóveis, que recebeu o nome de *Quatro Rodas*, os dois viajaram de Kombi de São Paulo ao Rio, visitando postos de gasolina e restaurantes. Roberto Civita e Carta ficaram amigos. Suas mulheres, Leila e Daisy, também. Os casais viajaram juntos para Ouro Preto e para a Europa.

Quatro Rodas foi um sucesso. No final de março de 1964, Carta saiu da redação, na rua João Adolfo, no centro de São Paulo, e andou até a Barão de Itapetininga para dar uma espiada na Marcha com Deus pela Família, a passeata contra o governo de João Goulart. Viu os sócios do Paulistano e do Harmonia, os clubes mais caros da cidade, desfilando, acompanhados de seus fâmulos, enquanto o governador Ademar de Barros rezava, de rosário na mão. A política brasileira era bem diferente da italiana, e Carta não se envolvia com ela. A renúncia de Jânio Quadros, o tumultuado governo Goulart e o golpe de 1964 contribuíram para que Victor Civita adiasse o projeto de *Veja*. Carta foi chamado pelos Mesquita para dirigir o vespertino que pretendiam lançar. Saiu de *Quatro Rodas* e se tornou diretor de redação do *Jornal da Tarde*.

Em 1968, a Abril estava em condições de lançar uma revista semanal. Contava com uma boa gráfica, revistas de sucesso e capacidade de endividamento. A essa altura, Roberto convencera o pai de que *Veja* não deveria ser uma revista ilustrada, e sim um semanário de notícias nos moldes de *Time* e *Newsweek*. Convidaram Carta para dirigi-la. Era a escolha lógica. Ele reunia experiência e talento. Havia montado as redações de *Quatro Rodas* e do *Jornal da Tarde*. Davam-se bem com ele. Carta vestia-se com elegância, falava com clareza e humor. Os jornalistas de quem ficava amigo confiavam nele cegamente. Tinha suas explosões temperamentais, mas a maior parte do tempo se mostrava simpático. Dizia aos jornalistas que a língua portuguesa tem mais de cinquenta palavras, e todas poderiam ser usadas. Que não se deve escrever sobre o que não se entende porque o leitor também não entenderá. Incentivava os colegas a ler livros, a ir ao cinema e ao teatro, a ver quadros — a aprender, a melhorar. Na época, era uma revolução. Carta deixou claro aos editores de *Veja* que não considerava Roberto Civita um jornalista. Certa vez, o patrão entrou na sala de Carta, que estava reunido com editores, para mostrar-lhe uma reportagem de uma revista estrangeira. O diretor de redação pegou a revista, rasgou-a e atirou-a com tanta força no lixo que o cestinho virou.

Três meses depois do lançamento de *Veja*, o presidente Costa e Silva editou o AI-5 e fechou o Congresso. No mesmo dia, 13 de dezembro de 1968, um coronel se apresentou a Roberto Civita no sexto andar do prédio da Abril e disse que estava ali para censurar *Veja*. O coronel foi convidado a almoçar. Roberto Civita contou-lhe a história da Abril, e serviu-lhe macarrão e vinho em abundância. Achava que devia tentar manter boas relações com o censor. No dia seguinte, perguntou a Carta como seria a capa da revista naquela semana. O diretor de redação exibiu-lhe uma foto antiga, em branco e preto, de Costa e Silva sozinho no Congresso. A fotografia fora trazida de Brasília pelo repórter José Carlos Bardawii, que a escondeu na barriga, entre a camiseta e a camisa. O repórter viajara de avião para o Rio e, dali, de ônibus para São Paulo. Foi revistado duas vezes, mas os policiais não acharam a foto.

— É isso que queremos colocar na capa de *Veja* — disse Roberto Civita ao coronel, mostrando-lhe a fotografia.

— Mas por que o presidente? — perguntou o censor.

— Porque ele foi o personagem mais importante da semana.

— E o que vai ser escrito na capa?

— Nada — respondeu Civita, intuindo que, qualquer que fosse o título, teria grandes possibilidades de ser vetado.

O coronel autorizou a publicação. Horas depois de ser distribuída às bancas, no entanto, a revista foi apreendida.

A censura não era o único problema de *Veja*. A campanha publicitária de lançamento levou os leitores a crer que ela seria parecida com *Manchete*. Não era. Mas também não se assemelhava a *Time*. Sua diagramação era confusa, e as reportagens, prolixas. Lentamente, Carta melhorou-a. Chamou Millôr Fernandes para fazer duas páginas de humor. Publicou resenhas de filmes e livros. Colocou na abertura da revista uma entrevista com perguntas e respostas. Havia um estoque de papel amarelo sobrando na gráfica, e ele foi usado na nova seção. Como se tornou uma marca, quando o papel acabou, utilizou-se tinta amarela para colorir as páginas da entrevista. Com a cobertura da doença de Costa e Silva, do governo da Junta Militar e das torturas, a revista adquiriu relevância política.

O regime militar também pressionou a Abril a demitir jornalistas. Roberto Civita foi chamado certa vez a uma reunião no Departamento de Ordem Política e Social. Ele sabia que o prédio era um centro de tortura. Foi recebido por dois coronéis numa sala enorme. No fundo, havia uma escrivaninha. No meio, uma mesa grande, coberta com pilhas de pastas. Um dos coronéis disse que as pastas eram os prontuários dos subversivos que trabalhavam na Abril. "Tudo isso?", espantou-se Civita, e perguntou se podia folhear uma delas. Os coronéis se entreolharam e atenderam o pedido. Entregaram-lhe a mais volumosa. Era a pasta sobre Hersch Schechter, tradutor de *Veja*. "Não conheço esse homem, nunca o vi", disse o empresário. Pediu para olhar outra pasta, e também não reconheceu o jornalista. O coronel contou que numa noite recente tinham detido um jornalista da Abril com o carro cheio de panfletos contra o governo.

— Mas, coronel, o que o senhor quer que eu faça? Que reviste todos os carros de funcionários da editora para ver se eles levam panfletos?

— E como o senhor explica que a Abril seja a empresa jornalística com maior número de subversivos na sua folha de pagamento? — perguntou um dos militares.

— Coronel, se o senhor fosse o chefe da subversão em São Paulo, também não tentaria colocar seus homens na maior empresa de comunicação?

— Correto — respondeu um dos oficiais.

— Então, é por isso que a Abril tem tantos comunistas: ela é a maior editora de São Paulo.

— E o senhor não pode fazer nada quanto a isso?

— Eu não posso ficar controlando quem é comunista ou não. Essa função cabe aos senhores. O que eu garanto é que eles não têm controle sobre o que é publicado nas nossas revistas. Esse controle é feito por mim, por meu pai e pelo diretor Edgard de Sílvio Faria. Agora, se o senhor me trouxer um caso concreto de subversão, podemos conversar.

Nunca os coronéis levaram um caso concreto a Civita. A pressão viria de escalões superiores.

Pouco antes da posse de Ernesto Geisel na Presidência, em 1974, o general Golbery do Couto e Silva, futuro chefe do Gabinete Civil, chamou Carta para uma conversa. Disse-lhe que a censura à revista iria acabar e o encaminhou ao encarregado da área, Armando Falcão, indicado para ser o ministro da Justiça. A censura prévia foi suspensa, mas continuaram os telefonemas e telex proibindo a divulgação de certas notícias. Na edição do décimo aniversário do golpe, Carta arriscou um pouco mais, e fez uma reportagem de capa sobre o tema. Ela foi publicada sem problemas. Passou-se mais um tempo e Victor Civita foi avisado de que *Veja* voltaria a ser censurada previamente, e de modo draconiano: todo o material a ser publicado teria de ser enviado aos censores na terça-feira, o que comprometeria o funcionamento da revista e até poderia inviabilizá-la. O pretexto para a volta da censura, determinada por Armando Falcão, foi um cartum de Millôr Fernandes. Ele mostrava um torturado e a legenda: "Nada consta". No dia seguinte, Carta e Roberto Civita falaram em Brasília com Golbery. Carta expôs o problema dos dias de fechamento de *Veja*: se tivessem de enviar todo o material para a censura na terça-feira, no domingo, quando ela saía, suas notícias estariam ultrapassadas. O general disse que não era ele quem decidia a mecânica da censura, mas levaria a questão ao responsável, Armando Falcão. Roberto Civita perguntou a opinião do chefe do Gabinete Civil sobre Millôr Fernandes. O general respondeu que o assunto não lhe dizia respeito. Carta se irritou com Civita: achou que ele oferecera a cabeça de Millôr Fernandes ao general. A censura retornou, mas de uma maneira que permitiu o funcionamento da revista. As reportagens, fotos e desenhos eram enviados diariamente à Polícia Federal.

Em 1975, o diretor de redação de *Veja* e os patrões se antagonizaram. Roberto Civita achava que o Brasil estava progredindo e se modernizando. Queria que a revista fizesse reportagens mostrando e elogiando o desenvolvimento. Na opinião dele, Carta estava amargo e só queria publicar matérias sobre os aspectos negativos do país, a começar pelas torturas e perseguições políticas. Carta se tornara um jornalista político. O assassinato do jornalista Vladimir Herzog por militares do II Exército, em outubro de 1975, teve um efeito maior nas suas concepções políticas do que o golpe de 1964 e a decretação do AI-5, em 1968. Ele apoiava o plano de abertura de Golbery, mas a revista que dirigia era hostilizada pelo ministro Armando Falcão. Carta mudou um pouco também a sua maneira de ser. Separara-se de Daisy, ficara amigo de atrizes e dramaturgos, como Karin Rodrigues e Plínio Marcos. Exasperava-se cada vez mais com a interferência dos patrões na revista. Victor Civita, por sua vez, queria expandir a empresa e construir os hotéis Quatro Rodas. Tinha tomado empréstimos no exterior e desejava consolidá-los no Brasil, em bancos oficiais. Eram trâmites legítimos e legais que, porém, encalhavam na mesa de ministros e delas não saíam. Havia ministros de Geisel que detestavam Carta. Quatro deles disseram a Roberto Civita para tirá-lo da direção de *Veja*. Armando Falcão sugeriu até o nome de quem deveria substituir Carta: Pompeu de Souza, o diretor da sucursal de Brasília. No final de 1975, os Civita e Carta tentaram uma composição: o diretor de redação tiraria uma licença de três meses. O jornalista voltou à redação antes do término da licença. Roberto Civita, que discordara da contratação do dramaturgo Plínio Marcos como colunista de *Veja*, disse a Carta que o mandasse embora. O diretor de redação não concordou e os Civita o pressionaram até que ele saísse da revista. Em junho, o governo acabou com a censura em *Veja*.

Victor Civita era mais empresário do que jornalista. Queria estar bem com todo mundo, inclusive com o governo. Não encarava a necessidade de independência editorial como um princípio jornalístico. A questão da independência foi introduzida na Abril por Roberto Civita e Carta — ainda que os dois tivessem concepções diferentes a respeito dela, por causa da formação política e da situação funcional de ambos: um era dono da empresa, e o outro, empregado. Victor Civita também não gostava de conflitos. Uma das situações que mais o agastaram foi a briga entre seus filhos, que levou à divisão das empresas dele, em 1982. Na ocasião, ele era dono de 80% da Abril. Os outros 20% estavam com seu sobrinho Carlo, filho do irmão Cesar. Victor Civita dividiu a sua parte em dois e doou as metades aos filhos. Determinou que Richard administrasse a empresa e Roberto cuidasse do conteúdo editorial. Os irmãos se desentenderam e o pai tomou o partido do primogênito. Victor comprou a parte de Carlo e ficou com a Abril junto com Roberto. Richard tornou-se dono das operações que envolviam livros, fascículos, armazéns e hotéis. O caçula deixou de falar com o pai e o irmão. A mãe continuou a visitá-lo com frequência. "Nosso pai está morrendo e quer te ver", disse Roberto ao irmão, quatro anos depois de terem parado de conversar. Victor tivera um infarto. Richard visitou-o. Reconciliou-se com o pai e o irmão.

* * *

José Roberto Guzzo começou a considerar o governo Collor um engodo um dia depois da posse, quando viu Zélia Cardoso de Mello, Antônio Kandir e Ibrahim Eris explicando o pacote econômico na televisão. Alarmou-se com o despreparo da trinca e encarou o confisco como uma interferência absurda na propriedade privada. O diretor de redação de *Veja* também se aborreceu com a invasão da *Folha*. Achou uma palhaçada a coreografia da ação, com os agentes da Polícia Federal armados e de colete. Ficava bestificado com os jornais, que se deixavam manipular pelo presidente, publicando fotos dele correndo com, como dizia, "camisetas falantes". Sua antipatia para com Zélia atingiu o ponto de não retorno quando a ministra o visitou na redação. Ela chegou com uma hora e 45 minutos de atraso. Passou meia hora na sala de Guzzo, durante a qual gastou vinte minutos falando ao telefone.

Guzzo não se envolvia na apuração de reportagens. Delegava a busca de notícias aos editores e repórteres. Preferia conversar com suas fontes na área política sobre a conjuntura brasileira. Falava com o ex-ministro Mário Henrique Simonsen, com o ex-governador Antônio Carlos Magalhães e com Delfim Netto. Eles faziam análises da situação política que o ajudavam a definir a linha da revista. Guzzo também não era de publicar matérias que demonstrassem predileção por esse ou aquele político. Abrira exceção para Fernando Collor na campanha de 1989 porque o considerava a única alternativa a Lula e Brizola. Deu capas sobre o candidato do PT, o do PDT e o do PL, Afif Domingos. E só não colocou Mário Covas na capa porque Silvio Santos lançou sua candidatura na semana em que planejara fazê-lo. Em 1989, porém, Guzzo passou a admirar Orestes Quércia. Não porque o governador paulista fosse um bom analista da cena política ou porque lhe desse notícias exclusivas. Quércia não elaborava grandes raciocínios políticos. Era quase impossível ele contar uma história em que o seu interesse não estivesse envolvido. Ainda assim, o diretor de redação admirava o governo dele, as suas obras e estradas. Achava que ele tinha chances de ser presidente. Duas semanas depois da morte de Victor Civita, Guzzo escreveu uma matéria de capa intitulada "O fator Quércia: o governador paulista aposta seu futuro político na eleição". Luiz Antônio Fleury Filho, o candidato de Quércia, estava em terceiro lugar na campanha pelo governo paulista, com 11% das intenções de voto.

Guzzo também discutia a política nacional com seu amigo Mário Alberto de Almeida, jornalista que ele contratara nos anos 70 para trabalhar em *Veja* e promovera a editor de Brasil. Naquela época, Almeida era próximo do Partido Comunista Brasileiro. De formação protestante, ele estudara física e tinha raciocínio analítico: sabia combinar os dados da política e deles derivar tendências. Sobressaía na redação por ter boa formação em ciências exatas e conhecer história e política. E também por suas atitudes inusitadas no trabalho: vestia um abrigo no dia de fechamento, na sexta-feira, e às vezes saía do prédio, quando havia inúmeras tarefas a fazer, para correr ou tomar sorvete. Almeida gostava mais de conversar e dar orientação para matérias do que de escrevê-las. Certa vez, Jorge Escosteguy e Augusto Nunes, da editoria de Brasil, descobriram que a tecla A de sua máquina de escrever quebrara. Não o avisaram. Queriam ver quanto tempo o chefe demoraria para perceber: Uma semana depois, Almeida virou-se para eles e disse: "Ah! A tecla A está quebrada".

Otavio Frias Filho esteve com Mário Alberto de Almeida no início dos anos 80, no apartamento de Cláudio Abramo, então correspondente da *Folha* em Londres. José Serra, editorialista do jornal, fora chamado para ser professor visitante em Cambridge e convidou Frias Filho para acompanhá-lo. O jornalista aceitou: vinha de uma desilusão amorosa e a viagem o ajudaria a esquecê-la. No dia em que desembarcaram em Londres, foram a um almoço com brasileiros na casa de Abramo e sua mulher, Radhá. Alguns dos convidados lembraram os tempos difíceis do regime militar. A conversa enveredou para a nomeação de quem tinha capitulado ou se aliado aos militares. Almeida, que pareceu a Frias Filho ter bebido além da conta, era o mais ácido. Acusou a *Folha* de haver colaborado com a ditadura. "Você tem telhado de vidro, Cláudio, estava na *Folha* naquela época", disse ao anfitrião. Na hora das despedidas, Almeida estendeu a mão para Frias Filho. Ficou com ela no ar. "Você insultou o meu pai, só vou cumprimentá-lo se retirar o que falou", disse-lhe Frias Filho. O constrangimento silenciou a sala. Almeida se enfureceu e o desafiou para brigarem na rua. "Só se estivéssemos na idade da pedra eu brigaria com você", respondeu-lhe o jornalista. Radhá, sempre afetuosa com Frias Filho, chamou-o para ver uns livros. Almeida saiu do apartamento.

Mário Alberto de Almeida abandonou o jornalismo em 1988 para cuidar de negócios particulares. Ficou sócio de Luis Gonzaga de Barros Mascarenhas, um empresário goiano radicado em São Paulo. Os dois montaram uma fábrica de macarrão, instalada na cidade de Montemor, perto de Campinas. Abriram depois uma outra indústria, que produzia aparelhos de irrigação agrícola. Nos anos 70, Mascarenhas fora diretor financeiro da construtora Guarantã. Como a empreiteira era cliente do Banco Econômico, ficou amigo de Lafaiete Coutinho, o principal executivo do banco em São Paulo. Mascarenhas também era amigo de Íris Rezende, ex-governador de Goiás e ministro da Agricultura de Sarney. Ele apresentou Íris e Coutinho a Mário Alberto de Almeida. Lafaiete Coutinho, por sua vez, apresentou Paulo César Farias a Mascarenhas e a Almeida.

Íris Rezende se preparou no início de 1989 para disputar a convenção do PMDB que escolheria o candidato do partido à Presidência. Apesar de ter deixado a imprensa, Almeida fez gestões em algumas redações em favor de Íris Rezende, no período que antecedeu a convenção, realizada no final de abril daquele ano. Falou do político goiano com Augusto Nunes, diretor do *Estadão*, e José Roberto Guzzo, que dirigia simultaneamente *Veja* e *Exame*, a revista de economia e negócios da Abril.

Na tarde de Sexta-Feira Santa, 24 de março de 1989, Mário Alberto de Almeida entrou na sala de Nunes no *Estado de S. Paulo*. Vestia um abrigo. Estava nervoso. Suas mãos tremiam levemente. Começou dizendo que Nunes ganhava pouco e mencionou o salário do diretor de redação do *Estado* certinho, inclusive os centavos. "Você precisa pensar no futuro das suas filhas, Augusto, tem que fazer o seu pé-de-meia", disse Almeida. Ele poderia dar um jeito para que Nunes participasse de um "esquema" que envolvia a Andrade Gutierrez, o Banco de España e passava por Campinas. Nunes receberia, disse, 250 mil dólares para publicar no *Estado* matérias elogiosas a determinados políticos. A primeira delas focalizaria Íris Rezende, precisaria ser assinada pelo próprio Nunes e teria o título obrigatório de "O ministro das boas notícias". O pagamento pelas reportagens seria feito por meio da agência do Banco de España na avenida Paulista, ou "em verdinhas", completou Almeida, exibindo um envelope fechado. O diretor do *Estadão* supôs que "Campinas" significasse Orestes Quércia, cidade onde o governador paulista fora prefeito. Mas não perguntou se sua interpretação estava correta. Ficou na dúvida se encerrava a conversa ou pedia mais detalhes. Acabou indagando: "Mas como é isso?". Mais relaxado, Almeida respondeu: "Eu tenho conversa na *Veja* e na *IstoÉ*". E esclareceu: "A conversa na *IstoÉ* não passa pelo Mino". Nunes falou que pensaria no assunto. Mas em seguida relatou o ocorrido a seu superior imediato, Júlio de Mesquita Neto, e ao seu braço direito na redação, o editor executivo José Paulo Kupfer. Almeida telefonou e ofereceu um jatinho que o levaria a Brasília para entrevistar Íris Rezende. Nunes recusou, e o ex-colega continuou a telefonar. O diretor do *Estado*, nascido em Taquaritinga, no interior paulista, mandou então um bilhete a Mário Alberto de Almeida. "Coloque na conta da minha (de)formação interiorana, mas não sei lidar com corrupção", escreveu. "Espero que você volte ao bom caminho." Almeida reconhece que esteve com Nunes naquela ocasião e falou sobre Íris Rezende, mas nega que tenha oferecido dinheiro ao diretor de redação de *O Estado de S. Paulo*.

Na edição de 22 de fevereiro de 1989, *Veja* publicou uma reportagem de duas páginas intitulada "O cacife de Íris", com o subtítulo "No meio da guerra interna do PMDB, o ministro da Agricultura luta para lançar sua candidatura". A matéria narrava as disputas entre os peemedebistas e dizia:

> A maioria dos auxiliares de Sarney, de qualquer partido, sempre se especializou em anunciar, periodicamente, notícias muito ruins a respeito do governo. Na Fazenda, por exemplo, Sarney já teve quatro ministros que, periodicamente, lhe contavam

que a inflação havia subido — coube ao atual, Maílson da Nóbrega, fechar o ano com a marca dos 1200%. Nesse quadro de infortúnios, Íris Rezende é o único entre os atuais 22 ministros de Sarney que, todos os anos, só tem boas notícias a dar. Em 1987, ao completar seu primeiro ano de gestão, Rezende anunciou que a safra brasileira de grãos atingira a marca dos 65 milhões de toneladas — um recorde histórico. Em 1988, a produção subira para 66 milhões de toneladas. Em 1989, por fim, há outra notícia ainda melhor: no terceiro recorde sucessivo, a safra deve chegar, pelo menos, à marca de 68 milhões.

Íris Rezende foi derrotado por Ulysses Guimarães na convenção do PMDB. No ano seguinte, ele concorreu ao governo de Goiás. Em 1º de agosto de 1990, *Veja* publicou uma reportagem de duas páginas sobre a sua candidatura. Ela afirmava:

> Íris Rezende foi um dos poucos ministros da era Sarney que saiu do governo ainda segurando um punhado de prestígio. Ao contrário dos demais ministros da área econômica, Íris sempre teve alguma boa notícia para anunciar no seu pedaço de governo. "Na minha gestão foram colhidas três supersafras", exulta Íris. "Aumentamos em 40% a produção de grãos no país."

Em 1991, Paulo César Farias quis conhecer José Roberto Guzzo, e pediu ajuda ao seu amigo Luis Gonzaga de Barros Mascarenhas, o sócio de Mário Alberto de Almeida na fábrica de macarrão. Almeida convidou Guzzo para jantar com PC no apartamento de Mascarenhas, nas imediações do Parque Trianon, em São Paulo. Os quatro conversaram sobre a situação brasileira, o governo Collor e a imprensa. A Guzzo, Farias pareceu um homem afável e reservado. O jornalista e o empresário alagoano tiveram um outro encontro, dessa vez só os dois, no escritório de Paulo César Farias em São Paulo.

Mário Alberto de Almeida encontrou pelo menos quatro vezes com PC além de ter jantado com ele e Guzzo no apartamento de seu sócio. Com Lafaiete Coutinho, na época presidente da Caixa Econômica Federal, o ex-jornalista teve contatos intensos e frequentes. Almeida realizou alguns trabalhos para a Caixa Econômica Federal. Em abril de 1991, por exemplo, a seção Radar, de *Veja*, publicou uma nota sobre os contratos de publicidade na Caixa. Mário Alberto de Almeida ligou para o titular da coluna, Ancelmo Gois, e disse que estava enviando uma carta de Lafaiete Coutinho desmentindo a informação.

Na semana em que Victor Civita morreu, a revista *Exame*, supervisionada por Guzzo, colocou Lafaiete Coutinho na sua capa. O presidente da Caixa Econômica gostou bastante da matéria. Quis dar um vidro de perfume de presente à repórter que fez a entrevista, mas ela não o aceitou. Logo em seguida, Coutinho foi procurado por Mário Alberto de Almeida, que lhe pediu que veiculasse mais anúncios da Caixa em *Exame*. Coutinho atendeu o pedido. Achou que valia a pena aumentar a publicidade da instituição numa revista sobre economia.

"Você precisa conhecer o Lafa", disse Almeida na mesma época a Tales Alvarenga, redator-chefe de *Veja*. Alvarenga encontrou-se com o presidente da Caixa. Considerou-o um técnico sem maior expressão política, incapaz de gerar notícias. Não publicou nenhuma matéria sobre Coutinho e não falou mais com ele.

23. O ESTADO DE S. PAULO

A preocupação com as aparências e a imprensa levaram Fernando Collor a ter uma conversa logo no início do governo com o secretário da Administração, João Santana, em seu gabinete no Palácio do Planalto, da qual participou também a ministra Zélia Cardoso de Mello. "Você é a minha cara, Santana", disse o presidente, dando tapinhas na bochecha para enfatizar a frase. "Você é uma das partes mais visíveis do governo. Por isso, deve tomar cuidado com o que a imprensa publica a seu respeito. Você é solteiro, e não é bom que seja visto em restaurantes. Deve tomar cuidado para não aparecer bocejando em fotos, nem fumando."

Santana sentiu que o motivo da conversa não era a foto dele bocejando numa reunião que a *Folha* publicara dias antes. Interpretou os conselhos como um aviso para que não fosse flagrado em público acompanhado de mulheres. O secretário da Administração estava com 32 anos e tinha fama de namorador. Seus amigos o provocavam: diziam que ele não podia tomar banho de banheira porque viraria canja, de tão galinha que era. Santana tomou providências. Ia do trabalho para casa e vice-versa. Recusou os convites de Alberico Souza Cruz para ir às festas na casa de João Carlos Di Gênio, em Brasília, frequentadas por moças solteiras e políticos desacompanhados.

O recado de Collor ao secretário não se estendeu a Zélia. Ele não tinha por que alertá-la. Aos 36 anos e também solteira, a ministra cultivava a imagem de grave e durona. E o presidente não sabia que ela vinha mantendo um caso amoroso com Bernardo Cabral, o ministro da Justiça, casado havia 35 anos e avô. Ele era vinte anos mais velho do que Zélia.

Na semana frenética que antecedeu o lançamento do Plano Collor, Zélia passava as noites com Bernardo Cabral. Encontravam-se no chalé da economista na Academia de Tênis, depois de jornadas de trabalho que duravam até dezoito horas. O romance clandestino talvez possa explicar, em parte, os erros ocorridos no lançamento do plano e alguns aspectos do seu conteúdo. O ponto nevrálgico do pacote era o bloqueio das poupanças e contas correntes. A medida provisória que viabilizou o confisco, redigida sob a supervisão de Bernardo Cabral, teve de ser refeita cinco vezes em razão de erros jurídicos. Zélia pôs Collor a par das implicações do bloqueio. "Presidente, o senhor está absolutamente seguro sobre o que vai fazer?", perguntou ela. "Está ciente de que muita gente vai padecer e mesmo morrer em consequência do nosso programa? Sabe que há gente que morrerá porque seu dinheiro estará bloqueado e por isso não vai ter atendimento médico?

Que muitos não terão dinheiro sequer para comer?" Collor mandou que ela seguisse em frente. Na hora de decidir o limite dos saques das contas e poupanças e, portanto, definir qual a faixa de brasileiros que poderiam morrer por não ter como pagar o atendimento médico, Zélia tratou o assunto com leveza. Na noite da posse, seus amigos organizaram uma festa para ela na Academia de Tênis. Zélia escreveu três números num pedaço de papel — 20, 50 e 70 — e foi para a festa com ele na mão. Entre brincadeiras, cumprimentos e sorrisos, decidiu-se pelo limite de 50 mil cruzados.

Cabral e Zélia encontravam-se todas as noites. Ele não abandonou o seu apartamento funcional de deputado e conseguiu outro, também gratuito, por ser ministro. A mulher dele, Zuleide, morava num, e o outro era vizinho do de Zélia.

Em maio, a inflação mensal ultrapassou a marca dos 3%, quando deveria estar em zero. Mesmo contando com apoio popular e com a sustentação unânime da grande imprensa, o plano que, como Zélia previra, fez tanta gente padecer, fracassara. No dia 14 de maio, segunda-feira, ela apresentou a Collor sua carta de demissão, escrita por Bernardo Cabral. O presidente a rasgou na hora. Não queria que a ministra saísse. Ela lhe disse que a volta da inflação não era responsabilidade sua. Creditou-a à "mentalidade inflacionária do brasileiro" — ou seja, a culpa era do povo — e pediu ainda mais demonstrações de solidariedade e confiança do presidente. "O dia em que eu não contar mais com 100% de seu apoio, mas só 99%, eu vou embora", disse Zélia. Saiu do gabinete com os 100% desejados.

Naquela semana, Cabral pediu uma licença a Collor para fazer exames de saúde em Nova York e viajou na quinta-feira sem avisar seus assessores. Zuleide disse à imprensa que o marido viajara numa "missão secreta". No dia seguinte, 18 de maio, Zélia também embarcou para lá sigilosamente. Ela deveria participar na segunda-feira de uma reunião com bancos credores da dívida brasileira e antecipou a viagem em dois dias para encontrar-se com o amante. Foi recebida no Aeroporto Kennedy pelo irmão dela, Emiliano, que a levou ao hotel Regency, na Park Avenue, onde Cabral estava hospedado. Zélia encontrou bilhetes de amor no banheiro, na cama e no armário do quarto. No domingo, tomaram o café da manhã na Trump Tower e foram vistos por brasileiros.

Na segunda-feira, comentava-se no consulado brasileiro a possibilidade de haver confisco também dos brasileiros que viviam nos Estados Unidos, pois os ministros da Fazenda e da Justiça tinham passado a noite juntos. Cabral reassumiu o Ministério na quarta-feira — cansado e cochilando em público. Ele foi procurado por *Veja* para esclarecer os motivos da viagem. "Estou estressado", disse, e explicou que fizera exames médicos. Negou que tivesse estado com Zélia em Nova York. "Só nos encontramos na volta, no avião, por acaso", mentiu. Cláudio Humberto falou que o ministro fora assinar um acordo de combate ao narcotráfico. O líder do governo, Renan Calheiros, disse que Cabral viajara para discutir mecanismo de quebra do sigilo bancário com o governo americano. *Veja* publicou as explicações conflitantes do ministro, do porta-voz do presidente e de Renan. Não sustentou, porque ninguém na revista sabia, o real motivo da viagem. Mesmo assim, Cabral pediu a Collor que Cláudio Humberto enviasse uma carta à revista desmentindo a reportagem.

De volta ao Brasil, no domingo, 27 de maio, Zélia deu uma entrevista a Marília Gabriela no *Cara a Cara*, da Bandeirantes. Ela era a jornalista ideal para entrevistar Zélia. Com 1 metro e 78, traços angulosos, olhos de um azul-claro ofuscante, gestos amplos e presença de espírito, Gabriela não se deixava enganar pelos entrevistados. Trabalhava em televisão fazia mais de vinte anos. Fora repórter do *Jornal Nacional* e, entre 1980 e 1984, apresentara o *TV Mulher*, na Globo, programa pioneiro na discussão de temas femininos. Exibido todas as manhãs durante três horas e meia, com quadros de Martha Suplicy sobre sexo e de Henfil sobre humor, o *TV Mulher* marcou época. Gabriela foi para a Bandeirantes em 1985, onde, dirigida por Fernando Barbosa Lima, criou o *Cara a Cara*. O programa, semanal e com uma hora de duração, apresentava os entrevistados em primeiro plano, contra um fundo escuro. Concentrava a atenção do telespectador no que se dizia, sem usar distrações visuais. Era revelador e íntimo. Gabriela entrevistara centenas de pessoas, entre presidentes, governadores, parlamentares, artistas, intelectuais e empresários. Sabia usar a sua feminilidade para fazer perguntas pessoais sem parecer invasiva. Sem que Zélia esperasse, perguntou no ar se ela estava namorando. "Não estou namorando ninguém, mas estou apaixonada. Ainda é uma coisa meio platônica", respondeu a ministra, ruborizando e mexendo no queixo com a mão esquerda, a fim de mostrar que no dedo anular trazia uma aliança. A jornalista sentiu que a resposta fora o ponto alto da entrevista. Havia conseguido um furo. Findo o programa, perguntou:

— Zélia, você tem noção do que você disse?

— O quê? — indagou a ministra.

— Você disse que está apaixonada. Você se expôs. As pessoas vão ficar falando nisso.

As duas conversaram mais um pouco e marcaram um jantar. Voltaram ao assunto e Gabriela falou dos boatos acerca de quem seria o namorado.

— Me falaram até dois nomes — disse a jornalista.

— Quais? — quis saber Zélia.

— O seu chefe de gabinete, o Sérgio Nascimento.

— Imagine! — riu Zélia. — Ele é meu amigo. Sou amiga da mulher dele, conheço os filhos deles. E o outro nome?

— O outro é um absurdo, não tem nada a ver: o Bernardo Cabral.

Zélia deu um sorriso amarelo e negou sem convicção. A apresentadora percebeu que tinha dado um fora e a ministra estava namorando o ministro da Justiça. Mas as duas passaram a conversar pelo telefone com frequência e a se encontrar espaçadamente.

Cabral e Zélia decidiram contar ao presidente que estavam tendo um caso. O ministro da Justiça pediu para entrar numa reunião de Collor com a economista.

— Presidente, Zélia e eu temos um assunto pessoal para tratar com o senhor. Nós nos amamos. Queremos resolver a nossa vida. Queremos nos casar — disse Cabral.

— Isso é nitroglicerina pura. Qualquer movimento e explode tudo — disse Collor, perplexo.

— Bem, presidente, nós tínhamos que lhe contar.

— Por uma questão de lealdade — completou Zélia.

— Se ainda fosse o Cabrera... — lamentou Collor, como que para si mesmo.

O presidente pediu que fossem cautelosos e discretos. Poderiam prejudicar o governo. A reação de Collor se prendeu às possíveis repercussões do caso. Seria bom se Zélia estivesse tendo um caso com o ministro da Agricultura, Antônio Cabrera. O namoro de dois ministros jovens e solteiros faria bem à imagem do governo.

Depois da entrevista a Marília Gabriela, pipocaram especulações na imprensa e o repórter Luciano Suassuna as acompanhou. Nascido em Campina Grande, na Paraíba, ele se mudou para Brasília aos oito anos, formou-se em jornalismo e trabalhou na sucursal de *Veja* até 1988, quando foi deslocado para São Paulo. Seis meses depois, em maio de 1989, foi contratado como subeditor de Política do *Estado*. Depois da posse, foi transferido para Brasília. Ele pediu uma conversa com Zélia logo que chegou à cidade. Foi recebido e criou empatia com a ministra nos quinze minutos iniciais do encontro. Registrou o pensamento dela numa matéria e sentiu-se confiante para pedir outra: passar o dia com ela. Zélia aceitou. O repórter a acompanhou do café da manhã até a volta ao apartamento. Ela só não permitiu que testemunhasse a audiência que teve com o ministro da Justiça e uma conversa de fim de noite com Belisa Ribeiro. Fez então um perfil pessoal da ministra. O repórter sugeriu a Zélia que posasse nadando para a fotografia de capa e ela ficou de pensar; depois disse que Collor vetara a foto. Suassuna propôs que ela fosse fotografada jogando sinuca, Zélia não concordou. Chegaram a um acordo: ela apareceria tocando violão, pois dizia que gostava de tocar e cantar. O instrumento foi emprestado pela mulher do jornalista. Foi também fotografada deitada na cama, vestida, fingindo que lia um livro. Ela não contou a Suassuna quem era o seu namorado. Gostou da matéria, publicada em 26 de agosto, e convidou o jornalista do *Estado* para a sua festa de aniversário, marcada para 19 de setembro.

Alguns dias antes da festa, Suassuna jantou com outros jornalistas no apartamento de Orlando Brito, fotógrafo de *Veja*. Conversou-se sobre o namoro da ministra.

— Fiz uma sequência de fotos da Zélia trocando olhares com o Cabral numa reunião ministerial que a *Veja* não publicou — reclamou Brito.

— Mas eles estão namorando? — perguntou Suassuna.

— Não sei — respondeu o fotógrafo.

Esse namorado vai ter que aparecer na festa, eu vou descobrir quem é ele e vou fazer uma matéria, pensou Suassuna.

Na redação do *Estado*, Augusto Nunes se queixara à colunista Sônia Racy que nunca fora a uma festa boa do governo. A colunista conseguiu que o diretor de redação fosse convidado para a festa de Zélia, que chamou também Joyce Pascowitch, da *Folha*, Tereza Cruvinel, do *Globo*, Eduardo Oinegue, de *Veja*, Mario Rosa, do *Jornal do Brasil*, e Belisa Ribeiro, amiga da ministra. Era um evento de autopromoção a que compareceriam ministros e o presidente. Já sabendo do namoro e tendo sido informado por Cláudio Humberto de que jornalistas haviam sido convidados, Collor, ciente ainda de que Rosane e a ministra não se gostavam, não foi à festa no Clube das Nações. Mandou uma caneta Bulgari de presente à aniversariante.

Na tarde do aniversário, Paulo César Farias visitou Zélia no Ministério da Fazenda. Deu-lhe um lenço de seda Hermès e lhe fez três pedidos, que levou anotados num papel. Quando PC saiu, a ministra chamou João Carlos Camargo, seu assessor pessoal.

— Vou te pedir uma coisa que você não é obrigado a fazer — disse a ministra. — No seu lugar, não sei se faria. É o seguinte: Dom Cavalcanti quer falar contigo, quer te conhecer. Ele ouve falar muito de você. Não sei o que ele quer.

João Carlos Camargo respondeu que falaria com Dom Cavalcanti: Paulo César Cavalcanti Farias.

PC esqueceu no Ministério o papel com seus pedidos para Zélia. Havia escrito nele três itens. "Liberar a última parcela das escolas técnicas" era o primeiro: ele pedira à ministra que repassasse 14,6 milhões de dólares para o Ministério da Educação. O ministro Carlos Chiarelli queria pagar a derradeira prestação de um projeto de construção de escolas técnicas e precisava dessa soma. "Depósitos dos juros das mesmas instituições", a segunda anotação, dizia respeito a 350 milhões de dólares que bancos brasileiros no exterior tinham em seus cofres. Eram reservas internacionais brasileiras que estavam rendendo juros. PC solicitara a Zélia que os juros desses dólares não fossem repassados imediatamente ao Banco Central. O último item era: "Resolução 684 — BNDS — Modiano — Mercedes--Benz", A resolução 684 do BNDES, dirigido por Eduardo Modiano, permitia que prefeituras obtivessem financiamento público apenas para comprar ônibus de montadoras brasileiras. Farias pediu que a Mercedes-Benz também pudesse vender seus ônibus a prefeituras financiadas pelo governo. Camargo recolheu o papel e o guardou.

Luciano Suassuna, Sônia Racy e Augusto Nunes chegaram cedo ao Clube das Nações. O ministro da Justiça também. Estava sem a mulher, Zuleide. A ministra não chegava e Cabral explicou aos jornalistas o motivo do atraso: "Ela está fazendo um coque". Zélia apareceu de tailleur vinho e os cabelos amarrados num coque. Enquanto ela cumprimentava os convidados, Suassuna ouviu Cabral dizer a Antônio Rogério Magri, o ministro do Trabalho: "Essa baixinha é danada". O ministro da Justiça contou a outros convivas, e Nunes escutou, que estava tomando uma mistura de guaraná com raspa de osso de pirarucu. "O negócio não desce", disse, flexionando o antebraço direito para cima e fechando a mão.

O chanceler Francisco Rezek sentou ao lado de Zélia à mesa. Cabral demonstrou ciúme: não a olhou nos olhos nem ergueu seu copo de uísque na hora dos brindes. Chateada, a ministra se refugiou no jardim do clube, de onde uma amiga a trouxe de volta à mesa. O ministro se levantou, com ares de quem ia embora, mas parou para conversar com Belisa Ribeiro. Zélia o alcançou no jardim e discutiram. Uma outra amiga da ministra lhes disse que estavam chamando a atenção. Entraram. Na hora de cortar o bolo, puxou-se um coro: "Com quem será, com quem será, com quem será que a Zélia vai casar?". Sônia Racy perguntou a Cabral com quem ele achava que a ministra se casaria. "Espero que seja comigo", respondeu ele. Começou um bailinho. Nunes dançou com Auzélia, a mãe da ministra. Cabral, com Belisa Ribeiro. Abruptamente, Belisa se desvencilhou do ministro e tirou Nunes para dançar. Reclamou que Cabral havia sido inconveniente com ela. Zélia dançou com seu irmão Emiliano e depois com Bernardo Cabral, ao som do bolero "Besame mucho". Bailaram durante quinze minutos, os rostos quase colados.

"Então, vamos embora?", perguntou Nunes a Suassuna quando o salão começou a esvaziar-se. "Eu só vou quando a notícia acabar", respondeu o repórter. Queria ficar até o fim para ver se acontecia mais alguma coisa. Os dois saíram quando as autoridades se retiraram. O repórter chegou à sucursal às nove da manhã do dia seguinte, escreveu a matéria e a enviou para a redação à tarde. Nunes voou para São Paulo e se encontrou com Júlio de Mesquita Neto e seu filho, Júlio César. "Vocês não sabem o que aconteceu", disse ele, e contou-lhes a festa. Falou que daria a matéria a respeito na primeira página, mas deixaria de fora passagens mais picantes, como a da mistura de guaraná com pirarucu. Júlio César e o pai, animados, concordaram. À tarde, Zélia telefonou para o diretor de redação do *Estado* e perguntou o que o jornal publicaria. Nunes contou. Ela disse que Bernardo Cabral desmentiria a reportagem. "Se ele desmentir, faço uma outra matéria contando todos os detalhes", rebateu o jornalista.

A matéria de Suassuna revelava logo no primeiro parágrafo que Cabral era o namorado de Zélia. Páginas adiante, na sua coluna, Sônia Racy revelou que os ministros haviam marcado o casamento para novembro. Nenhum outro jornal deu a notícia. Suassuna passou o dia na sucursal, aguardando desmentidos, mas Zélia e Cabral não se manifestaram. O repórter achou que se saíra melhor que os concorrentes, porque encarara o aniversário como uma missão jornalística: comparecera à festa para descobrir quem era o namorado de Zélia, e não para se divertir. Tomara a cautela de não perguntar aos ministros se eram amantes, escrevera o que presenciara e tirara a conclusão lógica. Joyce Pascowitch ficou furiosa consigo mesma ao ler a matéria do *Estadão*. Na festa, o próprio Cabral lhe contara, com a condição de que não publicasse, que estava namorando a ministra da Economia. Joyce insinuou em sua coluna que os dois tinham um envolvimento, mas não foi explícita. Achou que não deveria ter aceitado a condição de Cabral, ou então deveria ter rompido o acordo por causa do comportamento dele na festa.

* * *

Júlio de Mesquita Neto convidou Augusto Nunes para ser diretor de redação de *O Estado de S. Paulo* em março de 1988. Queria modernizar o jornal e aquele era o momento certo. Miguel Jorge, o diretor de redação anterior, havia deixado o jornal meses antes. Em fevereiro daquele ano, a empresa fora reformulada, dando origem a seis unidades: o *Estado*, o *Jornal da Tarde*, a Agência Estado, a Rádio Eldorado, o Estúdio Eldorado e a unidade de Catálogos e Vendas Gráficas. O Grupo tinha saldado todas as suas dívidas, contraídas nos anos 70 em razão da construção da nova sede, no bairro do Limão. Mesquita Neto era diretor responsável do *Estadão* desde a morte do pai, em julho de 1969. Fora escolhido para o cargo por ser o primogênito. Aos poucos, foi afastando seu irmão do jornal. Ruy Mesquita, que era editorialista e supervisionava as notícias internacionais, além de discutir a linha e a forma do *Estado*, viu-se confinado à direção do *Jornal da Tarde*. Ficou desgostoso, mas se resignou. Entendeu a atitude do irmão como uma maneira instintiva de proteger o filho, Júlio César. O pai de Mesquita Neto e Ruy, Júlio de Mesquita Filho, criara o *JT* justamente para evitar que os filhos brigassem, pois avaliava ser impossível que o *Estado* tivesse um comando duplo.

Mesquita Neto não consultou Ruy para contratar Nunes. Ele e o filho Júlio César gostaram de Nunes. Achavam-no ágil, versátil e inteligente. Nunes aumentou a gama de assuntos cobertos, arejou a diagramação e conseguiu que os textos das notícias fossem simplificados. Na sua concepção, fruto de treze anos em *Veja*, o *Estado* deveria ter um quê de revista em algumas reportagens: matérias exclusivas, que contassem uma história completa.

Essa concepção provocou resistências na redação e na empresa. Alguns jornalistas, sobretudo editores, não se adaptaram às mudanças. Foram substituídos ou demitidos. Na empresa, houve choques de Nunes com a Agência Estado, que controlava os repórteres de todas as sucursais e mandava as matérias deles para o *Estado* e o *Jornal da Tarde*. A Agência crescera: vendia serviços e entrara na era da automação. O uso da Agência pelos dois jornais levava a uma inevitável padronização do noticiário. Nunes queria ter repórteres só do *Estadão*, e de sua confiança, cobrindo determinadas áreas, como o governo. Por isso, transferira Luciano Suassuna para Brasília. Suassuna foi recebido com hostilidade pelos repórteres da Agência Estado. Não lhe deram mesa e não o cumprimentavam.

Os atritos entre o *Estado* e a Agência Estado refletiam antagonismos da família Mesquita. Apesar do afastamento, Ruy e Mesquita Neto se entendiam e se respeitavam. Jamais se hostilizaram ou tornaram públicas eventuais divergências. Ambos tinham temperamento forte. Ruy era mais intelectualizado e adorava assistir a jogos de futebol e basquete. Acordava às quatro da manhã para ler, geralmente revistas francesas, inglesas e americanas sobre política internacional. Gostava de escrever; seu estilo era claro e combativo. Ele teve paralisia infantil, andou com ajuda de aparelhos até os oito anos. Júlio de Mesquita Neto era mais retraído. Não escrevia como o irmão, mas era mais organizado que Ruy. Na redação do *JT* e do *Estado* se percebia que os filhos de Ruy não se davam bem com o primo Júlio César. Referiam-se ao *Estadão* como "o jornal do vovô", e não "do titio". Diziam que as mudanças no *Estado* estavam sendo demasiado rápidas e poderiam descaracterizar o jornal, carro-chefe do Grupo. Júlio César, por sua vez, de quando em quando chamava os primos de "os Ruys". Mesquita Neto e Ruy Mesquita tentavam pôr panos quentes nas querelas entre seus filhos.

* * *

Em sua primeira aparição pública depois de dançar "Besame mucho", Bernardo Cabral deu uma entrevista coletiva após uma visita à CNBB. Luciano Suassuna estava lá. Esperou que algum outro repórter perguntasse sobre o namoro, mas nenhum levantou o assunto.

— Ministro, e a Zélia? — perguntou, por fim, Suassuna.

— Eu não sei nada. Você é o homem da Zélia — respondeu o ministro da Justiça, fechando a cara.

No fim de semana seguinte à festa, Zélia viajou para os Estados Unidos com Collor, que faria o discurso de abertura da sessão da Organização das Nações Unidas. Na quarta-feira, houve um jantar em homenagem ao presidente no restaurante Le Cirque. Hospedada no Plaza, a ministra alugou uma das carruagens que passeiam turistas pelo Central Park para percorrer os sete quarteirões do hotel ao restaurante. Os fotógrafos que acompanhavam a comitiva estavam num bar próximo e não fotografaram o desembarque triunfal da ministra. Mino Pedrosa, fotógrafo de *IstoÉ*, alugou uma outra carruagem e, no final do jantar, propôs à ministra que subisse nela. Zélia se aboletou na carruagem e, sorridente, deixou-se fotografar. Durante a estada, a ministra pediu ao correspondente da *Gazeta Mercantil*, Getúlio Bittencourt, astrólogo amador, que fizesse o mapa astral dela e o de Cabral.

O presidente saiu a pé do restaurante. Caminhou algumas quadras conversando com Roberto Marinho. Entendiam-se cada vez melhor. Mas Collor se acertava melhor ainda com Alberico Souza Cruz. Depois do discurso na ONU, enquanto aguardava um encontro com a primeira-ministra da Noruega, Collor falou com Paulo Henrique Amorim, o novo chefe da sucursal da Rede Globo em Nova York. O jornalista perguntou se eram boas as suas relações com a diretoria da emissora. "O meu amigo na Globo é o Alberico", respondeu o presidente. "Roberto Marinho só me apoiou na campanha quando meus índices estavam lá em cima."

Amorim aprendera com Raul Ryff, secretário de Imprensa do presidente João Goulart, que no exterior os políticos brasileiros se transformam. Geralmente falam mal o inglês e o francês, e se sentem inferiores. Por outro lado, gostam das solenidades e da pompa com que são recebidos. Longe dos problemas nacionais, julgam-se importantes, personagens históricos, e preferem discutir grandes temas com os correspondentes brasileiros. Collor não era exceção na tese de Ryff. Das suas conversas com o presidente, Amorim depreendeu que ele queria ficar no poder mais de uma década. Collor tentaria aprovar uma emenda parlamentarista, seria eleito deputado, sairia do Planalto para ser primeiro-ministro e depois se elegeria de novo presidente. Nesse período, o Brasil cresceria, viraria uma potência, e ele seria um líder de dimensão mundial. Achava que o México havia se entregado aos Estados Unidos e que nem a Argentina nem o seu presidente, Carlos Menem, tinham as dimensões do Brasil e dele, Collor, para escapar da órbita americana. Nesse sentido, dizia que não faria testes atômicos, mas queria que o Brasil desenvolvesse a energia nuclear para fins pacíficos — e também para usá-la na mesa de negociações internacionais. Sua proposta para a ONU era um Conselho de Segurança com cinco novos membros: Brasil, Índia, Japão, Alemanha e África do Sul.

Collor sonhava alto em Nova York, mas agia como se estivesse na Casa da Dinda. Vestido todo de branco — tênis, calça e camiseta —, correu pelo Central Park. Cláudio Humberto mencionou a Elio Gaspari, de *Veja*, que durante a corrida o presidente pretendia depositar uma flor na frente do edifício Dakota, na calçada onde John Lennon fora assassinado, em 1980. Gaspari, napolitano e portanto supersticioso, avisou que o lugar era "carregado". Ao saber da advertência, Collor bateu três vezes na madeira e preferiu depositar a flor no Central Park, no memorial dedicado ao Beatle.

De saída de Nova York para Chicago, Cláudio Humberto atendeu a um telefonema de Eduardo Oinegue. "Temos uma informação que precisamos checar com você", disse o chefe da sucursal de *Veja* em Brasília. "Há uma mulher em Alagoas que diz ter um filho do presidente. O garoto tem uns dez anos de idade, chama-se Fernando, James Fernando, e, meu caro, é igual ao Collor. É o presidente em miniatura. Parece mais com ele do que os dois filhos que teve com a Lilibeth." O porta-voz falou que se fosse verdade, ele saberia. "Mas a *IstoÉ* também tem essa matéria e certamente vai publicá-la. Dê uma checada a mais e depois telefono para você, em Chicago", pediu Oinegue. Cláudio Humberto foi à suíte de Collor no Plaza, chamou-o a um canto e relatou o que tinha ouvido. "Telefone para o Eduardo e diga que isso é mentira", rebateu o presidente, pálido. "Imagina! Lembre quantas pessoas já apareceram dizendo que são meus parentes, amigos de infância, essas coisas." O porta-voz repassou o desmentido a Eduardo Oinegue. Em Chicago, o presidente quis que Cláudio Humberto lhe repetisse a história que o jornalista de *Veja* havia contado para ele. "Eu estava aqui pensando", disse Collor, fumando um charuto, quando Cláudio Humberto terminou. O presidente falou que, quando era prefeito de Maceió, aparecera uma "mulher, dessas garotas de programa, com um recém-nascido nos braços, dizendo que era meu filho. Sei lá se era! Não levei o assunto a sério". O porta-voz gelou: havia a possibilidade de a história ser verdadeira. Collor mandou Cláudio Humberto contar tudo a Cláudio Vieira. O chefe do gabinete pessoal do presidente avisou Osvaldo Salles, sócio de Paulo César Farias numa empresa de aviação, a Ômega Táxi Aéreo. Salles trouxe o menino e sua mãe, Jucineide Braga, para Brasília. Hospedou-os em sua própria casa durante três meses. Depois alugou um apartamento para eles na praia da Boa Viagem, no Recife, e deu-lhes uma mesada — com a condição de que não falassem com repórteres. Toda a operação foi paga com o dinheiro de Collor e Paulo César Farias.

Mino Carta falou com Domingo Alzugaray a respeito da reportagem sobre Fernando James. O dono de *IstoÉ* estava em seu sítio, em Ibiúna, onde não havia telefone e ele se refugiava quando não queria ser importunado. O motorista de sua mulher, Cátia, chegou com um recado: Mino precisava entrar urgente em contato com ele. Alzugaray foi a um sítio vizinho, ligou para o diretor de redação e soube da reportagem.

— Você tem certeza dessa história, Mino? — perguntou o editor.

— É impossível ter certeza absoluta, mas a história parece verdadeira, tanto que quem sustenta o menino é um amigo do Collor. Acho que devemos publicar a matéria.

IstoÉ dedicou quase duas páginas ao filho de Collor. Fiando-se no desmentido do presidente, *Veja* cancelou a reportagem sobre o assunto.

* * *

Zélia se encontrava nos Estados Unidos quando seu secretário pessoal foi visitar Paulo César Farias na casa dele em Brasília. João Carlos Camargo adorava política. Menino, se escondia no banco de trás do Opala do pai, o deputado João Camargo, do PDS, para acompanhá-lo a comícios. Fora colega de classe de Flavio, filho de Paulo Maluf, e frequentara a sua casa. Aos 23 anos, foi secretário de Governo de Jânio Quadros na segunda e última passagem deste pela Prefeitura de São Paulo. Casou-se com Ana, filha de Dilson Funaro. Jânio tinha afeição filial por Camargo. Incumbiu-o algumas vezes de mediar seus encontros com empreiteiros. O jovem deveria lembrar os empresários de levarem a "rapadura" — pacotes de dinheiro — ao prefeito, que dizia usá-la para pagar os caros tratamentos de saúde de sua mulher, Eloá. Com Jânio doente, Camargo fez a Juventude Janista, da qual era secretário-geral, aderir à candidatura de Collor. Era hostilizado por Leopoldo Collor, que detestava o pai dele. Leopoldo enviou-lhe um recado por intermédio de um amigo comum: "O irmão do presidente não nomeia, mas veta". João Carlos Camargo chegou ao 15 de março sem cargo no governo, apesar de ser amigo de Zélia e de seus sócios na ZLC. Na campanha, apresentara a assessora econômica de Collor a Olacyr de Moraes e a Roberto Amaral, diretor da empreiteira Andrade Gutierrez. Não recebeu convite para a posse, mas, furão, conseguiu entrar no Palácio do Planalto. "Devo um pedaço dessa faixa a seu marido", disse Collor na fila dos cumprimentos a Ana. Camargo estufou o peito, orgulhoso. Passou os quinze dias seguintes falando mal de Zélia, que não respondia aos telefonemas dele.

— E aí, Camarguinho, como você está indo? — perguntou a ministra duas semanas depois do Plano Collor.

— Eu vou mal. Esse seu Plano me quebrou. Eu tinha dois prédios para fazer a incorporação e agora ninguém tem dinheiro. Estou quebrado.

— Então vem para Brasília que eu vou te dar um emprego.

Comentou com Zélia que o desempenho dela na televisão e com a imprensa estava ruim. "Estou sendo aconselhada pela Belisa e por gente da Globo", disse a ministra.

Camargo acabou concordando em ser o secretário pessoal de Zélia. Preferia o cargo de assessor parlamentar do Ministério, posição que o colocaria em contato com políticos. Conquistou espaço no Ministério na raça: sem autorização, ocupou a sala do embaixador Jorio Dauster, o negociador da dívida externa. Foi encarregado de gerir a conta pessoal da ministra. Camargo se ofereceu para pagar todas as despesas dela. Quando saíssem do governo, disse, acertariam o devido. Zélia não aceitou.

Camargo chegou à casa de Paulo César Farias num fim de tarde. Foi recebido por seguranças da Presidência. Romeu Tuma, secretário da Receita e da Polícia Federal, estava na sala de espera, e PC o atendeu antes do assessor de Zélia.

— Então você é o Camargo de quem tanto falam — disse PC, segurando um copo de gim-tônica, que ofereceu ao visitante. — Dom João Carlos, nós vamos ficar trinta anos no poder. Precisamos ajudar o presidente. O que você anda fazendo de inteligente?

— Estou só trabalhando com a Zélia. Não tenho me dedicado a negócios.

— Pense bem: podemos fazer coisas juntos — disse PC, e exemplificou o que pretendia, citando o ministro da Educação e a empreiteira baiana. — O Chiarelli esteve aqui e pediu para a OAS construir escolas técnicas.

A conversa não teve decorrências imediatas. Mas, meses depois, Paulo César Farias começou a depositar cheques de correntistas-fantasmas para Zélia na conta de João Carlos Camargo. Foram mais de 200 mil dólares. A ministra confiava no seu assessor pessoal. Quando achava que ele estava fazendo algo errado, não se queixava diretamente. Em vez disso, deixava de falar com ele ou o tratava com maus modos. Certa vez, o assessor insistiu em saber o motivo da irritação da chefe. Zélia disse que tinham lhe contado que ele cobrava de empresários para marcar audiências com ela, e deu como exemplo um encontro que teria tido com o presidente da Ericsson. "Então vamos pegar uma lista telefônica, achar o telefone da Ericsson e ligar agora para o presidente da empresa", desafiou Camargo. "Não sei nem o nome dele." A ministra não aceitou o repto e fez que esquecera o assunto. Noutra ocasião, Collor disse a ela que demitisse Camargo, a quem chamava de "genrinho do Funaro". Zélia deixou o tempo passar e não o demitiu.

Camargo ajudou a ministra a lidar com problemas na imprensa. Paulo César Farias e Jorge Serpa haviam se oferecido para acertar um encontro dela com Roberto Marinho. Camargo recomendou-lhe que dispensasse intermediários poderosos, e ela aceitou o conselho. Num de seus encontros com Zélia, o dono da Globo disse saber que Paulo César Farias almoçava todas as semanas com Nascimento Brito, do *Jornal do Brasil*. Receava que, em razão do poder de PC, o governo viesse a favorecer o jornal concorrente, concedendo-lhe anúncios a mancheias ou abrindo linhas de crédito camaradas. A ministra tranquilizou Marinho. Falou que, na área dela, faria o estritamente legal, e garantiu que as Organizações Globo teriam tratamento equivalente a seu vulto e penetração.

Nascimento Brito não levava Zélia a sério. Tivera apenas um encontro com ela, em sua sala no *Jornal do Brasil*. Logo depois, Brito desceu à redação. Contou que a ministra, usando saia curta, cruzara as pernas com desembaraço. "Vi quatro vezes a calcinha dela", disse, provocando um estrondo de gargalhadas.

Roberto Amaral, diretor da Andrade Gutierrez, telefonou a João Carlos Camargo para falar da imprensa. Conheciam-se da época em que Jânio fora prefeito.

— Você tem visto o que o Ferreira Neto anda falando da Zélia? Que assessor é você que deixa falarem mal da tua chefe sem reagir? — indagou o empreiteiro.

— Não tenho visto o Ferreira Neto. É muito tarde. Chego em casa e vou direto dormir.

— Pois então eu vou te mandar as fitas dos programas. Você assiste aí, no ministério, junto com a Zélia.

O assessor recebeu as fitas e as deixou num canto da estante. Não assistiu a elas nem as mostrou à sua chefe. Roberto Amaral ligou:

— Viu as fitas, Camargo? E a Zélia, o que achou?

— A Zélia ainda não viu — disse Camargo.

— E que providências você vai tomar?

Camargo perguntou a Zélia se sabia que Ferreira Neto andava falando mal dela no seu programa.

— Ih, nem me fale do Ferreira Neto, Camargo. Eu nunca vi, mas minha mãe assiste o programa todas as noites. Ela já me ligou um monte de vezes para comentar. Vê se dá um jeito de ele parar de me criticar — disse a ministra.

— O Roberto Amaral também ligou para falar do programa. Talvez ele possa dar um jeito.

— Dá um jeito, Camargo. Faz alguma coisa com o Ferreira Neto.

O assessor pediu a Amaral que resolvesse o problema. Ferreira Neto vinha falando que o Plano Collor estava cheio de erros e responsabilizava Zélia por eles. Disse isso a Fernando Collor num almoço, numa quarta-feira, no Palácio do Planalto. Achou uma violência a prisão de João Veríssimo, dono dos supermercados Eldorado, pois o empresário não poderia saber todos os preços que estavam sendo reajustados em suas lojas. Depois que Amaral disse a Camargo que daria um jeito em Ferreira Neto, o jornalista convidou Zélia para ir ao programa. Ela foi, e debateu com o ministro dos Transportes da Venezuela, que tinha interesse em estreitar relações comerciais e rodoviárias com o Brasil. Ferreira Neto parou de criticar a ministra.

Com a aproximação das eleições de outubro de 1990, Camargo perguntou a Zélia se ela poderia ajudar José Inácio Ferreira, candidato ao governo do Espírito Santo. O empreiteiro Emílio Odebrecht marcara uma audiência para conhecer a ministra, e ela pediu a Camargo que participasse da reunião. O dono da Odebrecht contou o que sua empresa fazia, falou dos planos para construir o metrô de Miami. Não pediu nada. No final do encontro, Zélia elogiou José Inácio Ferreira e mencionou as dificuldades da sua campanha. "Não se preocupe, ministra, hoje à tarde farei uma doação de 1 milhão de dólares para a candidatura de José Inácio", disse Emílio Odebrecht. Quando o construtor saiu da sala, Zélia abriu a boca para Camargo, mostrando que estava de queixo caído. A ministra também pediu a ajuda da Andrade Gutierrez para Renan Calheiros, candidato ao governo de Alagoas. A empreiteira se comprometeu a doar 1 milhão de dólares para a campanha dele.

Naquela eleição, a preocupação maior de Roberto Amaral, diretor da Andrade, era com São Paulo. No governo de Orestes Quércia, a Andrade Gutierrez foi a empreiteira que mais fez obras estaduais. O candidato de Quércia, Luiz Antônio Fleury Filho, conseguira chegar ao segundo turno, que disputaria com Paulo Maluf, mas Amaral suspeitava que o Banespa, o banco estadual, endividado, pudesse sofrer uma intervenção federal. Se isso ocorresse, a candidatura de Fleury seria abalada. Era preciso rolar a dívida e evitar o estouro das contas paulistas antes do dia da votação. A Andrade Gutierrez havia doado cerca de 5 milhões de dólares para a campanha do afilhado de Quércia e, na dúvida quanto ao resultado, 3 milhões para a de Paulo Maluf.

Roberto Amaral acertara com Paulo César Farias as relações do Planalto com a Andrade Gutierrez no âmbito de São Paulo. No plano federal PC conversava direto com Sérgio Andrade. Entre as empreiteiras, a Andrade foi a que fez a maior doação a campanha de Collor (mais de 7 milhões de dólares) e, no entanto, vinha recebendo menos verbas para obras federais que a OAS. PC se comprometeu com Roberto Amaral a evitar que o presidente interferisse na política paulista. E também ensinou o empreiteiro a se relacionar com o presidente. "O Fernando não respeita quem não olha ele no olho", disse Farias a Roberto Amaral. Num encontro em Brasília, o empreiteiro não desgrudou os olhos dos de Collor, e se deu bem com ele. Amaral ensinou o truque a Fleury, que esteve com o presidente na campanha para governador de 1990, e, olhando-o no olho, iniciou também um bom relacionamento com ele.

— Essa história de intervenção no Banespa é verdadeira, Camargo? — perguntou Roberto Amaral ao assessor pessoal de Zélia.

— Não estou a par, mas ouvi dizer aqui que parece que é isso mesmo.

— A ministra aceitaria conversar com o Quércia sobre o assunto?

— Não sei, mas posso ver — respondeu Camargo.

Zélia aceitou. Viajou para São Paulo e se encontrou com Orestes Quércia na casa de Roberto Amaral. O governador só escutava a conversa.

— Quércia, fala aí com a ministra — incentivou Roberto Amaral. — Ela veio de Brasília para te ouvir.

— Ministra, a senhora pode encontrar abrigo no PMDB. No futuro, a senhora poderia sair candidata pelo partido — disse o governador.

O empreiteiro apoiou a proposta com entusiasmo. Zélia respondeu que pensaria no oferecimento.

De volta a Brasília, a ministra disse a Camargo que achara Quércia reticente. Queria provas de que Roberto Amaral tinha mesmo influência sobre o governador paulista. O assessor telefonou para o empreiteiro, que lhe falou: "Camargo, preste bem atenção no que vou dizer, para depois repetir para a Zélia: se eu telefonar agora para o Quércia e mandar ele sair imediatamente do Palácio dos Bandeirantes, e ir correndo, a pé, até o Ibirapuera, pois os netos dele estão se afogando no lago, ele sairá correndo na hora, e só no meio do caminho irá lembrar que não tem netos. Ouviu bem? Então repita". O assessor repetiu a frase. "Não, Camargo, você esqueceu de dizer 'a pé'; fale de novo", disse Amaral. Camargo obedeceu. "Quero que você diga isso direitinho à ministra, olhando nos olhos dela. Vá na sala dela e diga isso, agora", completou o empreiteiro. O secretário foi e recitou a frase. Camargo entendeu que Roberto Amaral estava prometendo a legenda do PMDB para Zélia concorrer à Prefeitura de São Paulo já em 1992.

Não houve intervenção no Banespa e, depois da eleição de Fleury, Roberto Amaral telefonou para o assessor:

— Camargo, preciso que você fale com a ministra. Diga a ela que a regra fundamental da política é esta: promessa a gente só cumpre se for possível cumprir.

— Mas, Roberto, isso não é possível. Você me usou. Usou a ministra. Você não pode fazer isso. Não posso dizer isso para a Zélia.

— Camargo, vá lá, olhe nos olhos da ministra e diga que mandei dizer isso: na política, a regra fundamental é que a gente só cumpre promessa se for possível cumprir. Ouviu bem? Quer que eu repita?

João Carlos Camargo não transmitiu o recado.

***

Depois da passagem pelos Estados Unidos e do discurso na ONU, Collor seguiu viagem para Praga, na Tchecoslováquia, onde tinha um encontro com o presidente Václav Havei. Na escala de oito horas em Paris, o presidente visitou as obras de reforma de um apartamento no terceiro andar do número 38 da rue de Lubeck. Com trezentos metros quadrados, cinco quartos e vista para a torre Eiffel, o apartamento estava avaliado em 4 milhões de dólares. Fábio Altman, o correspondente de *Veja* em Paris, foi pautado para investigar a história. O porteiro do prédio lhe disse que o apartamento fora alugado pelo presidente do Brasil. Dizendo que era um negócio pessoal de Collor, Cláudio Humberto pediu que a revista não noticiasse o assunto. A notícia foi publicada na seção Radar com uma foto do prédio na rue de Lubeck.

***

Marcos Antônio Coimbra fez o Vox Populi realizar uma pesquisa qualitativa sobre a repercussão do romance entre Cabral e Zélia. Descobriu que a opinião pública achava o caso privado. O namoro não tivera impacto desfavorável na avaliação do governo. O governo era considerado ruim, dizia a pesquisa, porque provocara um tumulto na economia e não resolvera o problema principal: a inflação. Um outro instituto, o Sensus, também de Belo Horizonte, providenciou uma pesquisa quantitativa sobre o caso, ouvindo 4 mil pessoas, e obteve resultados semelhantes. Apenas 30% dos entrevistados tinham conhecimento do namoro, e 53% deles se declararam indiferentes. Talvez se deva creditar o desconhecimento da população à cobertura discreta que as emissoras de televisão fizeram do namoro. Na imprensa escrita, o noticiário foi intenso. Comentários de colunistas, matérias, charges e cartuns foram publicados repetidamente.

O Vox Populi não foi contratado pelo governo para fazer pesquisas periódicas. Coimbra não se importou. Sua estratégia era outra: queria que o instituto crescesse de modo autônomo. Em 1989, 70% do faturamento do Vox Populi fora obtido em pesquisas para o candidato Collor. No ano seguinte, diversos candidatos a governos estaduais o contrataram e o faturamento aumentou.

Marília Gabriela continuava falando com a ministra da Economia sobre o seu namoro. Eram conversas íntimas e francas. Zélia lhe contou que Bernardo Cabral ainda não se separara porque Zuleide estava com câncer. Gabriela, que discutia o assunto com seu terapeuta, disse que homens casados que não se separam nos cinco primeiros meses de romance extraconjugal dificilmente rompem o casamento. Uma das maneiras clássicas de o homem evitar a ruptura, avaliara o terapeuta, era inventar que a esposa estava doente, dissera a apresentadora a Zélia. A ministra discordava. Acreditava no namorado.

Duas semanas depois da festa no Clube das Nações, a sucursal de *Veja* em Brasília descobriu que Collor deixou de convocar Bernardo Cabral para uma reunião matutina com o núcleo do governo. O ministro passou a circular por Brasília acompanhado de Zuleide, como se estivesse demonstrando que não pretendia se separar. A revista decidiu fazer uma reportagem de capa sobre o namoro de Zélia com Cabral e o enfraquecimento do ministro. Na sexta-feira, dia do fechamento da matéria, o repórter Expedito Filho falou com Alceni Guerra. O ministro da Saúde lhe contou que Cabral já havia escrito a sua carta de demissão e deveria entregá-la a Collor na semana seguinte. O presidente estava na Venezuela e só voltaria a Brasília na noite de domingo. O repórter passou a informação para a redação e foi dormir, por volta da uma hora da manhã. A matéria foi escrita e mandada para a gráfica às sete horas da manhã de sábado.

Às onze da manhã, Expedito Filho estava saindo do Clube da Imprensa com os filhos e encontrou uma colega. "Você viu que vai ter uma entrevista coletiva hoje no Palácio do Planalto?", perguntou a jornalista. O subeditor telefonou para o Planalto e soube que Collor antecipara a sua volta da Venezuela e a coletiva seria sobre a saída de Cabral do Ministério. Expedito Filho se apavorou: a capa de *Veja*, com fotografias de Cabral e Zélia e a chamada "O romance abala o Planalto", estava errada. Os leitores receberiam a revista, com a notícia de que Cabral pediria demissão, quando o seu substituto já estivesse nomeado. O repórter ligou para Eduardo Oinegue, chefe da sucursal de Brasília, contou o caso e concluiu: "Precisamos mudar a capa". Como Guzzo estava viajando e eu chefiava interinamente a redação, Oinegue me telefonou. Enquanto ele e Expedito Filho apuravam a matéria, falei com o gerente de planejamento da gráfica, Carlos Orlando Barbosa. Ele disse que já haviam sido impressas 110 mil capas, de uma tiragem total de 809 mil exemplares. A mudança era possível, mas implicaria perder as capas prontas e atrasar a distribuição da revista. Fez-se a alteração. Com as informações de Oinegue e Expedito Filho, a reportagem foi atualizada e o título da capa mudou para "O romance que derrubou Cabral".

"Nenhuma pessoa que ocupou cargos ministeriais em outros governos fará parte do meu governo", avisara Collor antes de tomar posse. E colocou no Ministério da Justiça o senador Jarbas Passarinho, ministro da ditadura nos governos de Costa e Silva, Médici e Figueiredo.

Com Cabral fora do governo, Marília Gabriela o convidou para participar do *Cara a Cara*. Ele quis falar com a jornalista antes de ser entrevistado. Disse que ia se separar de Zuleide, mas pediu que Gabriela não tocasse no assunto no programa. "Não posso", respondeu a jornalista. "É minha obrigação perguntar, e o senhor responda o que achar melhor." Na entrevista, gravada em Brasília, Cabral negou que estivesse namorando Zélia. Depois do programa, foram os dois para o apartamento da ministra. Cabral tinha a chave da porta, entrou, Zélia correu em sua direção, o abraçou e o cobriu de beijos. Sentaram-se num sofá de mãos dadas. Ele se serviu de uma garrafa de uísque e ofereceu uma dose a Gabriela. No jantar, Cabral disse que teve coragem de sair do governo para casar com Zélia e instou a amante a deixar o cargo. "O quê?", espantou-se a apresentadora. "Abandonar o governo, depois de ter mexido com a vida de milhões de pessoas, para casar?" Não obteve resposta.

Marília Gabriela saiu arrasada do apartamento de Zélia. Por que eles fizeram isso comigo?, perguntava-se. Sabia que Cabral havia mentido no programa e se sentia envolvida e talvez manipulada pelos namorados. Levou o problema a seu analista. "Quer um conselho? Afaste-se deles", disse o terapeuta. "O futuro dos dois é eles se separarem e voar merda para tudo quanto é lado. Eles estão querendo tornar pública a paixão e por isso, pode ser que até de maneira inconsciente, se aproximaram de você, uma jornalista." Gabriela se afastou de Zélia e Cabral.

24. JORNAL DO BRASIL

Ancelmo Gois nasceu em 1948, em Frei Paulo, no interior do Sergipe. Foi um dos 24 filhos (só catorze sobreviveram) de um coletor de impostos. Luís Octávio da Motta Veiga, dois anos mais novo, nasceu no Rio de Janeiro. Filho de um almirante que foi adido em várias embaixadas, estudou advocacia no Brasil, administração pública na França e direito societário na Inglaterra. Gois levou oito anos para completar o ginásio. Aos vinte, ainda estava no curso clássico, em Aracaju. Trabalhava como arquivista de clichês na *Gazeta Socialista*, era militante do Partido Comunista Brasileiro e liderava os estudantes secundaristas. Detido e processado por subversão na véspera do Natal de 1968, fugiu para o Rio assim que foi libertado. O PCB falsificou-lhe um passaporte, com o nome de Ivan Nogueira, e o despachou para Moscou. Durante um ano e meio, Gois cursou a Escola de Formação de Jovens Quadros, a Konsomol, do Partido Comunista da União Soviética. Leu os clássicos do marxismo, namorou uma maquinista de trem, aprendeu meia dúzia de palavras russas e voltou para o Rio clandestinamente. Fez o curso e o exame de madureza, estudou jornalismo na Faculdade Hélio Alonso, distribuiu o jornal partidário *Voz Operária* e trabalhou como freelancer da revista *Máquinas e Metais*. Sua primeira matéria foi sobre "lingotamento contínuo". Motta Veiga, fluente em inglês e francês, trabalhou na auditora Price Waterhouse, no Departamento Jurídico da Shell, na Nuclebrás, no Banco da Bahia e durante cinco anos foi o presidente da Anglo American do Brasil. O advogado é tímido, fala com suavidade e usa ternos bem cortados. O jornalista, alto e magro, não consegue dar ordem aos cabelos cacheados nem aos braços longos, que gesticula de maneira atabalhoada. Seus ternos são amarrotados e o nó da gravata está sempre frouxo. Em 1975, um porteiro alertou Gois de que havia policiais rondando o prédio. "Vou tomar providências", disse o jornalista. "Escuta, eu fui das Ligas Camponesas, essa polícia que anda por aqui é diferente, é melhor você sumir, tá?", avisou o porteiro. Gois se escondeu em Búzios. Foi processado outra vez. No julgamento, David de Morais, diretor de *Máquinas e Metais*, testemunhou em seu favor e fez uma caracterização do repórter. "O Ancelmo é um pé de boi, Excelência", disse. "O que é um pé de boi?", perguntou o juiz. Gois foi absolvido e saiu do PCB. Trabalhou em *Exame*, em *Veja*, e em 1986 foi com Marcos Sá Corrêa para o *Jornal do Brasil*. Era o responsável pela coluna de notas políticas, o Informe JB, e coordenava a editoria de Economia. Nessa época, Motta Veiga foi nomeado pelo ministro Dilson Funaro para presidente da Comissão de Valores Mobiliários, a CVM, que controla a Bolsa. Ancelmo Gois escreveu uma nota no Informe dizendo que Motta Veiga era um homem de confiança do governo e fora colocado num cargo que requeria independência. Logo, concluiu, não seria um xerife da Bolsa, como era necessário, e sim um agente do poder federal. Um amigo de Motta Veiga e Gois marcou um almoço para que se conhecessem. O advogado e o jornalista viraram amigos de infância.

Motta Veiga era o tipo de fonte de que Ancelmo Gois mais gostava: bem informado e honesto. Na CVM, agiu com independência, abrindo vários processos contra empresas. Passava notícias a Gois e não pedia proteção. O jornalista era cativante e engraçado. Empregava bordões para tratar seus melhores informantes. "Estou de pé para falar com Vossa Excelência", era um; "O senhor está na primeira fileira no auditório do meu coração", outro. Pé de boi, passava o dia no telefone. Tinha um bom quadro do que acontecia intramuros no governo Collor e o compartilhava com Motta Veiga. O advogado confiava nele.

Luís Octávio da Motta Veiga estivera numa reunião com Zélia Cardoso de Mello, em julho de 1989, no hotel Maksoud Plaza, em São Paulo, da qual participaram também José Antônio do Nascimento Brito, o Josa, do *Jornal do Brasil*, e João Roberto Marinho, da Globo. Zélia não causou boa impressão, e não apenas porque chegou com duas horas de atraso. Sua proposta sobre a negociação da dívida externa revelava despreparo. No final do encontro, a economista pediu o telefone de Motta Veiga. Queria ir ao Rio para conversar sobre o trabalho dele na CVM e ser apresentada a economistas e executivos da cidade. O advogado a levou a Francisco Gros, Eduardo Modiano e Daniel Dantas, mas a avisou de que votaria em Mário Covas. Com Collor eleito, Zélia convidou Motta Veiga a participar de discussões sobre o plano de governo. Ele passou quatro dias com economistas no hotel Transamérica, em São Paulo. Não gostou do rumo das discussões sobre o que fazer com a dívida interna. "Essas ideias vão levar a uma violência jurídica", disse. O economista Pérsio Arida rebateu: "É impossível fazer um plano econômico sem alguns pecadilhos jurídicos". O advogado conheceu Paulo César Farias no Transamérica. Zélia lhe disse que PC era a pessoa mais próxima do presidente eleito.

Na primeira viagem à Europa depois da eleição, Collor encontrou em Roma o economista Daniel Dantas. "Se você quer ser ministra, Zélia", falou Motta Veiga, "vá para Roma: em briga pelo poder, não se pode ter *nonchalance*." Em meados de janeiro, ele deu uma declaração à *Gazeta Mercantil* — "A minha participação no governo para aqui" —, tirou férias e viajou para a Europa. Na volta, Zélia o convidou para um cargo de segundo escalão no governo. Ele recusou. Por motivos familiares, não queria morar em Brasília. Ozires Silva, ministro da Infraestrutura, ofereceu-lhe o cargo de secretário nacional dos Transportes. "Não posso: não ando de ônibus e de trem, não sou usuário de transportes públicos", respondeu. José Antônio Nascimento Brito, amigo do advogado, procurou Leopoldo Collor para defender que Motta Veiga deveria ser bem aproveitado no governo. Passaram-se alguns dias e Ozires Silva perguntou ao advogado: "O que você acha de ser presidente da Petrobras?". Motta Veiga disse que teria condições de dirigir a empresa, já que não precisaria sair do Rio, mas gostaria de ter outras garantias. Collor o chamou a Brasília.

— O senhor não quer colaborar com o meu governo? — indagou o presidente.

— Eu gostaria, mas não posso morar em Brasília.

— E a Petrobras?

— É uma empresa grande e complexa. Para assumir a sua presidência, eu precisaria nomear toda a diretoria — respondeu Motta Veiga.

— Só peço que o senhor preserve o almirante Maximiano.

— Não há problema: também gosto dele.

Maximiano da Fonseca foi mantido na chefia da BR Distribuidora. Apesar de o presidente ter dito que não interferiria nas nomeações, Pedro Paulo Leoni Ramos, chefe da Secretaria de Assuntos Estratégicos, a SAE, mandou uma lista com doze sugestões de nomes para a diretoria da estatal. Motta Veiga designou apenas um deles, que se saiu bem na sua função. Preencheu os outros cargos com funcionários de carreira e aceitou uma segunda indicação dos colloridos: a de Rogério Coelho Neto, do *Jornal do Brasil*, que tinha apoiado Collor na campanha, para assessor de Imprensa. Houve uma greve na Petrobras e Leoni Ramos ligou para Motta Veiga. O presidente da empresa deu um quadro da situação ao secretário da SAE. Leoni não estava interessado na greve e não a comentou. Queria batalhar a sua lista.

Paulo César Farias visitou o novo presidente da Petrobras e almoçou com ele. Sorridente e maneiroso, falava de negócios. Leopoldo Collor também telefonou para conversar sobre o mesmo tema. Motta Veiga explicou a ambos que a empresa era grande. Havia concorrências para tudo o que ela comprava. O Departamento Jurídico fazia pareceres sobre os acordos fechados pela estatal. O controle interno era rigoroso. Todos os negócios teriam de seguir as vias normais. Não adiantou. O tesoureiro e o irmão do presidente continuaram a procurá-lo.

Farias lhe disse que seria decidida no conselho da Petrobras a concorrência para a construção de uma plataforma submarina no campo de Enchova, disputada pela Odebrecht, pela Andrade Gutierrez e pela Mendes Júnior. "Estou conversando com a Odebrecht e a Andrade Gutierrez", contou PC. "A Andrade é mais receptiva, a Odebrecht, não." PC pediu várias vezes que Motta Veiga o informasse do resultado da concorrência antes de ele ser anunciado. O presidente da Petrobras mandou o processo sobre a concorrência para o conselho da empresa. Não tomou parte na discussão. O conselho decidiu que a proposta da Odebrecht era a melhor. Motta Veiga telefonou para Emílio Odebrecht, dono da empreiteira, antes do anúncio do resultado. "Se você pagar para vencer a concorrência, Emílio, é porque você é um babaca. A Odebrecht já ganhou. Se der dinheiro, vai dar porque quer", disse. Não lhe pareceu, pela conversa, que o empreiteiro estivesse negociando com PC.

Em agosto, Paulo César Farias apareceu com uma outra ideia, envolvendo a primeira grande privatização brasileira. Queria que a Petrobras, por meio da BR Distribuidora, fizesse um financiamento de 50 milhões de dólares para a VASP. Quando Wagner Canhedo comprou a VASP, PC reduziu sua reivindicação para 40 milhões de dólares. Pleiteou que a estatal desse a Canhedo 30 milhões em combustível e 10 em dinheiro. A dívida seria saldada em dez anos, sem juros. Motta Veiga disse que submeteria a proposta à avaliação técnica da empresa. Como os juros de mercado eram de 10% ao ano, tinha certeza de que ela seria barrada. A análise da BR concluiu que o negócio era ruim para a empresa. PC foi avisado, mas não se conformou. Continuou a telefonar. Motta Veiga determinou ao chefe da segurança da Petrobras que acoplasse um gravador ao seu telefone e instalasse microfones direcionais no gabinete. Precisava se precaver contra as pressões de PC. Gravou todas as suas conversas.

Paulo César Farias visitou o presidente da Petrobras duas vezes e lhe telefonou mais de dez vezes para falar sobre o financiamento da VASP. Dizia: "Motta Veiga, você está criando muita dificuldade". Perguntava: "Será que você está controlando suficientemente a máquina da empresa?". Sugeria: "Será que mudando a diretoria as coisas não vão ficar mais fáceis para você?".

Como o negócio não era aprovado, Farias telefonou para Marcos Coimbra, secretário-geral da Presidência. Pediu-lhe que intercedesse em favor de Canhedo junto a Motta Veiga. Coimbra consultou Collor, que o autorizou a telefonar ao presidente da Petrobras. Collor sabia que Canhedo dera dinheiro a PC para a sua campanha. Dono de 1200 ônibus e 176 caminhões, além de fazendas com 85 mil cabeças de gado, o empresário se esforçara para que o candidato do PRN ganhasse votos em Goiás e Brasília. Como retribuição à ajuda de Canhedo na campanha, o tesoureiro de Collor entrou com 10,9 milhões de dólares para auxiliá-lo na compra da VASP. Assim, a desestatização, pedra de toque da reformulação do capitalismo desde o início dos anos 80, foi inaugurada no Brasil sob o signo da promiscuidade entre empresários e autoridades do Estado. Com mais força nos países atrasados, mas também naqueles onde se derrubou o stalinismo, a corrupção e a organização de máfias foram usadas na privatização. O Brasil diferiu na rapidez. Logo na primeira grande privatização, o presidente da República, por intermédio de seu tesoureiro e de seu cunhado, auxiliou um empresário, Canhedo, que o havia ajudado a eleger-se.

Marcos Coimbra ligou para Motta Veiga, que imediatamente acionou o gravador. O embaixador perguntou como estava "o negócio da VASP". O advogado respondeu que ele não seria feito porque os técnicos da empresa tinham escrito um parecer contrário. Propôs-se a enviar-lhe uma cópia do documento. Coimbra não quis. "Ih, isso vai dar um problema tremendo: há um grande interesse do Planalto para que o processo da privatização da VASP vá em frente", afirmou. Comunicou que falaria com Collor e, conforme o que o presidente dissesse, voltaria a ligar. Motta Veiga, de saída para os Estados Unidos, deu-lhe o telefone do seu hotel em Nova York.

Ancelmo Gois encontrou o presidente da Petrobras em Washington. Achou-o cabisbaixo. Motta Veiga relatou o que estava acontecendo, sem aprofundar o assunto, e pediu que não noticiasse nada por enquanto. O presidente da Petrobras solicitou ao jornalista do *JB* que o apresentasse a Elio Gaspari. Ouvira falar dele, estava indo para Nova York e tinha curiosidade em conhecê-lo. Gois telefonou para o correspondente de *Veja*, que aceitou o encontro. Gaspari passou no hotel Mayfair Regent, na Park Avenue, e levou Motta Veiga para almoçar no restaurante Bravo Gianni, na rua 63. Como havia brasileiros e lhe pareceu que o advogado queria falar sobre um assunto sério, preferiu uma mesa isolada. O advogado contou a história inteira do empréstimo da VASP. A pressão continuava mesmo em Nova York. Marcos Coimbra não lhe telefonara, mas PC ligara diversas vezes para o hotel. Como o secretário da Presidência era o único que sabia onde ele estaria hospedado, Motta Veiga supôs que fora Coimbra quem passara o número do telefone do Mayfair Regent para Farias. A mulher do advogado, seguindo a orientação dele, falava que ele estava correndo no Central Park. Irritado, o tesoureiro de Collor disse que Motta Veiga não queria atendê-lo. Ela confirmou que era isso mesmo. Gaspari sugeriu que o presidente da Petrobras tomasse a iniciativa de contar o máximo que soubesse. "A imprensa é a sua única aliada", argumentou. O advogado tinha dúvidas se deveria tornar pública a interferência de Marcos Coimbra. O jornalista defendeu que não escondesse nada. "Esses caras do governo vão fazer o impossível para te destruir. Vão te difamar e te chamar de ladrão", disse Gaspari. "Se você quiser enganar a imprensa, ela vai te trucidar."

Voltando ao Brasil antes de Motta Veiga, Ancelmo Gois detectou em várias colunas de jornal notas atacando o presidente da Petrobras. Elas diziam que ele sonegava dados da empresa ao governo, determinara a compra de títulos da dívida brasileira sem autorização da equipe econômica e sua defesa de reajuste do preço dos combustíveis prejudicaria o Plano Collor. O colunista telefonou para o advogado e contou que o governo começara a plantar notícias a seu respeito. Motta Veiga lhe falou o que estava acontecendo. Gois publicou uma nota no Informe JB, no dia 3 de outubro: "Quem está em campanha contra o atual presidente da Petrobras, Luís Octávio da Motta Veiga, é o misterioso Paulo César Farias — o PC, que é uma espécie de Jorge Serpa do governo Collor". O advogado foi procurado por Aluízio Maranhão, chefe da sucursal carioca do *Estado de S. Paulo*, e Sueli Caldas, repórter do jornal, e relatou-lhes parte da história. Motta Veiga revelou as pressões também para Jacqueline Breitinger, da sucursal carioca de *Veja*, mas pediu que não aparecesse como fonte da matéria. Jacqueline mandou a reportagem para a redação, em São Paulo. O redator-chefe, Tales Alvarenga, responsável pela cobertura econômica, defendeu que a reportagem fosse dada com destaque. O diretor de redação, José Roberto Guzzo, disse que, como a fonte não queria ser identificada, era melhor tomar cuidado. Jacqueline Breitinger, que achava a matéria boa, decepcionou-se quando a viu reduzida a uma nota de 24 linhas.

Na quinta-feira, 18 de outubro, Gois fez uma reportagem sobre os ataques a Motta Veiga e mencionou seus "choques frontais com o onipresente PC". Assistiu na Globo a um comentário de Alexandre Garcia dizendo que o presidente da Petrobras estava "desrespeitando uma senhora", Zélia, e punha em risco o Plano Collor. Na sexta-feira de manhã, Gois telefonou para Motta Veiga. Não fez nenhuma brincadeira. "Está todo mundo em Brasília dizendo que você vai cair. Você tem que me contar tudo e se demitir. Senão, você vai se ferrar", disse. Houve um curto silêncio do outro lado da linha. "Ancelmo, vem para cá", pediu o advogado. Gois tinha de escrever dois Informes JB, o do dia seguinte e o do domingo, e perguntou a Marcos Sá Corrêa o que deveria fazer. "Vai correndo para a Petrobras", respondeu o editor-chefe.

Ancelmo Gois encontrou Motta Veiga angustiado. Soube de todo o caso e, quando o advogado lhe pediu a opinião, disse: "Sai, cara, sai agora". A todo momento entravam secretárias com bilhetinhos de pessoas que telefonavam. O presidente da estatal atendia as ligações em outra sala, e Gois aproveitava para anotar o que ele lhe dissera. O jornalista telefonou para Sá Corrêa: "E o Informe, Marcos, quer que eu volte para fazer?", perguntou. "Esquece a coluna, Ancelmo, fica aí e me traz a matéria", respondeu o editor-chefe. Motta Veiga recebeu telefonemas dos donos do *Jornal do Brasil*, Nascimento Brito e seu filho, José Antônio. Ambos fizeram apelos para que permanecesse no cargo. Os dois também telefonaram para Gois no gabinete da presidência da Petrobras. "É importante que ele continue no cargo", disse-lhe Nascimento Brito. "Ancelmo, você está errado: dá para contornar esse caso", completou José Antônio. O colunista, ansioso por natureza, não conseguia nem ficar sentado: estava aflito com a sua coluna, o chefe lhe pedira uma matéria importante e os patrões queriam que tentasse convencer Motta Veiga a mudar de ideia, coisa que ele não fez. Também queria ter exclusividade na matéria sobre a saída do presidente da Petrobras. Motta Veiga decidiu que sairia da empresa, mas iria contar tudo à imprensa numa entrevista coletiva. "Esse negócio de coletiva é besteira", disse Gois, com pouca convicção.

Motta Veiga deu a coletiva no auditório da empresa. Quando acabou de falar, foi com Ancelmo Gois para a sala do conselho, onde o jornalista deu um soco no ar. Não comemorava o furo, pois o havia perdido, e sim uma demissão que achara correta. O gesto foi visto pelo assessor de Imprensa da empresa, Rogério Coelho Neto, que o relatou a Cláudio Humberto. O porta-voz do presidente acusou Ancelmo Gois publicamente de não ser um jornalista neutro. Gois voltou para a redação e passou a sua apuração para Marcos Sá Corrêa, que escreveu a matéria e deu-lhe o título: "O dia em que a fritura virou contra a frigideira". Collor declarou que Motta Veiga era "uma peça que não funcionava" no seu governo e saudou o afastamento dele. A Petrobras não fez o negócio com a VASP.

O *Jornal do Brasil* estava numa situação difícil naquele outubro de 1990. Editorialmente, tinha influência e era respeitado, apesar das sucessivas trocas de comando na redação desde a saída de Alberto Dines. Economicamente, vivia uma das suas piores crises. Uma crise que levou Nascimento Brito a negociar a venda do jornal para Paulo César Farias.

* * *

A saída de Alberto Dines do *JB* foi fruto de seus longos doze anos como editor-chefe. Ele e Nascimento Brito tiveram uma série de atritos no último ano de trabalho conjunto, mas estavam, basicamente, cansados um do outro. Dines cogitava ser correspondente no exterior e se interessara por psicanálise. Descobriu que duas redatoras do *Caderno B* se davam tão mal que nem se falavam. Contratou um psicólogo para melhorar o ambiente da redação. Entrevistou alguns candidatos e escolheu Paulo Moura, adepto de uma modalidade, "treinamento sensitivo", que consistia em promover reuniões durante as quais os jornalistas eram convidados a falar livremente o que pensavam dos colegas, dos chefes e dos patrões. Moura, o editor-chefe veio a saber depois, não era psicólogo, mas coronel reformado, e contava a Nascimento Brito o que diziam sobre ele nos encontros de "sensibilização". Dines tinha uma reunião quinzenal na casa de Brito. Em janeiro de 1974, pegou uma pasta com os assuntos a serem discutidos e foi para a mansão em Santa Teresa. Não houve reunião nenhuma. Dizendo que ele era "o chefe da indisciplina na redação", o patrão o demitiu.

Walter Fontoura, nomeado editor-chefe, era um homem ponderado e realista. "Eu sou um representante do doutor Brito", dizia na redação. Não era de sentar num bar e ficar batendo papo com jornalistas, misturando assuntos profissionais e pessoais. Atencioso e controlado, não falava palavrões e decidia solitariamente. Insistia em que o patrão passasse pela redação para conversar com editores e repórteres. Tinha noção dos limites da influência do jornal e de seus próprios poderes. Certa vez, alugou um barco para passear com um visitante estrangeiro pela baía de Guanabara. Ficou horrorizado com a imundície do mar e pautou um repórter para fazer uma série de matérias sobre o assunto. Quando a última delas foi publicada, o ministro Mário Andreazza telefonou. Estava enviando dois técnicos à redação naquele dia para discutir a despoluição da área. "Puxa, será que eu vou ser responsável pela limpeza da baía de Guanabara?", indagou-se, incrédulo. A baía continuou suja como sempre. Fontoura brincava com o editor de Política, Elio Gaspari: "Deve haver alguma luzinha nessa sala que faz com que o editor-chefe pense que tem um poder imenso, mas ele é bem pequeno".

O editor-chefe considerava Nascimento Brito generoso e solidário. Se alguma empresa ou instituição convidava um jornalista para uma viagem, Brito fazia questão de que o jornal pagasse todas as despesas. Incentivava os repórteres a conhecer outros países. Era o contrário de Roberto Marinho, que não gostava que jornalistas viajassem às custas de *O Globo*. Quando o filho de Fontoura sofreu um acidente e ficou 43 dias internado na Clínica São Vicente, Brito telefonou todos os dias para o editor-chefe. Nunca mencionou um problema do jornal e muito menos comentou a sua ausência. Queria saber como estava seu filho e oferecer-se para ajudar em alguma coisa. Pagou a conta do hospital sem que Fontoura pedisse.

A interferência de Brito no noticiário era reduzida. Colocava algumas notas no Informe JB, geralmente inócuas. Uma vez, pediu que se pusesse na primeira página uma foto do general Sylvio Frota, ministro do Exército e adversário da abertura, em visita ao Congresso. Fontoura e Gaspari apoiavam a política de abertura do regime militar, promovida por Geisel, mas publicaram matérias desfavoráveis ao governo. As reportagens sobre o acordo nuclear Brasil-Alemanha desagradaram setores das Forças Armadas.

Em 1977, Walder de Góes, diretor do *JB* em Brasília, foi comunicado oficialmente de que o presidente Geisel ordenara a suspensão de toda publicidade do governo no jornal. Como a propaganda estatal representava 5% do faturamento do órgão, o corte ocasionaria prejuízos para a empresa. "Precisamos negociar com o governo", disse Nascimento Brito a Walder de Góes. O ministro Mário Henrique Simonsen, da Fazenda, ofereceu-se para mediar as negociações, mas Geisel designou o general Hugo Abreu, chefe do Gabinete Militar, para ser o intermediário entre o governo e o *JB*. Abreu e Nascimento Brito se encontraram na casa de Walder de Góes. "Doutor Brito, o governo entende que os senhores estão indo longe demais", começou o general. "Temos dado muita contribuição ao jornal na forma de publicidade oficial e queremos que vocês retribuam, melhorem o seu comportamento editorial em relação a nós." Nascimento Brito perguntou como isso poderia ser feito. Hugo Abreu respondeu que monitoraria o *Jornal do Brasil* durante quarenta dias. Todas as manhãs o general telefonava para Góes e comentava o que não tinha gostado na edição daquele dia. Dizia que queria um editorial defendendo tal posição. Góes informava o patrão e este lhe falava para escrever o editorial esboçado pelo ministro. O diretor de Brasília mandava o editorial direto para Brito, que o publicava. Hugo Abreu também pedia reportagens. Um mês depois de Geisel ter tirado Frota do Ministério, Abreu disse a Góes: "Parece que existe uma consagração da candidatura Figueiredo", referindo-se à preferência de Geisel pelo chefe do SNI para sucedê-lo na Presidência. "Mas tenho aqui sete alternativas, ditadas hoje pelo Alto Comando do Exército, e queria que você publicasse amanhã no jornal." O primeiro nome na lista de alternativas a Figueiredo era o do general Euler Bentes, simpático ao MDB. O chefe do Gabinete Militar tentava atrapalhar os planos de Geisel e, talvez, sonhasse em se credenciar a candidato à Presidência. Nascimento Brito publicou uma reportagem sobre os sete nomes. Pouco depois, Hugo Abreu autorizou que o *Jornal do Brasil* voltasse a veicular propaganda oficial.

No final de setembro de 1978, Nascimento Brito viajou para Maracaibo, no litoral da Venezuela; foi pescar. Estava cansado e tenso. Vivia uma crise conjugal. Via que a Rede Globo tinha um papel decisivo no crescimento de *O Globo*, e o *JB* estava sendo vencido pelo jornal de Roberto Marinho. No dia 4 de outubro, ferrou um marlim-azul imenso, peixe que nunca havia conseguido pegar, apesar de ser um velho pescador. Horas depois, teve um derrame. Foi levado para Nova York. Passou oito meses lá, se recuperando. Chegou a pesar cinquenta quilos. Foi operado e passou por infindáveis sessões de fisioterapia. O *JB* padeceu com a ausência de Nascimento Brito. Ele era o ponto de equilíbrio da empresa. Walder de Góes teve atritos com Walter Fontoura e deixou o jornal. A família Nascimento Brito discutiu pesadamente, no Natal de 1978, quem teria procuração para assinar e conduzir a empresa em nome do patriarca. O direito coube ao primogênito, José Antônio, que não se entendeu bem com Walter Fontoura.

Nascimento Brito voltou ao Brasil em maio de 1979 e continuou mais alguns meses afastado do jornal. Como sequela, ficou com um braço paralisado. Os desentendimentos entre José Antônio e Fontoura aumentavam. O filho do patrão criou a revista *Viva*, dedicada a esportes, bem-estar físico e recreação. O editor-chefe discordou. Mandou uma carta a ele, dizendo que se o objetivo era conquistar os anunciantes de tênis e produtos esportivos, o certo seria iniciar uma seção de duas páginas sobre o assunto no jornal. "Acho que está valendo mais a pena ir para a *Viva*", disse Paulo Henrique Amorim, um dos chefes do *JB*, a Walter Fontoura. "O salário do diretor da *Viva* é o mesmo que o meu, e a revista só sai uma vez por mês." *Viva* não foi adiante. Também fracassou outra revista, *Brasil S.A.*, cujo objetivo era ser a *Fortune* brasileira e não passou da primeira edição. Fontoura saiu do *Jornal do Brasil* em 1979 e Roberto Marinho o contratou para dirigir *O Globo* em São Paulo. Foi substituído por Paulo Henrique Amorim, que em 1982 cedeu o lugar para João Batista Lemos. Em 1985, Nascimento Brito escolheu Marcos Sá Corrêa para ser editor-chefe.

As empresas-satélites criadas por José Antônio drenaram recursos do *Jornal do Brasil*, que definhou e contraiu dívidas. A empresa fez empréstimos em bancos particulares, principalmente no Econômico, e, em 1985, recorreu ao Banco do Brasil. As dívidas não foram pagas no prazo e se multiplicaram. O *JB* permaneceu concentrado, tanto em leitores como em anunciantes, na Zona Sul, enquanto *O Globo* se expandia rumo aos subúrbios, que progrediam. O jornal não investiu no incremento tecnológico e o seu parque gráfico envelheceu. A concorrência de *O Globo* era feroz. Anunciantes contaram a Nascimento Brito que o jornal de Roberto Marinho concedia descontos formidáveis, desde que não colocassem propaganda no *JB*.

Em 1987, José Antônio forjou um negócio para resolver de vez a situação do jornal. Ele receberia um empréstimo pessoal do Citibank, que lhe permitiria ajeitar as finanças da empresa. Também teria condições de comprar a TV Record no Rio. A emissora seria usada para exercer, em relação ao *JB*, o papel que a Rede Globo exerce em relação a *O Globo*: propagandeá-lo na televisão, para aumentar a sua circulação e atrair anunciantes. Em contrapartida, o banco queria que José Antônio fosse efetivado como o proprietário com poder de decisão e Nascimento Brito se afastasse da empresa. Ele e a mulher, Leda Marina, a acionista majoritária, receberiam 10 milhões de dólares. Brito, que via seu primogênito como um executivo com um quê de ingenuidade, capaz de imaginar grandes empreitadas mas com dificuldade em conduzir a empresa no dia a dia, a princípio concordou com a proposta. Mas houve discordâncias em alas da família. Se na gestão de Josa a empresa perdera dinheiro e se endividara, por que ele deveria ser sacramentado como administrador?, perguntavam os dissidentes. O jornal não fechou o acordo com o banco americano.

Marcos Sá Corrêa pensou numa outra saída para o *JB*. A empresa deveria contratar um superexecutivo que profissionalizasse a administração e tivesse credibilidade para renegociar as dívidas e atrair investidores. Pediu sugestões de nomes de administradores a um amigo, Victorio Cabral, secretário de Administração do governador Moreira Franco. Cabral telefonou sugerindo o nome de um economista que poderia pôr a ideia em prática. Sá Corrêa teve um estalo no mesmo instante. "Não, esse cara não", falou. "O executivo ideal é você, Victorio." Cabral disse que não poderia abandonar Moreira Franco. Mas logo em seguida a mulher de Cabral, também amiga de Sá Corrêa, telefonou ao jornalista: "Você está certo, Marcos, o Victorio tem que sair do governo e ir para o jornal". O secretário foi convencido e obteve de Brito a primeira condição para assumir o posto: o afastamento da família da gerência da empresa. A fim de ter um pretexto para sair do governo, ele deu uma entrevista ao *Jornal do Brasil* rompendo com Moreira Franco. Na negociação de seu contrato, obteve de Brito uma cláusula extraordinária: uma participação de 10% em todo investimento que entrasse no jornal, além de um salário régio. Cabral contratou oito executivos a peso de ouro e concentrou a sua missão em conseguir dinheiro novo. A armação não teve sucesso. A situação do jornal piorou, os salários da redação atrasaram e os jornalistas protestaram. Brito disse a Sá Corrêa que demitisse alguns dos jornalistas. O editor-chefe aceitou, com a condição de que fossem demitidos também os executivos que provocavam o atraso dos salários. Foi a única conversa ruim entre os dois. O *JB* tomou outro empréstimo do Banco do Brasil. Em 1990, endividou-se com o Banerj. Ao assumir o governo do Rio, Leonel Brizola também arrumou um outro meio de ajudar a empresa: fez com que o banco estadual patrocinasse a cobertura da Rádio Jornal do Brasil das Olimpíadas de Inverno — ainda que o esqui na neve não fosse um dos esportes mais populares no Brasil nem se prestasse à transmissão radiofônica. O cálculo de Brizola era político. Ele não queria que o jornal fechasse e *O Globo* fosse hegemônico no Rio.

No segundo semestre de 1990, Nascimento Brito mostrou a Antônio Carlos Magalhães as contas das dívidas e das operações da empresa. Os números eram pavorosos. "Você só resolve essa situação se falar com o PC", disse o ex-ministro. Brito recorreu a um velho amigo, José Luiz de Magalhães Lins, figura lendária em meio à elite carioca. Magalhães Lins nasceu em Arcos, em Minas Gerais, em 1929. Aos quinze anos, trabalhou como datilógrafo do Departamento da Fazenda de Minas no Rio de Janeiro. Dois anos depois, entrou no Banco Nacional, fundado pouco antes por um seu parente rico, Magalhães Pinto. Organizado e eficiente, fez o banco crescer. Em 1960, chegou ao posto de diretor executivo, enquanto Magalhães Pinto se envolvia cada vez mais na política. Durante dez anos, Magalhães Lins comandou o Nacional. Era um inovador. Abriu as salas dos gerentes de agências aos clientes. Concedia financiamentos a pessoas físicas e pequenas indústrias. Criou uma imagem popular para a empresa, tendo como símbolo o guarda-chuva. Sob a administração dele, o Nacional multiplicou o seu capital e se tornou o segundo maior banco brasileiro.

Em 1961, quando Jânio Quadros renunciou, Magalhães Lins participou do movimento pela legalidade e a posse de João Goulart. Jango chegou à Presidência e ele o acompanhou em visitas aos donos de jornais cariocas. Depois, foi um dos coordenadores da campanha pela volta do presidencialismo, decidida num plebiscito. Jango convidou Magalhães Lins para uma comemoração no Palácio da Alvorada. O presidente disse ao banqueiro que estavam lhe pedindo para receber Jorge Serpa, mas ele não queria porque haviam lhe dito que o advogado era ligado à Mannesman e poderia ser um agente do imperialismo. Magalhães Lins falou a Jango que Serpa era um cearense sestroso; o presidente gostaria de conhecê-lo. Quinze dias depois, Magalhães Lins recebeu um telefonema de Jorge Serpa. Era meio-dia. O advogado contou que estava na Granja do Torto com o presidente João Goulart. Precisava que Magalhães Lins indicasse, até as três horas da tarde, o nome de um empresário para chefiar o Ministério da Indústria e Comércio. Magalhães Lins folheou uma publicação sobre bancos e topou com o nome de um gaúcho, Egydio Michaelsen. Fez a indicação a Serpa. No dia seguinte, leu nos jornais que Michaelsen fora nomeado ministro.

Magalhães Lins era também um mecenas. Sem os financiamentos que concedia, não teria existido o Cinema Novo. Amigo do dramaturgo Nelson Rodrigues, fez-lhe empréstimos, patrocinou uma de suas colunas de jornal e destacou dois seguranças do Nacional para acompanhá-lo quando ele recebeu ameaças por escrever contra esquerdistas. Era amigo também de Carlos Lacerda. Foi ele quem organizou uma coleta entre empresários para ajudar Lacerda a criar a editora Nova Fronteira. Nos anos 70, os filhos de Magalhães Pinto forçaram o seu afastamento do Nacional. Com a saída dele, o banco deu início a um longo processo de decadência. Em 1974, Magalhães Lins presidiu a Light durante seis meses, e depois abriu uma empresa de consultoria e participações.

Alto e magro, Magalhães Lins sempre vestia ternos pretos. Só bebia gim, com muito gelo, que um mordomo renovava com solícita regularidade. Fumava charutos que apagavam a cada cinco minutos e ele reacendia com fósforos longos. Só falava português e não viajava para o exterior. Na única vez que saiu do Brasil, o Maio de 1968 o pegou em Paris. Estocava os produtos de que gostava: dezenas de frascos iguais de perfume, dezenas de meias, de cintos e de sapatos do mesmo tipo. Não ia a festas nem a jantares sociais. Dormia tarde, acordava cedo e lia muito, sobretudo jornais e revistas. Gostava de conversar com jornalistas, mas não dava entrevistas nem posava para fotos. Era um desconhecido dos leitores de jornais e revistas. Mas foi um dos homens mais influentes na imprensa carioca: a mais discreta das eminências pardas, amigo de Roberto Marinho, Nascimento Brito e Chagas Freitas, dono de *O Dia*. Magalhães Lins indicou Alberto Dines para dirigir o *Jornal do Brasil* e Evandro Carlos de Andrade para comandar *O Globo*. Quando Chagas Freitas quis se desfazer de *O Dia*, ele arquitetou a venda do jornal. Ofereceu-o a Nascimento Brito e a Roberto Marinho. Não foi possível chegar a um acordo (o dono da Globo passou anos lamentando não ter feito o negócio), e Magalhães Lins conseguiu que Ary de Carvalho comprasse *O Dia*.

Magalhães Lins falava todos os dias com Nascimento Brito. Fez o contato com Paulo César Farias e os três se encontraram na sua casa, uma das mais bonitas do Rio, no Humaitá. Nininha Nabuco, a mulher de Magalhães Lins, horrorizada com o aspecto e os modos de PC, pediu ao marido que não o convidasse mais. Os três passaram a almoçar, todos os meses, na casa de Nascimento Brito. O dono do *JB* e Magalhães Lins se entreolhavam discretamente quando Farias chegava, de calças largas e paletó comprido, aceitava um copo de gim, depois outro, e mais outro, até se soltar e contar suas aventuras. O tesoureiro de Collor lhes parecia façanhudo e tosco — tinha o charme de um aprendiz de grande malandro. As conversas envolviam negócios e inconfidências. PC dizia que falava com regularidade com Collor. Nascimento Brito não entendia por que o presidente insistia em dizer que não se encontrava com Farias. "Estou saindo daqui para ir a Brasília falar com o Fernando", repetia-lhe o tesoureiro de Collor ao se despedir, já no meio da tarde. "Conheço o homem da mala", dizia Brito na redação do *JB*, e deixava uma frase suspensa: "Esse PC...".

— Quero comprar o *Jornal do Brasil* — disse Farias num dos almoços, já em 1991.

— Mas você não tem o dinheiro necessário — refutou Nascimento Brito.

— Quanto custa o jornal?

— Vou te mostrar uma avaliação feita por uma firma americana.

O *JB* valia 140 milhões de dólares e tinha uma dívida de 90 milhões de dólares com o Banco do Brasil, pelos cálculos, provavelmente inflados, da diretoria do banco.

— Mas é muito — espantou-se PC.

— Para você eu faço um desconto — gracejou Nascimento Brito.

As tratativas prosseguiram. No meio-tempo, Nascimento Brito tentava renegociar a dívida do jornal com o Banco do Brasil. Reunia-se em Brasília com Lafaiete Coutinho, o amigo de Farias que saíra da Caixa Econômica para ocupar a presidência do Banco do Brasil. Nascimento Brito suspeitava que não conseguia chegar a um acordo porque Coutinho queria desvalorizar o jornal, ajudando PC: quanto mais altas as dívidas, menor seria o seu valor de venda. Soube, também, que Farias estava conversando com Herbert e Luiz Fernando Levy, donos da *Gazeta Mercantil*, para comprarem juntos o *JB*.

Farias fez então uma proposta: pagaria 120 milhões de dólares pelo jornal. Nascimento Brito pensou e respondeu: "Topo. Fazemos o contrato, eu assino e depois pegamos a assinatura da Leda". Só poderia consumar o negócio se sua mulher aceitasse. Era ela a dona do jornal.

PC voou para São Paulo e foi para sua casa. Era uma casa relativamente pequena para o imenso terreno, todo gramado, com piscina e quadra de vôlei. O tesoureiro de Collor acendeu um charuto no terraço e chamou seu consultor de Imprensa, Hildeberto Aleluia, para um passeio pelo jardim. Estava excitado. Andaram até uma casinha, perto do alto portão de entrada, que servia de depósito de ferramentas.

— Aleluia, estou comprando o *Jornal do Brasil*. Eu e o Herbert Levy. Já está tudo acertado. Você vai ser o editor-chefe e o Lafaiete será o presidente da empresa — contou Farias.

Baiano, moreno, nascido numa família pobre, Hildeberto Aleluia morava num apartamento grande e bonito, revestido de madeira nobre, no Parque Lage, endereço fino do Rio. Era vizinho de Leda Collor, a mãe do presidente. Seus filhos estudavam em boas escolas. Viajara pelo mundo todo. Viera da Bahia menino, num pau de arara. Trabalhara como repórter e montara a própria empresa, pequena mas lucrativa. Conseguira vencer na vida. Tinha sensibilidade para questões de raça e origem social. Triunfara, alcançara um lugar ao sol, mas sabia que era considerado um baiano moreno pela elite branca — um profissional capaz e bem-sucedido, mas ainda assim um migrante nordestino.

— PC, você é louco — disse ao amigo. — Você é preto. Você é alagoano. Você tem noção do que é a família Nascimento Brito? Você acha que pode vir do Nordeste e comprar um jornal centenário, de uma família tradicional, e ninguém vai protestar?

Paulo César Farias ficou abespinhado com Aleluia. Fechou a cara e não falou mais nada.

O contrato de venda do jornal foi redigido. Mas Leda Marina não o assinou. A filha da condessa Pereira Carneiro não queria vender o *Jornal do Brasil*. Nem a Paulo César Farias nem a ninguém.

25. ISTOÉ

"Estamos no caminho certo, Mino: esse governo é uma completa porra-louquice", disse Bob Fernandes num telefonema ao diretor de redação de *IstoÉ*, na noite de um domingo de abril de 1990. Chefe da sucursal de Brasília, Bob Fernandes havia acabado de chegar de um almoço, que se estendera até a noite, na casa de Luiz Estevão, empresário e colega de escola de Fernando Collor. Nascido em Santos, em 1955, o jornalista passara a juventude em Salvador, onde trabalhara na Rádio Jornal do Brasil. Nos anos 80, trabalhou em Brasília, na sucursal do *JB*, e em São Paulo, na revista *Status* e depois na *Folha*. Em 1989, assumira a chefia da sucursal de *IstoÉ*. Estevão se apresentara a Fernandes um mês antes, quando lhe disse:

— O Cláudio Humberto diz que vocês da *IstoÉ* vivem falando mal dele. Por que você não conversa com ele?

— Eu falo com deus e o diabo na terra do sol, mas isso não significa que, por conversar com o Cláudio Humberto, a *IstoÉ* irá falar bem dele — respondeu o jornalista.

Luiz Estevão marcou, então, o almoço de domingo, convidou o porta-voz e sua mulher, Taís, e Bob Fernandes, que levou o repórter José Negreiros. Bebeu-se bastante. Cláudio Humberto contou as desavenças entre os vários grupos do governo, o papel dos alagoanos, os choques entre ele e Leopoldo Collor. O chefe da sucursal resumiu sua impressão da conversa no telefonema a Carta. O porta-voz se tornou a fonte de Bob Fernandes. Tomavam café da manhã com regularidade no hotel da Torre. Cláudio Humberto era prestativo e leal: dava notícias e confirmava histórias. Bob Fernandes fazia perguntas sobre Paulo César Farias. Estava interessado nele desde a campanha, quando lera uma declaração sua: "Eu mando na agenda do Collor". Interpretara a frase como um sinal aos empresários para que fizessem a ele as doações à campanha. Cláudio Humberto dizia a Fernandes que PC não tinha influência no governo.

O tesoureiro de Collor surgiu no noticiário no começo de outubro, no primeiro turno das eleições para governador. A eleição em Alagoas tinha tudo para ser a mais tranquila para Collor. Com a autoridade de presidente, ele dominava a política na província. Deixou, no entanto, que dois de seus aliados, Renan Calheiros e Geraldo Bulhões, disputassem o governo. Em público, dizia que ficaria feliz com a vitória de um ou outro, mas usou PC para ajudar Geraldo Bulhões, o candidato apoiado pela família de sua mulher, os Malta. Rosane era prima de Denilma, casada com Geraldo Bulhões.

Renan Calheiros tentou se beneficiar da neutralidade pública do presidente, e conseguiu o apoio dos ministros Bernardo Cabral, Zélia Cardoso de Mello e Antônio Rogério Magri, que apareceram no horário eleitoral gratuito dando declarações em seu favor. Zélia foi quem mais trabalhou por ele. Além de ter pedido ajuda à Andrade Gutierrez, que prometeu doar 1 milhão de dólares, ela promoveu uma reunião em seu gabinete, em setembro de 1990. Estiveram presentes Ibrahim Eris, presidente do Banco Central, Lafaiete Coutinho, ainda na Caixa Econômica, e Eduardo Teixeira, secretário executivo do Ministério da Economia.

— O que podemos fazer para ajudar o Renan? — perguntou Zélia.

— Podemos liberar verbas para duas obras, uma no Piauí e outra em Alagoas — sugeriu Lafaiete Coutinho.

— Por que no Piauí e em Alagoas? — quis saber a ministra.

— Porque essas duas obras estão sendo construídas pela Ecobrás, uma empreiteira que ajuda o Renan. Ela já cedeu um jatinho para ele usar na campanha.

Zélia autorizou a liberação das verbas e Coutinho telefonou para o candidato. "Renan, estás forte", brincou, e contou o que acontecera na reunião. O presidente da Caixa conhecera Geraldo Bulhões no escritório brasiliense de Paulo César Farias. "Mas, PC, esse cara não pode ser o nosso candidato em Alagoas", disse Coutinho a Farias. Ele tivera uma péssima impressão de Bulhões.

Ainda em setembro, numa segunda-feira, Renan telefonou a Lafaiete Coutinho. Queria que ele combinasse um encontro seu com Paulo César Farias. PC convidou Renan e Coutinho para um jantar na quarta-feira, na casa dele em Brasília. O candidato passou no gabinete de Coutinho na Caixa e lhe deu uma carona no seu velho Opala até a casa do tesoureiro de Collor, no Lago Norte. Sentaram-se os três para jantar na ponta de uma mesa comprida. Renan e Farias trocaram reminiscências sobre a política alagoana enquanto comiam um filé frugal e bebiam vinho chileno. Estavam no café quando Renan Calheiros falou:

— PC, preciso que você me ajude na campanha.

— Renan, eu só dou ajuda se o Fernando mandar.

— Está certo: amanhã eu tenho uma audiência com o presidente e vou pedir para ele te autorizar — disse Renan.

— Tudo bem, mas eu vou ser franco com você, Renan — declarou PC —, a Andrade Gutierrez me ligou e perguntou se deveria dar 3 milhões de dólares para a sua campanha. E eu respondi que eles deveriam dar o dinheiro.

Aparentando constrangimento, o candidato permaneceu calado. No carro, Coutinho comentou:

— Pô, Renan, que merda aquela história da Andrade: você vai pedir ajuda e ele diz que você recebeu 3 milhões de dólares.

— Aquilo foi exagero do PC: a Andrade só deu 1 milhão — disse Renan.

Nunca se usou tanto dinheiro numa eleição em Alagoas como na de 1990. Paulo César Farias arrecadou 22 milhões de dólares para a campanha de Geraldo Bulhões. Separou uma pequena parte para Renan Calheiros. Não queria que ele rompesse com Collor. E, caso Renan fosse eleito, poderia se apresentar como um dos seus apoiadores. PC contribuiu também com outros 3 milhões de dólares para a campanha de Joaquim Francisco, do PFL, em Pernambuco. Providenciou doações para deputados em todo o país, coletando cerca de 20 milhões de dólares. Deu 515 mil dólares para Daniel Tourinho, candidato a deputado pelo PRN, e 123 mil para Ferreira Neto, candidato ao Senado por São Paulo. Dizia aos empresários que era preciso eleger uma grande bancada de apoio a Collor no Congresso e governadores que o ajudassem. Empreiteiras, bancos, montadoras de automóveis e operadoras de cartões de crédito foram os principais contribuidores. PC não mexeu, nas eleições de 1990, num centavo dos 60 milhões de dólares que sobraram da campanha presidencial. Abriu uma caixa nova. E, outra vez, guardou uma parte do dinheiro obtido para o fundo que compartilhava com Fernando Collor. Todas as manhãs de segunda-feira, Paulo César Farias ia à Casa da Dinda conversar com o presidente sobre o que estava fazendo.

A repórter Dora Kramer, da sucursal de Brasília do *Jornal do Brasil*, achou curioso que dois amigos do presidente estivessem se digladiando em Alagoas. Pediu a seu chefe, Etevaldo Dias, que a deixasse cobrir a eleição lá. Dora Kramer estava com 36 anos. Carioca, ela se mudou para São Paulo quando a mãe se casou com um joalheiro francês que tinha uma loja na avenida São Luís. Formou-se em jornalismo na Cásper Líbero e fez o percurso habitual dos iniciantes da profissão: trabalhou no *Diário Popular*, em emissoras de rádio e passou quatro anos na Agência Folha. Na Agência, os repórteres recebiam pautas para cobrir inaugurações, assembleias, entrevistas coletivas, saíam para a rua, anotavam o que acontecia e voltavam à redação a fim de escrever matérias para os jornais do Grupo Folha — *Folha de S.Paulo*, *Folha da Tarde*, *Cidade de Santos*, *Notícias Populares*, *Gazeta*, *Gazeta Esportiva* e *Última Hora*. Dora Kramer se destacava entre os colegas e os chefes pela inquietude. Sugeria reportagens, conseguia fontes e discutia com os chefes. Não se conformava com a mediocridade de alguns deles. Seguia a política do Partido Comunista Brasileiro, mas não era uma fanática. Ouvia com interesse os adversários e formava a sua própria opinião. Ou seja, tinha queda para o jornalismo político. Em 1984, realizou o sonho dela: foi contratada pelo *JB*, o seu modelo de bom jornal, e mudou-se para o Rio. Três anos depois, a transferiram para Brasília, onde cobria o Congresso e o governo.

Dora Kramer descobriu um mundo em Alagoas: o das disputas entre clãs e famílias, o da troca de votos por comida, o do poder do coronelismo, o da fraude institucional e organizada. Numa série de matérias, deslindou e deu nexo àquilo que Rio e São Paulo viam como uma barafunda incompreensível: a política alagoana. Era um mundo fascinante. Dora viu Denilma e Geraldo Bulhões na casa deles, no bairro de Bebedouro, cercada de casebres, dando alimentos, roupas e documentos a eleitores pobres. Foi a Canapi e entrevistou o pai de Rosane Collor, João Malta, na varanda de uma casa pobre. (Um ano depois, quando voltou à cidade, João Malta havia se mudado para um palacete com piscina.) Conversou com o coronel Elísio Maia, do município de Pão de Açúcar, que lhe ensinou: "Moça, aqui esse negócio de televisão não funciona para ganhar eleição:

a gente bota os matutos no caminhão e manda eles votar em quem a gente quer". Numa reportagem, Dora cunhou uma expressão preciosa: "Alagoas, o berço da modernidade". O governo de Collor, ela demonstrou, alicerçava-se nos métodos da política da província, e não no discurso cosmopolita do presidente. A repórter escreveu uma matéria sustentando que Geraldo Bulhões tinha mais chances de vencer a eleição. O editor de Política, Rui Xavier, telefonou-lhe, preocupado.

— Dora, as pesquisas estão dando que o Renan vai ganhar — disse.

— É, mas o coronel Elísio Maia me garantiu que vai dar Geraldo Bulhões, e ele entende o que é Alagoas — rebateu ela.

Renan Calheiros reclamou a Etevaldo Dias da cobertura da repórter. "Você mandou uma louca para Alagoas", falou, explicando que ela estava favorecendo Geraldo Bulhões. "Dora, você sabe o que está fazendo?", perguntou Dias. Ela respondeu que sim. "Então vai em frente", disse-lhe o chefe. Ela acertou a previsão. Para seu desgosto, contudo, não pôde cobrir o segundo turno da eleição alagoana. Etevaldo Dias designou-a para ficar em Brasília e coordenar a cobertura eleitoral.

Na contagem de votos do primeiro turno, realizado em 3 de outubro, Renan percebeu que a fraude atingia proporções colossais mesmo para os padrões alagoanos. O adversário tinha muito mais recursos. Sua fúria cresceu quando ele descobriu, por intermédio de um fiscal, que Collor votara em Geraldo Bulhões. Sentiu-se traído. Não rompeu com o presidente. Partiu para cima do seu representante, PC. "Farias é um gângster, um Al Capone travestido de homem público", disse. Cleto Falcão o ajudou. "O maior bandido do Brasil, o 'Japonês', está preso em Bangu 1, mas, por favor, soltem essa criança: ele não pode estar preso enquanto Paulo César Farias está solto", completou o deputado, comparando o tesoureiro de Collor ao traficante de drogas que cumpria pena numa penitenciária carioca.

Bob Fernandes leu essas declarações, telefonou a Carta e se propôs a fazer uma reportagem de capa sobre Paulo César Farias. O diretor de redação aceitou a sugestão, e Fernandes viajou para Alagoas, foi de lá para São Paulo e voltou a Brasília. Duas semanas depois, escreveu a matéria e a enviou para a redação de *IstoÉ*.

* * *

Nem Mino Carta nem o dono da *IstoÉ*, Domingo Alzugaray, tinham particular interesse na eleição alagoana. Estavam atentos à eleição em São Paulo. Ambos concordaram, desde o início da campanha, que *IstoÉ* apoiasse o desconhecido candidato do PMDB, Luiz Antônio Fleury Filho, então com 2% das intenções de voto. Carta e Alzugaray gostavam do patrono de Fleury, Orestes Quércia. Na eleição de 1986, eles já haviam apoiado Quércia na revista de economia e negócios que então dirigiam, *Senhor*.

Carta conhecera Quércia quando ele ainda era senador. Começou a achar, em meados dos anos 80, que o progresso do país passaria por Quércia. Alzugaray era da mesma opinião: é um homem do progresso, de fazer obras, pensava, e se ele for eleito, São Paulo vai se desenvolver, a Editora Três crescerá, todos crescerão. Beneficiando-se da popularidade do Plano Cruzado, Quércia venceu o empresário Antônio Ermírio de Moraes, foi eleito, e ordenou que o governo e as estatais paulistas colocassem anúncios em *Senhor*. Convidou Carta para ser o seu secretário da Cultura. "Não quero, sou jornalista", recusou ele, e sugeriu como alternativa um outro jornalista, deputado do PMDB. Quércia nomeou o indicado por Carta, Fernando Morais.

Em julho de 1988, Alzugaray recomprou a *IstoÉ*, que vendera sete anos antes, e a uniu com *Senhor*. Comprou-a por 3 milhões de dólares de Luiz Fernando Levy, que parcelou o pagamento em 36 prestações mensais. O editor fez as contas: para pagar as parcelas, teria de vender cerca de dez páginas de publicidade a mais por mês. Saiu a campo. Visitou os donos de agências, grandes anunciantes e o presidente da FIESP, Mário Amato. Estava contando que adquirira a *IstoÉ* quando Amato o interrompeu: "Sim, comprou a revista com dinheiro do Quércia, não?". Alzugaray explicou que não tinha sócios. A *IstoÉ* era só dele. Dera sua casa como garantia para comprá-la. O editor também procurou Quércia.

— Comprei a *IstoÉ*, governador, tenho que pagar mais de 80 mil dólares por mês durante três anos, e queria saber: posso contar com o amigo?

— Pode contar comigo — respondeu Quércia, levantando a mão direita e botando o indicador quase na cara de Alzugaray. — Mas eu conto com você também.

Quércia determinou que o seu encarregado de publicidade, Carlos Rayel, veiculasse mais propaganda oficial na *IstoÉ*. Domingo Alzugaray levou a Editora Três a disputar concorrências em secretarias estaduais para a produção e impressão de guias, manuais e folhetos. Ganhou uma porção delas. Achava que os funcionários responsáveis pelas concorrências estavam cientes da sua proximidade com o governador, mas jamais os procurou. Enviava as propostas e aguardava a decisão. A seu pedido, Quércia telefonou, na presença dele, para o ministro das Comunicações, Antônio Carlos Magalhães, e perguntou se a Editora Três poderia receber a concessão de um canal de televisão, no sistema UHF, em São Paulo. O dono da editora ouviu a resposta de Antônio Carlos a Quércia: "Para o Alzugaray, não".

Assim como Roberto Marinho, Carta e seu patrão se desencantaram com a recusa de Orestes Quércia em concorrer na eleição presidencial. Alzugaray avaliou que Quércia preferiu ficar no governo paulista, controlando verbas e obras, a entrar na disputa pela Presidência e lutar por um projeto nacional de desenvolvimento.

Na época, Alzugaray estava construindo a gráfica da Editora Três, na via Anhanguera. A obra custou 20 milhões de dólares; metade foi paga com receitas da Três, e a outra metade com permutas de publicidade. A empreiteira Camargo Corrêa, responsável pela terraplenagem, ganhou 1,5 milhão de dólares em páginas de publicidade nas revistas da editora. A Siemens fez as instalações elétricas e pôde usar 1 milhão de dólares em propaganda. A Pirelli colocou cabos e ligações, e levou outro milhão de dólares em anúncios. A OAS fez a estrada que liga o prédio à Anhanguera, e recebeu o equivalente a 300 mil dólares em publicidade.

Alzugaray conseguiu erguer a gráfica. Para comprar duas novas rotativas, tomou 10 milhões de dólares emprestados do Banespa durante o governo Quércia. Foi um dos piores negócios da sua vida. Por causa da inflação e dos juros, nove anos depois de ter tomado 10 milhões emprestados e já ter pago 12 milhões de dólares, o editor ainda devia 22 milhões de dólares.

O dono da Editora Três não estabeleceu compromissos editoriais com as empresas que aceitaram construir a gráfica em troca de espaço publicitário. Desenvolveu um método para lidar com os que o ajudaram. Não proibia *IstoÉ* de apurar denúncias contra eles. Mas só publicava as reportagens se elas fossem "inevitáveis" — ou seja, se fossem exclusivas. Se toda a imprensa, por exemplo, estivesse noticiando que tal empreiteira estava envolvida em corrupção, e a empresa tivesse ajudado na construção da gráfica, Alzugaray não deixava que saísse nada em *IstoÉ* sobre o assunto. Se somente a sua revista tivesse a reportagem, ela era publicada. Com os governantes, a postura de Alzugaray era que *IstoÉ* fosse crítica quando achasse necessário. Tinha um resumo de sua filosofia na ponta da língua, que usava tanto com os jornalistas de *IstoÉ*, para conclamá-los a evitar erros, como para justificar-se aos poderosos da política: só os grandes, como a Globo e *Veja*, podem se dar ao luxo de serem governistas; uma publicação pequena, como *IstoÉ*, quando adula só irrita; o pequeno tem que dar um chute na canela do poderoso para ser percebido; o pequeno não pode errar; se os grandes têm tanques e canhões, eles fazem um estrago geral; o pequeno tem um revólver com uma bala só, e tem que acertar o tiro na testa do poderoso.

A despeito de terem se desiludido com Quércia, Carta e Alzugaray engajaram *IstoÉ* na campanha de Luiz Antônio Fleury Filho. Quando o candidato atingiu o terceiro lugar nas pesquisas eleitorais, ainda atrás de Mário Covas e Paulo Maluf, puseram-no na capa da revista. Ela foi mostrada dezenas de vezes no horário eleitoral gratuito do PMDB. Fleury ultrapassou Covas, foi para o segundo turno e venceu Paulo Maluf, o candidato apoiado por Collor. O presidente considerava Quércia um dos seus adversários mais perigosos. Achava que, se enviasse uma emenda parlamentarista ao Congresso, Quércia, interessado em disputar a Presidência em 1994, faria campanha contra ela. Fora informado de que o peemedebista vinha amealhando uma quantia formidável para concorrer à Presidência. Preferia que Maluf fosse governador de São Paulo, e não Fleury, para barrar o quercismo.

O candidato ao Senado na chapa de Maluf era Ferreira Neto. No primeiro semestre de 1990, numa tarde de sábado, o jornalista estava em sua casa no Guarujá. O telefone tocou, a mulher dele atendeu e perguntou: "Como vai, doutor Maluf?", Ferreira Neto fez-lhe sinal para dizer que ele estava dormindo. "Fale para o Ferreira que ele vai ser o nosso candidato ao Senado", disse Maluf. "Serão quatro meses de trabalho na campanha e oito anos de vagabundagem." Ela achou a frase medonha e pediu ao marido que não se envolvesse com Maluf. Quércia também procurou Ferreira Neto. Aconselhou-o a não disputar o Senado. "Eu te apoio se você sair candidato a deputado", falou. O jornalista foi a

Brasília conversar com Collor. Levou o filho Marcelo, que queria conhecer o presidente. Collor insistiu em que se candidatasse ao Senado pelo PRN, coligado com o PDS de Maluf, e prometeu apoiá-lo. Ferreira Neto concordou.

No horário eleitoral gratuito, o jornalista aparecia descendo a rampa do Palácio do Planalto ao lado do presidente. Mas considerava insuficiente o dinheiro que o PRN colocava na campanha dele. Achava que o chefe do partido em São Paulo, Leopoldo Collor, o estava sabotando. Se fosse eleito, raciocinava, fatalmente seria levado a dirigir o PRN paulista, ocupando o lugar do irmão do presidente, e por isso ele não o ajudava na campanha. Magoou-se também com Fernando Collor. Tinha consciência de que a entrevista que fizera com ele na TV Record, nas vésperas do segundo turno, tivera um papel importante na sua eleição, e esperava mais ajuda. PC entregou-lhe apenas um cheque de 123 mil dólares. O jornalista deu uma declaração à imprensa para mostrar o seu desagrado. "É fácil se eleger em São Paulo", disse. "Basta trazer um poste de Alagoas e investir 6 milhões de dólares na sua candidatura." O "poste" era Euclides Mello, primo do presidente e morador de Maceió, que transferira seu domicílio eleitoral para São Paulo a fim de disputar uma vaga na Câmara Federal. Ferreira Neto sentiu que Collor entendeu o recado, pois logo em seguida o convidou a acompanhá-lo numa viagem pelo interior de São Paulo. Conversaram no avião presidencial.

— Como vai a campanha, Ferreira?
— Estão me sacaneando, presidente, e vou perder a eleição.
— Quem está te sacaneando? O Leopoldo?
— É — respondeu o jornalista.
— Ele não vale nada — disse o presidente.

Collor fez então dois gestos de apreço à candidatura de Ferreira Neto. Levou-o à festa de entrega do Prêmio Maiores e Melhores, organizado pela revista *Exame* no clube Pinheiros, onde ele pôde encontrar a nata do empresariado. E foi com ele visitar o sindicalista Luiz Antônio Medeiros, que se recuperava de uma cirurgia cardíaca.

O jornalista cresceu nas pesquisas eleitorais, aproximando-se de Eduardo Suplicy, o candidato do PT. Uma semana antes da votação, o petista acusou Ferreira Neto de pedir dinheiro a políticos para entrevistá-los e elogiá-los em seu programa de televisão, quando este era apresentado pela Rede Bandeirantes. Suplicy contou que soube da corrupção pelo dono da Bandeirantes, João Saad, numa conversa testemunhada por duas outras pessoas. Saad dissera ao petista que tomara conhecimento da corrupção por acaso. Em 1983, falando com Amazonino Mendes, o então governador do Amazonas pediu a Saad que transmitisse um recado ao apresentador: "Peça ao Ferreira Neto para colocar o programa no ar que o dinheiro já está a caminho". Saad perguntou quanto o governador havia combinado pagar ao jornalista. A soma equivalia a 17 mil dólares. Saad demitiu Ferreira Neto e o impediu de entrar novamente na emissora. Em razão da denúncia de Suplicy, o jornalista processou o candidato petista e Saad.

Na noite da eleição, em 3 de outubro, Ferreira Neto estava à frente na contagem de votos e Collor lhe telefonou.

— Você tem um bom esquema de fiscalização das urnas?

— Não, não tenho — respondeu Ferreira Neto.

— Então você vai perder a eleição — profetizou o presidente.

— E sabe por quê, presidente? Porque seus amigos não me apoiaram.

Ferreira Neto ainda continuou à frente na contagem mais um dia. Encerradas as apurações, perdeu. Suplicy teve 4,2 milhões de votos. Ferreira Neto, 3,8 milhões. Euclides Mello foi eleito.

* * *

A matéria de Bob Fernandes sobre Paulo César Farias chegou às mãos de Mino Carta na manhã de sexta-feira, 19 de outubro de 1990, o mesmo dia em que Motta Veiga se demitiu da Petrobras e acusou PC de querer interferir nos negócios da estatal. Nela, Bob Fernandes relatava as fraudes na eleição alagoana, traçava um perfil de PC, falava de suas empresas e contava quem eram alguns dos amigos do tesoureiro do presidente que possuíam cargos na administração federal. A reportagem transcrevia uma frase do deputado Delfim Netto: "Esse PC vai acabar sendo o Gregório Fortunato do Collor", comparando Farias ao Anjo Negro, o segurança de Getúlio Vargas que armou o atentado contra Carlos Lacerda. Carta decidiu pôr PC na capa de *IstoÉ*. Como a fotografia que tinha dele era ruim, publicou-a num tamanho pequeno, aumentou o espaço do título — "Ele complica a vida de Collor" — e escreveu o subtítulo ao lado do retrato: "Paulo César Farias está envolvido na fraude eleitoral em Alagoas e em outros escândalos".

Enquanto Carta fechava a edição com Farias na capa, Mário Alberto de Almeida conversava com seu sócio, Luis Gonzaga de Barros Mascarenhas, no escritório que compartilhavam, em São Paulo. "Estou aqui com uma notícia de que a *IstoÉ* está fazendo uma capa sobre o PC, você pode ver para mim se isso está acontecendo?", perguntou Mascarenhas. O sócio assentiu e, na hora do almoço, telefonou para Carta. O diretor de *IstoÉ* e Almeida haviam trabalhado juntos em *Veja* e se davam bem. Carta fora à festa de despedida do ex-colega quando ele se mudara para Paris. Trocaram algumas palavras e Almeida perguntou:

— Posso dar uma passada aí?

— Hoje?

— É, o assunto é um pouco urgente.

Carta sentiu um certo nervosismo na voz de Mário Alberto de Almeida. Alguém lhe dissera recentemente que ele estava fora da imprensa. Imaginou que estivesse precisando de emprego. A um colega em dificuldade não se nega uma conversa nem em dia de fechamento, pensou o diretor de redação.

Mário Alberto de Almeida chegou à redação de *IstoÉ*, na Lapa, por volta das duas e meia da tarde. Carta o recebeu na sua mesa redonda, encurralada num canto da redação, ao lado da do braço direito dele, Nelson Letaif. Cumprimentaram-se, e Almeida, de terno e gravata, sentou-se na frente do diretor de redação.

— Então vocês estão dando uma capa sobre o PC? — perguntou Almeida.

— É, estamos, olha ela aqui — respondeu Carta, passando-lhe a prova da capa que estava sobre a mesa. Imaginou que o colega tinha visto a capa entre os seus papéis, e puxara o assunto antes de entrar no verdadeiro motivo da visita: pedir emprego.

— E você está medindo bem os efeitos da capa?

— Claro, estão falando tanto deste cidadão, o PC, e a matéria é boa, esclarece muitas coisas. Acho que é um dever da revista dar a capa — disse Mino, ainda supondo que estavam na fase da conversa fiada.

— Eu estou aqui para ver se é possível você repensar o assunto e não dar a capa — disse Almeida.

— Mas, não dar por quê?

— Porque essa capa vai abalar o governo.

— Não, não vai. *IstoÉ* é uma revista modesta. Não somos nem a *Veja* nem a Globo.

— Eu acho que a capa terá péssimas consequências, e gostaria de discutir isso.

— Escuta, Mário Alberto, você trabalhou comigo. Você sabe como eu penso. Essa sua conversa não tem cabimento — disse Carta, impaciente.

— Mas eu estou autorizado a discutir o assunto com você — insistiu Almeida.

— Você está falando em nome de quem? — quis saber o diretor, elevando a voz.

— Eu estava conversando com a Zélia. Acho que a capa irá abalar o regime. Você deveria repensar.

— Mário Alberto, repito: você trabalhou comigo e me conhece. Essa sua conversa é inútil, imprópria e até ofensiva. Você está me confirmando quem vocês são e como agem. Agora, eu sou apenas o diretor de redação. Se você quiser, vá falar com o dono da revista. Há patrões que são suscetíveis a ouro, incenso e mirra — disse Carta, furioso, e, com um gesto, indicou-lhe o caminho da saída.

O diretor de redação esperou um minuto ou dois e ligou para a portaria do prédio. Soube que o visitante já havia saído. Trechos da conversa foram ouvidos por jornalistas que sentavam perto da mesa do diretor, e boa parte da redação entendeu que o chefe detestara a visita de Almeida. Rumores de que estava havendo pressão para não se publicar a capa com PC chegaram à sucursal de Brasília. Bob Fernandes ficou preocupado.

Mário Alberto de Almeida voltou para o seu escritório e falou a Luis Gonzaga de Barros Mascarenhas: "Olha, a revista está fazendo a capa, a capa é dura, e o Mino falou que, se quiser mexer nela, tem que falar com o acionista, com o dono, com o Domingo Alzugaray". Um deles, Mascarenhas ou Almeida, telefonou para Lafaiete Coutinho, contou o que *IstoÉ* estava preparando e perguntou se o presidente da Caixa Econômica Federal imaginava algum meio de evitar a publicação da capa sobre PC.

Coutinho telefonou para o empresário Mário Garnero, dono do Brasilinvest, que conhecia de seus tempos de diretor do Banco Econômico e da Febraban. O empresário fora concunhado de Collor, pois tinha sido casado com Ana Maria Monteiro de Carvalho, irmã de Lilibeth, a primeira mulher do presidente. Ele não falava com Collor havia anos e não conhecia Paulo César. Em 1985, o Brasilinvest sofrera um processo de liquidação extrajudicial. Garnero ganhou o processo na Justiça, saldou suas dívidas e, em março de 1990, procurou Alzugaray. Ele vinha tentando fundar um banco e propusera ao dono da Editora Três que fosse seu sócio. O empresário estava na França e lá atendeu ao telefonema de Lafaiete Coutinho. O presidente da Caixa solicitou-lhe um favor: ver se Domingo Alzugaray fazia questão de publicar a capa sobre Paulo César Farias. No telefonema, Coutinho mencionou uma soma de dinheiro que poderia ser investida em *IstoÉ*, talvez na forma de anúncios da Caixa.

Alzugaray estava em sua sala na Editora Três. Sobre a mesa, ao lado de sua coleção de canetas-tinteiros, jazia uma prova da capa daquela edição. Sem saber da conversa de Mário Alberto de Almeida com Carta, nem da de Coutinho com Garnero, o editor atendeu a uma ligação da França. Era Garnero. Eles conversaram banalidades, e o dono do Brasilinvest perguntou:

— Que capa vocês vão dar esta semana?

— Vamos dar a capa "Passarinho revela os planos do governo" — respondeu Alzugaray, lendo o que estava escrito no canto esquerdo superior da prova na sua frente.

Alzugaray não sabia direito quem era Paulo César Farias. Mas achou que não deveria contar que a revista daria uma capa sobre o homem que, com suas andanças pelo poder, estava complicando a vida de Collor.

— Eu soube que vocês vão dar uma capa sobre o PC — disse o empresário.

— Olha, estamos mais inclinados a dar o Passarinho na capa — desconversou o editor.

— Mas me falaram que a capa sobre o PC já está na gráfica. E essa é uma capa ruim para o governo.

Alzugaray disse que a reportagem não tinha nada de mais. Estava intrigado com a conversa. Não imaginava como Garnero soubera que a capa estava praticamente pronta.

— Há gente disposta a investir 500 mil dólares para que essa capa não saia — disse Garnero.

Alzugaray lembrou de um lugar-comum que Victor Civita, seu antigo patrão, sempre repetia: todo homem tem seu preço. Pensou um pouco e respondeu:

— Olha, Mário, eu sei que todo homem tem seu preço. Mas eu gostaria de dizer duas coisas. Em primeiro lugar, que o meu preço está muito, mas muito acima do que estão oferecendo. Em segundo, que a capa não está à venda.

Garnero não tocou mais no assunto, e veio a se esquecer dele. Considerou que fizera apenas um favor a Coutinho. Assim que desligou o telefone, Alzugaray foi à redação falar com Carta. Bateu no ombro do diretor de redação e chamou-o para conversarem no corredor, a sós. "Mino, essa capa, o que está acontecendo?", perguntou. "Tem gente me pedindo para que a gente não a publique." Carta detalhou o que havia na reportagem de Bob Fernandes. Falaram mais um pouco sobre as pressões e decidiram publicar a capa. Alzugaray só pediu que ele mudasse o título. De "Ele complica a vida de Collor" passou para "Ele complica a vida do governo". O diretor cumprimentou o patrão: "Bravo, esse é o velho Domingo". Carta voltou à redação, telefonou para a sucursal de Brasília e acalmou Bob Fernandes: a reportagem sairia sem alterações. Disse a ele e a outros jornalistas da cúpula de *IstoÉ* que o patrão concordara em manter a capa. Considerava importante elogiar a atitude de Alzugaray. Achava que isso unia a redação.

* * *

"Esse homem é da ação, é de fazer coisas", dizia Gianinno Carta a seu filho, Mino, a propósito de um argentino bem-apessoado, de olhos claros, que conheceu em São Paulo no final dos anos 40. O argentino tinha a estampa mas não a síndrome do galã: era industrioso e atilado. Chamava-se Domingo Alzugaray, era bisneto de bascos, nascera em Vitoria, uma cidade de 30 mil habitantes na província de Entre Rios. O mais velho de três irmãos, seu pai era um homem de negócios, misto de fazendeiro e comerciante. Aos dezoito anos, Alzugaray se mudou para Buenos Aires, cursou a Faculdade de Ciências Econômicas, onde entrou no grupo de teatro experimental, e trabalhou como escriturário no Banco de la Nación Argentina. Dois anos depois, foi contratado pela Editorial Abril. Escrevia roteiros, produzia, dirigia e atuava nas fotonovelas da editora de Cesar Civita. Nas horas vagas, continuava fazendo teatro e pequenas pontas na televisão. Um diretor assistiu a uma das peças em que ele trabalhava e o convidou a fazer um teste para um filme. Para a sua surpresa, Alzugaray ganhou o papel principal, com direito a um cachê que equivalia a dois anos de seu salário de escriturário. Largou o banco e trabalhou no filme. Ele nunca se vira representando, porque a televisão era ao vivo. Considerava-se um ator da estirpe de Marlon Brando e James Dean. Ao ver o filme, teve uma tremenda decepção. Mas eu sou um canastrão, pensou, um canastrão que faz caras, bocas e poses. Ficou deprimido e só não desistiu da carreira porque os críticos elogiaram e o público gostou da sua interpretação. Foi convidado a representar um outro papel principal numa coprodução Brasil-Argentina, *Meus amores no Rio*, dirigido por Carlos Hugo Christensen. Viajou para o Rio de Janeiro em 1957 e contracenou com Jardel Filho.

Alzugaray se entusiasmou com o Brasil. Achou que o país tinha mais futuro que a Argentina. No seu país, vira de uma janela da plaza de Mayo caças da Marinha metralharem a multidão que, aglomerada em frente à Casa Rosada, solidarizava-se com Juan Domingo Perón. Os militares depuseram o presidente, instauraram a ditadura, e uma recessão se abateu sobre a Argentina. Alzugaray se radicou no Brasil e começou a fazer fotonovelas para a Editora Abril. Em 1960, casou-se com uma carioca, Cátia, e voltou à Argentina. Uma cláusula do contrato para atuar em *Meus amores no Rio* o obrigava a trabalhar num segundo filme, sob pena de ter que devolver o cachê, de 35 mil dólares. Interpretou o papel principal em *Sábado a la noche, cine*, mas nunca assistiu ao filme, que até hoje é reprisado na televisão argentina. Um ano depois, participou do programa *Câmara Um*, da TV Rio, onde encarnava milongueiros portenhos que enganavam brasileiros. Foi a sua última atuação. A América Latina perdeu um ator e o Brasil ganhou um editor.

Em 1962, Alzugaray se transferiu para São Paulo e dirigiu o Departamento de Fotonovelas da Abril. Foi promovido a diretor comercial da empresa, respondendo a Victor Civita, o intuitivo, e a seu filho Roberto Civita, o técnico que viabilizava as intuições do pai. Participou do lançamento de *Veja*. Convidou um grupo de publicitários a se reunirem no terraço da editora, no topo do prédio da Marginal do rio Tietê, conseguiu que vestissem aventais de médico e os levou até a gráfica para testemunhar o parto da revista. Um gráfico apanhou um exemplar que saiu da rotativa, entregou-lhe e disse: "Seu Domingo, eu vi a luta do senhor para fazer com que *Veja* saísse: essa primeira revista é sua, o senhor merece". Alzugaray pegou o exemplar, escreveu uma dedicatória na capa e a devolveu ao gráfico. (Trinta anos depois, ele recebeu por fax uma cópia da capa com a sua dedicatória ao gráfico Francisco Rossi, que saíra da Abril, fora prefeito de Osasco e era candidato ao governo de São Paulo.)

Alzugaray admirava a Abril e os Civita, mas queria ter a sua própria empresa. Viajou para a Cidade do México, onde tinha amigos, sondou o mercado, viu que não teria possibilidades e continuou na editora. Em 1971, decidiu sair da Abril, onde trabalhara durante cinco anos na Argentina e quase quinze no Brasil. Avisou ao patrão que montaria uma editora.

— Mas você está ciente que nunca vai ganhar o que ganha aqui? — perguntou-lhe Victor Civita.

— Estou ciente disso, mas estou ganhando mais do que preciso, e prefiro ganhar menos num negócio que seja meu — respondeu Alzugaray.

— Mas numa editora? Eu acho isso desleal. Se você fizesse canetas, eu ajudaria, colocaria anúncios delas na *Claudia*.

— É, mas eu não sei fazer canetas, só revistas.

— Então não conte com a nossa ajuda.

Com o dinheiro do seu fundo de garantia, Alzugaray montou a Editora Três. Tinha como sócios dois ex-diretores da Abril, Luís Carta e Fabrizio Fasano. O capitalista da empreitada era Fasano, dono da marca Old Eight, o uísque mais vendido no Brasil. O começo foi difícil. A Três planejou o lançamento de uma série de fascículos sobre culinária, *Cozinha de A a Z*, mas a Abril se antecipou e botou antes nas bancas uma coleção sobre o mesmo assunto. Inspirado no modelo da editora americana McGraw Hill, que publicava dezenas de revistas, Alzugaray queria lançar trinta títulos diferentes. Se cada um vendesse 20 mil exemplares, atingiria um mercado de 600 mil compradores. Montou uma distribuidora para fazer suas revistas e fascículos chegarem às bancas. Os donos de bancas contaram a Alzugaray que a Abril os ameaçava: se vendessem as revistas da Três, não receberiam as da Abril. Alzugaray fechou a distribuidora. Mas conseguiu um bom acordo com Fernando Chinaglia, um dos maiores distribuidores, para que suas revistas chegassem às bancas. A Editora Três se firmou. As revistas que fizeram mais sucesso foram *Status*, precursora de *Homem* e *Playboy*, e a mensal *Planeta*, dedicada a assuntos místicos e esotéricos.

Em 1976, já fora da Abril, Mino Carta visitou seu irmão Luís na Três. Alzugaray lhes mostrou um exemplar da americana *Esquire* e sugeriu que fizessem juntos uma revista semelhante: mensal, sofisticada, predominantemente para homens, mas sem mulheres nuas. Cada um dos três entrou com cerca de 50 mil dólares e, em maio daquele ano, fundaram a Encontro Editorial, que lançou a revista. Deram-lhe o nome de *IstoÉ*. Logo em seguida, Luís Carta saiu da sociedade e deu a sua parte ao irmão e a Alzugaray. No início de 1977, Mino Carta argumentou com o sócio: estamos publicando *IstoÉ* mensalmente com 50 mil dólares; com 75 mil, podemos transformá-la numa semanal, e teremos três faturamentos a mais todos os meses. Alzugaray se convenceu. A *IstoÉ* semanal foi um sucesso editorial e comercial. Mino Carta voltou a fazer o que mais gostava e sabia: uma revista política. Antes que *Veja*, percebeu o potencial do movimento estudantil e a força do novo sindicalismo que nascia no ABC paulista. Foi ele quem publicou a primeira capa com Luís Inácio Lula da Silva. Continuava ligado ao general Golbery do Couto e Silva, mas fazia reportagens sobre o crescimento dos movimentos antiditatoriais e as crises do regime militar.

Animado com o sucesso, Carta persuadiu Alzugaray a lançarem um diário com uma filosofia editorial semelhante à de *IstoÉ*. Alzugaray fez os cálculos do investimento. Avaliou que o jornal não daria prejuízo se vendesse 20 mil exemplares por dia e tivesse duas páginas de publicidade. Carta imaginava criar um jornal parecido com o italiano *La Repubblica*: de análise, opinativo e de centro-esquerda, com uma plêiade de bons jornalistas. Contou a sua ideia a Golbery, que a achou boa. Contratou Cláudio Abramo, Roberto Pompeu de Toledo, Ricardo Kotscho, Clóvis Rossi e José Carlos Bardawil. Batizado com o nome de *Jornal da República*, o diário foi lançado em setembro de 1979. Ele ficou muito aquém das metas: vendia 5 mil exemplares por dia e, em vez de duas páginas, contava com apenas uma coluna de publicidade. Alzugaray percebeu que fizera os seus cálculos com a cabeça de um editor de revistas. No jornal, os prejuízos eram imediatos. Como ele vendia pouco e tinha menos publicidade do que o planejado, os rombos de caixa aumentavam diariamente. O *Jornal da República* começou a comer os lucros de *IstoÉ* assim que foi às bancas. Alarmado, Alzugaray quis fechá-lo. Carta não concordou. Estabeleceram então um preço para a Encontro Editorial, 1 milhão de dólares, e combinaram que um compraria a metade do outro. Carta, para continuar publicando o *Jornal da República*. Alzugaray, para fechá-lo e salvar *IstoÉ*. Carta assinou um monte de promissórias e comprou o jornal. Ficou com 50% dele. Seus amigos Armando Salem, Raymundo Faoro, Tão Gomes Pinto e Fernando Sandoval ficaram com a outra metade. O *Jornal da República* continuou a perder dinheiro. Salem bateu às portas de empresários e políticos. Abílio Diniz, dos supermercados Pão de Açúcar, Laerte Setúbal Filho, da Duratex, o grupo argentino Bunge y Born e o fabricante da pinga Pirassununga colocaram anúncios no jornal. Delfim Netto pediu a amigos que ajudassem Carta. Não adiantou. O jornal continuou a perder dinheiro.

Carta então vendeu *IstoÉ* e o *Jornal da República* a Fernando Moreira Salles, filho de Walther Moreira Salles, fundador do Unibanco. O empresário fechou o jornal e o jornalista passou a dirigir *IstoÉ*. Não houve entrosamento entre ambos e Carta acabou saindo da revista.

O jornalista passou um período desempregado, escrevendo artigos para a *Folha de S.Paulo*, até que Alzugaray o chamou, em 1982, para trabalharem juntos novamente. Eram amigos. Numa atitude de grande generosidade, Alzugaray nunca cobrou as promissórias que Carta assinara para comprar dele a *IstoÉ* e o *Jornal da República*. O editor havia criado a revista *Senhor*, e encarregou Carta de torná-la semanal e dirigi-la. Usaram como modelo a inglesa *The Economist*. Fizeram uma revista de economia e negócios, dedicada ao empresariado. Entrementes, Fernando Moreira Salles vendeu a *IstoÉ* a Luiz Fernando Levy, da *Gazeta Mercantil*. A rápida sucessão de donos e redações levou *IstoÉ* a perder sua identidade e muitos dos leitores. Quando Alzugaray resolveu recomprá-la de Levy, em 1988, para uni-la com *Senhor*, ninguém lhe disse que tivera uma boa ideia. Todos afirmavam que as revistas tinham fórmulas e públicos diferentes, e seria impossível juntá-las. O editor não ouviu os conselhos: fundiu as revistas e escolheu Carta para comandar a publicação. A nova revista, temporariamente chamada de *IstoÉ/Senhor*, adquiriu as feições tradicionais de um semanário de notícias.

* * *

No fim de semana em que *IstoÉ* saiu com PC na capa, a de *Veja* publicou uma foto grande de Luís Octávio da Motta Veiga e três menores de Paulo César Farias, Zélia Cardoso de Mello e Cláudio Humberto. O título era "Bomba na saída", e o subtítulo, "Motta Veiga se demite da Petrobras falando de intrigas, mentiras e negócios escusos do governo". No *Estado de S. Paulo* daquele domingo, 21 de outubro, duas das principais matérias, escritas em conjunto por Ricardo Amaral e Luciano Suassuna, receberam os títulos de "PC nomeia, demite e recebe acusações" e "Um homem que subiu rápido na vida". Paulo César Farias foi tirado das sombras e se tornou um personagem da grande imprensa.

26. FOLHA DE S.PAULO

A importância que Fernando Collor dava à sua imagem fotográfica e televisiva era inversamente proporcional à atenção que dispensava aos donos de órgãos de imprensa. Entendia-se melhor com fotógrafos do que com os patrões. Jamais procurou algum empresário de comunicações para reclamar de reportagens ou editoriais. Tratava-os com frieza e os mantinha à distância.

Domingo Alzugaray conversou com Cláudio Humberto numa reunião na agência de propaganda Denison, em São Paulo. O porta-voz reclamou que o editor nunca ia a Brasília. "Só vou onde sou convidado", rebateu Alzugaray. Cláudio Humberto o convidou para um almoço no Palácio do Planalto. Pelo telefone, acertaram o encontro para meio-dia e meia. O dono da Editora Três chegou no horário e uma secretária o informou de que o porta-voz estava com o presidente e atrasaria um pouco. Alzugaray pediu um jornal para matar o tempo. Às duas horas, a secretária disse que Cláudio Humberto continuava com o presidente e não poderia almoçar. Alzugaray é um homem tolerante. Se seu anfitrião tivesse vindo em pessoa, explicado o contratempo e remarcado o encontro, ele relevaria a viagem perdida e o teria perdoado. Como não houve posteriormente nem um pedido telefônico de desculpas, o editor se sentiu ofendido. *IstoÉ* passou a tratar Cláudio Humberto com má vontade.

Roberto Civita esteve no Planalto para mostrar ao presidente a revista *Nova Escola*, distribuída pela Fundação Victor Civita a professoras de colégios públicos. Disse ao presidente que poderia encartar na revista manuais das campanhas que o governo quisesse promover. Deu o exemplo de uma campanha de prevenção de doenças contagiosas. O superintendente da Abril falou que a Fundação arcaria com os custos da distribuição e não teria nenhum ganho com a operação. O presidente mostrou interesse e avisou que o ministro da Educação, Carlos Chiarelli, iria procurá-lo. Victor Civita entusiasmou-se com a visita do ministro. Alinhou edições de *Nova Escola* sobre a sua mesa e preparou vários exemplos de manuais para apresentar a Chiarelli. Estava animado como um menino que quer mostrar um brinquedo novo a um adulto. O ministro deu uma olhada por cima nas revistas, deixou claro que estava ali porque o presidente mandara, logo se retirou e não procurou mais a Fundação. Desapontados, Roberto e Victor Civita engavetaram a ideia. O fundador da Abril morreria pouco depois.

Lafaiete Coutinho percebia a inabilidade do presidente em lidar com o patronato da imprensa. Deu uma sugestão a Collor: "Vá à Amazônia e convide o Roberto Civita. Quando estiverem sobrevoando a floresta, mande chamá-lo para se sentar ao seu lado. O senhor fumando charuto, e o Civita cachimbo, pergunte quais são as ideias dele para resolver os problemas ecológicos brasileiros. É disso que eles gostam, presidente: de proximidade, de se sentirem importantes". Collor ouviu calado. Jamais convidou um dono de órgão de imprensa para viajar à Amazônia.

Júlio César Mesquita, de *O Estado de S. Paulo*, foi ao Palácio do Planalto para convidar Collor a comparecer à assembleia da Sociedade Interamericana de Imprensa, em São Paulo, quando encerraria o seu mandato à frente da entidade. O convite foi aceito, mas duas semanas antes o Planalto anunciou que o presidente não iria à solenidade. No discurso que fez a trezentos diretores de jornais das Américas, Júlio César Mesquita aproximou Collor do ministro nazista de propaganda: "A ausência do presidente Fernando Collor de Mello nesta reunião prova que a imprensa livre e responsável, por todos nós praticada e pregada, nada tem a ver com o exibicionismo e as tentativas de lavagem cerebral do marketing, que estão transformando a atividade política de nossos dias num circo deplorável, triste herança da teoria e prática do doutor Joseph Goebbels".

O único empresário de comunicações que Collor cultivava era Roberto Marinho. Foi à casa de praia do dono da Globo, em Angra. O jornalista permitiu que repórteres de veículos concorrentes se aproximassem do presidente para conversar com ele e fotografá-lo. Como não havia nenhum fotógrafo de *O Globo*, Roberto Marinho mesmo o clicou no mar e mandou a foto para a redação, que a publicou.

O presidente fazia qualquer coisa por uma boa foto. Seus fotógrafos prediletos continuavam sendo Ubirajara Dettmar e Orlando Brito, de *Veja*. Na Espanha, Collor tinha terminado a corrida matinal quando Brito conseguiu localizá-lo. Voltou a correr para que Brito não perdesse a foto. À noite, numa recepção, o presidente disse ao rei Juan Carlos: "Gostaria que o senhor conhecesse um amigo meu", e fez sinal para que o fotógrafo se aproximasse. Brito saltou o cordão de isolamento e cumprimentou o rei. Em dezembro de 1990, um amigo do fotógrafo lhe mostrou uma câmera subaquática. Brito pediu-a emprestada, passou no seu apartamento, vestiu um calção e foi à Casa da Dinda. Sem dizer nada, mostrou a máquina a Collor. O presidente manuseou a câmera, perguntou como funcionava e falou: "Espera um pouco, deixa esses chatos saírem". Quando o humorista João Kléber e o jogador Zico foram embora, o presidente entrou no quarto. O fotógrafo ouviu a sua voz perguntando: "Qual?", e viu só a mão dele fora da porta, segurando dois calções, um azul e outro vermelho. "O azul é melhor, presidente", respondeu. Collor saiu de calção azul, mergulhou na piscina, atravessou-a debaixo d'água, emergiu e colocou-se à disposição de Orlando Brito. O fotógrafo havia pensado no retrato do presidente debaixo d'água assim que viu a câmera, mas até aquele instante não pensara no grande problema para tirá-la: não sabia nadar. Tinha pavor de água. Entrou na piscina ressabiado. Descobriu que se ficasse na parte rasa e afundasse a cabeça com a boca fechada, não se afogaria. Tirou algumas fotos. Collor sugeriu que ele fosse para o fundo e o fotografasse de baixo para cima — manobra impossível para Brito. Só então o presidente notou que ele não sabia nadar. Saíram da piscina. "Vai ser abertura?", quis saber o presidente, referindo-se às fotografias grandes que, todas as semanas, ilustravam a primeira reportagem sobre política de *Veja*. Duas semanas depois, na edição com a retrospectiva das notícias mais importantes do ano, a foto de Collor submerso foi publicada. Ocupava mais de uma página. Brito foi convidado para assistir a filmes inéditos com o presidente no cinema do Palácio da Alvorada. Foi uma vez, sentiu-se desconfortável e não voltou mais. Não achou correto privar da intimidade de Collor sem o seu instrumento de trabalho pendurado no pescoço. Sem a máquina fotográfica, pensou, deixava de ser um jornalista e se tornava um comensal do presidente.

Pouco antes da posse, numa viagem de avião, Cláudio Humberto disse ao fotógrafo oficial da campanha, Ubirajara Dettmar:

— O presidente quer saber o que você vai fazer da vida daqui para a frente.

— Diz para ele que eu vou tirar minhoca do asfalto — respondeu Dettmar.

O porta-voz transmitiu o recado e Collor chamou o fotógrafo.

— Dettmar, o que é tirar minhoca do asfalto?

— É procurar emprego, presidente, arrumar um trampo, ganhar o pão.

— Entendi. Quer ficar com a gente e ser o fotógrafo da presidência?

Dettmar aceitou. O salário era baixo, mas ele o reforçava com as diárias das viagens presidenciais. Tentava sempre ficar a uns seis metros de Collor e permanecia em silêncio para não interferir nas cenas que fotografava. Como Orlando Brito, ele quase não falava com o presidente. Nas poucas vezes que isso aconteceu, a iniciativa foi de Collor. Durante um café da manhã na Casa da Dinda, Collor lia um jornal e conversava com Cláudio Humberto. Dettmar se mantinha à parte, esperando. Preferia tomar o café antes, em sua casa, a ser servido na do presidente.

— Como é possível que eles saibam essas coisas? — perguntou Collor ao porta-voz, ao ler uma matéria relatando fatos internos do governo.

— Os repórteres vão atrás, fuçam aqui e ali e acabam descobrindo — respondeu Cláudio Humberto.

— Será que é isso ou o Dettmar andou contando por aí o que ele sabe? — indagou o presidente.

O fotógrafo reagiu como sempre fez quando algum chefe pôs em dúvida o seu profissionalismo: com exaltação. Levantou-se e, dedo em riste, andou até a cabeceira da mesa, onde Collor estava sentado. "Se não tenho a confiança do senhor, vou embora agora", disse. "Estou aqui para fotografar. Tudo o que eu escuto acaba em mim. Não passo nada adiante para ninguém. Sou um profissional."

Dettmar saiu da sala sem esperar a resposta. Collor, que fizera a pergunta num tom de provocação bem-humorada, surpreendeu-se com a reação. O fotógrafo não foi trabalhar durante quatro dias. Só voltou ao Planalto porque Collor mandou chamá-lo. Ele recebeu o fotógrafo sorrindo.

— O que é isso, Dettmar? Foi só uma brincadeira — disse o presidente.

— Ah, se era brincadeira então não tem problema.

Dettmar tinha acesso a cenas vedadas aos demais fotógrafos. Ele as registrava e escolhia as fotos que seriam distribuídas aos jornais. Apenas uma vez Collor achou que Dettmar passou para a imprensa uma fotografia ruim. Depois de sua corrida dominical, numa manhã de calor, o presidente entrou na Dinda, deitou-se à beira de um chafariz, deixou que a água espirrasse sobre o rosto e Dettmar o fotografou. Na segunda-feira, no Planalto, com um exemplar da *Folha de S.Paulo* reproduzindo aquela fotografia sobre a sua mesa, Collor perguntou:

— Mas, Dettmar, logo essa foto?

— Qual é o problema com ela?

— Essa foto, e ainda por cima na primeira página da *Folha*...

— Mas o problema é a foto ou a *Folha*? — perguntou Dettmar.

— Eu no chão, cansado...

— A foto é boa, presidente, tem movimento, água espirrando, cores fortes...
— Não, foto assim não dá — cortou Collor.

Durante dias, o fotógrafo teve a impressão de que o presidente o tratava com secura. Na semana seguinte, a foto no chafariz foi estampada numa página dupla da revista *Manchete*. Luis Carlos Chaves, assessor do presidente, encontrou Dettmar num corredor do Planalto e elogiou o trabalho. "A foto é boa mas deu problema: o chefe não gostou", disse o fotógrafo. "Não, ele gostou, ele me falou", refutou Chaves. Dettmar não entendeu nada.

Os problemas eram dois: a foto e a *Folha*. O presidente não gostava que o flagrassem em situações em que estivesse relaxado. Aparecia em público em posturas hieráticas, como um militar em posição de sentido. Ou, estudadamente, praticando esportes. Na frente das câmeras, não transmitia a alegria de Juscelino Kubitschek ou o à vontade de John Kennedy. Estava sempre empavesado e rígido. Quando tentou dar a impressão de se divertir, desgastou ainda mais a sua imagem. No final de 1990, aceitou passar os feriados do réveillon na fazenda e no iate de Alcides Diniz, que o ajudara na campanha presidencial. Collor fora apresentado a ele pelo grã-fino Chiquinho Scarpa, irmão de Renata, casada com Alcides Diniz. O presidente e o empresário, apelidado de Cidão, haviam estado juntos na quinta dos Diniz, em Portugal, e na festa de aniversário de Leopoldo Collor. Nos feriados da passagem do ano, o presidente foi fotografado por Dettmar andando de jet-ski, jogando tênis e, no lombo de um cavalo, vestindo um uniforme de jogador de polo — calça branca colante, botas de cano alto, luvas e quepe hípico. *Veja* publicou uma capa com o título "O governo se diverte". Ela mostrava uma foto de Collor no iate de Diniz, e outra de Zélia (que se hospedara na casa de praia do empresário Eugênio Staub, dono da Gradiente) e Ibrahim Eris tomando sol numa lancha. No final da reportagem, a revista escreveu que Alcides Diniz e Collor estrelaram "a coreografia do presidente em busca de um amigo e um amigo em busca de um presidente", e prosseguiu: "Cidão tem um tremendo iate, uma fazenda estupenda, uma grana federal, gosta de esportes e não é muito dado a pegar no batente. Qual será a próxima camiseta a ser usada por Collor? A com o dito popular 'Amigos, amigos, negócios à parte'? Ou a com o versículo bíblico 'Diz-me com quem andas e te direi quem és'?".

O problema com a *Folha* era o processo contra o jornal. O presidente queria que sua causa andasse rápido e a *Folha* fosse condenada. Célio Silva, o consultor geral da República, telefonou no segundo semestre de 1990 para o advogado Arnaldo Malheiros Filho. Eles se conheciam de um julgamento no Tribunal Superior Eleitoral, no qual atuaram em campos opostos e Malheiros fora o vencedor. O consultor queria saber o que o advogado, um paulista de quarenta anos, gordo e espirituoso, filho de um renomado jurista, estava achando do processo. Malheiros contou que causara espécie nos meios jurídicos a alegação inicial de Bernardo Cabral, dizendo que as reportagens sobre as benesses publicitárias do governo configuravam uma "campanha no mínimo difamatória" contra o presidente. Se era "no mínimo" difamatória, no máximo a campanha visaria o que, assassinar

Collor? Célio Silva perguntou se ele via chance de Collor ser ouvido no processo e obter justiça. Malheiros respondeu que sim. O consultor indagou então se aceitaria representar Collor no processo, dando-lhe assistência junto ao Ministério Público. O advogado aceitou. Ele disse a Luis Francisco Carvalho Filho, o advogado da *Folha*, que estava assumindo a causa. Eles tinham trabalhado juntos no mesmo escritório, o de Malheiros e José Carlos Dias, onde Carvalho Filho era estagiário. Ao saber que a Presidência contratara Malheiros, a *Folha* publicou uma nota irônica no Painel dizendo que Collor havia "privatizado" a Justiça.

Arnaldo Malheiros Filho estudou o processo e examinou a coleção da *Folha*. Descobriu as duas notas do Painel Econômico e concluiu que deveria embasar-se nelas para caracterizar a calúnia. Elas insinuavam que o governo contratara determinadas agências de publicidade para saldar dívidas de 70 milhões de dólares da campanha. Malheiros tinha certeza de que nenhuma agência de propaganda brasileira — e poucas no mundo — poderia ter dívidas da ordem de 70 milhões de dólares. O advogado se reuniu com seu cliente e Célio Silva no gabinete presidencial. Collor estava revoltado. Disse que a *Folha* cismara que fora ele quem dera a ordem para a Polícia Federal invadir o jornal. "Isso foi coisa do quinto escalão, o presidente não tem contato com essas ações", afirmou. Considerou "torpe" a insinuação de que estaria pagando dívidas privadas com dinheiro público. Estava disposto a ser ouvido no processo. Queria que o jornal provasse o que publicara. A indignação de Collor reforçou a convicção de Malheiros de que fizera bem em aceitar a causa. Além de ser honroso ter sido o escolhido para defender o presidente, o cliente, de maneira nítida, se sentia ultrajado. Ainda assim, Malheiros estranhou os modos de Collor. Ele havia defendido políticos antes, como Franco Montoro e Orestes Quércia. Desenvolveu com eles uma relação cliente-advogado com base na franqueza e na abertura — como que trabalhavam juntos em seus encontros. Com Collor, não. O presidente era formal, remoto. Tão remoto que o advogado não foi mais chamado a se encontrar com o cliente.

Ao voltar para o seu escritório, em São Paulo, Arnaldo Malheiros Filho atendeu um telefonema de Luis Francisco Carvalho Filho.

— Como foi o café no Palácio do Planalto? — perguntou Carvalho Filho.
— Você quer dizer que um advogado não pode falar com o seu cliente?
— Não, lógico que você pode falar com ele — respondeu o advogado do jornal.
— Eu só queria que o seu cliente soubesse que nós sabemos tudo o que ele faz.

Ao contrário de Malheiros, que respondia a Collor por intermédio de Célio Silva, o contato de Luis Francisco Carvalho Filho com a *Folha* era estreito. Ficara amigo de Otavio Frias Filho já em 1976, quando entrou na Faculdade de Direito do Largo São Francisco. Fora editorialista. Dava palestras sobre legislação de imprensa para a redação, escrevia artigos para o jornal e o defendera em vários processos. Respeitado e querido pela redação, era conhecido pelo apelido de Chico Fogo por causa do seu cabelo ruivo. Nos meios forenses, tinha a reputação de garoto-prodígio. As alegações que enviou ao juiz eram cerradas e completas. Arguiu a inépcia da denúncia, a ausência do delito de calúnia, a caducidade da lei de imprensa, de 1967, e o direito constitucional à livre expressão. Arrolou como testemunhas o presidente, Paulo César Farias e Lafaiete Coutinho. A intenção era realçar a dimensão política do caso. Arnaldo Malheiros concordou que Collor fosse ouvido, mas o juiz João Carlos da Rocha Mattos não convocou o presidente para depor. Carvalho Filho ficou receoso com a decisão do juiz. Será que ele estaria querendo proteger o presidente?, indagava-se. Seu desconforto aumentou com as informações que obtinha no jornal. Octavio Frias de Oliveira, dono da *Folha*, e Josias de Souza, chefe da sucursal de Brasília, conheciam alguns dos frequentadores da reunião das nove horas da manhã no Planalto, quando o núcleo do governo se encontrava. Sabiam que o presidente sempre perguntava a Célio Silva, com impaciência, a quantas andava o processo.

Para piorar, Célio Silva deu uma declaração dizendo que Otavio Frias Filho seria condenado e preso. Isso porque o diretor de redação acabara de ser condenado em primeira instância num processo e, segundo Célio Silva, não era mais réu primário e, portanto, não poderia cumprir a pena em liberdade no caso de uma segunda condenação. Frias Filho perdera o processo que fora movido contra ele por um candidato, João Cunha. Um assessor de Cunha quis corromper um pesquisador do Datafolha, para que ele colocasse o candidato mais à frente nos resultados de uma pesquisa eleitoral. A *Folha* publicou uma reportagem sobre a tentativa de suborno, mas cometeu uma imprecisão no título, no qual o crime era atribuído ao candidato, e não ao assessor. A declaração de Célio Silva podia ser atemorizante, mas não era líquido e certo que Frias Filho seria preso. Isso porque ele continuava a ser réu primário, já que podia recorrer à segunda instância da sentença do caso João Cunha. E também porque, mesmo que a segunda instância confirmasse a condenação, ele deixaria de ser réu primário nos processos que, no futuro, viesse a perder, e não nos que estivessem em andamento, como o da Presidência. (Posteriormente, o processo de João Cunha veio a ser anulado.)

Otavio Frias Filho tinha certeza de que o presidente queria intimidar a *Folha*. O *Jornal do Brasil* publicara uma reportagem com o mesmo conteúdo das notas do Painel Econômico e não fora processado. Até a *Gazeta de Alagoas* dos Collor de Mello, que assinava e reproduzia o Painel Econômico, republicara as notas. A intenção política do processo também lhe soava evidente porque ele, que estava de licença quando as notas saíram, fora processado. O diretor de redação surpreendeu-se quando o juiz Rocha Mattos abriu um segundo processo contra a *Folha*. O motivo foi o jornal ter republicado, numa matéria sobre a pendência judicial com a Presidência, as duas notas do Painel Econômico. Como *O Globo* e *Veja* também haviam reproduzido as notas, pareceu-lhe que Rocha Mattos poderia estar se alinhando com o presidente.

O diretor de redação aproveitara a licença para ler e escrever. Além de *Guerra e paz*, leu tudo o que encontrou sobre o novo império do Egito antigo, período no qual ambientou uma peça, intitulada *Tutankaton*, que terminou de escrever em maio de 1990. Intrincada e de difícil encenação, a peça ecoa tragédias gregas ("O mais feliz de todos é aquele que nunca nasceu", frase que radicaliza um verso dito pelo coro quando Édipo se retira para os bosques de Colona: "Melhor não ter nascido tal"), Shelley ("Examinai o legado deste rei, ó poderosos da terra, e desesperai!") e Pascal ("No silêncio da noite contemplo abismos que me apavoram"). Numa nota ensaística aposta a *Tutankaton*, Frias Filho aprofundou as ideias que expôs no artigo em que comparara Collor a Mussolini. Salvo engano, o fundamento do texto é a oposição, teorizada pelo etnógrafo Claude Lévi--Strauss, entre "sociedades quentes" (que se modificam ao longo do tempo) e as "frias" (que se adaptam aos ritmos da natureza, mantendo estruturas imutáveis durante séculos). Frias Filho detecta nos longos ciclos das sociedades frias e nos saltos revolucionários das quentes os elementos similares da quimera e da impotência humanas. Enquanto a revolução é "espasmo" e "desvario", a imutabilidade dos agrupamentos humanos aistóricos é considerada "omissão covarde" e "pragmatismo que gira às tontas". Seu raciocínio desemboca numa apreciação do papel do líder político. A apreciação, mesmo que genérica e atemporal, serve para definir Fernando Collor, o governante que manipulou os signos da transformação radical e, impotente, viu-se à deriva no mar da sociedade: "Dentro ou fora da revolução o governante é sempre um homúnculo em pé sobre uma rolha de cortiça, com seu chapéu de Bonaparte, acreditando e fazendo acreditar que rege o maremoto a seu redor. Governar é manter essa crença".

* * *

Na adolescência, Otavio Frias Filho não cogitava ser jornalista, apesar de seu pai ter comprado a *Folha* quando o garoto contava cinco anos. Fora ator num grupo de teatro amador, tinha temperamento artístico, se interessava por política e queria ser escritor. Admirava Camus, Dostoiévski e Kafka. Em 1975, passou dois meses em Portugal, no período de maior agitação da Revolução dos Cravos. Hospedou-se na casa de Victor da Cunha Rego, o jornalista antissalazarista que se refugiara no Brasil e ficara amigo de seu pai. Em virtude da influência do anfitrião, assessor de Mário Soares, simpatizou com o Partido Socialista. Embora o governo fosse dominado pelo general Vasco Gonçalves e pelo Partido Comunista, o poder real estava nas mãos do coronel Otelo Saraiva de Carvalho e do Movimento das Forças Armadas, o MFA. No final do ano, os militares de extrema esquerda tentaram dar um golpe, Saraiva de Carvalho foi preso e a revolução tomou o rumo da direita.

De volta a São Paulo, Frias Filho militou no movimento estudantil. Como muitos da sua geração, acreditava que a ditadura seria derrubada e a esquerda, numa vaga revolucionária, chegaria ao poder. Integrou a tendência Vento Novo, cujo ideário havia sido formalizado por Marcelo Tratenberg, do Instituto de Física, e André Singer, da Faculdade de Ciências Sociais. Teoricamente, a tendência oscilava entre o anarquismo de Tratenberg, leitor de Kropotkin e Bakunin, e o reformismo social-democrata de Singer, com quem Frias Filho se identificava mais. Vento Novo, sem ligações com os partidos clandestinos, não tinha estrutura rígida nem direção formal. Fazia a crítica do leninismo e descria da revolução. No segundo semestre de 1978, Frias Filho foi preso durante uma panfletagem em prol de candidatos do MDB, organizada pelo comitê de Fernando Henrique Cardoso, candidato ao Senado. À força de joelhadas e empurrões, ele e um amigo foram jogados dentro de um camburão da tropa de choque, que reprimia uma greve de bancários. Rodaram durante duas horas, até que os policiais saíram para enfrentar manifestantes. Ficaram conversando com um PM e o motorista da caminhonete. Um deles leu os panfletos e reparou que eles traziam o endereço do comitê de Fernando Henrique. "Vocês não são comunistas", disse o policial ao soltá-los. "Comunista não dá endereço."

Na universidade, num meio de esquerda, o filho de um empresário, herdeiro de um grupo de jornais e ainda por cima militante de uma tendência reformista, era visto pelas lentes da vulgata marxista — "membro da classe dominante" — e com a curiosidade despertada pelas espécies exóticas. Frias Filho era tímido e ensimesmado. Citava Locke, Maquiavel e Tocqueville em reuniões de Vento Novo. Tinha o humor provocativo dos que, como ele, fizeram psicoterapia. "Você tem alguma tara?", perguntou a um espantado Marcelo Coelho pouco depois de conhecê-lo. Na pós-graduação, orientado pela antropóloga Ruth Cardoso, fez um esboço de tese sobre a arte e as teorias de Lévi-Strauss. Em 1983, a convite da diplomacia britânica, Frias Filho visitou jornais e revistas inglesas, e como em Portugal quase dez anos antes, captou um outro movimento da inflexão da luta de classes. Pareceu-lhe que todas as pessoas com menos de trinta anos com quem conversou eram de direita, e as mais velhas, trabalhistas e de esquerda. O governo de Margaret Thatcher invertera os polos geracionais e ideológicos. A esquerda tinha pouco apelo junto aos jovens.

Em 1984, Octavio Frias de Oliveira chamou o filho para uma conversa. Disse que os atritos com o diretor de redação, Boris Casoy, tinham chegado ao limite e pediu-lhe que ocupasse o cargo. Frias Filho quis alguns dias para pensar. Estava de viagem marcada para Buenos Aires, junto com seu amigo Luis Francisco Carvalho Filho. Hesitou em aceitar a incumbência, apesar de trabalhar no jornal fazia dez anos. Via-se como escritor, professor universitário ou dramaturgo, e não como jornalista. Terminou aceitando o posto porque achou que se recriminaria pelo resto da vida se não o fizesse, sentindo-se covarde por não ter enfrentado o desafio. Assumiu em 24 de maio, disposto a reformar o jornal. A redação da *Folha* lhe lembrava o Instituto Smolny, a escola para moças, em Petrogrado, que o Partido Bolchevique ocupara em fevereiro de 1917 e onde organizou a Revolução de Outubro. Comitês de jornalistas articulavam petições, abaixo-assinados e movimentos reivindicatórios. Sua sala chegou a ser invadida por uma das comissões, sob o pretexto de que uma questão urgente precisava ser discutida. No conteúdo do jornal, havia um tom sentimentaloide, populista e festivo que o desagradava. Frias Filho promoveu mudanças com rapidez. Com apenas um mês no cargo, demitiu 27 jornalistas, alegando "insuficiência técnica". Coordenou a feitura de um novo manual de redação. Estabeleceu critérios de avaliação dos jornalistas, que passaram a receber notas. Em fevereiro de 1985, os repórteres especiais da *Folha*, a elite da redação, organizaram um abaixo-assinado contra as medidas do seu diretor, batizadas de Projeto Folha. Num almoço de discussão do abaixo-assinado com os repórteres especiais, Octavio Frias de Oliveira defendeu a gestão do filho, rebatendo ponto por ponto do documento. Houve uma nova onda de demissões. Clóvis Rossi, que subscrevera o abaixo-assinado, foi afastado do conselho editorial. Meses depois, o Sindicato dos Jornalistas entrou na Delegacia Regional do Trabalho com um pedido de autuação de Frias Filho, acusando-o de exercício ilegal da profissão. O diretor impediu o sindicato de entrar na redação. A entidade voltou atrás e reconheceu que ele tinha o registro de jornalista desde 1978.

Os dois primeiros anos de Frias Filho à frente da redação foram conturbados. A militância estudantil, se não lhe deixara marcas profundas, ensinou-lhe a conduzir reuniões, a argumentar e retorquir, a forjar alianças, dividir tarefas e organizar pessoas. Seus dons intelectuais o levaram a querer dar fundamento teórico à sua prática. Uma prática influenciada pelo pai dele, que na época se encantara com as ideias de Lee Iacocca, o executivo americano que recuperou a Chrysler. O Projeto Folha defendia a renovação gerencial (padronização de procedimentos, normas e metas) num linguajar esquerdista, informado pela teoria crítica da Escola de Frankfurt. O Projeto visava o enquadramento dos jornalistas na racionalidade produtiva, ao mesmo tempo que pregava a abolição das fronteiras entre trabalho e descanso. Propugnava a existência de um ser jornalístico total, mas afirmava que o jornal era tão somente uma mercadoria.

No pano de fundo daqueles anos confusos, vagava o espectro da legitimidade de Frias Filho perante a redação e o meio jornalístico. O fato de ser filho do dono do jornal lhe conferia mão forte para fazer o que achava certo. Mas também provocava a desconfiança de que estivesse no cargo apenas por ser filho do dono, e não por ser um jornalista capaz. A responsabilidade lhe pesava. Trabalhava até doze horas por dia para dar exemplo. Comportava-se com seriedade fora do jornal, pois se sabia visto como um embaixador ambulante da *Folha*. Passou a votar nulo para poder criticar os governantes com isenção. Em meio à cizânia, mudou a redação e o jornal. Contratou jovens recém-egressos da universidade, muitos deles seus amigos e quase todos ex-militantes do movimento estudantil. Injetou inquietação e agressividade na cobertura da *Folha*. O jornal era mais vivo e audaz — e também mais desordenado — do que *O Estado*, *O Globo* e o *Jornal do Brasil* porque a experiência de vida de Frias Filho fora diferente da dos integrantes das novas gerações dos Mesquita, dos Marinho e dos Nascimento Brito. Ele não era, como os seus pares da grande imprensa da mesma idade, um empresário ou um executivo, e sim um intelectual. Com o passar do tempo, atenuou a postura jacobina. À maneira do general Kutuzov durante a campanha de Napoleão contra a Rússia, deixou que a redação que formara se amoldasse à história do jornal, cujo marco decisivo fora a reforma dos anos 70.

* * *

O processo do presidente contra a *Folha* reacendeu as brasas do jacobinismo de Frias Filho. O jornal tinha pedido a Cláudio Humberto uma entrevista com Collor. A solicitação foi feita por Mauro Lopes, editor do Painel e encarregado das relações com o governo. O porta-voz deixou passar alguns dias e respondeu que não havia necessidade de entrevista, pois Newton Rodrigues, comentarista político da *Folha*, baseado no Rio, estivera no Planalto e conversara com o presidente. Frias Filho ficou estomagado. Achou que Rodrigues, um jornalista da velha-guarda, funcionário do jornal fazia quinze anos, deveria tê-lo avisado. Talvez até tolerasse a visita sem aviso em condições normais, mas como o presidente estava processando o jornal, considerou grave a falta. Telefonou ao comentarista. Newton Rodrigues explicou que fora convidado a ir ao Planalto e não vira necessidade de avisar a direção da *Folha* porque, como jornalista, conversava com quem julgasse necessário. Frias Filho disse que Cláudio Humberto estava explorando a visita, apresentando-a como exemplo da desunião interna do jornal. Rodrigues se ofereceu para escrever uma coluna colocando a questão nos termos devidos. Seu chefe retrucou dizendo que a coluna dele era governista e propôs que escrevesse um artigo contra a invasão da *Folha*. O jornalista repeliu a proposta e o diretor suspendeu a coluna. No dia seguinte, uma curta nota no Painel informou os leitores de que o artigo diário de Rodrigues estava sendo interrompido porque o "colunista manteve encontro com o presidente da República, que está processando o jornal, sem informar prévia ou posteriormente a sede, em São Paulo". Newton Rodrigues redigiu uma carta defendendo a posição dele, Frias Filho a publicou no Painel do Leitor e pôs a sua resposta em seguida: "Que Newton Rodrigues escreva então em outros jornais — há vários — onde se sinta à vontade para frequentar palácios e conduzir sua política pessoal de amabilidades com que pretende aniquilar o pouco que resta de independência jornalística neste país".

Uma semana depois, Millôr Fernandes publicou na sua coluna no *Jornal do Brasil* um artigo condenando a demissão de Newton Rodrigues. Defendeu que nenhum jornalista, exceto os que exercem cargos de confiança, tem a "obrigação de requerer licença ao jornal onde trabalha antes de um encontro pessoal ou profissional". O humorista escreveu ainda: "O fato de uma empresa (sobretudo jornalística) querer controlar encontros particulares de seus funcionários é extremamente grave. Daí a demitir o funcionário porque tem amantes, é homossexual ou sofre de incontinência urinária (enurese!) é um passo. Todos os profissionais lúcidos da *Folha* têm consciência disso. É fundamental um tremendo grito de alerta, antes que ouçamos o de 'Sig Heil'". Millôr Fernandes ilustrou o artigo com um braço, ornamentado de uma suástica, fazendo a saudação nazista. Cinco dias depois, mais de 150 jornalistas e intelectuais, a grande maioria deles do Rio, publicaram na *Folha* e no *JB* um abaixo-assinado em defesa de Newton Rodrigues. "É ridículo um jornal querer defender a liberdade de expressão às custas do cerceamento da liberdade de informação e do atrelar profissionais ao comando autoritário da direção da empresa", dizia o manifesto, assinado, entre outros, por Barbosa Lima Sobrinho, Antônio Houaiss, Gustavo Dahl e Renê Ariel Dotti.

Otavio Frias Filho tinha confiança na defesa elaborada por Luis Francisco Carvalho Filho. No final de uma reunião sobre o processo, perguntou ao amigo o que de pior lhe poderia acontecer. "É praticamente impossível, mas você pode ser preso", respondeu Carvalho Filho. O jornalista, alarmado, quis saber onde ficaria preso. O advogado disse que, provavelmente, na delegacia da Polícia Federal de Higienópolis, e insistiu que a possibilidade da prisão era remota. Frias Filho sabia, de suas aulas de direito, que os advogados são profissionalmente pessimistas: se o cliente perde a causa, já está com o espírito preparado; se ganha, valoriza-se o trabalho daquele que o defende. Mesmo assim, nunca cogitara ser preso. Fora réu em diversos inquéritos, mas aquele era diferente. O juiz e a promotora pareciam-lhe hostis. Fora xingado na rua. "Você vai se foder!", lhe gritara um sujeito. Sentia o peso do processo da Presidência. Percebia também que os outros jornais e as revistas não consideravam a ação de Collor contra a *Folha* um ataque ao conjunto da imprensa. Sentia-se isolado.

Frias Filho passou alguns dias com amigos na praia das Cabeçudas, em Santa Catarina. Estava angustiado. Não tanto com a chance de perder a liberdade, e sim com a condenação em si. Sabia-se vítima de uma injustiça. Na viagem de retorno a São Paulo leu no *Estadão* uma pesquisa de opinião pública mostrando que um terço da população estava contra Collor. Há espaço para capitalizar essa insatisfação, pensou. O raciocínio se combinou com uma reação emocional: não iria para o matadouro sem berrar.

Numa noite de sábado, Frias Filho recebeu amigos em seu apartamento. Forrado com estantes de livros, sem tapetes nem quadros, o apartamento era espartano como o morador. Na estante, havia três fotografias. Uma dele menino, sorrindo — um sorriso raro, que encanta as mulheres. Outra, dele abraçado com o pai. E a terceira, do sociólogo Max Weber. Estiveram presentes Luis Francisco Carvalho Filho, Marcelo Coelho, Sílvio Cioffi e o irmão de Frias Filho, Luís Frias, administrador da *Folha*. O diretor de redação voltou ao assunto do processo. Carvalho Filho explicou que era muito difícil perderem a causa.

— Então é impossível sermos derrotados? — perguntou Frias Filho.
— Não, nenhum advogado pode dar essa garantia — respondeu o advogado.
— E eu ser preso?
— Isso está praticamente fora de cogitação.
— Então é impossível eu ir para a cadeia?
— Bom, se o juiz for louco...

Frias Filho expôs a ideia de ele escrever uma carta aberta ao presidente e publicá-la no jornal. Discutiram genericamente os temas da carta. O jornalista não parecia disposto a escutar os amigos. Tomou um gole de bebida e foi para o quarto, enquanto a conversa prosseguia na sala. Frias Filho às vezes tinha bloqueio para começar a escrever, e então tomava uma meia dose de uísque para vencê-lo. No quarto, logo encontrou o tom certo e rapidamente a carta aberta estava pronta.

Na segunda-feira, explicou a sua intenção ao pai e deu-lhe o texto para ler. Octavio Frias de Oliveira o aprovou. A carta foi mostrada aos advogados que o defendiam, Carvalho Filho e José Carlos Dias, e também a Renê Ariel Dotti, professor de direito penal, e ao jurista Ives Gandra Martins. Carlos Caldeira, o sócio de Frias, a leu e sugeriu alterações de estilo, que Frias Filho não levou em conta. Houve um debate acerca do tratamento que se deveria usar em relação ao presidente. Frias Filho empregara "Senhor". Ives Gandra achava mais conveniente usar o "Vossa Excelência". O primeiro tratamento colocaria num mesmo nível o signatário e o destinatário. O outro alçava Collor a uma posição superior. Carvalho Filho defendeu o "Senhor". Frias Filho manteve o que escrevera.

Arnaldo Malheiros Filho e Luis Francisco Carvalho Filho haviam discutido superficialmente a possibilidade de um acordo entre a *Folha* e a Presidência, a fim de que o processo fosse encerrado e seus clientes não recuassem. Frias Filho disse a Mauro Lopes que mandasse um recado oficial ao Planalto: o jornal estava prestes a tomar uma atitude irreversível em relação ao presidente; se houvesse a intenção de se chegar a um acordo, teria de ser logo. O diretor de redação não contou a Lopes que escrevera a carta aberta e queria publicá-la. Tinha visto o titular do Painel falando no telefone com Cláudio Vieira e Leopoldo Collor. Achou que Lopes demonstrara um excesso de camaradagem com eles. Não queria correr o risco de que o governo fosse informado do que o jornal pretendia fazer. Lopes trouxe a resposta: não haveria acordo. Frias Filho só avisou o colunista da carta quando ela já estava sendo impressa.

Metade da primeira página da *Folha de S.Paulo* de quinta-feira, 25 de abril de 1991, foi ocupada pelo texto de Otavio Frias Filho, intitulado "Carta aberta ao sr. Presidente da República". O autor analisou o conteúdo e as imagens da Presidência, bem como a repercussão delas na opinião pública:

> Apesar do empenho inegável que o sr. dedica à tarefa de desmantelar os partidos, abater as entidades empresariais e os sindicatos, sufocar as organizações culturais e intimidar a imprensa, prevalecendo-se da desordem ideológica da nossa época, açambarcando a torto e a direito bandeiras que vão do moralismo mais tacanho à ecologia, inspirando-se em estereótipos aqui do fascismo, acolá da social-democracia, mas lançando sempre uma névoa cintilante de confusão sobre a sociedade — apesar disso tudo o sr. é obrigado a ouvir vozes capazes de dizer não. São cada vez mais numerosas. A população pobre e desinformada ainda se deixa desconcertar pela voracidade com que o sr. manipula os símbolos da pressa, do poder e da riqueza. Onde a informação circula livremente, as reações entretanto oscilam entre a ironia e a repulsa pela truculência, pela afoiteza e pelo arrivismo patético com que são conduzidas atitudes de governo.

Frias Filho lançou um desafio ao presidente:

> Que o sr. esqueça o processo contra os meus três colegas e concentre seus rancores na minha pessoa, já que deseja atingir a *Folha* como instituição [...] Processe-me pelo que de fato penso e afirmo em vez de se esconder sob o pretexto de duas notas

inócuas, perdidas sem assinatura numa edição publicada, aliás, quando eu estava ausente, em licença profissional. A *Folha* já disse e repetiu que não houve calúnia ou tentativa de caluniar seja o sr., seja qualquer membro de seu governo.

No parágrafo final, o autor se comparou a Collor:

Eu estou na planície, o sr. está encastelado; eu me sinto cercado de amigos e amigas que nada me devem; a seu redor se veem os áulicos da cor da cera; eu luto pela minha liberdade, o sr. por uma vaidade ferida; e no entanto minhas razões são públicas e de interesse geral, ao passo que as suas é que são particulares, sombrias como a própria solidão; eu defendo para cada um a possibilidade de expressar o que pensa sem ir para a cadeia por isso, enquanto o sr. se agarra à lei de imprensa do regime militar; eu procuro alcançar o exemplo dos grandes jornalistas do passado, o sr. desce à mesquinharia dos tiranetes; eu advogo um direito, o sr. uma obrigação de vassalagem; uma condenação lançará vergonha sobre o sr. e honra sobre mim; seu governo será tragado pelo turbilhão do tempo até que dele só reste uma pálida reminiscência, mas este jornal — desde que cultive seu compromisso com o direito dos leitores à verdade — continuará de pé: até mesmo o sr. é capaz de compreender por que a minha causa é maior e mais forte e mais justa que a sua.

Pouco depois da publicação da carta, Frias Filho participou de um debate com donos de jornais na FIESP. Foi lá com o objetivo de angariar a solidariedade de seus confrades. Mirou em Júlio César Mesquita, diretor do concorrente direto da *Folha*, e disse que ele era o mais importante na reunião, pois presidia a Sociedade Interamericana de Imprensa. Mesquita não se deu por achado: falou que representava o *Estado de S. Paulo* e, semanas depois, deu uma declaração à revista *Imprensa* a respeito da ação de Collor contra a *Folha*. "Já fomos processados diversas vezes e nunca tivemos a solidariedade da concorrência", disse Mesquita. "Alguém está vendo que vai ser condenado e está pondo alka-seltzer na água."

Nunca um escrito de Frias Filho teve tanta repercussão. Além das centenas de manifestações de solidariedade enviadas ao jornal, a carta aberta foi discutida no Congresso e nos meios forenses. Políticos diziam ao autor que ele deveria se candidatar a deputado. Frias Filho percebeu que, fora do tribunal, junto à opinião pública, vencera a batalha. E, talvez, viesse a vencê-la na Justiça: na audiência seguinte, o ambiente estava menos hostil; até o juiz lhe apertou a mão. O diretor da *Folha* sentiu também a tentação mefistofélica: a reação à carta aberta mostrava que ainda havia no jornalismo brasileiro espaço para a demagogia panfletária de um Carlos Lacerda. Começou a achar que seu texto tinha um quê de falso. Como se o tivesse escrito com o propósito de fazer vibrar a arquibancada. Veio a tomar ojeriza à carta. Achava-a vazia, demagógica, sentimental.

Na carta aberta, é possível captar, condensadas, as ruminações no ensaio no final de *Tutankaton* acerca do homúnculo numa rolha perdido na procela. Frias Filho descreveu Collor como um "senhor" patético, um ator no palco da espetacularização da política, condenado a ser engolido pelo redemoinho da sociedade e da história. No texto, Frias Filho se colocou como objetivo "alcançar os grandes jornalistas do passado", estabelecendo uma ligação com a história da imprensa e projetando-a sobre o presente e para o futuro. A maldição final lançada pelo autor contra Collor é eloquente: "Seu governo será tragado pelo turbilhão do tempo até que dele só reste uma pálida reminiscência, mas este jornal — desde que cultive seu compromisso com o direito dos leitores à verdade — continuará de pé". Dito de outra forma: o jornal busca a verdade e perdurará porque a verdade vence o tempo.

Fernando Collor não respondeu à carta aberta de Frias Filho.

* * *

Poucas semanas depois da publicação da carta, Mauro Lopes deixou a *Folha*. Considerava que Otavio Frias Filho havia desconfiado dele, o representante do jornal junto ao governo, tanto que só lhe falara sobre a carta aberta horas antes de ela ser impressa. Lopes disse a Octavio Frias de Oliveira que estava com problemas financeiros e queria se aventurar num negócio próprio. O patrão tentou demovê-lo. "Esse governo é uma merda, vem aí uma recessão e você vai se danar", vaticinou. "O seu futuro no jornal é brilhante, você será um grande executivo." Lopes não se convenceu. Sabia que recebia um dos maiores salários da redação, mas vivia pendurado no cheque especial e no cartão de crédito, pagando juros.

Desde o início do governo, Mauro Lopes se aproximara de Ronaldo Junqueira, que de 1982 a 1990 fora o diretor de redação do *Correio Braziliense*. Junqueira saíra do jornal em agosto daquele ano para criar o diário *BsB Brasil*. Na cobertura da campanha presidencial, estabeleceu boas relações com Cláudio Humberto. Ao fundar o seu próprio jornal, pediu ao porta-voz que o apresentasse a Cláudio Vieira: queria anúncios do governo. O secretário de Collor passou a colocar propaganda oficial no *BsB Brasil*. Durante a disputa com a *Folha*, o jornal de Junqueira publicou reportagens defendendo o ponto de vista do governo na questão. Cláudio Vieira usou uma agência de publicidade, a SR, da qual Junqueira se desligara quando abrira o diário, para veicular em outros jornais suas cartas de contestação à *Folha*.

Ronaldo Junqueira conheceu Paulo César Farias num almoço com Cláudio Humberto no restaurante Piantella, em Brasília. PC comentou as despesas de Rosane Collor. Disse uma frase que chegou à grande imprensa: "Madame está gastando muito". Junto a empreiteiros, Junqueira colheu a noção de que a corrupção no governo Collor era organizada e sistêmica, mas o empresariado não estava assustado.

Mauro Lopes sempre lembrava um dito de Ronaldo Junqueira: "Na imprensa, você consegue prestígio ou dinheiro, obter as duas coisas ao mesmo tempo é impossível". Ao se demitir da *Folha*, aceitou o convite de Junqueira para ser o representante editorial e comercial do *BsB Brasil* em São Paulo. Permaneceu dois meses na função, da qual saiu sem prestígio e sem dinheiro: o jornal era desconhecido e ele ganhava pouco. Foi procurado por Leopoldo Collor. O irmão do presidente queria contratá-lo como assessor de imprensa para que o ajudasse na carreira política. Mauro Lopes ficou em dúvida. Sabia que a identificação com Leopoldo praticamente inviabilizaria sua volta à grande imprensa. Imaginou um salário que compensasse largamente a perda de prestígio. Multiplicou-o então por 4. Estava certo de que o irmão do presidente não aceitaria lhe pagar uma pequena fortuna mensal. Leopoldo concordou com a remuneração. A missão que lhe passou era paradoxal para um assessor de imprensa: tirar o nome dele do noticiário. Lopes achou que a estratégia tinha sentido. Pensava que Leopoldo só teria chance de fazer carreira política quando seu irmão deixasse a Presidência, e apenas no caso de este haver feito um bom governo.

A ligação de Mauro Lopes com Ronaldo Junqueira e Leopoldo assim que saiu da *Folha* robusteceu a suspeita entre seus ex-colegas de que atuara como agente duplo: servira ao mesmo tempo o jornal e grupos ligados a Collor. Otavio Frias Filho rememorou a atuação de Lopes e concluiu que não tinha nenhuma evidência para confirmar a suspeita. Detectara, sim, o excesso de camaradagem do editor do Painel com Cláudio Vieira e Leopoldo. Mas o recurso da camaradagem com fontes era um artifício usado por inúmeros jornalistas.

27. JORNAL DO BRASIL

Fernando Collor teve três namoradas firmes e dezenas de casos passageiros antes de casar com Lilibeth Monteiro de Carvalho. Entre as namoradas, sua maior paixão foi a terceira, uma modelo dinamarquesa, alta e esguia, que conheceu num clube privado em Paris. A moça, vestida de branco, estava com Philippe Coty, herdeiro do grupo francês de cosméticos. Maravilhado, Collor pediu à diretora do clube, Natasha, que os apresentasse. Natasha alegou que a jovem estava muito bem acompanhada e não fez a apresentação. Collor flertou com a modelo, olhando-a com intensidade. Ela se levantou, saiu da boate e subiu desacompanhada num Rolls-Royce com chofer. Ele pegou um táxi e mandou que o motorista seguisse o carro. O Rolls-Royce parou em frente a um prédio nas imediações do boulevard Saint-Germain, ela desceu e entrou no edifício. Collor tentou alcançá-la, mas a porta estava fechada. Disse ao porteiro que a recém-chegada havia esquecido um remédio no carro e ele tinha que entregá-lo com urgência. O porteiro lhe deu o número do apartamento dela, Collor subiu e tocou a campainha. Ela entreabriu a porta, com a corrente do pega-ladrão ainda presa. Ele falou que estava apaixonado, precisava conversar e pediu que o deixasse entrar. A modelo, atônita, não destrancou o pega-ladrão. Collor insistiu. Quis um copo d'água. A moça abriu a porta e ele repetiu que estava apaixonado. Suplicou que marcassem um almoço para o dia seguinte. Nervosa, a moça não marcou o encontro e exigiu que ele deixasse o apartamento. Collor voltou ao clube privado e conseguiu com Natasha o endereço do local onde a moça trabalhava. Quis saber o tamanho da sala da modelo. No dia seguinte, foi a uma floricultura e comprou rosas brancas em quantidade suficiente para encher a sua sala de trabalho e mandou entregá-las. Depois, telefonou. Combinaram um almoço no Bar du Théâtre para dali a dois dias. Começaram a namorar. Ele teve que retornar ao Brasil. Convenceu-a a visitá-lo. Quando ela desceu do avião, no Rio, um carro a aguardava na pista — repleto de rosas brancas. O namoro era uma impossibilidade. Ela vivia no eixo Copenhague-Paris. Ele, no Rio-Maceió. Separaram-se quando Collor conheceu Lilibeth Monteiro de Carvalho.

Num período de seis meses, Collor e Lilibeth namoraram, noivaram e, em outubro de 1975, casaram. Ele tinha 25 anos, e ela, dezoito. Em termos de riqueza, modo de vida e prestígio social, os Collor de Mello não podiam se equiparar à família de Lilibeth, dona de um dos vinte maiores grupos econômicos do país, o Monteiro Aranha, com participação em 41 empresas, inclusive 20% da Volkswagen do Brasil. O grupo foi criado em 1917, com a associação de dois engenheiros, o campineiro Alberto Monteiro de Carvalho e o paulistano Olavo Egydio de Souza Aranha. Os sócios fizeram construções em Santos e se estabeleceram no Rio, onde edificaram a sede da Academia Brasileira de Letras, uma cópia do Trianon francês. Monteiro de Carvalho casou com uma maranhense pequena, morena e de olhos claros, Beatriz, e Souza Aranha foi morar com os noivos numa mansão que construíram juntos em Santa Teresa. A convivência de Beatriz com os dois sócios numa mesma casa provocou toda a sorte de comentários em meio à grã-finagem carioca. Monteiro de Carvalho morreu e Beatriz se casou, em 1969, com Souza Aranha. No terreno de Santa Teresa, do tamanho de um sítio, foram construídas outras três mansões, onde moraram todos os membros do clã. Os Monteiro de Carvalho viviam num mundo à parte, dominado pela matriarca, Beatriz. Eram donos de uma casa em Cap Ferrat, na Riviera francesa, e de apartamentos em Paris e Nova York. Tinham uma riqueza sólida, que lhes garantia trânsito no jet-set europeu. Durante o Grande Prêmio de Monte Carlo de Fórmula 1, os Monteiro de Carvalho sempre alugavam um andar inteiro de um dos melhores hotéis da cidade para que seus convidados assistissem à corrida das janelas.

Arnon de Mello gostou que o filho se unisse a uma Monteiro de Carvalho. Leda Collor, ainda que não tenha feito nenhum comentário desabonador sobre a família da noiva, demonstrou que o casamento não lhe agradava. Achava que o filho poderia ser considerado um arrivista. "Você não pode ter um filho antes do Leopoldo", foi o único conselho que a mãe deu a Fernando Collor. Como todos os genros das Monteiro de Carvalho, Collor se casou com separação de bens. A família lhe ofereceu uma sala na holding do grupo, onde poderia administrar os bens da mulher. Collor não aceitou. A festa de casamento reuniu centenas de pessoas no Copacabana Palace. O que mais chamava a atenção não era a opulência (o champanhe não era francês) ou a organização primorosa da festa, e sim os noivos: jovens, bonitos e evidentemente apaixonados.

Collor e Lilibeth mudaram-se para Maceió quando ele foi nomeado prefeito da cidade. Moraram num apartamento no edifício Lagoa Mar, presente de Arnon de Mello. Lilibeth tinha um temperamento oposto ao de Collor. Era tranquila e doce. Acalmava o marido, dado à irascibilidade e a explosões emocionais. Um ano depois de casados, tiveram o primeiro filho, Arnon Affonso, e dois anos depois, o segundo, Joaquim Pedro. O casal levava uma vida cara, superior aos vencimentos de Collor. Iam sempre ao Rio e viajavam para a Europa. Collor debitava as despesas em contas da empresa de sua família. Teve atritos com o irmão Pedro, que por vezes se recusou a pagar-lhe as contas. O dinheiro começou a faltar. Collor vendeu o sítio da família, em Petrópolis, para o sogro, Baby Monteiro de Carvalho, que achou que pagara muito mais do que a propriedade valia. Sem avisar a mulher, Collor vendeu o apartamento onde moravam. Tiveram uma briga feia e Lilibeth viajou com os filhos para Paris. Quando ela voltou, o marido havia adquirido um apartamento tríplex. Para contrariedade de Pedro Collor, pagou o imóvel com páginas de publicidade da *Gazeta de Alagoas* e anúncios da TV Gazeta.

Em 1981, o casamento acabou. O período final do relacionamento foi de amargor e agressões. Collor passou a se relacionar com inúmeras mulheres. Ainda estava casado quando conheceu Jucineide Braga, ex-miss da cidade alagoana de Rio Largo, e ela ficou grávida. Collor deu assistência econômica a Jucineide e seu filho durante três anos, até que ela se casou. Em 1990, o menino e a mãe começaram a receber assistência de Osvaldo Salles, sócio de Paulo César Farias.

Ainda prefeito, Collor foi paraninfo de uma festa de debutantes no clube Paz e Amor, na cidade de Mata Grande, no sertão alagoano. O clube pertencia à família Malta, aliada política dos Collor de Mello desde a eleição de Arnon para o governo alagoano, em 1950. A debutante ilustre era Rosane Malta, uma menina de cabelos loiros e olhos claros nascida em 1964, em Canapi. Ela preferiria ter ganho uma viagem à Disneyworld, mas seu pai insistiu em promover a festa. Rosane fizera o curso primário em Canapi e se mudara para Maceió. Na capital, morava com um irmão e uma irmã, e estudava no Colégio Santíssimo Sacramento. De manhã, celebrou-se uma missa. No almoço, foi servido um churrasco. À noite, houve o baile. Rosane, eleita a mais linda da festa, fez o discurso em nome das debutantes. Em seguida, cada debutante entrava no salão para dançar. Faltavam uns três casais para entrar quando Collor se aproximou de Rosane:

— Sabe que você é a garota mais bonita que eu já vi? Você é filha de quem? — perguntou o paraninfo.

— Você sabe quem eu sou. Você esteve lá em casa no churrasco. Sou a Rosane do João Alvino — respondeu a debutante.

— Ah, sim.

Rosane estava de olho num rapaz de dezessete anos e não levou em consideração o galanteio do prefeito. Mas impressionou-se com o olhar de Collor. O prefeito admirou a beleza da menina, ainda mais ressaltada pelo ambiente, tomado por gente rude e feia.

* * *

"Você é filha de quem?" — a pergunta de Collor a Rosane — é costumeiramente a primeira a ser feita por dois alagoanos que não se conhecem. Morando num estado que não recebeu migrantes, e que há séculos mantém uma população com origem nas mesmas famílias, os alagoanos se identificam pelos laços de parentesco. Usineiros, plantadores de cana, comerciantes, pescadores, funcionários públicos e profissionais liberais se reconhecem como famílias e clãs.

"Rosane do João Alvino" — a resposta da menina — queria dizer que ela pertencia à família Malta. Era filha de João Alvino com Rosita Brandão Malta, e neta de Pompílio, o dono da Fazenda Baixa do Milho, em Mata Grande, fundador dos municípios vizinhos de Inhapi e Canapi. As três cidadezinhas ficam no alto sertão alagoano, numa região de pouca água e secas lancinantes. Como se situam a seiscentos metros do nível do mar, as cidades têm uma temperatura amena, oscilando entre os onze e os 35 graus. A economia da região se baseia na criação extensiva de gado, que vive solto e às vezes passeia pelas ruas das cidades. Ali, não se planta cana nem há usinas: a sub-região está desligada da principal atividade econômica de Alagoas. O Brasil é um país de capitalismo periférico; Alagoas é um estado economicamente marginal; as terras dos Malta ficam na periferia da margem.

Os Malta eram a elite da periferia. João Alvino, o coronel, era o patriarca do clã. O coronelismo é um sistema de poder patriarcal que substitui o Estado, que lá não chega, ou chega de maneira esporádica e incompleta. O coronel exerce os papéis de polícia, juiz e chefe político. Ele pune os criminosos, obriga o peão a casar com a moça que desvirginou, organiza as campanhas eleitorais, influi na política estadual com os votos que controla. Com sua parentela, seus pistoleiros e jagunços, troca favores, presta assistência e, sobretudo, perpetua o atraso.

No início do século XX os Malta dominaram Alagoas. Seu líder era Euclides Malta, o filho de um alferes que nasceu em Mata Grande, estudou direito no Recife e casou com uma filha do poderoso barão de Traipu, chefe do Partido Conservador e governador de Alagoas. Quando estudava no Recife, Euclides Malta aprendeu um novo esporte, o futebol, e o levou para Alagoas. Foi eleito governador pela primeira vez em 1900. Segundo o historiador Douglas Apprato Tenório, Euclides Malta montou "uma azeitada máquina administrativa que o torna o líder máximo do Estado até 1912, em sucessivas reeleições. Seu modo de agir vai repetir-se com os demais grupos oligárquicos estaduais: controle partidário, controle dos órgãos municipais, prática clientelista, nepotista e patrimonialista, garroteando qualquer tentativa de oposição. Os protestos de grupos preteridos pela própria oligarquia são abafados e contornados pela habilidade do caudilho sertanejo".

No governo, Euclides Malta se dedicou ao embelezamento de Maceió. Reformou e terminou o Palácio dos Martírios, fez uma sede para o Instituto Histórico e Geográfico, construiu o Teatro Deodoro e o Tribunal de Justiça. Em 1903, ele mudou a Constituição estadual, permitindo que seu irmão, Paulo Joaquim Malta, o sucedesse, e elegeu-se senador. Em 1909, reelegeu-se novamente governador.

Euclides Malta não chegou a terminar seu último mandato. Foi deposto por um movimento duplo, que juntou a crise do poder federal com uma revolta local. No plano federal, entrou em colapso a aliança do presidente Hermes da Fonseca com as oligarquias estaduais. Em Maceió, calcada na insatisfação popular, vicejou uma oposição que transcendeu os quadros partidários. Jornalistas, bacharéis, estudantes, artistas e militares passaram a pregar mudanças na política. Em dezembro de 1911, foi fundada a Liga dos Republicanos Combatentes, liderada por Manoel Luís da Paz, militar mutilado na campanha de Canudos. A Liga, organização carbonária de caráter paramilitar, tinha dois lemas: "Liberdade não se pede, conquista-se; a força é uma lei, um direito, quando há união". A crise federal e a revolta local desembocaram na candidatura do general Clodoaldo da Fonseca ao governo alagoano. O general era filho do chefe da Casa Militar do presidente Hermes da Fonseca. Como o general Clodoaldo fazia oposição aos Malta, Euclides perdeu a sustentação do governo federal. E perdeu também a batalha nas ruas de Maceió. O Palácio dos Martírios foi invadido por uma multidão e o governador escapou pelos fundos, refugiando-se primeiro no Recife e depois no Rio. Euclides Malta dissolveu o batalhão de polícia, que se desagregara ante os amotinados, e pediu que os coronéis do sertão enviassem seus jagunços para a capital. Maceió se conflagrou. Peixeiras e paralelepípedos foram usados em combates nas ruas da cidade.

A conflagração chegou ao ápice em fevereiro de 1912, numa batalha que misturou auto de fé com insurreição popular. Euclides Malta contava com o apoio da Igreja católica. Mas deixava que terreiros de candomblé e tendas de umbanda funcionassem livremente. A Liga dos Combatentes Republicanos espalhou que os pais de santo faziam bruxarias para manter os Malta no poder. Os revoltosos invadiram os terreiros e os destruíram. Pais de santo foram assassinados ou presos. Os atabaques de Xangô silenciaram durante anos.

Euclides Malta retornou a Maceió. Tropas federais o acompanharam do cais de Jaraguá até o Palácio dos Martírios. O comércio fechou. A multidão seguiu a sua escolta aos gritos. Manifestantes quebraram os vidros da limusine dele, atiraram-lhe ovos e lama. Dias depois, o Palácio foi atacado. Euclides Malta fugiu de vez. Terminara a Era Malta.

O poder dos Malta passou a se circunscrever a Mata Grande e vizinhanças. Em 1950, a família apoiou a candidatura de Arnon de Mello. A aliança foi selada com sangue. No dia da eleição, houve tiroteio em Mata Grande. Eustáquio Malta foi assassinado com um tiro de fuzil depois de ter recebido uma coronhada. Seus filhos, Ubaldo, de dezoito anos, e Sônia, de dezessete, e o empregado Napoleão Henrique morreram a bala.

* * *

Depois da festa de debutantes, a sobrinha-neta de Euclides Malta e o filho de Arnon de Mello, já separado, ficaram um ano sem se ver. Em campanha para deputado federal, e apoiado pelos Malta, Collor foi a Canapi num sábado. Ele e Rosane se olharam. Roberto Malta contou a Rosane, sua sobrinha, que Collor lhe falara do seu desejo de casar-se com ela. Rosane queria voltar a Maceió e Collor ofereceu uma carona. O tio Roberto disse que ele mesmo levaria a sobrinha à capital.

Em Maceió, Collor forçou um encontro com Rosane. Ela aceitou, mas exigiu que o tio estivesse presente. O candidato pediu uma foto a Rosane e anunciou:

— Vamos casar e você será minha princesa.

— Então você será meu príncipe: vamos casar — concordou Rosane.

Foi uma conversa de conto de fadas. Na vida real, Rosane estava reatando com um namorado. Além disso, o tio Roberto havia falado sobre Collor com seu pai. "Soube que você está interessada no Fernando", disse João Alvino à filha. "Pois fique sabendo que na minha família mulher não casa com homem separado." Rosane voltou para o namoradinho. Encontrou Collor mais uma vez. Acompanhada pela mãe, foi pedir-lhe emprego. Ele lhe arrumou um lugar de secretária na Legião Brasileira de Assistência, a LBA, dirigida em Maceió por sua mãe, Leda Collor.

Rosane ficou três anos com o namorado da idade dela. Esteve prestes a marcar o noivado, mas acabou rompendo o namoro. Dias depois, precisou de sua carteira de trabalho e telefonou em busca do documento para a Organização Arnon de Mello, onde Leda Collor tinha uma sala. Collor atendeu e ela explicou o que queria. "Só entrego se você vier aqui buscar e me trouxer a foto que prometeu", disse ele. Rosane foi e, prudente, levou uma amiga.

— Sei que faz quinze dias que você terminou o namoro, e sei que agora é definitivo — afirmou Collor, na presença da amiga. — Não procurei você antes porque não tinha nada para oferecer. Mas, agora que meu divórcio saiu, quero casar com você.

— Não, imagine. Tenho só dezenove anos, quero viver — recusou Rosane.

Ela recusara, mas sabia que estava se apaixonando por Collor. Às dez e meia da noite, quando voltou da faculdade para o seu apartamento, ele a esperava na porta do prédio. Viram-se nos dias seguintes, sempre na presença de terceiros. Conseguiram enfim jantar a sós, no restaurante do hotel Luxor, um dos mais antigos de Maceió. Ele a pediu em casamento e Rosane aceitou. Collor queria casar em quinze dias. Ela, em seis meses. Chegaram a um meio-termo: casariam em dois meses.

No dia seguinte Rosane encontrou-se com sua irmã mais velha, Rosânia. Deu-lhe um copo com água e açúcar, contou o que ocorrera e a encarregou de convencer o pai a consentir que ela se casasse. João Alvino ficou furibundo ao saber das intenções de Rosane. Viajou imediatamente de Canapi para Maceió. E disse a ela: "Você não pode casar com o Fernando porque ele é um homem de mil mulheres, desquitado, político e muito mais velho do que você". A moça respondeu que casaria com ou sem a autorização paterna. Collor visitou João Alvino e pediu-lhe a mão da filha. "Isso é sério?", indagou o patriarca dos Malta. O pretendente assentiu. O pai chamou Rosane à sala e perguntou: "É isso mesmo o que você quer?". Ela respondeu que sim e Collor sentiu um frio no estômago. O casamento foi marcado para 27 de julho de 1984.

Rosane contou a Collor que era virgem. "Mas, nunca...?", perguntou ele, pasmo. Passaram a lua de mel em Bariloche. Ao se ver sozinha no hotel com o marido, Rosane ficou aflita. Arrumou um jeito de telefonar às escondidas para Rosânia. Chorando, quis saber como deveria se comportar. A irmã a acalmou e lhe deu explicações sumárias de como agir.

De Cap Ferrat a Canapi há uma distância social maior do que a geográfica. Lilibeth era cosmopolita. Rosane, provinciana. Os Monteiro de Carvalho, uma família da alta burguesia brasileira com setenta anos de prosperidade. Os Malta, centenários e decadentes coronéis sertanejos. Em costumes, uns eram liberais, e os outros, conservadores. Collor percebeu as diferenças entre os mundos do sertão alagoano e da Riviera francesa, mas não ligou para elas: casou-se apaixonado. À semelhança de Lilibeth, Rosane era otimista e positiva. A presença dela tranquilizava o marido, atenuava a ciclotimia de seu temperamento. Rosane tinha uma vantagem sobre a ex-mulher: pertencia a uma família política, sabia as necessidades de um candidato ou governante, entendia os motivos das alianças, a violência de uma campanha e as acomodações implícitas ao exercício do poder, ao passo que Lilibeth não gostava de política e não entendia Alagoas. O mundo dos Malta era mais próximo de Collor que o dos Monteiro de Carvalho. Não que ele o preferisse. Disse várias vezes a Cláudio Humberto que a melhor solução para Canapi seria tratores de esteira passarem sobre a cidade e não deixarem nada de pé. Mas tratava-se de um ambiente que ele compreendia e podia dominar, ao passo que o dos Monteiro de Carvalho, com o seu fausto, suas conversas sobre milhões de dólares, lhe era um alvo distante.

O casamento com Rosane reforçou os laços entre os Collor e Alagoas. Anos antes, Pedro Collor havia casado com Thereza Lyra, integrante de uma das mais ricas famílias de usineiros do estado. Agora, Collor se ligava ao coronelismo sertanejo. A união foi mais proveitosa aos Malta do que aos Collor de Mello. No primeiro turno da eleição presidencial, Collor foi derrotado em Canapi, Inhapi e Mata Grande. No segundo turno, Lula teve 42% dos votos de Canapi. Em contrapartida, mais de cinquenta funcionários de órgãos de governo de Alagoas tinham o sobrenome Malta. Rosane se sentiu bem recebida pelos Collor. Estranhava, no entanto, a desunião deles: não passavam o Natal juntos e não eram afetivos entre si. Logo percebeu que Pedro nutria uma relação de amor e ódio para com Fernando. Não entendia Thereza completamente. E achou que a sogra era mandona demais.

"Sogro de Pedro Collor de Mello acusado da morte de policiais", foi a manchete da *Gazeta de Alagoas* da quinta-feira, 25 de abril de 1991. O diretor do jornal, Pedro Collor, decidiu escancarar o assunto na primeira página, porque

IstoÉ preparava uma reportagem sobre o assassinato do sargento Marcos Antônio da Silva, da Polícia Militar alagoana, abatido a tiros numa emboscada. Segundo o noticiário, desconfiado de que sua mulher o traía, o usineiro João Lyra, sogro do diretor da *Gazeta*, teria instalado um aparelho de escuta clandestina no telefone de Solange, com quem estava casado fazia 36 anos, e gravado uma conversa entre ela e o sargento Silva. "Vejam só o que a mãe de vocês anda aprontando", disse o usineiro ao tocar a fita com a gravação para a família. Na mesma época em que era acusado de ter mandado matar o sargento, a imprensa contava que João Lyra tinha um caso amoroso com uma mulher vinte anos mais nova do que ele, Laura, casada com o seu sobrinho Tadeu Lyra.

* * *

Em abril de 1991, Marcos Sá Corrêa deixou o *Jornal do Brasil*. Os atrasos dos salários da redação, a má administração da empresa e a possibilidade de que viesse a comprometer sua boa relação pessoal com o patrão o levaram a se demitir. Nascimento Brito havia cogitado Roberto Pompeu de Toledo ou Elio Gaspari para assumir o cargo de editor-chefe. Nenhum dos dois quis. Ele chamou o diretor de redação de *O Dia*, Dácio Malta, para conversar em casa, num sábado. Nem a mulher de Nascimento Brito nem os filhos sabiam da intenção dele de convidar Dácio Malta para ser editor-chefe do *JB*. "Você fez um bom trabalho n'*O Dia*, conhece o *Jornal do Brasil*, conhece a nossa família, é padrinho do filho do Kiko, é a pessoa ideal para dirigir o jornal", disse Nascimento Brito. Dácio Malta (que não tem parentesco com Rosane Collor) nasceu no Rio em 1948, estudou direito, entrou em 1970 como estagiário no *JB* e ficou doze anos no jornal. Era diretor de redação de *O Dia* desde 1987.

Ele aceitou o cargo e encontrou uma redação sem cúpula. Junto com Sá Corrêa, saíram do jornal os editores executivos Flário Pinheiro e Roberto Pompeu de Toledo, Ancelmo Gois, do Informe JB, e Alfredo Ribeiro, criador e autor da coluna humorística de Tutty Vasquez. Nascimento Brito quis que Rosenthal Calmon Alves, chefe de reportagem, e Etevaldo Dias, responsável pela sucursal de Brasília, fossem promovidos a editores executivos. No almoço que entronizou o novo comando da redação, Nascimento Brito repetiu várias vezes: "Vocês têm liberdade total, e quem manda é o Dácio". Mas disse uma outra frase apenas uma vez: "Paulo César Farias é meu amigo pessoal".

Na mesma época das mudanças no *JB*, José Roberto Guzzo deixou a direção de redação de *Veja*. Permanecera quinze anos no cargo e se sentia cansado. E como disse na reportagem em que a revista anunciou sua licença de um ano, já havia feito "um belo pé-de-meia". Roberto Civita foi a Nova York e convidou Elio Gaspari para dirigir *Veja*. Ele não quis, assim como não aceitou convites para dirigir *Zero Hora*, *O Dia*, a revista *Manchete*, além do *JB*. Estava bem em Nova York e preferia não ter o contato com patrões que um cargo de direção exige. Aconselhado por Guzzo, Civita me chamou para ser o diretor de redação de *Veja*. Eu recebera um outro convite, de Ari de Carvalho, para dirigir *O Dia*, mas preferi trabalhar em *Veja*. Ganhara na ocasião uma bolsa de estudo do governo do Japão, onde fiquei quase um mês. Voltei pelos Estados Unidos e passei dois dias em Nova York, conversando com Elio Gaspari e Dorrit Harazim. Contei a eles minhas preocupações: achava que a revista estava fraca e a redação precisava ser reforçada. Gaspari sugeriu que eu tentasse contratar os jornalistas que estavam saindo da direção do *Jornal do Brasil*.

Em São Paulo, fiz dois pedidos a Roberto Civita: um aumento do orçamento de *Veja*, para que pudesse contratar a cúpula do *JB*, e que ele tentasse conseguir um curto estágio para mim em *Time* e *Newsweek*. O patrão concordou com as duas coisas. Passei uma semana na redação de *Newsweek* e outra na de *Time*. Na da primeira, Kenneth Auchincloss, um dos editores executivos, deu um conselho que segui: "Há sempre gente aconselhando a mudar o projeto gráfico e a criar novas seções, mas o certo é melhorar o que você considera bom na revista, e ir mudando aos poucos o que não gosta, para não confundir os leitores". Henry Muller, o diretor de redação de *Time*, convenceu-me a criar a categoria dos editores especiais — jornalistas respeitados e qualificados que se dedicam exclusivamente a apurar reportagens de fôlego e a escrever ensaios. Eles não devem participar das atividades cotidianas de apuração e fechamento, ensinou Muller; precisam funcionar como um corpo à parte, produzindo as matérias que a redação não tem tempo nem cabeça para fazer.

A cúpula do *Jornal do Brasil* se transferiu para *Veja*. Flávio Pinheiro foi contratado para criar e dirigir o suplemento *Veja Rio*. Ancelmo Gois, para chefiar a sucursal do Rio e fazer a coluna Radar. Alfredo Ribeiro, para ser editor. Roberto Pompeu de Toledo foi o primeiro dos editores especiais. Marcos Sá Corrêa, que havia ido dirigir *O Dia* no lugar de Dácio Malta, passou a assinar uma coluna quinzenal na revista, revezando com a de Elio Gaspari.

Foi de Pompeu de Toledo a ideia de que *Veja* fizesse uma reportagem de capa intitulada "A República de Alagoas", para revelar quem integrava o grupo mais chegado ao presidente. A matéria contava que o estado estava sendo privilegiado na distribuição das verbas federais e dizia que o Banco do Brasil pagara uma dívida de 70 milhões de dólares de usineiros alagoanos a um banco inglês. Melhor do que a matéria era a capa da revista, concebida pelo artista plástico Rodrigo Andrade. Ele fez uma foto-montagem com o quadro *Deodoro entrega à nação a bandeira da República*, substituindo os rostos dos proclamadores pelos de Collor, Paulo César Farias, Rosane, Cláudio Humberto, Geraldo Bulhões e Leopoldo Collor.

* * *

Em meados de julho, o repórter Mario Rosa, da sucursal de Brasília do *Jornal do Brasil*, deu início a uma apuração que o levaria a expor as vísceras do que Pompeu de Toledo batizou de República de Alagoas. Ele ficou sabendo que a Secretaria de Assuntos Estratégicos, SAE, sucessora do Serviço Nacional de Informações, dispunha de um orçamento secreto de 65 milhões de dólares para financiar pesquisas nucleares. O responsável pela Secretaria, Pedro Paulo Leoni Ramos, explicou que as verbas eram usadas na compra de equipamentos e na pesquisa nuclear para fins pacíficos. A matéria, que o repórter demorou mais de um mês para levantar, não teve nenhuma repercussão. Mas foi por meio dela que Mario Rosa descobriu o Sistema Integrado de Administração Financeira, o Siafi, uma rede de computadores interligando ministérios, secretarias e a Presidência. Todas as informações referentes a despesas de órgãos federais transitavam pelos computadores do Siafi. Havia terminais do Sistema à disposição dos senadores, para que eles pudessem controlar os gastos da administração pública. O acesso a determinados dados, no entanto, era restrito. Apenas alguns funcionários graduados dos ministérios dispunham de senhas que permitiam trafegar por todas as informações do Siafi. O repórter do *JB* começou a procurar funcionários que tivessem essas senhas.

Aos 26 anos, Mario Rosa tinha fama de repórter abelhudo. Nascera em Niterói e crescera em Brasília, para onde seus pais, funcionários públicos, foram transferidos. Aos dezessete anos, saíra de casa para morar no alojamento estudantil da Universidade de Brasília, onde cursava jornalismo. No segundo ano da faculdade, um professor o indicou para um cargo menor na burocracia federal. Rosa foi ver do que se tratava. Em menos de um mês, em razão da desorganização administrativa, o estudante se viu na condição de subassessor de Imprensa do Ministério da Fazenda — um marajá com direito a um gabinete só para ele, secretária, carro e apartamento funcional. Mudara de vida, mas o seu chefe o tratava tão mal que decidiu pedir demissão, perdendo as mordomias. No dia em que ia se demitir, o ministro Francisco Dornelles caiu e foi substituído por Dilson Funaro. Quem acabou demitido foi o chefe de Mario Rosa, que, por sua vez, caiu nas graças da equipe do novo ministro. O jornalista saiu do Ministério junto com Funaro e foi chamado para um estágio na sucursal de *Veja* em Brasília. Não sabia nem datilografar, mas fez uma rápida carreira na revista. Em poucos meses, foi transferido para São Paulo e promovido a editor de Brasil. O ritmo atordoante de trabalho, a inexperiência, a insegurança, as broncas, as mudanças nas matérias, os pedidos para fazer o que não sabia o tiraram do prumo. De magro, passou a pesar cem quilos. Quase não dormia. Balbuciava frases desconexas pelo corredor. Conversava com o bebedouro. Uma depressão o prostrou. Numa sexta-feira, dia de fechamento, pediu demissão. Voltou a Brasília e Etevaldo Dias o contratou como repórter do *JB*.

Em busca da senha que lhe permitisse acesso pleno ao Siafi, Rosa encontrou um funcionário de segundo escalão do Ministério da Educação. Era um deficiente físico, com dificuldade motora nos braços. O funcionário disse que não lhe forneceria a senha de maneira alguma: era proibido, poderia sofrer um inquérito administrativo e perder o emprego se a revelasse. Enquanto conversavam, no entanto, ele digitou a senha para entrar no Siafi. Digitou bem devagar, dada a sua deficiência. O jornalista continuou falando com naturalidade, mas mentalmente repetiu o código até decorá-lo. Despediu-se, saiu da sala e anotou a senha. Foi ao gabinete do senador Eduardo Suplicy, do PT, e obteve a autorização de uma funcionária para consultar o terminal do Siafi. Digitou a senha e entrou no sistema. Demorou dias para entender como ele funcionava. Percorreu as contas de ministérios e autarquias, e não descobriu nada que rendesse uma reportagem. Até que deparou com as contas da Legião Brasileira de Assistência, a LBA, presidida por Rosane Collor.

Foi a contragosto que Fernando Collor aceitou que sua mulher fosse presidente da LBA, um cargo político, na medida em que destinava verbas para os estados, nomeava funcionários e promovia licitações. O orçamento da Legião era de 1 bilhão de dólares ao ano. O órgão contava com 9400 funcionários, o dobro do contingente da Polícia Federal. Até 1990, nenhuma primeira-dama exercera o cargo efetivamente. Todas foram presidentes de honra e se limitaram às funções protocolares. O presidente receava que Rosane, com sua parca experiência de secretária, pudesse ser enganada, fosse vítima de intrigas e se envolvesse em situações que o deixassem vulnerável. Ela se dedicou com afinco ao trabalho, alterando a rotina do casal. Até Collor tomar posse, Rosane sempre estava em casa quando ele voltava, à noite, e contava o que fizera durante o dia. Na LBA, ela viajava com frequência. Muitas vezes, chegava à Casa da Dinda depois dele e, em vez de ouvir o marido, relatava os problemas que ela estava tendo no trabalho. Fizeram um acordo: ela deveria estar em casa às sete e meia da noite, todos os dias. Rosane continuou a se atrasar. Chegaram aos ouvidos de Collor informações sobre os benefícios a parentes da mulher na contratação de firmas que forneciam materiais ou prestavam serviços à LBA em Alagoas. Também lhe disseram que verbas da entidade foram usadas para ajudar a candidatura de Geraldo Bulhões no estado. Nos trinta dias que antecederam a votação, ela liberou 90% do orçamento anual da LBA alagoana para a compra de remédios, óculos e enxovais, num total de 10 milhões de dólares. O presidente insistiu com Rosane para que deixasse o cargo. Ela se negou. "Você não está ouvindo a voz da experiência", falou-lhe o marido certa noite. Rosane gostara do exercício do poder. Disse a Collor que se candidataria a deputada nas eleições seguintes. Começaram a discutir e a brigar. Uma das brigas teve como motivo uma foto, publicada em *Veja*, mostrando Rosane de biquíni na praia da Barra de São Miguel, em Maceió.

Na sexta-feira, 5 de julho de 1991, Rosane promoveu um almoço no Palácio da Alvorada para comemorar o aniversário de sua melhor amiga e secretária particular na LBA, Eunícia Guimarães. A aniversariante era casada com José Carlos Guimarães, um lobista da empreiteira OAS que foi nomeado diretor de Habitação da Caixa Econômica Federal. Foram servidas lagostas, champanhe francês e um pianista alegrou a festa. A apresentadora Hebe Camargo, a atriz Pepita Rodrigues e a jornalista Márcia Peltier estiveram entre as oitenta convidadas. No final do almoço, elas cantaram músicas das duplas Chitãozinho e Xororó e Leandro e Leonardo. Um advogado, Ruy Ferreira Brattes, entrou com uma ação contra Rosane, acusando-a de ter usado recursos públicos para custear a festa. Ela disse à imprensa que havia pago as despesas com seu próprio dinheiro. Não era verdade. A festa fora paga pela Presidência. Rosane foi denunciada num processo, acusada de peculato.

Na noite de 27 de julho, Collor e Rosane comemoraram o sétimo aniversário de casamento num jantar que lhes foi oferecido por um casal de amigos, Joyce e Eduardo Cardoso. Collor estava irritado. Recriminou a mulher na presença dos amigos e disse que ela deveria sair da LBA imediatamente. Rosane ficou magoada. Depois do jantar, na Dinda, não trocaram uma palavra. Passaram-se duas semanas. Collor voltou à noite para casa e a mulher não estava. "Assim não dá", disse o presidente quando ela entrou. Num acesso de fúria, tirou a aliança e a jogou sobre a cama do casal. Falou que queria a separação. "Então mande um advogado seu me procurar", respondeu Rosane. "Você sabe que eu não tenho medo de nada." Ela fez uma exigência, apesar de terem se casado no regime de separação de bens: queria continuar na Dinda; ele que se mudasse.

Em cerimônias públicas, Collor passava a mão esquerda pelo rosto, chamando a atenção dos fotógrafos para a ausência da aliança. Depois do expediente, ia do Planalto para o Palácio da Alvorada. Fazia musculação num salão do subsolo, onde a Varig instalara dez aparelhos de ginástica de última geração. Jantava na sala íntima do térreo, cujos móveis foram escolhidos por Lily Marinho e doados à Presidência pelas Organizações Globo. Cerca de meia-noite, voltava para a Casa da Dinda. Sem se falar, o casal dormia na mesma cama. Collor consultou um advogado, mas não o autorizou a entrar em contato com Rosane. Ela reclamou. "Como você não mandou o seu advogado, vou procurar um e vou contar à minha família o que está acontecendo", disse ao marido. Os pais da primeira-dama viajaram de Canapi para Brasília. No sábado, 10 de agosto, era aniversário de Collor. Na segunda-feira, houve uma comemoração no Planalto, e Collor fez um pequeno discurso. Rosane estendeu a mão para cumprimentá-lo. O presidente não estendeu a dele, deixando a mulher com o braço parado no ar. Houve um frisson no salão. À noite, o frisson se espalhou pelo país quando o *Jornal Nacional* transmitiu a cena. No outro dia, a crise conjugal estava em todos os jornais. No fim de semana, *IstoÉ* e *Veja* dedicaram suas capas ao assunto. Chargistas, caricaturistas e humoristas se deliciaram.

Rosane ficou abalada com a repercussão da briga. O presidente também. Paulo Octavio Pereira, amigo de Collor, e sua mãe, Vilma, intercederam. Os dois falaram individualmente com o presidente e a primeira-dama. Conseguiram reaproximá-los. O casal voltou a conversar. Estavam prestes a se reconciliar quando, uma noite, Collor chegou mais emburrado que o normal na Casa da Dinda. No jantar, disse a Rosane:

— Para piorar tudo, me disseram que você está tendo um caso com um rapaz de Brasília.

— É, com o Luiz Mário — disse ela.

— Que história é essa? — quis saber Collor, levantando-se da cadeira.

— Você acredita nessa história? Só me responda isso: você acredita nessa história? — perguntou Rosane, alto, irada.

Collor não respondeu e ela prosseguiu:

— Eu cansei de ouvir que você teve casos com a Renata Scarpa, com a Cláudia Raia e com a Thereza Collor. Nunca te perguntei nada porque sempre achei que eram fofocas. Agora me responda: você acredita nessa história que te contaram?

— Não, não acredito. Mas disseram que existe uma fita com uma gravação de uma conversa de você com esse Luiz Mário.

— Pois então vamos ouvir essa gravação — desafiou Rosane. — Onde está a fita?

— Ficaram de me entregar a fita amanhã, às duas horas.

Luiz Mário de Pádua trabalhava no cerimonial do governo do Distrito Federal. Com 27 anos e 1 metro e 92 de altura, Pádua tinha fama de Don Juan. Joyce Pascowitch, colunista social da *Folha de S.Paulo*, publicara uma nota a respeito dele e de Rosane. Uma fonte de Brasília lhe contara que eles estavam encantados um com o outro. Pádua também ouvira falar que seus telefonemas para a LBA tinham sido gravados. Dias antes da conversa de Rosane e Collor sobre a gravação, Pádua recebeu um telefonema de Joaquim Roriz, o governador do Distrito Federal. O governador lhe disse para deixar Brasília naquele momento, pois havia gente querendo pegá-lo. O funcionário entendeu a urgência da ordem e falou que iria para o aeroporto. Roriz recomendou que saísse da capital de carro. Pádua viajou para Belo Horizonte. Só voltou a Brasília dois anos depois.

Às duas horas do dia seguinte à conversa sobre Luiz Mário de Pádua, Rosane telefonou para Collor no Planalto.

— E então, vamos ouvir a fita? — perguntou.

— Ainda não me entregaram.

A fita nunca apareceu. O processo de reconciliação continuou, mas foi conturbado pela matéria de Mario Rosa no *Jornal do Brasil*. Ao acessar as contas da LBA no sistema de computadores da administração federal, o repórter notou que os donos de algumas das empresas fornecedoras da entidade em Alagoas tinham o sobrenome Malta. Outras, que prestaram serviços aos carentes, também eram propriedade de parentes de Rosane. O jornalista imprimiu todos os documentos sobre a LBA que surgiam na tela. Mario Rosa disse a seu chefe, Etevaldo Dias, que precisava ir a Alagoas para terminar a apuração. Como o jornal contava com pouco dinheiro em caixa, Rosa viajou num sábado, dia em que as passagens eram mais baratas. Foi a Canapi e Mata Grande visitar as firmas dos Malta. No endereço de uma delas, a Associação Pró-Carente, havia um casarão quase em ruínas, que fora abandonado dez anos antes. No endereço de outra, onde, segundo os documentos do Siafi, estariam os caminhões-pipas que distribuiriam água aos flagelados da seca, funcionava a Construtora Malta. Os funcionários da construtora disseram ao repórter que jamais tinham visto um caminhão-pipa por lá. À noite, Mario Rosa telefonou para Etevaldo Dias e falou que terminara a apuração. Foi instruído a ir à redação, no Rio, para fechar a matéria lá. Dácio Malta, o diretor de redação, estava de folga, e o repórter acertou com o chefe de plantão o tamanho da reportagem. Conseguiu uma página. Diagramou-a e escreveu três matérias.

A reportagem, fundamentada em documentos oficiais, contava que as verbas destinadas pela LBA de Alagoas a Canapi, Inhapi e Mata Grande eram proporcionalmente muito superiores às distribuídas a outros municípios do mesmo porte. Tratava-se de verbas com o objetivo de prover água e organizar cursos profissionalizantes para costureiras e criadores de cabras. Não foram feitas licitações para a escolha das empresas que realizariam os serviços de assistência. Usou-se o artifício de que as ações eram "urgentes" a fim de evitar as concorrências públicas. O dinheiro, um total de 11 milhões de dólares, chegou às entidades, cujos donos eram parentes da primeira-dama, mas não foi empregado para os fins a que se destinava. A água não chegou aos necessitados nem se ministraram os cursos.

Nem Collor nem os líderes do governo contestaram a reportagem do *Jornal do Brasil*. O assessor da LBA tentou rebater a matéria. Rosa, novamente munido de documentos oficiais, provou que as explicações oficiais eram mentirosas. Na quarta-feira, estava marcada a missa, na catedral de Brasília, em comemoração ao 49º aniversário da LBA. Collor agendou uma reunião ministerial no mesmo horário, para impedir que o alto escalão do governo comparecesse à cerimônia. O coral cantou a "Ave Maria" de Gounod, e Rosane começou a chorar e soluçar. Flashes dos fotógrafos espoucaram em sua face. A ex-primeira-dama Sara Kubitschek acudiu com um lencinho. No dia seguinte, fotos da primeira-dama chorando estavam na primeira página de todos os jornais.

Um rumor percorreu os meios políticos e jornalísticos de Brasília: o próprio Collor, com a intenção de forçar o afastamento da mulher da presidência da LBA, havia determinado que os documentos sobre a atuação da entidade em Alagoas vazassem para Mario Rosa. A fofoca prosperou porque o repórter, além de ter votado em Collor no segundo turno e de dizer que gostava dele, emulava o presidente. Jogara fora os jaquetões que usara no governo Sarney e encomendara ternos novos ao alfaiate Linhares, o mesmo de Collor. Comprara um punhado de gravatas Hermès e começara a passar gel no cabelo. Eduardo Suplicy veio a público anunciar que Mario Rosa fizera a pesquisa dos documentos no seu gabinete. Interessava ao senador petista ligar-se à apuração do caso. E interessava ao repórter livrar-se da acusação de que fora manipulado pelo Planalto.

Foi aberta uma investigação no Siafi para descobrir quem passara a senha secreta ao repórter. Não se descobriu nada e ninguém foi punido. O funcionário que, inadvertidamente, digitou a senha na presença de Mario Rosa estava viajando quando o caso estourou. Além disso, os investigadores concluíram que, em virtude de seu defeito físico, ele não poderia ter aberto e copiado tantos documentos em tão pouco tempo.

Etevaldo Dias teve uma conversa sobre a reportagem com Marcos Coimbra, chefe do Gabinete Civil. O ministro não se queixou da matéria. Perguntou qual era a opinião do jornalista sobre o caso. "Mulher de presidente não pode assinar cheques, embaixador", disse o chefe da sucursal do *JB*. Havia um subtexto na conversa de Marcos Coimbra com Etevaldo Dias: o auxílio do governo ao jornal. Dias vinha servindo de intermediário nas negociações entre Nascimento Brito e o governo. Participara de reuniões entre o patrão e Lafaiete Coutinho com vistas à renegociação da dívida do jornal com o Banco do Brasil. Álvaro Mendonça, presidente da Caixa Econômica Federal, avisara-o de que estava encaminhando ao Tribunal de Contas da União a lista das empresas com dívidas do Fundo de Garantia por Tempo de Serviço, e o *JB* aparecia nela. Dias conseguiu abrir uma discussão sobre o valor da dívida, o que levou o jornal a aparecer na lista enviada ao TCU na categoria das empresas "em negociação", e não na dos endividados. O jornalista se viu numa posição desconfortável. Sabia que repórteres de *O Globo* acompanhavam cada passo de suas tratativas com o governo. Se fizesse qualquer coisa que pudesse ser considerada vagamente irregular, tinha certeza de que o concorrente publicaria matérias a respeito. Sentia que, em setores da Esplanada dos Ministérios, esperava-se que o *Jornal do Brasil* fosse cálido na cobertura do governo. "Não adianta nada ter o jornal de joelhos, sem credibilidade nem independência", disse ele a Marcos Coimbra. "Isso não é bom para o *JB*, nem para o governo e nem para mim." Dentro do jornal, Dias tinha de atender os interesses, nem sempre harmônicos, de Nascimento Brito, de Dácio Malta, o editor-chefe, que lhe cobrava matérias sobre o governo, e dos repórteres da sucursal, que andavam à caça de escândalos na administração federal.

Uma semana depois de ter chorado na catedral, Rosane deixou a presidência da LBA. Em seu discurso de despedida, ela se queixou dos "Torquemadas" que a atacaram. Collor aplaudiu a fala da mulher, abraçou e beijou-a duas vezes, na testa e na face direita. Continuou sem usar a aliança porque não a procurou depois de atirá-la sobre a cama. O anel jamais foi reencontrado.

Marcos Antônio Coimbra providenciou uma pesquisa do Vox Populi para avaliar a repercussão do escândalo da LBA. Ele já detectara a impopularidade crescente do governo. Coimbra achava que o amigo perdera a energia, agia às tontas, deixava os problemas se avolumarem e a sua Presidência ia de mal a pior. "Do jeito que está, só falta uma coisa para o Collor cair: a suspeita de que é ladrão", dissera ele ao pai antes que Mario Rosa publicasse suas reportagens. Repetira a análise a Paulo César Farias, que concordou. O resultado da pesquisa do Voz Populi assustou Marcos Antônio Coimbra. A tabulação dos dados mostrou que as matérias do *Jornal do Brasil*, ampliadas por outros jornais, revistas e pela televisão, tiveram um terrível impacto negativo na opinião pública. A população associou o governo à corrupção de maneira cabal e definitiva. Uma outra pesquisa revelou que, caso se separasse, o presidente seria ainda mais malvisto, sobretudo pelas mulheres, que encarariam Rosane como vítima. As falcatruas da LBA e o melodrama das desavenças entre o presidente e a primeira-dama marcaram uma mudança de atitude do conjunto da imprensa em relação ao governo Collor. Ela ficou mais desabusada e agressiva. O símbolo da mudança talvez tenha sido uma charge de Chico Caruso, publicada em *O Globo*: Rosane Collor vestindo um uniforme de presidiária. Se até o jornal de Roberto Marinho estampava um quadro humorístico dessa contundência, e o Planalto não reagia, era sinal de que não havia impedimento para os ataques ao governo.

A perda de energia que Marcos Antônio Coimbra percebeu em Collor tinha razão de ser. Psicologicamente, a crise conjugal sangrara o presidente. Mas um fato anterior representou um baque maior na sua vontade de governar: a saída de Zélia Cardoso de Mello do Ministério da Economia, meses antes. Por ser mulher, jovem, voluntarista e não pertencer aos quadros conhecidos da gerência econômica, aos olhos do presidente ela simbolizava a mudança que pretendia incutir no país. Mas a ministra não só fracassara em baixar a inflação, jogando a economia no poço da recessão, como se envolvera num romance com um colega de Ministério casado e, por fim, abandonara o governo. "Você não tinha direito de fazer isso, Zélia, foi uma traição", disse Collor na conversa final, depois de ela afirmar que sua demissão era irrevogável. O desânimo do presidente aumentou quando viu que a equipe da ministra se demitiu junto com ela. Collor escolheu Marcílio Marques Moreira para substituí-la porque desejava dar respeitabilidade ao governo. Foi com frustração e desânimo que o nomeou. Burocrata sensaborão, Marcílio poderia ter sido ministro de Sarney ou de Figueiredo, achava. Collor sentiu que capitulara perante a elite, amoldara-se a ela.

28. O GLOBO

O repórter Ricardo Boechat, titular da coluna do Swan, de *O Globo*, almoçou com um primo de sua ex-mulher, no início de setembro de 1991, no restaurante Albamar, perto do ancoradouro das barcas que fazem a travessia Rio-Niterói. Eles não se viam havia mais de quinze anos. Tinham se conhecido do outro lado da baía, em Niterói, num sobrado onde a primeira mulher de Boechat, Cláudia Andrade, vivia com oito parentes. No andar de baixo, um primo tocava uma loja de tecidos. Boechat e ele costumavam jogar pôquer numa fazenda em Macuco, perto de Friburgo. Certa vez, Boechat perdeu todo o dinheiro e apostou a sua cabeleira, à época ainda farta: se ganhasse levaria a mesa; perdendo, deixaria que lhe raspassem a cabeça. Perdeu. Cláudia e Boechat se separaram, continuaram a se ver por causa dos filhos, mas ele nunca mais encontrara o dono da loja de tecidos. Até que o comerciante telefonou e marcaram o almoço no Albamar. O contraparente contou que expandira os negócios. Fornecia vacinas, inseticidas, remédios e aparelhos de saúde para municípios, estados e para a União. Conversaram sobre corrupção. Chegaram juntos a uma metáfora: a corrupção estatal se erigia em catedrais. A catedral das obras públicas, a do sistema de saúde, a das estatais, a dos portos. Cada catedral era estanque: tinha um estilo próprio de viciar licitações e desviar dinheiro público. O empresário contou que, pouco tempo antes, ao disputar uma concorrência, fora encaminhado a um certo "comandante Bandeira", o qual lhe pedira uma comissão para que sua empresa fosse a vencedora. Bandeira dissera que a comissão seria entregue ao "Número Um". O comerciante supunha que o Número Um fosse o presidente. Nem ele nem o jornalista sabiam que o "comandante" era Jorge Bandeira, piloto e sócio de Paulo César Farias.

Ricardo Boechat voltou para a redação e escreveu uma nota curta dizendo que o presidente, em seu círculo mais próximo, era conhecido pelo apelido de Número Um. Queria testar a informação que recebera. A nota provocou um iracundo desmentido do Planalto. A reação despropositada levou Boechat a uma certeza e a uma hipótese: havia descoberto uma boa fonte; era possível que as catedrais da corrupção estivessem ligadas ao Número Um.

A vida de Boechat era procurar notas. Adquirira esse cacoete profissional na Escola Turco de Jornalismo. Como Elio Gaspari, mas sem terem sido contemporâneos, trabalhara com Ibrahim Sued. Conheceu-o aos dezoito anos e só o deixou para seguir carreira solo aos 32. Foram catorze anos — nove deles sem carteira assinada, férias e décimo terceiro — de um aprendizado nervoso. O Turco chamava o repórter de Chita e o comparava desfavoravelmente à macaca de Tarzan. Boechat entregara-lhe dez notas depois de cinco horas de telefonemas, Sued rasgava oito e o mandava apurar outras oito em uma hora. Rasgava notas boas, como aquela em que o repórter anunciava a fusão da Guanabara com o estado do Rio, uma ideia que o colunista não aprovava. Ou outra, informando que o milionário americano Daniel Ludwig queria se desfazer de seus negócios na Amazônia, o Projeto Jari. O Turco não só jogou a nota no lixo como escreveu outra, dizendo que a fonte de Boechat andava espalhando inverdades. Sued gostava do empenho do repórter. Se ele ordenava que ligasse para o Kremlin, Boechat partia em busca do número do telefone. Boechat também gostava do chefe. Achava-o parecido com um urso, pois demonstrava afeto com pesadas patadas. Ou então o demonstrava à maneira árabe. "Está gostando da gravata?", perguntava Sued, apontando para o peito. "É, é bonita", respondia o repórter. No dia seguinte o Turco lhe dava uma igual. Uma vez, levou-o a Paris e pagou todas as suas despesas.

Ao assumir a coluna do Swan, pela primeira vez em 1983, o repórter alargou o caminho aberto por Ibrahim Sued e Zózimo Barroso do Amaral, os grandes colunistas sociais cariocas: a busca da notícia, qualquer que fosse ela. Ninguém era menos talhado para o colunismo social do que Boechat. Vestia ternos baratos e amarfanhados, não ia a festas, não prestava atenção em vestidos. Suas notas não tinham firulas. Só notícias. Quando muito, acrescentava um comentário maldoso ou engraçado. Em 1986, ele deixou o jornal para ser secretário de Imprensa de Moreira Franco, mas aguentou o cargo por apenas seis meses. Foi então ser chefe de redação do *Jornal do Brasil* e depois dirigiu a sucursal do *Estadão* no Rio. Voltou para *O Globo* em 1989, a convite do diretor de redação, Evandro Carlos de Andrade, para retomar a coluna do Swan. "A coluna não me traz mais problemas, não dá o trabalho que você me dava", disse Andrade. O diretor queria notícias.

Boechat deixou passar um tempo e marcou um outro almoço com o primo de sua ex-mulher no Albamar. Dessa vez, o amigo reencontrado trazia uma história mais substancial e cabeluda. Estava disputando uma concorrência para fornecimento de fardamento para o Exército, área tradicionalmente dominada pela Santista e pela Alpargatas. Os concorrentes lhe diziam que não havia a menor chance de ele ganhar. Tentavam botá-lo para escanteio e insinuavam que se sairia melhor se aceitasse uma pequena comissão, um cala-boca, para desistir. A fonte tinha os preços dos itens em licitação, não só os dele como os dos concorrentes. Boechat disse que queria dar a matéria logo. Seu interlocutor impôs duas condições: que só publicasse a reportagem quando ele desse autorização e que não a assinasse. Queria evitar que, pelo antigo parentesco, alguém descobrisse que ele era a fonte do jornalista. Na sexta-feira, 11 de outubro de 1991, o empresário entregou ao colunista as listas com as peças e os preços oferecidos por todos os concorrentes. Contou que os preços, superfaturados, foram acertados entre as grandes empresas que disputavam o fornecimento numa reunião, no hotel Naoum, em Brasília. E disse mais: os nomes das quatro empresas que seriam escolhidas pela Diretoria de Intendência do Exército na segunda-feira, dia marcado para a abertura das propostas: a Alpargatas, a Tatuapé, do grupo Santista, o Lanifício Capricórnio e a Diana Paolucci. Eram as mesmas firmas que forneciam materiais têxteis para o Exército fazia anos.

O colunista contou a história a Evandro Carlos de Andrade, que passou a lista com os preços para o repórter Rodrigo França Taves. Durante a semana, Taves fez um levantamento dos preços de varejo dos uniformes e materiais têxteis em lojas de produtos militares de São Paulo, Porto Alegre e do Rio. Descobriu que, em média, os artigos a serem comprados pelo Exército eram cinco vezes mais caros que os vendidos no varejo. Boechat tomou uma cautela adicional. Pediu à sucursal de São Paulo que publicasse um anúncio cifrado, no *Jornal da Tarde* da segunda-feira, com o resultado da licitação. Inspirara-se no recurso inventado por Jânio de Freitas, da *Folha de S.Paulo*, que em 1987 antecipara o resultado da concorrência para a construção da ferrovia Norte-Sul num anúncio classificado. O título do anúncio feito por Boechat era "Super Apache", uma alusão ao Forte Apache, nome pelo qual é conhecido o Quartel-General de Brasília. A propaganda simulava a venda de lotes nas imediações QG. Com graça, a última frase do classificado dizia: "Superfaturamento garantido". Na segunda-feira, em Brasília, a abertura dos envelopes com as propostas dos fabricantes confirmou que os melhores preços, todos devidamente superfaturados, eram mesmo os da Tatuapé, da Alpargatas, da Capricórnio e da Diana Paolucci.

A primeira reportagem sobre o fardamento superfaturado, assinada por Rodrigo França Taves, foi publicada no domingo, dia 20 de outubro, véspera da homologação da concorrência. Cumprindo o prometido, Boechat não a assinou. Não adiantou. No dia seguinte, um oficial do Centro de Comunicação do Exército telefonou para o colunista e disse saber que havia sido ele quem fizera a matéria e, para perplexidade do repórter, deu o nome de sua fonte: Altineu Coutinho. Na mesma segunda-feira, *O Globo* publicou a segunda reportagem, contando a reunião no hotel Naoum, na qual as empresas que disputavam a concorrência combinaram seus preços. Collor determinou que a homologação fosse cancelada. O Tribunal de Contas da União começou a investigar o caso. Só na terça-feira o ministro do Exército, general Carlos Tinoco, se pronunciou. "Mais um episódio da campanha sistemática de descrédito das Forças Armadas junto à opinião pública se processa", principiava a nota do general, repetindo os chefes militares da ditadura. Tinoco justificou a concorrência, dizendo que os preços eram altos porque embutiam a inflação futura. No mesmo dia, Boechat publicou a terceira matéria sobre equipamentos militares: descobrira que o Ministério da Marinha comprara material semelhante ao do Exército, por preços 60% mais baixos.

Roberto Marinho detestou essa terceira matéria. Considerou que ela poderia levar *O Globo* a ser acusado de estar procurando criar atritos entre o Exército e a Marinha. Boechat foi afastado da cobertura. Sentindo-se pressionado, o colunista exibiu o seu ás: o anúncio com o resultado da concorrência, publicado no mesmo dia em que o divulgaram. O general Tinoco levou cinco dias para responder à acusação de que a concorrência fora um jogo de cartas marcadas.

Na noite de quinta-feira, sentei-me com Roberto Civita em sua sala, no prédio da Abril. O propósito da reunião semanal era informá-lo sobre quais seriam as principais matérias da edição de *Veja* a ser fechada no dia seguinte, o tema da reportagem de capa e discutir os termos da Carta ao Leitor. Disse-lhe que colocaria na capa o assunto da semana: a concorrência fraudada do Exército.

— Por que *O Globo*, logo *O Globo*, que sempre foi tão próximo dos militares, está fazendo sozinho esse estardalhaço contra o Exército? — perguntou Civita.

— Porque foi ele que descobriu a matéria, e não os outros jornais, que estão subestimando o assunto para não passar recibo no furo que levaram — respondi.

— Mas será que não há outro motivo? Vai ver a Globo está usando as matérias para pressionar o governo e obter sei lá o quê.

— Falei com o Roberto Marinho. Ele disse que está publicando as matérias porque elas estão certas. Não captei nada sobre disputas da Globo com o governo. O que sei é que a matéria é boa. A nossa apuração está confirmando tudo que o jornal publicou. E descobrimos outros detalhes mostrando que a concorrência foi irregular.

— E como o governo está reagindo? — perguntou Civita.

— O Tinoco não deu explicações convincentes e o TCU abriu uma investigação sobre a concorrência.

— E o Collor?

— Falei hoje com o Cláudio Humberto. Ele disse que o Collor está tranquilo. O presidente quer que o caso seja investigado.

O porta-voz era uma boa fonte. Reclamava sempre do que chamava de "preconceito antialagoano" de *Veja*, mandava cartas exaltadas contra algumas matérias e não passava nenhuma informação exclusiva. Mas concordava em cortar adjetivos insultuosos de suas cartas e, o mais importante, dava a entender que a revista estava certa em perseguir certas notícias. Fora o que fizera quando conversamos sobre os preços superfaturados da concorrência do Exército. Esse relacionamento com Cláudio Humberto nasceu de uma iniciativa minha. Quando a *Folha* publicou a reportagem de Gustavo Krieger sobre os gastos excessivos do porta-voz com seu cartão de crédito, telefonei para ele. "Cláudio, queria te avisar que a *Veja* não vai dar a matéria sobre o cartão", disse. Ele perguntou por quê.

"Porque eu não quero", respondi. Ele agradeceu e começamos a nos entender, o que não acontecia até então. O meu cálculo foi ditado por interesses de médio prazo: *Veja* não daria uma matéria boa naquela semana, mas abriria caminho para transformar em fonte um dos funcionários mais bem informados do governo.

Roberto Civita ainda tinha dúvidas.

— Vou falar com o Collor sobre a concorrência — disse-me ele.

— Acho que você não deveria, Roberto.

— Quero ver se a Globo está com alguma intenção oculta com essas matérias.

No começo da noite de sexta-feira, Civita telefonou para o presidente, que estava no Palácio da Alvorada e não atendeu a ligação. Cláudio Humberto, sua mulher Taís e outro casal iam de carro para o Teatro Nacional de Brasília quando o celular tocou. Sua secretária, Emerenciana Cândido, avisou que Roberto Civita queria lhe falar com urgência. No teatro, o porta-voz telefonou para o dono da Abril. O empresário lhe disse que precisava falar com o presidente sobre a concorrência do Exército. Cláudio Humberto respondeu que tentaria achar Collor. Considerou o telefonema inusitado, pois mal conhecia Roberto Civita. O porta-voz ligou para o Alvorada e deixou recado para que o presidente lhe telefonasse. No meio da peça, *Elas por ela*, com Marília Pêra, o celular tocou novamente. Por sorte, tocou no momento em que um telefone soava em cena e uma atriz cantava: "Alô, alô, responde, responde com toda a sinceridade...". O porta-voz foi para o saguão. Contou a Collor o que Roberto Civita queria.

— Resolve você isso, Cláudio.

— Não dá, presidente, já falei com ele — informou o jornalista. — Ele quer falar com o senhor, não comigo.

— Está bom. Então eu falo com ele.

Conversaram mais um pouco. Combinaram que Cláudio Humberto passaria na manhã seguinte na Casa da Dinda para irem juntos, de lancha, a uma reunião ministerial na casa de Marcos Coimbra. Era uma reunião informal, num sábado, e o presidente disse que o jornalista poderia ir de bermuda.

Em seguida, Collor telefonou para Roberto Civita. O empresário perguntou se ele achava que a Globo estava buscando algo do governo com suas reportagens sobre a concorrência. O presidente respondeu de maneira enviesada: possivelmente o ministro do Exército se desgastaria com o episódio. Civita quis saber se ele julgava prudente que as denúncias fossem ampliadas. "Considero que não se deve pegar carona num carro sem saber aonde ele está indo", foi a resposta de Collor, insinuando que *Veja* não deveria "pegar carona" nas reportagens de *O Globo*. O dono da revista concordou com o raciocínio e disse que o melhor caminho seria uma rigorosa investigação da licitação. O presidente afirmou que isso fora providenciado. Despediram-se, e Civita foi para a redação de *Veja*.

Eu estava apreensivo. O menor dos problemas era o fechamento, mais uma vez atrasado e difícil. André Petry, incumbido de escrever a reportagem sobre o superfaturamento, tinha pouca experiência, pois havia sido promovido a editor de Brasil fazia poucas semanas. O problema maior era a conversa do patrão com o presidente. Se dela resultasse que Civita quisesse mudar a capa da revista, haveria problemas. Eu precisaria convencer o patrão a mantê-la, pois achava que o governo espalharia que a capa sobre as fardas fora substituída por outra na véspera da publicação, e os meios políticos e jornalísticos interpretariam a mudança como um recuo da revista ante o Planalto.

Roberto Civita entrou na minha sala às onze da noite. Disse que o presidente lhe parecera despreocupado. Contou que Collor não tinha informações sobre segundas intenções da Globo. Deu uma olhada na prova da capa (uma foto do rosto do general Tinoco com o título "Fardas milionárias" e o subtítulo "O caso da concorrência fraudada com os uniformes do Exército"), desejou-me o impossível ("Bom fechamento!") e foi embora. Petry entregou o texto, muito bem escrito, às cinco horas da manhã. Fiz pequenas alterações e mandei a reportagem para a gráfica às sete. Fora, no final das contas, um bom fechamento.

Cláudio Humberto chegou à Casa da Dinda às dez da manhã de sábado. Vestia calça jeans e blazer. O presidente entrou na sala de terno azul-marinho e gravata. O porta-voz fez uma careta e Collor disse: "Ih, eu falei para você vir de bermuda...". O presidente voltou para o quarto, pegou uma gravata azul e emprestou-a a Cláudio Humberto.

— E então, como foi a conversa com o Civita? — perguntou o porta-voz.
— Não entendi direito o que ele queria.
— Mas a capa sobre os milicos, vai sair ou não?
— Não, ele disse que não vai sair — respondeu Collor.
No barco, o presidente voltou ao assunto:
— Você quer apostar como a tal capa vai acabar saindo?
— Mas se o Civita disse que não vai sair... — duvidou Cláudio Humberto.
— Eu acho que ele não vai mudar nada. Vamos apostar?

Apostaram. O presidente pediu ao porta-voz que desse um jeito de receber logo a revista. Cláudio Humberto acionou a Radiobrás. Mandou um funcionário da estatal ir à gráfica da Abril e conseguir um exemplar de *Veja*. No meio da reunião ministerial, chegou um fax na casa de Marcos Coimbra, reproduzindo a capa da revista. O jornalista mostrou-a ao presidente. "Eu não te disse? Ganhei a aposta, Cláudio", festejou Collor.

Na quarta-feira, o general Carlos Tinoco prestou depoimento na Comissão de Defesa da Câmara Federal. "Os ministros militares não são fritados", disse ele aos parlamentares. "Ou eles se demitem ou são demitidos." No dia seguinte, Collor convocou Tinoco e os ministros militares para uma reunião no Palácio do Planalto sobre a concorrência superfaturada. Deixou-os esperar uma hora. Quando o presidente os recebeu, o general explicou que a imprensa havia dado uma interpretação errônea à sua frase: ele não quisera dizer que os ministros militares eram diferentes dos civis.

No mesmo dia, Tinoco mandou o general Ângelo Baratta Filho, comandante militar da Região Leste, entregar uma carta sua a Roberto Marinho. O ministro transcreveu a expressão "cartas marcadas", usada pelo jornal para caracterizar a concorrência. "Em face da gravidade da afirmação e no interesse da completa elucidação dos fatos, solicito a V. S.ª que me sejam transmitidas, com detalhes, todas as informações, inclusive indicação de nomes de pessoas físicas ou jurídicas que levaram *O Globo* a afirmar que a licitação tinha 'cartas marcadas'." O ministro encerrou o texto pedindo que os dados lhe fossem fornecidos "no prazo de 48 horas, importando o silêncio ou uma resposta insatisfatória no reconhecimento da inexistência de dados concretos a respeito, circunstância que me libera para os procedimentos que julgar convenientes".

Roberto Marinho não gostou da carta. Mandou sua curta resposta ao ministro no mesmo dia. Escreveu que *O Globo* "limitou-se a cumprir a obrigação de levar aos leitores informação que entendeu segura e relevante. E o fez de modo completo, dentro dos limites éticos invariáveis que traçou para si mesmo. Tais limites abarcam a preservação de sigilo como garantia de segurança para as fontes de informação, o que de resto é amparado pelo artigo 5, item XIX da Constituição". Ou seja, Marinho não revelaria a fonte de Ricardo Boechat. O ministro deve ter considerado a resposta satisfatória, pois o procedimento que julgou conveniente foi silenciar.

A matéria ajudou *O Globo* a calar as acusações, que o acompanhavam desde a ditadura, de ser dócil aos chefes militares. Aumentou a admiração de Evandro Carlos de Andrade por Boechat. O colunista tivera um problema meses antes, por causa de uma foto que publicou em sua coluna: mostrava o costureiro Frank, da dupla Frank e Amaury, beijando Rosane. Boechat não ligava para fotos. O critério dele era estampar retratos de mulheres bonitas, pois sabia que elas atraíam o olhar dos leitores. Não sabia nem queria saber quem eram as mulheres. A sua missão era arrumar notas. Mas ele prestou atenção na foto de Rosane com o estilista. Achou-a divertida. Roberto Marinho, não. Considerou-a uma afronta e uma indignidade. Telefonou logo de manhã para a redação. Evandro Carlos de Andrade não estava. Falou com o chefe de plantão, por coincidência Rodrigo França Taves. Disse-lhe que a coluna do Swan não seria publicada no dia seguinte porque o seu titular estava demitido. Ao meio-dia, Andrade falou com o patrão e a demissão virou suspensão. À tarde, João Roberto Marinho conversou com o pai e a suspensão foi transformada em advertência. À noite, a advertência se desvaneceu.

* * *

O chefe da sucursal de *O Globo* em Brasília era Ali Kamel, um carioca de 29 anos formado em sociologia e jornalismo. "O jornal não tem compromissos com o governo, o que quero de você é notícia", dissera-lhe Evandro Carlos de Andrade quando o transferiu do cargo de editor executivo de Cultura, no Rio, para o de chefe da sucursal brasiliense. No primeiro dia de trabalho na capital, Kamel almoçou com o deputado Francisco Dornelles. O parlamentar contou que tinha conversado dois dias antes com d. Eugênio Salles, cardeal-arcebispo do Rio. Segundo o deputado, d. Eugênio estava preocupado com a corrupção no governo, comandada pelo presidente e por Paulo César Farias. Ao voltar para a sucursal, o jornalista brincou com um amigo: "Já temos a manchete: 'Cardeal denuncia esquemão Collor-PC'". Para se apresentar como novo chefe de *O Globo*, Kamel percorreu os ministérios e conversou com diversos parlamentares. Impressionou-o o descompasso entre o que a imprensa publicava sobre o governo e o que os políticos falavam dele, com a condição de não serem identificados. Eles davam como certo que ministros e o próprio Planalto organizavam negociatas.

Ali Kamel foi convidado pelo deputado Cleto Falcão, líder do PRN na Câmara, a almoçar em sua casa num sábado, quando oferecia uma concorrida feijoada, frequentada pelo primeiro escalão do governo, políticos, áulicos e, várias vezes, pelo presidente da República. Kamel constatou que o núcleo central do governo estava longe de ser integrado por gente bem formada, aguerrida, inteligente ou séria. Os próximos de Collor, notou, bebiam em excesso e falavam impropriedades. Cleto Falcão lhe mostrou a casa e deu o preço, em dólares, de cada móvel e enfeite. Jactou-se de ter cortado sessenta árvores do jardim de uma tacada só. Apontou-lhe os tapetes persas, informou quanto haviam custado e disse: "São novinhos em folha". A família de Kamel comercializava tapetes, e ele sabia que os persas aumentavam de valor quanto mais velhos fossem. João Santana, o ministro da Infraestrutura, compareceu à feijoada vestindo calção alaranjado, camiseta de malha grudada ao corpo, tênis, e uma bolsinha presa na cintura. Quando alguém mencionou críticas que vinham sendo feitas a ele na imprensa, Santana explicou o motivo. "Sou jovem, tenho 34 anos, solteiro, tenho um rosto bonitinho, sou ministro poderoso, já sabia mesmo que ia enfrentar certos problemas", brincou. "É tudo inveja."

Noutra ocasião, Ali Kamel almoçou com Cláudio Vieira. O secretário particular de Collor sacou de seu cachimbo, exibiu o socador de fumo e informou que era de ouro. Baixo, barrigudo, terno desconjuntado, com dentes maltratados, o responsável pelas verbas publicitárias do governo parecia uma caricatura. Embalado por várias doses de uísque, ele lembrou histórias suas e de Paulo César Farias do tempo em que estudaram juntos no seminário e pensaram em se ordenar padres. "O PC, com aquela megalomania, só pensava em ser papa", falou, escancarando uma gargalhada. Contou que uma vez tomou três garrafas do vinho da igreja do seminário. "Comi três hóstias como tira-gosto", disse, durante o almoço. "Vomitei tudo na cara da minha mãe assim que cheguei em casa. Aquele cheiro de vômito levou muito tempo para desaparecer." Vieira contou também das boates que frequentava em Brasília, das "mulherzinhas" que o cargo lhe permitia "comer", e saiu do almoço zonzo, de tanto que bebeu.

Algo do ambiente da República de Alagoas aclimatada a Brasília foi contado numa reportagem de *Veja*. Numa tarde de terça-feira em que não havia muito o que fazer, Eduardo Oinegue, chefe da sucursal de Brasília, e o editor assistente Expedito Filho visitaram Cleto Falcão em sua casa, à beira do Lago Norte. Encontraram um cenário montado: um píer reluzente, uma lancha e dois jet-skis na frente, uma motocicleta de quatrocentas cilindradas, duas ovelhas pastando no jardim e o deputado debruçado sobre o capô de um Opala último tipo, falando num telefone sem fio. "Você está querendo me roubar, eu quero 80%!", gritava Cleto Falcão a seu interlocutor. Oinegue e Expedito Filho caminharam até o píer e contemplaram a casa, recém-reformada, de quatrocentos metros quadrados, com cinco suítes. Mediram com passos o píer: ele tinha trinta metros. "Esse cara está roubando adoidado", disse Oinegue ao colega. O deputado terminou o telefonema e os chamou. Os jornalistas disseram que queriam fazer uma reportagem com ele, "o grande líder do PRN". O parlamentar estufou o peito e começou a desfiar as histórias dele. "Você está operando, Cleto? Está pegando comissão?", perguntou-lhe Expedito Filho. "Em on: não; mas em off: tenho marcado umas audiências", respondeu o líder do partido do presidente. Ele queria dizer, para constar na reportagem, que não pegava comissões, mas admitia, desde que não se publicasse que ele havia dito, que conseguia marcar audiências de empresários com ministros e o presidente. Fez uma contabilidade de suas despesas para os jornalistas, revelou que gastava quatro vezes mais do que ganhava como deputado, renovava seu guarda-roupa de doze ternos a cada seis meses, e que comprara uma chácara no Lago Sul por 300 mil dólares. Mas, a cada história, dizia: "Isso é off". Ou então: "Isso pode ser em on".

Os dois repórteres saíram da casa sem saber o que era on ou off, mas com a certeza de que tinham uma bela matéria. Renan Calheiros telefonou dias depois para Expedito Filho. Contou que Cleto Falcão estava preocupado: ele queria que *Veja* desse a matéria sobre ele, mas temia ser atacado. Expedito Filho e Oinegue marcaram um jantar com o líder. A confusão entre o que poderia ser atribuído a ele e o que podia ser contado pela revista continuou. No dia seguinte, na sucursal, os dois jornalistas escreveram tudo o que o deputado lhes dissera. Oinegue deu a papelada ao repórter Luis Costa Pinto, que todos chamavam de Lula, e o orientou: "Vai lá e diz ao Cleto que você vai fazer a entrevista. Combina com ele que não tem on e off: ele conta só o que quiser que se publique", disse. "Mas, pelo amor de Deus, Lula, faça ele confirmar todas essas histórias." Costa Pinto foi para a entrevista com Orlando Brito. O fotógrafo deu uma olhada no local e pediu ao deputado que estacionasse o Opala e a moto na frente da casa. Depois o fez sentar num sofá, no terraço. Fotografou-o em primeiro plano, tendo atrás o carro e a motocicleta, e, ao fundo, o píer, com um jet-ski. Costa Pinto fez a entrevista nos moldes que havia acertado com o chefe. Cleto Falcão confirmou todas as informações.

Publicada em novembro de 1991, a reportagem recebeu o título "Amizades milionárias" e o subtítulo "O deputado Cleto Falcão gasta mais do que recebe e conta que seus amigos pagam a conta". A matéria era toda costurada com frases do líder do PRN. Ele disse que saíra das eleições com dívidas de campanha de 1,3 milhão de dólares e tinha assinado 28 cheques sem fundo. "Eu devia uma vez e meia o meu patrimônio", falava o deputado na reportagem. "Estava quebrado, mas aproveitei a situação. Fui eleito, era íntimo do presidente e os amigos pagariam as dívidas." Os amigos, todos empresários, segundo ele, saldaram-lhe as dívidas e o presentearam com a reforma da casa, a chácara, o píer, o Opala, um Escort conversível, o salário de seus cinco empregados, os jet-skis e a lancha.

Com ajuda dos amigos, pretendia ainda dotar a casa de "uma sauna, uma piscina e uma prainha particular". Cleto Falcão revelou o nome de apenas um amigo: Paulo César Farias. PC comprara dele um terreno na via Expressa, em Maceió, onde queria construir a sede do seu jornal, *Tribuna de Alagoas*. Quando o deputado casou, Farias lhe deu de presente 230 garrafas de uísque Johnnie Walker, rótulo preto. A matéria se encerrava divulgando o apelido do deputado no Palácio dos Martírios, em Maceió: Clepto Falcão. "Acho que esse apelido tem algo a ver com cleptomania", era a última frase da reportagem, dita pela primeira-dama alagoana, Denilma Bulhões. Ela o proibira de entrar no palácio.

Difícil dizer quem se enfureceu mais com a matéria: se Cleto ou Collor. O presidente identificou de imediato a fanfarronice do deputado na reportagem e percebeu que ele queria se exibir. Já sabia que o líder do partido dele vinha agindo como lobista, e por isso ele rareara suas aparições nas feijoadas de sábado. Não moveu uma falangeta para defendê-lo. Cleto ficou apoplético. Fez um discurso na Câmara desancando *Veja* e abandonou o cargo de líder do PRN. O apelido de Clepto Falcão entranhou-se nele como uma cicatriz.

* * *

Ricardo Setti, editor executivo de *O Estado de S. Paulo*, ligou o computador numa tarde de novembro de 1991 e deparou com uma mensagem de duas palavras enviadas pelo chefe dele, Augusto Nunes: "Velho, acabou". Nunes tinha voltado naquela manhã de Porto Alegre, onde fora convidado por Nelson Sirotsky, presidente do grupo RBS, para dirigir a redação do jornal *Zero Hora*. Em São Paulo, contou a Júlio de Mesquita Neto e seu filho Júlio César que recebera a proposta de se transferir para Porto Alegre. Também disse que não estava encontrando um bom ambiente na empresa, pois era hostilizado de maneira permanente pelos filhos de Ruy Mesquita. Os donos do *Estadão* aceitaram o seu pedido de demissão sem fazer contraproposta.

Nunes ficou quatro anos à frente do *Estado*. Contratou bons profissionais, dinamizou a cobertura, entendeu-se bem com Mesquita Neto e promoveu junto com ele duas grandes modificações: a introdução da cor no jornal e o lançamento da edição de segunda-feira. Mesquita Neto resistiu à cor o quanto pôde, apesar de ter gasto 20 milhões de dólares para comprar as rotativas que mudaram o sistema de impressão. A empresa fez uma campanha publicitária, inclusive com propaganda na televisão, anunciando que o jornal começaria a ser rodado em cor numa segunda-feira. Na sexta-feira anterior, Mesquita Neto ainda tinha dúvidas. "Esse negócio de cor, não sei não, é preciso pensar melhor", disse a Setti numa reunião de rotina. "Se o *New York Times*, que é o melhor jornal do mundo, não tem cor, por que o *Estado* deveria adotá-la? Acho melhor adiar o lançamento." Apavorado, Setti contou a conversa a Nunes, que alcançou o patrão no elevador, de partida para o seu sítio. "Doutor Júlio, já está tudo pronto, inclusive os anúncios em cor", comunicou. "E os anunciantes detestam que a propaganda colorida saia em páginas em preto e branco." Mesquita Neto pensou um pouco e se resignou. "Então vamos imprimir em cor", disse.

A saída de Nunes foi provocada pela campanha que alguns dos filhos de Ruy Mesquita moveram contra ele, tendo como pano de fundo a oposição entre o *Estadão* e a Agência Estado. Mas existiam complicadores. Os jornalistas da empresa se dividiram: os do *Estado* contra os da Agência. No *Estadão*, encontrava-se o grupo contratado por Nunes, alinhado com ele, e a velha-guarda do jornal, que o criticava. Entre os Mesquita também havia hostilidades. Os filhos de Ruy tinham diferenças com o primo Júlio César e, para feri-lo, atacavam Nunes. Júlio de Mesquita Neto, querendo pacificar a família e os jornalistas, nomeou como diretor de redação Aluízio Maranhão, um paraibano de 42 anos que desde 1988 dirigia a sucursal do *Estadão* no Rio. Formalmente, era subordinado à Agência Estado, mas fora contratado por Nunes. Essa situação funcional lhe dava condições de transitar entre os grupos e subgrupos de jornalistas e Mesquitas, e ser benquisto por todos. Da perspectiva dos Mesquita, Maranhão tinha outra vantagem sobre Nunes, além da boa aceitação numa empresa dividida: era discreto, tímido até.

No final de outubro, Otavio Frias Filho viajou para Nova York a fim de receber o Prêmio Maria Moors Cabot de Jornalismo, da Universidade Columbia. O prêmio fora inicialmente destinado a Octavio Frias de Oliveira, mas ele escreveu uma carta à universidade pedindo que o filho o recebesse. Explicou que Frias Filho, além de diretor de redação da *Folha*, estava sendo processado pelo presidente. Gilberto Dimenstein, diretor da sucursal do jornal em Brasília, viajou no mesmo avião. Dividiu um táxi com Frias Filho do Aeroporto JFK até Manhattan. Conversaram sobre uma nota de redação que a *Folha* publicara três semanas antes em resposta a um protesto de Cláudio Humberto. "O comportamento inadequado, irregular, patético do porta-voz se reveste agora de tons desesperados, em sintonia com um governo em pleno naufrágio e que parece clamar por uma só solução: o impeachment", dizia a nota. O chefe da sucursal de Brasília fora consultado e dissera ser contra a menção ao afastamento do presidente por crime de responsabilidade. Para ele, a defesa da destituição deveria ser feita num editorial de primeira página, e não no final de uma resposta a Cláudio Humberto. Isso se fosse o caso de advogar o afastamento de Collor, o que Dimenstein considerava incorreto. Não havia evidências factuais e comprovadas de que o presidente tivesse cometido um crime capaz de justificar a abertura de um processo no Legislativo contra ele. O jornalista achava que, ao defender o impedimento, Frias Filho pudesse estar se deixando influenciar além da conta pelo processo de Collor contra o jornal. O diretor de redação ouviu as ponderações de Dimenstein e respondeu: "Com o tempo você vai ver que a nota está certa".

29. REDE GLOBO

O pediatra Alceni Guerra realizou aos 43 anos o sonho de sua vida: ser ministro da Saúde. Aceitara a imposição de que Luís Romero Farias fosse o secretário-geral dele. Vigiava o irmão de Paulo César Farias de perto, mas ele não lhe trazia problemas: era sério e trabalhava direito. Encontrara com PC uma meia dúzia de vezes no primeiro ano de Ministério. Foram encontros sociais, ou ao acaso, em hangares de aeroportos. Farias sempre pedia algo: que nomeasse fulano ou recebesse sicrano. Como o fazia informalmente, Alceni não o atendia. O ministro vivia em lua de mel com a imprensa. Não montou uma assessoria grande. Preferia receber os repórteres que conhecera no Congresso e os que cobriam o Ministério. Criou canais com os chefes de sucursal em Brasília e com as direções dos principais órgãos de imprensa. Conversava regularmente com Roberto Marinho e seus filhos Roberto Irineu e João Roberto, e eles nunca lhe pediram nada. Sempre que viajava, uma equipe da Rede Globo o acompanhava e fazia reportagens simpáticas. Collor gostava de Alceni. Achava-o inventivo e capaz. Colocou-o à frente de um segundo Ministério, o da Criança. Também o usava para lidar com parlamentares. Ex-deputado, Alceni negociava bem as solicitações de congressistas. Tudo ia bem até a quarta-feira, 19 de dezembro de 1990, quando o presidente lhe disse, num despacho no Palácio do Planalto:

— Tenho um compromisso internacional com data e local marcados: a Eco 92, no Rio de Janeiro. Será o evento mais importante do meu mandato, e o governador eleito do Rio só aceita dialogar com o governo através de você.

Alceni Guerra percebeu a enrascada em que podia se meter. A Conferência Internacional das Nações Unidas para Ecologia, reconhecia, poria o Brasil e Collor no noticiário internacional. Mas ele não queria ser o elo do Planalto com Leonel Brizola, recém-eleito governador do Rio. Não porque tivesse algo contra o pedetista. E sim porque sabia que Roberto Marinho era inimigo de Brizola. Ao se aproximar do governador, correria o risco de ser hostilizado pela Globo.

— Acho melhor o senhor passar essa missão para o Chiarelli — disse Alceni, tentando empurrar o abacaxi para o ministro da Educação.

— Não, tem que ser você, Alceni — insistiu o presidente. — Você sabe conversar com políticos, tem bom trânsito com todos os partidos no Congresso.

— Mas o senhor sabe o que vai acontecer comigo?

— Não se preocupe: o doutor Roberto será informado da sua missão.

O ministro passou o Natal com sua mulher, Ângela, e os quatro filhos numa fazenda no Mato Grosso. Fumou quase uma caixa inteira de charutos, matutando como poderia convencer Brizola a colaborar com o governo sem atrair a ira de Roberto Marinho. Chegou a uma fórmula: teria um contato curto e limitado com Brizola, o aproximaria do presidente e sairia rápido de cena.

No começo de janeiro, Alceni viajou para o Rio. Tinha um encontro com Brizola às nove horas da manhã. Saiu do hotel Rio Palace, no Leme, e andou até o apartamento do governador eleito, em Copacabana. Foi recebido com um sorriso largo e um aperto de mão caloroso.

— Soube que o amigo é gaúcho — disse Brizola.

— Sou de Soledade, governador.

— Então nascemos à distância de uma copa de árvore, chê.

Brizola elogiou o governo Collor no geral e, especificamente, a gestão de Alceni na Saúde. "Mas está faltando algo para as crianças e os velhos, algo que seja marcante", disse. "Se o governo desenvolver algum projeto nesse sentido, serei um parceiro." Brizola e Alceni desceram para o calçadão e toparam com cerca de trinta repórteres. O governador eleito deu entrevistas enaltecendo o ministro e o presidente. Na volta para Brasília, Alceni anotou na sua agenda tudo o que falaram na reunião. Relatou a conversa a Collor, que ficou satisfeito com o que ouviu. O segundo encontro do ministro e do governador foi na serra fluminense, na casa de campo de Pedro Valente, o homem de Brizola para a área de Saúde. O governador falou durante seis horas, tomando vinho. Contou histórias de sua infância em Carazinho e do "Velho Getúlio", como dizia. Analisou a história do Brasil e a correlação de forças internacional.

No dia da posse dos governadores, em março, Collor escalou Alceni para representá-lo na solenidade em Salvador. O ministro almoçou no Palácio de Ondina com o governador empossado, Antônio Carlos Magalhães, seu filho Luís Eduardo e Roberto Marinho. Foi bem tratado. Não se falou de Brizola.

Collor convocou Alceni para uma audiência. O ministro estava na antessala do gabinete presidencial quando Brizola chegou e foi atendido primeiro. O ministro se resignara a esperar quarenta minutos, mas foi chamado antes. O presidente entregou-lhe um caderno espiral, com textos, plantas e projetos arquitetônicos. Era um plano de construção, até o final de 1994, de 5 mil escolas integradas, nos moldes dos CIEPs que Brizola erguera em sua primeira passagem pelo governo fluminense. "Este vai ser o grande projeto do meu governo", disse Collor. "Vamos fazer uma revolução na educação." Ele encarregou o ministro de transformar o plano em realidade. Garantiu que não lhe faltariam verbas. "Tudo tem que ser feito na maior correção, você tem que conferir até as vírgulas dos centavos dos contratos", alertou o presidente. "Não pode haver qualquer suspeita quanto à lisura das concorrências e construções."

A reação de Alceni Guerra ao plano foi ambígua. Entusiasmou-se com a ideia de construir as escolas, batizadas de Centros Integrados de Assistência à Criança, CIACs. Mas tinha medo da reação da Globo. Pensou em dizer a Roberto Marinho e a seus filhos que estava do lado deles. Se não concordassem com os CIACs, tocaria o projeto a passo de tartaruga. Mas concluiu que isso seria uma traição a Collor, que o prestigiava, o ajudava e o incumbia de realizar missões que demonstravam sua confiança nele. Ele foi encarregado, por exemplo, de tirar um projeto assistencialista do âmbito da LBA para tomá-lo sob sua responsabilidade. "Faça isso sem que a Rosane perceba", pediu-lhe Collor. Rosane, no entanto, percebeu, e começou a falar mal de Alceni. O ministro não a defendeu quando ela foi atacada na imprensa.

O ministro decidiu encaminhar a edificação dos CIACs, ao mesmo tempo que tentava reforçar os laços com a Globo. Solicitou a Jorge Bornhausen, do PFL, que o apresentasse a Jorge Serpa. Passou a se encontrar mais com Roberto Marinho. Collor pedia que relatasse com detalhes suas conversas com o dono da Globo. Nada disso adiantou.

Responsável final pela construção de 5 mil prédios e dispondo de uma verba de 4 bilhões de dólares, o ministro foi procurado pelas empreiteiras. Um grupo delas lhe ofereceu 14 milhões de dólares por fora, a serem pagos em três parcelas: a primeira no ato, a segunda quando lançasse sua candidatura ao governo do Paraná, em 1994, e a terceira durante a campanha eleitoral. Ele recusou a oferta. Brizola ensinou Alceni a lidar com os construtores. "Os CIACs têm que ser construídos pelas grandes", disse. "Porque se não estiverem no negócio, elas vão te derrubar. As empreiteiras controlam a imprensa. E a imprensa vai te atacar de todas as formas." O governador prosseguiu na sua aula: "Há políticos que fazem caixinha e há os que passam a bandeja. Os que fazem caixinha são desprezíveis: querem enriquecer com a política. Eu sei que tu não fazes caixinha. O fato de estarmos conversando hoje é porque sei quem tu és. Na tua eleição, mande alguém passar a bandeja para os grandes empresários: eles irão colaborar". Na primeira avaliação técnica do Ministério, estabeleceu-se que o governo pagaria às empreiteiras quatrocentos dólares por metro quadrado construído de CIACs. Alceni mandou os engenheiros e especialistas refazerem o projeto, com o propósito de diminuir os valores. Conseguiu que o preço do metro quadrado caísse para 218 dólares. À exceção da Andrade Gutierrez, as grandes empreiteiras não se conformaram com o preço baixo e boicotaram a licitação.

No domingo, 23 de junho, *O Globo* avaliou a gestão de Alceni no Ministério da Saúde. A reportagem foi dividida em cinco matérias, cujos títulos resumem bem o enfoque do jornal: "Ministro da Saúde foge da doença"; "Investimento de 4% do PIB é pouco"; "AZT chega tarde e não atende a demanda"; "Cooptar deputados, uma ação prioritária"; "Apesar da promessa, as filas continuam". Alceni creditou os ataques à sua aproximação com Brizola.

Collor visitou Roberto Marinho na casa dele em Angra e falaram sobre Brizola. Sentados os dois sozinhos na praia, a meio caminho entre a casa do dono da Globo e a de seu filho João Roberto, Roberto Marinho disse:

— Estou desapontado, presidente. O senhor não deveria ter se aliado ao Brizola.

— Mas, doutor Roberto, o Brizola tem votos e se elegeu porque o Rio foi marginalizado pelos governos federais anteriores. Se eu continuar a marginalizá-lo, ele ficará cada vez mais forte — disse Collor.

Nos encontros com o presidente, Brizola era detalhista. Levava planilhas para mostrar como estavam sendo gastos os empréstimos concedidos pelo governo federal. Exibia fotos, tiradas no dia anterior, das obras da Linha Vermelha. Queria demonstrar que o dinheiro estava sendo bem gasto. Numa ocasião, ao sobrevoarem o Rio de helicóptero, o governador chamou a atenção do presidente para uma enorme obra em Jacarepaguá, onde a Rede Globo construía um complexo de estúdios, e disse: "Há que se tirar o chapéu para o doutor Roberto: na sua idade, ele ainda tem disposição para tomar iniciativas desse porte". Collor telefonou a Roberto Marinho e contou o comentário de Brizola. Seu objetivo era fazer a boa intriga, mostrar que o governador louvava o espírito realizador do empresário. Roberto Marinho, que atendia uma outra ligação, ouviu a história e disse ao presidente que telefonaria em seguida. "O que ele falou mesmo?", perguntou minutos depois. "Será que estava sendo sincero?" O presidente respondeu que sim.

Mas não havia força capaz de fazer Roberto Marinho deixar de considerar Brizola seu inimigo. Ele almoçara com Brizola durante o primeiro mandato deste como governador. Achava que estabelecera uma boa relação com ele, apesar de divergirem politicamente. Mas na campanha presidencial de 1989 Brizola transformara a Globo em ponto de seu programa. Usou a empresa como símbolo da concentração de poder no Brasil. Repetiu dezenas de vezes que a primeira medida dele no Planalto seria acabar com o "monopólio" da Globo. Para Roberto Marinho, *O Globo* e a Rede Globo não eram extensões de sua vida: eram a sua própria vida. Herdara a publicação, mas tinha consciência de que fora ele o responsável pela consolidação e projeção do jornal. Quanto à Rede Globo, quando a criou, pediu aos irmãos que entrassem no projeto. Eles não quiseram e Roberto Marinho a construiu com o próprio dinheiro. Associou-se ao grupo Time-Life, e Assis Chateaubriand moveu uma intensa campanha contra o acordo com a empresa americana. Foi criada uma Comissão Parlamentar de Inquérito para investigar o assunto, e Roberto Marinho foi levado a depor no Congresso. A CPI considerou o negócio regular. A Globo deu prejuízo durante anos, ao longo dos quais o empresário comprou mais emissoras de televisão. Os americanos pararam de investir na empresa, e o jornalista recorreu a José Luiz de Magalhães Lins, do Banco Nacional, e a Walther Moreira Salles, do Unibanco, para conseguir empréstimos. Estava endividado quando rompeu com o grupo Time-Life, em 1969. Comprou a parte dos americanos na Globo por quase 4 milhões de dólares. Tomou a quantia emprestada do Citibank, com o aval do Banco do Estado da Guanabara. O BEG exigiu uma hipoteca de todos os bens de Roberto Marinho, da casa no Cosme Velho a suas empresas. Se a Rede Globo fracassasse, perderia tudo. Triunfou. Não seria Brizola que iria destruí-lo.

O antagonismo de Roberto Marinho com Brizola não era uma guerra sem quartel. O empresário não admitia ataques pessoais. Uma das maiores broncas que deu em Alberico Souza Cruz teve por motivo uma entrevista, exibida no *Fantástico*, na qual Neuzinha Brizola criticava o pai. "Dê um desmentido", disse o patrão ao diretor da Central Globo de Jornalismo, que estava viajando e não autorizara a entrevista. O empresário se queixou da aliança entre Brizola e Collor ao diretor. "O presidente não tinha direito de fazer isso comigo, o grande aliado dele", lamentou. Souza Cruz falou com o presidente sobre o governador do Rio e a Globo. "O senhor está tratando mal quem te trata bem", disse o jornalista a Collor, referindo-se ao patrão.

355

O governo fez uma campanha publicitária dos CIACs. Cláudio Vieira destinou anúncios sobre eles para a Rede Globo, que se negou a levá-los ao ar. Vieira teve uma reação colérica. "Vou quebrar a Globo", declarou ele a Lafaiete Coutinho. "A partir de agora, vou dar força ao SBT." Coutinho pediu-lhe calma. Ligou para Antônio Drummond, diretor da Globo em Brasília, e relatou o problema. O diretor investigou o caso e disse a Coutinho que a emissora não havia recusado a propaganda. Os anúncios seriam exibidos. Explicou que eles excediam o tamanho-padrão adotado pela emissora. A Globo precisava apenas de um prazo maior para poder encaixá-los na programação.

Quando Zélia deixou o Ministério, Chico Anísio a convidou a comparecer ao seu programa, *Escolinha do Professor Raimundo*. Collor soube e telefonou para o presidente do Banco do Brasil.

— Lafaiete, quero ver qual é o seu poder de fogo na Globo — disse o presidente. — Gostaria que os anúncios do CIAC fossem ao ar logo antes e logo depois de a Zélia aparecer na *Escolinha do Professor Raimundo*.

— Essa é difícil, presidente, mas vou ver o que é possível fazer.

Coutinho localizou João Roberto Marinho em Angra. Disse-lhe pelo telefone o que o presidente queria. O vice-presidente da Globo respondeu que era difícil atender o pedido. As retransmissoras tinham um planejamento de exibição de anúncios definido com grande antecedência. Não se podia mudar a propaganda em cima da hora. Mas se propôs a investigar a questão. Ligou para Coutinho horas depois. Informou que poderia colocar um dos anúncios. Coutinho agradeceu e avisou o presidente. Collor cumprimentou o presidente do Banco do Brasil com uma brincadeira: "Mas só um anúncio, Lafaiete?".

A aproximação entre Brizola e Alceni Guerra tomou rumos internacionais. O ministro havia determinado que Luís Romero Farias comprasse um lote de vacinas de Cuba. O irmão de PC viajara para Havana e negociara a importação com o próprio Fidel Castro baseando-se nos termos definidos por Alceni: desconto de 50% no preço e a transferência da tecnologia de produção das vacinas para o Brasil. O acordo fora feito, mas as verbas para a importação ainda não tinham sido liberadas quando Brizola procurou Alceni. O governador do Rio disse que Fidel estava precisando de 150 milhões de dólares com urgência. Perguntou se não daria para comprar vacinas cubanas em quantidade suficiente para atingir esse valor. O ministro ficou de ver o assunto. Pouco depois foi chamado por Collor. O presidente quis saber se falara com Brizola sobre Cuba e perguntou: "É possível fazer a importação?". Era, desde que o governo liberasse a verba, respondeu Alceni. A verba saiu.

Alceni Guerra foi pressionado a nomear João Mata Pires para cuidar das licitações da Fundação Nacional de Saúde. João era irmão de César Mata Pires, um dos três donos da empreiteira baiana OAS, por sua vez casado com uma filha de Antônio Carlos Magalhães. Alceni falou com o deputado Luís Eduardo Magalhães. Ambos do PFL, eles haviam sido deputados juntos e eram amigos. O ministro lhe disse que não poderia nomear um homem ligado a uma empreiteira para cuidar de licitações. "Você é para mim um irmão", respondeu-lhe Luís Eduardo. "Mas cometeu um erro fatal: agora você mexeu com a família."

Com notícias cada vez mais frequentes de PC, o nome de Luís Romero Farias começou a aparecer junto do nome do irmão na imprensa: era automaticamente colocado ao seu lado. "Luís, você é a vitrine do ministério", disse-lhe Alceni. "Não tenho absolutamente nada contra você, mas preciso que deixe o cargo: você está atraindo a ira da imprensa." Luís Romero se sentiu injustiçado, mas entendeu as razões do ministro e concordou em sair. Fez um pedido a Alceni: que dissesse a seus irmãos por que ele estava se demitindo. Todos os Farias, exceto PC, foram ao gabinete do ministro, que explicou a situação e elogiou o demissionário.

No dia 19 de outubro de 1991, Collor teve uma conversa a sós com Alceni na Casa da Dinda. O presidente o aconselhou a não disputar a eleição para governador do Paraná, em 1994. "Você deve pensar o seu futuro em termos nacionais", disse. Recomendou que ele começasse a conversar com diretores da FIESP e da Confederação Nacional da Indústria. Deveria falar com juízes do Supremo Tribunal Federal e com os ministros militares. Precisaria ter boas relações com Antônio Carlos Magalhães. O plano do presidente era aprovar uma emenda constitucional e instituir o parlamentarismo em 1993. Alceni sentiu que Collor o queria como seu sucessor no Palácio do Planalto.

Menos de dois meses depois, o plano esboroou. Alceni havia contratado sem licitação uma empresa paranaense, a Masters, para acompanhar a construção dos CIACs. A firma não existia. Fora formada às pressas por amigos seus, em cuja honestidade ele confiava, para supervisionar o trabalho das empreiteiras. Na imprensa, a contratação apareceu como uma tramoia destinada a beneficiar amigos de sua base eleitoral. Em dezembro, o *Correio Braziliense* estampou uma manchete dizendo que o Ministério da Saúde comprara bicicletas superfaturadas. O Ministério fizera uma concorrência para equipar 30 mil agentes de saúde, 7 mil na Amazônia e 23 mil no Nordeste, a fim de combater uma epidemia de cólera. Vinte e três mil e quinhentos dos agentes andariam de bicicleta, com mochilas nas costas e guarda-chuvas. Três empresas disputaram a concorrência: a Monark, de São Paulo, a Balfar Móveis e a Lojas do Pedro, ambas de Curitiba. A Balfar e a Monark foram desclassificadas. A primeira porque tinha dívidas com o INSS. A Monark porque usou um índice para calcular a inflação e reajustar preços que não era permitido pelo edital da licitação. Venceu a Lojas do Pedro, que na verdade entrara na concorrência associada à Caloi, a qual não podia disputá-la diretamente porque também tinha dívidas com a União. O *Correio* descobriu que o Ponto Frio de Brasília vendia bicicletas a preços mais baixos que os da Lojas do Pedro. Alceni se defendeu dizendo que a diferença de valores se justificava pelas distorções da inflação. Determinou que uma auditoria avaliasse a concorrência. Fez mais: para deixar claro que não temia investigações, mandou que a auditoria analisasse todas as operações promovidas pelo Ministério da Saúde nos últimos cinco anos. Os auditores encontraram mais de vinte irregularidades, que rapidamente ganharam as páginas de jornais e revistas. Para dificultar ainda mais a defesa do ministro, a concorrência das bicicletas fora promovida por dois de seus amigos do Paraná, Nelson Emílio Marques, vice-presidente da Fundação Nacional de Saúde, e Carlos Alberto Pastro, diretor financeiro da entidade.

O *Jornal Nacional* vinha tratando as denúncias contra o governo com discrição. Considerava-se, na direção da emissora, que a enorme audiência do telejornal e a desvantagem da televisão em relação à imprensa escrita em termos de capacidade de explicação das minudências das licitações recomendavam a prudência. As reportagens do *JN* sobre as irregularidades no Ministério da Saúde, no entanto, fugiram a esses padrões. Foram incriminatórias e irônicas. Numa delas, o repórter Alexandre Garcia foi mostrado pedalando uma bicicleta enquanto segurava um guarda-chuva.

Collor falou com Alceni sobre o que definiu como "campanha" da Globo contra o ministro. Disse que os ataques da Globo poderiam estar misturando questões políticas, como a rixa entre Roberto Marinho e Brizola, com outras, pessoais. O ministro afirmou que estava sendo vítima da Globo porque cumprira a determinação do presidente e se aproximara do governador do Rio.

— Sim, mas e a Rita Camata? — perguntou Collor.

— Não tenho nada com ela, presidente.

— Você desculpe eu mencionar isso, Alceni, mas você deve tomar cuidado com esse assunto.

A deputada Rita Camata era amiga de Alceni e de Alberico Souza Cruz. Collor desconfiava que a virulência dos ataques do *Jornal Nacional* pudesse ser explicada pela disputa entre o jornalista e o ministro pela primazia no afeto da deputada.

A auditoria no Ministério concluiu que nenhuma ilegalidade fora cometida na concorrência das bicicletas. Nem por isso o noticiário da Globo amainou. Todas as noites o *Jornal Nacional* trazia reportagens sobre irregularidades no Ministério da Saúde. Alceni foi procurado pelo general Agenor Homem de Carvalho, chefe do Gabinete Militar da Presidência.

— O presidente está dizendo que a exposição do senhor na imprensa está insuportável. É preciso anular a licitação — disse o oficial.

— Mas, general, a auditoria atestou que ela foi regular.

— Mas a situação na imprensa está insustentável, é melhor cancelar a licitação — insistiu o general.

Alceni anulou a concorrência. Estava abalado física e psicologicamente. Emagrecera dez quilos em pouco mais de um mês. Desenvolvera uma virose de fundo nervoso. Seus filhos não queriam ir à escola porque eram gozados e provocados pelos colegas. Leonel Brizola telefonava quase todos os dias ao ministro. "Não tenha dúvidas: eles te atacam mas querem atingir a mim e ao teu presidente", disse certa vez.

Na manhã de sábado, 7 de dezembro, Alceni passou pelo Ministério. Levou junto seu filho Guilherme, de doze anos. Na ida de carro, o menino pediu que fossem depois ao Parque da Cidade andar de bicicleta, como faziam nos fins de semana. Na porta do Ministério, repórteres fizeram perguntas sobre a licitação. Alceni ficou sem fala, engasgado, com lágrimas nos olhos. Entrou no Ministério, lavou o rosto e se acalmou. Na saída, foi novamente abordado pelos jornalistas. "Os órgãos de imprensa estão fazendo uma marcação implacável sobre mim", queixou-se. "É uma campanha insidiosa." Interrompeu a entrevista chorando. Guilherme chorou também. Pai e filho foram para o parque e alugaram uma bicicleta dupla. Os repórteres os fotografaram e perseguiram. Apearam da bicicleta e sentaram no meio-fio. Alceni avisou que só se moveriam dali quando os jornalistas fossem embora. Os repórteres se retiraram e o ministro voltou para casa.

Na segunda-feira, *O Globo* publicou uma charge de Chico Caruso. Ela mostrava Alceni e Guilherme na bicicleta dupla, com uma tarja preta cobrindo os olhos do menino, como se ele fosse um menor delinquente. O ministro ficou chocado: deu-se conta de que envolvera o filho numa disputa política. Estava indo para o trabalho quando o telefone do carro ministerial tocou. Era Collor. "Alceni, o que vou te dizer não é um conselho ou uma sugestão, é uma ordem: não comente, não faça referências, não diga nada sobre a charge do *Globo* de hoje, e venha às quatro horas ao meu gabinete." No Planalto, o presidente lhe disse que não deveria ter exposto o filho a "esses canalhas". Fora um erro ter andado com o menino de bicicleta, afirmou. Aconselhou-o a agir como ele fizera quando *O Globo* publicou a charge de Caruso com Rosane vestida de presidiária: não comentá-la e muito menos revidá-la. "Não se pode ir contra o humor", afirmou.

Demitida da presidência da Fundação Nacional de Saúde, Isabel Stéfano depôs na Polícia Federal em meados de janeiro. A PF havia aberto um inquérito para investigar desonestidades no Ministério e na Fundação. Ela disse no depoimento que, ao convidá-la para presidir a entidade, Alceni a orientou a deixar todas as responsabilidades pela administração a cargo de seus amigos Nelson Marques e Carlos Pastro. Isabel Stéfano contou que conversara cinco vezes com o ministro sobre as suas suspeitas de que estaria havendo favorecimentos de empresas e superfaturamento nas licitações. Ela mandou uma auditoria examinar algumas das concorrências. A auditoria concluíra que certas licitações continham irregularidades, e indicava que Marques e Pastro eram os responsáveis. Em 21 de novembro, Isabel Stéfano encaminhou ao ministro o documento dos auditores. Alceni nunca respondeu a comunicação, declarou Isabel, que a protocolara oficialmente.

Dias depois, Pedro Paulo Leoni Ramos, secretário de Assuntos Estratégicos, passou de manhã no gabinete de Alceni. "Só se falou de você hoje na reunião das nove", disse ele ao ministro da Saúde. "Precisamos tomar uma decisão." Combinaram almoçar naquele mesmo dia, na casa de Leoni Ramos. Assim que sentaram à mesa, Alceni perguntou:

— Você acha que eu devo sair do ministério?

— Acho — respondeu Leoni Ramos.

— E o presidente?

— Ele também acha que você deve sair.

— Então eu vou sair. Irei à tarde falar com ele.

Alceni passou depois do almoço em casa para anunciar a decisão à sua mulher. Ângela defendeu que deixasse o Ministério. A conversa com o presidente foi difícil. Ambos estavam emocionados. Collor gostava de Alceni, admirava o que fizera na Saúde, lamentava perdê-lo, mas achava que ele havia errado e o recriminou:

— Você não podia ter feito isso comigo. Eu entreguei toda a área social do governo, o ministério da Saúde e o da Criança, o meu maior projeto, o dos CIACs, e você colocou tudo a perder.

— Mas, presidente, o senhor acredita que eu sou culpado?

— Todas as indicações são de que você é inocente, mas isso não basta. Você confiou em quem não devia confiar.

— Eu confiei em quem eu confio, presidente.

— Você se deixou envolver pelos seus amigos, provocou atritos com a imprensa e pôs tudo a perder — disse Collor, e completou o raciocínio com uma menção a Rita Camata.

O presidente pediu que não atacasse aqueles que o pressionaram a se demitir. Levantaram-se. Trocaram um forte aperto de mão. Collor falou:

— Você me conhece, Alceni. Você tem maturidade para guardar o que te digo agora: isto não é um adeus, é um até-breve.

A queda do ministro foi comemorada por funcionários da Fundação Nacional de Saúde. Eles soltaram fogos de artifício. Pintaram uma faixa recomendando que Alceni procurasse emprego na Lojas do Pedro. Organizaram um jantar de confraternização num restaurante de Brasília. *O Globo* publicou uma matéria intitulada "O ABC das fraudes: de A a Z, todas as irregularidades do ministério", na qual registrou incorreções na gestão de Alceni com todas as letras do alfabeto.

Alceni não se calou. Em entrevistas, responsabilizou a Globo e Antônio Carlos Magalhães pela sua queda. "Houve o bombardeio contra o projeto dos CIACs pela Rede Globo, depois a campanha contra mim. Durante sessenta dias eles me massacraram e negaram espaço para a minha defesa. São 60 milhões de pessoas assistindo aquilo, meus filhos, meu pai. Eu me senti esquartejado, impotente. Foi uma campanha orquestrada", disse à *Folha*. "Antônio Carlos Magalhães é o grande vitorioso nessa parada. Eu sou o derrotado", declarou ao *Estado*, e completou: "O doutor Roberto Marinho é como um cidadão que tem uma BMW de doze mil cilindradas em uma autoestrada alemã. É uma grande máquina, um grande piloto e uma legislação absolutamente livre. Enquanto não houver uma legislação que possa determinar a velocidade máxima e guardas suficientes para fiscalizar, ele vai andar com a velocidade máxima". Ao *Jornal do Brasil*, sustentou que "muitas das acusações que me foram feitas envolvem as empresas da família do governador", referindo-se a Antônio Carlos. E esclareceu que a OAS, a empreiteira de propriedade de um genro de ACM, liderou o boicote à construção dos CIACs. Roberto Marinho não comentou as acusações. Antônio Carlos Magalhães, sim.

"Não discuto os atos do presidente, mas louvo quando ele retira um corrupto", disse. Também chamou o ex-ministro de "lixo".

No Dia dos Pais, Sofia, a filha de Alceni de quatro anos, participou de uma festa na escola. Ela se vestiu de terno e gravata para homenagear o pai. O ex-ministro compareceu à comemoração. Encontrou Sofia no pátio, segurando um cartaz de cartolina. No meio do cartaz havia uma grande foto de Alceni, recortada de *Veja*. Ao redor dela, manchetes da imprensa acusando Alceni. Ele quis tirar satisfações com as professoras. Sua mulher o impediu e o forçou a sair da escola.

Em outubro daquele ano, o procurador geral da República, Aristides Junqueira, telefonou para Alceni Guerra. "Mandei refazer as diligências quatro vezes e concluí que o senhor não cometeu crime de prevaricação nem de corrupção", disse Junqueira. O parecer do subprocurador Mardem Costa Pinto informava que não havia provas de que Alceni soubesse das compras da Fundação Nacional de Saúde e pedia o arquivamento do inquérito. Junqueira submeteu o relatório à apreciação de todos os subprocuradores, que concordaram, por unanimidade, com o seu arquivamento. Nelson Marques e Carlos Pastro foram indiciados num processo da Justiça Federal. Marques teve quatro infartos. Morreu negando que tivesse feito algo de desonesto na Fundação Nacional da Saúde.

* * *

No mesmo período em que Alceni Guerra era derrubado do Ministério, o processo do presidente contra a *Folha* se aproximava do desenlace. Luis Francisco Carvalho Filho havia arguido a suspeição do juiz encarregado de julgar o caso, João Carlos da Rocha Mattos. O advogado fundamentou sua alegação em três elementos. Rocha Mattos havia aberto o segundo processo contra o jornal porque a *Folha* tinha republicado as notas do Painel Econômico, mas deixara de fazer o mesmo contra *O Globo* e *Veja*, que também as reproduziram. Em segundo lugar, Carvalho Filho descobrira que o juiz se referira à *Folha*, em outra ocasião, como "tendenciosa". Por fim, o juiz abrira um inquérito contra um repórter do jornal, Cláudio Tognoli. Carvalho Filho e José Carlos Dias foram a Rocha Mattos, disseram que não tinham nada pessoal contra ele, expuseram os três elementos e arguiram a sua suspeição. Ou seja, defenderam que ele abandonasse o caso por considerá-lo suspeito. O juiz lhes pareceu perplexo com o pedido. Rocha Mattos não tomou a decisão de abandonar o caso, mas o repassou para outro juiz da Quarta Vara, Nelson Bernardes de Souza.*

A mudança do juiz provocou sobressalto entre os advogados da *Folha*: eles não conheciam Bernardes de Souza, não sabiam as suas inclinações e seus parâ-

---

* Em 2008, João Carlos da Rocha Mattos foi expulso da magistratura, pelos termos da decisão, por "conduta incompatível com o que se espera de um juiz federal". Foi também condenado pelos crimes de formação de quadrilha, denunciação caluniosa, lavagem de dinheiro e abuso de autoridade. Ficou preso mais de cinco anos.

metros de julgamento. Logo se tranquilizaram. Acharam que ele era rigoroso e sério. Carvalho Filho fez um prognóstico para Otavio Frias Filho: ele seria absolvido, mas provavelmente o juiz não se comprometeria com o conteúdo da causa, ou daria um jeito de remetê-lo à instância superior. O advogado, apreensivo, decidiu acompanhar o processo de perto. Todos os dias mandava um estagiário do escritório ir à Quarta Vara da Justiça Federal. Queria saber se o juiz tinha feito alguma requisição ou se havia algum documento novo sobre o caso. O estagiário se enfronhou na repartição. Descobriu que a sentença ficara pronta quando ela ainda estava sendo datilografada.

Nas 85 páginas da sentença, escrita com elegância, Bernardes de Souza historiou o processo, notou uma série de imprecisões técnicas na acusação e fundamentou os motivos de sua decisão. O juiz discutiu a definição de "mentira". Recorreu a uma distinção formulada por Montaigne: "Sabe-se que os gramáticos estabelecem uma diferença entre dizer uma mentira e mentir. Dizer uma mentira é, na opinião deles, adiantar uma coisa falsa que a gente crê verdadeira, ao passo que na língua latina, da qual provém a nossa, mentir é falar contra a própria consciência". Para Bernardes de Souza, Frederico Vasconcelos não mentiu nas duas notas no Painel Econômico. O jornalista reproduziu informações fornecidas por fonte do próprio governo porque acreditou que elas eram verdadeiras. Logo, não o moveu o ânimo de injuriar, elemento subjetivo para configurar a calúnia. O juiz admitiu que o título de uma das notas, "Acerto de contas", era dúbio: tanto poderia se referir às contas das agências de propaganda como a débitos da campanha. Aplicou o princípio do *in dubio pro reo* para responder à ambiguidade do título. Bernardes de Souza não deixou de se posicionar quanto ao alcance maior do processo:

> O homem público está sujeito a críticas. Exatamente pela função que exerce, mesmo porque o poder lhe advém da autoridade da lei e da soberania do povo. Age por delegação e não por direito próprio e por isso mesmo deve explicações sobre seus atos, na forma que a ordem jurídica dispõe. Tanto mais ácida ou contundente será a crítica, quanto mais alto o cargo ocupado pelo homem público. Quanto mais altas as funções, mais se exige dos homens que as ocupam. Mais devem conformar seus atos com as prescrições legais. Surpreendidos em práticas irregulares, não podem se queixar do direito de crítica exercido pela imprensa e assegurado pela Constituição e pelas Leis. Mesmo quando esse direito é exercido com certos excessos. Mais importante que a eventual suscetibilidade ferida é o direito da nação em ser bem informada [...] É irrecusável que o noticiário publicado pelo jornal *Folha de S.Paulo*, apontando irregularidades na contratação de agências publicitárias sem licitação, circunscreveu-se aos estreitos limites da crítica inspirada pelo interesse público.

O juiz decidiu que não havia crime a punir, declarou a nulidade do processo, julgou improcedente a ação e absolveu Gustavo Krieger, Otavio Frias Filho, Josias de Souza e Nelson Blecher. Frias Filho arrebanhou seus amigos que se encontravam na redação e, depois do fechamento, comemorou a vitória com eles num jantar na churrascaria Rodeio. Collor não cogitou recorrer da sentença.

* * *

Em março de 1992, Cláudio Humberto Rosa e Silva deixou de ser porta-voz do Planalto. Decidira sair quatro meses antes. Durante um jantar no apartamento do deputado Ricardo Fiúza, líder do governo na Câmara, ele sofrera um desmaio. O médico que o atendeu disse que ele estava com estresse. No dia seguinte, às quinze para as nove da manhã, o jornalista se encontrou com o presidente. Contou o seu desmaio e o diagnóstico. Collor franziu a testa e não fez nenhum comentário. Cláudio Humberto se sentiu mal com a falta de interesse e a frieza do presidente. Achou que não valia a pena continuar trabalhando treze horas por dia, defendendo Collor contra ataques sem conta, e não receber sequer uma palavra de atenção. Almoçou naquele dia com Etevaldo Dias, chefe da sucursal do *Jornal do Brasil*. Fez um balanço de sua vida. Resolveram não trabalhar naquela tarde. Chamaram dois amigos e beberam seis garrafas de vinho que haviam sido enviadas por Cláudio Vieira.

Na ceia de Natal, na Casa da Dinda, Cláudio Humberto chamou Collor a um canto e comunicou que queria sair do governo. Se possível, falou, gostaria de ser nomeado para um cargo no exterior. O presidente não pediu ao jornalista que reconsiderasse sua decisão. Um mês depois, Marcos Coimbra disse ao porta-voz que poderia indicá-lo para ser adido cultural em Lisboa. Cláudio Humberto aceitou.

A imagem pública de Cláudio Humberto era ruim quando ele deixou o governo. Julgavam-no agressivo e arrogante. Eu achava essa imagem equivocada, e numa reportagem sobre a sua saída do Planalto fiz *Veja* registrar que ele agira com profissionalismo no exercício do cargo. Tinha motivos para ter essa opinião. Em dezembro de 1990, a mulher de Eduardo Oinegue, chefe da sucursal da revista em Brasília, teve um grave problema neurológico num fim de semana. O médico que a atendeu disse que ela corria risco de vida e precisava ser levada com urgência para um hospital em São Paulo, com melhores recursos. Oinegue não conhecia quase ninguém na cidade, fora suas fontes, e telefonou para Cláudio Humberto. Pediu ao porta-voz que lhe indicasse nomes de bons médicos da cidade, para ter uma segunda opinião sobre o caso. O porta-voz acionou Luís Romero Farias, o secretário-geral do Ministério da Saúde. O irmão de PC examinou a paciente e também recomendou a sua transferência imediata para um hospital paulista. Como ela só poderia viajar num avião equipado com tecnologia de atendimento médico, e o mais próximo estava em Belo Horizonte, Cláudio Humberto cedeu-lhe um avião da Presidência. Oinegue viajou nele com sua mulher para São Paulo, onde ela foi salva. Mesmo quando *Veja* veio a criticar o porta-voz, ele nunca falou do que fizera. Manteve silêncio sobre o caso nas ocasiões em que atacou a revista publicamente. E não fez qualquer alusão ao fato em nossas discussões a dois, algumas delas ásperas.

Cláudio Humberto saiu do Planalto num momento em que o governo mudou de fisionomia. Todos os ministros civis nomeados no dia da posse, os quais Collor garantira que o acompanhariam até o final do mandato, foram substituídos. A queda dos ministros se deveu a denúncias de corrupção, envolvendo Antônio Rogério Magri, ministro do Trabalho, e Pedro Paulo Leoni Ramos, chefe da Secretaria de Assuntos Estratégicos, apelidado de PP. Magri já fora pego usando um carro oficial para transportar sua cadela, Orca. Continuou a receber seu salário na Eletropaulo enquanto era ministro. Foi visto em Genebra, numa viagem de trabalho, com duas moças vestindo shorts sumários. Por fim, Romeu Tuma, o chefe da Polícia Federal, passou para Mario Rosa, que havia trocado o *JB* por *Veja*, uma fita com uma conversa em que o ministro admitia ter recebido 30 mil dólares para arrumar verbas para a construção de obras no Acre, realizadas pela empreiteira Odebrecht.

Sueli Caldas e Rosane de Souza, de *O Estado de S. Paulo*, publicaram no domingo, 22 de março de 1992, uma reportagem mostrando como Leoni Ramos tinha conseguido aquilo que Luís Octavio da Motta Veiga se negara a fazer: nomear seus amigos para postos-chaves da Petrobras. Eles formavam um quisto dentro da estatal, que as repórteres batizaram de "Esquema PP", e vinham realizando uma série de negócios suspeitos. Collor, que assumiu a Presidência com o aplauso de 71% da população e contava em março com ralos 15% de aprovação, viu que era hora de mudar. O confisco, a persistência da inflação e a corrupção minavam-lhe a popularidade. Precisava começar de novo.

No novo Ministério de Collor havia profissionais de renome (Adib Jatene e José Goldemberg), tucanos (Hélio Jaguaribe e Celso Lafer), ex-colaboradores de José Sarney (Afonso Camargo), de Jânio Quadros (João Mellão), quadros da ditadura militar (Ângelo Calmon de Sá e Marcos Pratini de Morais) e até um monarquista (Célio Borja). A fisionomia do Ministério, porém, era dada pelo PFL. O governador Antônio Carlos Magalhães funcionou como fiador do novo Ministério, e seu filho Luís Eduardo se fortaleceu na Câmara. Jorge Bornhausen, governador biônico de Santa Catarina na ditadura e ministro da Nova República, virou o articulador político do governo. O deputado pernambucano Ricardo Fiúza ficou com o Ministério da Ação Social e foi encarregado de negociar o toma lá dá cá nos estados. Fiúza admitiu ao repórter Expedito Filho, e *Veja* publicou, que recebera um jet-ski de presente da empreiteira OAS e 100 mil dólares da Federação Brasileira dos Bancos.

Eram antigas e boas as relações entre o publicitário Mauro Salles e Jorge Bornhausen. Nos anos 50, os pais de ambos foram colegas no Senado. O irmão de Bornhausen, Roberto, e o de Salles, Luis, haviam sido colegas de faculdade. E os dois pertenciam ao PFL. Foi com naturalidade, pois, que o publicitário recebeu o telefonema de Bornhausen convidando-o a ajudá-lo no Ministério. Tiveram uma conversa, em Brasília. O publicitário fez três reivindicações. Primeiro, que fosse um *one-dollar-man* sem o dólar: ou seja, não queria que o remunerasse. Segundo, não seria nomeado e, portanto, o ministro não poderia "desnomeá-lo". Por fim, não gostaria de ter sala, nem crachá, nem telefone. Ofereceu seus préstimos para três áreas: discutir a estratégia do governo, incluindo a de comunicação; supervisionar os textos emanados do Planalto, dos discursos do presidente aos comunicados oficiais; e ajudar no relacionamento do governo com a imprensa. Para tanto, dedicaria um dia por semana ao ministro, viajando a Brasília por sua conta. Bornhausen aceitou as condições e o oferecimento.

Salles e o ministro conversaram com patrões da imprensa e diretores de redação. Com a *Folha de S.Paulo*, havia pouco inocentada no processo movido por Collor, Bornhausen agiu diferente. Convidou Octavio Frias de Oliveira para jantar em sua casa com o presidente e Eliezer Batista, indicado para dirigir a Secretaria de Assuntos Estratégicos. No avião, viajando para Brasília, o dono da *Folha* pensou em como retribuir o tempo que Collor lhe concedia. Resolveu falar dos problemas enfrentados pelas empresas e o modo como o governo era visto nos meios que frequentava. Depois dos cumprimentos, Collor sentou na ponta de um sofá, que formava um ângulo reto com outro, onde Frias se acomodou. Nas extremidades opostas dos sofás sentaram Bornhausen e Eliezer Batista. Um tanto isolados dos outros convivas, Collor e Frias conversaram. O presidente mencionou que as empresas de comunicação estavam em boa situação econômica. O dono da *Folha* aproveitou a deixa. Pediu licença, disse que talvez entendesse um pouco desse ramo e expôs a situação dos órgãos de comunicação, a seu ver em nada diferente das empresas em geral. Falou da recessão, da instabilidade econômica, da inflação e da percepção de que não se via um futuro claro à frente. Frias continuou falando durante o jantar. De vez em quando, Collor tomava notas. O empresário falou até de Paulo César Farias. "Não sei se o que dizem dele é verdade, nem me interessa saber", disse. "Mas a fama dele é péssima, e isso faz com que a imagem do governo seja muito ruim." O presidente não fez nenhum comentário. Collor foi o primeiro a sair. Bornhausen, Frias e Eliezer Batista o acompanharam até o carro e se despediram dele.

— Você prestou um serviço ao Brasil, falando todas essas coisas — comentou Bornhausen, enquanto reentravam na casa.

— O presidente deve estar dizendo agora ao seu ajudante de ordens "esse velho é um chato", e nunca mais pensará numa palavra do que eu falei — retrucou Frias, bem-humorado.

30. REDE BANDEIRANTES

Pouco depois de tomar posse no governo paulista, Orestes Quércia foi procurado por Adolpho Bloch e seu sobrinho Pedro Jack Kapeller, o Jaquito. O dono da Rede Manchete desfiou um rosário de lamentações. Reclamou das dificuldades da emissora, das dívidas, do aperto dos credores, dos concorrentes, da ausência de anunciantes. Contou como fugiu da Rússia, o tanto que trabalhou, como gostava de gráficas e que a televisão o estava levando à loucura.

— O senhor precisa nos ajudar, governador, porque ninguém fez mais pela sua candidatura do que a Rede Manchete — disse Bloch.

— Seu Adolpho, eu vou ajudar o senhor e a Manchete, mas não porque ela tenha me ajudado na campanha. Ao contrário, a Manchete me prejudicou, e bastante. A Manchete estava com o Maluf, só dava reportagens elogiando o Maluf. Mas eu vou ajudar o senhor assim mesmo. Sabe por quê?

— Por quê, governador?

— Porque eu gosto da maneira como o senhor preserva a memória do presidente Juscelino.

Bloch se virou para o sobrinho e o repreendeu, como se não tivesse sido sua a decisão de levar a Manchete a cobrir com entusiasmo a candidatura de Paulo Maluf: "Jaquito, o que você fez, o que você fez?".

Adolpho Bloch gostava de todos os presidentes, mas adorava Juscelino Kubitschek. Não o abandonou quando ele foi perseguido pela ditadura. Publicava reportagens sobre o presidente na revista *Manchete*. Caminhava com ele pela beira-mar, no Rio, todas as manhãs. No governo de Costa e Silva, levou-o ao seu camarote para assistir ao desfile de Carnaval. Juscelino foi reconhecido pela multidão, que cantou uma paródia da música associada ao presidente:

Como pode um peixe vivo
Viver fora d'água fria?
Como pode um povo livre
Viver sem democracia?

No camarote em frente ao de Bloch estava a primeira-dama, Yolanda da Costa e Silva. Na semana seguinte, uma equipe de fiscais do Ministério da Fazenda entrou na Editora Manchete. Ficaram três meses investigando as contas da empresa. "Tomem, é de vocês", disse Bloch aos fiscais, oferecendo-lhes a chave do prédio. Ao saber que Juscelino morrera, num acidente na via Dutra, em 1976, o empresário teve um ataque apoplético. Carlos Lacerda estava com Bloch. O ex-governador da Guanabara precisou aplicar-lhe uma gravata, jogá-lo no chão e imobilizá-lo para que ele se acalmasse.

Bloch disputou uma concessão de televisão no governo de João Figueiredo. Ele e Silvio Santos ganharam, concorrendo com o *Jornal do Brasil* e a Abril. O editor foi escolhido porque a *Manchete* elogiava o governo e porque seu sobrinho, Oscar Siegelman, era amigo do general Otávio Medeiros, chefe do Serviço Nacional de Informações. Mas quase não a ganhou por causa da maneira como a revista cobria o Carnaval. "Assim eu não vou dar a televisão para vocês", disse Figueiredo a Oscar Siegelman. "Eu estive vendo a *Manchete*, é uma vergonha. Só dá bicha e mulher pelada e vocês vão colocar isso na televisão." O general mudou de opinião depois que Alexandre Garcia, seu ex-assessor de Imprensa, disse que seria o diretor do Departamento de Jornalismo da emissora e não permitiria que cenas de baixo nível fossem ao ar.

A ajuda de Orestes Quércia a Bloch consistiu em colocar anúncios do governo a granel na Rede Manchete, tomando o cuidado de não melindrar os concorrentes, a começar pela Globo. Fazia o pagamento da propaganda antes de ela ser veiculada. Bloch quis vender a rede a Quércia. "Não posso fazer negócios enquanto for governador", respondeu o político. Ao sair do governo, ele disse a Bloch que queria comprar a emissora da Manchete em São Paulo. O empresário aceitou, com a condição de que se continuasse a transmitir a programação da rede. Acertaram o preço: 28 milhões de dólares, à vista. O peemedebista não tinha todo o dinheiro. Mandou um emissário falar com Antônio Ermírio de Moraes, que não manifestou interesse pelo negócio. Conversou com empreiteiras e procurou Roberto Civita. "Acho bom que a emissora fique com um grupo paulista, para que o estado tenha uma alternativa à Globo", sugeriu Quércia ao dono da Abril. Civita disse que deveria ser feita uma avaliação da emissora, dos seus débitos, e depois precisariam procurar bancos, para obter financiamentos. "Com banco no meio não vai dar certo, Roberto", discordou Quércia. "Esse negócio tem que ser feito por você e pelo Adolpho, um olhando no olho do outro." Civita não gostou do estilo de negociar do governador e saiu da transação. Quércia não conseguiu articular um grupo para comprar a Manchete e abandonou o projeto.

Ele voltou a se interessar pelo assunto em junho de 1991, quando soube que um amigo de Collor, Paulo Octavio, estava se movimentando para comprar a Manchete. O ex-governador considerou inadmissível que um adversário político, e ainda por cima amigo do presidente da República, controlasse a rede. E Paulo Octavio era íntimo de Collor desde o curso secundário, e depois foi seu padrinho nos dois casamentos. Ele queria comprar a Manchete com outros nove sócios. Conseguiu dois, também amigos de Collor: Luiz Estevão e João Carlos Di Gênio. Paulo Octavio procurou Lafaiete Coutinho, presidente do Banco do Brasil, pediu um empréstimo para comprar a emissora e disse que o próprio Collor iria lhe telefonar para reforçar o pedido. "Não há hipótese: você não tem capacidade de pagamento para levantar esse empréstimo, Paulo Octavio", disse Coutinho. "Se o Paulo Maluf, que é dono da Eucatex e é meu cossogro, fosse seu sócio, ainda assim vocês teriam de me trazer garantias do Banco Mundial, do Citibank, do FMI, do Bradesco e do escambau a quatro."

Era difícil negociar com Adolpho Bloch. Personalidade de montanha-russa, ele começava uma frase às gargalhadas e a terminava chorando lágrimas sentidas. Tratava os parentes pelo diminutivo de seus nomes e em seguida lhes atirava máquinas de escrever. Afirmava uma coisa e sustentava o contrário em questão de segundos. Brincava e brigava com a mesma intensidade. Chegara ao Rio em 1922, vindo da Ucrânia, fugindo da Revolução Bolchevique. A família do empresário era de gráficos. Bloch entendia de rotativas, tintas, bobinas de papel e impressoras. Entendia também de promissórias, duplicatas, guichês, empréstimos, faturas. Considerava "crédito" uma palavra mágica; "juros", um palavrão. Tinha sonhos de grandeza e admirava obras portentosas. Muito da identificação dele com Juscelino advinha da iniciativa do presidente de construir Brasília. Todos os prédios da Rede Manchete foram projetados por Oscar Niemeyer e decorados com móveis de jacarandá maciço. Raramente deixava de publicar uma foto sua a cada edição de *Manchete*, de preferência ao lado de sua cadela Manchetinha. Quando não gostava de um cromo escolhido para ser capa da revista, punha-o na boca e o mastigava. A Rede Manchete foi uma dor de cabeça desde a inauguração. Não dava lucro e lhe drenava os recursos da gráfica e da editora. No final do governo Sarney, tinha dívidas com o Banco do Brasil e o Banerj. Discutia a troca de apoio eleitoral na Manchete por empréstimos, e noticiário favorável por anúncios governamentais. Além de Quércia, ofereceu a emissora a Paulo Maluf, Leonel Brizola e Fernando Collor. Mas nunca se sabia ao certo se queria mesmo vendê-la ou se tentava levantar novos empréstimos para salvá-la.

Enquanto conversava com Paulo Octavio, Bloch tentou renegociar suas dívidas com o Banco do Brasil. Não conseguiu marcar audiência com Lafaiete Coutinho e pediu ajuda a Salomão Schwartzman, diretor da Rede Manchete em São Paulo. O empresário e o jornalista se conheceram na Alemanha, numa feira de indústrias gráficas. Jovem repórter de *O Globo*, Schwartzman se aproximou do empresário cinquentão com reverência.

— Que honra conhecê-lo, doutor Adolpho — disse.

— Que honra nada, me dá um cigarro.

Ficaram amigos e confidentes.

Schwartzman conseguiu marcar o encontro, que aconteceu num fim de tarde, na sede do Banco do Brasil em São Paulo, e acompanhou o patrão. Lafaiete Coutinho os recebeu atrás de uma grande mesa de tampo preto, sobre a qual havia apenas um dossiê branco, de um palmo de altura, em cuja capa se lia "Manchete". Sentado na beirada da cadeira, encurvado e se apoiando na mesa, Bloch falou de seus problemas. Queria recalcular as dívidas da empresa e também um prazo maior para saldá-las. Ofereceu anúncios na rede. Pediu com a humildade de um imigrante octogenário, falando baixo, com forte sotaque. Coutinho ouviu calado, medindo Bloch de cima a baixo. O empresário terminou de falar. "Isto que você está pedindo é um absurdo, Adolpho", disse o presidente do Banco do Brasil. "Quem você está pensando que nós somos?", perguntou. "Adolpho, esse é um governo de homens honrados", afirmou Coutinho levantando a voz, e concluiu: "Se você não tem competência, que vá à falência". Schwartzman se ergueu, abotoando o paletó. "Não há mais nada a conversar, doutor Lafaiete", disse. Bloch estava mudo, com os olhos esbugalhados, a mão direita segurando a borda da mesa e a esquerda espalmada sobre o tampo. "Vamos, doutor Adolpho", pediu o jornalista. Como o empresário não se mexesse, o jornalista o puxou pelos ombros, desajeitadamente. Bloch levantou-se e saiu da sala. Voltaram os dois quietos para a sede paulista da Manchete. Jamais o empresário comentou a reunião com Schwartzman.

A ira de Lafaiete Coutinho tinha alguma razão de ser. Entre 1987 e 1988 — uma auditoria revelou —, Adolpho Bloch assinou a extraordinária quantia de 28 mil cheques sem fundo, que somaram 50 milhões de dólares. Arrumou outros 11 milhões de dólares com 2 mil duplicatas frias. Os cheques sem fundo eram transformados automaticamente em empréstimos, dificilmente resgatáveis. Bloch emitia uma nota fiscal contra um comprador de publicidade fictício, fazia uma duplicata fria e a descontava no banco. Quando vencia a dívida, o banco procurava o devedor e não o encontrava, pelo bom motivo de que ele não existia.

Bloch, Schwartzman e outros diretores da Manchete passaram a acreditar que o governo queria estrangular a emissora para que seu preço baixasse. De um lado, o Banco do Brasil remanchava em renegociar os débitos da empresa. De outro, Paulo Octavio e os amigos de Collor tentavam comprar a Manchete. Bloch ficou magoado com Collor. Usava uma expressão peculiar para caracterizar sua relação com o presidente: "Não acredito mais nesse homem, pela minha morta mãe que não acredito".

Boni jogou um balde de água fria nas pretensões de Paulo Octavio. João Carlos Di Gênio levou o amigo de Collor à casa do vice-presidente da Globo, em Angra dos Reis. "Não basta comprar a Manchete", disse-lhes Boni. "Vocês precisam, por baixo, de uns 200 milhões de dólares para investir na emissora." O presidente viu que a compra da Manchete se transformara, na imprensa, em negociata. Chamou Paulo Octavio. "Pare com isso imediatamente", disse. "Estão pensando que sou eu quem quer comprar a Manchete, e isso vai atrapalhar o meu relacionamento com a Globo." Collor garantiu a Roberto Marinho que impediria o amigo de adquirir a emissora concorrente.

Adolpho Bloch negociou então com Hamilton Lucas de Oliveira, um neófito no ramo das comunicações e da imprensa. Nascido em São Paulo, em 1950, Oliveira começou a trabalhar ainda menino, como contínuo, na gráfica de sua família, a Triunfo, no Ipiranga. Namorou desde os catorze anos com Terezinha, filha do repórter televisivo Carlos Moraes, o Tico-Tico, figura popular na São Paulo dos anos 60. Por meio do sogro, viveu vicariamente as aventuras de um jornalista que trafegava entre políticos poderosos. Diversificou suas atividades, imprimindo talões de cheques, passagens aéreas e bilhetes de loteria. Comprou várias gráficas pequenas em dificuldades financeiras. Comprava, saneava, botava o pessoal dele para administrar e logo elas davam lucro. Uniu todas elas numa empresa, a Indústria Brasileira de Formulários, IBF.

Em meados dos anos 80, Oliveira enviou técnicos aos Estados Unidos para investigar o negócio de loterias instantâneas. Quando elas chegassem ao Brasil, queria que a IBF imprimisse os cartões. Contatou uma das maiores empresas do ramo, a americana Webcraft, para ajudá-lo na instalação em Manaus de gráficas que fabricariam bilhetes da nova loteria. Com o nome de "raspadinha", a loteria chegou ao Brasil pelas mãos de dois altos funcionários do governo de Orestes Quércia: Otávio Cecatto, secretário da Indústria e Comércio, e Flavio Chaves, presidente da Caixa Econômica de São Paulo. Para imprimir a loteria, a Caixa contratou sem licitação, alegando "notória especialização", a Engeneering, uma empresa de portugueses. A Engeneering tinha um contrato com a Webcraft para importar os bilhetes dos Estados Unidos. O interesse dos portugueses não era imprimir bilhetes. Era passar adiante a concessão e embolsar o dinheiro. Oliveira pagou-lhes 2,6 milhões de dólares para rescindirem o contrato com a

Caixa e lhe passarem o contrato de associação com a Webcraft. O negócio não foi adiante porque os portugueses se desentenderam e acusaram uns aos outros de pagar propinas para obter a concessão. Uma série de reportagens de *O Estado de S. Paulo* trouxe o caso a público. O Tribunal de Contas do Estado considerou o contrato "irregular, lesivo aos interesses da administração, aberrante e tenebroso". O acerto foi anulado e Flavio Chaves deixou a presidência da Caixa. Em 1990 houve uma licitação para a raspadinha, e a IBF a venceu. Em seguida, a empresa ganhou a concorrência para impressão da loteria instantânea federal. Em um ano, o grupo de Hamilton Lucas de Oliveira lucrou 35 milhões de dólares. Oliveira comprou uma casa em Miami, o iate *Lady Laura*, de Roberto Carlos, e uma coleção de trinta automóveis antigos.

A mãe de Oliveira morava num prédio, no bairro da Aclimação, em São Paulo, onde era vizinha de Waldemar dos Santos, dono da revista *Visão* e dos jornais *Diário do Comércio e Indústria* e *Shopping News*, dominical de classificados e distribuição gratuita. Sabendo que o filho da vizinha trabalhava com gráficas, Waldemar dos Santos o convidou a visitar a sua empresa. Oliveira gostou do que viu. Fez negócio com Santos: em 1991, comprou suas publicações e a gráfica por 15 milhões de dólares. Por 250 mil dólares, adquiriu também o título do extinto *Correio da Manhã*, com a intenção de fazer um jornal de âmbito nacional. Comprou, por fim, a TV Jovem Pan, que operava em UHF, em São Paulo. Gastou 12 milhões de dólares no negócio. Nominalmente, era sócio minoritário na emissora, mas na prática tinha a maioria da propriedade.

Os 27,2 milhões de dólares que Hamilton Lucas de Oliveira investiu em órgãos de imprensa não renderam nenhum lucro. Em compensação, trouxeram-lhe uma notoriedade indesejada. Tímido e arredio a repórteres, ele foi apresentado pela imprensa como um empresário sombrio, misterioso, envolvido em negócios mal explicados ou escusos. Ora era apontado como testa de ferro de Orestes Quércia, ora como sócio de Paulo César Farias. Oliveira vivia também um drama familiar. Seu filho mais velho, Hamiltinho, de quinze anos, ficou doente e os médicos diagnosticaram um câncer. Ele precisou passar por um tratamento especial, nos Estados Unidos. Sua família se mudou para Nova York. Todas as sextas-feiras, Oliveira viajava para visitar o menino, e voltava no domingo à noite. Apesar das dificuldades, envolveu-se numa tormentosa negociação com Adolpho Bloch. Antes mesmo de assinar o contrato, passou a arcar com a folha de pagamento dos funcionários da emissora. "Já que você vai comprar a televisão, e não posso pagar os salários, é melhor você pagar", disse-lhe Adolpho Bloch. Acabou comprando, também nominalmente, 49% da Manchete, e pagou 70 milhões de dólares — mas começou a administrar a empresa. Combinou com Bloch que, se as dívidas da emissora, estimadas em 110 milhões de dólares, ultrapassassem 140 milhões, seria ressarcido.

Fechado o negócio, Oliveira falou com Collor. Levou camisas do São Paulo, time que patrocinava, para dar de presente aos filhos dele. Teve de abrir o pacote na entrada do Planalto e entregou o embrulho todo rasgado a Collor. Queria saber se o governo continuaria a anunciar na Manchete. O presidente garantiu que sim.

Ao entrar na Manchete, Oliveira descobriu que Bloch tinha vendido quase todo o espaço publicitário da emissora por quase um ano. Descobriu também que as dívidas eram muito superiores a 150 milhões de dólares. Os credores da emissora bateram à sua porta. Saldou algumas dívidas e atrasou os salários de suas revistas, jornais e estações de televisão. A tiragem de *Visão* caiu de 70 mil para 10 mil exemplares. A do *Shopping News*, de 500 mil para 200 mil exemplares. A TV Jovem Pan dava um prejuízo mensal de dezenas de milhares de dólares. Em dois anos, a venda da raspadinha despencou de 6 milhões para 1 milhão de bilhetes por dia. Adolpho Bloch entrou com uma ação na Justiça para reaver a Rede Manchete. O neófito Hamilton Lucas de Oliveira, cometa no céu da imprensa brasileira, apagou.

* * *

Nascido em 1919, filho de um imigrante árabe que chegou ao porto de Santos com uma libra esterlina no bolso e um desconhecimento total do português, João Saad era a antítese de um neófito no ramo da imprensa. No entanto, também trombou com Paulo César Farias e Fernando Collor.

Experiente e educado, João Saad disfarçava bem enquanto avaliava o interlocutor, entre uma e outra lenta piscadela. Se simpatizava com ele, deixava o seu afeto transparecer à medida que contava histórias longas e intrincadas. Era excelente narrador. Seus casos se desenrolavam ao longo de décadas, e ele os relatava sem perder o fio da meada, interpolando-os com caracterizações de personagens, análises políticas e breves comentários sobre usos e costumes. Entre as artimanhas narrativas de Saad estava a de fazer longas pausas, que acentuavam o suspense. Quando chegava o momento do desenlace da história, pegava um copo e o levava lentamente aos lábios. Percebia que a plateia não se aguentava de curiosidade e com a mão esquerda pedia que aguardassem mais um pouco, enquanto molhava gostosamente a garganta.

Saad estava acostumado a lidar com políticos. Para horror do pai, dono de uma loja de tecidos na rua 25 de Março, em São Paulo, militou no Partido Comunista Brasileiro na juventude. Desiludiu-se com seu ídolo, Luis Carlos Prestes, quando o Cavaleiro da Esperança, recém-saído da prisão, apoiou Getúlio Vargas, que enviara a mulher dele, Olga Benário, para a Alemanha, onde ela morreu num campo de concentração.

Aos 28 anos, Saad casou com Maria Helena, filha de Ademar de Barros, um ex-deputado, ex-interventor e, em 1947, governador eleito de São Paulo. Ademar tinha dois cartórios para distribuir. Um devia ir para um correligionário — que depois veio a traí-lo. Queria que o genro ficasse com o outro. Saad recusou o oferecimento na hora. O governador pediu que não falasse mais nada: que respondesse em cinco dias. Ademar foi direto para a casa da filha. "Escuta, esse teu marido é louco? Recusar um cartório?", perguntou. Maria Helena indagou a Saad por que não queria o cartório, e ele respondeu com mais perguntas: "Mas o que eu iria falar para os patrícios? Que dei o golpe do baú?".

Ademar comprou a Rádio Bandeirante (então no singular) de Paulo Machado de Carvalho. Solicitou ao genro que desse uma espiada na empresa, a qual não ia bem. Saad não tinha especial apreço pelo rádio. Em suas viagens pelo interior de São Paulo e pelo Sul de Minas, aonde ia vender tecidos, encontrava dificuldade em sintonizar o rádio do carro. Mas como seria muita desfeita não atender o pedido do sogro, depois de ter recusado o cartório, foi à rádio. Constatou que os diretores artístico e administrativo não se entendiam. Na verdade, se detestavam e não se falavam. Não há nada pior que ódio de homem, pensou. Demitiu um deles e começou a pôr ordem na casa. A Bandeirante era uma bagunça. Contaram-lhe que uma moça havia sido deflorada lá dentro. Deu broncas e moralizou a emissora. O primeiro que fosse pego em bandalheiras seria mandado embora, avisou a todos os funcionários.

O vendedor de tecidos saneou a rádio. Em 1950, fez a Bandeirante participar da campanha eleitoral. Gravou os jingles da chapa apoiada por Ademar — Getúlio Vargas para presidente e Lucas Nogueira Garcez para governador —, que foi eleita. Procurou o sogro para acertar sua saída da Bandeirante. Conversavam enquanto andavam de carro. Saad contou que a rádio funcionava bem e estava dando lucro. Disse que a única dívida era de uma determinada cifra, e lhe passou um papel com o valor total do trabalho que ele, Saad, realizara na Bandeirante. Ele não recebia salário, e se sustentava com o que ganhava na loja da família. Ademar olhou o papel e disse que não lhe daria dinheiro algum, mas a rádio. Nada mau, pensou Saad. O político queria que o genro fizesse suas campanhas eleitorais. "Então nada feito", respondeu Saad. Ademar pareceu-lhe desacorçoado com a sua negativa. O genro resolveu então fazer as campanhas e ficou com a rádio.

Saad comprou mais emissoras — no interior de São Paulo, em Minas Gerais e no Mato Grosso — com o objetivo de montar uma rede, a Bandeirantes, no plural. Como gostava de futebol e jornalismo, transformou-os em pilares da programação. Em 1955, inovadoramente, decidiu que a rádio ficaria 24 horas por dia no ar. Contratou Hermínio Sachetta para dirigir o Departamento de Jornalismo. Não se incomodava com o fato de que Sachetta fosse um conhecido líder da Quarta Internacional, pois considerava o trotskismo "a linha mais radical e honesta do comunismo".

Getúlio Vargas deu a Saad duas concessões de ondas curtas e a de um canal de televisão, em São Paulo. Para pôr a emissora no ar, o genro de Ademar precisava de financiamentos e empréstimos de bancos e instituições governamentais. Horácio Lafer, o ministro da Fazenda, disse a Saad que não pedisse nada ao Banco do Brasil e o aconselhou a montar a estação de televisão mais tarde. Garantiu que não haveria problema em ultrapassar a data-limite estipulada na concessão. Entrementes, Getúlio se suicidou, Juscelino tomou posse, cassou a concessão da Bandeirantes por estar vencida e entregou a televisão a um amigo. Saad tentou falar com o presidente, que o evitou. Amigos comuns lhe explicaram que Juscelino gostava dele e por isso estaria envergonhado do que fizera. Saad foi ao Palácio do Catete sem se anunciar. Foi entrando, entrando, e chegou à sala de JK, que assinava um documento numa cerimônia. O dono da Bandeirantes se postou atrás da cadeira dele. Juscelino percebeu, fingiu que não viu, mas voltou atrás, abriu um sorriso e o cumprimentou. Sorrisos e cumprimentos, sim; mas reaver a concessão, não.

Saad entrou com um processo contra o governo. Juridicamente, argumentou que não montou a emissora porque o governo, pela palavra de Horácio Lafer, não quis. A Justiça lhe deu ganho de causa. A sentença, no entanto, não obrigava o presidente da República a assinar o decreto concedendo a emissora. Juscelino, magoado com a ação na Justiça e com a publicidade que o caso teve, não homologou a concessão. Saad procurou João Goulart, candidato a vice-presidente. Goulart propôs um acordo: o dono da Bandeirantes faria campanha por ele, e, se fosse eleito, Jango conseguiria que se assinasse o decreto. A campanha era vital em São Paulo, onde Goulart tinha pouca penetração e a Bandeirantes era mais forte. Saad aceitou a proposta. Ao saírem do apartamento, ao lado do Copacabana Palace, um amigo perguntou ao empresário por que havia aceitado o compromisso. "Gostei do Jango, da maneira franca como falou", respondeu ele. Botou a Bandeirantes na campanha. O jingle "É Jango é Jango é Jango" foi gravado na emissora. Goulart foi eleito e, como reconheceu diversas vezes a Saad, os votos de São Paulo, conquistados em boa medida pela campanha da Bandeirantes, foram fundamentais na vitória. O vice-presidente eleito cumpriu o acordo: conseguiu com que Juscelino, ao deixar o governo, assinasse o decreto concedendo a emissora de televisão a Saad.

Dias depois da posse, o presidente Jânio Quadros cassou todas as concessões de Saad. Não só as que ganhara recentemente como as que estavam em operação. No mesmo dia, o ministro da Justiça, Oscar Pedroso Horta, lhe telefonou.

— Não faça nada — orientou o ministro.
— Mas como? Continuo com as emissoras no ar? — perguntou Saad.
— É, continue.

No dia 25 de agosto de 1961, Saad estava hospedado na casa de uma prima em Barretos, no interior de São Paulo, para assistir à Festa do Peão Boiadeiro. Foi à arena onde se apresentavam os peões e estranhou a desanimação e a lúgubre peça clássica tocada nos alto-falantes. Dizia-se que Jânio havia renunciado. O empresário telefonou para a rádio, onde já comemoravam a notícia. No dia seguinte, Carlos Lacerda ligou-lhe na casa da prima. O governador da Guanabara contou que militares tinham invadido a Bandeirantes do Rio. "Assumo o compromisso de que todos os danos serão pagos", disse Lacerda, que cumpriu a promessa.

Saad voltou a São Paulo e acompanhou a resistência militar à posse de Goulart, que estava na China. Telefonou para o governador paulista, Carvalho Pinto. Disse-lhe: "Governador, isso que o Brizola está fazendo no Sul, a cadeia da legalidade, é o correto, é o que deve ser feito, pois a Constituição manda que o vice tome posse, como o senhor sabe. Pegue a ideia de Brizola, governador. Comece a cadeia da legalidade a partir de São Paulo, faça com que o vice-presidente desembarque aqui. Apareça o senhor como o fiador do Jango. Ninguém irá contra o senhor. E Jango terá que lhe agradecer. Estou a seu dispor, com as nossas emissoras. Só que isso tem que ser feito agora, hoje". Carvalho Pinto aquiesceu e prometeu uma resposta para breve. A resposta não veio. Saad voltou a telefonar várias vezes. Diziam-lhe que o governador estava em reunião. Ou que saíra, voltaria, responderia à ligação. E nada. O dono da Bandeirantes soube que Carvalho Pinto sofria de desarranjos intestinais quando ficava nervoso, e seus telefonemas o alarmavam. Desistindo de esperar a resposta do governador paulista, conectou as emissoras da Bandeirantes à cadeia da legalidade de Brizola, tirando-a do isolamento gaúcho. Conseguiu falar pelo telefone com Jango, em Paris, e sugeriu:

— Volte pelo Rio de Janeiro, presidente. Volte pela porta de entrada, e não pela dos fundos.

— Mas os militares podem atirar no meu avião — disse Goulart.

— Podem nada, presidente, o povo está com o senhor.

João Goulart voltou pelo Rio Grande do Sul, e os militares lhe impuseram o parlamentarismo. Pouco depois da posse, o presidente chamou Saad a Brasília e na sua presença assinou o decreto outorgando-lhe novamente as concessões. A TV Bandeirantes começou a operar em 1967.

Em 1979, o correspondente da emissora na Europa, Roberto Dávila, ligou para João Saad dizendo que Luis Carlos Prestes, exilado em Moscou, se dispunha a viajar para Paris a fim de lhe dar uma entrevista. O dono da Bandeirantes concordou. O correspondente voltou a telefonar: Brizola estava em Lisboa e também queria ser entrevistado. Saad, que tinha simpatias pelo ex-governador e havia apoiado a estatização que ele fizera da companhia telefônica do Rio Grande, deu sua autorização. Pouco depois, Saad foi a Brasília despedir-se do presidente Ernesto Geisel, que terminava o seu mandato, e cumprimentar João Figueiredo, escolhido para sucedê-lo. Contou a Geisel que a Bandeirantes apresentaria em breve entrevistas com Prestes e Brizola. "Como está o velhinho? A cabeça dele está funcionando bem?", quis saber Geisel, referindo-se a Prestes. Quando Saad contou das entrevistas a Figueiredo, o general ficou estatelado, mudo. A audiência terminou mal, com Figueiredo emburrado.

Quando Brizola foi para o governo do Rio, em 1982, ele pediu a Saad que o ajudasse a denunciar a fraude na contagem dos votos organizada pela Proconsult. O dono da Bandeirantes colocou o assunto nas suas rádios e na sua televisão. Depois constatou, surpreso, que a Globo foi a emissora que mais recebeu propaganda do governo fluminense. Na campanha de 1989, quando Brizola prometeu acabar com a Globo se fosse eleito, João Saad protestou. Disse que a Bandeirantes ficaria contra Brizola se ele levasse a cabo a ameaça.

Saad era um homem muito rico. Tinha inúmeras fazendas e imóveis. Dedicava metade do tempo às suas cabeças de gado e plantações. Pessoalmente, gostava mais de suas emissoras de rádio que da televisão. Era um misto de empreendedor, negociante, fazendeiro, comerciante, homem de comunicação e político. Mantinha seus hábitos modestos, como o de dirigir o próprio carro e morar no mesmo apartamento onde vivia fazia anos, em Higienópolis. Conhecia os funcionários da Bandeirantes pelo nome e protegia os mais antigos. No início dos anos 80, Walter Clark dirigiu a emissora. Nas suas memórias, fez um diagnóstico severo da empresa. Atribuiu ao paternalismo de Saad a visão estreita da Bandeirantes, a incompetência e o burocratismo de seus funcionários. Escreveu que o patrão administrava a rede com a mentalidade de um lojista da 25 de Março. Clark, que encomendou móveis italianos para a sala dele e chegava à emissora numa Ferrari preta, contrastava com o ambiente simples da Bandeirantes. Oriundo da cultura da Globo, não entendia certas atitudes do patrão. Saad, por exemplo, possuía uma chave mestra que abria todas as portas da emissora. Clark era surpreendido pelas entradas abruptas de Saad. Trocou a fechadura da sua sala. Por outro lado, o ex-diretor da Globo viu em Johnny Saad capacidade de modernizar a rede. Walter Clark ficou apenas um ano na emissora.

* * *

Durante doze anos, a programação da Bandeirantes foi retransmitida no Paraná e em Santa Catarina por afiliadas. No Paraná, Saad tinha um acordo com José Carlos Martinez, dono de quatro emissoras. Em Santa Catarina, estava associado à Rede de Comunicações Eldorado, que contava com três retransmissoras. O dono da Bandeirantes soube, em 1991, que a Eldorado queria vender suas estações de televisão. Procurou a empresa e disse que, caso fosse verdade, ele estava interessado em comprá-las. Elas foram vendidas, no entanto, para José Carlos Martinez, que rompeu com a Bandeirantes e passou a retransmitir a programação da Rede Record. Decepcionado e triste, Saad perdeu o acesso aos telespectadores de Santa Catarina, um público próspero que atraía bons anunciantes.

José Carlos Martinez era amigo de Collor e de Paulo César Farias. Ajudara-os, no âmbito paranaense, na campanha presidencial. Um ano depois, com o apoio do presidente e de PC, concorreu pelo PRN ao governo do Paraná, não foi eleito, e se dedicou à televisão. Desejava expandi-la, torná-la a primeira rede nacional fora do eixo Rio-São Paulo. Em julho de 1991, procurou Paulo César Farias. Havia fechado negócio com Silvio Santos para comprar a TV Corcovado, no Rio. Não tinha os 15 milhões de dólares necessários para concretizar a operação. Farias lhe entregou 8,4 milhões de dólares. Parte da quantia foi dada em cheques de correntistas-fantasmas. Outra parte, também em cheques-fantasmas, foi encaminhada diretamente à Caixa Econômica Federal, já que as dívidas do SBT com ela entraram no negócio. Interessava a Paulo César Farias que o amigo dele e do presidente estivesse à frente de uma rede nacional de televisão. Martinez e Farias não redigiram contrato nem falaram sobre juros. O negócio foi feito na base da confiança. Collor recebeu um telefonema do empresário. "Muito obrigado pela ajuda do PC", disse-lhe ele.

Martinez fez um acordo também com a Rede Gazeta, de São Paulo. Com o nome de Rede OM, sua empresa foi ao ar em março de 1992. Cláudio Vieira fechou dois contratos, no valor de 700 mil dólares, para colocar propaganda governamental na emissora do amigo de Collor.

Mas como o Martinez está arrumando tanto dinheiro?, perguntava-se João

Saad. Sondou aqui, indagou ali, e acabou descobrindo: Paulo César Farias estava por trás do lançamento da Rede OM. Para Saad, PC e Collor formavam uma mesma entidade. Decidiu ficar calado. Depois veria o que fazer com aqueles que o levaram a perder o público catarinense. Antes, precisava se tratar. Estava doente. Médicos lhe avisaram que sofria de câncer de mama, raro em homens. Teria que passar por um tratamento nos Estados Unidos.

31. TRIBUNA DE ALAGOAS

Paulo César Farias fez outro negócio com José Carlos Martinez, além de ter possibilitado que lançasse a Rede OM. Quando eram colegas na Câmara Federal, Collor incentivou Martinez a comprar a *Tribuna de Alagoas*, o jornal que pertencera a Teotônio Vilela e estava desativado. Collor não achava bom que o jornal, o qual lhe fizera oposição, ficasse à disposição de grupos alagoanos. O empresário paranaense adquiriu o diário e transferiu o seu título de eleitor para a cidade de Maringá. Com Collor na Presidência, Paulo César Farias comprou a *Tribuna de Alagoas* de Martinez. Queria que a publicação fosse a base da rede de comunicações que desejava construir em Alagoas. Com ela, daria sustentação na província ao projeto político de sua família.

No início de 1991, dois irmãos de PC, o deputado federal Augusto e Cláudio Farias, vereador em Maceió, estiveram com Collor no Palácio do Planalto. Reclamaram que Pedro Collor não só não lhes dera apoio na campanha eleitoral de 1990 como os criticara na *Gazeta de Alagoas* e na TV Gazeta.

— É um massacre, presidente. A *Gazeta* fica em cima da gente. Nós precisamos nos defender. Estamos pensando em fazer um jornalzinho. O que o senhor acha? — perguntou Augusto Farias.

— Não vejo problema. Como seria esse jornal? — indagou Collor.

Os irmãos Farias explicaram que seria um matutino que defenderia as posições políticas da família e apoiaria o presidente. Disseram também que tinham planos de montar uma cadeia de doze estações de rádio, no interior e em Maceió, ligadas à *Tribuna*. Também cogitavam criar uma estação de televisão. Collor os incentivou a ir em frente. Recomendou que entrassem com pedidos de concessão junto à Secretaria Nacional de Comunicações.

Em março, foi a vez de Pedro Collor pedir uma audiência ao irmão. Encontraram-se no gabinete presidencial. O caçula dos Collor disse que pretendia expandir a Organização Arnon de Mello. Lançaria um jornal vespertino em Maceió, chamado *O Povo Acontece*, e queria abrir duas novas estações de rádio FM, uma na cidade de Coqueiro Seco e a outra em Porto Calvo. O presidente o desestimulou a fazer o novo jornal. Contou que estava apoiando uma outra iniciativa na área de comunicações em Alagoas, a dos Farias. Pedro Collor não entendeu por que o irmão, sócio nas empresas da família, não queria que elas crescessem, preferindo que surgisse uma rede alternativa.

— Mas, Fernando, e a Gazeta? — perguntou, usando a palavra pela qual designavam a Organização Arnon de Mello.

— Não se preocupe, Pedro. Meu negócio com o Paulo César é ocupar espaço político. Os jornais, a rádio e a TV não concorrerão com a Gazeta. Minha intenção é apenas evitar que nossos adversários políticos se antecipem.

Pedro Collor desistiu de lançar *O Povo Acontece*. Mas reafirmou que montaria as duas rádios no interior. Como fizera com os Farias, o presidente disse que entrasse com os pedidos de concessão na Secretaria Nacional de Comunicações.

Três meses depois, Pedro Collor recebeu um ofício da Secretaria negando as concessões para Porto Calvo e Coqueiro Seco. Na mesma época, a Secretaria autorizou a instalação de outras doze rádios em Alagoas, justamente nas cidades pleiteadas por Paulo César Farias e seus irmãos. Pedro Collor desconfiou que o irmão dera ordem para que os Farias, e não ele, recebessem as concessões. No final de 1991, ficou sabendo também que PC comprara de Cleto Falcão um terreno no bairro de Serraria para instalar o jornal e uma gráfica idêntica à da *Gazeta*. Farias investira 5 milhões de dólares na nova empresa e estava contratando funcionários da Organização Arnon de Mello por salários superiores aos que Pedro Collor lhes pagava.

O irmão caçula de Collor passou a considerar Paulo César Farias seu inimigo mortal. Lembrou que PC tentara comprar as ações de seus irmãos na empresa sem que ele soubesse. Teve certeza de que o presidente e o seu tesoureiro pretendiam destruí-lo. Resolveu que faria o que fosse necessário para impedir o lançamento da *Tribuna de Alagoas*, marcado para janeiro de 1992. Em dezembro, trancou-se num quarto de sua casa, montou o tripé de uma câmera de vídeo, postou-se na frente dela, ligou-a e falou durante 25 minutos. Contou o que sabia das traficâncias de PC no governo federal e em Alagoas. Sustentou que o irmão e o tesoureiro dele eram sócios. Disse que o apartamento visitado por Collor na rue de Lubeck, em Paris, havia sido comprado pelo presidente por 3 milhões de dólares. E responsabilizou Paulo César Farias e o irmão presidente caso tivesse uma morte violenta. Colocou uma outra fita na câmera e regravou o mesmo depoimento. Tinha receio de tirar cópias na TV Gazeta: alguém poderia bisbilhotar a gravação. Pôs as fitas numa maleta marrom, fechou-a à chave e guardou-a num armário.

Pedro Collor falou com alguns jornalistas sobre sua briga com Paulo César Farias. Queria usar a imprensa para mostrar a PC e a Collor que estava disposto a lutar para defender a *Gazeta*. Procurou Ari Cipola, correspondente da *Folha de S.Paulo* em Maceió desde o início do ano. A transferência do repórter de Campo Grande para lá fora decidida no final de 1990, em razão do processo de Collor contra o jornal e do noticiário cada vez mais intenso sobre Alagoas. "Você está fazendo matérias pequenas, vamos fazer alguma coisa grande", disse o empresário ao jornalista. Queixou-se do irmão, mencionou sua disputa com Paulo César Farias e sugeriu que Cipola fizesse uma reportagem a respeito, desde que ele não aparecesse na matéria. "Assim não dá, você precisa me dar uma entrevista gravada de umas cinco horas", pediu o repórter. Pedro Collor não concordou. Mas o correspondente da *Folha* fez uma pequena matéria sobre o assunto. O irmão do presidente deu uma longa entrevista a Luis Maklouf Carvalho, que tinha saído do *Jornal do Brasil* para o *Jornal da Tarde*. Falou quase só sobre impostos. Quando acabou a entrevista, Pedro levou Maklouf para outra sala, fez inúmeras críticas a Paulo César Farias e pediu que não as publicasse junto com a entrevista. O repórter atendeu o pedido. Quatro dias depois, no sábado, 14 de dezembro, o repórter publicou uma reportagem de meia página no *Jornal da Tarde* com o título "Pedro Collor declara guerra a PC Farias". Maklouf relatou que Pedro achava que Collor havia se aliado a Farias na *Tribuna de Alagoas*. Reproduziu declarações pesadas do irmão do presidente contra PC: "Ele tem um péssimo caráter e é uma das pessoas mais perigosas que eu conheço", "PC conseguiu uma poupança fantástica para quem recentemente estava em concordata. Ele leva uma vida de milionário superior à de empresários estrangeiros". No dia seguinte, domingo, *Veja* também publicou uma matéria a respeito do tema, com o título "Collor versus Collor" e o subtítulo "Jornal do PC afasta presidente do irmão".

Pouco antes do Natal, Pedro Collor viajou com a mulher, Thereza, e os dois filhos para Miami, onde tinha um apartamento. Levou a maleta marrom. Lá chegando, alugou um cofre num banco e nele guardou as duas fitas. Fez um seguro de vida de 3 milhões de dólares em favor de Thereza. Guardou a chave do cofre na seguradora. Deixou instruções por escrito à mulher para que, se ele morresse, ela ficasse com uma das fitas e entregasse a outra a um jornal da grande imprensa.

* * *

Fernando Collor também desconfiava de Pedro. Haviam lhe dito que ele pretendia construir um memorial em homenagem a Graciliano Ramos, onde abrigaria a Fundação Arnon de Mello, e queria pedir 2 milhões de dólares ao Banco do Brasil para tocar o projeto. Soube ainda que Pedro tencionava ser o representante da Chrysler no Brasil, e chegara a pedir ajuda ao Itamaraty para conseguir um encontro nos Estados Unidos com Lee Iacocca, o principal executivo da montadora.

Collor tinha um contencioso com o irmão que, entremeando períodos de paz com outros de amargor, vinha desde a infância. Ele era o filho predileto de Arnon, enquanto Pedro era o mais querido da mãe, se bem que à maneira fria de Leda Collor. O presidente julgava que, entre os seus quatro irmãos, o caçula fora o que mais sofrera com as ausências dos pais e a desunião da família. Adulto, pensava, o irmão não conseguira ter uma carreira própria e só lhe restara cuidar da empresa familiar. Com essa interpretação, justificava o ressentimento de Pedro com ele e com Leopoldo, que haviam escapado da província para ter vida profissional própria. Collor também tinha uma explicação psicológica para a hostilidade do irmão para com Paulo César Farias: achava que João Lyra preferia PC ao genro, o que magoava Pedro.

No plano político, as desavenças entre os irmãos eram mais graves. Pedro implicava com o uso político-propagandístico que Collor fazia do jornal e da TV Gazeta. Ele não deixara de noticiar nenhuma das denúncias contra o irmão presidente. Collor sabia, por fim, que sua mãe, Leda, fizera um testamento no qual legava a maior parte da Organização Arnon de Mello a Pedro.

Já a ligação entre Paulo César Farias e Fernando Collor se fortalecera desde a posse e funcionava como uma máquina. Sua energia eram os milhões de dólares que PC conseguia de empresários para que o governo os beneficiasse. As correias de transmissão eram a Empresa de Participação e Construções, EPC, e as companhias de aviação de Farias. Criada em 1985, a EPC teve o seu apogeu no governo Collor. Com sede em Maceió, apenas doze funcionários, nenhum deles com curso superior, ela faturou 55 milhões de dólares entre 1990 e 1992. A EPC não prestava serviço algum. Apenas recebia dinheiro de grandes empresas, principalmente empreiteiras. Operava com notas fiscais fraudadas, sonegava impostos e usava cheques de correntistas-fantasmas. Mais de trinta empresas fizeram pagamentos à EPC. A Odebrecht deu 3,2 milhões de dólares; a Andrade Gutierrez, 1,7 milhão de dólares; as usinas de Lyra, 641 mil dólares; a Construtora Tratex, 293 mil dólares; a Votorantim, 250 mil dólares; a Cetenco, 200 mil dólares.

As companhias de aviação de PC operavam de maneira semelhante: recebiam pagamentos, emitiam notas fiscais e raramente punham seus aviões a serviço das empresas que as contratavam. A Líder Táxi Aéreo deu 1 milhão de dólares à Brasil-Jet em 1990. Em apenas três dias, em novembro de 1991, a Odebrecht fez pagamentos que foram responsáveis por 81% da receita da empresa naquele ano.

Para atender à sua clientela, Paulo César Farias defendia os interesses dela junto a ministros e dirigentes de órgãos federais. Foi o que fez com João Santana, ministro da Infraestrutura. Santana foi procurado primeiro por Carlos Suarez, apelidado de Galego, um dos donos da OAS. A empreiteira baiana disputava na época uma licitação para construir uma obra na serra do Tigre, em Santa Catarina. Suarez disse a Santana que o Careca, Paulo César Farias, lhe havia dito que o edital de licitação da obra seria publicado em breve. "Se você acha que o Careca sabe tudo, e ele é um homem seu, acredite nele", falou o ministro ao empreiteiro. "Se o edital da licitação estiver direito, não haverá problemas. Mas parece que ele não está direito, já que você está aqui me procurando." Santana suspeitava que o edital tivesse sido redigido por técnicos do Ministério com a ajuda de empreiteiros, a fim de adequá-lo às necessidades deles. Dias depois, Farias convidou João Santana para jantar, em Brasília.

— O Galego gosta muito de você, mas ele me contou que você vai cancelar o edital da concorrência na Serra do Tigre. Como podemos resolver isso? — perguntou Farias.

— O que você acerta com os empresários, PC, acerte da porta do ministério para fora: não tenho nada a ver com isso. Dentro, tudo será feito direitinho, dentro das normas e leis. Quem manda no ministério somos eu e o presidente. Foi o presidente, aliás, quem me transmitiu essa orientação geral. Não preciso da sua ajuda, não.

— Não, Santana, você não está entendendo... — disse PC, e foi interrompido pelo ministro.

— E se for diferente disso, o presidente me comunica e eu vou embora, bem quieto. Não sou um Motta Veiga — completou Santana, referindo-se às denúncias do presidente da Petrobras contra PC quando saiu da estatal.

— É que o presidente me passa missões, Santana. Vamos fazer o seguinte: se você for cancelar o edital, me avise com horas de antecedência, por favor.

João Santana constatou que havia irregularidades no edital e o anulou. Avisou antes Carlos Suarez e depois Paulo César Farias. Não queria que PC desse a notícia em primeira mão ao empreiteiro. O ministro falou com Collor sobre Farias durante um despacho de rotina:

— Presidente, o Paulo César tem que ir embora, tem que desaparecer. O senhor me desculpe, mas ele é como um macaco numa loja de louça.

— O Paulo é um amigo, e não um membro do governo — disse Collor.

Entre 1990 e 1992, a empresa de PC Farias entrou em contato com 28 instituições federais. Entre elas, os ministérios da Economia, da Educação, do Trabalho, da Ação Social, da Saúde e dos Transportes, além do da Infraestrutura; as secretarias de Assuntos Estratégicos e do Desenvolvimento Regional; o Banco do Brasil, a Caixa Econômica Federal, o Banco Central, o Conselho Nacional de Petróleo, a Comissão de Valores Mobiliários, o Instituto do Açúcar e do Álcool e a Sudene. Houve repetidos telefonemas da EPC ao Palácio do Planalto, para os números dos gabinetes de Collor, Cláudio Vieira e Marcos Coimbra.

Com os dólares arrecadados, Paulo César Farias cobria as despesas de Collor e sua família. E que despesas. Entre 1990 e 1992, PC depositou 914 mil dólares nas contas de Rosane Collor e da secretária dela, Maria Izabel Teixeira. Para a de Ana Acioli, a secretária encarregada de gerir as contas pessoais de Collor, destinou 2,3 milhões de dólares. Para Berto José Mendes, mordomo da Casa da Dinda, foram 81 mil dólares. Para Lilibeth Monteiro de Carvalho, 47 mil dólares. O carro usado pela ex-mulher e pelos filhos do presidente pertencia à EPC. Na reforma da Dinda, PC gastou 2,3 milhões de dólares. Na do apartamento de Collor em Maceió, 164 mil dólares.

Havia lógica, portanto, na atitude de Collor, que em vez de ajudar o irmão, com quem se estranhara, preferiu se aliar a Paulo César Farias, amigo e associado leal, na construção de uma rede de comunicações em Alagoas. Até porque Collor não herdaria a Organização Arnon de Mello, já que com a morte de sua mãe o controle da empresa passaria às mãos de Pedro. A força do interesse econômico e do poder político rompeu os tênues laços fraternos que ligavam Pedro e o presidente. Laços enfraquecidos, ademais, pela beligerância entre Thereza e Rosane.

* * *

Menina, Thereza foi dama de honra no casamento de sua irmã Maria de Lourdes. A beleza da garota chamou a atenção de Leda Collor. "Conheci uma menina bonita para casar com você, Pedro", disse ela ao caçula. Aos dezesseis anos, Thereza conheceu Pedro Collor, dez anos mais velho que ela. Começaram a namorar. À frente da empresa, ele estava sempre de terno e gravata. Era alegre, simpático, não falava mal de ninguém. Apesar de preocupado com a diferença de idade entre a filha e o namorado, João Lyra consentiu em que se casassem. Paulo César Farias foi um dos padrinhos do matrimônio. Thereza foi bem recebida pelos Collor de Mello. Tinha intimidade com a sogra. Fez um quarto para Leda em sua casa do jeito que ela gostava, com armários dentro do banheiro. Marcos Coimbra a tratava como a uma filha. Ela era a cunhada preferida de Fernando Collor. Thereza se surpreendeu com a notícia de que Collor se casaria com Rosane. Procurou-o para conversarem a sós sobre o assunto. Falaram no aeroporto de Maceió, enquanto ele aguardava um voo para Brasília.

— Fernando, você está louco: nem conhece essa Rosane e já vai casar com ela?

— Não se preocupe, Thereza — respondeu Collor. — A Rosane tem três qualidades: é inteligente, é bonita e tem personalidade. Com isso, podemos ensinar muita coisa a ela.

Collor contou o diálogo a Rosane, que o achou estranho e ficou cismada com a cunhada.

Thereza e Pedro Collor fizeram uma festa para que as famílias dos noivos se conhecessem. Os Malta derrubaram um biombo. Leopoldo e Ledinha passaram a festa fazendo ironias sobre o comportamento dos parentes de Rosane, para divertimento dos anfitriões. Cada vez mais, os Collor consideravam Rosane uma sertaneja matuta, arrogante, sem disposição para aprimorar seus modos. Solange Lyra, mãe de Thereza, por exemplo, disse à mulher de Collor:

— Você pode aprender muito com a sua sogra, ela é bastante culta.

— A dona Leda eu levo no bico — respondeu Rosane.

Pedro disse ao irmão que a mulher dele era motivo de chacota na família. Collor não gostou do comentário.

Quando Collor era governador, o casamento de Thereza e Pedro atravessou uma turbulência. Eles pensaram em se separar. Com problemas na empresa, Pedro passava o dia no jornal. Perdia a paciência fácil, era intolerante com a mulher e dava pouca atenção aos filhos. Ele viajou para uma feira de indústrias gráficas em Atlanta, nos Estados Unidos, e depois foi a Ottawa, no Canadá, onde viviam Marcos Coimbra e a irmã de Pedro, Ledinha. Thereza ficou em Maceió. Nessa época, aumentaram os atritos entre Rosane e Thereza e entre Collor e Pedro.

Rosane tinha uma amiga, dona de uma butique em Maceió, que a convidou a ir ao Rio para comprarem roupas no atacado. Elas ficaram três dias na cidade, onde Rosane almoçou com Frank, o costureiro que trabalhava em dupla com Amauri. Frank disse a Rosane que Thereza havia seis meses não pagava as roupas que fazia com ele, e perguntou:

— Dá para você falar com a Thereza para ela me pagar?

— Olha, não dá, eu não sou garota de recados — respondeu Rosane.

— Então eu vou colocar uma nota numa coluna social dizendo que a Thereza é caloteira — disse o costureiro.

— Não faça isso, Frank, por favor. Vou falar com o Fernando sobre o assunto.

De volta a Maceió, Rosane se desencontrou do marido e não contou a ele o que Frank dissera. Duas noites depois de seu retorno, Collor perguntou à mulher:

— Na sua viagem ao Rio, não ficou faltando dinheiro?

— Não, não ficou — respondeu Rosane.

— Você tem certeza?

— Tenho, por quê?

— É que a Thereza esteve hoje no gabinete e disse que você tem dívidas com o Frank, e isso não fica bem — respondeu Collor.

— Se você não acredita em mim, vamos ligar agora para o Frank — disse Rosane, o sangue lhe subindo à cabeça.

Ela telefonou para o costureiro e pediu que ele contasse ao marido a história das dívidas de Thereza. Collor pegou o telefone e ouviu Frank. Falou que pagaria a dívida da cunhada. Pediu em seguida à mulher que esquecesse o assunto: era um incidente sem importância. "Não, eu vou até o fim", disse Rosane.

Collor convidou Thereza para ir ao Palácio dos Martírios. Soubera que ela e Pedro estavam atravessando uma crise conjugal. Recebeu-a em seu gabinete privativo. Falaram longamente. Ele contou como foi difícil a sua separação de Lilibeth. Ela se queixou do destempero do marido. Chorou. O cunhado consolou-a. Disse-lhe que pensasse bem e que, qualquer resolução que tomasse, ele estaria do lado dela.

Depois da conversa com o marido sobre as dívidas com o costureiro do Rio, Rosane telefonou várias vezes para Thereza, que não atendeu nem respondeu às ligações. Pediu a uma amiga que telefonasse para a mulher de Pedro Collor. Ela atendeu, Rosane pegou a extensão do telefone e perguntou:

— Oi, Thereza, por que você não está me atendendo?

— Oi, Rosane, é que eu ando muito ocupada.

— Bom, aproveitando a oportunidade, queria dizer que você mentiu para o meu marido.

— Não é bem isso, Rosane. O Fernando entendeu errado. É que o Frank andou espalhando que eu estou devendo para ele.

— Não estou falando sobre isso. Você tinha que ter me procurado antes. Eu jamais diria alguma coisa ao teu marido sem falar antes com você. Estou achando que você queria casar com o outro Collor, com o meu Collor.

— O que é isso, Rosane?

— Você foi falar com o Fernando no aeroporto quando estávamos noivos. Você foi lá tentar impedir o nosso casamento. Eu te aviso, Thereza: estou de olho em você — disse Rosane, e desligou o telefone.

Pedro Collor voltou a Maceió e propôs a Thereza que se reconciliassem. Ela contou que estivera com Collor. Combinaram que, para espairecer, Thereza passaria um tempo em Paris, para onde Marcos Coimbra e Ledinha haviam viajado. Lá, ela se hospedou no hotel Alexander, na rue Victor Hugo. Collor telefonou duas vezes para Thereza na França. Perguntou como ela estava e recomendou que descansasse, se distraísse. Pedro desconfiou que seu irmão estava ligando para sua mulher. Investigou na companhia telefônica e soube que, realmente, foram feitos telefonemas do Palácio dos Martírios para o hotel Alexander.

Ao voltar de Paris, Thereza foi outra vez ao gabinete de Collor. Ela estava organizando algumas salas do prédio da *Gazeta*. Numa delas ainda se encontravam objetos que restaram da separação de Collor e Lilibeth. Ela catalogara as coisas e entregou ao cunhado uma lista com tudo o que havia na sala. Conversaram também sobre o casamento dela com Pedro. Thereza contou que queria reatar com o marido.

Os encontros de Collor com a cunhada geraram mexericos. Funcionários do Palácio dos Martírios espalharam que Thereza estivera várias vezes lá e permanecera horas no gabinete privativo do governador, de onde saíra amassada e descabelada. Divulgaram que o governador estava tendo um caso com a cunhada — ainda que eles tenham tido apenas dois encontros, ambos de menos de uma hora. Os rumores chegaram a Rosane e a Pedro Collor. Rosane não acreditou neles, mas passou a desconfiar ainda mais de Thereza. Pedro achou que Collor se aproveitava da fragilidade de Thereza para induzi-la à separação, talvez com dois objetivos: seduzi-la, ou então levá-lo a perder as estribeiras e deixar a direção da Organização Arnon de Mello. Nos dois casos, pensou, o irmão estaria agindo de forma canalha. Thereza e o marido se reconciliaram. Pedro nunca mencionou as suspeitas dele a Collor. Falava com ele como se não desconfiasse de nada. Entusiasmou-se com a sua eleição para a Presidência. Mas a suspeita e o ciúme nunca o abandonaram.

* * *

Pedro voltou de Miami no início de 1992. Collor o convidou para um almoço no Palácio do Planalto. O presidente estava apreensivo. José Barbosa de Oliveira, conselheiro do Tribunal de Contas de Alagoas, havia lhe contado que o irmão pretendia denunciar Paulo César Farias com maior agressividade. Oliveira, que fora oficial de gabinete de Arnon de Mello, às vezes servia de mediador das querelas entre os Collor. No final de janeiro, numa quarta-feira, Oliveira, Collor e o irmão almoçaram no Palácio do Planalto. Pedro disse que a *Tribuna de Alagoas* iria tirar leitores e anunciantes da *Gazeta*, assim como já vinha tirando funcionários, e ele não admitiria isso. Collor afirmou que não tinha nada a ver com o novo jornal, mas sua impressão era que seria um "jornaleco só para dar sustentação aos Farias". O irmão lembrou a conversa que tiveram um ano antes, quando o presidente lhe falou que via com bons olhos o lançamento da *Tribuna*. Collor fez um apelo:

— Pedro, resolva tudo como você quiser, da maneira que lhe for mais conveniente e com quem você achar melhor, mas não me crie problemas.

Principalmente com o Augusto Farias, que é deputado. Você sabe, não posso dispensar o apoio dos políticos.

— Resolver com quem, Fernando, se o problema foi criado por você e pelo Paulo?

— Sei lá, fala com o Paulo César. Já te disse, não falo com ele há um ano e meio.

— Mas, Fernando, vamos que eu admita conversar com ele. Só vou se o Cláudio Vieira estiver presente.

— Claro, só com a presença do Cláudio — concordou Collor.

O presidente sugeriu ao irmão que, na conversa a ser marcada, convencesse PC a nomear João Lyra presidente da *Tribuna*. O usineiro, argumentou o presidente, era seu sogro e amigo de Paulo César Farias, e poderia agir com neutralidade. Pedro voltou a Maceió e contou a Thereza como havia sido o almoço com o irmão. "Cuidado, Pedro, não acredite neles", disse ela. "O terreno não está nada firme. Ao contrário, Fernando e Paulo César não desistem enquanto não destruírem você."

Pedro Collor, Paulo César Farias, José Barbosa de Oliveira e Cláudio Vieira almoçaram dias depois na casa deste último, no Lago Norte, em Brasília. PC chegou uma hora atrasado, todo risonho. Estava atrasado porque estivera antes na casa de Lafaiete Coutinho e dissera ao presidente do Banco do Brasil que Pedro estava possesso de ciúme, suspeitando que a mulher o traíra com o irmão. Contou também a Coutinho que o presidente tinha interesse em prejudicar o irmão caçula. Sem revelar nada disso ao grupo que o aguardava, Farias propôs um "acordo de cavalheiros" a Pedro: os dois jornais não tirariam funcionários um do outro. O irmão do presidente não aceitou. Queria mais garantias de que a *Gazeta* não seria prejudicada pela *Tribuna*. Discutiram, divergiram e não chegaram a um acordo. Combinaram um novo encontro, que ocorreu na casa de Paulo César Farias, em Brasília. Dessa vez, o acordo avançou. Pedro Collor e PC concordaram que João Lyra fosse o presidente do conselho de administração da *Tribuna* e marcaram outra reunião.

O acordo talvez pudesse ter avançado mais caso Eduardo Oinegue, chefe da sucursal de *Veja* em Brasília, não tivesse conversado naquela mesma semana com João Carlos Camargo, o assessor particular de Zélia quando ela foi ministra da Economia. "O Pedro está roubando", contou Camargo a Oinegue, um paulistano de 27 anos. Por "roubando" ele queria dizer que o irmão do presidente vinha tentando vender produtos para os ministérios da Saúde e da Educação, mas não deu nenhuma informação precisa. Oinegue foi atrás da notícia. Seguiu o método usual: procurar primeiro um adversário do atacado, para ver se ele sabia algo, e depois o próprio atacado — no caso, Pedro Collor. Orientou Mario Rosa a conversar com Luís Romero, irmão de Paulo César Farias. Romero disse a Rosa que não tinha conhecimento de nenhuma desonestidade do irmão do presidente. Oinegue telefonou para o diretor da *Gazeta*. Fez uma pergunta direta: "Pedro, estão dizendo que você está roubando, é verdade?". O irmão do presidente negou. Combinaram se encontrar no escritório do jornal em Brasília.

Imaginando que o próprio Paulo César Farias, ou pessoas muito próximas dele, estivesse espalhando que ele era ladrão, Pedro Collor desandou a falar mal do tesoureiro do presidente a Oinegue. Contou das escaramuças em torno da *Tribuna*, das fitas que tinha gravado com denúncias contra PC e das provas que vinha reunindo para incriminá-lo. O jornalista apurou junto ao círculo de Paulo César Farias que ele detestava Pedro Collor. A matéria de Oinegue foi publicada em duas páginas. O título era "Dossiê explosivo", e o subtítulo, "Para o irmão mais novo do presidente, PC Farias é uma 'lepra ambulante' cujos negócios podem provocar o impeachment de Collor". A reportagem transcrevia uma frase de Farias sobre Pedro, que a disse afastando o polegar do indicador: "Aquele moleque tem uma inteligência desse tamaninho e toma doses de vodka desse tamanhão". Ao se referir às coisas que vinha juntando contra seu inimigo, Pedro Collor deixou claro que o presidente também seria atingido. "Se esse material se tornasse público, o impeachment poderia ocorrer em 72 horas", avisou ele. A matéria de Eduardo Oinegue provocou um rebuliço no triângulo PC-Collor-Pedro.

— Pedro, pelo amor de Deus! Precisamos conversar sobre esse negócio do jornal. Essas coisas que você disse à *Veja* pegaram muito mal — falou Cláudio Vieira, ao telefone, um dia depois de a reportagem ser publicada.

— Ah, é? Quer dizer que as acusações levianas que o Paulo fez contra mim não pegaram mal, não? Ora, Cláudio, vocês estão pensando que eu sou menino? — retrucou Pedro Collor.

Vieira e o irmão do presidente marcaram uma nova conversa. Antes, porém, Pedro Collor teve um almoço com Paulo César Farias, em Maceió, junto com seu sogro, João Lyra. Dessa vez, PC não estava nem um pouco risonho. Chegou sério, permaneceu calado a maior parte do tempo e não bebeu nada. Lyra comunicou que não aceitava ser diretor da *Tribuna de Alagoas*, e PC foi embora sem esperar o almoço. "Queridão, essa merda vai explodir, você vai ver", disse Pedro ao inimigo, à guisa de despedida.

No dia seguinte, Pedro Collor viajou para Brasília e falou com Cláudio Vieira. O secretário do presidente estava agitado.

— Mas, Pedro, o que você foi fazer, rapaz? Seu irmão está arrasado com essa sua entrevista. Vamos conversar, dar um jeito nisso.

— Jeito o quê, Cláudio, que jeito? Não tenho mais nada para conversar. Vocês plantaram o abacaxi, agora que o descasquem.

Vieira contou que o procurador geral da República, Aristides Junqueira, estivera com o presidente e dissera que abriria um inquérito para apurar as denúncias de Pedro Collor na reportagem de *Veja*. O secretário implorou ao irmão do presidente que mandasse uma carta à revista desmentindo a matéria. Pedro pediu a Vieira que lhe enviasse por fax uma minuta do que ele queria que escrevesse na carta. Recebeu-a em seu escritório e voltou a falar pessoalmente com Cláudio Vieira. Propôs um negócio: a *Gazeta* compraria a gráfica da *Tribuna* e imprimiria o jornal de Paulo César Farias. O secretário de Collor considerou a proposta "excelente", disse que se empenharia em fazer PC aceitá-la e perguntou da carta a *Veja*. Pedro respondeu que a escreveria, mas em termos diferentes da minuta que tinha recebido. No mesmo dia, Vieira contou a Pedro que Paulo César Farias concordara em arrendar a gráfica e executivos da *Tribuna* o procurariam em breve para acertar o negócio.

Com tudo negociado, Pedro Collor escreveu a carta. Thereza defendeu que ele não a enviasse. Dizia que a intenção de Paulo César Farias e Collor era quebrar a *Gazeta*. Achava que o marido se desmoralizaria se desmentisse o que havia dito a *Veja*. Sustentou que ele deveria partir para o confronto aberto com PC.

Recebi a carta e falei com Eduardo Oinegue. Decidi que não a publicaria e pedi que Pedro Collor fosse avisado. No mesmo dia, Mário Alberto de Almeida me telefonou e disse que gostaria de conversar comigo. Eu não o conhecia. Falei que estava ocupado mas que, se ele pudesse passar na redação, eu o atenderia. Ele disse que estava saindo de Brasília e em menos de três horas chegaria à revista. Recebi-o em minha sala, por volta das sete horas da noite. Almeida contou que estivera com Lafaiete Coutinho e Paulo César Farias, e se declarou amigo deles. Entregou-me uma carta de PC e perguntou se eu poderia publicá-la na próxima edição de *Veja*. A carta desmentia a matéria de Eduardo Oinegue sobre os atritos entre Farias e Pedro Collor. Respondi que não a publicaria porque a reportagem estava correta. Almeida não protestou. Despediu-se e foi embora.

Pedro Collor esperou uma semana, e como ninguém da *Tribuna* o procurou para discutir o arrendamento da gráfica, telefonou para Cláudio Vieira. O secretário de Collor lhe falou que Paulo César Farias havia desistido do negócio. Pedro não fez nenhum comentário. "Um grande abraço, queridão", disse a Vieira. Pedro decidiu ir à Flórida, em busca de documentos que comprovassem as movimentações financeiras de PC em paraísos fiscais do Caribe.

Viajou sozinho para Miami. Brigara novamente com Thereza e estavam separados. Suas duas únicas pistas sobre as operações de Paulo César Farias no exterior eram o nome de Andrés Gomez Mena, um cubano naturalizado americano, e as frequentes viagens de jatinhos da Brasil-Jet para o Caribe. No livro que escreveu com Dora Kramer, *Passando a limpo*, Pedro Collor fornece apenas indicações de como conseguiu os documentos bancários evidenciando que PC tinha pelo menos nove empresas no exterior e movimentava milhões de dólares entre os Estados Unidos, o Caribe, a França, a Inglaterra e a Suíça. Ele conta que falou primeiro com um homem, identificado pelo pseudônimo de Juan, que o encaminhou a um outro, Hans. Pedro disse a Hans que estava cumprindo uma missão secreta que lhe fora passada pelo próprio presidente do Brasil, seu irmão: rastrear as atividades financeiras de Paulo César Farias no exterior e averiguar se elas eram legais. Foi Hans, a quem Pedro caracteriza como "informante" e "investidor", que lhe entregou vinte páginas de reproduções de papéis bancários de PC. Pedro Collor tirou cópia de tudo. Deixou um dossiê no cofre em Miami e trouxe outro para o Brasil, onde desembarcou no final de abril.

Assim que chegou, Pedro telefonou para Marcos Coimbra. Contou que tinha documentos incriminando PC e pretendia divulgá-los. "Vá em frente, porque se você não pegar o Paulo César agora, ele te pega na curva, mais adiante", disse o secretário-geral da Presidência. "Além do mais, você é maior de idade e sabe o que faz." Pedro começou a receber telefonemas o ameaçando de morte. Relatou-os a Marcos Coimbra e a Cláudio Vieira, que não lhe deram importância. Pedro Collor passou uns dias sem saber o que fazer. Atendeu então um telefonema de Luis Costa Pinto, o repórter de *Veja* com quem tinha contato mais estreito.

32. VEJA

Luis Costa Pinto, um pernambucano de 23 anos, conheceu Pedro Collor no final de 1990. Correspondente de *Veja* no Recife, ele estava cobrindo a disputa entre Renan Calheiros e Geraldo Bulhões pelo governo e visitou o irmão do presidente em seu escritório na *Gazeta de Alagoas*. Tiveram empatia imediata, talvez porque o jornalista tenha mencionado que uns primos dele, usineiros em Pernambuco, eram amigos de Pedro e foram até convidados para a festa de seu casamento com Thereza. O jornalista percebeu que encontrara uma boa fonte, pois além de saber o que se passava na família Collor, o irmão do presidente tinha acesso a informações do governo. Passou a falar com Pedro a cada quinze dias. Em março de 1991, ele foi transferido para a sucursal de Brasília e continuou a ligar para o irmão do presidente. Quando Costa Pinto publicou a reportagem sobre os gastos de Cleto Falcão, Pedro Collor telefonou para cumprimentá-lo. "Boa matéria, Lula, esse sujeito é mesmo um ladrão", disse, chamando-o pelo apelido.

Numa viagem do presidente à Colômbia, Cláudio Humberto contou a Costa Pinto que, acreditando que Collor e Paulo César Farias haviam se unido para destruí-lo, Pedro entrara em atrito com a família. O repórter ligou para Pedro, que confirmou a informação mas não quis contar mais nada. Como estava de férias quando Eduardo Oinegue fez a matéria em que Pedro chamava PC de "lepra ambulante", na volta comentou: "Puxa, que bom que você resolveu falar, Pedro. Você tem mais alguma novidade?". O irmão do presidente, de partida para os Estados Unidos, disse que teria novidades dali a um mês. Ao retornar da viagem, não atendeu mais aos telefonemas do jornalista, que insistiu várias vezes.

Costa Pinto era persistente. Desde que editara o jornalzinho do Colégio Nóbrega, no Recife, cismou em ser jornalista. Filho de um engenheiro, com tios e primos também engenheiros, enfrentou a oposição da família. Ao voltar da faculdade, Costa Pinto descia do ônibus dois pontos antes da sua casa, em Olinda, para comprar, além dos jornais locais, o *Jornal do Brasil*, a *Folha de S.Paulo* e *IstoÉ*, que considerava mais à esquerda do que *O Globo*, *O Estado de S. Paulo* e *Veja*. Ainda estudando, conseguiu um estágio no *Jornal do Commercio*, ganhando dois salários mínimos por mês. Em junho de 1990, cobriu dois meses de férias do correspondente da *Folha* no Recife e seu salário dobrou. Terminou o estágio e recebeu um convite do mineiro Bruno Bittencourt para assumir o lugar dele, o de chefe da sucursal de *Veja*, pois fora transferido para Brasília. Bittencourt ensinou o que ele deveria fazer antes de visitar a redação, em São Paulo: comprar terno e gravata. Costa Pinto viajou numa quinta-feira, foi contratado e voltou ao Recife. Na tarde seguinte, conversou com Bittencourt, que o convidou a tomar um drinque. O recém-contratado preferiu ir para a casa da namorada. No sábado, lhe telefonaram para comunicar que Bittencourt morrera num desastre de carro. Costa Pinto foi para a estrada onde houvera o acidente e encontrou o cadáver do colega jogado sobre uma rocha. Tinham lhe roubado os sapatos. Para remover o corpo, era preciso um atestado de óbito, que o próprio Costa Pinto redigiu. Ele também comprou o caixão e lhe avisaram que só poderia mandar o corpo para Belo Horizonte, onde vivia a família de Bittencourt, se ele fosse embalsamado. O Instituto Médico Legal estava em greve e o repórter convenceu um professor de medicina a fazer o embalsamamento. Não havia auxiliares, Lula foi assistente do professor, limpando o corpo e servindo de instrumentador. No caminho para o aeroporto, caiu um toró, a avenida inundou-se, a caminhonete encalhou e o jornalista, com água até o joelho, desceu para empurrá-la. Chovia tanto que o avião não pôde levantar voo. O repórter ficou no aeroporto até as seis da manhã. Na segunda-feira, assumiu o seu posto de chefe da sucursal. Levou para casa todos os relatórios enviados da sucursal para a redação que estavam no arquivo: queria estudar como a revista funcionava. Luis Costa Pinto era um repórter inexperiente. Mas não lhe faltava empenho para enfrentar problemas nem disposição para aprender.

Como Pedro Collor não respondesse aos seus telefonemas, Costa Pinto trabalhou em outras matérias. Na segunda-feira, 4 de maio de 1992, telefonou para Itamar Franco e marcou uma entrevista para dali a dois dias. Sua intenção era fazer uma reportagem sobre um vice que não se intrometia no governo nem conspirava contra o presidente. Na quarta-feira, estava de saída da sucursal para falar com Itamar Franco quando Pedro telefonou dizendo ter coisas graves para contar. Pediu que Costa Pinto fosse para o lado do fax. Iria enviar documentos e não queria que ninguém mais os lesse.

— Mas, Pedro, tenho uma entrevista agora com o vice-presidente... — tentou explicar o jornalista.

— A coisa é grave, Lula, você vai ver — insistiu Pedro, interrompendo-o.

Costa Pinto não entendeu nada da papelada que saiu do fax: um emaranhado de contas, registros de aberturas de empresas, procurações e contratos. Cancelou a entrevista com Itamar e combinou com Pedro Collor se encontrarem no dia seguinte, no Rio, para ele destrinchar os papéis. Pedro não conseguiu explicar direito o significado da maçaroca que havia amealhado nos Estados Unidos. Costa Pinto me telefonou do Rio e acertamos que ele procuraria elucidar o papelório com técnicos do mercado financeiro, enquanto eu tentaria marcar uma entrevista com Paulo César Farias. Telefonei para Hildeberto Aleluia, o assessor de Imprensa de PC. Avisei que precisava falar com o empresário sobre documentos que o comprometiam, e ele marcou um encontro para a manhã seguinte. Costa Pinto fez uma cópia dos papéis escondendo o nome de Paulo César Farias e os apresentou, separadamente, ao ex-ministro Maílson da Nóbrega, a Ibrahim Eris, ex-presidente do Banco Central, e a Jouji Kawassaki, diretor de Mercado de Capitais do BMC. Com as entrevistas, o repórter pôde montar o quebra-cabeça. Segundo os três especialistas, todas as características dos documentos levavam a crer que eram verdadeiros. Mostravam uma movimentação financeira da ordem de 50 milhões de dólares. A sequência veloz de transações entre as empresas e os bancos parecia ter sido feita com o objetivo de aproveitar as isenções tributárias de paraísos fiscais. A propriedade das empresas e das contas não era necessariamente ilegal, esclareceram, desde que o seu dono as tivesse declarado no imposto de renda.

Costa Pinto e eu nos encontramos na manhã de sexta-feira no saguão do hotel Caesar Park, na rua Augusta, em São Paulo, onde Aleluia marcara a entrevista. Chegamos mais cedo para que o repórter pudesse me explicar os papéis. Vimos quando Paulo César Farias entrou. Nunca tínhamos falado com ele. Só o conhecíamos de fotografia. Fomos chamados para uma das suítes. Costa Pinto disse a Farias que queria entrevistá-lo a respeito de uma documentação que obtivera — sem revelar quem lhe passara o dossiê. A cada papel que tirava da pasta, o tesoureiro de Collor parecia mais desconfortável. O repórter dissertava sobre eles com a segurança de um experiente operador internacional. "Isso é tudo invenção do Pedro Collor, esses documentos são fraudados, não tenho nenhuma empresa no exterior", disse Farias quando Costa Pinto terminou a exposição. "Por menos de mil dólares dá para abrir uma empresa no exterior sem a assinatura do proprietário, e deve ter sido assim que o Pedro Collor produziu essa papelada." Num papel do Citibank, porém, havia uma assinatura com o nome de Paulo César Farias. Costa Pinto perguntou se a assinatura era dele. PC respondeu que não.

— O senhor não tem aí no bolso o RG, o CPF ou um cartão de crédito com a sua assinatura para que a gente possa comparar com a do papel do Citibank? — perguntei.

— Não, não ando com documentos — respondeu Farias, sem se alterar.

— Nenhum?

— Nenhum.

— Cuidado, andando sem documentos o senhor pode ser preso por vadiagem — brinquei, e PC riu um pouco.

No dossiê havia dois cheques, no valor de 2,7 milhões de dólares, emitidos pelo francês Guy de Longchamps. Farias admitiu que o conhecia fazia vinte anos, pelo fato de ele ser casado com uma alagoana, Tânia Amorim, e acrescentou: "Jamais tive negócios com Guy de Longchamps, somos apenas amigos".

Apesar de preocupado, Paulo César Farias manteve o controle durante toda a entrevista. Não foi hostil nem tentou ser simpático. Hildeberto Aleluia o convencera a dar a entrevista porque percebeu que *Veja*, com o que tinha, poderia prejudicar seu cliente de maneira irremediável. Havia meses Aleluia vinha tentando levar Farias a mudar a relação dele com a imprensa. Chegou a fazer um plano por escrito com esse objetivo. Propunha que PC assumisse a presidência da Associação Comercial de Alagoas, deixasse de cultivar a imagem de personagem misterioso e passasse a receber repórteres. Farias não aceitou: gostava de ser visto como um homem poderoso e enigmático. Aleluia sugeriu que fechasse o seu escritório em São Paulo, um faustoso conjunto de salas cujas portas só abriam mediante a digitação de códigos.

— Se você não mudar, PC, se não se comportar como um cidadão normal, que não tem nada a esconder, se não fechar esse seu escritório que parece um cofre, você vai ser o sujeito mais caçado do Brasil — disse o assessor na ocasião.

— Aleluia, assim eu não vou querer mais trabalhar contigo. Você é um terrorista. Você não sabe que no Brasil não é assim? Isso aqui é uma democracia. E numa democracia ninguém pode ser caçado feito bicho.

Essa foi a única vez que Hildeberto Aleluia viu Paulo César Farias com raiva. O jornalista pensou em parar de trabalhar para PC. Sua mulher, Ângela, não gostava do empresário alagoano e dizia ao marido que deveria se afastar dele. Aleluia, entretanto, havia se afeiçoado a Farias. Achou que seria deslealdade abandoná-lo.

De volta à redação, Costa Pinto falou com o chefe da sucursal de *Veja* no Recife, Kaíke Nanne. Pediu a ele que procurasse em Maceió alguém que conhecesse Guy de Longchamps. Nanne entrevistou Lúcia Amorim, a sogra do francês. Ela informou que seu genro trabalhava para PC desde 1990. "O Guy vive fazendo viagens internacionais para acertar negócios do Paulo César", disse Lúcia Amorim. A revista arrumou uma assinatura de PC e levou-a com a da procuração ao Citibank para o grafologista Celso Del Picchia. Ele atestou que ambas haviam sido feitas pela mesma pessoa.

A matéria de Luis Costa Pinto, publicada em cinco páginas, com o título "Tentáculos de PC", provocou pânico entre os Collor de Mello. Todos os amigos e parentes de Pedro, exceto o presidente, pediram que ele pusesse fim à sua cruzada contra Paulo César Farias. Usavam dois argumentos: ele não tinha como provar que PC era um criminoso; suas denúncias poderiam resvalar no seu irmão. Leopoldo Collor se ofereceu para mediar um encontro entre Pedro e o presidente, e se comprometeu a fazer Farias desistir de vez de lançar a *Tribuna*. O caçula respondeu que só iria ao Palácio do Planalto no dia em que Collor mandasse prender Paulo César Farias.

Luis Costa Pinto grudou-se em Pedro Collor. Falava com ele todos os dias. Ele e vários outros repórteres, já que o irmão do presidente virou o assunto da semana. Mas Pedro não tinha outros documentos, nem havia decidido se atacaria seu irmão diretamente. O confronto parecia ter chegado a um impasse, e poderia ter outro destino, não fosse a iniciativa e o empenho de um repórter de 25 anos, magro, silencioso e discreto: Kaíke Nanne.

Nanne teve um papel fundamental no desmascaramento de Paulo César Farias, mas em razão das condições em que trabalhou foi obrigado a permanecer no anonimato — situação difícil para um jornalista, profissão em que o reconhecimento público é uma das compensações —, do qual jamais se queixou. Nascido em Olinda e formado em jornalismo pela Universidade Católica, Kaíke Nanne assinou uma coluna de política no *Jornal do Commercio* e foi editor de cultura da *Folha de Pernambuco* antes de entrar em *Veja*, em 1991, substituindo Luis Costa Pinto na chefia da sucursal do Recife. Desde que assumira o cargo, todas as terças-feiras ele ia a Maceió. Falava com os irmãos Augusto e Luís Romero Farias, com empresários, políticos, juízes e, às vezes, com Pedro Collor.

Quando Costa Pinto publicou a matéria sobre os tentáculos de PC, Nanne sabia, como dezenas de outros jornalistas, que a Receita Federal iniciara uma investigação acerca da renda de Paulo César Farias. Por conta própria, sem receber nenhuma ordem de seus chefes, ele resolveu ir atrás das declarações de renda de PC. Supôs que houvesse cópias delas em Maceió, cidade em que Farias tinha domicílio e era dono de empresas. Um advogado do Recife lhe informou que, de fato, havia uma cópia das declarações de renda na capital de Alagoas e ela estava no Ministério Público. O repórter viajou para lá e conversou com vários funcionários do MP. Muitos não quiseram sequer atendê-lo, e os que o fizeram não confirmaram que os documentos se achavam na repartição. Nanne foi a um órgão do Judiciário. Um juiz lhe deu o nome do promotor do Ministério Público que estava com as declarações de PC. O jornalista voltou ao departamento e procurou pelo promotor, que se recusou a recebê-lo. Nanne foi para a rua, entrou no carro e esperou que ele saísse, no final do expediente. Seguiu-o até o restaurante Gstaad, onde o promotor se encontrou com sua mulher. O jornalista o aguardou na calçada. Abordou-o na saída do jantar, apresentou-se e pediu para falar com ele alguns minutos. O funcionário se afastou um pouco da mulher e Kaíke Nanne contou o que queria: "O senhor tem um material precioso, que vai ajudar os brasileiros a saberem o que está se passando no poder". Seu trabalho tinha por objetivo, acrescentou, esclarecer se as declarações de renda de Paulo César Farias eram compatíveis com a riqueza que ele exibia, se ele era um contribuinte honesto ou um sonegador. "O Brasil precisa das informações que estão com o senhor", disse.

O promotor falou que iria levar sua mulher em casa e depois o encontraria no hotel onde estava hospedado. Meia hora depois, o funcionário entrou no Maceió Mar Hotel e chamou o jornalista para andarem na praia. Nanne voltou a apelar para a consciência cívica e o patriotismo do promotor, um jovem de aproximadamente trinta anos. O funcionário concordou com o jornalista, mas retrucou que era ilegal divulgar declarações de renda. Conversaram mais e chegaram a um acordo. O jornalista teria uma cópia da documentação, mas não diria a ninguém como a conseguira. Não assinaria a reportagem, para evitar a suspeita de que os papéis foram obtidos em Maceió. Apagaria os carimbos que identificavam a sua tramitação pelo Ministério Público. Nunca mais procuraria o promotor.

Foram os dois para a sala da gerência do hotel, onde havia uma copiadora. Pediram a todos os funcionários que saíssem e reproduziram os documentos. Despediram-se e nunca mais se falaram. Nanne voltou à gerência para tirar uma segunda cópia. Pela manhã, o repórter enviou os papéis para a redação, em São Paulo. Pôs a segunda versão num saco de lavanderia do hotel e, sem se separar dele, visitou as propriedades que constavam nas declarações de renda de Paulo César Farias.

No pacote enviado por Kaíke Nanne havia 214 folhas, separadas em 24 blocos, com as declarações de renda de Paulo César Farias de cinco anos, de 1987 a 1991. O papelório foi entregue ao repórter Joaquim de Carvalho, que o submeteu à análise de um auditor da Arthur Andersen, de um ex-fiscal da Receita Federal e de um diretor da Secretaria da Fazenda de São Paulo. Mario Rosa procurou PC e marcou um encontro com ele na quinta-feira, no Rio. Joaquim de Carvalho explicou-me por que as declarações de renda de Paulo César Farias continham indícios espantosos de sonegação. Peguei algumas páginas dos documentos e fui para o Rio. O objetivo era tirar dúvidas acerca deles com PC, levá-lo a posar para fotos de qualidade e colocá-lo na capa da revista.

O tesoureiro de Collor, Mario Rosa, eu e Hildeberto Aleluia jantamos no apartamento deste último, com vista para o Corcovado e o Pão de Açúcar. O jantar durou seis horas. Bebemos uísque e vinho — PC mais que todos nós juntos. Ele aceitou posar e Mario Rosa chamou o fotógrafo Oscar Cabral, que instalou holofotes e rebatedores pela sala. Farias fez tudo o que o fotógrafo pediu: ficou sério, sorriu, sentou-se, levantou-se e gesticulou. Não demonstrou preocupação ao saber que tínhamos suas declarações de renda. Nem quis discuti-las. "Se houver algum problema com elas, pago a multa", disse. Estava alegre, contou casos, falou muito mal de Pedro Collor e mostrou os charutos que Fidel Castro lhe dera de presente. Tinha informações sobre *Veja*: sabia que eu havia sido trotskista e contou que José Roberto Guzzo estivera em seu escritório em São Paulo. Disse ser vítima de uma cruzada da imprensa. Reclamou do telejornal *Aqui Agora*, do SBT, o qual noticiou que fora servido champanhe francês na festa de aniversário de sua filha Ingrid, de doze anos.

No dia seguinte, em São Paulo, eu soube que *Veja* cometeria um crime se divulgasse as declarações de renda. Pedi a Eduardo Oinegue que falasse com juristas e advogados para ver se existia algum meio de publicar as declarações de Paulo César Farias sem que a revista fosse processada. O chefe da sucursal de Brasília conversou com Francisco Rezek, ex-presidente do Superior Tribunal Eleitoral e ex-chanceler de Collor. Oinegue pediu para Rezek supor, "em tese", que um órgão de imprensa tivesse as declarações de renda de uma pessoa influente mas suspeita de realizar procedimentos ilícitos e quisesse publicá-las. "Como isso poderia ser feito sem violar a lei?", perguntou. O juiz explicou que, caso os documentos reforçassem suspeições de sonegação, poder-se-ia criar um "fato legislativo" com eles. Se um parlamentar, por exemplo, tivesse as declarações de renda e as anexasse a um pedido de investigações, elas se tornariam públicas — e aí a revista poderia divulgá-las. Oinegue teve a ideia de entregar os documentos a um deputado e solicitar que ele os protocolasse na Câmara Federal. Isso teria de ser feito no final do expediente de sexta-feira e na surdina, para que os outros jornalistas não tivessem acesso aos papéis. Optou-se por levar a proposta a José Dirceu, do PT. O deputado já havia requerido à Procuradoria Geral da República explicações sobre o dossiê de Pedro Collor. José Dirceu aceitou fazer o favor à revista. Ele foi à redação, em São Paulo. Combinamos que escreveríamos na Carta ao Leitor que as declarações de renda de PC foram encaminhadas anonimamente ao deputado e ele sustentaria a mesma versão. Assim foi feito.

Com uma foto de um PC soturno na capa, *Veja* publicou nove páginas sobre o imposto de renda de Paulo César Farias. A reportagem comprovava que o tesoureiro de Collor tinha uma renda desproporcional às suas posses e a seu estilo de vida. Em 1990, o rendimento mensal dele foi de 2100 dólares. Ganhava menos que os pilotos dos jatos que usava todas as semanas. A maioria das empresas que ele possuía não dava lucro. PC não revelara ao Fisco a existência de nenhuma de suas empresas no exterior. Ele não declarava as despesas com empregados domésticos, agentes de segurança, médicos e com a escola dos filhos. A conclusão dos três técnicos consultados pelo repórter Joaquim de Carvalho era semelhante. "Essa declaração é de alguém que se considera acima da lei, é óbvio que PC Farias leva uma vida clandestina", disse o auditor da Arthur Andersen. "Essas declarações não resistem a uma peritagem séria de uma semana, um Eliot Ness pegaria esse Al Capone", sustentou o ex-fiscal da Receita. "Estamos diante de um empresário de renda modesta, patrimônio declarado médio e vida real inexplicada pelos documentos", afirmou o diretor da Secretaria da Fazenda paulista.

Para desespero de Kaíke Nanne, uma das folhas das declarações de renda de PC foi reproduzida na reportagem com o carimbo registrando que o documento fora recebido pelo Ministério Público. Nanne havia telefonado várias vezes à redação para lembrar que o carimbo teria de ser apagado, pois poderia dar uma pista de quem tinha passado a documentação à revista. Na confusão do fechamento, o papel acabou indo para a gráfica com o carimbo. O repórter soube que foi feita uma investigação interna para averiguar qual funcionário do Ministério Público teria entregado as declarações a *Veja*. Mas como a papelada tramitara por São Paulo, Rio e Brasília, além de Maceió, sua fonte não foi identificada.

No sábado em que circulou a edição com o raio X na renda de PC, Pedro Collor se encontrou com o senador alagoano Guilherme Palmeira numa suíte do hotel Maksoud Plaza, em São Paulo. Palmeira procurara Pedro a pedido de Jorge Bornhausen, o articulador político do governo, para tentar impedir que o irmão do presidente continuasse falando à imprensa. O encontro foi testemunhado pelo repórter Jorge Moreno, da sucursal brasiliense de *O Globo*. Palmeira e Pedro beberam bastante durante a conversa, que foi entrecortada por telefonemas. Jorge Moreno atendeu uma ligação de Ledinha, e Pedro se recusou a falar com a irmã. Pedro uma hora foi ao banheiro e o repórter de *O Globo* aproveitou para perguntar a Guilherme Palmeira: "O que ele quer?". O pefelista ergueu a mão direita e esfregou o indicador no polegar.

Guilherme Palmeira voou para Brasília e relatou o encontro a Fernando Collor.

— O Pedro está louco, presidente. Ele falou que quer acabar com o senhor. Mas ele disse que há uma maneira de ele parar com as denúncias: o senhor abrir possibilidades para ele ganhar 50 milhões de dólares — disse Palmeira.

— É, o Pedro está maluco mesmo. Diga a ele que eu não aceito chantagem, Guilherme. Que ele pode fazer as denúncias que quiser, pois vou mandar apurar todas — respondeu o presidente.

Pedro Collor havia dito a seu amigo Luciano Góes, diretor-geral da Organização Arnon de Mello, que pediria 50 milhões de dólares ao irmão presidente e a Paulo César Farias em troca do seu silêncio. A intenção, disse ele, era montar uma armadilha para os dois, gravando o encontro no qual o acordo fosse finalizado, ou chamando jornalistas para, de alguma forma, testemunhá-lo.

No dia seguinte, domingo, 17 de maio, Pedro Collor tomou um táxi em frente ao Maksoud Plaza, foi até o Caesar Park, subiu ao 17º andar, entrou na suíte presidencial e conversou por mais de duas horas com sua mãe, a sós. Leopoldo, Ledinha, Marcos Coimbra e o conselheiro José Barbosa de Oliveira aguardaram no apartamento em frente. Leopoldo sugeriu que rezassem para que o encontro da mãe com o filho terminasse bem. Pedro estava feliz com a capa de *Veja* sobre o imposto de renda de Paulo César Farias: a revista reforçara suas denúncias. Leda implorou ao filho que não atacasse o irmão presidente. Propôs que ele passasse um ano no exterior. Pedro disse que se fizesse isso estaria ajudando Collor e PC. Mãe e filho não chegaram a um entendimento. Leda chamou Marcos Coimbra à suíte. O secretário-geral da Presidência disse ao cunhado que ele estava sendo manipulado pelo PT. Acusou-o de ter conseguido os documentos sobre as empresas de Paulo César Farias com ex-agentes do Serviço Nacional de Informações. As duas acusações foram negadas por Pedro. Coimbra perguntou como ele obtivera a documentação.

— Marcos, você deve pensar mesmo que sou idiota. Não lhe interessa onde consegui. Aliás, você faria melhor se procurasse investigar o que está acontecendo dentro do próprio governo — disse Pedro.

— Assim você está me agredindo, Pedro.

— Não quero agredir ninguém, você não é o meu alvo, Marcos.

— Tenho certeza de que seu alvo também não é o Fernando. Se você quer atingir o PC, está bem, eu até ajudo, mas não ataque o Fernando.

— Agora você quer inocentar o Fernando sob a alegação de que o PC fez tudo sozinho. Só se ele fosse mágico. Você sabe perfeitamente que o Fernando é o chefe do PC. E acho que fui claro o suficiente. Mais que isso, impossível.

Leda Collor interrompeu o diálogo e falou que venderia as empresas da família. Pedro reagiu com brutalidade. Apressou-a a se desfazer da empresa. Disse que como Collor e Paulo César Farias seriam os primeiros a querer comprá-la, o dinheiro que ela receberia seria produto de roubos. Sua mãe se sentiu ofendida e o avisou de que desautorizaria as denúncias dele. O filho falou que reagiria à altura. Levantou-se, deu-lhe um adeus frio e voltou para o seu hotel.

Marcos Coimbra, Ledinha e Leda tomaram um jato para Brasília. Reuniram-se na noite daquele domingo com Fernando Collor, na casa de Coimbra. Decidiram tirar Pedro do comando da Organização Arnon de Mello.

Luis Costa Pinto estava cada vez mais próximo de Pedro. Servira de pombo--correio entre Thereza e o marido, que se reconciliaram e voltaram a viver juntos naquela segunda-feira. Pedro contou ao jornalista tudo o que sabia a respeito dos negócios de PC com Collor e falou sobre sua suspeita de que o irmão havia paquerado Thereza. No dia seguinte, Costa Pinto me telefonou, relatou a conversa e perguntou se não deveríamos fazer uma reportagem com as novas informações. Respondi que só publicaríamos aquelas notícias se ele gravasse uma entrevista com Pedro. O repórter voltou a falar com sua fonte, que não quis gravar o depoimento.

Ao meio-dia de segunda-feira, Pedro Collor tomou um avião de São Paulo para Salvador, onde pegaria um jato para casa. Luis Costa Pinto encontrou-o em Salvador e foram juntos até Maceió. Ao desembarcarem, o repórter Vannildo Mendes, do *Jornal do Brasil*, esperava Pedro com um papel na mão: um comunicado que o afastava da direção da Organização Arnon de Mello. "Esse texto não é da minha mãe, conheço o estilo dela", disse Pedro Collor, que pediu a Costa Pinto para ir ao hotel e aguardar um telefonema dele. O empresário seguiu para o prédio da *Gazeta*. Releu o fax oficial do seu afastamento, de 26 linhas, assinado por Leda Collor. "Vencendo mandamentos pessoais de recato e discrição, venho declarar que meu filho Pedro — em quem sempre depositei plena confiança, a ponto de lhe haver entregue, há anos, incondicional direção de nossa empresa familiar — meu querido filho Pedro, repito, atravessa, neste momento, uma séria crise emocional que o impede de avaliar a situação de expectativa ansiosa em que suas declarações apaixonadas vêm colocando nosso público leitor", escreveu ela, acrescentando mais adiante que Pedro deveria "se afastar, temporariamente, das suas atividades, de forma a recuperar o quanto antes a clareza de visão que sempre o caracterizou." O emissor do fax, impresso no cabeçalho do texto, dizia: "Secretaria de Imprensa da Presidência da República". Era a prova que Pedro precisava de que o irmão tramara a sua saída da empresa. Ele recebeu então um telefonema da mãe dizendo que um jato o aguardava no Aeroporto dos Palmares para levá-lo a Brasília, onde teriam uma nova conversa. Ele não quis viajar e falou da carta que o destituiu do comando da empresa.

— Mamãe, não tenho outro caminho a não ser acatar a decisão, mas tenha certeza de que minha reação será tremenda.

— Meu filho, não faça isso — pediu Leda pela última vez, pois logo seu filho encerrou o telefonema.

Pedro Collor fechou a porta de sua sala a chave. Ouviu o barulho dos jornalistas que o aguardavam. Sentia-se "estranhamente calmo, ferido pela injustiça brutal, mas frio diante da traição de minha própria mãe", conforme registrou no seu livro de memórias. "Busquei refúgio no passado, revivi cenas de infância, relembrei a adolescência, senti falta de meu pai. Passei e repassei minha vida a limpo. Revisei, com precisão de detalhes, toda a trajetória política e pessoal de um farsante a quem jamais voltaria a chamar de irmão. Nunca mais." Resolveu que daria uma rápida declaração aos repórteres que estavam na antessala, e se encontraria à noite com Costa Pinto para conceder-lhe uma entrevista longa e pormenorizada sobre o presidente e sua associação com Paulo César Farias.

Parece significativo que Pedro Collor tenha decidido ferir abertamente o irmão em razão da "traição de minha própria mãe" e de ter sentido "falta de meu pai". Pedro não possuía ambições políticas. Também não sonhava com altos voos empresariais. Sua vida era a empresa familiar alagoana, que lhe fora confiada pela mãe, e o casamento com Thereza, com quem tinha uma relação conturbada mas forte. Ao perder o apoio de Leda Collor, e junto com ele a empresa, perdeu também de chofre o amor materno e o trabalho. Sua existência deixou de ter um solo e um sentido. A partir daí, o objetivo de Pedro foi destruir Fernando Collor, o irmão que forçara a mãe a destroná-lo e, imaginava, assediara a mulher dele. O lema de sua guerra fraterna poderia ser o verso de Virgílio: *Flectere si nequeo superos, Acheronta movebo*, "Se não posso dobrar os deuses, moverei o Inferno".

Pedro Collor pediu a uma equipe da TV Gazeta que estivesse em sua casa às dez da noite. Telefonou a Costa Pinto no hotel e falou para ele estar lá no mesmo horário. Queria gravar a entrevista em vídeo, para que não houvesse dúvidas de sua intenção. Os técnicos da emissora montaram um arremedo de estúdio. A gravação se estendeu da meia-noite às quatro da manhã. Como ela foi feita com equipamento U-Matic e Costa Pinto precisava de uma fita em VHS para assistir a ela e transcrevê-la no videocassete da redação de *Veja*, ele saiu direto da casa de Pedro para a TV Gazeta. Com a ajuda de uma editora da emissora, transcreveu a fita original para o outro sistema. Pegou então a fita-mãe e tacou fogo nela. A atitude, aparentemente bárbara, tinha razão de ser. Além de conseguir matérias exclusivas, o repórter de um semanário precisa manter suas descobertas em segredo até o dia da publicação da revista. Como era quarta-feira e *Veja* só seria impressa no sábado, ele não poderia correr o risco de que o material fosse visto por outros jornalistas.

Raiava o dia quando o repórter telefonou para a casa de Pedro Collor. Pretendia deixar um recado para que ele lhe telefonasse logo ao acordar, pois queria explicar por que queimara a fita original. O próprio entrevistado atendeu ao telefone e disse que ele fizera bem em destruir o registro em U-Matic. Costa Pinto foi para o hotel, tomou banho e voltou para a casa de Pedro Collor. Estranhara que ele ainda estivesse acordado. Suspeitava que pudesse estar com outro jornalista. Chegando lá, Costa Pinto gelou: sua fonte estava conversando com Ricardo Amaral, repórter de *O Globo*. Pedro, no entanto, fizera para Amaral um resumo superficial do que dissera ao jornalista de *Veja*.

Naquela manhã, Pedro Collor conversou também com Luciano Góes. Seu amigo sugeriu que ele se submetesse a uma avaliação psiquiátrica e a exames neurológicos. Góes achava que, ao passar pelo crivo de médicos, o amigo poderia demonstrar que não atravessava "uma séria crise emocional", como escrevera sua mãe. Pedro gostou da ideia.

Por volta da uma hora da tarde, eu estava no restaurante do hotel Méridien, no Rio. Havia acabado de cumprimentar Paulo Francis, Millôr Fernandes e o editor Jorge Zahar, e sentara-me para almoçar com Marcos Sá Corrêa quando um garçom disse que alguém queria falar comigo ao telefone. Era Luis Costa Pinto. Ele contou o que Pedro tinha lhe dito na entrevista. Deixou para o final o melhor da história.

— A entrevista foi gravada em vídeo, com som, imagem, cores, tudo; e só nós temos a fita — anunciou, exultante.

— Maravilha, Lula, maravilha. Vai ser uma capa daquelas. Agora, vê se consegue trazer o Pedro para São Paulo. Quero conhecer esse sujeito e ter certeza de que ele não está louco, como diz a mãe dele.

Costa Pinto não era de discutir ordens. Disse a Pedro Collor que o diretor de redação fazia questão de conhecê-lo. Além do mais, ele precisava posar num estúdio para a fotografia de capa. Pedro aceitou ir à redação e fez um pedido: seria possível *Veja* arrumar psiquiatras e neurologistas de renome para examiná-lo? "Não tem problema, Pedro, a gente faz isso em São Paulo, já vou ligar para a redação para o pessoal providenciar os exames", tranquilizou-o o repórter.

À tarde, Pedro, sua irmã Ana Luiza, Thereza, Costa Pinto e Ricardo Amaral embarcaram num bimotor rumo ao Recife, onde pegariam um avião de carreira para São Paulo. O repórter de *O Globo* estava sem cheque e sem cartão de crédito, e Costa Pinto emprestou-lhe o necessário para pagar a passagem do Recife a São Paulo. Como dezenas de jornalistas aguardavam o desembarque de Pedro Collor no aeroporto de Guarulhos, Júlio César de Barros, secretário de redação de *Veja*, armou uma operação para que ele não fosse visto pelos colegas. Pedro e seus acompanhantes desceram no terminal de cargas, onde Francisco de Lima, contínuo da redação, os aguardava com uma Kombi. Enquanto isso, Barros, que era conhecido nos meios jornalísticos, fingia que aguardava Pedro no terminal dos passageiros.

Pedro Collor, sua mulher e sua irmã chegaram à redação por volta das dez horas da noite, enquanto os outros repórteres ainda os esperavam no aeroporto. Tales Alvarenga, Paulo Moreira Leite, Costa Pinto e eu os levamos para o restaurante do último andar do prédio. Refizemos e ampliamos a entrevista, dessa vez com um gravador de áudio. Pedro, que tomou uma dose de vodca nacional durante as duas horas de entrevista, estava calmo e seguro de si. Não parecia, de maneira alguma, viver uma crise emocional e, muito menos, estar mentalmente doente. Ele saiu da redação direto para o Estúdio Abril, onde a editora Bia Parreiras fez a foto de capa. Na manhã de quinta-feira passou pelo primeiro exame com os psiquiatras contatados por *Veja*.

No começo da tarde, contei a Roberto Civita o que tínhamos: o irmão do presidente dizendo que Paulo César Farias era o testa de ferro de Collor; que 70% do dinheiro que PC obtinha de empresários ia para o presidente e 30% ficava com ele; que Collor era dono do apartamento que visitara em Paris; que Pedro dissera várias vezes a seus irmãos, a Cláudio Vieira e a Marcos Coimbra que Farias promovia negociatas em nome do governo; que Collor tentara se insinuar junto a Thereza, e que o presidente, assim como ele, usara drogas na juventude. Falei que tínhamos tudo isso gravado, em vídeo e fita, e uma junta de psiquiatras estava examinando Pedro. Roberto Civita perguntou se eu achava que deveríamos publicar a entrevista. Eu disse que sim e ele concordou. Recomendou que eu tirasse cópias de todo o material gravado e guardasse uma versão no cofre da Abril. Contou que o ministro Jorge Bornhausen, articulador político do governo, havia telefonado e pedira para conversar com ele no final da tarde. Combinamos que Civita receberia o ministro, ouviria o que ele tinha a dizer e o encaminharia à minha sala. Depois que saí, Civita telefonou a Elio Gaspari, em Nova York, e a José Roberto Guzzo, na redação de *Exame*. Relatou o que *Veja* fizera e perguntou a opinião deles. Ambos responderam que a revista deveria publicar o que apurara.

Jorge Bornhausen chegou ao edifício Abril no começo da noite, acompanhado de Antônio Martins, seu assessor de Imprensa, e Mauro Salles. Conversou brevemente com Roberto Civita. Em nenhum momento ele pediu que não se publicasse a entrevista. Quis saber o que Pedro Collor falava e o dono de *Veja* lhe disse que era melhor conversar comigo. Recebi o ministro em minha sala, junto com Tales Alvarenga e Leite. Ele lamentou a crise provocada pelo irmão do presidente. Disse que o Ministério fora totalmente reformado e o governo estava recomeçando em novas bases. Não pediu que a entrevista não fosse publicada, mas indagou se nela havia fatos graves.

— De que tipo, ministro? — perguntei.
— Por exemplo, tem corrupção?
— Tem.
— Tem drogas? — prosseguiu Bornhausen.
— Tem.
— Tem sedução?
— Tem.
— Tem rabo?
— Como, ministro?
— É, tem rabo, homossexualismo?
— Não, não tem.

Bornhausen interrompeu o questionário. Conversamos mais um pouco e ele foi embora.

Ainda na quinta-feira, João Santana recebeu um telefonema de Marcos Coimbra. Ele tinha saído do governo na reforma ministerial, mas, antes, convidara o presidente para ser seu padrinho de casamento, marcado para dali a dois dias, no sábado. Como Collor aceitara, Santana transferiu a cerimônia da Igreja de Nossa Senhora de Fátima para a Hípica Paulista, onde havia lugar para o helicóptero da Presidência pousar.

— Você vai me obrigar a usar fraque, Santana — disse Marcos Coimbra.

— Não, embaixador, só os padrinhos precisam usar fraque, o senhor vem de terno mesmo.

— É que o presidente não poderá ir, e eu serei o seu representante.

— Embaixador, faço questão que o senhor venha, mas fica complicado o senhor, e não o presidente, me avisar que não poderá vir, e ainda mais em cima da hora.

Meia hora depois, Collor ligou para o ex-ministro, pediu desculpas e explicou por que não iria ao casamento: "Meu irmão andou falando um monte de besteiras para a *Veja* e eu não quero me expor publicamente".

Na manhã de sexta-feira, Luis Costa Pinto foi para o hotel onde Pedro Collor estava, o Maksoud Plaza. Sua missão era evitar que o irmão do presidente, que gostava de conversar com repórteres e era perseguido por eles dia e noite, contasse o que havia dito a *Veja*. Pedro Collor não o recebeu. Ele estava reunido com seus advogados, Paulo José da Costa Júnior e Luiz Roberto de Arruda Sampaio. Eles sustentavam que Pedro poderia ser preso assim que a revista fosse publicada, tal a gravidade das acusações que fizera ao presidente. Com poucas horas de sono desde domingo, indo e voltando a Maceió, e se submetendo a exames psiquiátricos, ele ficou atarantado ao ouvir os advogados. Passou-lhes uma procuração para que tomassem as medidas que julgassem convenientes. Os advogados entraram com uma ação cautelar de busca e apreensão das fitas de suas entrevistas a *Veja*. Alegaram que o cliente deles estava vivendo sob forte emoção e dissera o que não devia ter dito. Se a medida fosse aceita, a revista estaria impedida de publicar as declarações do irmão do presidente. Caso *Veja* estivesse impressa e distribuída quando a ação cautelar fosse julgada procedente, ela seria apreendida nas bancas.

Na hora do almoço, Roberto Civita entrou na minha sala. Contou que ouvira falar que Pedro Collor estava recuando e disse que era preciso dar um jeito para publicar a entrevista. Eu não sabia de nada. Pouco depois Costa Pinto telefonou. Ele acabara de ter um bate-boca com Paulo José da Costa Júnior, que o informou da ação cautelar. O advogado pedira que fossem suprimidos os trechos mais "fortes" da entrevista. O repórter respondeu que não cortaria coisa nenhuma e acusou Costa Júnior de atentar contra a liberdade de imprensa. Pedi que Costa Pinto se acalmasse, não saísse de lá e telefonei para Pedro Collor. Ele me contou que estava sendo pressionado pelos advogados. Tinha receio de, preso, não poder continuar sua campanha contra Paulo César Farias e o presidente.

— O que você acha, Mario?

— Olha, Pedro, a entrevista é sua. Se você não quiser que a gente publique, não precisa nem entrar na Justiça. Basta me dizer que eu cancelo tudo. Agora, tem o seguinte: nós vamos fazer uma matéria dizendo que a dona Leda tem razão, que você é louco mesmo, porque você nos deu duas entrevistas de livre e espontânea vontade e depois voltou atrás alegando que está perturbado emocionalmente.

— É, acho que você tem razão. Eu ficaria desmoralizado e o Fernando sairia ganhando. Vou falar aqui com os advogados para suspender a ação. Tchau, queridão.

Pedro Collor chamou Costa Pinto e falou que a entrevista poderia ser publicada. O repórter, escaldado, disse a ele que era melhor fazer uma declaração escrita e assinada autorizando a transcrição das fitas. Pedro concordou, e o jornalista ligou para o advogado da Editora Abril, Lourival dos Santos, que lhe ditou os termos da declaração. Costa Pinto datilografou o texto numa máquina do hotel, e Pedro e Thereza a assinaram.

Telefonei para Paulo César Farias na noite de sexta-feira.

— Qual é a capa desta semana? — perguntou ele.

— A entrevista do Pedro, Paulo César — respondi.

— O Pedro, de novo? Por que você não dá uma capa com o assassinato do governador do Acre aí em São Paulo? Está na cara que o crime foi um acerto de contas: o governador estava reunido com o pessoal da Odebrecht na véspera de depor na Câmara sobre a fita dos 30 mil dólares do Magri.

— A matéria do assassinato é boa, Paulo César, mas a do Pedro é melhor.

Paulo César Farias contou que havia entregado a sua declaração de renda de 1992 havia poucos dias, e ela era bem melhor do que as anteriores, publicadas por *Veja*. "Paguei quase 1,5 milhão de dólares ao Leão", disse.

Com o título de capa "Pedro Collor conta tudo", *Veja* dedicou dezessete páginas à cobertura da crise da Presidência, sete delas transcrevendo as entrevistas de Pedro Collor. O coração das acusações estava na afirmação "O PC é o testa de ferro do Fernando". Todas as outras decorriam desta. Assim como em Alagoas Paulo César Farias era o testa de ferro na *Tribuna*, no plano nacional ocorria a mesma coisa: PC tomava propinas de empresários em nome de e para Collor. No rateio do dinheiro obtido da corrupção, segundo Pedro, o presidente ficava com 70%, e seu sócio, com 30%.

O fechamento da edição foi até as nove horas da manhã de sábado. Antônio Carlos Magalhães vinha de Salvador para o casamento de João Santana naquele dia, e Leite e eu tínhamos combinado almoçar com ele. Como o governador da Bahia precisava botar o terno para ir ao casamento, marcamos o almoço no meu apartamento, a fim de que ele pudesse trocar de roupa. Antônio Carlos estava curioso por ver a edição de *Veja*, mas havíamos fechado com atraso; ele teve que se resignar ao nosso relato oral, pois a revista não chegou até o momento em que ele saiu para o casamento do ex-ministro. Durante a festa, motoristas dos empresários e políticos convidados foram diversas vezes às bancas de revistas das imediações da Hípica Paulista para ver se já tinham recebido *Veja*.

Foram impressos 836 mil exemplares da edição com a capa "Pedro conta tudo", 180 mil deles para as bancas e os outros para os assinantes. No domingo, menos de 24 horas depois de terem sido distribuídos, todos os exemplares das bancas haviam sido comprados. Na madrugada de segunda-feira a gráfica começou a imprimir mais 154 mil exemplares. No total, foram vendidos 264 mil exemplares em bancas.

Na segunda-feira, o governo iniciou uma investigação sobre uma compra de 5 milhões de dólares em ouro que a Abril fizera na quinta-feira anterior.

33. PALÁCIO DO PLANALTO

Pouco depois de a edição de *Veja* ter chegado às bancas de São Paulo, no início da noite de sábado, Collor recebeu na Casa da Dinda um fax da Radiobrás com a reprodução das páginas que traziam a entrevista e as reportagens sobre as acusações de seu irmão. O presidente telefonou para Jorge Bornhausen e disse que discutiriam a resposta a Pedro Collor na reunião do núcleo do governo, às nove horas da manhã de segunda-feira. No domingo, Collor falou com o ministro Célio Borja, da Justiça, e resolveu processar Pedro por calúnia, injúria e difamação. No mesmo dia, o presidente recebeu telefonemas de solidariedade dos governadores Antônio Carlos Magalhães, da Bahia, Leonel Brizola, do Rio, Luiz Antônio Fleury Filho, de São Paulo, e Hélio Garcia, de Minas.

Na reunião das nove horas de segunda-feira, resolveu-se que o presidente faria uma carta à nação e a leria numa cadeia de televisão e rádio. A carta, esboçada por Collor, foi retrabalhada por Célio Borja e Jorge Bornhausen.

— Presidente, e o que eu faço? — perguntou Pedro Luiz Rodrigues, o porta-voz que substituiu Cláudio Humberto Rosa e Silva.

— Continue atuando do mesmo jeito, como assessor do governo.

Jornalista e diplomata, Pedro Luiz Rodrigues havia trabalhado nas sucursais do *Estado de S. Paulo* e do *Jornal do Brasil* em Brasília, e fora assessor de Imprensa dos ministros Reis Velloso, no governo Médici, e Ernane Galvêas, no de Figueiredo. À procura de jornalistas para montar a Secretaria de Imprensa, Cláudio Humberto pediu sugestões a Ronaldo Junqueira. O diretor do *BsB Brasil* indicou o nome de Rodrigues, que era assessor de Imprensa da embaixada do Brasil no Paraguai. Dois dias antes da posse de Collor, Cláudio Humberto telefonou a Assunção e convidou Rodrigues para trabalhar no Planalto. Ele aceitou e se mudou para Brasília. Não exercia tarefas políticas nem tinha proximidade com Collor. Quando Marcílio Marques Moreira assumiu o Ministério da Economia, Rodrigues tornou-se seu assessor de Imprensa. Ficou um ano e meio no cargo, até que Marcílio o indicou para o lugar de Cláudio Humberto. Marcos Coimbra lhe disse que o presidente desejava mudar a comunicação do Planalto. Queria que o novo secretário de Imprensa fosse um assessor do governo, e não um porta-voz de Collor, como fora o seu antecessor. Pedro Luiz Rodrigues pediu para participar da reunião das nove e, todos os dias, relatar aos jornalistas credenciados no Palácio o que se discutira nela. Coimbra apresentou o jornalista ao presidente numa primeira reunião das nove da qual ele participou. "Palácio não é delegacia", falou Collor. "Qualquer denúncia que se faça do governo não deve ser respondida pelo secretário de Imprensa, e sim pelo ministério envolvido." Ao tomar posse, Pedro Luiz Rodrigues recebeu um telefonema de cumprimentos de Antônio Carlos Magalhães, que lhe deu conselhos sobre como se relacionar com a imprensa. Eles passaram a conversar todas as semanas, e Antônio Carlos às vezes fazia sugestões. Ao levar uma delas a Collor, o presidente perguntou: "Você é assessor meu ou do governador da Bahia?". Uma das primeiras visitas que o porta-voz fez foi à sucursal da *Folha de S.Paulo* em Brasília, para informar que trataria o jornal como os demais. Sentiu, contudo, que no governo ainda havia resistências à *Folha*. Collor não dava folga ao porta-voz. Telefonava-lhe todos os fins de semana, cobrando providências. "Você viu a matéria do *Fantástico* sobre o apodrecimento de estoques de alimentos no Mato Grosso? Fale com o ministro da Agricultura para ele esclarecer o assunto amanhã", disse o presidente, por exemplo, depois de assistir ao programa da Globo. A partir da capa "Pedro Collor conta tudo", Collor nunca mais telefonou para Pedro Luiz Rodrigues num fim de semana.

O presidente almoçou naquela segunda-feira com o deputado Ulysses Guimarães. Collor manteve o encontro, marcado com mais de uma semana de antecedência, porque achava que ele teria utilidade prática: pediria ao deputado que o PMDB não apoiasse a criação de uma Comissão Parlamentar de Inquérito, proposta pelo PT, para averiguar as denúncias de Pedro Collor. Dez minutos antes de Ulysses entrar no Palácio da Alvorada, porém, o PT conseguiu o número de assinaturas suficiente para instalar a CPI. Collor e o líder peemedebista comeram arroz, feijão, macarrão e carne. Na saída, o deputado era aguardado por dezenas de jornalistas, sôfregos por saber como fora a conversa. "Come-se muito mal no Alvorada", comentou Ulysses, parafraseando Jânio quando lhe perguntaram, pela enésima vez, por que ele renunciara à Presidência. O deputado não condenou nem defendeu Collor perante os jornalistas. Em conversas privadas, dizia que era melhor preservar o presidente, tutelando-o. "A cada quinze dias nós vamos cobrar o boletim do Collor, como se faz com uma criança, para ver se ele está se comportando bem", disse Ulysses a Antônio Carlos Magalhães.

Na mesma tarde, Alberico Souza Cruz falou com Roberto Marinho sobre a entrevista de Pedro Collor.

— Esse assunto é importante, doutor Roberto, temos que dar uma matéria a respeito no *Jornal Nacional* — afirmou o diretor da Central Globo de Jornalismo.

— Acho que esse negócio não vai ter maiores consequências, é uma briga de irmãos. Esse menino, o Pedro, não vale nada. Mas confio no seu bom senso, Alberico. Se você acha que deve dar a notícia, dê.

Naquela noite, pela primeira vez, o *Jornal Nacional* noticiou os ataques de Pedro Collor.

O governador da Bahia esteve com o presidente dias depois. Falaram do meio-dia às duas horas da tarde. A cada história de corrupção no governo que Antônio Carlos Magalhães mencionava, Collor dizia: "No fim eu respondo".

Mas o encontro terminou sem que o presidente tivesse esclarecido qualquer um dos casos. O governador saiu irritado, até porque não lhe foi servido sequer um cafezinho.

O político mais aguerrido na defesa do presidente foi o governador do Rio. "Condeno a atitude de *Veja* por dar respaldo a esse episódio", declarou Leonel Brizola. "Essa revista apunhalou o Brasil pelas costas." Na sexta-feira, o pedetista organizou o encontro de 24 governadores que foram ao Palácio do Planalto respaldar Collor e participou dele. O presidente agradeceu o apoio e encerrou seu discurso prometendo: "Em 1993, vamos estourar a boca do balão". Antônio Carlos Magalhães, presente à cerimônia, irritou-se novamente. "Boca de balão é muito bom para palanque de candidato a vereador de Cabrobó, mas não para uma solenidade com governadores, depois de uma semana de tensão e crise", disse ele. Brizola aconselhou, e Collor acatou a sugestão, que o presidente não usasse paletó quando lesse sua carta na televisão, como que para demonstrar que falava como um homem comum, vítima de um problema familiar, e não como um presidente enfrentando uma crise política.

Marcos Antônio Coimbra organizou uma pesquisa do Vox Populi para avaliar o pronunciamento de Collor, que durou quatro minutos e foi repetido duas vezes na televisão. Descobriu que a população viu com reservas as denúncias de Pedro, achando que ele não tinha razão em atacar o presidente. Nem por isso Coimbra se tranquilizou. Passou a telefonar diariamente para seu pai, secretário-geral da Presidência, e falava uma vez por mês com Collor. Ele ligou também para Paulo César Farias.

— Você tem material contra o Pedro? — perguntou.
— Tenho sim, Marcos — respondeu PC.
— Então use tudo o que tiver, esse caso não pode ser reduzido a uma briga entre o Pedro e o Fernando.

Nas semanas seguintes, amigos e conhecidos de Paulo César Farias espalharam histórias sobre negócios pretensamente ilícitos feitos por Pedro Collor. Elas foram investigadas pela imprensa, mas nenhuma tinha fundamento.

A CPI foi formada apesar das resistências disseminadas pelos partidos. O deputado petista José Genoíno, por exemplo, foi contra a sua criação. Os governistas tentaram limitá-la ou desmoralizá-la. A presidência da Comissão foi entregue ao deputado baiano Benito Gama, do PFL, afilhado político de Antônio Carlos Magalhães. Todos os partidos, exceto o PT, concordaram que as investigações se restringissem a Paulo César Farias e não buscassem esclarecer a sua associação com o presidente. "Essa CPI não vai dar em nada", profetizou o ministro Jorge Bornhausen. Ele próprio, no entanto, contribuiu para que o governo começasse a perder o controle da Comissão. O ministro se empenhou em que o representante do PDS na Comissão fosse o deputado José Lourenço, um atilado defensor do governo. A indicação do parlamentar do PDS cabia ao senador Espiridião Amin, rival de Bornhausen na política de Santa Catarina. O senador havia pedido recentemente ao governo federal verbas para combater uma enchente que assolara o estado e não as obtivera. Amin indicou para a vaga do PDS na CPI o senador José Paulo Bisol, do PSB, candidato a vice-presidente na chapa de Lula.

Uma semana depois da capa de *Veja* com Pedro Collor, *O Globo* publicou uma entrevista de uma página com o presidente. Uma hora antes do encontro com Fernando Collor, Pedro Luiz Rodrigues avisou os entrevistadores, Luís Erlanger e Ali Kamel, que ele não responderia questões sobre, como disse, "essa mixórdia de Pedros e PCs". Ali Kamel pensou em desistir. Consultou antes o diretor de redação sobre o que fazer. "Vocês vão lá e perguntem sobre o Pedro e o PC", orientou-os Evandro Carlos de Andrade. Collor recebeu-os friamente. Estava tenso e seco. Erlanger e Kamel fizeram cinco perguntas sobre a reação do presidente aos ataques de seu irmão.

— Pessoalmente, o senhor ficou muito abalado com o episódio?
— Esse assunto é um assunto que está na Justiça. À Justiça caberá se pronunciar. Todas as providências que deveria tomar, eu tomei. Vamos esperar agora que a Justiça fale. O importante é que o país está aí.

O presidente continuou a responder com evasivas e generalidades até que veio a sexta pergunta:

— O senhor não se arrepende de um belo dia ter sido amigo do Paulo César Farias?
— Eu não trato disso. São questões que não se colocam em nível de presidente da República. O que eu apenas espero e desejo é que a verdade prevaleça. E a Justiça está aí e vai cumprir o seu papel. No final disso tudo, poderemos conversar daqui a alguns anos, nove ou menos do que isso, e aí você vai dizer: "Puxa vida, como ficou tudo esclarecido, como ficou tudo em torno do seu lugar, como foi permitida uma visão clara de nossa sociedade sobre o assunto!".

Collor deu sinais de desagrado e desassossego, fazendo os repórteres entenderem que, se persistissem no tema, ele cancelaria a entrevista. Luís Erlanger e Ali Kamel, já tendo conseguido o que queriam, mudaram a linha de suas perguntas.

O depoimento de Pedro Collor à Comissão Parlamentar de Inquérito foi um anticlímax. Seguindo a orientação de seus advogados, ele atenuou as denúncias, reconheceu que não tinha mais documentos para sustentá-las e disse que concedera a entrevista a *Veja* sob "forte impacto emocional". O senador Mário Covas, do PSDB, que havia assistido ao vídeo da entrevista do irmão do presidente a Costa Pinto, perguntou:

— Ouvi mais desmentidos do que tudo. O que está correto no que o senhor disse? Nada?
— Eu estava sob um impacto emocional abalador.
— Não foi isso o que me pareceu ao assistir o vídeo gravado com a reportagem de *Veja*.

Pedro Collor não fez nenhum comentário. Estava determinado a não se incriminar. O resultado dos exames a que se submetera na semana anterior mostraram, segundo o relatório dos médicos, que ele estava "apto a realizar todos os atos de responsabilidade civil, não apresentando nenhum diagnóstico psiquiátrico".

Entre o depoimento de Pedro e o de Paulo César Farias à CPI, houve um intervalo de uma semana. No dia 6 de junho, um sábado chuvoso em Maceió, Luís Romero Farias, irmão de PC, atendeu um telefonema de Hildeberto Aleluia. "Recebi um recado que o Pedro Collor quer falar com você", disse o assessor de Imprensa de PC. "Você é o único Farias em quem ele confia." Luís Romero pegou um avião e foi para o Rio. Encontrou no apartamento de Aleluia um amigo do presidente, Leleco Barbosa, que havia trabalhado na campanha eleitoral e depois fora nomeado presidente da TV Educativa, e um amigo de Pedro Collor, o empresário Paulo Sérgio Ribeiro, que deixou sua BMW estacionada na porta do prédio. "Cadê o Pedro?", perguntou Luís Romero. Ribeiro respondeu que o irmão do presidente estava ao alcance de um telefonema. Uma fita cassete foi colocada num gravador e uma voz, que Luís Romero identificou como sendo de Pedro Collor, disse: "Luís, eu vou foder todo mundo. O Leleco sabe a minha proposta. E ele está autorizado a destruir esta fita". A Luís Romero pareceu claro que Pedro Collor estava querendo dinheiro para chegar a algum acordo.

— Antes de falarmos de grana, eu queria saber: o que o Pedro pode fazer pelo Paulo César? — perguntou Luís Romero.

— O Pedro vai telefonar para o presidente da CPI, o Benito Gama, e vai dizer que quer dar novo depoimento, antes do PC depor — respondeu Ribeiro.

— E o que o Pedro vai dizer na CPI?

— Ele vai falar que se arrependeu totalmente do que fez. Vai dizer que sua briga com o Fernando é pessoal, uma coisa de irmãos, e que ela não tem nada a ver com o PC. Vai retirar todas as acusações. E, aí, ele dirá que está com uma dor de cabeça muito forte, e vai simular um desmaio no final do depoimento, dentro da sala da CPI — continuou Ribeiro.

— Eu acho isso uma loucura — disse o irmão de PC.

Luís Romero saiu do apartamento de Aleluia para o Aeroporto Santos Dumont, pegou um voo para São Paulo, foi à casa de Paulo César Farias e contou a proposta de Pedro Collor ao irmão. PC deu vários telefonemas. Negociou com intermediários de Pedro e fez uma exigência: para que as conversas prosseguissem, em vez de telefonar a Benito Gama, o irmão do presidente deveria enviar um fax à CPI pedindo para ser ouvido outra vez pelos parlamentares. O texto foi escrito e Paulo César Farias recebeu uma cópia dele. A CPI, porém, não recebeu o fax.

O que Pedro Collor pretendia? Ele havia falado a seu amigo Luciano Góes que pretendia armar uma arapuca para Paulo César Farias e não entrou em detalhes sobre o que planejava. Mas tanto Fernando Collor como PC acreditaram que Pedro queria 50 milhões de dólares em troca do silêncio, ou de um segundo depoimento à CPI, no qual voltasse atrás nas acusações. O presidente pediu ao senador Guilherme Palmeira que avisasse ao irmão que não aceitava chantagem e não lhe daria o dinheiro. Por outro lado, Collor e o irmão Leopoldo se empenharam para que a mãe efetuasse com urgência a partilha da Organização Arnon de Mello e oferecesse um bom quinhão dela ao filho caçula, desde que ele retirasse os ataques que fizera ao presidente. Já PC aceitou entabular uma negociação. Se ela prosseguisse, Pedro poderia ter montado uma armadilha para desmascarar Paulo César Farias. Mas PC também teria meios de se adiantar ao inimigo, acusando-o de tentar achacá-lo.

O depoimento de Paulo César Farias à Comissão Parlamentar de Inquérito durou seis horas. PC sustentou que não influenciava no governo, mas admitiu que lutou para que a Petrobras concedesse um empréstimo à VASP. Declarou que não fazia negócios com bancos oficiais, e em seguida reconheceu que tomou emprestados 800 mil dólares do Banco do Nordeste do Brasil para aplicá-los na *Tribuna de Alagoas*. Voltou a negar que tivesse empresas no exterior, ainda que estivesse comprovado que era dono de várias. O momento mais revelador foi aquele em que PC falou sobre suas funções na campanha de Collor. Lembrou o nome de apenas dois empresários que fizeram doações ao candidato do PRN, ambos amigos de Collor: Paulo Octavio e Luiz Estevão. "O quanto se gasta é imensurável", disse Farias acerca das despesas da campanha. Na prestação de contas oficial do PRN enviada ao Tribunal Superior Eleitoral, porém, estava registrado que o partido despendeu 7 milhões de dólares para eleger Collor, e não uma quantia imensurável. "Nós estamos todos sendo hipócritas aqui", disse ele durante o debate sobre os gastos em campanhas eleitorais. Foi uma frase incriminadora, na medida em que punha os 22 membros da CPI num mesmo saco: o dos que burlam a lei na arrecadação de dinheiro para viabilizar suas campanhas. E tão surpreendente quanto a frase foi a reação dos parlamentares. Nenhum deles contestou a afirmação de Paulo César Farias.

Foi marcado o depoimento de Luís Octavio da Motta Veiga à CPI. O ex-presidente da Petrobras vivia em Londres, trabalhando para uma empresa inglesa. Ancelmo Gois, de *Veja*, telefonou para ele.

— Estou preocupado com o seu depoimento à CPI, Motta Veiga — disse o jornalista. — Você não vai falar nada de novo, o que poderá ser interpretado aqui como um recuo.

— Também acho que isso pode acontecer. O que você acha que eu devo fazer?

— Não sei. Por que você não conversa com o Elio, para ver se ele tem alguma ideia?

Motta Veiga telefonou para Elio Gaspari, correspondente de *Veja* em Nova York, e expôs suas dúvidas. O jornalista sugeriu que ele fosse entrevistado nas páginas amarelas da revista, contando de maneira organizada as tentativas de intromissão de Paulo César Farias na Petrobras e analisando o caso. Com isso, ele estabeleceria o tom do seu depoimento à CPI. Motta Veiga concordou com a ideia. Gaspari perguntou se ele preferia dar a entrevista pelo telefone ou se poderia passar por Nova York antes de voltar ao Brasil. O advogado foi a Nova York e almoçou com o jornalista num restaurante em frente ao prédio onde Gaspari morava, o edifício Montana, na Broadway. A entrevista foi feita no apartamento do jornalista. No dia seguinte, Motta Veiga revisou o texto e fez poucas alterações.

Com fotos de Paulo César Farias e Motta Veiga, e uma frase do ex-presidente da Petrobras ("O governo não terminará limpo"), a entrevista foi tema da capa de *Veja* em 17 de junho. De modo concatenado, Motta Veiga historiou as investidas de PC na Petrobras e descreveu o seu comportamento.

— Ele mostrava intimidade com o presidente da República, o "Fernando", como dizia. Descreveu-me a vizinhança entre a sua casa e a da Dinda. Informou-me que o presidente ia à casa dele sem que ele próprio estivesse lá. Precisamos ficar entendidos num ponto: trata-se de uma pessoa vulgar. Não só porque sai contando detalhes da vida íntima dos outros, mas porque é um primitivo até mesmo nas insinuações. Certa ocasião ele me disse que eu devia tê-lo como canal exclusivo para tratar assuntos com o Planalto, que cuidaria de tudo. É homem de dizer frases como "nós não vamos esquecer de você". Telefonava e vinha com a mesma conversa: "O Fernando está muito satisfeito com você", ou "você está indo muito bem". Desatendido, sacava o "você não está colaborando".

Elio Gaspari contou em seguida o encaminhamento político e jurídico da CPI:

— O argumento posto em circulação pelo governo é que ele não pode ser crucificado sem provas.
— Eu não estou dizendo que Paulo César Farias deva ser submetido a uma perseguição arbitrária, como as que aconteciam durante a ditadura. O que eu digo é que ele já fez, ostensivamente, mais do que o necessário para que se instaure a ação penal. A figura dos sinais ostensivos de riqueza é antiga no nosso Direito. Quanto à necessidade das provas documentais, vamos falar claro: nos crimes de colarinho--branco elas são praticamente impossíveis. Alguém já viu um recibo de comissão? Algum atravessador já assinou contrato? Diante das dificuldades das provas documentais, o que é que se deseja: perpetuar a roubalheira ou fazer funcionar a Justiça?

Mais adiante, Gaspari indagou:

— Caso Paulo César Farias seja crucificado, terá sido feita justiça?
— Só Paulo César Farias?
— Só.
— Creio que não. Ficará faltando quem lhe deu poder para fazer o que fez.
— Como se chama a fonte do poder de Paulo César Farias?
— A mim ele disse que se chamava Fernando Collor de Mello.

Expedito Filho, da sucursal de *Veja* em Brasília, vinha tentando entrevistar o deputado Renan Calheiros desde o começo da crise. Apoiador da campanha de

Collor na primeira hora, líder do governo na Câmara, cargo que abandonou por causa da interferência de Paulo César Farias na eleição alagoana do final de 1990, Renan tinha muitas informações sobre o presidente e PC. Expedito Filho o conhecia havia dez anos, dos tempos em que trabalhava no *Jornal de Brasília* e o político militava no Partido Comunista do Brasil. O deputado gostava de jornalistas. Organizava partidas de futebol com eles em sua casa em Brasília, frequentada por Expedito Filho, Ricardo Amaral, de *O Globo*, e Augusto Fonseca, de *IstoÉ*. Quando rompeu com o governo, Renan mostrou ao repórter de *Veja* a carta pública que pretendia enviar ao presidente. "Mas você vai romper assim, Renan? É preciso apimentar um pouco essa carta", disse Expedito Filho, que, a pedido do deputado, reescreveu alguns trechos dela. Os dois combinaram que Renan protocolaria a carta no Palácio do Planalto na noite de sexta-feira e daria uma entrevista coletiva no domingo. Com isso, *Veja* pôde publicar a reportagem sobre o rompimento no momento em que ele foi formalizado.

Renan relutou em dar a entrevista a Expedito Filho. O deputado concordava em falar mas nunca marcava a entrevista. Após a publicação da capa com Motta Veiga, o deputado disse a Oinegue que estava disposto a dar uma entrevista à revista; quis que ela fosse feita em Maceió. No aeroporto, Expedito Filho e Oinegue encontraram com o repórter Ricardo Amaral, que embarcou no mesmo voo noturno que eles para a capital alagoana. Os três conversaram, mas nenhum deles perguntou ou contou o que estava indo fazer em Maceió. Na escala em Salvador, Expedito Filho disse a seu chefe e ao jornalista de *O Globo* que estava se sentindo mal e que sairia um pouco do avião para tomar ar. Correu até o orelhão mais próximo e telefonou para o deputado, que já estava dormindo.

— Renan, você vai dar entrevista também para o Ricardo Amaral? — perguntou.

— Estava pensando em falar com ele. O Ricardo é meu amigo — respondeu o ex-líder do governo.

— Não vem com essa, Renan. Você prometeu que a entrevista para nós era exclusiva. Se você falar para *O Globo*, nós não faremos a entrevista e você não sairá na capa da *Veja*.

— A gente vê essa história quando vocês chegarem.

O repórter voltou ao avião e reproduziu seu diálogo a Oinegue, tomando cuidado para que Amaral não o escutasse. Os três desembarcaram em Maceió pouco antes das cinco horas da manhã. Simulando sono, os dois jornalistas de *Veja* disseram a Amaral que iriam para o hotel. Esperaram que ele saísse e Oinegue telefonou para Renan Calheiros.

— Mas o deputado está dormindo. Quem quer falar com ele? — perguntou o empregado que atendeu o telefone.

— Não interessa, meu senhor: o deputado pediu para ser acordado — respondeu Oinegue.

O parlamentar pegou o telefone e foi avisado de que os dois jornalistas estavam indo naquele momento para a casa dele. Chegaram lá por volta das cinco e meia da manhã. Insistiram que queriam exclusividade: só assim ele poderia ser o assunto de capa da próxima edição de *Veja*. "Mas que garantia vocês me dão de que a entrevista será capa?", perguntou o deputado. Oinegue ligou para mim, que também estava dormindo, explicou o problema e passou o telefone para Renan. Garanti que ele sairia na capa da revista, desde que a entrevista fosse exclusiva e ele dissesse novidades sobre a associação entre Collor e Paulo César Farias. Renan então combinou com os dois repórteres de se encontrarem às dez horas da manhã. Em seguida telefonou para Ricardo Amaral e o avisou de que não lhe daria uma entrevista. O jornalista de *O Globo* protestou com energia e eloquência, mas o deputado manteve sua posição.

Expedito Filho e Oinegue reservaram a suíte presidencial de um hotel de segunda linha, entulharam o frigobar de comida e bebida, pediram uma máquina de escrever e fizeram a lista de perguntas. Marcaram a entrevista lá para evitar que Renan Calheiros atendesse telefonemas de outros repórteres. Renan chegou e eles o interrogaram. Cada resposta foi meditada, discutida e escrita em seguida. Levaram horas nesse trabalho. Revisaram tudo, modificaram trechos e mandaram o texto para a redação, onde a entrevista foi editada e enviada de volta para o hotel de Maceió. Oinegue e Expedito Filho solicitaram que Renan Calheiros rubricasse cada página do texto. Ficaram com ele até a tarde de sábado, para ter certeza de que o deputado não seria abordado por outros jornalistas.

O título da capa da edição foi "Collor sabia", e o subtítulo, "O ex-líder do governo diz que denunciou várias vezes ao presidente as delinquências de PC". A primeira coisa que Renan disse na entrevista foi:

> Paulo César Farias nomeou, demitiu e influiu nas decisões do governo. Montou um esquema paralelo com seus homens de ouro, prata, bronze e latão. Com esse esquema, PC traficava influência. Junto aos empresários, ostentava poder e acesso ao presidente da República. Esse esquema desviou recursos públicos, deixou crianças com fome, postos de saúde sem remédios, obras inacabadas e enriqueceu muita gente.

E prosseguiu:

> Quem acha que Collor não sabia, se engana. Quem diz que isso não era verdade, mente. Por cinismo e ingenuidade. PC é uma extensão do presidente. É uma extensão que tem ramais desde o salão principal até a cozinha da Dinda. Não é à toa que, durante a campanha, PC alardeava que pagava os cartões de crédito de "madame", como se referia a Rosane Collor. Eu próprio ouvi PC dizer que Rosane estava gastando demais.

Os repórteres perguntaram se ele havia alertado o presidente para a influência de Paulo César Farias em negócios do Estado. O deputado detalhou quatro situações em que pediu a Collor para proibir as ingerências de PC no governo. Em todas, o presidente não deu respostas, mudando de assunto.

O fechamento da edição com Renan Calheiros atrasou, terminando por volta das nove horas da manhã de sábado. Ao ir embora, encontrei Roberto Civita, que vinha chegando, no saguão do Edifício Abril. Comentamos a fila de carros de jornais e de emissoras de rádio e televisão que se formava na frente da gráfica. Era uma cena que se repetia desde a publicação da capa com o imposto de renda de Paulo César Farias. Os motoristas dos carros pegavam os primeiros exemplares de *Veja* que saíam da gráfica, levavam-nos às redações, e os órgãos de imprensa noticiavam o que a revista trazia de novo sobre a crise política. Para Civita, o fato de *Veja* estar pautando a imprensa era motivo de orgulho e preocupação. Orgulho porque mostrava que a cobertura da revista, com suas matérias e entrevistas exclusivas, estava mais ágil e completa que a da imprensa diária. E preocupação porque também evidenciava o isolamento da revista. *Veja*, àquela altura, achava-se praticamente sozinha na descoberta das ligações entre Paulo César Farias e Collor, e, como posição editorial, cobrava investigações sobre as irregularidades. Se a CPI não fosse adiante, *Veja* poderia ser acusada de ter movido uma campanha contra um presidente honesto e, talvez, viesse a sofrer represálias.

Já havia indícios de que o governo estava de olho na Abril. Dias depois da publicação da capa "Pedro Collor conta tudo", José Augusto Pinto Moreira, vice-presidente do Grupo Abril, responsável pelas operações financeiras da empresa, foi convidado a comparecer à sede do Banco Central, em São Paulo. O BC, subordinado ao ministro Marcílio Marques Moreira, queria saber por que a empresa comprara 5 milhões de dólares em ouro no dia seguinte à entrevista de Pedro a Luis Costa Pinto. Cogitava caracterizar como "compra súbita", e portanto suspeita, a aquisição do ouro. Funcionários do Banco aventavam a hipótese de que a Abril, supondo que a publicação da entrevista do irmão do presidente provocaria alterações na economia, tivesse comprado o ouro para lucrar com eventuais mudanças financeiras e cambiais. Nesse caso, a empresa poderia ser acusada de ter usado uma informação privilegiada.

Pinto Moreira levou ao Banco Central a lista de todas as operações semelhantes que o Grupo Abril fizera nos últimos meses. Provou que realizavam compras iguais, e muitas vezes em cifras que ultrapassavam os 10 milhões de dólares, com periodicidade quase semanal. As operações, além de legais, eram feitas por todas as empresas do porte da Abril, e tinham o objetivo de protegê-las contra a inflação, a instabilidade econômica e as oscilações nas taxas de juros. Os técnicos do BC consideraram satisfatórias as explicações de Pinto Moreira, a quem trataram com cordialidade. O vice-presidente do grupo não precisou nem explicar que nem ele nem nenhum funcionário do departamento sob a sua responsabilidade sabiam que a entrevista com Pedro Collor seria publicada. A política da Abril era de separação total entre as revistas e a vice-presidência financeira — justamente para não dar margem a acusações ou suspeitas. O Banco Central desistiu de mover um processo. Até mesmo porque ficou provado que a empresa não teve lucro com a compra. Restava o fato, porém, de que nunca, nos mais de quarenta anos de existência da editora, uma operação financeira da Abril fora investigada pelo Banco Central. José Augusto Pinto Moreira saiu dali com a desconfiança de que a investigação não fora corriqueira, e sim motivada pelo conteúdo da entrevista de Pedro Collor.

No domingo, o presidente voltou a aparecer numa cadeia de rádio e televisão. Estava exaltado. Fez referência à entrevista de Renan Calheiros a *Veja*, protestando contra as denúncias de "um derrotado" divulgadas por uma "revista semanal". Encerrou seu discurso repetindo o seu slogan da campanha eleitoral: "Não me deixem só!". O Vox Populi fez uma pesquisa sobre a repercussão do pronunciamento. A enquete mostrou que 60% dos telespectadores das classes D e E apoiaram a fala presidencial. Entre as faixas A e B, a aprovação fora de apenas 25%. Como na campanha eleitoral, o setor da população com maior poder aquisitivo, e acesso à imprensa escrita, acreditou nas denúncias contra Collor e começou a abandoná-lo. Os brasileiros mais pobres, e menos informados, continuavam a acreditar no presidente.

Na segunda-feira, em São Paulo, foi feito um almoço em homenagem ao bilionário americano David Rockefeller, dono do Chase Manhattan Bank. Cinquenta dos maiores empresários paulistas compareceram ao evento, realizado no Clube Nacional — presidentes dos maiores bancos brasileiros, potentados da indústria e do comércio. Roberto Civita parou no bar do térreo do clube, pegou um drinque e subiu para o salão do primeiro andar. O dono da Abril conhecia todos os empresários presentes. Encontrava com eles em solenidades, seminários e festas, e sempre eles o cumprimentavam com afabilidade. Naquele jantar, o tratamento foi outro. À medida que Civita se aproximava das rodas de conversa, todos arrumavam um jeito de lhe dar as costas, ostensivamente. Nenhum se aproximou para apertar sua mão. O dono de *Veja* pensou: Roberto, *you are in deep shit*. Estava, de fato, atolado na merda: tratado como um réprobo pelos seus pares, sentiu na pele que a nata do empresariado estava contra a cobertura que sua revista fazia da crise. Houve, no entanto, um banqueiro que o cumprimentou com efusividade. "Parabéns pelo que *Veja* vem fazendo, tem sido um grande trabalho", disse o banqueiro, que fez questão de que Civita sentasse ao lado dele no jantar. O empresário que destoou de todos os outros era o homenageado, David Rockefeller.

Na quarta-feira, Collor almoçou no Palácio da Alvorada com Roberto Marinho. Para o presidente, era importante que a Globo continuasse cobrindo a crise com notícias esporádicas e superficiais. Marinho saiu do almoço impressionado com o bom humor de Collor e, ao contrário de Ulysses Guimarães, satisfeito com a culinária do Alvorada. "O bacalhau estava uma beleza", elogiou. À tarde, o presidente telefonou a Antônio Carlos Magalhães para agradecer suas declarações contra o vice-presidente, Itamar Franco, que o governador da Bahia havia classificado de "o último biônico da República". À noite, Collor jantou com Leonel Brizola, que o encheu de conselhos para enfrentar a crise. Não faltava apoio empresarial e político ao presidente.

34. PALÁCIO DOS BANDEIRANTES

Duas edições depois da entrevista com Pedro Collor, *Veja* publicou uma reportagem de capa sobre o cacique caiapó Paulinho Paiakan, acusado pela estudante Silvia Ferreira, de dezoito anos, de tê-la estuprado e espancado e de ter dilacerado a dentadas um bico de seu seio. A reportagem foi divulgada com exclusividade pela revista e teve grande repercussão. Ela atraiu a ira de ambientalistas reunidos na Eco 92, no Rio, que fizeram protestos e abaixo-assinados. Com o barulho, passou quase despercebida uma outra reportagem daquela edição, de três páginas, intitulada "Espiões do palácio". Fruto de um trabalho longo e meticuloso do repórter Milton Abrucio Jr., a matéria contava que o governador paulista transformara a empresa Banespa Serviços Técnicos num ninho de espionagem, empreguismo e nepotismo. Em apenas um ano de governo, Luiz Antônio Fleury Filho havia aumentado o número de funcionários do Baneser de 5884 para 10045. Os 4161 novos funcionários foram contratados sem concurso. A estatal dispunha de um orçamento de 120 milhões de dólares. Além do diretor administrativo, primo do governador, ela empregava outros três parentes de Fleury. Dois familiares do ex-governador Orestes Quércia também trabalhavam no Baneser, assim como o pai do seu assessor de Imprensa no governo. Todos recebiam salários superiores aos de servidores públicos que exerciam as mesmas funções. A mudança nos estatutos do Baneser que permitiu as contratações foi feita durante o mandato de Quércia.

Os espiões eram chefiados por um capitão da Polícia Militar, Frederico Coelho Neto, conhecido pelo apelido de Lilico, irmão do governador Fleury (os sobrenomes são diferentes porque o pai deles prestou uma homenagem a seu sogro, que não tinha filhos homens, dando o sobrenome dele a Lilico). "Ao contrário de Pedro e Fernando Collor, Lilico e o governador paulista se dão às mil maravilhas", dizia a reportagem de *Veja*. "É uma fraternidade que lembra a velha amizade entre Fernando Collor e PC Farias." As explicações de Fleury sobre o nepotismo, a espionagem, o inchaço e os altos salários dos funcionários foram canhestras. "Não discrimino parentes que trabalham", disse ele. "Sou contra a estabilidade e essa questão dos salários é controversa", afirmou. O jurista Celso Bastos, a quem Milton Abrucio Jr. levou os dados, ficou horrorizado. "É um dos casos mais escabrosos de corrupção administrativa que já vi", afirmou o constitucionalista.

Na semana em que a matéria foi publicada, o jornalista Fernando Sandoval telefonou para Paulo Moreira Leite, de *Veja*, e disse que precisava falar com urgência e combinaram um almoço. Sandoval, de 49 anos, atlético e musculoso, trabalhava havia três anos no Palácio dos Bandeirantes, como assessor de Imprensa do economista Luís Gonzaga Beluzzo. Contratado na gestão de Quércia, durante a qual Beluzzo foi secretário estadual de Ciência e Tecnologia, fora mantido no cargo no governo de Fleury. Fernando Sandoval era amigo de Mino Carta e de José Roberto Guzzo. Ele conhecera Carta em 1966, no restaurante Gigetto, perto da redação do *Jornal da Tarde*. Naquela época, Sandoval jogava polo aquático e trabalhava numa corretora financeira. Carta o levou para ser repórter esportivo do *JT*, e depois para trabalhar em *Veja* (onde ele conheceu Guzzo), em *IstoÉ* e no *Jornal da República*. Nos anos 80, Sandoval empregou-se como assessor de Imprensa da Bolsa de Valores de São Paulo. Certa vez, ele telefonou para o repórter Frederico Vasconcelos, titular da coluna Painel Econômico, da *Folha de S.Paulo*, que publicava com frequência críticas de outros empresários ao presidente da FIESP, Mario Amato. "Por que você não deixa o velhinho em paz?", perguntou o assessor a Vasconcelos. O colunista respondeu com outra pergunta: quanto ele estava ganhando para dar o telefonema? Sandoval disse que telefonara por ser amigo de Rogério Amato, filho do presidente da FIESP.

Sandoval saiu da Bolsa de Valores e montou a sua própria assessoria de Imprensa, a Fass. Enquanto o dono trabalhava no Palácio dos Bandeirantes, a Fass prestava assessoria ao Banco de Crédito Nacional, ao Shopping Center Iguatemi, de Carlos Jereissati, ao empresário Luiz Eduardo Batalha, caixa da campanha eleitoral de Fleury, e à empreiteira Andrade Gutierrez.

Na gestão de Orestes Quércia, a Andrade Gutierrez foi a construtora que mais fez obras para o governo, faturando 939 milhões de dólares e recebendo quase 30% dos investimentos do estado. Em governos anteriores, os ganhos da empreiteira foram mais modestos. Com Paulo Maluf, ela faturou 207 milhões de dólares em obras estaduais; com Franco Montoro, 196 milhões de dólares. No final de seu governo, Quércia deixou assinados três contratos em favor da Andrade Gutierrez, com um valor estimado em 700 milhões de dólares. As obras da empresa foram priorizadas por Fleury no início de sua gestão.

Na Andrade Gutierrez, Sandoval falava com o diretor da empresa em São Paulo, Roberto Amaral. Em fevereiro de 1990, enquanto tomavam um banho de mar em Ilhabela, no litoral paulista, Roberto Amaral sugeriu a Quércia que escolhesse seu secretário de Segurança, Luiz Antônio Fleury Filho, como candidato para sucedê-lo. Quarenta dias depois, Quércia anunciou que Fleury era o seu candidato. Amaral cedeu jatos da empreiteira para o candidato peemedebista usar durante sua campanha. Vitorioso nas urnas, Fleury passou alguns dias descansando no Haras Guanabara, a fazenda de trezentos alqueires que o diretor da Andrade Gutierrez tinha no Norte de São Paulo. Fleury foi apresentado a Paulo César Farias, em 1991, na casa de Roberto Amaral.

Conheci Fernando Sandoval no início de 1991. Quem me falou dele foi José Roberto Guzzo, que estava deixando a direção de redação de *Veja*. Guzzo disse que Sandoval era seu amigo, era assessor de Beluzzo no Palácio dos Bandeirantes, tinha informações sobre o governo e sugeriu que eu conversasse com ele. Marquei um almoço com o assessor no restaurante Fasano. Foi a única vez que o vi, não o procurei mais nem ele a mim. Não formei nenhuma impressão a respeito dele. Transmiti as informações de Guzzo a Leite, com a recomendação de que o procurasse de vez em quando para ver se ele tinha alguma notícia sobre o governo paulista. O jornalista mantinha contatos esporádicos com Sandoval, que não lhe passou nenhuma notícia de porte. Ele encarou com naturalidade o convite de Sandoval para que se encontrassem. Marcaram um almoço para a segunda-feira, dia 15 de junho, no restaurante do terraço do Clube Paulistano, nos Jardins. Sandoval perguntou várias vezes ao jornalista se ele considerava justo o salário que recebia. Leite respondia que sim, mas Sandoval voltava ao tema. O assessor disse então que iria falar sobre um assunto pessoal. Pediu que o que dissesse a partir dali não chegasse à "editora Abril, nem a *Veja*, nem ao Mario Sergio", e emendou:

— Recebi uma proposta de uma pessoa, um político, que quer proteção na revista. Podemos ganhar 200 mil dólares. Não é tudo de uma vez, mas em três meses. Para eu aceitar esse negócio, tenho que dar uma parte desse dinheiro para você.

— Não quero nada com isso — cortou Leite.

Ao voltar para a redação, o jornalista recebeu um telefonema de Sandoval. "Sabe aquele negócio de que te falei no almoço?", perguntou ele. "Foi uma ideia maluca do Rayel." Carlos Rayel, que havia sido assessor de Imprensa de Quércia, estava sendo investigado pelo Ministério Público por suspeita de enriquecimento ilícito. Leite me contou sobre o almoço e o telefonema. Pedi a ele que escrevesse um relatório detalhado a respeito da conversa com Sandoval. Encaminhei o relatório para Roberto Civita. No dia seguinte, o dono de *Veja* me chamou à sua sala. Pediu que eu transmitisse seus cumprimentos ao jornalista, lamentou que ele não tivesse tido a oportunidade de gravar a proposta do funcionário dos Bandeirantes e perguntou o que eu pretendia fazer com o caso. Respondi que iria publicar uma nota na seção Radar dizendo que Sandoval, assessor do governador Fleury, tentara corromper um jornalista de São Paulo com 200 mil dólares e que o oferecimento fora recusado. Na nota, não revelaria o nome nem de Leite nem de *Veja*. A intenção era ver se Fleury demitiria Sandoval, para então dar uma matéria sobre o caso. Civita concordou com a ideia. Saí da sala dele e desci para o andar onde funcionava a redação de *Exame*, dirigida por Guzzo. Contei a ele o que Sandoval fizera. Ele ficou escandalizado. "Mas que absurdo, como é que ele fez uma coisa dessas?", disse Guzzo. Eu falei que daria uma nota no Radar sobre o assunto. Guzzo se ofereceu para fazer Sandoval entrar em contato comigo. Respondi que se ele quisesse me telefonar, eu o atenderia. O funcionário de Belluzzo e Fleury ligou.

— Eu fui mal interpretado, Mario. O que eu propus foi uma sociedade com o Paulo numa assessoria de Imprensa — disse ele.

— Não, Sandoval, você está mentindo. Se você tivesse oferecido um negócio lícito, não teria dito ao Paulo para não me contar a proposta.

A nota em Radar foi publicada. Passou um dia e Fleury não tomou nenhuma providência. Sandoval continuava frequentando sua sala nos Bandeirantes. Eu soube também que, meses antes, o assessor do governo paulista fizera uma proposta semelhante a Augusto Nunes, então diretor de redação de *O Estado de S. Paulo*. Nunes denunciara a tentativa de suborno ao governador Fleury, que prometeu tomar providências mas manteve Sandoval no cargo. A reportagem da edição seguinte de *Veja* descreveu a conversa de Sandoval com Nunes:

> Depois de insistir que tinha um assunto urgente a tratar, Sandoval foi recebido por Augusto Nunes em sua sala na redação de *O Estado de S. Paulo* no final da tarde de 23 de agosto passado. O funcionário do Palácio dos Bandeirantes iniciou a conversa de maneira insinuante, com frases como "você deve pensar na tua família, precisa fazer o teu pé-de-meia". A seguir, Sandoval fez a sua oferta. "Ele me disse que tinha 600 mil dólares do empresário Luiz Eduardo Batalha para concretizar uma proposta válida por doze meses", lembra o atual diretor do *Zero Hora*. "Nesse período, Sandoval me entregaria 30 mil dólares por mês e embolsaria os outros 20 mil." Para ganhar essa dinheirama, Augusto teria de zelar pela imagem de Fleury no *Estadão*. Sandoval esclareceu que havia duas maneiras de receber o dinheiro. Na primeira, em espécie. Para provar o seu poder de fogo, sacou de um maço de notas de 100 dólares. Na segunda alternativa, o funcionário do governo paulista disse que poderia depositar a cota mensal numa agência do Banco Exterior de España. Augusto Nunes disse a Sandoval que não queria nada e encerrou a conversa alertando-o para a gravidade da proposta que fizera. Nunes telefonou em seguida para o advogado Manoel Alceu Affonso Ferreira, secretário de Justiça do governo paulista, e para o assessor de imprensa de Fleury, Mauro Ribeiro, a ambos contou as linhas gerais do episódio e pediu para relatá-las pessoalmente ao governador... No dia 4 de setembro do ano passado, Nunes contou tim-tim por tim-tim a Fleury a oferta que Sandoval lhe havia feito, pediu explicações e providências. "Fleury me pareceu chocado com o relato, negou com veemência que tivesse mandado fazer a proposta de suborno e me disse que iria demitir Sandoval", diz Nunes.

Quando Mauro Ribeiro soube da proposta de Sandoval a Nunes, o assessor de Imprensa defendeu que o governador demitisse Sandoval imediatamente e cobrasse explicações do superior imediato de seu superior, Beluzzo. Ribeiro saiu do gabinete do governador, entrou na sala de Lilico e, na presença do irmão de Fleury, telefonou para o ramal de Sandoval.

— Que merda é essa? Você está oferecendo dinheiro para jornalistas? — perguntou Mauro Ribeiro.

— Eu fui mal interpretado — respondeu Sandoval.

— Mas como mal interpretado? O Augusto veio aqui falar com o governador.

No mesmo dia, Fleury chamou Beluzzo e perguntou o que Sandoval fizera. O economista disse que ouvira "boatos" sobre o seu assessor de Imprensa, que lhe garantira que tudo não passava de "fofoca" e não havia feito nenhuma proposta de suborno a Nunes. O governador deu-se por satisfeito com as explicações e manteve Sandoval no cargo.

Na reportagem de *Veja*, Carlos Rayel e Roberto Amaral negaram que tivessem mandado Sandoval tentar corromper Leite. "Não tenho nada a ver com isso", disse o ex-assessor de Imprensa de Quércia. "Nunca fiz nenhuma insinuação desse tipo", garantiu o diretor da Andrade Gutierrez. "Posso ter muitos defeitos, mas não sou burro." Fleury, por sua vez, primeiro disse que não lembrava de Sandoval. Dois dias depois, admitiu que Nunes lhe relatara a proposta do assessor de Beluzzo, de seu caixa de campanha e da Andrade Gutierrez. Um dia antes do fechamento de *Veja*, finalmente Fleury mandou demitir Sandoval.

No mesmo dia, telefonei para Nunes. Contei-lhe que iria publicar a reportagem sobre Sandoval. Ele falou que estava fazendo uma matéria sobre o mesmo assunto, para publicar na *Zero Hora*. Também avisei Guzzo de que *Veja* estava saindo com a matéria. Ele disse que achava que não era o caso de publicá-la, pois a nota no Radar da semana anterior já acabara com Sandoval.

Com o título de "Caça a jornalistas", a reportagem ocupou três páginas. Ela foi encerrada com o seguinte parágrafo:

> Sandoval estava no palácio a serviço de quem? Indagação que leva a outra pergunta: qual seria a origem do dinheiro farto que ofereceu a Paulo Moreira Leite e Augusto Nunes? Não era do seu salário. Com sua remuneração mensal de 940 mil cruzeiros, precisaria trabalhar durante 237 anos seguidos, sem gastar um tostão, para juntar a soma de 800 mil dólares a que aludiu em suas propostas aos jornalistas. Numa conversa, ele falou da dobradinha Batalha e Fleury. Na outra, num ex--assessor de Quércia [Carlos Rayel]. São eles, e os clientes privados de Sandoval, que podem dar a resposta. Também podem esclarecer se, quando, onde e a quem o caçador de jornalistas fez outras propostas de suborno.

Roberto Amaral rompeu o contrato com Sandoval, a quem classificou de "burro" e "mastodonte". A título de, conforme disse, "ajuda humanitária", porém, o chefe da Andrade Gutierrez em São Paulo deu 60 mil dólares a Sandoval quando o dispensou. Depois, quando Sandoval ficou doente, Amaral providenciou para que a empreiteira o ajudasse financeiramente até curar-se.

A repercussão das matérias de *Veja* e de *Zero Hora* nos outros órgãos de imprensa foi escassa. Uma repórter do *Jornal da Tarde* procurou Roberto Civita para entrevistá-lo sobre o assunto. Ela ouvira falar que haveria uma lista de jornalistas que recebiam propinas através do Banco de España, e queria saber se o dono de *Veja* sabia algo a respeito ou poderia sugerir-lhe um caminho para encontrá-la. "Não sei nada dessa lista, mas se você descobri-la, por favor me mande que eu quero publicar todos os nomes", disse Civita.

* * *

Na edição em que a reportagem sobre a corrupção na imprensa foi publicada, *Veja* não tinha nenhuma notícia exclusiva. O governo parecia estar conseguindo afogar a CPI, que não avançava nas investigações. Resolvi fazer uma capa, com uma foto de Collor ao lado de Itamar Franco, que captasse a correlação de forças favorável ao governo. Dei-lhe o título "No que vai dar a crise", e assinalei embaixo, como num teste, as seguintes alternativas: "impeachment; renúncia; parlamentarismo já; Collor continua, forte; Collor continua, fraco". Leite sugeriu que não fosse marcada nenhuma das alternativas. "Não podemos apostar no que vai acontecer", disse ele. Achei melhor assinalar a última alternativa, a que previa que Collor continuaria presidente, embora enfraquecido, e mandei a capa para a gráfica.

35. ISTOÉ

Se não fosse fotógrafo, Mino Pedrosa teria tudo para ser repórter. E se não tivesse sido repórter, poderia ser detetive. Na sua carreira, combinou as três aptidões: ele é um fotógrafo que apura reportagens usando recursos de um investigador criminal. Seu método de trabalho lembra mais a dureza e as astúcias de um delegado de polícia do que as elegantes deduções de um detetive de gabinete. Mino Pedrosa tinha 29 anos quando, junto com Augusto Fonseca e João Santana Filho, mudou o rumo da cobertura da crise da Presidência de Fernando Collor. Filho de um gráfico que montou o *Correio do Planalto*, ele frequentava a redação do pequeno jornal desde os doze anos. Aos quinze, já era fotógrafo. Trabalhou depois no *Jornal de Brasília*, de onde saiu para passar quase dois anos nos Estados Unidos. Na volta, foi fotógrafo do *Estadão* e de *O Globo*, onde cobriu a campanha presidencial. Fazia de tudo para obter uma notícia exclusiva. Dormia no carro em frente à Casa da Dinda para ser o primeiro jornalista que o candidato visse ao sair. O esforço valia a pena. Certa vez, às cinco horas da manhã, o candidato chamou o fotógrafo e disse: "Vou te dar um furo: estou indo a São Paulo encontrar o Montoro". Noutra ocasião, com Collor já no Planalto, Cláudio Humberto inventou um jogo: o repórter que chegasse em primeiro lugar numa caminhada de nove quilômetros com o presidente poderia acompanhá-lo durante um dia de trabalho. Pedrosa venceu os colegas e fez a matéria. Em 1991, ele foi para *IstoÉ*. Cobria o Palácio do Planalto. Em vez de cultivar boas relações com ministros e funcionários graduados, batia papo com secretárias, contínuos e motoristas.

Primeiro órgão de imprensa a fazer uma reportagem longa a respeito de Paulo César Farias, *IstoÉ* noticiara todos os escândalos da administração federal, mas patinou na apuração da briga entre Pedro Collor e o tesoureiro do presidente. No início de junho, a revista publicou uma capa em que igualava Pedro Collor de Mello a Paulo César Farias. A reportagem, intitulada "O lado PC de Pedro Mello", chamava o irmão do presidente de "PC Mello". Havia consciência, na redação, de que a revista entrara com o pé esquerdo na cobertura e de que a procura de negócios escusos de Pedro Collor poderia levar a duas percepções. A primeira, de que *IstoÉ* buscava desmerecer uma fonte, Pedro, que ajudara a revista concorrente, *Veja*. A segunda poderia ser a de que, indiretamente, *IstoÉ* estivesse auxiliando Collor, na medida em que tentava achar nódoas na reputação de seu irmão.

João Santana Filho, o chefe da sucursal de Brasília, achava inútil *IstoÉ* competir com *Veja* nos terrenos que a concorrente conquistara: a investigação de negócios no exterior, as entrevistas com aqueles que haviam integrado o governo e passaram a denunciá-lo, como Motta Veiga e Renan Calheiros, e o registro das ações e opiniões de Paulo César Farias. Apelidado de Patinhas, Santana tinha 39 anos. Ele nascera em Tucano, no alto sertão baiano, numa família de classe média. Seus pais eram donos dos únicos cartórios da cidade e, portanto, das únicas máquinas de datilografia da região. Foi nelas que ele aprendeu a escrever, e gostou. Aos dezessete anos, era repórter do *Jornal da Bahia*. Formou-se em jornalismo pela Universidade Federal da Bahia. Durante três anos dirigiu o Departamento de Criação da agência de publicidade Standard. Depois, chefiou as sucursais de *O Globo* e *Veja* em Salvador. Mudou-se para Brasília, voltou a Salvador e ganhou uma bolsa da Universidade Georgetown, em Washington, onde viveu um ano e meio. Em 1991, quinze dias depois de ter chegado dos Estados Unidos, seu conterrâneo Bob Fernandes o convidou para chefiar a sucursal de *IstoÉ*.

Santana tinha boas relações com outro conterrâneo, Antônio Carlos Magalhães. Ele convenceu o governador a conceder uma entrevista sobre a crise. O repórter perguntou:

— O vice Itamar Franco tem condições de assumir?
— Ele foi eleito com o presidente da República, mas ele não foi votado. Os votos todos foram dados ao senhor Fernando Collor de Mello, não ao senhor Itamar Franco. O senhor Itamar Franco compôs uma chapa. Ele pode ter até legitimidade, mas não tem representatividade. E num momento de crise é necessário um presidente com representatividade, senão a crise se aguça e vem o caos. E representatividade quem dá é o voto. Não pode ser presidente da República, por exemplo, alguém que não tem votos sequer para se eleger governador de Minas, quem sabe prefeito de Juiz de Fora.
— Mas a Constituição é muito clara: cabe ao vice substituir o presidente nos seus impedimentos.
— Para se afastar um presidente tem de haver motivos para isso. Esse clima de artificialismo e emocionalismo que está sendo montado significa rasgar a Constituição. E se a Constituição for rasgada para afastar o presidente, evidentemente que ela vai ser rasgada também para afastar o vice.

Também com o intuito de diferenciar *IstoÉ* de *Veja*, João Santana havia pedido ao porta-voz Pedro Luiz Rodrigues que o presidente desse uma entrevista exclusiva à primeira. Collor foi convencido a concedê-la por Jorge Bornhausen, que usou um argumento defendido por Mauro Salles: o presidente deveria falar à revista que via Pedro Collor com reservas e dera guarida ao discurso anti-impedimento de Antônio Carlos Magalhães. A entrevista foi marcada para as oito e meia da manhã de quarta-feira, 24 de junho.

Santana continuava insatisfeito com a cobertura de *IstoÉ*. Certo dia, conversando na sucursal com Pedrosa e o repórter Augusto Fonseca, chegaram à conclusão de que deveriam buscar os fios enredando Collor e Paulo César Farias entre os funcionários de baixo escalão que atendiam o presidente no Planalto e na Casa da Dinda. Santana não contou à redação, em São Paulo, que estava abrindo essa nova frente de apuração. Não queria criar expectativas. Só se a sucursal descobrisse algo importante ele avisaria Mino Carta.

Bob Fernandes, a essa altura correspondente da revista em Nova York, telefonou para Santana e sugeriu que alguém da sucursal visitasse uma pequena empreiteira de Brasília, a qual ele desconfiava ter ligações com Paulo César Farias. Numa sexta-feira, Mino Pedrosa foi à empresa, apresentou-se à secretária e disse que queria falar com o dono. Ela entrou numa sala, voltou e informou que o empresário havia saído — mas sua expressão demonstrava que ele estava ali e não queria atender o repórter. Pedrosa preparou sua máquina e, como um delegado em busca de um flagrante, entrou na sala batendo fotografias do empreiteiro, que se apavorou.

— Calma, vamos conversar, eu sei que o senhor é ligado ao PC — falou Pedrosa.

— Se sair qualquer coisa sobre a empresa, nós vamos perder obras.

O empresário aceitou conversar com o fotógrafo na segunda-feira. Chegando lá, a secretária disse que o chefe tinha ido viajar. Pedrosa voltou outras vezes e nunca encontrava o empresário. Um dia, a secretária confessou que o patrão estava com medo e não o receberia nunca. Era mais uma pista que não dera em nada.

No Palácio do Planalto uma secretária contou a Mino Pedrosa que fiscais da Receita Federal estavam de saída para dar uma blitz no escritório brasiliense da Brasil-Jet, a empresa aérea de Paulo César Farias. Pedrosa avisou os colegas, fotógrafos de jornais. Sua intenção era fazê-los ir à Brasil-Jet, como de fato aconteceu, para que ele pudesse procurar outras matérias. Se a revista precisasse de fotos da blitz, poderia comprá-las dos jornais. Mas, sozinho no Planalto, ele não achou nada melhor para fazer. Resolveu ir à empresa de PC. Passou na porta do prédio e viu mais de uma dezena de repórteres, fotógrafos e cinegrafistas. Deixou seu carro mal estacionado numa esquina, entrou pela garagem do edifício e subiu direto até o andar da Brasil-Jet.

— O senhor é da Receita? — perguntou uma recepcionista.

— Sou sim, vou ficar aqui esperando meus colegas — respondeu Pedrosa, sentando-se num sofá, com medo de ser desmascarado.

Ao seu lado, um jovem puxou conversa. Falaram um pouco e Pedrosa abriu o jogo:

— Eu não sou da Receita, sou jornalista da *IstoÉ*, estou aqui meio disfarçado para ver se pego o piloto do PC, o Jorge Bandeira, um sujeito importante nesse rolo político.

— E como você chama? — perguntou o desconhecido.

— Mino Pedrosa.

Como os agentes da Receita não chegassem, e o fotógrafo, além de apreensivo, estivesse temeroso de que seu carro fosse multado, ele saiu da Brasil-Jet. Já na rua, caminhando em direção ao automóvel, foi chamado pelo rapaz com quem conversara na sala de espera.

— Eu conheço você — ele disse.
— De onde? — perguntou o fotógrafo.
— Eu sou noivo da secretária daquela empreiteira que você invadiu.
— Ah, lembro.
— Eu tenho uma coisa que pode te interessar: o elo de ligação entre PC e Collor.
— Mas você tem documentos?
— Tenho.

O jovem queria dinheiro, uma quantia módica, para entregar o papel. O fotógrafo falou que não pagaria nada. Mas ficou de rediscutir o assunto quando visse o documento. O rapaz se apresentou como Júnior. Trocaram seus números de telefones residenciais e combinaram que Pedrosa ligaria para ele às nove da noite. O fotógrafo telefonou no horário marcado e uma voz feminina lhe informou que ali não morava nenhum Júnior. Na noite seguinte, ao chegar em casa, a mulher de Pedrosa disse que um Júnior ligara para ele e deixara o número do telefone. O número era o mesmo que o fotógrafo tinha discado na noite anterior. De novo, a mesma voz feminina disse que não havia nenhum Júnior lá. Na noite seguinte, Pedrosa novamente encontrou um recado de Júnior na sua casa. Ele telefonou e prolongou a conversa com a senhora que atendeu a ligação.

— Não tem nenhum Júnior mesmo aí?
— Não, não tem.
— A senhora tem filhos?
— Tenho duas filhas, uma é casada e mora com o marido e a outra está noiva.
— E como é o noivo da sua filha?
— Ele é moreno, e tem 28 anos.
— E como ele chama?

A mulher disse o nome, o sobrenome e... "Júnior".

— Mas é com ele que eu quero falar — disse Pedrosa.
— Ah, espera um momentinho.

Júnior atendeu e combinou encontrar o fotógrafo às oito horas da manhã seguinte, em frente a um caixa automático no Conjunto Nacional, um shopping center de Brasília. Pedrosa foi ao local no horário marcado e Júnior não apareceu. O jornalista falou com ele à noite. O rapaz pediu desculpas por ter faltado, remarcou o encontro para o mesmo horário e local — e outra vez não apareceu. "Você está me enrolando, Júnior", disse Pedrosa à noite. "Se você der o cano de novo, eu vou na casa da tua sogra." Marcaram o terceiro encontro.

O fotógrafo contou a Santana e ao repórter Augusto Fonseca o que estava acontecendo. "Estou desconfiado que esse sujeito possa estar me armando alguma coisa", disse aos colegas. Resolveram que Augusto Fonseca iria ao encontro seguinte. Ficaria nas imediações e, se houvesse algo de anormal, Pedrosa o chamaria. Grandão, Fonseca imporia respeito e atemorizaria qualquer um.

Júnior entrou no Conjunto Nacional às nove e meia da manhã. Pedrosa deu um olhar significativo para Augusto Fonseca, que se aproximou rapidamente, assustando Júnior. "Eu falei para você vir sozinho", queixou-se ele ao fotógrafo. Sentaram-se os três na praça de alimentação do prédio. Júnior mostrou a fatura de uma locadora, com o nome da empresa rasgado. A nota era do aluguel de um carro pela Brasil-Jet. No pé da nota fiscal, havia o endereço da locadora, que Mino Pedrosa reconheceu.

— Essa nota é da GM Rent a Car — disse o fotógrafo.

— Mas isso você não pode dizer, pelo amor de Deus. Eu trabalho lá e se souberem que estou mostrando essa nota, eu perco o emprego.

Com isso, Júnior parou de falar em trocar o documento por dinheiro. Ele contou que a Brasil-Jet pagava o aluguel de dois carros, um Opala vinho e um Santana preto, que eram usados pela secretária particular de Collor, Ana Acioli. Quem dirigia os carros era um motorista do Planalto que Júnior disse chamar-se "Elibelto". Em 1989, o dono da GM Rent a Car, José Máximo Oliveira, trabalhava numa locadora que alugava carros para o comitê eleitoral de Fernando Collor. Um dos motoristas que serviram o comitê era "Elibelto". E os pagamentos dos carros eram feitos por Jorge Bandeira, o piloto de Paulo César Farias. Em 1990, Oliveira saiu da locadora para montar outra, a GM, e continuou alugando carros para Bandeira, desde então sediado na Brasil-Jet. Júnior estava irritado com "Elibelto" porque era o motorista, e não ele, quem ficava com a comissão do aluguel dos carros.

Os repórteres de *IstoÉ* procuraram o nome "Elibelto" nos computadores do funcionalismo do Palácio do Planalto e não encontraram. Na lista dos empregados da Radiobrás, acharam o registro de Francisco Eriberto Freire França, um motorista que Pedrosa conhecia de vista. O fotógrafo foi ao Planalto. Viu o rapaz num corredor e tirou uma foto dele.

— O que é isso? — reagiu o motorista, desconfiado.

— Estou gastando um resto de filme, depois te dou a foto.

Pedrosa andou mais um pouco pelo Palácio, reencontrou França e tirou outra foto. "Eriberto, me dá o endereço da tua casa que eu vou mandar entregar a foto lá", pediu. O motorista deu seu endereço, numa cidade-satélite.

À noite, já com a foto, Pedrosa conversou com João Santana e Augusto Fonseca na sucursal. Era terça-feira, véspera da entrevista do presidente a *IstoÉ*. Santana não havia posto Carta a par da apuração. Como achava que Pedrosa e Fonseca ainda não contavam com uma matéria consistente e desconfiava que os telefones da sucursal estivessem grampeados, dizia ao diretor de redação que os repórteres estavam rastreando "a copa e a cozinha" de Collor. A entrevista com o presidente seria feita por Santana e Carta, que viria de São Paulo tarde da noite. Os três jornalistas acertaram que Pedrosa e Fonseca iriam ao apartamento de Eriberto França naquela mesma noite. Se conseguissem fazer o motorista falar e sentissem que tinham uma boa matéria, eles telefonariam para Santana e diriam: "O bebê está com febre".

Pedrosa e Fonseca bateram à porta do pequeno apartamento do motorista. Já de pijama, Eriberto França se assustou ao vê-los.
— O que é isso, Mino? Tem merda aí?
— Tem, Eriberto, vamos conversar.
Eriberto França tinha 28 anos. Era o protótipo do brasileiro comum. Migrante, pobre, trabalhador e temente a Deus, ele torcia para o Vasco, gostava de tomar uma cerveja no fim do expediente, amava a mulher, Patrícia, e adorava os filhos, André, de quatro anos, e a bebezinha Isabela, de quatro meses. O motorista era o caçula de Norberta e Francisco França, lavradores de Pau dos Ferros, no Rio Grande do Norte. Dos sete filhos do casal, os cinco primeiros morreram de desidratação, recém-nascidos. Eriberto e o irmão mais velho, Hermes, sobreviveram graças à avó, que descobriu que o leite de Norberta não era bom. Foram alimentados com um mingau que sua mãe lhes dava com o dedo. Para que o filho sobrevivesse, Norberta fez uma promessa a são Francisco das Chagas, de quem o motorista se tornou devoto. Quando tinha nove anos, Eriberto, o irmão e os pais migraram para Brasília. O menino vendia milho assado e churrasquinho em pontos de ônibus para ajudar a família. O pai dele virou feirante e conseguiu comprar uma Kombi. Aos onze anos, Eriberto dirigia a caminhonete de madrugada, transportando verduras e frutas. Em 1984, tirou a carteira de motorista, trabalhou na Kibon e foi motorista de ônibus, até ser contratado pelo comitê do candidato do PRN.

Com a posse de Collor, Eriberto França foi lotado na Radiobrás e passou a servir Ana Acioli. Entre outras funções, pegava cheques e dinheiro em espécie na Brasil-Jet e os entregava ao mordomo da Casa da Dinda, Berto Mendes, que fazia o pagamento da criadagem. Pagava contas e descontava cheques que lhe eram passados pela secretária do presidente. Transportava visitantes de Collor. Ia ao aeroporto buscar dona Cecília, uma mãe de santo que atendia o presidente e Rosane, e a levava à Casa da Dinda depois de comprar velas e outros objetos para despachos. Ia à casa de uma amiga de Cláudia Raia, pegava a atriz e seguia para o Palácio do Planalto. Uma vez, levou Cláudia Raia do hotel Kubitschek até as imediações do Palácio do Buriti, sede do governo do Distrito Federal, onde encontrou com Dário César Corrêa, segurança pessoal de Collor. O PM alagoano ficou com o Opala que Eriberto França dirigia, deu-lhe o Verona em que estava e levou a atriz embora.

Pedrosa abriu a conversa naquela noite de terça-feira dizendo que sabia que o motorista recebia comissão pelo aluguel dos carros a Ana Acioli. "Eu tenho a fatura provando isso", anunciou. Pediu que Eriberto França contasse o que sabia sobre as relações entre a Brasil-Jet e Ana Acioli. Ele se negou a falar. A conversa prosseguiu e Patrícia, a mulher do motorista, contou que Ana Acioli havia prometido que o apartamento funcional em que moravam poderia ficar com eles em definitivo. Mas Patrícia fora ao departamento do governo que cuidava das residências funcionais e descobrira que o imóvel seria levado a leilão em breve. Eriberto falara sobre o assunto com Dário César, e ele dissera que a questão do apartamento só seria resolvida quando Ana Acioli saísse do hospital. Atravessando uma gravidez difícil, a secretária de Collor estava internada no Incor, em São Paulo.

— Vocês estão sendo enrolados — disse Pedrosa.

— Também acho. Eles não vão dar o apartamento para a gente coisa nenhuma — concordou Patrícia.

— Quer ver como vocês estão sendo enrolados? — perguntou o fotógrafo.

— Mas como? — quis saber Patrícia.

— Vamos ligar agora para o Dário César.

Pedrosa e Augusto Fonseca tinham o número de um telefone da Casa da Dinda que era atendido só pelo presidente ou por seu segurança pessoal. Para se certificar de quem atenderia o telefone daquela vez, o fotógrafo ligou, reconheceu o "alô" de Dário César e desligou o aparelho. A mulher de Eriberto França telefonou em seguida e se identificou.

— Patrícia, como você arrumou o número desse telefone? — perguntou o PM.

— Não interessa, Dário, eu quero saber se o apartamento vai ficar com a gente ou vai ser leiloado.

— Será tudo feito como a lei manda, Patrícia — respondeu Dário César, talvez temendo que o telefonema estivesse sendo gravado. — Se a lei disser que ele pode ficar com vocês, assim será feito. Mas se a lei disser que o apartamento tem que ir a leilão, ele irá a leilão.

— Entendi, Dário, obrigado — disse Patrícia.

Ela desligou o telefone, olhou para o marido e falou: "Eriberto, conta tudo".

Santana estava na sucursal, fumando mais do que costumava, aflito. Tinha combinado buscar Carta no aeroporto, precisaria sair em breve, e os repórteres não lhe telefonavam. Atendeu a ligação de Pedrosa, que recitou a senha: "O bebê está com febre". Santana correu para o aeroporto. Soube que o voo do diretor de redação atrasara e voltou à sucursal.

Fonseca e Pedrosa formavam uma dupla eficaz de entrevistadores. Enquanto o fotógrafo endurecia e cobrava detalhes, o repórter ponderava, entendia as preocupações de Eriberto França e o tranquilizava. O motorista entregou alguns documentos aos repórteres. No fim da entrevista, Eriberto França falou-lhes que se desligaria da Radiobrás. "Não quero ser demitido a bem do serviço público", explicou.

— E como a gente vai ficar, com o Eriberto sem emprego? — perguntou Patrícia.

— Dou minha palavra que ele vai ter um emprego na *IstoÉ*, ganhando o mesmo salário — respondeu Pedrosa.

O fotógrafo deixou seu carro com o motorista e combinou encontrá-lo no dia seguinte, ao meio-dia, na sucursal de *IstoÉ*. Pedrosa e Fonseca foram para a revista e contaram ao chefe o que acontecera. Santana foi até o aeroporto, pegou Carta, levou-o a um bar e relatou a matéria. Para seu desapontamento, o chefe demonstrou pouco entusiasmo. Eram três horas da manhã, e o diretor de redação estava cansado com o dia de trabalho, a longa espera no aeroporto e a viagem. Além do mais, a entrevista com o motorista não fora gravada. Eriberto França poderia voltar atrás. "Mino, a entrevista vai ser a carta-testamento do Collor", disse Santana. "Porque ele vai se ferrar com a nossa matéria, você vai ver."

Santana deixou Carta no hotel, foi para sua casa e, às oito horas da manhã, voltou para irem juntos ao Palácio do Planalto.

— Você está chateado, Santana? — perguntou o diretor.
— Não, não estou.
— Foi por causa da nossa conversa de ontem?
— Não, estou mareado porque não consegui dormir.

O presidente recebeu bem os jornalistas, a entrevista durou duas horas e fluiu sem contratempos. Pedrosa deu uma carona ao diretor de redação até o aeroporto. Ao se despedir, o fotógrafo disse: "Xará, essa matéria tem que sair".

Ao meio-dia, Eriberto França e Patrícia chegaram à sucursal. Ele vestia seu terno de motorista, e a mulher, uma roupa chique. Estavam bem mais elegantes que o tresnoitado, enfumaçado, excitado e amassado João Santana. O chefe da sucursal propôs que gravassem uma entrevista e o motorista hesitou. "Você corre perigo, Eriberto", disse Santana. "O pessoal do governo vai saber que você está falando com a gente. O Dário César vai saber." Combinaram que no dia seguinte, quinta-feira, Eriberto pediria demissão da Radiobrás. Na sexta, ele, Patrícia e os filhos viajariam para Salvador. No sábado, Santana os encontraria lá e os levaria para a fazenda de sua irmã, Maria de Fátima, em Tucano. Só voltariam a Brasília depois que a revista tivesse sido publicada. Eriberto França aceitou a proposta e gravou a entrevista. No dia seguinte, demitiu-se da Radiobrás. Sem contar do que se tratava, Santana pediu a um amigo baiano, o jornalista Paulo Alves, que recepcionasse a família França em Salvador e a hospedasse no hotel Ondina Praia.

Fonseca e Pedrosa visitaram bancos e locadoras. Júnior entregou a Pedrosa mais documentos, dizendo que os achara numa pasta esquecida por Eriberto França num dos carros da GM Rent a Car. No total, os repórteres juntaram cinco documentos: um cheque nominal para Rosane Collor, assinado por "Maria Gomes"; um depósito em nome da mulher do presidente; um outro para Lilibeth; um terceiro em favor de Leda Collor, e uma carteira funcional de Ana Acioli, emitida pelo governo alagoano, cujo CPF era o mesmo do cheque para Rosane. Acionaram um freelancer da revista em Maceió para obter uma foto de Ana Acioli. Ele foi à casa da mãe da secretária. Para disfarçar, disse que era um colunista social e precisava de fotos dela. A senhora deixou que ele visse seu álbum de fotografias. Quando ela não estava olhando, o jornalista botou no bolso um retrato de Ana Acioli.

Santana recebeu um telefonema de Nelson Letaif. O braço direito de Carta disse que Domingo Alzugaray, o dono de *IstoÉ*, queria a fita com a entrevista de Eriberto França para guardá-la num lugar seguro. A fita estava com Pedrosa. O chefe da sucursal pediu ao fotógrafo que tirasse uma cópia dela e a entregasse. Ele mesmo iria a São Paulo entregá-la, na sexta-feira, e de lá viajaria para Salvador a fim de se encontrar com o motorista.

Mesmo achando que a entrevista de Eriberto França e a matéria comprovando as ligações entre a Brasil-Jet e a Casa da Dinda eram estrondosas, Santana começou a ter dúvidas e temores. Sua equipe não entrevistara meia dúzia de pessoas nem compulsara dezenas de documentos, pensava. Contava apenas com o depoimento do motorista e cinco documentos. Resolveu testar o poder de fogo da reportagem com algum político, a quem contaria o que a revista apurara. Escolheu o senador Mário Covas por três motivos: considerava-o sério; ele era membro da CPI, e, tucano e paulista, via com maus olhos o quercismo de *IstoÉ*. Logo, seria um observador imparcial e crítico. Covas ficou estarrecido com a história que Santana contou e com os documentos que viu. Ex-fumante, o senador pegava cigarros do maço do jornalista, punha-os na boca apagados, fingia fumá-los e os esmagava num cinzeiro. Destruiu uns dez cigarros.

Santana viajou para São Paulo. Foi sem a fita da entrevista com Eriberto França porque Mino Pedrosa, que ficou de copiá-la, desaparecera. O fotógrafo sumira de propósito. Suas dúvidas eram de outra natureza. A matéria havia sido apurada com o máximo de discrição. Na sucursal, só ele, Fonseca e Santana sabiam da existência dela. Mesmo assim, achava provável que o governo descobrisse alguma coisa. Pedrosa receava que o governo ou seus aliados fizessem pressão e *IstoÉ* não publicasse a matéria. Para se precaver contra as pressões, o fotógrafo resolveu ficar com a fita. Se a revista recusasse, poderia tentar publicar o seu conteúdo em outro órgão de imprensa. Telefonou para Ricardo Boechat, de *O Globo*, e passou uma nota para a coluna dele: a edição seguinte de *IstoÉ* traria novidades formidáveis sobre o caso PC-Collor. A nota serviria para antecipar o furo, tornando mais difícil o cancelamento da matéria.

Na sexta-feira, na sede de *IstoÉ*, a reportagem com Eriberto França foi discutida por Carta e Domingo Alzugaray. O dono da revista perguntou se não era possível adiá-la para a edição seguinte. Na opinião de Alzugaray, era chato terem uma entrevista exclusiva com o presidente e, na mesma edição, darem uma matéria incriminando-o. Carta logo o convenceu de que era impossível adiar a matéria. Se não a publicassem naquela semana, com certeza *IstoÉ* seria furada pelos jornais, já que Eriberto França se demitira e Mário Covas sabia da história. O diretor de redação defendeu que o motorista fosse capa daquela edição, pois era ele a grande notícia da semana, e não a entrevista com o presidente. Carta não conseguiu demover Alzugaray, e Collor foi para a capa de *IstoÉ*. Alzugaray telefonou para Jorge Bornhausen. Queria avisá-lo de que, além da entrevista com o presidente, publicaria a reportagem com o motorista. Mas não conseguiu encontrá-lo.

A revista tinha um outro problema: como explicar aos leitores que Santana e Carta não tivessem feito perguntas ao presidente, na entrevista da manhã de quarta-feira, sobre as relações monetárias de sua secretária com a Brasil-Jet de Paulo

César Farias? O depoimento de Eriberto França, de fato, fora gravado no início da tarde daquele dia, depois da entrevista com Collor. Mas, ao entrarem no Palácio do Planalto, Santana e Carta sabiam o que o motorista havia dito a Augusto Fonseca e Pedrosa na noite anterior. Não poderiam perguntar nada a Collor porque a apuração não estava completa: faltava gravar o depoimento do motorista e obter outros documentos. Também não poderiam abordar a questão com o presidente porque alertariam o governo, que poderia pressionar Eriberto França. No editorial que abordou o problema, intitulado "Questão moral", escreveu-se: "Na manhã de quarta-feira, os entrevistadores não sabiam, e sequer imaginavam, que certas pistas seguidas já há alguns dias pelos repórteres Augusto Fonseca e Mino Pedrosa, da sucursal de Brasília, tropeçariam, na noite de quarta para quinta, numa personagem, possivelmente decisiva, para o esclarecimento do imbróglio". Ou seja, o encontro dos repórteres com Eriberto França, no apartamento do motorista, foi transferido no editorial da noite de terça para a de quarta-feira.

Assinada por Fonseca, Santana e Pedrosa, e com o título "Testemunha-chave", a reportagem teve cinco páginas. Com provas testemunhais e indícios documentais, ela demonstrava que uma empresa de Paulo César Farias pagava as despesas da Casa da Dinda. Esse nexo era estabelecido, de maneira didática, logo no início da matéria:

> Maria Gomes é titular da conta número 01.0047778 do *Banco Comercial Bancesa S.A.*, na agência 0018, na 502 Sul, em Brasília. Toda vez que sua conta fica sem fundos, ela pega o telefone e liga para o escritório do empresário Paulo César Cavalcanti Farias, em São Paulo, e pede que a secretária Rose envie mais dinheiro. Quando a quantia entra em sua conta, Maria Gomes determina que seu motorista faça depósitos, pague os salários dos funcionários da Casa da Dinda, as contas de luz e telefone do presidente Fernando Collor, faça remessa de dinheiro para parentes do presidente ou vá pegar a fatura pelos serviços prestados à família presidencial pelo Hélio Instituto de Beleza Ltda. O número do CPF de Maria Gomes é 073601264-87. Estranhamente, o CPF 073601264-87 pertence a Ana Maria Acioli Gomes de Melo, que, por acaso, vem a ser Ana Acioli, secretária do presidente Collor desde os tempos em que ele era prefeito de Maceió. Até o dia 16 de abril deste ano, o motorista que executava os serviços determinados por Maria Gomes, ou melhor, Ana Acioli, era o potiguar Francisco Eriberto Freire França, de 28 anos, que dirigia o Volkswagen Santana preto, ano 1990, placas de Brasília ZZ-1212. Este automóvel, até o último dia 15, era locado pela Brasil-Jet junto à GM Rent a Car para ficar à disposição da secretária do presidente Collor. Como se sabe, a Brasil-Jet é hoje a mais famosa empresa de táxi aéreo do país, não exatamente pela qualidade dos seus serviços, mas pela identidade dos seus donos — o empresário PC Farias e o comandante Jorge Bandeira de Mello.

A reportagem trouxe a público o elo que faltava unindo Paulo César Farias ao presidente da República. Tinha-se conhecimento, até então, de que Farias defendia os interesses de empresas privadas no governo (como relatara Luís Octávio da Motta Veiga); apresentava-se como representante do presidente junto a elas (contara Pedro Collor); o presidente sabia disso (segundo Renan Calheiros); PC tinha empresas não declaradas ao Fisco (conforme os documentos levantados por Pedro Collor); ele sonegava impostos e enriquecera exponencialmente desde a campanha presidencial (como mostravam suas declarações de renda). Com a chegada de *IstoÉ* às bancas, na noite de sábado, 27 de junho, descobriu-se que PC pagava as contas particulares de Collor e o aluguel de carros para a Presidência. O círculo se fechara.

João Santana desembarcou em Salvador na manhã de sábado e seguiu direto para o hotel Ondina Praia. Encontrou Eriberto França à beira da piscina, de calção, tomando uma caipirinha, mas nem um pouco relaxado.

— Vocês foderam a minha vida — disse o motorista, nervoso e incisivo.
— Calma, Eriberto, tudo vai dar certo — falou o jornalista.

Collor estava em Las Leñas, na Argentina, participando de uma reunião de presidentes do Mercosul. Na noite de sábado, recebeu um fax com a matéria de *IstoÉ*. Toda a comitiva presidencial leu a reportagem. Collor resolveu antecipar o seu retorno a Brasília e fechou-se num silêncio constrangedor.

No domingo de manhã, Santana encostou no balcão do hotel Ondina Praia para pagar as contas dele e da família França. O motorista pegou um exemplar da *Tribuna da Bahia*. A manchete da primeira página anunciava, com base na reportagem de *IstoÉ*, que Paulo César Farias pagava as contas da Casa da Dinda. O motorista tentou ler a matéria mas não conseguiu, de tanto que seus braços tremiam.

— Vocês me enganaram. Vocês me falaram que eu só ia aparecer na revista. Vocês foderam minha vida — disse ele.
— Calma, Eriberto, vai tudo dar certo — repetiu o jornalista, com um medo crescente de que o motorista voltasse atrás nas suas declarações.

Eriberto França se tranquilizou na fazenda da irmã de Santana. A paisagem, a temperatura, os animais, tudo lembrava a região onde ele passara a infância. Era a época das festas juninas. O motorista foi a uma delas e se divertiu. "Maria de Fátima, vai tentando manter o Eriberto tranquilo", disse Santana a sua irmã. "Vê se conversa sobre o que ele vai dizer na CPI, porque está na cara que ele vai ser chamado para depor e precisa se preparar."

Na noite do mesmo domingo, Santana foi para Salvador e pegou um voo para Brasília. Entrou atrasado no avião, onde estavam sentadas umas cinquenta pessoas. Teve então a maior recompensa profissional da carreira dele: a maioria dos passageiros segurava *IstoÉ* e lia a sua reportagem.

36. O ESTADO DE S. PAULO

Na manhã de domingo, o dia marcado para o retorno de Collor de Las Leñas, Lafaiete Coutinho ligou para Salvador e comentou com Antônio Carlos Magalhães a reportagem sobre Eriberto França. Em seguida, o presidente do Banco do Brasil foi para a casa do ministro Jorge Bornhausen e se reuniu com cardeais do PFL. Entre outros, estavam presentes Marco Maciel, Luís Eduardo Magalhães e Oscar Dias Corrêa Filho. Discutiram se deveriam abandonar o presidente. Sair do governo era sacrilégio para um partido que, desde 1964, com siglas mutantes e piruetas retóricas, rezava no missal do governismo. Não interessava se o regime fosse ditatorial ou democrático, o poder militar ou civil, a fase fosse de tortura ou abertura, o presidente defendesse a estatização ou a privatização, se a articulação conservadora se chamasse Brasil Grande, Nova República ou Brasil Novo — ao PFL importava estar com o governo e no governo. Com três ministros, nove governadores, dezessete senadores e 88 deputados federais, ele estava enraizado no Estado, do qual sugava cargos e verbas para atender sua clientela. O partido viu na crise da Presidência uma oportunidade para aprofundar sua influência na administração federal. Decidiu-se na casa de Bornhausen que o Ministério recepcionaria Collor na Base Aérea de Brasília. Lá mesmo, seria feita uma reunião com o presidente, para demonstrar solidariedade. Ao mesmo tempo, os líderes do partido diriam à imprensa que haviam cogitado sair do governo. Com essas duas atitudes, tutelariam o presidente e ampliariam o poder do PFL na máquina do Estado.

Lafaiete Coutinho disse aos pefelistas que a estratégia estava errada. "Essa matéria da *IstoÉ* é pinto perto do que vem aí", afirmou. "A CPI precisa acabar logo. E para acabar com ela temos que conquistar o PMDB. E para conquistar o PMDB é preciso neutralizar o Quércia e a Andrade Gutierrez. E quem manda na empreiteira são o Roberto Amaral e o Quércia." Os pefelistas discordaram. Começaram a telefonar para os ministros, convocando-os a ir à tarde ao aeroporto.

O presidente do Banco do Brasil saiu da casa de Bornhausen e foi para a de Marcos Coimbra, onde estava Pedro Paulo Leoni Ramos, ex-secretário de Assuntos Estratégicos. "O PFL quer dar uma prensa no Collor", alertou-os. "Eles querem fazer uma reunião ministerial na Base Aérea." Decidiram que Coimbra entraria no avião antes de Collor descer, avisaria o presidente da intenção do partido e o aconselharia a sair o mais rápido possível do aeroporto.

O avião presidencial aterrissou às duas e meia da tarde. Marcos Coimbra entrou no jato e repassou a Collor a informação de Lafaiete Coutinho. Mas não havia como escapar do cerco do PFL: dez ministros e dois secretários de Estado aguardavam o presidente em terra. Para não enfrentar todos de uma vez, Collor os dividiu em grupos e fez quatro reuniões separadas. Depois, juntou-os e informou que daria uma resposta a Eriberto França em 48 horas. Adiantou que era ele próprio quem cobria as suas despesas domésticas. "Ninguém precisa pagar coisa nenhuma na Casa da Dinda", disse.

Às dez para as cinco, o presidente seguiu de helicóptero para a Casa da Dinda, e dali para a de Marcos Coimbra. Coutinho pediu para conversar a sós com o presidente durante alguns minutos e expôs sua estratégia: era preciso fazer concessões a Orestes Quércia e à Andrade Gutierrez, para que o PMDB, com sete representantes de um total de 22 integrantes da CPI, encerrasse logo a investigação; o governo tinha de construir logo os CIACs, a fim de agradar as empreiteiras; seria necessário que Collor se aproximasse ainda mais de Antônio Carlos Magalhães, mas não dependesse só dele; o presidente teria que cultivar Roberto Marinho. Collor concordou e mandou que o presidente do Banco do Brasil pusesse a estratégia em prática.

Lafaiete Coutinho voltou para sua casa e recebeu um telefonema de José Maurício Bicalho Dias, diretor da Andrade Gutierrez. "Você falou na casa do Bornhausen que quem comanda a Andrade Gutierrez são o Roberto Amaral e o Quércia, e eu queria te dizer que isso não é verdade", disse o empreiteiro. Coutinho se assustou. Não imaginava que algum dos pefelistas fosse repetir a um executivo da empresa o que ele havia dito. Roberto Amaral, diretor da empreiteira em São Paulo, também telefonou para o presidente do Banco do Brasil, e combinaram de conversar pessoalmente.

Quércia, Coutinho e Amaral vieram a se encontrar no apartamento deste último, em São Paulo. O presidente do Banco do Brasil disse que com os votos do PMDB seria possível acabar com a CPI.

— Se esse tipo de coisa continuar, o próximo a ser investigado vai ser o senhor — disse Coutinho ao ex-governador.

— Não tenho medo de vocês. O governo já colocou a Receita para me investigar. Mas não quero que ela importune o meu pai — disse Quércia.

— Eu também estou sendo investigado pela Receita, e de uma maneira absurda. Mandaram-me sete intimações. Mandaram uma intimação até para a minha mãe, que morreu há anos. Podem me investigar à vontade que não vão encontrar nada — disse Amaral, extremamente irritado, e prosseguiu com uma bateria de frases pesadas contra o governo e seus integrantes.

Coutinho disse que não sabia das investigações, e voltou ao seu ponto:

— Terminar logo com a CPI é bom para todo mundo.

— Não é assim que se faz política. O governo não pode querer chegar a um acordo investigando e pressionando os meus amigos. É preciso sentar e conversar, coisa que o governo não sabe fazer. Além do quê, a CPI já decidiu prorrogar o seu prazo de trabalho — disse Quércia.

— Isso não muda a equação: sem os votos do PMDB, ela não vai adiante — argumentou Coutinho.

Ficou acertado que o governador Fleury faria uma lista com as reivindicações do PMDB e ela seria encaminhada ao presidente da República. Os detalhes da negociação foram acertados nas semanas seguintes em telefonemas trocados por Lafaiete Coutinho e Roberto Amaral. Segundo o registro da secretaria da presidência do Banco do Brasil, o empreiteiro e Coutinho trocaram 43 telefonemas entre 6 de julho e 8 de setembro de 1992. Pelos mesmos registros, José Maurício Bicalho Dias e Lafaiete Coutinho falaram ao telefone vinte vezes entre 1º de julho e 13 de agosto daquele ano.

Fleury foi a Brasília e se reuniu com o presidente do Banco do Brasil na casa de Bicalho Dias. Coutinho acertou um encontro de Collor com o governador paulista. Na conversa, o presidente disse a Fleury que entregasse a lista de reivindicações do PMDB a Coutinho. Da lista constavam obras de saneamento básico e de despoluição da represa de Guarapiranga, em São Paulo. O presidente do Banco do Brasil botou os pedidos peemedebistas num envelope e o levou ao Palácio do Planalto. Entrou no gabinete de Collor, que estava conversando com os ministros Ricardo Fiúza, Ângelo Calmon de Sá e Jorge Bornhausen, e entregou o envelope. "Isto aqui é a lista sobre a qual falamos", avisou. O presidente nem abriu o envelope. Colocou-o na bancada atrás de sua cadeira, onde ficavam os retratos dos filhos dele, e perguntou aos ministros: "O que mais temos para discutir?". Coutinho desconfiou que Collor estava vacilando e talvez não levasse adiante o acordo com o PMDB.

Coutinho continuou a conversar pelo telefone com Roberto Amaral. "É preciso que o Collor ligue para o Quércia", disse certa vez o diretor da Andrade Gutierrez. Num domingo, Coutinho foi à Casa da Dinda e sugeriu ao presidente que telefonasse para o ex-governador paulista. Collor relutou antes de autorizar o telefonema. O presidente do Banco do Brasil ligou, mas Quércia estava no interior de São Paulo, na casa de parentes de sua mulher, Alaíde. Coutinho telefonou para Amaral e contou o que estava ocorrendo. O diretor da Andrade Gutierrez mandou um carro da segurança de Quércia encontrá-lo. O ex-governador foi achado e falou com o presidente. Collor explicou que tinha se reunido com Ulysses Guimarães mas não discutira com ele a crise e a CPI. "Conversei só sobre o parlamentarismo com o Ulysses", disse ele a Quércia. "Eu sei que o PMDB é o senhor."

Naquela época, a Andrade Gutierrez disputava com um grupo italiano a construção, no Irã, de uma usina cujos componentes seriam fornecidos por subsidiárias de empresas europeias e americanas no Brasil, como a General Electric e a Siemens. O governo iraniano pediu à empreiteira uma carta de fiança no valor de 250 milhões de dólares. A Andrade Gutierrez pediu a fiança ao Banco do Brasil. A empresa também tinha a receber do Ministério da Criança uma dívida pela construção de obras. No dia em que ela deveria ser saldada, Coutinho foi ao Planalto e disse a Collor: "Presidente, o Ministério da Criança deve pagar hoje a dívida da Andrade Gutierrez, e preciso de uma demonstração de força do senhor: vamos suspender o pagamento". Na mesma hora, Collor telefonou para o diplomata Carlos Garcia, o novo encarregado do projeto dos CIACs. "Carlinhos, me faça o seguinte: só pague a fatura da Andrade Gutierrez quando o doutor Lafaiete Coutinho determinar", falou o presidente.

No mesmo dia, Coutinho foi procurado pelo dono da construtora, Sérgio Andrade, e pelo diretor José Maurício Bicalho Dias. Ele os recebeu na sala de reuniões do Banco do Brasil. Os empreiteiros fizeram perguntas sobre a fatura do Ministério da Criança e a carta de fiança.

— Não vamos pagar a fatura nem dar a carta-fiança — disse Coutinho.
— Por quê? — perguntou Sérgio Andrade.

— Porque vocês estão financiando o impeachment.
— Como assim?

Coutinho enumerou os nomes de parlamentares que, supunha, eram ajudados pela Andrade Gutierrez em suas campanhas eleitorais e poderiam ser convencidos pela empresa a batalhar pelo fim da CPI. A conversa foi inconclusiva.

O representante do governo brasileiro no início das negociações com os iranianos fora João Santana, quando ele ainda era ministro da Infraestrutura. No final de julho de 1992, já fora do Ministério, Santana almoçou com Sérgio e seu pai, Roberto Andrade, no restaurante do hotel Ouro Verde, em Copacabana. Os donos da Andrade Gutierrez disseram ao ex-ministro que não queriam se envolver com a CPI e, por isso, haviam desistido de construir a usina no Irã.

Havia, ainda, um problema político para o governo, por intermédio da Andrade Gutierrez, chegar a um acordo com o PMDB. A crise da Presidência se aprofundara, inviabilizando prognósticos a respeito da permanência de Collor no poder. A reportagem de *IstoÉ* com Eriberto França funcionou como um divisor de águas. Num campo, ficaram aqueles que defendiam a continuidade das investigações, a renúncia ou o afastamento do presidente. No outro, os que lutavam pela permanência de Collor, seja partindo para o ataque contra a CPI, seja sacudindo o espantalho da governabilidade. No segundo campo, os "radicais" foram batizados na imprensa de "tropa de choque". Os "moderados" receberam o nome de "ministério ético", e seus articuladores eram Jorge Bornhausen e Célio Borja. O ministro Marcílio Marques Moreira ziguezagueava entre a tropa de choque e os éticos. Fora do governo, Brizola e Antônio Carlos Magalhães serviam de esteio ao presidente, defendendo-o e oferecendo-lhe conselhos. O PSDB advogava o aprofundamento das investigações, mas havia posições diferentes na direção do partido. A primeira reação de Fernando Henrique Cardoso foi descartar o afastamento de Collor. O senador comparou o impedimento do presidente à bomba atômica: embora a existência do recurso constitucional fosse útil, ele não deveria ser usado. O ministro Célio Borja, da Justiça, pediu ao tucano que publicasse um artigo na imprensa em favor da governabilidade. O deputado José Serra vinha amadurecendo a ideia de defender a renúncia de Collor. A reportagem sobre o motorista o levou a dar uma entrevista a *Veja* sustentando que a renúncia era a melhor saída.

* * *

Na segunda-feira, enquanto a redação de *IstoÉ* vivia a sensação de ter marcado um gol de placa e virado o jogo, a de *Veja* parecia um velório. Além de ter levado um furo, a capa da revista apostava que Collor terminaria o mandato. Abatido, fui para a reunião com Roberto Civita, que tentou me confortar. "Não se pode acertar todas", disse, "e, apesar dos pesares, pelo menos *Veja* não está mais sozinha na apuração do caso. A única coisa chata foi que logo a *IstoÉ* tenha dado o furo."

A descoberta de notícias exclusivas era um problema mais grave na *Folha de S.Paulo*. Otavio Frias Filho estava na Venezuela, visitando a namorada, quando soube da entrevista do irmão do presidente a *Veja*. Achou que, com as denúncias de Pedro Collor, não havia mais a possibilidade de o presidente vir a ser um personagem histórico das dimensões de Getúlio Vargas, ainda que Collor chegasse a terminar o mandato. De volta a São Paulo, o diretor de redação da *Folha* telefonou para Clóvis Rossi, em Madri, para onde o repórter se mudara no começo de 1992. Rossi tivera dificuldade em cobrir o governo Collor. Sua reação ao presidente era visceral: considerava-o um farsante completo. Ele julgou que era o momento de concretizar um velho projeto: ser correspondente no exterior. No telefonema, Frias Filho disse a Rossi que a situação do governo estava se deteriorando, e precisava que o repórter viesse ao Brasil para ajudar na cobertura. Rossi passou duas semanas em Brasília e retornou a Madri. Os telefonemas de Frias Filho ao correspondente continuaram. O diretor de redação dizia que o repórter fazia falta, a *Folha* não estava conseguindo notícias exclusivas, era preciso que ele voltasse em definitivo. Para pesar de sua família, Rossi aceitou se transferir para o Brasil.

Otavio Frias Filho achava que o noticiário da *Folha* estava fraco em virtude do processo do presidente contra o jornal. A *Folha* vencera a causa, mas de algum modo a redação sentira o baque do enfrentamento com o poder e se retraíra. Os repórteres, avaliava, pareciam estar cautelosos em demasia, com receio de fazer matérias que provocassem mais problemas jurídicos. A superioridade de *Veja* e *IstoÉ*, no entanto, se estendia a todos os jornais, e não apenas à *Folha*. Isso talvez tenha ocorrido porque os jornais brasileiros, diferentemente dos grandes diários americanos e europeus, não contavam com equipes de repórteres que pudessem apurar determinados assuntos durante vários dias, até semanas. Os repórteres de *IstoÉ* e *Veja*, até pela periodicidade das revistas, tinham mais tempo. Mas só isso não explica a superioridade delas sobre os jornais em 1992. Em ambas as redações, foram jornalistas jovens, a maioria deles sediada em Brasília, que deram o tom da cobertura. Esses jovens repórteres puderam trabalhar com independência porque as editoras Abril e Três estavam relativamente distantes do governo Collor, tanto em termos políticos como econômicos. Havia, também, o peso da história de *Veja* e *IstoÉ*: cada qual à sua maneira, elas eram depositárias de uma tradição de jornalismo político que privilegiava a busca de notícias, para com base nelas elaborar a opinião editorial. Essa linhagem, inaugurada por Raimundo Rodrigues Pereira e Mino Carta em 1969, e fortalecida por Elio Gaspari em *Veja* nos anos 80, exigia o envolvimento dos chefes na apuração das reportagens e o trabalho em equipe. Nas revistas, com equipes pequenas e treinadas nessa tradição, a colaboração e o companheirismo estiveram por trás das reportagens marcantes daquele período. Nos jornais, com suas grandes redações, predominava o trabalho individual dos repórteres, e, em alguns casos, a competição entre eles, ou entre eles e seus chefes.

Quando saiu a reportagem sobre Eriberto França, a direção da *Folha* vinha discutindo a publicação de um editorial defendendo a renúncia do presidente. Octavio Frias de Oliveira consultou cerca de dez pessoas, entre membros do conselho editorial do jornal e empresários. Na segunda-feira, 29 de junho, Frias Filho disse a Ricardo Melo, o chefe dos editorialistas, que a matéria de *IstoÉ* atingira irremediavelmente a credibilidade de Collor e, portanto, era necessário publicar o editorial pró-renúncia. Além de editoriais, Ricardo Melo fazia uma coluna política na página 2. Ele tinha um bom relacionamento com Octavio Frias de Oliveira, apesar de o dono do jornal achar que a coluna de Melo, ex--dirigente trotskista, era às vezes esquerdista. A relação de Melo com Frias Filho era respeitosa mas tépida, e vinha esfriando ainda mais nos últimos tempos. O editorialista falou com Frias de Oliveira sobre a questão da renúncia, e o patrão ficou de lhe dar uma resposta mais tarde. Passaram-se algumas horas e Ricardo Melo perguntou a Frias Filho:

— E o editorial sobre a renúncia, em que pé ficou?

— Meu pai ainda está ouvindo algumas pessoas.

— E como está a contagem?

— Alguns são a favor e outros contra, mas parece que a maioria é a favor do editorial — respondeu Frias Filho.

— E o seu Frias, é a favor ou contra?

— Ele ainda não formou uma opinião.

— Então o seu Frias está em cima do muro? — perguntou Melo.

— Não, ele está ponderando, é uma decisão importante para o jornal.

— Mas se ele está indeciso é porque ainda não desceu do muro.

— Não admito que você use esses termos. Quero que você se retrate — disse Frias Filho.

O editorialista retrucou que não tinha cabimento se retratar, pois não dissera nada de ofensivo. A discussão esquentou e logo virou um bate-boca. Melo perdeu a paciência e levantou-se. "Já que você é dono dos meios de produção, fique com eles", disse, e, numa reação algo ludita, jogou o teclado do computador contra a sua mesa. Botou o paletó, avisou que estava se demitindo, saiu do jornal e não voltou mais. O colunista Jânio de Freitas telefonou para a casa de Ricardo Melo e pediu que ele reconsiderasse. O editorialista não recuou, nem Frias Filho buscou uma composição. Octavio Frias de Oliveira decidiu publicar o editorial pela renúncia e chamou Marcelo Coelho para escrevê-lo. (Com o passar dos anos, Ricardo Melo e Frias Filho vieram a considerar o episódio lamentável e voltaram a se falar.)

Nas suas reuniões diárias com Aluízio Maranhão, Júlio de Mesquita Neto, o diretor responsável de *O Estado de S. Paulo*, perguntava ao diretor de redação: "Onde estão as provas?". Desde a divulgação da entrevista com Pedro Collor, sua maior preocupação era com os trabalhos da Comissão Parlamentar de Inquérito. Insistira em vários editoriais acerca da necessidade de que ela trabalhasse dentro do respeito às leis, em conformidade com o estado de direito. Temia que se estivesse incriminando o presidente apenas com base nas acusações do irmão dele. Na segunda-feira, 29 de junho, às duas e meia da tarde, Maranhão disse ao patrão: "Doutor Júlio, agora a situação mudou de figura: apareceram provas", e resumiu a matéria de *IstoÉ*. Mesquita Neto pediu uma cópia da reportagem da revista. Solitariamente, decidiu publicar no dia seguinte um editorial instando o presidente a renunciar. Os editoriais da *Folha* e do *Estadão* saíram na mesma terça-feira. O do *Estado*, intitulado "As hipóteses que restam", dizia:

> A Comissão Parlamentar de Inquérito para apurar a ilicitude dos atos do sr. Paulo César Farias pode até não avançar um só passo mais; os efeitos que as investigações e as denúncias poderiam ter produzido sobre o sistema político já são visíveis. O menos grave deles, se assim se pode dizer, é que a economia caminha para a estagnação, e o risco da desmoralização das instituições é maior do que se supõe, a começar pela Presidência, a pedra de toque do funcionamento do regime. Não cabe sequer discutir em que quadro legal se poderá dar a solução. Esse está dado pela Constituição e é dentro dela, sem que da Carta Magna nos desviemos um milímetro, que as coisas deverão se passar.

O editorial descartou a hipótese do afastamento do presidente por crime de responsabilidade, por considerar que o processo deveria durar no mínimo seis meses, período longo em que "os salvacionistas poderão pretender convencer a população brasileira de que apenas uma saída extraconstitucional resolverá a crise". Só restava, portanto, uma alternativa:

> A renúncia do presidente da República, sabemos, é um ponto do qual não há retorno. É, sob muitos aspectos, um passo no desconhecido. Ainda assim, porém, apesar de a posse do sr. Itamar Franco não aquietar as coisas e representar mudança de orientação sensível em muitas áreas, é menos traumática do que os seis meses em que viveremos a angústia do processo de impeachment. A renúncia é menos traumática, até mesmo, do que a persistência de um governo já batido pela dúvida que fustiga os ministros e solapa sua base parlamentar de apoio. A confiança perdida da Nação não pode ser recuperada por palavras iradas. O bem do País exige do sr. Fernando Collor de Mello, que prestou incontáveis serviços ao Brasil, que lhe faça esse último sacrifício, renunciando à Presidência da República.

A palavra de *O Estado de S. Paulo* em favor da renúncia tinha alcance jornalístico e político. Fundado em 1875 por um grupo de republicanos, com o nome de *A Província de S. Paulo*, desde 1891 o jornal era dirigido pela família Mesquita. Em seus mais de cem anos de existência, *O Estado* envolveu-se a fundo na história política do país, defendendo as convicções liberais da família proprietária e espelhando os interesses de um setor poderoso do empresariado e da classe média paulistas. Ao propugnar a renúncia, o jornal punha toda a força de sua história e de sua representatividade contra Fernando Collor. Menos de seis meses antes, o presidente e Ruy Mesquita haviam trocado cartas. Na primeira delas, em 6 de fevereiro de 1992, Collor agradeceu um editorial do *Jornal da Tarde*. O presidente escreveu que a orientação do jornal tinha "evidentes afinidades com a obra liberalizante de meu governo". Na carta de resposta, Ruy Mesquita disse que "seria mais correto falar da total identidade entre a orientação filosófica — digamos assim — deste jornal, desde sempre, e a orientação filosófica do seu governo, definida por V. Ex. no discurso de posse que mereceu, de nossa parte, o editorial mais irrestritamente elogioso que jamais escrevemos em toda nossa vida de jornalista. Acredite que nosso maior desejo é poder escrever outro ainda mais elogioso no dia em que o senhor pronunciar o discurso de encerramento do seu mandato". A família que elogiara irrestritamente o discurso de posse de Collor, tinha "identidade total" com a orientação filosófica do governo e manifestara a esperança de poder aplaudir o discurso de encerramento de mandato, agora defendia que o presidente renunciasse. Naquela época Júlio de Mesquita Neto disse a seu filho Júlio César que sentia aversão não ao homem Collor, mas à maneira como o presidente tratara a coisa pública. A corrupção, segundo ele, era mais chocante porque cometida por um político que esposava ideias semelhantes às do jornal.

* * *

Ao defender a renúncia, Mesquita Neto sabia que não lhe restava muito tempo de vida. No começo de 1991, ele reunira a mulher, Zulu, o filho e a filha, Marina. "O que vou contar deve ficar entre nós", disse ele. "Ninguém, fora nós quatro, deve saber que estou doente." Mesquita Neto escondeu até de seu irmão que estava com câncer ósseo. Às vezes, saía do jornal à tarde e Ruy imaginava que ele ia se divertir, quando na verdade se submetia a um doloroso tratamento quimioterápico.

O diretor responsável de *O Estado de S. Paulo* era um homem tímido e metódico. Desde criança, foi formado para dirigir o jornal. Estudou no Colégio São Luís e diplomou-se em direito pela Universidade de São Paulo, onde também cursou filosofia. Na infância, ele levou uma vida modesta, agravada pelo exílio de seu pai na Argentina, durante a ditadura de Getúlio. Durante cinco anos, *O Estado* esteve sob intervenção do governo. Em 1945, ele começou a trabalhar no jornal. Sua primeira matéria foi sobre um jogo de um time inglês contra o São Paulo, clube de cuja torcida organizada Mesquita Neto fazia parte.

Chegava ao jornal sempre às quinze para as duas da tarde, guiando um Monza. Subia nove andares a pé para manter a forma física e, às duas horas em ponto, entrava na sua sala, de mobiliário escuro e pesadas poltronas de couro. Como detestava ar-condicionado, deixava aberta a janela, por onde entravam o bafo das tardes quentes, o ronco contínuo do trânsito e a fumaça dos caminhões que passavam pela Marginal do Tietê. Reunia-se primeiro com o diretor de redação, para discutir a edição do dia, que trazia anotada com lápis vermelho. Pedia explicações sobre informações que outros jornais haviam publicado e o *Estado* não. Perguntava se não havia nada melhor para colocar na manchete, ou por que o excesso de notícias sobre o governo. Dizia que o jornal precisava ter mais reportagens gerais, e menos notícias sobre política. Em seguida, Mesquita

Neto tinha uma segunda reunião, com os editorialistas. Ele usava o mesmo método de Hubert Beuve-Méry, o diretor do *Le Monde*: nunca convidava os participantes da reunião a sentar para que a reunião fosse rápida. De pé, eles sugeriam temas. O patrão determinava os assuntos dos três editoriais do dia e falava como deveriam ser escritos. Quando achava que os textos não tinham garra, ou ênfase, reclamava: "Esse editorial está sem pegada".

Júlio de Mesquita Neto saía do jornal no começo da noite e, antes de ir para casa, parava no Clube São Paulo, onde tomava uísque e conversava com amigos, entre eles seu irmão Ruy, Roberto Gusmão, Fernando Pedreira e João Carlos Di Gênio. Às nove e meia da noite, telefonava para o diretor de redação e perguntava como estavam as coisas — senha que usava para saber qual seria a manchete principal da edição. Os jornalistas que mais admirou, em diferentes períodos, foram Cláudio Abramo (com quem conversava mesmo quando ele trabalhava na *Folha*), Fernando Pedreira, Miguel Jorge e Augusto Nunes. Retraído, ele tinha pouco contato com a redação, onde sua imagem era a de um fidalgo. Havia aqueles que o achavam um fidalgo porque ele tratava todos os funcionários do jornal, fossem quem fossem, com urbanidade e formalismo. Mas havia também quem o considerasse um fidalgo num outro sentido; julgavam que Mesquita Neto, cioso da tradição que representava, às vezes dava a entender que sua família, e ele mesmo, eram superiores aos jornalistas que trabalhavam no *Estado*. Apesar de ter essa imagem, Mesquita Neto era um jornalista de espírito aberto. Em abril de 1982, foi sozinho a um comício do Partido dos Trabalhadores em São Bernardo do Campo. Reconhecido pelos petistas, aceitou o convite para subir ao palanque. Mesmo tendo publicado editoriais criticando o partido, disse aos repórteres que o entrevistaram que Luis Inácio Lula da Silva e o PT eram as únicas novidades na política brasileira.

Às cinco e meia da tarde das sextas-feiras, Mesquita Neto saía da redação e dirigia até seu sítio, de 84 alqueires, em Jaguariúna. Ali, se transformava. Não falava do jornal, e sim de árvores, plantas, pássaros e cavalos. Uma vez por ano, passava dez dias caçando perdizes na fazenda do amigo Olacyr de Moraes, em Mato Grosso. Chegava a andar mais de trinta quilômetros por dia, acompanhado de um perdigueiro. Voltava para São Paulo com umas 180 perdizes, que dava de presente a amigos. Ele jogava futebol e tênis, nadava e cavalgava. Enquanto teve saúde, andava uma hora por dia nas imediações da sua casa. Era magro, vestia ternos bem cortados, não carregava carteira nem talão de cheques para não criar volume na roupa. Todos os anos, passava o réveillon com a família no Caribe, onde alugava um veleiro. Adorava cassinos. O barulho das máquinas de aposta, as mesas de roleta e os shows com dançarinas o fascinavam. Quando ia a Salvador, Mesquita Neto comprava canários, que criava no viveiro da fazenda. E visitava seu amigo Antônio Carlos Magalhães. Quando ministro das Comunicações, contra a vontade do presidente José Sarney, Antônio Carlos havia dado uma concessão de impressão de listas telefônicas para o Grupo Estado.

Como o pai e o avô, Júlio de Mesquita Neto era um estoico. Jamais se queixou da dor ou da doença. O filho Júlio César só o viu chorar duas vezes na vida:

quando seu pai e seu irmão Carlos morreram. Ao tomar conhecimento da doença do irmão, Ruy Mesquita passou a encontrá-lo amiúde. Não se reconciliaram, porque não haviam brigado. Mas se aproximaram mais, acertaram os ponteiros e se entenderam melhor.

O Estado de S. Paulo é uma instituição paulista. Seu fundador, Júlio Mesquita, contratou Euclides da Cunha para cobrir a Guerra de Canudos. As reportagens de Euclides serviram de base para que escrevesse a sua obra-prima, *Os sertões*. Quem definiu a fisionomia política do jornal foi Júlio de Mesquita Filho, um intelectual, político e jornalista. Mesquita Filho engajou o jornal no movimento constitucionalista de 1932, foi preso e teve de se exilar. Pôs o *Estado* a serviço de causas civilizatórias, como a campanha para a criação da Universidade de São Paulo, que via como um celeiro para a formação da elite nacional. Por outro lado, escreveu, no seu livro *A crise nacional*, que, "com a abolição, entrou a circular no sistema arterial de nosso organismo político a massa impura e formidável de 2 milhões de negros subitamente investidos das prerrogativas constitucionais. A esse influxo repentino de toxinas provocado pela subversão total do metabolismo político e econômico do país, haveria necessariamente de suceder grande transformação na consciência nacional que, alerta e cheia de ardor cívico, passou a apresentar, quase sem transição, os mais alarmantes sintomas de decadência moral". Com a democratização de 1945, Mesquita Filho alinhou-se à UDN. No partido, ficou amigo de Arnon de Mello, que visitava a casa dele junto com a mulher, Leda Collor. O liberalismo de Mesquita Filho não o impediu de apoiar o golpe que derrubou João Goulart. Ele defendia que os militares permanecessem no poder no máximo três anos, promovessem eleições e os civis voltassem ao governo. O primeiro civil a ser eleito presidente, 25 anos depois do golpe, foi o filho de Arnon de Mello.

Em dezembro de 1968, Mesquita Filho rompeu com a ditadura no editorial "Instituições em frangalhos", no qual protestou contra o AI-5. O general Silvio Corrêa de Andrade, chefe da Polícia Federal em São Paulo, disse ao dono do *Estado* que só liberaria o jornal se o editorial fosse trocado por outro. Mesquita Filho respondeu que não faria autocensura. A edição foi apreendida. Mesquita Filho morreu poucos meses depois, e Mesquita Neto assumiu o seu lugar na direção do jornal. Entre 1968 e 1972, censores telefonavam para as redações do *Jornal da Tarde* e do *Estado* e proibiam a divulgação de certas notícias. A autocensura durou até 24 de agosto de 1972, quando a empresa foi invadida por policiais armados que procuraram um editorial, inexistente, em que o *Estadão* lançaria a candidatura de Ernesto Geisel à sucessão de Médici. Ruy e Júlio de Mesquita Neto não aceitaram mais a autocensura, e o governo passou a censurar ele próprio as publicações do grupo. E fizeram mais: como o pai deles havia sofrido o exílio, contrataram jornalistas brasileiros exilados para colaborar nos jornais. Até janeiro de 1975, censores cortaram, no todo ou em parte, 1136 reportagens de *O Estado*. No lugar das matérias vetadas, o jornal publicava trechos de *Os Lusíadas*, de Camões, e o *Jornal da Tarde*, receitas culinárias, para que os leitores percebessem as marcas do arbítrio.

Certa feita, Júlio de Mesquita Neto foi convocado a depor na II Região Militar, num inquérito a respeito da publicação de uma notícia sobre o sequestro de um casal em Brasília. O interrogador perguntou:

— O senhor é o diretor responsável do jornal *O Estado de S. Paulo*?

— Não! — respondeu Mesquita Neto, para espanto do interrogador, que repetiu a pergunta e obteve a mesma resposta.

— Então, quem é?

— O ministro da Justiça, professor Alfredo Buzaid, que todas as noites tem um censor na tipografia do jornal.

A reação dos Mesquita era tão mais desassombrada porque eles estavam investindo na construção da nova sede do *Estado*. Para obter um financiamento da Caixa Econômica Federal, teriam de solicitá-lo ao presidente Médici. Decidiram que não fariam o pedido, por considerá-lo uma barganha política. Tomaram um empréstimo no Banco de Boston. Passaram a dever em dólares, num período em que a economia brasileira esfriou e o faturamento publicitário da empresa caiu. Durante onze anos, o *Estado* e o *Jornal da Tarde* viveram em condições financeiras difíceis. A crise foi vencida de duas formas. A empresa abriu o capital da gráfica, emitiu ações e fez um apelo a empresários: que ajudassem os jornais que historicamente defendiam a iniciativa privada. Quando Delfim Netto era ministro da Agricultura, no governo Figueiredo, Ruy Mesquita o encontrou numa festa de casamento. Delfim disse ao jornalista que se ele estivesse no lugar de Mário Henrique Simonsen, o ministro da Fazenda, promoveria uma maxidesvalorização da moeda nacional em relação ao dólar. Quando Delfim assumiu a Fazenda, o Grupo Estado investiu no dólar e veio a maxidesvalorização. Com a venda das ações e a máxi, a empresa pôde saldar sua dívida com o Banco de Boston.

* * *

Vencido o prazo de 48 horas que Fernando Collor se dera para responder à reportagem de *IstoÉ*, ele fez um pronunciamento na televisão, o terceiro desde a entrevista de seu irmão Pedro. Falou durante 23 minutos. "Chegaram ao cúmulo de dizer que as contas de minha casa, casa que pertence à minha família há 25 anos, não são pagas por mim, e sim pelo senhor Paulo César Farias", disse o presidente. "Não mantenho com o senhor Paulo César Farias ligações empresariais ou de qualquer outra natureza que possam beneficiar a mim ou a minha família." Collor mostrou uma carta de sua secretária, Ana Acioli, em que ela dizia que, para cobrir as despesas pessoais do presidente, solicitava dinheiro "apenas, tão somente e exclusivamente ao doutor Cláudio Vieira". A versão do presidente ruiu naquela mesma semana. Beneficiando-se da quebra do sigilo bancário de Paulo César Farias, a CPI descobriu cheques da EPC depositados na conta de Ana Acioli. *O Globo* publicou uma matéria comprovando que telefones da empresa de PC foram usados em ligações para o Palácio do Planalto, inclusive para o gabinete presidencial. Um grafologista atestou que a secretária de

Collor assinou em branco a carta exibida pelo presidente. No fim de semana, *Veja* publicou uma reportagem de Marcelo Auler provando, com documentos, que o Opala usado pelos filhos do presidente no Rio de Janeiro pertencia à EPC. O presidente reagiu às novas denúncias à la Jânio Quadros: escreveu quatro bilhetes a Pedro Luiz Rodrigues e disse ao seu porta-voz que os divulgasse. Neles, empregou uma expressão que lhe foi sugerida por Leonel Brizola para referir-se à imprensa e aos parlamentares da CPI: "sindicato do golpe".

Depois do discurso de Collor, João Santana voltou à Bahia para acompanhar Eriberto França numa visita à redação de *IstoÉ* e apresentá-lo a Carta e Alzugaray. Queria que ele se sentisse protegido. O motorista havia emagrecido quatro quilos desde que falara pela primeira vez com Augusto Fonseca e Mino Pedrosa. Tinha dificuldade em dormir e uma gastrite de fundo nervoso o incomodava. Alzugaray o cumprimentou com efusividade, agradeceu a entrevista, disse que a Editora Três lhe daria assistência e garantiu que ele não ficaria desempregado. Eriberto França conversou depois com um advogado, amigo de Carta, que lhe deu sugestões sobre como depor na CPI. No dia seguinte, ao aguardar o embarque para Brasília, o motorista chamou a atenção de Santana para um homem, com aparência de policial, que os observava. Perceberam depois que um outro tira os seguia. O jornalista inverteu os papéis, passando a ir atrás dos tiras ostensivamente. Um deles entrava no banheiro e o chefe da sucursal de *IstoÉ* entrava também. O outro ia ao bar e Santana se postava ao lado dele para tomar um café. Presumindo que os dois policiais embarcariam no mesmo voo, Santana telefonou para Pedrosa, em Brasília, e pediu ao fotógrafo que chamasse membros da CPI para acompanharem o desembarque dele e do motorista. Os dois tiras, no entanto, não embarcaram. Pedrosa veio a saber depois que os dois homens eram realmente policiais, mas de um grupo da PF insatisfeito com Collor, e estavam seguindo Eriberto França para protegê-lo.

O senador João Paulo Bisol e o deputado Sigmaringa Seixas, do PSDB, recepcionaram o motorista no aeroporto de Brasília e o acompanharam ao apartamento de Santana Filho. Conversaram sobre o depoimento na CPI, marcado para o dia seguinte, sexta-feira. Embora Patrícia incentivasse o marido, Eriberto França estava reticente. O motorista dormiu no apartamento do jornalista. O depoimento fora marcado para as nove e meia da manhã. Santana acordou duas horas antes, tomou banho e, ao andar pelo corredor, viu que a porta do quarto onde o hóspede dormira estava aberta. Empurrou-a e não o encontrou. Foi até a sala e a cozinha, e não o achou. O repórter desceu, andou pelas redondezas do prédio e se dirigiu à quadra comercial mais próxima. O motorista sumira. Santana suava frio. Não conseguia imaginar o que diria na CPI. Voltou ao apartamento e telefonou para Mino Pedrosa. Gaguejando, contou o que acontecera. A campainha tocou. "Fui cortar o cabelo", disse Eriberto França.

Naquela semana, Dário César, o chefe da segurança de Collor, procurou uma irmã de Patrícia e sugeriu que o motorista se encontrasse com o presidente na Casa da Dinda. A tropa de choque dos colloridos fez uma pesquisa na Secretaria de Segurança Pública do Distrito Federal, buscando algo que pudesse incriminar Eriberto França. Não encontraram nada. Eles fizeram chegar às redações rumores de que o rapaz seria alcoólatra e teria ligações com órgãos de segurança militares — o que era mentira. Na véspera do depoimento, o deputado Paulo Octavio deu uma entrevista dizendo que o motorista recebera um apartamento em troca de suas denúncias contra PC e Collor — o que também não era verdade.

João Saad, o dono da Rede Bandeirantes, estava em São Paulo no dia do depoimento de Eriberto França. Havia passado uma temporada em Pittsburgh, nos Estados Unidos, num centro hospitalar especializado em câncer de mama. O tratamento consistia em aplicações radioterápicas, as quais deviam ser bem precisas para não danificar as pontes de safena que, anos antes, Saad tivera de implantar no coração. O câncer foi curado, mas o empresário teve de se submeter a uma cirurgia cardíaca. Na sua análise da situação política, ele constatou que Collor não podia mais contar com a imprensa escrita, toda ela empenhada na cobertura da crise. O presidente, raciocinou, dependia da televisão para buscar o apoio popular. O dono da Bandeirantes considerou que o depoimento do motorista seria essencial para o entendimento dos fatos e, muito provavelmente, ele não seria favorável a Collor e a Paulo César Farias. Lembrou da ajuda que José Carlos Martinez recebera de PC para tirar-lhe as emissoras que retransmitiam a Bandeirantes em Santa Catarina. Constatou, por fim, que a Globo vinha dando pouquíssimo destaque à CPI. Determinou, então, que a Bandeirantes transmitisse ao vivo, e na íntegra, o testemunho de Eriberto França à CPI. João Saad queria que os telespectadores soubessem das ligações entre o presidente e Paulo César Farias.

"Você que gosta tanto de futebol, pense que hoje é uma final de Copa do Mundo", disse Patrícia ao marido, quando iam de carro do apartamento de Santana para o Congresso. "Você está jogando na seleção, com o Brasil todo a seu favor."

O motorista começou nervoso o depoimento, mas logo se acalmou. Com frases curtas e seguras, confirmou sua entrevista a *IstoÉ* e desmontou as provocações dos aliados do presidente.

— O senhor disse que é pobre, mas abriu mão de um bom emprego. Vai viver de quê? O senhor tem recursos? — perguntou Roberto Jefferson, do PTB fluminense.

— Não, mas não me falta força de vontade para trabalhar — respondeu Eriberto França.

Roberto Jefferson insistiu:

— O senhor vai querer dizer que está agindo só por patriotismo?

— E o senhor acha isso pouco? — retrucou o motorista.

Elísio Curvo, do PRN de Mato Grosso do Sul, quis saber como Patrícia comprara os, segundo ele, "brincos de brilhante". Eriberto França se irritou. "Eles são de bijuteria, eu comprei na feira, e o senhor respeite minha mulher", disse.

O motorista contou na CPI algo que esquecera de dizer a Mino Pedrosa e Augusto Fonseca: certa vez, Ana Acioli mandou que ele entregasse um cheque numa concessionária de automóveis, pegasse um Fiat Elba e o levasse à Casa da Dinda. Os documentos do carro, disse ele, estavam em nome de Fernando Collor.

37. SBT

Na noite de quarta-feira, 8 de julho, um dia depois de o presidente ter feito o pronunciamento em cadeia nacional respondendo a Eriberto França, o *TJ Brasil* levou ao ar um outro discurso de Collor. Ele fora feito quatro anos antes, em 1988, no Sindicato dos Têxteis de Petrópolis, quando o então governador de Alagoas tentava se promover atacando o governo de José Sarney. "Eu tive nas minhas costas o Antônio Carlos Magalhães, o Marco Maciel, que era o chefe do Gabinete Civil naquela ocasião, o Bornhausen, que ia lá [em Alagoas], com a mala preta. Isso eu denuncio em todo lugar que chego e ele não me desmente", disse Collor na fita exibida pelo telejornal do SBT, referindo-se à eleição para o governo alagoano. Ele completou o relato contando que Bornhausen "chegou lá, com a mala preta cheia de dinheiro, comprando, querendo comprar aqueles que estavam comigo, dizendo: 'Toma esse dinheiro aí para você construir um prédio, mas você aplica na campanha de fulano e lá na frente você presta contas comigo'". A reportagem do *TJ Brasil*, apresentado por Boris Casoy, provocou embaraço no Planalto, já que Bornhausen, ministro-chefe da Secretaria de Governo, era o responsável pelas articulações de Collor com os políticos.

No começo de sua gestão, Collor não conversava com Boris Casoy. Dava preferência à Globo. O apresentador pediu três vezes para falar com o presidente, não obteve resposta e desistiu. Seus colegas do *TJ Brasil* ficavam chateados com o pouco-caso de Collor para com o telejornal. "Ele virá, é inexorável", tranquilizava-os Casoy. Com a queda de sua popularidade, o presidente passou a procurar o jornalista, mas voltou a desaparecer com a crise. Casoy noticiava tudo o que acontecia. Nos comentários, era sóbrio e prudente. Receava que as paixões políticas se acentuassem e houvesse um retrocesso institucional, talvez uma intervenção militar.

Casoy sempre teve cuidado em evitar ofensas e erros. Se tinha dúvidas quanto a uma notícia que atacasse alguém, decidia não levá-la ao ar. "Mas a Globo vai dar antes da gente", dizia-lhe Dácio Nitrini, o seu braço direito no *TJ Brasil*. "Prefiro tomar um furo a cometer uma injustiça", respondia o apresentador. Ele já sentira na carne a lâmina do equívoco jornalístico. Em novembro de 1968, Casoy foi à Livraria Teixeira, no centro de São Paulo, para acompanhar o lançamento de um livro do secretário estadual da Agricultura, Herbert Levy, de quem era assessor. Um amigo perguntou se ele havia lido a reportagem a seu respeito em *O Cruzeiro*. O jornalista foi a uma banca na rua Sete de Abril e comprou a revista, cuja capa era sobre o Comando de Caça aos Comunistas, o CCC. A reportagem afirmava que Casoy era militante da organização terrorista de direita, mostrava uma foto dele (tirada dos arquivos do diretório acadêmico da Faculdade de

Direito da Universidade Mackenzie), dizia que ele andava sempre armado e dava o seu endereço. Também sustentava que ele incitara pelo rádio a invasão da Faculdade de Filosofia da Universidade de São Paulo, na rua Maria Antonia. Arrasado, o jornalista nem voltou à livraria. Em 31 de março de 1964, ele era locutor da Rádio Eldorado. Estava iniciando o plantão quando chegaram as primeiras notícias do golpe contra o presidente João Goulart. Ele permaneceu a noite inteira no ar, transmitindo os acontecimentos. No Mackenzie, fizera parte de um grupo chamado Partido Acadêmico Democrático, que combatia as organizações de esquerda. Casoy não incitara a invasão da Faculdade de Filosofia e jamais fora militante do CCC, do qual discordava frontalmente. O jornalista pensou em processar *O Cruzeiro*. Pela lei, no entanto, teria que processar o diretor da revista, Davi Nasser, que era amigo do chefe dele, Herbert Levy. Mandou uma carta desmentindo a reportagem, que foi publicada sem destaque na edição seguinte. Durante anos, a sombra lançada pela revista o perseguiu. Por mais que se explicasse, sentia que seu interlocutor, qualquer que fosse ele, saía da conversa suspeitando que Casoy fora mesmo do Comando de Caça aos Comunistas. O jornalista não queria ser o responsável por fazer alguém passar o que ele tinha passado.

Com a convulsão da Presidência, Boris Casoy deu mais tempo à cobertura política no *TJ Brasil*. Quis criar um bordão que resumisse o problema e apontasse uma saída. Sentou na frente do computador e teclou algumas tentativas. Surgiu na tela uma frase que, sentiu, sintetizava as expectativas do país: "É preciso passar o Brasil a limpo". Sentença com aliterações em *pe* (pre-pa-po), sete palavras corriqueiras e curtas (três monossílabas, três dissílabas e uma trissílaba), ela tinha grande eficácia sonora e conceitual. Implicitamente, ela reconhecia que o Brasil estava sujo, e assim captava um estado de espírito de indignação contra o uso do poder público em benefício privado, promovido pelo presidente e por Paulo César Farias. Ao mesmo tempo, como uma flecha num arco retesado, ela mirava além da crise: a necessidade de aproveitar as investigações para acabar de vez com a sujeira e iniciar um novo período na política nacional — é preciso passar o Brasil a limpo. Todas as noites Boris Casoy disparava a sua flechada. Era visto por 10% da audiência.

Depois do *TJ Brasil*, o SBT apresentava novelas e shows e, em seguida, *Jô Soares Onze e Meia*. Com entrevistas, piadas e apresentações musicais, o programa mesclava jornalismo e entretenimento. Em teoria, o *Jô Soares Onze e Meia* deveria ser um ameno divertimento de fim de noite. No segundo semestre de 1992, ele foi isso e mais: uma caixa de ressonância dos trabalhos da imprensa e da Comissão Parlamentar de Inquérito; um fórum de debates sobre a situação política; e, o que foi devastador para o presidente, um palco para o humor de Jô Soares a respeito da crise. Arte cujo núcleo é a negatividade anárquica, o humorismo quase não tem como ser combatido. Quando Collor divulgou um bilhete comparando os que o criticavam a "porcos que chafurdam na lama", Jô Soares criou um porquinho de pelúcia, o Jô Suíno, que neutralizou o ataque, transformando-o em chacota.

Como ocorreu em todos os órgãos de imprensa, o fato de o *Jô Soares Onze e Meia* ter reagido à altura à conturbação política não se explica apenas pelo talento de seu apresentador. O programa foi produto de uma história, de um acúmulo de experiências, que se confunde com a trajetória de Jô Soares. O *Onze e Meia* começou a nascer 45 anos antes de o humorista entrevistar os depoentes da CPI, os parlamentares que a integravam e os jornalistas que fizeram as principais reportagens do período. Em 1957, Jô Soares conheceu Silveira Sampaio na piscina do Copacabana Palace. Ele tinha dezoito anos, voltara de uma estada de cinco anos de estudos no Lycée Jacquard, em Lausanne, na Suíça, e morava no Anexo do hotel. Passava o dia em volta da piscina, fazendo palhaçadas, contando casos engraçados e imitando pessoas.

— Menino, vem cá: o que você vai fazer na vida? — perguntou-lhe certa vez Silveira Sampaio, um médico que deixou de clinicar para se dedicar ao teatro.

— Estou estudando para fazer o exame do Itamaraty.

— Você nunca vai ser diplomata, o seu destino é o palco.

O rapaz casou com Theresa Austregésilo, uma das atrizes prediletas de Silveira Sampaio. Em 1960, o casal mudou-se para São Paulo, onde ela achava que haveria mais campo de trabalho para o marido, que decidira fazer carreira artística mas não sabia bem em qual área. Às quintas-feiras, a TV Paulista levava ao ar o *Silveira Sampaio Show*. Jô reconheceu no programa elementos da fórmula do *Tonight Show*, o programa criado no início dos anos 50 e depois desenvolvido por Jack Parr e Johnny Carson. Ele tinha visto e gostado do *Tonight* numa viagem de férias pelos Estados Unidos. Entrevistado por Silveira Sampaio, Jô contou algumas histórias de seu internato na Suíça, como a dos gêmeos argentinos. Um deles entrou no barbeiro e pediu que lhe cortasse a barba com o rosto voltado exatamente para Meca. Se não fosse assim, ela voltaria a crescer em uma hora. O barbeiro cortou, o argentino disse que ele não estava voltado para Meca. Uma hora depois, seu irmão gêmeo, vestido com a mesma roupa, entrou no salão com a barba crescida... A entrevista teve boa repercussão, e quando o apresentador levou o programa para a TV Record, contratou Jô para fazer reportagens externas e entrevistar celebridades estrangeiras em visita a São Paulo. Se a reportagem era num circo, Jô subia no elefante. Se era no corpo de bombeiros, vestia-se como eles. Silveira Sampaio morreu em 1964, de um tumor no cérebro, e Blota Jr. ocupou o lugar vago. Com a sua voz empostada de locutor e sem a graça do antecessor, o novo apresentador se saiu mal e o programa acabou. Jô ficou com a fórmula na cabeça: um programa com entrevistas, entretenimento e humor.

Jô Soares também trabalhou na imprensa e foi envolvido pela política. De 1962 a 1965, ele escreveu uma coluna diária na *Última Hora* de São Paulo. Circulava pela noite, recolhia histórias, inventava piadas e ia à redação escrever a coluna, que era editada por Ignácio de Loyola Brandão. No dia do golpe militar, Jô estava na redação, cercada por barricadas. Durante a ditadura, ele teve uma página dominical em *O Globo* e colaborou em *O Pasquim*, onde um artigo lhe valeu um processo. Expôs também um quadro na Feira Paulista de Opinião intitulado "O descanso do guerreiro", onde mostrava um general sentado numa privada. Por presidir uma assembleia dos meios teatrais, intimaram-no a depor no Departamento de Ordem Política e Social. Lá, foi informado de que a palavra "intelectual" fora inventada por comunistas e que ele era um "inocente útil". Jô morava numa vila que saía da avenida Brigadeiro Luís Antônio. Uma noite, cortaram a energia elétrica de sua casa e picharam a fachada, em vermelho, com a sigla CCC. Entre o fim da ditadura e o apogeu da Nova República ele fez dois shows cujos títulos o inseriam na cena política: *Viva o Gordo e abaixo o regime* e *Um gordoidão no país da inflação.*

Em 1988, Jô Soares saiu da Globo, onde tinha um programa humorístico semanal. Deixou a emissora porque a proposta salarial do SBT era melhor, porque havia criado mais de 260 personagens, queria se renovar num outro ambiente, e também porque a Globo não o deixou fazer um programa de entrevistas no fim de noite, inspirado no de Silveira Sampaio. Quem negociou pelo SBT com o humorista foi Silvio Santos, que aceitou colocar no contrato uma cláusula conferindo a Jô a responsabilidade editorial pelo novo programa. O humorista pretendia que ele tivesse três horas e fosse semanal, mas Silvio Santos o convenceu a fazê-lo diariamente. "Se não for diário, o programa não vai pegar", disse o empresário. O *Onze e Meia* pegou tanto que o outro programa que Jô fazia no SBT, o de personagens humorísticos, saiu do ar . Em 1992, o *Onze e Meia* faturou 17 milhões de dólares e atingia 8% da audiência, enquanto o *Jornal da Globo*, exibido no mesmo horário, começava com 21% do público e terminava com 5%.

Jô Soares também assinava uma página semanal em *Veja*, na qual fazia troça das tentativas do governo para tumultuar o ambiente político, parodiava os bilhetes do presidente e ironizava os militantes da tropa de choque collorida. Sua coluna servia de contraponto humorístico para o noticiário cada vez mais carregado da revista, e ecoava, na imprensa escrita, o que ele vinha fazendo no programa de televisão. O impacto da atuação dele era enorme. Ao desembarcar de uma viagem ao exterior no aeroporto de Guarulhos, ele foi aplaudido da alfândega até entrar no carro, na rua. Em compensação, Jô recebeu na época uma comenda da Aeronáutica, numa solenidade marcada com meses de antecedência, e Collor nem olhou para ele.

Depois do *Jô Onze e Meia*, entrava no ar o *Jornal do* SBT, apresentado por Lílian Witte Fibe. Ela havia saído da Globo, onde se sentia mal aproveitada. Editora-chefe, Lílian fazia de tudo: escolhia as notícias que iam ao ar, realizava entrevistas e apresentava o telejornal. "Aqui você sabe tudo porque ouvimos os dois lados", dizia ela ao iniciar o bloco dedicado às notícias políticas. A jornalista convidou Thereza e Pedro Collor para aparecerem no telejornal. O casal aceitou, mas impôs a condição de que ela não fizesse perguntas sobre drogas e o envolvimento de Thereza com o presidente. Ao fim da entrevista, com Pedro e Thereza ainda aparecendo no vídeo, Lílian olhou para a câmera e informou os telespectadores de que não fizera perguntas sobre os dois assuntos porque o casal exigiu.

Collor nunca reclamou a Silvio Santos do noticiário do SBT e das críticas feitas por Boris Casoy, Jô Soares e Lílian Witte Fibe. Nem o empresário fez qualquer comentário sobre o presidente e Paulo César Farias com os três apresentadores. Se os programas deles contavam com audiência e anunciantes, considerava que estavam atingindo os seus objetivos. E se os políticos tinham alguma queixa, pensava, deveriam se entender com os apresentadores, e não com ele. Alguns ministros procuraram Guilherme Stoliar, vice-presidente do SBT, para dizer que a emissora só ouvia oposicionistas. Stoliar falou com Casoy e Jô Soares. Mas não havia o que fazer. De todos os governistas que eles convidaram, apenas o ministro Ricardo Fiúza, e os parlamentares Roberto Jefferson, Ney Maranhão e José Lourenço aceitaram ser entrevistados. Os outros tinham receio de enfrentar os profissionais do SBT. Ou vergonha de defender o presidente.

Enquanto a Bandeirantes apresentava a íntegra dos depoimentos mais importantes da CPI, o SBT dedicava boa parte do horário nobre à cobertura da crise e a Manchete a noticiava extensivamente, a Globo permanecia à margem dos acontecimentos. No *Jornal Nacional* as notícias sobre a CPI e a reação do governo limitavam-se ao registro do essencial dos fatos, sem comentários. A emissora não abria espaço para entrevistas e debates sobre o assunto. O dono da rede, Roberto Marinho, e o diretor da Central de Jornalismo, Alberico Souza Cruz, continuavam apoiando o presidente e levavam as dificuldades dele ao ar com discrição. Souza Cruz já tinha certeza de que Paulo César Farias era corrupto e falara sobre o assunto com o presidente. O jornalista havia sido convidado por Collor para um almoço. O presidente lhe disse que gostaria de ter gente de outro nível no governo, "até amigos seus, como o Fernando Henrique e o Tasso", conforme afirmou.

— Presidente, um amigo meu, do Rio, deu 600 mil dólares ao PC, que pediu esse dinheiro a ele dizendo que falava em nome do senhor — disse o jornalista no almoço.

— Isso é mentira. O PC é uma pessoa da minha confiança — reagiu Collor.

O diretor da Central Globo de Jornalismo estava seguro que o achaque ocorrera. E, desconfiando que o presidente pudesse contar a Farias o que ele dissera, mudara detalhes da história para preservar a sua fonte. O amigo dele, na verdade, era um empresário de Minas Gerais e havia dado 800 mil dólares a PC.

Na terça-feira, 14 de julho, a Globo exibiu cenas de uma grande crise política brasileira. Ela focalizou um grupo de jovens dispostos a tudo para derrubar o governo: manifestações de massa, enfrentamentos com a polícia, atentados a bomba, sequestros e assassinatos. Naquela noite, estreou a minissérie *Anos Rebeldes*. Escrita por Gilberto Braga no ano anterior e gravada meses antes da estreia, a minissérie se passava nos idos de 1968 e seu tema era a agitação política antiditatorial. "Esta é a primeira vez que uma emissora de TV se dispõe a levar ao ar uma tragédia que não apareceu sequer em seus telejornais na época — no início por causa da censura e, mais tarde, pela absoluta falta de interesse de seus dirigentes", escreveu *Veja* na reportagem sobre a estreia da minissérie. *"Anos Rebeldes* é um espetáculo polêmico numa televisão que tem obsessão pelo consenso, pela crítica chapa-branca e pela qualidade de produção." O Ministério do Exército fez um editorial no seu boletim interno em que se referiu, indiretamente, à minissérie: "Momentos de um passado recente que tiveram sua origem na Revolução Democrática de 1964 vêm sendo reescritos segundo uma ótica deturpada, porquanto tendenciosa".

* * *

Na edição de *Veja* que publicou a reportagem sobre *Anos Rebeldes*, a capa da revista mostrava uma fotomontagem de Lafaiete Coutinho com um chapéu de cangaceiro e o título "O pistoleiro do Planalto". A matéria contou que o Banco do Brasil andava investigando os negócios particulares de Luís Octávio da Motta Veiga, do ex-governador cearense Tasso Jereissati e de seu irmão, Carlos. A Receita Federal, enquanto isso, averiguava as declarações de renda dos deputados Sérgio Machado e Jackson Pereira e de dois senadores da CPI, o peemedebista Amir Lando, encarregado de fazer o relatório final, e o pedetista Maurício Corrêa, vice-presidente da Comissão. O Fisco também analisou a renda do vice-presidente Itamar Franco e desencadeou a Operação Omisso, destinada a interrogar 5 mil contribuintes que deixaram de prestar contas ao Leão. Entre eles — vazou da Receita para a imprensa — haveria vinte parlamentares. Tanto o Banco do Brasil como a Receita estavam subordinados ao ministro Marcílio Marques Moreira, da Fazenda.

No início de julho, chegou a *Veja* a informação de que a secretária de Collor, Ana Acioli, estaria hospedada num sítio perto de São Paulo, possivelmente de propriedade de Lafaiete Coutinho. A repórter Mônica Bergamo telefonou várias vezes para Jacqueline, filha do presidente do Banco do Brasil, e quando ela atendeu perguntou se o seu pai tinha um sítio. A moça, grávida de quatro meses, respondeu que não sabia e sugeriu que ela se informasse com Coutinho. A repórter explicou que não queria incomodá-lo, pois se ela dissesse que ele não tinha um sítio, a apuração não iria adiante. Pouco depois, Mônica Bergamo descobriu que Ana Acioli não estava em São Paulo e abandonou a história. Jacqueline contou ao pai a conversa que tivera com a repórter. Coutinho ligou para Roberto Civita. Exaltado, reclamou que *Veja* estava importunando a filha dele. Disse que, como homem público, tinha obrigação de dar informações à imprensa, mas não admitia que seus familiares fossem perturbados. Civita pediu desculpas pelo incidente, garantiu que ele não se repetiria e considerou o caso resolvido.

Uma semana depois, os repórteres Eduardo Oinegue e Leonel Rocha procuraram Lafaiete Coutinho para entrevistá-lo. Perguntaram sobre a devassa que o Banco do Brasil estava fazendo nas contas de empresários e políticos. "Não estou fazendo levantamento algum", replicou Coutinho. "Da mesma forma que vocês recebem informações, o Banco do Brasil também recebe. Por exemplo, vou lhes dar um presente." Ele mostrou a escritura do apartamento de Roberto Civita em São Paulo e disse que, pelos seus cálculos, o valor do imóvel declarado estava abaixo do preço de mercado.

— O que essa escritura tem a ver com o Banco do Brasil? — indagou Oinegue.

— Nada, mas não posso permitir que minha filha seja importunada por *Veja*.

Os repórteres quiseram saber por que ele estava investigando a vida de determinadas pessoas. "Quero saber como se comportam as vestais desse país", respondeu Coutinho, dizendo a marca e a cor do carro de Roberto Civita. Oinegue perguntou se ele estava bisbilhotando a vida alheia por ordem de Collor.

— Estou agindo por minha conta, o presidente não tem nada a ver com isso. Preciso me armar contra meus inimigos — respondeu ele.

— Se armar para quê? — perguntou Leonel Rocha.

— Para dar porrada — disse o presidente do Banco do Brasil.

Coutinho tinha autonomia para agir. "Lafa, faça o que você acha que deve fazer, e não me conte", dissera-lhe o presidente pouco antes de ele começar suas investigações. Brizola também defendia que Collor se armasse contra os inimigos. "Eu disse ao presidente que, se fosse eu, iria despachar na TV e ainda mandava investigar os acusadores", declarou ele ao *Jornal do Brasil*.

Na entrevista a *Veja*, Coutinho chamou o deputado tucano Jackson Pereira de "canalha", e de "merdas" os parlamentares petistas que haviam subscrito um pedido para que ele depusesse na CPI. Pouco depois do encontro, o presidente do Banco do Brasil telefonou para Leonel Rocha. "Tenho outras informações pessoais que não falei na hora porque o clima estava ficando pesado", disse. No dia seguinte, ele ligou para Eduardo Oinegue e desculpou-se pelo "tom da conversa".

Contei a Roberto Civita o que o presidente do Banco do Brasil estava fazendo e falando. Decidimos que deveríamos colocar o "cangaceiro" (a maneira como Coutinho era chamado na redação) na capa de *Veja* para mostrar que a revista não estava intimidada.

Leonel Rocha e Eduardo Oinegue entrevistaram Marcílio Marques Moreira para a reportagem. Pediram a ele que, como superior hierárquico de Coutinho, avaliasse as investigações que o presidente do Banco do Brasil vinha fazendo. Ele se recusou a julgar seu subordinado e criticou *Veja*. "Não devo fazer avaliação", respondeu o ministro, "sobretudo para uma revista que tem dado um tratamento pouco sereno ao noticiário. A maneira de apresentar os fatos é enviesada. A imprensa constrói cenários e determinadas sentenças. A imprensa tem que se reportar a fatos. Não pode prejulgar. A imprensa brasileira tem que amadurecer muito." A reportagem transcreveu as declarações e comentou: "O ministro Marcílio fala de cátedra. Desde que passou a integrar o ministério, o discípulo de San Thiago Dantas amadureceu muito: o convívio com a prática de Lafaiete Coutinho, as teorias de Brizola e os discursos de Collor lhe afiaram o intelecto e temperaram o senso ético".

A capa com Lafaiete Coutinho foi às bancas no sábado, 11 de julho. No dia seguinte, Roberto Marinho telefonou-me em casa. Conversávamos todas as semanas. Além de fonte, o dono da Globo era um amigo. Conhecíamo-nos havia seis anos, da época em que eu era o responsável pela cobertura de televisão em

Veja. Ele me passava informações sobre a emissora e, quando deu entrada com o pedido de divórcio de Ruth, concordou que a revista publicasse em primeira mão a reportagem sobre o seu namoro com Lily de Carvalho. Quando fui promovido a diretor de redação, Roberto Marinho organizou um jantar comemorativo na casa dele, no Cosme Velho. Passávamos juntos alguns feriados em sua casa de Angra. Jamais ele pediu que publicasse qualquer reportagem em *Veja* nem se queixou de matérias da revista que criticavam programas da Globo.

— Você não deveria ter feito essa capa — disse Roberto Marinho no telefonema.

— Por quê, doutor Roberto?

— Porque ele é presidente do Banco do Brasil e pode querer se vingar. Com essa capa, você está colocando em risco a sua carreira e até o patrimônio do Civita.

— O Roberto Civita e eu achamos que a revista deveria dar uma resposta à altura das pressões do governo, para fazer ele recuar. A capa foi um chega pra lá, doutor Roberto.

— Mas há maneiras e maneiras de fazer isso. Precisava colocar aquele chapéu? Além do mais, você sabe que eu acho o Collor bem-intencionado. Eu sei que ele pode ter cometido erros, mas os ataques estão ficando exagerados. A situação política está piorando muito. E, dependendo do que acontecer, você pode se prejudicar. Acho que você deveria ser mais prudente.

Agradeci os conselhos e voltei a defender a capa. Conversamos mais um pouco e, amistosamente, registramos nossas divergências. Roberto Marinho encerrou o telefonema com uma frase de amigo:

— Se você tiver qualquer problema, fale comigo.

Ainda no domingo, Lafaiete Coutinho almoçou na Casa da Dinda com o presidente e alguns ministros. Todos comentaram a capa de *Veja* e lhe manifestaram solidariedade. À mesa, o presidente do Banco do Brasil contou que pretendia fazer um cartaz de rua, um outdoor, ridicularizando Roberto Civita. "O Roberto Civita merece", disse, rindo, o ministro da Aeronáutica, brigadeiro Sócrates de Carvalho Monteiro. No dia seguinte, Coutinho chamou ao seu gabinete o publicitário Cláudio Baeta. Pediu que ele fizesse um cartaz de rua e o botasse em cinquenta lugares de São Paulo. O cartaz imitaria uma capa de *Veja*. Mostraria uma fotomontagem de Civita, de smoking, montado num veado, com o título: "Ele é sonegador e também é...". Ao lado, estaria escrito: "Não perca na próxima edição: o rapaz que cheirava cocaína na redação; como salvar sua mulher com o avião da Presidência; os encontros de um empresário casado com uma mulher casada em Nova York".

— Você está louco? Eu não vou fazer isso — disse Cláudio Baeta.

— A responsabilidade é minha, e eu quero que você faça o *outdoor* — insistiu Coutinho.

O publicitário voltou na terça-feira ao gabinete do presidente do Banco do Brasil. Contou que havia apenas duas empresas que faziam fotolitos de cartazes de rua e ambas haviam se recusado a realizar o serviço. Coutinho desistiu de pôr sua ideia em prática. Mas imaginou um outro meio de atingir *Veja*.

Roberto Civita era sócio de Matias Machline na TVA, canal de televisão por assinatura. Machline, dono da Sharp, havia feito um empréstimo no Banco do Brasil e vinha pagando as prestações fora do prazo, ou depositando só os juros. Coutinho encontrou-se com Jorge Murad, que estava se associando a Machline num outro negócio. Ele falou a Murad, genro do ex-presidente José Sarney, que desconfiava de que Machline estava investindo na TVA o dinheiro que devia ao Banco. "Não vou dar mais colher de chá ao Matias, já que ele está repassando o dinheiro do Banco do Brasil para a TVA e o Civita", disse Coutinho a Murad. "Vou cobrar as prestações no dia do vencimento, vou cobrar os juros, e vou quebrar o Matias."

Dias depois, o general Agenor Homem de Carvalho, chefe do Gabinete Militar da Presidência, telefonou a Coutinho. "Estou aqui com o meu amigo Matias Machline", informou o general. "Será que ele pode dar um pulo aí?" Coutinho respondeu que estava à espera do empresário.

— Não tem qualquer procedência essa história de que estou repassando o dinheiro do empréstimo para a TVA. Isso não existe — disse Machline ao presidente do Banco do Brasil.

— Essa sua explicação não me comove, Matias — retrucou Coutinho.

— Eu posso tentar intermediar um acordo com o Roberto Civita — ofereceu o empresário.

— O Civita tem que fazer um acordo com o presidente, e não comigo.

Roberto Civita não procurou Collor para discutir qualquer acordo. Matias Machline pagou sua dívida ao Banco do Brasil.

Na edição seguinte à da capa com Lafaiete Coutinho, *Veja* publicou uma reportagem de Mario Rosa transcrevendo uma gravação de um telefonema de Paulo César Farias para Sebastião Curió. A ligação fora feita em setembro de 1990, quando Curió era candidato a deputado federal, pelo PRN do Pará, e precisava de fundos para a campanha. O próprio candidato gravou o telefonema que recebeu três dias depois de ter conversado com Collor sobre a situação de sua campanha. O tesoureiro do presidente disse ao candidato que "o nosso amigo" tinha lhe pedido que entrasse em contato com ele. Curió interpretou "o nosso amigo" como sendo Collor. PC combinou entregar 120 mil dólares para o candidato. Solicitou que, depois de receber a primeira parcela do dinheiro, ele telefonasse a Luiz Adelar Scheuer para agradecer a ajuda. Scheuer era diretor de relações institucionais da Mercedes-Benz do Brasil e vice-presidente da Associação Nacional de Fabricantes de Veículos Automotores, a Anfavea. Curió também gravou o seu telefonema a Scheuer e entregou a fita a Mario Rosa, que a transcreveu na matéria. O repórter publicou ainda uma anotação de PC durante uma audiência com a então ministra Zélia Cardoso de Mello, na qual ele propusera que a Mercedes-Benz pudesse fornecer ônibus a prefeituras, o que só era permitido a indústrias nacionais. A fita era uma evidência sonora de que Paulo César Farias cumpria ordens do presidente ao fazer doações monetárias e de que ele havia recebido dinheiro da multinacional alemã para defender os interesses da empresa junto a Zélia.

* * *

Em julho, começaram as Olimpíadas de Barcelona, que levaram Domingo Alzugaray e Mino Carta a entrar em atrito. Em 1990, durante a Copa do Mundo, o dono e o diretor de redação de *IstoÉ* já haviam tido um choque semelhante. Alzugaray, em sua sala, ouviu quando a redação comemorou gols marcados contra o Brasil.

— Mino, a nossa redação, aqui, em plena Lapa, está torcendo contra o Brasil? — perguntou Alzugaray depois do jogo.

— A redação está cheia de gente esclarecida, que não entra nessas correntes pra frente — respondeu Carta.

— Mas você não vê que a redação está te puxando o saco porque você torce para a seleção da Itália?

O campeonato continuou, a seleção argentina venceu a italiana e a redação ficou triste. Alzugaray foi lá e brincou com os jornalistas. "Se é para puxar o saco de alguém, vocês deveriam estar comemorando a vitória, porque eu nasci na Argentina", disse.

Apesar de não receber publicidade oficial do governo Collor, Alzugaray tinha ordenado ao Departamento Comercial de *IstoÉ* que encaminhasse ao Banco do Brasil um projeto de patrocínio da cobertura das Olimpíadas de Barcelona. Como também queria imprimir bilhetes da loteria instantânea para a Caixa Econômica Federal, ele pediu uma audiência com Lafaiete Coutinho e Álvaro Mendonça, presidente da Caixa. A reunião foi feita no primeiro semestre de 1992, em Brasília. Mendonça exibiu um gráfico com as vendas de bilhetes da raspadinha. Nos primeiros meses, havia uma explosão de vendas, seguida de queda vertiginosa. Alzugaray concluiu que não deveria entrar no ramo de impressão da loteria espontânea e partiu para o segundo assunto da reunião.

— Existe algum veto a que a *IstoÉ* veicule anúncios de estatais? — perguntou o editor.

— Não, não existe. Mas por que essa pergunta? — quis saber Coutinho.

— Porque até agora não tivemos nenhum anúncio oficial. Mas se não existe veto, não haverá problemas, já que o nosso projeto de patrocínio é muito bom.

No final do encontro, o presidente do Banco do Brasil perguntou: "Então, gostou de conhecer o Jararaca e o Ratinho?". Coutinho repetia os nomes que uma reportagem de *IstoÉ* empregara para se referir a ele e a Álvaro Mendonça. O editor respondeu que tinha gostado muito da reunião.

Em São Paulo, Alzugaray disse a Carta que a revista deveria parar de chamar os presidentes do Banco do Brasil e da Caixa de Jararaca e Ratinho. Ele não gostava que *IstoÉ* fizesse ofensas pessoais e achara que fora recebido com atenção pelos dois ofendidos. A revista ganhou o patrocínio do Banco do Brasil, depois de uma negociação em que baixou o preço de 1 milhão para 700 mil dólares. O projeto consistia em anúncios durante toda a cobertura da Olimpíada e num encarte especial, com reportagens sobre as possibilidades do Brasil em várias modalidades, a ser distribuído à torcida brasileira em Barcelona. Alzugaray julgou que a redação fez com má vontade o material para o encarte, o qual dizia que o Brasil tinha pouquíssimas chances de vitória e suas equipes eram ruins. Ficou tão irritado que ligou para Barcelona suspendendo a distribuição do encarte. Teve uma discussão brava com Carta sobre o assunto.

"E a Elba?", era a pergunta que Ali Kamel fazia todas as manhãs, na reunião de pauta da sucursal brasiliense de *O Globo*. Eriberto França falara na CPI que tinha pago uma Fiat Elba, cujos documentos estavam em nome do presidente, com um cheque que Ana Acioli lhe entregara. A CPI quebrara o sigilo bancário de Paulo César Farias e botara a mão em centenas de cheques emitidos pelas empresas do tesoureiro de Collor. Os parlamentares da Comissão vigiavam-se e só deixavam que cheques vazassem a conta-gotas para repórteres de Brasília. Vigiavam-se porque havia a suspeita de que Benito Gama, o presidente da CPI, escondesse os cheques de PC que tivessem sido destinados a parlamentares — o que não aconteceu. E deixavam que cheques vazassem porque queriam aparecer em jornais, revistas e na televisão.

Jorge Moreno, de *O Globo*, era um dos muitos repórteres que cercavam a CPI. Aos 38 anos, nascido em Cuiabá, havia dezoito ele cobria política, primeiro no *Jornal de Brasília* e depois em *O Globo*. Em janeiro de 1978, Moreno foi às sete horas da manhã ao Regimento de Cavalaria de Guarda, a dez quilômetros do centro de Brasília, acompanhar os exercícios equestres do general João Figueiredo, ministro-chefe do Serviço Nacional de Informações. O repórter encostou na cerca e puxou conversa com o general, que acabou admitindo ter sido convidado por Ernesto Geisel para sucedê-lo na Presidência da República. "Se você botar isso no jornal eu te amarro no poste dos cavalos", disse-lhe Figueiredo. Moreno voltou para a redação e pôs a entrevista no papel. Para preservar o furo, o *Jornal de Brasília* saiu com uma edição extra de 20 mil exemplares que se esgotou nas bancas no final da tarde. Desde quando cursava jornalismo na Universidade de Brasília, Moreno cobria o MDB. Em 1989, o deputado Ulysses Guimarães o convidou para ser o seu assessor de Imprensa na campanha presidencial.

Moreno estava atrás do cheque com o qual Eriberto França pagou o Fiat Elba de Collor. Foi ao Banco Central, onde eram catalogados os cheques das empresas de Paulo César Farias, depois entregues à CPI. Ele era amigo de uma pessoa que trabalhava no Banco. Sabia que os cheques passavam pelas mãos dela. Mas, como essa pessoa era muito zelosa do seu trabalho, o repórter não lhe fez perguntas. Conversaram sobre a situação do presidente. "Agora, com esse cheque do José Carlos Bonfim para pagar a Fiat Elba o Collor fica numa posição complicada", disse a pessoa. Moreno pensou que algum jornal já tivesse dado a notícia e ele não percebera. Afinal, todos os dias eram publicadas dezenas de reportagens sobre a CPI, e o seu interlocutor falara como se o assunto fosse sabido.

José Carlos Bonfim era o nome de um correntista-fantasma cujos cheques eram assinados pelo piloto Jorge Bandeira, sócio de Paulo César Farias. A pessoa deu mais detalhes sobre Bonfim, Bandeira e o cheque. Esbaforido, Moreno foi para a sucursal de *O Globo*.

"Doutor Ali, a Elba foi comprada pelo PC", contou ele ao chefe, usando o tratamento cerimonioso com que se dirigia a todas as pessoas. Foi para o computador, escreveu a reportagem e a entregou a Ali Kamel. "Moreno, a gente precisa reconfirmar essa história", disse o chefe. O repórter convidou a pessoa com quem falara no Banco Central para tomar um drinque no Piantella. "Olha, eu já escrevi a matéria sobre o cheque, você só precisa me confirmar", disse ele no restaurante. A pessoa começou a chorar. "Se essa matéria sair eu vou perder o emprego", falou. Era a confirmação que Moreno precisava. Na sucursal, Ali Kamel pediu ao repórter que tentasse obter uma outra confirmação. Moreno telefonou para o presidente da CPI, Benito Gama, e percebeu que havia gente ao lado do deputado.

— Doutor Benito, o senhor pode falar?
— Não, não posso.
— Então o senhor só me confirme se a Elba foi paga com um cheque do Bonfim.
— Não posso dizer nem que sim nem que não.
— Mas essa é a manchete de primeira página do *Globo* de amanhã.
— Pode ser uma barriga — disse o deputado.

Moreno percebeu que Benito Gama se esquivara de desmentir taxativamente a informação. A reportagem foi publicada. Ela provava que Paulo César Farias usara um cheque fraudado para comprar um automóvel particular de Collor. Ou seja, que PC e o presidente viviam num regime de comunhão de bens.

Com as provas se avolumando, Ulysses Guimarães rompeu com o presidente. Collor insinuou que o deputado estava gagá, dizendo que ele tomava remédios que afetavam a sua percepção. Jô Soares entrevistou Ulysses no seu programa e perguntou sobre a insinuação lançada pelo presidente. O deputado respondeu com uma frase que lhe foi sugerida por Jorge Moreno: "Os meus remédios são comprados na farmácia, com a receita do doutor, e não viram caso de polícia".

38. JORNAL DO BRASIL

Como na resposta a Eriberto França o presidente sustentara que Cláudio Vieira gerenciava os seus recursos financeiros, a CPI convocou o ex-secretário particular de Collor para prestar um segundo depoimento. Ele precisava esclarecer de onde vinham as altas quantias que eram depositadas na conta de Ana Acioli. Cláudio Vieira reuniu-se com Lafaiete Coutinho e Marcos Coimbra para discutir o que diria à CPI. Ele contou que no início de 1989 tomara emprestados 5 milhões de dólares no Uruguai para Collor, que com eles iniciaria a campanha presidencial. A operação fora irregular, pois o empréstimo não tinha sido traduzido e consularizado, e nem ele nem Collor o haviam posto em suas declarações de renda. Houve uma segunda reunião, na casa de Marcos Coimbra, à qual compareceram o empresário Alcides Diniz, o Cidão, com quem Collor passara o réveillon de 1991, e o diretor do Departamento Jurídico de sua empresa, a ASD. Entre 1989 e 1990, Diniz fora dono de uma empresa no Uruguai que fazia operações financeiras. Foi decidido no encontro que advogados do empresário prestariam assessoria jurídica a Cláudio Vieira para que ele conseguisse provar à CPI que o empréstimo uruguaio existira e fora legal.

Os advogados de Alcides Diniz analisaram o contrato, reuniram-se com Cláudio Vieira e viajaram com ele para o Uruguai. Sandra Fernandes de Oliveira, secretária da ASD, acompanhou a movimentação do patrão e dos advogados. Pouco antes, ela havia testemunhado o andamento de um projeto da empresa: a construção de um hotel de luxo em São Paulo, com recursos oriundos da Previ, o fundo de pensões do Banco do Brasil. Segundo a secretária, Paulo César Farias seria um dos intermediários do negócio, que só não saiu porque as denúncias de Pedro Collor conturbaram o ambiente político. Com ajuda da ASD a Collor e a Cláudio Vieira, Alcides Diniz voltou a ter esperanças. Sandra Fernandes ouviu o patrão dizer que, quando a CPI terminasse, o projeto seria aprovado, pois tinha recebido o sinal verde do presidente da República.

Etevaldo Dias, diretor do *Jornal do Brasil* em Brasília, conversou com Marcos Coimbra e Lafaiete Coutinho para saber que explicações o governo daria sobre a origem do dinheiro de Collor. Ambos lhe disseram que ele receberia as informações em primeira mão. Uma semana antes do depoimento de Cláudio Vieira, o presidente do Banco do Brasil disse a Etevaldo Dias: "Se você quer aquele material, prepare-se para viajar para o exterior. Vá para o Rio e aguarde que eu te telefone". Coutinho tinha boas relações com o jornalista. Quando era presidente da Caixa Econômica, ele perguntara se Dias conhecia algum jornalista que pudesse ajudá-lo na redação de discursos. "Eu até conheço uma, a Ingrid, mas fico meio sem jeito de sugerir porque ela é minha mulher", respondeu o jornalista. Ingrid Rocha era dona de uma assessoria de Imprensa, que fundara antes de casar com o chefe do *JB* em Brasília. A empresa dela prestou serviços à Caixa e ao Banco do Brasil.

Dias relatou a conversa a seu patrão, Nascimento Brito, e com a autorização dele viajou para o Rio. O editor-chefe, Dácio Malta, estava em Londres visitando sua namorada, e Merval Pereira chefiava interinamente a redação. Ele ganhara uma bolsa e passara um ano nos Estados Unidos estudando política internacional na Universidade Stanford. Em vez de voltar para *O Globo*, Pereira aceitara o convite de Dácio Malta para ser editor executivo do *Jornal do Brasil*, cargo que acabara de assumir. Ele estranhara a cobertura que o jornal vinha fazendo do caso Collor-PC: o *JB* só tomava furos. Não publicara nenhuma matéria exclusiva que deixasse o presidente em situação ruim.

— A gente não pode dar furos sobre a CPI? — perguntou ele a Dácio Malta.
— Ninguém me disse que a gente não pode dar furos. Vamos cobrir esse assunto direito.

Na sexta-feira, 24 de julho, Dias atendeu um telefonema de Coutinho.

— Você precisa alugar um jatinho para ir a Montevidéu — disse o presidente do Banco do Brasil.

— Para entrevistar o PC? — perguntou o jornalista. Dias imaginou que o tesoureiro de Collor havia fugido e, no exterior, assumiria a responsabilidade por tudo o que fizera de errado, inocentando o presidente.

— Não, para fazer uma matéria sobre a origem do dinheiro.

Coutinho disse a ele que, em Montevidéu, entrevistasse Ricardo Forcella, dono da Alfa Trading, o escritório de corretagem que fizera o empréstimo a Cláudio Vieira, e o doleiro Emílio Bonifacino. Ambos lhe explicariam o negócio. Nascimento Brito autorizou Dias a fretar um jato. Merval Pereira sugeriu que ele levasse ao Uruguai um outro repórter, para ajudá-lo na apuração, mas Dias quis ir sozinho.

Coutinho contou a história do empréstimo uruguaio a Antônio Carlos Magalhães, a seu filho Luís Eduardo e ao ministro Ricardo Fiúza. "Isso é um absurdo, um escândalo", reagiu o governador da Bahia. "Todo mundo vai ver que isso é uma fraude."

Etevaldo Dias voltou do Uruguai na segunda-feira, 27 de julho. No avião, escreveu num computador portátil sua reportagem. No mesmo dia, Cláudio Vieira depôs na CPI. Ele explicou que tomara emprestados 5 milhões de dólares da Alfa Trading, num contrato avalizado por Collor, Paulo Octavio e Luiz Estevão. Em abril de 1989, ele sacou 3,75 milhões de dólares do empréstimo e os entregou ao doleiro Najun Turner, que comprou trezentos quilos de ouro. Quando Collor precisava de algum dinheiro, Turner vendia uma parte do metal e fazia depósitos nas contas de Ana Acioli. Vieira se disse "transtornado" ao saber que os depósitos eram feitos com correntistas-fantasmas, e acrescentou que não tivera "condições psicológicas" para conversar com Najun Turner sobre o assunto. A fala de Cláudio Vieira foi interrompida várias vezes pelas gargalhadas dos parlamentares, tamanhas foram as inverossimilhanças, as contradições e o artificialismo das explicações dele. Como ele não apresentou nenhum documento, o depoimento foi suspenso 45 minutos depois de ter começado. A CPI deu um prazo de 72 horas para Vieira trazer papéis oficiais que comprovassem a sua história.

O depoimento de Cláudio Vieira foi transmitido ao vivo pela Rede Bandeirantes. Na sede da ASD, em São Paulo, ele foi acompanhado por Alcides Diniz, sua mulher Renata Scarpa e pelos advogados que ajudaram a montar aquilo que a imprensa chamou de "Operação Uruguai". Quando a sessão foi interrompida, Diniz abriu um champanhe para comemorar. A seleta plateia achou que Vieira se saiu bem do interrogatório. A secretária Sandra Fernandes estava no escritório, e ouviu o patrão e os advogados dizerem, enquanto brindavam, as frases

"Ninguém desconfiou", "Os meninos trabalharam bem" e "Os trouxas engoliram tudo". Naquela madrugada, Sandra, que tinha 42 anos e estava grávida, conversou com o marido e resolveu contar à CPI o que testemunhara. Ela procurou um amigo, sindicalista do Banco do Brasil, que a encaminhou à liderança do PT no Senado.

Merval Pereira desconfiou da matéria de Etevaldo Dias. Mas como a reportagem tinha sido combinada com Nascimento Brito, ela saiu na primeira página. "Uruguaio confirma versão de Vieira" foi o título. No dia seguinte, Dias publicou uma segunda reportagem, intitulada "Negócio uruguaio tem três provas". Pereira enviou o repórter Ariosto Teixeira a Montevidéu para reapurar os fatos. Em Londres, o diretor de redação Dácio Malta atendeu vários telefonemas de seus colegas do *JB*. O teor das ligações era o mesmo: a reportagem de Etevaldo Dias sobre a Operação Uruguai fora calamitosa para a credibilidade do jornal. Dácio Malta voltou ao Rio e disse a Dias que ele não deveria ter feito a matéria. Falou também que ele não escreveria mais a coluna da página 2 na segunda-feira, quando Dias substituía Carlos Castello Branco. Malta argumentou que ele estava muito identificado com Collor. A comissão de ética do Sindicato dos Jornalistas do Distrito Federal abriu uma investigação sobre Etevaldo Dias para apurar se ele havia participado da montagem da Operação Uruguai.

Na terça-feira, repórteres brasileiros chegaram ao Uruguai. Eles descobriram que Ricardo Forcella, dono da Alfa Trading, fora condenado a nove meses de prisão por formação de quadrilha. "Tenho instruções de falar apenas com Etevaldo Dias", dizia o doleiro Emílio Bonifacino aos jornalistas, e pedia cem dólares para dar entrevistas. Em apenas um dia, o repórter Marcelo Rech, da *Zero Hora*, obteve onze certidões bancárias em branco, com datas anteriores a 1989, comprovando que o contrato do empréstimo de 5 milhões de dólares poderia ter sido feito em qualquer momento. Najun Turner sumira, mas descobriu-se que a sua prisão preventiva tinha sido decretada; ele fora acusado de contrabando de ouro. Cláudio Vieira nunca apresentou à CPI o contrato original do empréstimo. A cópia que ele mostrou no terceiro depoimento foi encaminhada pelo *Estado de S. Paulo* ao Instituto Del Picchia para um exame grafotécnico. "Existem evidências materiais, anacronismos e falhas no texto impresso configurando que o contrato de crédito foi elaborado em período recente", escreveu o perito Celso Del Picchia no seu relatório. Segundo ele, em 1989 não existia o programa de computador que foi usado na redação do contrato.

As explicações de Cláudio Vieira levaram o ministro José Goldemberg, da Educação, a sair do governo. Ele já havia se recusado a comparecer à Base Aérea para recepcionar o presidente quando ele chegou de Las Leñas. Escrevera sua carta de demissão, mas atendera o pedido de Marcos Coimbra para que permanecesse no cargo até o depoimento do secretário do presidente. "Não me misturo com contrabandistas e doleiros", disse Goldemberg ao deixar o cargo. "Cláudio Vieira é o protótipo deles. Sinto desprezo." Fernando Henrique Cardoso também mudou de posição. "É preciso dar os passos necessários para chegar ao impeachment", afirmou o senador tucano. "O presidente está magoado com as suas declarações", informou o senador Guilherme Palmeira a Fernando Henrique. Para agradar Antônio Carlos Magalhães, Collor chamou para o lugar de Goldemberg o deputado Eraldo Tinoco, do PFL baiano. O governador da Bahia, assim como Brizola, continuou apoiando o presidente.

Dois dias depois do depoimento de Cláudio Vieira, Pedro Luiz Rodrigues chegou um pouco atrasado à reunião das nove da manhã no Palácio do Planalto. O porta-voz acompanhava a deterioração do governo, mas decidira continuar no cargo. Achava melhor, para o bem das instituições, que a função fosse exercida por alguém ponderado como ele, e não por um collorido estouvado. Quando ele entrou no gabinete presidencial, Marcos Coimbra, Marcílio Marques Moreira, Célio Borja, Jorge Bornhausen, Eliezer Batista e o general Agenor Homem de Carvalho já estavam sentados, em frente à mesa do presidente. Collor segurava a última edição de *Veja*, aberta na página de um anúncio de lançamento da nova gasolina aditivada da Petrobras.

— É um absurdo que o governo esteja publicando esse anúncio na revista! — berrou o presidente, vermelho e irado. — Quem sabe lidar com a imprensa é o Lafaiete!

— Não sei se é o Lafaiete ou outro o mais adequado para lidar com a imprensa, mas apresento a minha demissão — disse Pedro Luiz Rodrigues, de maneira pausada e clara, usando um recurso que aprendera no Itamaraty: não se exaltar nos momentos de tensão.

— Foi um erro ter descentralizado a publicidade! — falou Collor, ainda gritando.

— Calma, presidente — interveio Marcos Coimbra, levantando-se.

— Saia da sala! — bradou Collor ao jornalista.

Pedro Luiz Rodrigues retirou-se do gabinete presidencial. Andou alguns metros pelo corredor e encostou na parede. "Pedro, o que houve?", perguntou-lhe o coronel Darke Figueiredo, da segurança do Planalto. O porta-voz estava chorando. Ele foi para a sua sala, chamou Irineu Tamanini, o seu braço direito, e fez um resumo do que acontecera. "Estou saindo agora", disse. "Então eu também saio", afirmou Tamanini. Depois da reunião das nove, Marcos Coimbra procurou Rodrigues e pediu que ele não deixasse o cargo. O jornalista respondeu que só ficaria se o presidente se desculpasse, e acrescentou que naquele momento estava deixando de cuidar da publicidade governamental. Passaram-se três dias e Collor não se desculpou.

Na sexta-feira, Pedro Luiz Rodrigues me telefonou. Falávamo-nos com regularidade. Em março, ele havia convencido o presidente a dar uma entrevista exclusiva a *Veja*, que foi publicada como matéria de capa. Uma semana depois do depoimento de Pedro Collor à revista, o porta-voz organizou um café da manhã do presidente com jornalistas no Palácio das Laranjeiras, no Rio, onde se realizava a Eco 92. Ele não só me convidou como, na distribuição dos lugares à mesa, colocou-me ao lado de Collor. Rodrigues achava importante que *Veja* não fosse marginalizada pelo governo. Momentos antes do encontro, ao conferir a lista dos convidados com o cerimonial, Collor rearranjou os lugares, pondo-me bem longe dele, do outro lado da mesa. No telefonema, Rodrigues contou-me o que acontecera na reunião das nove e disse que estava deixando o cargo. Pedi-lhe que não passasse a notícia a nenhum outro jornalista, para que *Veja* pudesse dar uma matéria com destaque. Ele concordou, e a revista noticiou a sua saída no canto esquerdo da capa, cuja manchete principal era "A farsa uruguaia", estampada sobre uma foto de Cláudio Vieira.

Antes, em abril, quando Vieira saiu do governo, Marcos Coimbra encarregara Pedro Luiz Rodrigues de gerir a propaganda governamental. O jornalista descobriu, apreensivo, que o trabalho de publicidade continuava a ser executado pela equipe nomeada pelo seu antecessor. O porta-voz disse a Coimbra que era preciso descentralizar a propaganda oficial, encarregando os ministérios e as estatais de cuidar do assunto. O secretário da Presidência resistiu à mudança, mas a situação se resolveu em favor da tese de Rodrigues quando ele foi procurado por Élson de Macedo, da Associação Brasileira de Jornais do Interior. Macedo contou que Cláudio Vieira e a equipe dele lhe propuseram um projeto de divulgação e pediram que 30% do que recebesse fosse repassado a eles. Com Macedo na sua sala, o porta-voz telefonou para Célio Borja e falou que tinha uma denúncia a fazer. O ministro da Justiça providenciou na hora para que Macedo prestasse um depoimento formal sobre a tentativa de extorsão. Rodrigues telefonou em seguida para Collor, relatou o que acontecera, justificou-se repetindo a frase que o presidente lhe dissera quando assumiu o cargo ("Palácio não é delegacia") e solicitou orientação sobre como agir. "Demita todo mundo", respondeu Collor, para alívio do porta-voz.

Pedro Luiz Rodrigues remontou a área de publicidade. Usou critérios técnicos para a veiculação de anúncios do governo: a circulação de jornais e revistas, a audiência de emissoras de rádio e televisão, e o público-alvo que eles atingiam. Quanto às agências para realizar as campanhas, a confusão continuava. Daniel Freitas, da agência DNA, não tivera acesso a Cláudio Vieira. Com a mudança de comando, ele pediu a Marcos Antônio Coimbra que o ajudasse a abrir um canal de contato com o novo responsável pela área. O dono do Vox Populi ligou para seu pai, e o secretário-geral da Presidência passou a ligação para Pedro Luiz Rodrigues. O jornalista ouviu o pleito de Marcos Antônio Coimbra e não o atendeu.

O porta-voz providenciou a redação de um decreto descentralizando a propaganda. Como Marcos Coimbra demorasse em encaminhá-lo ao presidente, Rodrigues o levou diretamente a Collor.

— Presidente, temos que descentralizar a publicidade do governo. Ela é uma bomba debaixo do gabinete da Presidência — disse o porta-voz.

— O Coimbra já viu isso? — perguntou Collor.

— Já — respondeu Rodrigues, e o presidente assinou o decreto.

No final da tarde de quarta-feira, 15 de julho, Collor recebeu no Planalto o jornalista Josélio Gondim, dono da revista *A Carta*, da Paraíba. Eles tinham contatos esporádicos desde 1978. Na época em que Cláudio Vieira controlava a publicidade do governo, *A Carta* vivia cheia de anúncios de estatais. Desde que Rodrigues assumira a área, a publicidade oficial na revista fora cortada. No encontro com o presidente, Gondim reclamou do corte. Collor prometeu que a publicidade voltaria, deu ao jornalista o número de seu fax na Casa da Dinda e pediu que ele o avisasse se a revista não recebesse propaganda do Estado.

Dias depois, Rodrigues foi procurado por Guilherme Duque Estrada, assessor de comunicação da Petrobras.

— Pedro, estamos lançando uma gasolina aditivada. É um produto para a faixa A de consumidores. Pelos critérios técnicos, os anúncios devem ser veiculados pela *Veja*, a *IstoÉ*, a *Folha* e outras publicações desse tipo. Algum problema? — perguntou Duque Estrada.

— Se o critério foi técnico, não há problema — respondeu o porta-voz.

Na segunda-feira, 27 de julho, Josélio Gondim mandou um fax para Collor. "As edições de *Veja* e *IstoÉ*, desta semana, veiculam páginas em policromia da Petrobras, sobre o lançamento da gasolina BR Supra, e da Embratel", dizia o jornalista no texto que enviou à Casa da Dinda. "Desnecessário dizer que *A Carta*, mais uma vez, não foi incluída na mídia, permanecendo a discriminação sobre a qual tratamos." Na manhã seguinte, o presidente esbravejou com Rodrigues, forçando-o a demitir-se.

No sábado, Josélio Gondim ligou para o jornalista paraibano José Nêumanne, colaborador de *A Carta*. "Apesar da farta documentação já recolhida pelos parlamentares da CPI, acumulando evidências de uma sociedade escusa entre o próprio presidente da República e o tesoureiro de sua campanha eleitoral, Collor não deixa de ter razão quando denuncia estar em marcha um golpe para tirá-lo do poder", havia escrito Nêumanne em seu último artigo para a revista. "O golpe é uma evidência clara. Só que Orestes Quércia, Luis Inácio Lula da Silva e Tasso Jereissati tentam inovar, promovendo, pela primeira vez na história do Brasil, uma ruptura institucional dentro das regras constitucionais e recorrendo apenas ao parlamento." Gondim encontrou Nêumanne em São Paulo, num churrasco na casa de seu cunhado. Conversaram sobre a demissão de Pedro Luiz Rodrigues. O dono de *A Carta* disse que iria sugerir a Collor que chamasse Nêumanne para ser o novo porta-voz. "Obrigado pela lembrança, sinto-me lisonjeado", respondeu o jornalista, que era assessor do senador José Eduardo Andrade Vieira, dono do Banco Bamerindus. No domingo, Gondim mandou outro fax para a Casa da Dinda. "Permita-me submeter à sua apreciação o nome do jornalista José Nêumanne Pinto como um dos a ser considerado para suceder Pedro Luiz Rodrigues", escreveu ele ao presidente. "Trata-se de um profissional da maior e melhor qualificação, de competência inquestionável, anti-PT assumido, seu amigo e admirador, e que, certamente, prestará relevantes serviços ao seu governo na atual conjuntura nacional." O fax foi lido para Nêumanne antes de Gondim enviá-lo a Collor.

O presidente convidara Mauro Salles para ser o novo porta-voz, mas o publicitário recusara. Collor pediu então a Jorge Bornhausen para falar com Nêumanne, que foi chamado a Brasília para se encontrar com o ministro. Nêumanne se surpreendeu. Não imaginava que Gondim tivesse tanta influência no Planalto. Ao aguardar o seu voo para Brasília, o jornalista foi chamado ao telefone pelos alto-falantes do aeroporto de Guarulhos. Era Andrade Vieira avisando que fora convocado a participar da sua reunião com Bornhausen. Durante a viagem, o jornalista matutou acerca dos motivos que levaram o ministro a convidar o seu patrão para participar da conversa. Ele foi do aeroporto de Brasília para o Senado, onde Andrade Vieira o aguardava na garagem. "Acho que você foi chamado para o encontro porque eles querem que você continue pagando o meu salário", disse o jornalista ao senador assim que ele entrou no carro. "Se eu aceitar o convite, na próxima semana estaremos os dois na capa de *Veja*, com a manchete: 'O novo porta-voz e o banqueiro que lhe paga as contas'."

Ao entrarem no gabinete de Bornhausen, Nêumanne e Andrade Vieira se depararam com Ricardo Fiúza. "Quem não está conosco está contra nós", disse-lhes Fiúza com uma inflexão teatral, e retirou-se. Foram feitas as apresentações e Bornhausen falou:

— Você é um jornalista político importante. Eu sou um político de alguma importância. E, no entanto, estamos nos conhecendo só agora, quando lhe faço esse convite em nome do presidente.

— Não posso aceitar o convite, ministro.

— Por quê?

— Porque todo brasileiro de posse de suas faculdades mentais não acredita que o presidente seja inocente em todas as acusações que fazem contra ele. E eu sou um brasileiro de posse de suas faculdades mentais.

Etevaldo Dias havia sido sondado por Lafaiete Coutinho para substituir Pedro Luiz Rodrigues. Ao saber do convite a Nêumanne, ele inventou uma frase e a repetiu a diversos colegas: "Ser porta-voz do Collor agora é como cantar uma mulher espetacular a vida inteira, mas só conseguir transar quando descobriu que ela está com AIDS". Com a recusa do assessor de Andrade Vieira, Dias voltou a ser procurado por Coutinho. "Olha, o emprego é uma merda, mas acho que você devia aceitar", disse o presidente do Banco do Brasil. O chefe da sucursal do *Jornal do Brasil* recebeu outros apelos. Marcílio Marques Moreira falou que, dependendo de quem Collor escolhesse, alguns ministros sairiam do governo. "Os jornalistas do *JB* não rejeitam o cargo de porta-voz", disse-lhe Nascimento Brito. "Você pode ajudar a virar o jogo", argumentou o filho do patrão, José Antônio Nascimento Brito. Marcos Coimbra chamou o jornalista ao Planalto. Eles ainda conversavam quando o plantão do *Jornal Nacional* anunciou que Etevaldo Dias era o novo porta-voz. Ele aceitou o convite e falou com o presidente.

— Eu sabia que você viria — disse Collor, emocionado.

— Nas horas difíceis eu compareço.

O presidente fez uma análise da situação política. "Se a inflação baixar, toda essa movimentação acaba", afirmou. Ele falou que errara ao se manter distante dos parlamentares. Cogitava a hipótese de antecipar o plebiscito sobre a forma de governo de outubro para abril de 1993. Se o parlamentarismo fosse aprovado, Collor achava que os políticos ficariam satisfeitos, pois o governo seria exercido pelo primeiro-ministro, enquanto ele, ainda presidente, ficaria com as funções de chefe de Estado.

— O que há de verdade nas acusações, presidente? — perguntou Dias. — Eu preciso saber. Não para fazer um julgamento moral, mas para montarmos uma estratégia de comunicação.

— Não tem nada, Etevaldo. Eu vou abrir tudo, fique tranquilo.

— O senhor precisa reagir ao Pedro, presidente.

— Não, não vou fazer nada contra o meu irmão. Ele sempre competiu comigo: no karatê, na empresa, na família. Eu não consigo falar sobre o Pedro.

"Fiz um exame no governo e constatei que ele não está contaminado pelo HIV", disse Etevaldo ao explicar por que havia aceitado o convite depois de insinuar que o presidente estava mortalmente contaminado. Nascimento Brito ofereceu-se para continuar pagando o seu salário. "Não posso aceitar, doutor Brito", respondeu o porta-voz, que recebia 7500 dólares mensais no *JB* e passou a ganhar 2500 no Planalto. "Minha vida vai ser esquadrinhada. Prefiro que o senhor me demita." Ele foi demitido e levantou cerca de 30 mil dólares de fundo de garantia.

No contato diário com o presidente, Dias achou que ele estava tenso, ensimesmado, sem vontade de reagir. Collor, é verdade, se sentia prostrado e impotente. Não via a hora de o pesadelo terminar, mas não conseguia imaginar um plano coerente para enfrentar a crise. Tomava atitudes desconexas. Ele vetou, por exemplo, um aumento salarial para os juízes do Supremo Tribunal Federal e concedeu subsídios para taxistas.

— Presidente, me desculpe, mas o senhor é completamente inocente ou totalmente doido — disse-lhe Dias ao saber do veto ao aumento para o Supremo.

— Não, você está enganado, o ministro Marcílio me convenceu de que era preciso vetar o reajuste.

Collor mencionara a Dias a ideia de convocar uma manifestação de apoio ao governo. O porta-voz falou que era melhor deixar a mobilização para depois. Antes, era preciso convencer os políticos da sua inocência. O recurso às manifestações populares era perigoso. O último presidente a promovê-las fora João Goulart, em 1964, no quadro da campanha pelas reformas de base. O comício na Central do Brasil, no Rio, no dia 13 de março daquele ano, no entanto, provocou a Marcha com Deus, em São Paulo, que deu força para o golpe de 31 de março.

Na terça-feira, 11 de agosto, dia de comemoração da criação dos cursos jurídicos no Brasil, foi organizada uma manifestação em São Paulo. Não houve apenas o tradicional "pendura" dos estudantes de direito. A União Brasileira de Estudantes Secundaristas distribuiu 50 mil panfletos e pregou 20 mil cartazes convocando o estudantado para uma passeata com a palavra de ordem "Anos Rebeldes, próximo capítulo: Fora Collor, Impeachment Já". Dez mil estudantes se concentraram na avenida Paulista, em frente ao Museu de Arte de São Paulo, interromperam o trânsito, desceram a avenida Brigadeiro Luís Antônio e pararam no largo São Francisco, palco de manifestações contra a ditadura do Estado Novo, contra o regime militar e pelas eleições diretas para presidente. "Rosane, que coisa feia, vai com o Collor pra cadeia", gritavam os estudantes, enquanto dos prédios chovia papel picado.

Dois dias depois, ocorreu uma outra manifestação. Ela reuniu 2 mil motoristas de táxi no Palácio do Planalto. Eles foram arregimentados pela Caixa Econômica para aplaudir um decreto do presidente concedendo subsídios aos taxistas que comprassem carros novos. "Devo falar?", perguntou Collor a Álvaro Mendonça, o presidente da Caixa, quando ele terminou o seu discurso. Não estava previsto que o presidente discursasse, mas Mendonça assentiu com a cabeça. "Vamos mostrar a essa minoria que intranquiliza diariamente o país que já é hora de dar um basta a tudo isso", disse o presidente, colérico. "Muitos dos carros de táxi de que me servi foram apedrejados na campanha eleitoral, alvejados pela insânia, pela fúria de uma minoria que agora, pasmem, quer realizar um terceiro turno nas eleições." Collor se referiu a uma "Central Única dos Conspiradores", e conclamou a população a sair às ruas de verde e amarelo no domingo. Assim, transferiu a luta pelo seu mandato do plenário do Congresso e dos gabinetes ministeriais para as praças públicas.

Esse homem é louco, pensou Lafaiete Coutinho ao ouvir o discurso. Ele saiu do Planalto e foi para o Banco do Brasil, onde encontrou Antônio Carlos Magalhães, furioso. "Que merda é essa? Por que vocês deixaram o presidente falar?", perguntou o governador baiano. Coutinho telefonou para São Paulo e falou com Egberto Baptista e Leopoldo Collor. Pediu-lhes que organizassem uma manifestação de apoio ao presidente no domingo. Ambos lhe disseram que era impossível organizar qualquer coisa em dois dias. Na própria noite de quinta-feira, porém, as emissoras de televisão levaram ao ar um anúncio da Caixa Econômica comemorando a concessão de subsídios aos taxistas. Nele, apareciam trechos do discurso de Collor chamando o povo a se manifestar no domingo. A Caixa enviou um telex a todos os gerentes, orientando-os a comprar bandeiras do Brasil e panos verde-amarelos para enfeitar as agências sob sua direção.

Na sexta-feira, aconteceu uma outra manifestação, dessa vez no Rio. Dezoito entidades tinham convocado um ato público na Cinelândia, no começo da noite. À tarde, secundaristas das escolas Zaccaria, Santo Inácio, Senador Corrêa e Santa Úrsula, todas na Zona Sul, se reuniram no pátio do Colégio São Vicente, onde Fernando Collor estudara. Resolveram amarrar tiras pretas no braço, para se diferenciarem do verde-amarelo presidencial. Os estudantes saíram em passeata até a estação do metrô de Botafogo e desembarcaram na Candelária. Reorganizaram a passeata e foram até a Cinelândia. Eles gritavam "PC, PC, vai pra cadeia e leva o Collor com você" e "Ai, ai, ai, empurra que ele cai". Na manifestação, engrossada pelos funcionários que saíam de escritórios, havia pessoas fantasiadas de correntistas-fantasmas ou com máscaras de Paulo César Farias. Um bloco, o Ratazanas do Planalto, desfilou pelo comício.

No almoço dos editores da *Folha de S.Paulo* naquela sexta, discutiu-se se o jornal deveria incentivar os leitores a se vestirem de preto no domingo. Durante a campanha pelas eleições diretas, em 1984, a *Folha* publicara uma foto de primeira página de Ulysses Guimarães com uma gravata amarela, a cor que identificava o movimento. A partir daquele dia, o jornal adotou um dístico na primeira página: "Use amarelo pelas diretas". Quando a emenda que restabelecia a eleição popular para a Presidência foi derrotada, a *Folha* mudou o lema para "Use preto pelo Congresso". Octavio Frias de Oliveira concordou que o jornal usasse o preto para se diferenciar do verde-amarelismo presidencial. No dia seguinte, a *Folha* saiu com uma tarja preta na primeira página.

À noite, Elio Gaspari telefonou-me de Nova York para perguntar como havia sido a manifestação no Rio, pois queria usá-la como tema de sua coluna. Contei que a passeata e o comício tinham reunido bastante gente, e que iria abrir a seção de Brasil com uma matéria a respeito. "Por que você não dá uma capa com isso?", perguntou Gaspari. Resolvi mudar a capa planejada, sobre o sucesso do programa de Jô Soares. No lugar dela, entrou uma foto da passeata dos estudantes do Colégio São Vicente, com o título "Anjos rebeldes" e o subtítulo "Colegiais na rua pedem a saída de Collor". Uma tarja preta e amarela ilustrou a reportagem sobre a manifestação.

Naquela noite de sexta-feira, por fim, foi ao ar o último capítulo de *Anos Rebeldes*. A minissérie tivera bons índices de audiência e fora acompanhada com atenção pelos jovens. As referências a *Anos Rebeldes* no panfleto convocando a manifestação de São Paulo e na capa de *Veja* refletiam essa atenção. Numa ironia da história, o enfrentamento de jovens militantes com a ditadura, relatado pela minissérie, serviu de combustível para a revolta contra o governo Collor. Mas existiam diferenças fundamentais. O movimento estudantil de 1968 começou abarcando amplas parcelas da população, foi reprimido a bala pelos militares e emparedou-se no terrorismo. Em 1992, os estudantes foram os primeiros a protestar, não houve repressão, e o movimento se estendeu, atraindo todas as classes sociais. Havia uma segunda ironia: Roberto Marinho ainda apoiava Collor. O *Jornal Nacional* noticiava a crise política com recato. Mas, com *Anos Rebeldes*, a Globo contribuía involuntariamente para engrossar as manifestações pela destituição do presidente. Na campanha eleitoral, a simples existência do padrão Globo de qualidade servira de referência para o PT criar a Rede Povo, atacar Collor e angariar votos para Lula. Em 1992, o mecanismo se repetiu, modificado: *Anos Rebeldes* ajudava um movimento político do qual a direção da Globo discordava.

O domingo amanheceu chuvoso em São Paulo. Quando parou de chover, Lafaiete Coutinho, que estava passando o fim de semana no seu apartamento no Itaim, foi andar no Parque Ibirapuera. Um rapaz de barba, que o presidente do Banco do Brasil supôs ser petista, passou ao seu lado de bicicleta e gritou: "O PC já foi e você também vai!". Coutinho andou mais um pouco e encontrou um militante do PRN, collorido de longa data. Ele estava vestido de preto. Coutinho voltou para o apartamento. Otavio Frias Filho também foi ao Ibirapuera. Queria dar uma espiada na manifestação contra o governo. Encontrou o colunista José Simão, da *Folha*, vestido de preto dos pés à cabeça. Sem qualquer organização, sem alto-falantes e sem faixas, milhares de pessoas vestidas como José Simão se encontraram no Ibirapuera. Subiram a avenida Brigadeiro Luís Antônio gritando palavras de ordem e se dispersaram na avenida Paulista. Na orla carioca, uma multidão semelhante andou do Leme até o Leblon. A passeata parou diante do prédio do governador do estado e gritou: "Iu, iu, iu, o Brizola colloriu". O ex-presidente José Sarney estava em Macapá, capital do Amapá, onde uma imensa faixa preta cobria a fachada da Prefeitura. Em frente, centenas de manifestantes com roupas negras. Sarney tomou um avião e desembarcou em São Luís, onde uma passeata preta marchava pelo centro da cidade. Em Brasília, uma carreata percorreu a Esplanada dos Ministérios. Nas antenas dos carros estavam amarrados pedaços de panos negros. Em todo o Brasil, o povo reagia à conclamação de Collor.

39. PALÁCIO DO PLANALTO

O presidente passou o Domingo Negro na Casa da Dinda. Cinco barreiras da Polícia Militar controlavam o acesso ao local, só permitindo a passagem de moradores das imediações e manifestantes vestidos de verde-amarelo. Acompanhado pelos judocas Aurélio Miguel e Rogério Sampaio, o presidente deu uma corrida pelas redondezas. Etevaldo Dias, que costumava levar meia hora para ir da sua casa à da Dinda, gastou naquele dia mais de uma hora: ficou preso num engarrafamento provocado pela carreata de protesto. O porta-voz contou a Collor que a manifestação o impressionara. "Eu pensei que ia ser pior. As pessoas não estavam de carro? Então, não tinha povo", disse o presidente.

Seguindo uma sugestão de Lafaiete Coutinho, Collor recebeu Roberto Marinho naquela tarde. Coutinho propusera que o presidente promovesse uma reforma no governo, trocando os ministros que não o defendiam por parlamentares influentes, que o apoiariam no Congresso.

— E como faremos essa reforma? — perguntou o presidente.
— Procurando os nossos aliados — respondeu Coutinho.
— Mas quais?
— Antônio Carlos Magalhães e Roberto Marinho.

Eles dividiram as tarefas: Coutinho ficou de falar com o governador da Bahia, e Collor com o dono da Globo.

Antônio Carlos Magalhães foi refratário à ideia. Roberto Marinho almoçou em Angra e viajou em seguida para Brasília, onde tomou um helicóptero até a Casa da Dinda. Rosane cumprimentou o jornalista e o deixou a sós com Collor. O presidente mostrou a ele um canteiro de rosas inglesas que haviam acabado de desabrochar e colocou um CD de Beethoven no aparelho de som. Tomaram refrigerante enquanto conversaram. Collor minimizou a crise. "Estou confiante, vou demonstrar que tenho razão", afirmou.

De volta ao Rio, Marinho conversou com Antônio Carlos Magalhães. O empresário falou que não entendera o propósito do convite, já que o presidente não dissera nada de importante. Coutinho ligou para o governador baiano, que lhe contou que Collor não mencionara a reforma ministerial ao dono da Globo. Coutinho perguntou a Collor por que ele não tocara no assunto. "O Roberto Marinho é um mestre", respondeu o presidente. "Ele não contou nem ao Antônio Carlos o que conversamos." Vai saber quem está falando a verdade nessa história, pensou Coutinho.

Na terça-feira, 25 de agosto, o senador Amir Lando, do PMDB, leu o relatório final da Comissão Parlamentar de Inquérito, que em menos de três meses se reunira 35 vezes, ouvira 25 pessoas, e investigara 40 mil cheques, quarenta declarações de renda, noventa notas fiscais e a movimentação de dezenas de milhões de dólares. Desde a manhã, o povo estava nas ruas. Sessenta mil pessoas se concentraram na frente do Congresso. Cem mil recifenses participaram de uma passeata no centro da cidade. Cinquenta mil trabalhadores e estudantes desfilaram pela avenida Afonso Pena, em Belo Horizonte. Vinte e quatro mil gaúchos se reuniram no largo Glênio Peres, em Porto Alegre. Trinta mil pessoas ocuparam a Boca Maldita, em Curitiba. No Rio houve uma concentração monstro na avenida Rio Branco. Indústrias do ABC e faculdades paulistas fizeram greve. Duzentas e cinquenta mil pessoas engrossaram uma passeata de secundaristas na avenida Paulista, e outras 230 mil se concentraram no vale do Anhangabaú. Ao longo da semana, aconteceram manifestações em 41 cidades, todas com características carnavalescas. Viam-se nelas bonecos de Rosane e Collor vestidos de presidiários, esquifes com o nome do presidente e fantasias de ratazanas com bigodes e óculos como os de PC. Os bordões, bem-humorados, iam de "Cheira, Fernandinho, Fernandinho, cheira, que acabou sua carreira" a "Justiça dobrada: Collor na cadeia e Rosane sem mesada". A mobilização, contudo, era política na sua forma e no seu objetivo. As formas de manifestação eram as tradicionais da luta popular: as passeatas, os comícios e as greves. Os objetivos estavam condensados em duas palavras de ordem: "Fora Collor" e "Se o Congresso não tirar, o pau vai quebrar".

Desde 1946, haviam sido criadas 439 CPIs no Congresso, mas ninguém foi indiciado com base nas conclusões delas. Em 369 páginas, o relatório de Amir Lando historiou os trabalhos da Comissão, resumiu os depoimentos e analisou o que chamou de "esquema PC". O senador sustentou que Paulo César Farias, auxiliado por seis de seus funcionários, cometeu sete crimes, cujas penas, somadas, totalizavam 59 anos de prisão. Cláudio Vieira, segundo o relatório, praticou quatro crimes e, se condenado, deveria passar dezesseis anos preso. Os empresários que deram dinheiro a Paulo César Farias para obter facilidades do Estado poderiam ser enquadrados no crime de corrupção ativa. No relatório, porém, eles figuraram como vítimas de estelionatários e de achacadores.

O presidente apareceu na peça do senador como passível de indiciamento em cinco crimes: prevaricação (deixar de coibir ilegalidades), advocacia administrativa (patrocinar interesses privados no governo), corrupção passiva, formação de quadrilha e estelionato. Suas penas, acumuladas, poderiam levá-lo a ter os seus direitos políticos cassados e a ficar dezoito anos preso. No final do relatório, Amir Lando afirmou:

> Ficou evidente que o Sr. presidente da República, de forma permanente e ao longo de mais de dois anos de mandato, recebeu vantagens econômicas indevidas, quer sob a forma de depósitos bancários feitos na conta da sua secretária, Sra. Ana Acioli, da sua esposa e respectiva secretária, Sra. Maria Isabel Teixeira, da sua ex-mulher, da sua mãe e da sua irmã, quer sob a forma de recursos financeiros para aquisição de bens, tais como o veículo Fiat Elba, ou, finalmente, sob a modalidade de benfeitorias, melhorias e acessões diretamente realizadas no imóvel de sua propriedade [...] Omitiu-se, em consequência, o Chefe do Estado do seu dever funcional de zelar pela moralidade pública e de impedir a utilização de seu nome por terceiros para lograrem enriquecimento sem causa, ensejando que práticas à margem da moral e dos bons costumes pudessem ser perpetradas. Tais fatos podem confirmar ilícitos penais comuns em relação aos quais a iniciativa processual é prerrogativa intransferível do Ministério Público. Por outro lado, podem configurar crime de responsabilidade, em relação aos quais a iniciativa processual é prerrogativa da cidadania perante a Câmara dos Deputados [...] Os fatos descritos anteriormente contrariam os princípios gravados na Constituição, sendo incompatíveis com a dignidade, a honra e o decoro do cargo de Chefe de Estado.

O relatório foi aprovado pela CPI por dezesseis votos a cinco. Com fundamento nele, uma comissão de dezoito juristas redigiu o pedido de afastamento de Fernando Collor do cargo e de início do processo contra ele por crime de responsabilidade. O jornalista Barbosa Lima Sobrinho, de 95 anos, presidente da Associação Brasileira de Imprensa, foi convidado a ser o primeiro a assinar o pedido.

Na mesma terça-feira em que Amir Lando lia o relatório, os ministros divulgaram um "Comunicado à nação", escrito por Célio Borja, informando que permaneceriam em seus cargos. "Seguros da honradez de suas vidas, não temem a ameaça de perderem o respeito de seus concidadãos", afirmaram os ministros. Para eles, era possível manter a honradez num governo coberto de desonra.

Às dez horas da noite, Collor deu uma entrevista ao programa *Tiempo Nuevo 92*, da Telefe, a principal emissora de televisão de Buenos Aires. Feita pelo telefone, da Argentina, enquanto o presidente era captado por uma câmera em Brasília, a entrevista teve problemas técnicos. Ela durou 27 minutos e foi interrompida várias vezes. Nos intervalos, Collor espantava moscas, olhava fixo para a câmera e fungava estrepitosamente. Falando em portunhol, ele afirmou que puniria os corruptos "duela a quien duela". O jornalista argentino se referiu às várias manifestações contra o governo. "No, no fue tantas", protestou o presidente. "Yo no sé por que las cosas son muy aumentadas. Hay manifestaciones, acá y allá, también de apoyo al gobierno." Collor disse que o período que estava vivendo era "muy enriquecedor espiritualmente" e garantiu que não renunciaria.

A entrevista, inclusive com os intervalos, foi captada por antenas parabólicas no Brasil. O *Jornal Nacional* exibiu alguns de seus trechos.

No dia seguinte, o general Agenor Homem de Carvalho, chefe do Gabinete Militar, procurou o presidente. Ele havia se reunido antes com o senador Marco Maciel e os ministros Jorge Bornhausen e Ricardo Fiúza. Aceitara dos chefes do PFL a incumbência de sugerir a Collor que renunciasse. "Estranho que um militar correto, de postura exemplar, proponha a um presidente da República um gesto covarde", disse Collor ao ouvir a proposta. "Não se pode abandonar a luta no meio da batalha."

No sábado, Bornhausen expôs a Collor uma ideia, cuja autoria atribuiu à sua mulher, Dulce: ele renunciaria em 30 de setembro, se até lá o Congresso aprovasse medidas de reforma do Estado e abertura econômica. Pareceu ao ministro que Collor gostou da proposta, mas o presidente não a levou adiante. Ele tinha uma outra tarefa naquele dia: preparar um novo pronunciamento na televisão, no qual responderia ao relatório da Comissão Parlamentar de Inquérito. Marcos Coimbra lhe contou que não havia quem escrevesse o discurso: na véspera, o seu redator predileto, o embaixador Gélson Fonseca Jr., se demitira, alegando estar sendo violentado em suas convicções. Collor mandou que o secretário da Presidência chamasse os assessores diretos de Fonseca Jr., os diplomatas Marcos Galvão e Luís Panelli. Eles foram achados num clube, tomando sauna depois de jogar tênis. De bermudas, os dois se dirigiram ao Palácio do Planalto — e também se negaram a redigir o discurso.

À uma e meia da tarde, Collor foi para o Palácio da Alvorada. "O senhor está firme, presidente? Vai aguentar o repuxo?", perguntou Lafaiete Coutinho. Collor respondeu que sim, e sentou-se à cabeceira da grande mesa da biblioteca, ladeado pelo presidente do Banco do Brasil, pelo da Caixa Econômica, Álvaro Mendonça, o ministro Ricardo Fiúza, os embaixadores Oto Maia e Marcos Coimbra, os advogados José Guilherme Vilela e Gilmar Carneiro, o porta-voz Etevaldo Dias e por Carlos Augusto Montenegro, dono do IBOPE. Etevaldo Dias defendeu que o presidente fizesse um discurso sóbrio, um ato de contrição, reconhecendo que cometera erros e pedindo perdão. Montenegro queria que Collor esclarecesse as acusações, dizendo a verdade. Lafaiete Coutinho foi encarregado de buscar elementos documentais para rebater as incriminações da CPI. Ele telefonou ao dentista Olímpio Faissol, em Angra, para perguntar como fora pago o tratamento de Rosane. Descobriu que o dentista recebera um cheque-fantasma de Paulo César Farias. O problema insolúvel para Coutinho foi explicar a reforma do apartamento de Collor em Maceió. Ela custou 164 mil dólares, foi iniciada quando Collor era presidente, e a Comissão Parlamentar de Inquérito tinha notas fiscais comprovando que Paulo César Farias cobrira todas as despesas.

A discussão não evoluía. O ambiente era lúgubre, de derrota. Encabulado, Collor se esquivava das questões concretas. "Nesse apartamento vivi com meus filhos e com Lilibeth", foi o que conseguiu dizer sobre a reforma de seu dúplex de cobertura em Maceió. Passaram-se seis horas e nenhuma linha do discurso havia sido escrita. Fiúza recitava trechos que deveriam entrar no pronunciamento, mas quando ia redigi-los já esquecera o que dissera. Ao se referir aos motivos dos políticos que pretendiam destituir o presidente, o ministro se entusiasmou. Ficou em pé, falou em voz alta e fez gestos largos. Ao concluir o raciocínio, sua voz perdeu a força. Soluçando, Fiúza sentou-se, segurou a cabeça com as mãos e chorou. Durante minutos que pareceram horas, todos o contemplaram em silêncio. O ministro levantou-se para ir ao banheiro e Collor o abraçou. "Meu líder, meu líder...", disse-lhe o presidente.

Marcos Coimbra saiu da biblioteca para atender um telefonema de Roberto Marinho. Voltou com um bilhete, que entregou a Collor. "Ele vencerá", estava escrito no bilhete, que Collor fez circular entre os presentes.

Passava das oito horas quando Carlos Augusto Montenegro disse: "Essa conversa toda não está levando a nada, precisamos concluir". O dono do IBOPE estava aflito com a falta de objetividade da reunião e com suas dúvidas íntimas. O que estou fazendo aqui?, perguntava-se. O IBOPE tinha contratos com o Banco do Brasil, a Caixa Econômica e a Petrobras, num valor total de 300 mil dólares ao ano. O Instituto fazia pesquisas sobre as empresas e seus produtos, nas quais embutia perguntas de avaliação do governo. Montenegro não estava ali por causa dos contratos, e sim porque o presidente o convidara. Dez minutos depois de ter feito o apelo, o pesquisador foi chamado por Collor para uma sala ao lado. "Vamos ver se colocamos o que conversamos no papel", disse o presidente, sentando-se à frente de uma máquina de escrever. Collor redigiu o discurso e o passou para o operador do teleprompter. Só na terceira gravação o presidente deu-se por satisfeito. Eram mais de duas horas da manhã quando o grupo saiu do Alvorada.

O discurso de Collor foi levado ao ar na noite de domingo. Houve três pontos que ele não conseguiu explicar. "Nem mesmo no relatório da CPI existe a afirmação de que a operação financeira para custear as despesas de minha campanha teria sido ilegal, inexistisse ou que tivesse afrontado qualquer norma regulamentadora", disse o presidente na televisão. Na verdade, o relatório de Amir Lando fazia mais de quarenta restrições à Operação Uruguai, e sustentava ser impossível saber se ela realmente existiu porque Cláudio Vieira não apresentou o contrato original. Sobre a Casa da Dinda, Collor afirmou que as reformas foram feitas "à minha própria custa" e que o imóvel e seus jardins eram "típicos das boas residências de Brasília". Os custos da reforma e do jardim, no entanto, foram pagos pela Brasil-Jet de Paulo César Farias. Por fim, o presidente negou peremptoriamente que sua secretária tivesse zerado a conta dele na véspera do Plano Collor, para evitar o bloqueio dos cruzados novos. O problema era mais intrincado. Na véspera do confisco, Ana Acioli sacou 63 mil dólares da conta de Collor, comprou com eles um cheque administrativo e, no dia 29 de março, o depositou na conta da Wedel, uma transportadora de Wagner Canhedo. Cinco dias depois, Zélia Cardoso de Mello baixou uma portaria liberando os cruzados novos depositados nas contas de empresas transportadoras, caso da Wedel. Ou seja, o presidente pôde dispor dos 63 mil dólares imediatamente.

Na segunda-feira, Etevaldo Dias e Ubirajara Dettmar se cruzaram no segundo andar do Palácio do Planalto. Os jornais do dia traziam uma foto de Dettmar com o presidente escrevendo o discurso, ao lado de Carlos Augusto Montenegro.

— Porra, Dettmar, mas você foi divulgar logo a foto em que o Montenegro aparece? — reclamou o porta-voz.

— Eu respondo ao presidente desde antes da posse, não tenho que prestar satisfações a você, que chegou ontem — reagiu o fotógrafo da Presidência.

Dias relatou o incidente a Collor, queixando-se de Dettmar. O presidente e o porta-voz telefonaram a Montenegro e pediram desculpas pela divulgação da foto.

Na tarde de segunda-feira, Orlando Brito atendeu um telefonema na sucursal de *Veja* em Brasília. Com o título de "O presidente deve sair", a revista havia publicado naquela semana o primeiro e único editorial de sua história. Em uma página, o editorial concebido por Roberto Civita defendia que a renúncia era "a melhor solução". Se ela não ocorresse, o remédio seria "levar o traumático processo de impeachment até o fim". O editorial se encerrava afirmando: "As multidões estão gritando que está errado o ditado que diz 'aos amigos tudo; aos inimigos, a lei'. A lei deve valer para todos. Especialmente para o presidente da República". Quem queria falar com Orlando Brito era um colega fotógrafo, o francês Alain Barki, que morava em Brasília havia anos.

— Vem aqui que a gente toma um café, Alain — disse Brito.

— Não, não pode ser aí.

— Então pode ser onde?

— Pode ser num botequim. Te telefono dez minutos antes do encontro.

Brito foi ao bar intrigado.

— Eu conheço um fotógrafo, o José Filho, que fez fotos do jardim da Casa da Dinda para o Collor e o José Roberto Nehring, o dono da Brasil's Garden. Você tem interesse nesse material? — perguntou Alain Barki no botequim.

— É, eu poderia dar uma olhada, sem compromisso — respondeu Brito, simulando desinteresse.

O fotógrafo de *Veja* ficou siderado quando viu os negativos das fotos, mas não demonstrou seu entusiasmo. Marcou um encontro com José Filho na sucursal. O fotógrafo do jardim da Dinda também foi tratado com um certo desdém por Eduardo Oinegue. A intenção de Brito e do chefe da sucursal era evitar que José Filho percebesse que eles estavam interessadíssimos no material e cobrasse muito por ele. A revista pagou pelas fotografias pouco mais do que o preço de tabela. O repórter Policarpo Jr. entrevistou José Roberto Nehring, que explicou como o jardim fora construído. O paisagista contou que Collor aprovou o projeto de reforma e o orientou a discutir o pagamento da obra com Paulo César Farias. A reforma começou em abril de 1989 e terminou em maio de 1992. Nehring foi pago por Cláudio Vieira e Paulo César Farias. No total, disse

Nehring, ele recebeu 2,5 milhões de dólares pelo serviço. Os tratores, guindastes e caminhões alugados pela Brasil's Garden reviraram a terra dos 13 mil metros quadrados da propriedade. A empresa plantou 240 árvores de médio e grande porte, quarenta delas frutíferas. Construiu oito cachoeiras, acionadas eletronicamente. Cavou um lago artificial, com capacidade para 1,5 milhão de litros de água, onde foram postas cem carpas japonesas. Refez a piscina, ampliando-a para cem metros quadrados e instalando nela um equipamento para manter a água na temperatura constante de 28 graus. Ao lado da piscina, ergueu dois vestiários, sala de ginástica e sauna para seis pessoas. Revestiu o píer de aroeira maciça. O conjunto foi iluminado com duzentas lâmpadas e cinquenta holofotes.

Enquanto Policarpo Jr. e Orlando Brito faziam a matéria, na noite de quarta-feira, uma Mercedes-Benz prateada cruzava os portões da casa de Roberto Marinho no Cosme Velho. José Sarney e Itamar Franco desceram do carro e foram cumprimentados pelo anfitrião. O jornalista conduziu o ex- e o vice-presidente a um passeio pelo jardim, onde corre o rio da Carioca, que desce a encosta do morro do Corcovado, e chamou a atenção para os flamingos que passeavam no gramado. O jardim da mansão do Cosme Velho era um dos mais belos do Rio. Ainda assim, era menor e custou menos que o da Casa da Dinda. Enquanto o de Marinho fora construído aos poucos, como fruto de quase sete décadas de trabalho, o de Collor foi feito em apenas dois anos, com recursos arrecadados por Paulo César Farias.

Itamar, Sarney e o dono da Globo jantaram no terraço. Comeram lagosta de entrada, camarão como prato principal e sorvete de sobremesa. Marinho havia mudado de posição em relação ao presidente. Desde a aprovação do relatório da CPI, determinara a Alberico Souza Cruz que alterasse o enfoque do *Jornal Nacional* na cobertura da crise. Como *O Globo* vinha fazendo, o telejornal passou a dar destaque às ligações entre Collor e Paulo César Farias, e a noticiar a mobilização popular. O dono da Globo falou ao vice-presidente e a Sarney, o articulador do encontro, que estava preocupado com possíveis reações intempestivas de Collor. "Se tiver de tomar posse, terei condições de fazer as reformas modernizantes com maior velocidade", disse Itamar Franco. "Não há suspeitas de corrupção sobre mim e tenho melhor trânsito no Congresso." Marinho gostou da conversa. Ficou com a impressão de que o vice era, como disse, um homem "sério e honesto".

Collor soube do jantar no Cosme Velho. Mandou uma carta a Roberto Marinho enfatizando a "amizade" que os unia e elogiando artigos do jornalista. A carta não sensibilizou o empresário, que manteve a cobertura da Globo tal como estava. À noite, Itamar Franco telefonou do Hotel Glória, no Rio, para a casa da repórter Flávia de Leon, da *Folha de S.Paulo*, em Brasília, que havia ligado para ele naquela tarde. A repórter queria saber como fora o encontro com Roberto Marinho. O vice negou que tivesse estado com o empresário. O telefonema durou dez minutos e foi gravado clandestinamente. Uma fita da conversa foi encaminhada a *O Dia*. O dono do jornal, Ary de Carvalho, avisou Itamar de que iria publicar a transcrição da fita. Nela, o vice chamava a repórter de "meu amor" e, a determinada altura, dizia: "Se um dia eu chegar ao Planalto, se eu chegar lá, eu vou pedir para você ficar comigo, está bem?". A pedido de Itamar, Ary de Carvalho suprimiu da transcrição um galanteio que fizera à repórter: "Eu já falei uma vez que não te quero como jornalista". Assessores do vice descobriram que os telefones da casa dele em Brasília estavam grampeados também.

No domingo, 6 de setembro, *Veja* publicou a capa "O jardim do marajá da Dinda". Roberto Marinho ficou estupefato com as fotos. Sentiu-se ludibriado pelo presidente, que jamais ligara as cachoeiras quando o dono da Globo estivera em sua casa. "Ele fez aquele jardim para imitar o meu", disse o jornalista a Antônio Carlos Magalhães.

A reportagem foi assinada por Policarpo Jr. e Orlando Brito, que, erradamente, também apareceu como autor da foto de capa. Na segunda-feira, Brito fotografou a parada de Sete de Setembro em Brasília, durante a qual o presidente foi vaiado com estrépito. Os olhares de Collor e do fotógrafo se cruzaram. O presidente desviou imediatamente o olhar e estufou ainda mais o peito.

Etevaldo Dias achou que as fotos de José Filho, feitas para um catálogo da Brasil's Garden, exageravam as dimensões do jardim da Dinda. Ele disse a Collor:

— Presidente, abra a sua casa e deixe toda a imprensa entrar. A revista vai ficar desmoralizada quando os repórteres constatarem que o jardim é menor do que as fotos dão a entender.

— Não, não vou deixar ninguém entrar na minha casa. Não vou me submeter à pauta da *Veja*.

O porta-voz insistiu e Collor não mudou de opinião. Etevaldo Dias se preocupava com a paralisia do presidente. Ele não reagia às denúncias. Tinha direito, por exemplo, a pedir cópias de todos os cheques investigados pela CPI para preparar a sua defesa, e jamais o fez. O jornalista alimentava duas desconfianças: a de que o chefe tinha uma certeza irreal da sua manutenção na Presidência; ou então, como Getúlio Vargas, pensava em se suicidar. A hipótese também passou pela mente de Lafaiete Coutinho, que, com seu estilo direto, a expôs a Collor: "Presidente, se o senhor for renunciar ou se suicidar, me avise antes, porque eu já passei do meu limite". Collor lhe disse que não faria uma coisa nem outra.

Etevaldo Dias fez a Radiobrás gravar um vídeo sobre os jardins da Dinda, com as cachoeiras desligadas. Ele mandou a fita a Silvio Santos, que a exibiu em seu programa dominical, e a Roberto Marinho, que pôs um trecho no ar, mas com o crédito "Radiobrás", para deixar claro que não se tratava de imagens feitas pela Rede Globo.

Luiz Estevão também se envolveu na guerra de imagens. Ele arrecadou 1 milhão de dólares para que o PRN fizesse um anúncio televisivo defendendo Collor. A propaganda mostrava fotos de Getúlio Vargas e de seu ministro do Trabalho, Lindolfo Collor, manchetes de jornais, de 1954, atacando o presidente e cenas do enterro de Getúlio. O texto do anúncio dizia:

Getúlio implantou as bases do processo de industrialização nacional, por isso feriu de morte interesses dos grupos que em 1954 articularam contra ele uma intensa campanha de desmoralização. Acusado pelo irmão Protásio Vargas, atacado pela oposição, que pediu o seu impeachment, e caluniado pela imprensa, Getúlio suicidou-se. Novamente, orquestram a derrubada de um presidente. Acorda, Brasil!

Na noite de quarta-feira, 16 de setembro, o presidente jantou em Brasília na casa do deputado Onaireves Moura, do PTB paranaense, cujo nome significa "Severiano" lido de trás para a frente. Compareceram cerca de sessenta deputados e quatro senadores. Collor só tomou um copo de cerveja, mas, pelo que disse, parecia um torcedor bêbado, e não um Getúlio redivivo. No seu discurso, ele chamou Ulysses Guimarães de "esclerosado", "senil" e "decrépito". José Sarney, de "ladrão da história". Ibsen Pinheiro, o presidente da Câmara, de "canalha", "golpista" e "bunda-mole". Os deputados do PMDB, de "cagões" e "bundões". Sobre Roseana Sarney e Jorge Murad, ele disse: "A musa do impeachment e seu ex-marido não resistem a uma investigação de dez minutos da Receita Federal". Os jornalistas também foram mencionados pelo presidente: "Vou desmascarar esses caluniadores. Imprensa de merda. Vão engolir pela boca e por outros lugares o que disseram de mim. Imprensa marrom, imprensa de merda, canalha".

A base política do presidente diminuíra mais ainda. Jorge Bornhausen se demitira do Ministério e, deixando uma carta com elogios a Collor e ataques à CPI, partira de férias para Aruba, no Caribe. Brizola, embora não participasse das manifestações pela destituição do presidente, parara de defendê-lo. Roberto Marinho fez o *Jornal Nacional* dar a íntegra da nota de José Sarney revidando os ataques de Collor, a quem o ex-presidente classificou de "insultador, irresponsável e indigno do cargo". O apoio ao presidente se reduzira ao Ministério, cujo dínamo era Marcílio Marques Moreira, e, fora dele, a Antônio Carlos Magalhães.

Ainda na quarta-feira, os juízes do Tribunal de Contas da União decidiram por unanimidade extinguir o cargo de adido cultural no exterior. Consideraram que não havia lei que justificasse sua existência. Com a decisão, quatro adidos culturais ficaram desempregados: o de Roma, Sebastião Nery, jornalista que ajudara Collor na campanha e recebia um salário mensal de 9500 dólares, fora auxílio-moradia e passagens aéreas; o de Buenos Aires, Ipojuca Pontes, cineasta que também participara da campanha e depois fora nomeado secretário da Cultura; o de Lisboa, Cláudio Humberto Rosa e Silva, ex-porta-voz do presidente, e a de San Francisco, Ruth Escobar. "Acredito que o presidente deve ser impedido", disse a atriz um dia depois de seu cargo ser extinto.

Na manhã seguinte, Leda Collor tomou café, deu ordens aos empregados de seu apartamento no Parque Guinle, no Rio, e às onze e meia conversou ao telefone com a filha Ana Luiza. De repente, ela parou de falar. Ana Luiza telefonou para um outro número do apartamento. Uma empregada entrou no quarto da mãe do presidente e a encontrou desmaiada. Antes de chegar à Clínica Pró-Cardíaco, em Botafogo, Leda Collor teve três paradas cardíacas; massagens e medicamentos a ressuscitaram, mas ela não recobrou a consciência. Depois de levá-la para uma unidade de terapia intensiva, os médicos a sedaram e lhe instalaram um marcapasso no ventrículo esquerdo. Com uma infecção bacteriana generalizada, ela esteve entre a vida e a morte.

Etevaldo Dias deu uma declaração dizendo que a mãe do presidente passara mal depois de ler uma entrevista de Pedro Collor ao *Jornal do Brasil*. O caçula dos Collor retornava de uma estada de dois meses em Miami, onde pretendia se estabelecer com a família, para ser interrogado pela Polícia Federal. Na entrevista ao *JB*, ele renovara os ataques ao irmão. Os médicos, no entanto, atestaram que o coração de Leda fraquejou por um motivo orgânico, que bloqueou o impulso elétrico responsável pelos batimentos cardíacos.

"É da família, é da quadrilha!", gritava a multidão concentrada na porta da clínica quando chegaram Marcos Coimbra e sua mulher, Ledinha Collor. O casal esperou no carro até que a polícia fizesse um cordão de isolamento. "Não faz isso, gente, é minha mãe", pediu Ledinha aos manifestantes, ao sair do automóvel com as mãos postas. Chegou uma ambulância, com a sirene ligada. Correu o rumor de que o presidente estava dentro dela. O povo cercou a ambulância, chutando-a e dando socos na lataria. Enfermeiros tiraram da ambulância uma senhora desacordada. Collor e Rosane vieram num ônibus da Presidência. Foram recebidos com vaias e palavrões. O presidente só desceu do ônibus depois de ter certeza de que não cruzaria, na clínica, com seu irmão Pedro. Collor saiu do hospital e foi para o Palácio das Laranjeiras, onde passou a noite. Ao longo do trajeto, ele foi xingado por pessoas que, alertadas pelo noticiário das emissoras de rádio e televisão, se postaram nas calçadas. Moradores das casas e dos prédios nas imediações do Palácio das Laranjeiras penduraram panos pretos nas janelas. Recepcionaram o presidente com um portentoso batuque de panelas, que se estendeu noite adentro.

A ira popular se concentrara em Collor porque ele simbolizava um estado de coisas. A sua obra governamental era calamitosa. Desde que ele assumira a Presidência, o Brasil estava em recessão. O Produto Interno Bruto caíra 4,3% em 1990, subira 1% no ano seguinte, e voltara a cair 0,5% em 1992. Naquele setembro, o desemprego atingia 15% da população economicamente ativa da região metropolitana de São Paulo. A inflação, que Collor prometera derrubar com um tiro, se encontrava acima do patamar dos 20% mensais fazia dezesseis meses. O confisco das contas correntes e das cadernetas de poupança tumultuara a vida da população, e não adiantara nada para melhorar a economia nacional. Em agosto, ocorrera a liberação da última parcela do dinheiro confiscado, mas com uma perda de 30% para a inflação. O presidente dissera que a corrupção acabaria. Nos seus trinta meses de governo, contudo, a imprensa denunciou 290 casos diferentes de corrupção, nas esferas federal, estaduais e municipais. Nenhum dos projetos de modernização de Collor fora levado a cabo. O Brasil continuava na mesma: atolado no subdesenvolvimento.

O Supremo Tribunal Federal se reuniu na quarta-feira, 23 de setembro, para julgar um mandado de segurança impetrado pelos advogados do presidente. A sessão começou às quinze para as duas da tarde e acabou quase nove horas depois. Vários de seus trechos foram transmitidos ao vivo pelas emissoras de televisão. Houve uma manifestação na frente do Supremo, na qual crianças vestidas de verde-amarelo e faixas negras fizeram um arranjo de flores no chão com a forma da bandeira brasileira. O Supremo considerou, por oito a um, que a decisão da Câmara sobre o afastamento do presidente deveria ser feita com voto aberto. Se o voto fosse secreto, avaliavam os aliados do presidente, Collor teria chance de se manter no cargo. Com o aberto, a sua derrota era praticamente certa. Ainda mais porque a votação do afastamento foi marcada para a terça-feira, 29 de setembro, quatro dias antes das eleições para prefeito. No horário eleitoral gratuito, a maioria dos candidatos fazia questão de atacar Collor. Já os apadrinhados por governadores que defendiam o presidente perdiam pontos nas pesquisas eleitorais. (Cidinha Campos, apoiada por Brizola no Rio, veio a ser derrotada por César Maia, do PMDB; Manoel de Castro, o candidato de Antônio Carlos Magalhães em Salvador, perdeu para Lídice da Mata, tucana recém-egressa do PCdoB.)

Na reunião das nove horas do dia seguinte, Collor discutiu dois temas com os ministros-chaves do governo: as eleições presidenciais americanas e a assistência médica aos ianomâmis. "Bill Clinton vencerá, e vai acabar o longo período de hegemonia dos republicanos", disse o presidente, ao fim de uma longa exposição sobre o sistema eleitoral americano. Ele parabenizou Célio Borja, o ministro da Justiça, por ter conseguido verbas para atender os ianomâmis. A reunião demorou uma hora e, para espanto dos presentes, o presidente não fez nenhum comentário sobre a decisão do Supremo.

Dias depois, Collor encontrou-se com o colunista Carlos Castello Branco, do *Jornal do Brasil*. Tranquilo, saboreando um charuto, o presidente recordou passagens de sua infância e adolescência. Lembrou de seu falecido amigo Rodrigo, filho do colunista, e de uma viagem que fizera à República Dominicana. Contou que resolvera ser político por acaso, já que Leopoldo e Pedro não tinham interesse no assunto. "O disponível era eu", disse. "Sequer pensava em política, em fazer política. Meu desejo no fundo continuava a ser correr o mundo." Depois de três horas de conversa amena, Castello Branco perguntou:

— Presidente, como estão suas contas? — referindo-se aos votos que ele esperava obter na Câmara para conseguir se manter no cargo.

— Vão muito bem — respondeu Collor.

— Lembre-se de que eu conheço o caminho das pedras. Outros amigos seus também conhecem bem esse caminho.

Carlos Castello Branco escreveu uma coluna sobre o encontro, na qual se colocou na condição de "o amigo". Depois de relatar o diálogo, ele encerrou o artigo: "Foi tudo o que se disse de política na conversa, poucos dias antes da votação na Câmara. Conversa sobre a vida dele, fluente, gratuita. O amigo despediu-se, saiu e no caminho de volta começou a fazer sua reflexão sobre aquele encontro, aquela conversa. Não chegou a nenhuma conclusão".

Collor perdera a vontade de lutar. Estava abúlico e deprimido. Dos 92 quilos que pesava quando tomou posse, caíra para 74. A paralisia contaminou a sua equipe. Lafaiete Coutinho começou a empacotar as coisas para voltar a São Paulo. Não queria que a imprensa fotografasse o caminhão de mudança na porta de sua casa em Brasília.

O Brasil entrou em marcha lenta na manhã de terça-feira, 29 de setembro, o dia da votação do afastamento de Collor na Câmara. Houve greves e dispensa de trabalhadores em várias empresas, concentrações para acompanhar a sessão da Câmara em telões e uma manifestação na frente do Congresso. Etevaldo Dias encontrou Collor na hora do almoço.

— Até agora já há 124 deputados no plenário, presidente — avisou o porta-voz.

— Está vendo? É o mesmo quórum de ontem. É muito difícil, eles não vão conseguir — disse o presidente, mastigando um sanduíche.

Para que houvesse votação, era preciso que 252 deputados estivessem no plenário. O quórum foi obtido antes mesmo que Etevaldo Dias deixasse o gabinete presidencial. A sessão foi transmitida ao vivo pelas emissoras de televisão. Convalescendo de uma gripe, Boris Casoy foi à Câmara e, num arremedo de estúdio, permaneceu quase nove horas no ar, de pé, irradiando a sessão. Joyce Pascowitch, colunista social da *Folha de S.Paulo*, ficou no plenário, de onde saía para redigir suas notas no gabinete da liderança do PSDB. Na sala dos tucanos, atendeu um telefonema de Rosane Collor, que reclamou de uma nota sem importância que ela publicara dias antes.

Representantes de todos os partidos falaram. José Serra, do PSDB, e Luís Eduardo Magalhães, do PFL, deram o tom dos discursos a favor e contra o afastamento de Collor. "O presidente deve ser destituído por ter acobertado o tráfico de influência, por ter mentido à população e por ter faltado ao decoro", disse Serra. "O presidente da República está sendo vítima também de seus acertos", falou Luís Eduardo, referindo-se às promessas "modernizadoras" de Collor. Começou a votação. Para que o afastamento se consumasse, eram necessários 336 votos, dois terços dos 503 deputados. Ao justificar o voto, alguns deputados repetiram o bordão de Boris Casoy: "É preciso passar o Brasil a limpo".

Collor quis ficar sozinho no seu gabinete. Ligou a televisão, acompanhou alguns poucos votos e logo a desligou. Telefonou para Rosane. Ela tentou animá-lo. O presidente apagou as luzes principais da sala, deixando acesas somente as que iluminavam a mesa. No primeiro capítulo de um livro inacabado sobre o seu governo, Collor registrou o que sentiu:

Durante alguns minutos, talvez trinta, quarenta, rendi-me às recordações de minha infância, da adolescência no *Colégio São José*, no Rio de Janeiro, dos conselhos de meu pai ("no exercício da política, meu filho, é fundamental ter três coisas — paciência, paciência, muita paciência", dizia-me), das lutas em Alagoas, do processo arrebatador que me levou ao Planalto, da agonia de minha mãe no leito do hospital, da expressão assustada de meus filhos, das decisões que tomei naquele gabinete, finalmente deserto, escuro, silencioso. Inerte, à janela, contemplando o nada, tentava ouvir o silêncio. Mas o que ouvi, de repente, foi um ruído surdo, um rumor de multidão, que saía do plenário da Câmara dos Deputados, chegava aos manifestantes e logo se espalhava, misturando-se a buzinas de automóveis. Percebi naquele momento que o impeachment havia sido aprovado. Continuei em pé, imóvel. Era o fim.

O rumor da multidão fora provocado pelo 336º voto a favor do afastamento. Dos 480 deputados que compareceram à sessão, 441 votaram a favor da abertura do processo pelos crimes de responsabilidade cometidos no exercício da Presidência, 38 contra e um se absteve. Chorando, Collor telefonou para Rosane.

— Deus é justo, ele não vai te desamparar. Você vai dar a volta por cima — disse ela, também chorando.

— Você me promete isso? — perguntou o presidente.

— Prometo. Levante a cabeça. Vamos à luta.

Collor mandou chamar Marcos Coimbra, Etevaldo Dias e Lafaiete Coutinho. Pareceu-lhes que o presidente estava se refazendo de um baque. Ele mandou chamar também o ministro do Gabinete Militar, general Agenor, e o da Justiça, Célio Borja. Determinou que formassem uma comissão de transição, com o fim de organizar a passagem do poder para Itamar Franco. Collor saiu do Planalto às nove e vinte da noite, deixando ordens para que os seus objetos pessoais fossem levados à Casa da Dinda. Mal ele saíra, funcionários entraram no gabinete com caixas e sacos plásticos. Foram separados os objetos que pertenciam ao patrimônio da União dos que eram de propriedade do presidente afastado. Os porta-retratos com fotos dos filhos, as imagens de Nossa Senhora da Conceição e são Francisco de Assis, o cortador de charutos, as condecorações — tudo o que era de Collor foi empacotado e posto em duas Kombis azuis.

A sexta-feira, 2 de outubro, amanheceu pálida. Fernando Collor voltou ao Palácio para receber o comunicado oficial de afastamento. Da janela de sua sala, viu uns poucos manifestantes na praça dos Três Poderes. Às dez horas, o primeiro-secretário do Senado, Dirceu Carneiro, saiu do Congresso e foi a pé até o Planalto. Collor poderia ter recebido a intimação no gabinete, sozinho. Preferiu armar um palco para a encenação do derradeiro ato de sua Presidência: reuniu o Ministério e convocou a imprensa para difundir a cena da derrocada. Fuzilado por holofotes de televisão e metralhado por flashes, levantou o relógio Breitling à altura do prendedor da gravata Hermès (eram dez e vinte) e assinou com uma caneta Mont Blanc o recibo de sua derrota.

Acabou, pensou Orlando Brito, apertando o botão da câmera para flagrar o presidente destronado de costas, saindo da sala. O fotógrafo mal teve tempo de se emocionar porque precisou correr para fora do Palácio. Tinha que arrumar um bom lugar para registrar a caminhada de Collor até o helicóptero. Em seu último dia de trabalho no Planalto, Ubirajara Dettmar também fotografou tudo friamente: era mais uma pauta. Acompanhara Collor desde a campanha. Vira o povo vibrar com o caçador de marajás. Cobrira a sua posse numa gloriosa manhã ensolarada. Estivera ao lado dele nos encontros com os grandes desse mundo. E agora o retratava no dia lívido em que perdia o poder.

Collor segurou a mão de Rosane, ergueu a cabeça e, 932 dias depois de ter recebido a faixa presidencial, saiu do Palácio. Percorreu uma trilha ladeada por flores vermelhas e espinhos. Ele está sendo fotogênico até o fim, pensou Orlando Brito. As fotos não captavam toda a realidade, pois os manifestantes gritavam "Revista ele!" e "Ladrão!". O casal parou na frente do helicóptero. Com o braço direito abraçando Rosane pela cintura, Collor virou-se para o Planalto e fez um aceno aos ministros que aguardavam o embarque: adeus, adeus. Entrou, sentou, cerrou o punho direito e deu um soco no ar. O ronco do helicóptero se confundiu com os gritos da multidão quando ele alçou voo pela última vez rumo à Casa da Dinda.

Epílogo

Em abril de 1993, Pedro Collor lançou o livro *Passando a limpo — A trajetória de um farsante*. Coordenado e editado por Dora Kramer, desde o título até o ponto final ele é uma formidável invectiva contra Fernando Collor. Em apenas sete frases, o autor chama o irmão de "vaidoso", "preguiçoso", "mal-intencionado", "perdulário", "dogmático", "arrogante" e "mau-caráter". O livro transcreve a gravação de um telefonema entre Leda Collor e sua filha Ana Luiza, feito em 9 de agosto de 1992, menos de um mês antes da aprovação do relatório final da CPI. Em *Passando a limpo*, Ana Luiza é identificada como uma "confidente". A determinada altura, Leda Collor explica por que afastou seu caçula da direção da empresa da família:

D. Leda: O Pedro precisava parar de falar naquelas coisas de cocaína, tudo aquilo...
Confidente: Mas nós sabemos que isso é verdade.
D. Leda: Mas não se pode dizer! É uma sujeira muito grande para se dizer sobre um presidente da República, o que é isso?
Confidente: Concordo, mas, como ele avisou, tudo poderia ter sido evitado.
D. Leda: Só que ele falava tão indignado, tão aborrecido, tão furioso que não havia quem conseguisse argumentar.
Confidente: Ele estava indignado com o roubo.
D. Leda: É, pois é, mas não se pode ficar tão indignado assim e não medir as consequências de sua indignação. Será que ele não percebeu que ia nos levar ao descalabro total, que ia me deixar na pior situação como mãe? O que eu pude falar com o Fernando eu falei, mandei duas cartas a ele.
Confidente: Dizendo o quê?
D. Leda: Em linhas gerais, tudo que o Pedro me dizia, que o PC fazia negócios com o Fernando, que estava tirando dinheiro para dar ao Fernando, pedindo comissões em toda parte para depois dividir o dinheiro com o Fernando, tudo isso.
Confidente: E o Fernando respondeu?
D. Leda: Respondeu muito secamente, com evasivas, mas não demonstrou que estivesse com raiva. Eu fiz a minha parte. Agora, se ele não deu ouvidos, vou fazer o quê?

No final do diálogo, ela voltou a falar dos filhos:

D. Leda: Não quero defender PC nem Fernando, mas qualquer pessoa do mundo poderia denunciar os dois, menos o Pedro. Já no fim da vida não poderia me acontecer nada pior, um filho ladrão e outro delator!
Confidente: O que é melhor, um ladrão ou um delator?
D. Leda: Não sei, acho tudo péssimo... Tenho um filho presidente da República que é ladrão, um que resolveu tirar suas casquinhas também, e tenho outro que é ótimo empresário, mas resolveu transformar-se num delator.

Em agosto de 1993, depois de viver um ano e meio em Miami, Pedro Collor voltou para Maceió e começou sua carreira política. Tentou se filiar ao Partido Socialista Brasileiro, mas a direção do PSB barrou a sua entrada. Filiou-se então ao minúsculo Partido Republicano Progressista. "Quero o julgamento das urnas, quero saber o que os alagoanos pensam de mim", disse ao amigo Luciano Góes, anunciando que seria candidato a deputado estadual nas eleições de outubro de 1994. Pedro não foi eleito.

Depois da votação, Pedro leu na imprensa que Collor estava em dificuldades financeiras. Na segunda-feira, 10 de outubro, escreveu uma carta ao irmão. "Se você quiser, e seu orgulho não for maior que a necessidade, a Organização Arnon de Mello, da qual você é um dos donos, tem condições de ajudá-lo. Diga a um interlocutor o que precisa e eu providenciarei imediatamente", disse no texto, que encerrou assim: "Estou em paz comigo e sem qualquer ódio ou ressentimento." Pedro não enviou a carta: suspeitou que seu irmão poderia torná-la pública, junto com insinuações de que estaria se retratando das acusações que lhe fizera.

Durante a campanha para deputado, Pedro Collor sentiu dores de cabeça contínuas. Atribuiu-as ao cansaço e à sinusite que o acompanhava desde a adolescência. Depois da eleição, as dores pioraram. O empresário chegava em casa, prostrava-se num sofá e cobria a cabeça com uma almofada para evitar a luz. Na quarta-feira, 16 de novembro de 1994, ele chegou atrasado a uma reunião da diretoria da TV Gazeta. Pediu um copo de leite para tomar um comprimido. Sem que percebesse, o leite escorreu pelo lado esquerdo de sua boca. Estava sem reflexos, com o rosto semiparalisado. Levaram-no a um hospital, onde foi feita uma tomografia. O exame mostrou quatro manchas escuras no cérebro. Ele viajou para São Paulo e se internou no Hospital Oswaldo Cruz. Novos exames e uma biópsia selaram o diagnóstico: Pedro Collor tinha quatro tumores malignos. Eles eram grandes e estavam dispersos pela caixa craniana, o que inviabilizava uma intervenção cirúrgica. A origem dos tumores era um melanoma, câncer que geralmente aparece na forma de pintas e manchas na pele. No caso de Pedro, esses sintomas não ocorreram, impossibilitando o tratamento precoce. O câncer surgiu em algum órgão interno, sem deixar sinais, e só se manifestou quando entrou em metástase e se espalhou pelo organismo.

Quando fez as denúncias contra o presidente e foi afastado da Organização

Arnon de Mello, em maio de 1992, Pedro Collor passara por exames médicos e psiquiátricos para provar que não estava louco. O empresário foi submetido a uma ressonância magnética, que detecta lesões e tumores. O exame mostrou que ele tinha um angioma, malformação congênita, nos vasos que irrigam o cérebro. Os médicos lhe disseram que o angioma não evoluiria. Ele, de fato, manteve-se estável, como comprovaram os exames de novembro de 1994. Os tumores no cérebro não tinham qualquer relação com a malformação. Ou seja: Pedro Collor estava no pleno domínio de suas faculdades mentais quando atacou o irmão presidente. Os tumores surgiram depois.

Ao saber da internação no Hospital Oswaldo Cruz, liguei para Ana Luiza, que me deu o quadro real da doença: Pedro Collor teria no máximo seis meses de vida. Falei com ele e com Thereza. "Agora, eu só quero tranquilidade, quero descansar. Os desígnios de Deus se cumprirão novamente", disse Pedro. "Seria bem mais fácil passar por dez impeachments que enfrentar essa doença", falou-me Thereza. No mesmo dia, telefonei para Collor e Paulo César Farias. Ambos ainda não sabiam que Pedro Collor estava condenado à morte. PC reagiu à notícia com uma frase semelhante à de Pedro: "Ninguém pode brincar com os desígnios de Deus". Collor ficou chocado. "Meu Deus... meu Deus... meu Deus", dizia ele à medida que ouvia o diagnóstico. Pedi-lhe uma declaração sobre a possibilidade de perdoar o irmão moribundo. "Sim, é possível perdoar", respondeu Collor, escolhendo as palavras. "Mas ele quer ser perdoado? Pedro acredita que fez um mal? E posso esquecer? O esquecimento independe da minha vontade. Só sei uma coisa; não guardo nenhum rancor, nenhuma mágoa. O ódio envenena as pessoas. Se receber algum sinal de que serei acolhido como um irmão, irei imediatamente encontrar com Pedro."

O caçula dos Collor embarcou para Nova York na sexta-feira, 25 de novembro, a fim de se submeter a um doloroso tratamento radioterápico no Memorial Hospital. Emagreceu mais de dez quilos e perdeu os cabelos. Não conseguia andar, e era levado de cadeira de rodas ao hospital. Desconfiado de que Thereza não o receberia, Fernando Collor não visitou o irmão.

Pedro Collor morreu aos 42 anos, em 18 de dezembro, 32 dias depois de o câncer ser diagnosticado. Foi enterrado em Maceió por Thereza e seus dois filhos, Fernando, de onze anos, e Victor, de oito.

Inconsciente desde setembro de 1992, Leda Collor não soube da morte de seu caçula. Ela morreu pouco mais de dois meses depois do filho, em São Paulo.

* * *

"Dom Flag, dom Flag, o filho da puta decretou a nossa prisão", disse Paulo César Farias ao piloto Jorge Bandeira, na quarta-feira, 30 de junho de 1993, referindo-se ao juiz Pedro Paulo Castelo Branco. Eles estavam escondidos desde o dia anterior na casa de praia de um amigo de PC. Para escapar da prisão preventiva, foram dali para uma fazenda na divisa de Pernambuco com a Bahia, onde conceberam um plano mirabolante: numa noite, vestidos de preto, pulariam um muro de três metros de altura do Aeroporto de Guararapes, no Recife, e correriam até um jatinho que os aguardaria na cabeceira da pista. Bandeira convenceu Farias a se exercitar, para estar em boa forma física na noite da fuga. Combinaram andar três quilômetros por dia, num terreno de areia fofa da fazenda. PC apareceu no primeiro treinamento vestindo short, calçando tênis e fumando um charuto.

— O que você está fazendo com esse charuto? Joga fora — disse Bandeira.

— Vai tomar no cu, Flag — respondeu Farias, que até então andava uns vinte metros por dia, e, na metade da caminhada, se livrou do Monte Cristo.

Eles acabaram contratando o chileno José Ramon Irribarra Moreno, processado na Espanha por passar cheques falsos, para tirá-los do Brasil. Saíram do país num aviãozinho pilotado por um paraguaio, contrabandista de uísque. Levantaram voo de uma pista de fazenda e foram para Buenos Aires. Moraram três meses num apart-hotel no bairro de Belgrano. Sem poder sair à rua, Farias ficou exasperado. Ele entrou em contato com um grupo de uruguaios e, três meses depois de chegar, saiu da Argentina. Passaram-se três semanas e PC telefonou de Londres para o piloto, que permanecera em Buenos Aires. "Dom Flag, já estou no Reinado. Está uma maravilha aqui. E você, já transou com alguém aí?", perguntou.

Paulo César Farias foi localizado em Londres por Roberto Cabrini, repórter esportivo da Rede Globo, que o descobriu por intermédio de amigos do empresário na Europa. Para se disfarçar, PC tinha emagrecido mais de dez quilos, raspara o bigode e pintara o cabelo de castanho-claro. Na quinta-feira, 21 de outubro de 1993, o *Jornal Nacional* apresentou uma entrevista de vinte minutos de Farias a Cabrini. Naquela noite, o *JN* foi visto por 80% da audiência, contra uma média diária de 49%. A Justiça britânica decretou a prisão preventiva de PC e abriu um processo de extradição. No domingo, 6 de novembro, ele voou para Bangcoc, capital da Tailândia, e se hospedou no Royal Orchid Sheraton. Dias depois, reencontrou-se com a mulher, Elma. Num jantar no restaurante do hotel, discutiu com um senhor, em inglês, a respeito de quem reservara determinada mesa. No fim do bate-boca, o homem disse, em português: "Prazer em revê-los". Era um empresário brasileiro, Nelson Scola, que reconhecera PC e Elma. Na segunda-feira, 29 de novembro, a embaixada brasileira em Bangcoc cancelou o passaporte do fugitivo, e a polícia tailandesa o deteve. Farias ficou três dias preso numa cela com dezenas de criminosos comuns, entre eles assassinos, traficantes e estupradores. Sua lábia continuava impecável: convenceu quatro presos pés de chinelo a lhe darem o colchão mais macio da cela e a maior porção de comida das refeições. Elma protestou contra a prisão do marido. "O que o Paulo César fez foi a mando do chefe maior, do presidente", disse ela. As autoridades tailandesas entregaram Farias a agentes da Polícia Federal, que o trouxeram de volta ao Brasil e o prenderam num quartel da Polícia Militar de Brasília. Ao chegar, uma de suas primeiras providências foi despachar oitocentos dólares para cada um dos quatro presos que o ajudaram em Bangcoc.

Os filhos de Paulo César Farias, que estudavam na Suíça desde a prisão do pai, passaram as férias de julho de 1994 em Brasília. Pouco antes da meia-noite de terça-feira, dia 19, Elma Farias deitou-se. A filha Ingrid, de catorze anos, adormeceu a seu lado. De madrugada, a menina acordou e sentiu que a perna da mãe estava fria. Ela cobriu Elma com um cobertor e voltou a dormir. De manhã, Ingrid desceu para tomar café. Como a mãe não se levantasse, às nove e meia tentou acordá-la. Elma estava morta: falecera na madrugada, aos 44 anos, vítima de uma parada respiratória provocada por insuficiência cardíaca. "O que eu fiz para merecer tamanho castigo?", perguntou Paulo César Farias ao irmão Augusto quando ele lhe deu a notícia. No Crematório de Vila Alpina, em São Paulo, Paulinho, de doze anos, chorou incontrolavelmente. PC foi vaiado e chamado de "corrupto" e "ladrão" por curiosos que o aguardavam na saída da cerimônia. O viúvo não pôde realizar o pedido que a mulher tantas vezes lhe fizera: que suas cinzas fossem jogadas no rio Sena, em Paris.

Paulo César Farias foi condenado a quatro anos de prisão por sonegação fiscal e a sete anos e quatro meses por falsidade ideológica. Indiciado em 41 inquéritos, os dias dele na prisão eram consumidos no acompanhamento de processos. Um levantamento feito pela Polícia Federal concluiu que 52 empresas contribuíram para a caixa de Collor e PC. Farias chegou a ter dezessete contas-fantasmas, que usou para pagar as despesas de 49 autoridades do primeiro e do segundo escalão do governo.

Passei um dia com Farias na sua cela no Quartel da Polícia Militar, em novembro de 1994. Foi a única vez em que o vi abatido. "É preciso muito autocontrole para não se deixar levar pela depressão", disse ele. Falou muito mal da imprensa, a quem acusava de tê-lo escolhido como bode expiatório. Achava que não havia feito nada diferente do que qualquer tesoureiro de político costumava fazer, pois não obrigara nenhum empresário a dar-lhe dinheiro, e, todavia, era o único que estava preso.

Em dezembro de 1994, Farias foi transferido para Maceió, onde passou a cumprir pena no Quartel-General do Corpo de Bombeiros. Menos de um mês depois, em 12 de janeiro, uma funcionária de Farias levou Suzana Marcolino da Silva ao patrão. Preso fazia um ano, e viúvo há seis meses, Farias estava ávido de companhia feminina. Suzana, uma morena de 25 anos bastante conhecida na noite de Maceió, não ligou para o desconforto e a privacidade precária da cela, e começou a se relacionar com PC. Nascida em Palestina, no sertão alagoano, ela não tinha emprego, gostava de joias e preferia sair com homens mais velhos do que ela, geralmente casados.

Dois anos e um mês depois de ter sido preso, Farias se beneficiou de um indulto de Natal e, tendo cumprido um terço da pena, passou a viver em liberdade condicional. Montou uma butique para Suzana Marcolino, chamada Lady Blue, e deixou que ela usasse um automóvel Tipo de sua propriedade. Paralelamente, Farias retomou o contato com Zara Malone, uma estudante de psicologia que conhecera em Londres. A inglesa visitou PC duas vezes. Na segunda visita, ele pagou uma viagem de Suzana a São Paulo, para poder recepcionar Zara a sós em Maceió. Suzana descobriu, voltou a Alagoas e armou tal banzé que a inglesa partiu às pressas. Noutra ocasião, desconfiada de PC, ela disse que ia se matar e jogou-se no mar. Os seguranças do empresário tiraram Suzana da água.

Passei um fim de semana em Maceió quando ele foi posto em liberdade condicional. Hospedei-me num hotel, mas fiquei quase o tempo todo com Paulo César Farias, entrevistando-o. Ele voltara a ser um homem alegre e falante. Passamos a tarde de sábado na casa dele, na ladeira de São Domingos. "O poder é a droga mais pesada que existe, o poder enlouquece", disse PC, sintetizando o que acontecera com ele e Collor durante a Presidência. "Essa foi a loucura: querer ter uma rede de televisão para enfrentar a Globo, uma companhia de aviação para disputar com a Varig, um partido maior que o PMDB, o PFL e o PT", completou, referindo-se à sua ajuda na montagem da Rede OM, na privatização da VASP e na construção do PRN. Ele contou que, quando Pedro Collor fez suas denúncias, separou o dinheiro dele do de Collor. "Dividimos tudo, e cada um passou a cuidar de suas contas", afirmou. Farias voltou à sua velha tese: "Sobrou para mim o papel de bode expiatório, para que o empresariado possa defender a modernização, a competitividade, o livre mercado". Farias gargalhou quando pedi que comentasse uma frase de Samuel Wainer, o criador da *Última Hora*, no livro de memórias que escreveu: "Não é possível escrever a história da imprensa brasileira sem dedicar um vasto capítulo aos empreiteiros". PC disse: "Não dá para escrever a história da *política* brasileira sem que as grandes empreiteiras apareçam em cada página, e sem dedicar um monte de capítulos aos banqueiros". Farias contou também que, em 1990, deu 180 mil dólares ao diretor de um órgão de imprensa para que ele amenizasse as críticas a Collor no início do governo.

Às oito e meia da noite daquele sábado, Suzana Marcolino chegou para jantar conosco. Por mais que Farias incentivasse a participação dela na conversa, a moça quase não falou. No dia seguinte, encontrei-me novamente com PC. Perguntei-lhe se pretendia casar com Suzana. "Você está brincando!", respondeu, rindo. Esclareceu que era grato a ela por ter lhe aliviado a solidão na cadeia. "Mas ela não é, de jeito nenhum, a mulher que quero para ajudar na criação dos meus filhos."

Na noite de 10 de maio de 1996, Farias conheceu Cláudia Dantas. Aos 31 anos, loira, de olhos azuis, divorciada, mãe de dois filhos, integrante de uma família tradicional de Alagoas, ela estava saindo da casa do tio, o deputado federal Luiz Dantas, quando Farias chegou. Eles apenas se cumprimentaram, mas dias depois PC telefonou para ela. Queria uma sugestão sobre o que dar a Pauline, filha de Luiz Dantas, por ocasião de seu casamento. Passaram-se mais alguns dias e ele convidou Cláudia para jantar em sua casa. Recebeu-a ao som de músicas de Frank Sinatra e Júlio Iglesias, e ofereceu-lhe champanhe Veuve Clicquot. O empresário contou o caso dele com Suzana Marcolino e afirmou que pretendia encerrá-lo. "Gostaria que você fizesse parte dessa nova fase de minha vida. Com você, eu sei que não pode ser uma brincadeira", disse, e perguntou se ela o esperaria até que terminasse o relacionamento com Suzana. Ela gostou da simpatia e da sinceridade do anfitrião. Respondeu que o aguardaria, desde que ele encerrasse logo o namoro. Os dois passaram a conversar todos os dias. Em junho, no Dia dos Namorados, PC mandou para Cláudia um buquê de rosas vermelhas. Na quarta-feira, 19 de junho, Farias e Cláudia jantaram de novo. No dia seguinte, ele a levou para conhecer sua casa na praia de Guaxuma.

Suzana Marcolino andava atarantada naquele mês de junho. PC deixara de lhe cobrir todas as despesas. Sua conta bancária estava com um rombo de quase 15 mil dólares. Ela comprou um revólver Rossi calibre 38 e fez alguns disparos para treinar a pontaria. Poderia ter pedido um revólver a Farias, que possuía vários. Mas preferiu comprar o dela em segredo, numa churrascaria nas imediações de Maceió. No dia em que o empresário mostrava a casa de Guaxuma a Cláudia Dantas, Suzana estava em São Paulo. Fez compras e foi ao consultório do dentista Fernando Colleone, de 29 anos. Ela perguntou se ele tinha namorada, e o dentista respondeu que não. Suzana pagou a consulta com um cheque sem fundos. Combinaram jantar na sexta-feira. Colleone levou-a ao restaurante Carlota, em Higienópolis. No jantar, Suzana contou que tinha um caso com PC. Bebendo vinho, ela falou de sua solidão, de suas crenças religiosas e de seus planos. O dentista acariciou-lhe a nuca e os braços, parcialmente cobertos por uma jaqueta imitando pele de onça.

Enquanto Suzana e Colleone jantavam, Paulo César Farias falava comigo. Eu estava fechando uma reportagem sobre uma pesquisa a respeito das vinte pessoas mais conhecidas da elite brasileira, e PC aparecia em sexto lugar na lista. Telefonei para Maceió, pois queria colocar uma frase dele na matéria.

— E a Suzana, como vai? — perguntei, no fim da conversa.

— Tenho novidades na área do coração, mas isso é melhor a gente conversar pessoalmente — respondeu Farias.

— Novidade morena ou loira? — brinquei.

— Loira, loira, vou te apresentar.

O dentista e Suzana saíram do restaurante e deram uma volta de carro pelos Jardins. Segundo Colleone, eles não fizeram amor. "Foi só um amasso", contou ele. A moça foi dormir às 3h da manhã de sábado e embarcou no voo das 7h20 para Maceió. Chegou à cidade por volta do meio-dia e à tarde foi ao cabeleireiro.

Farias passou aquela tarde com os filhos, que haviam chegado da Suíça na véspera. Às 17h15, telefonou para Cláudia Dantas. "Hoje eu resolvo tudo", disse-lhe PC. Cláudia entendeu que Farias estava se referindo ao fim do namoro com Suzana, e lhe pediu que telefonasse e contasse o que acontecera. "Se der, eu ligo", respondeu o empresário.

Suzana chegou à casa de Guaxuma às 9h da noite. Estava cansada da noite maldormida e da viagem. Levava na bolsa o revólver calibre 38. Os irmãos de Farias, Augusto e Carlos, já estavam lá; o primeiro acompanhado pela namorada, e o segundo, pela mulher. Ao longo da noite, os três casais esvaziaram uma garrafa de uísque, três de champanhe e duas de vinho. PC foi o que mais bebeu. Às 11h, antes de ser servido o jantar, Carlos e a mulher foram embora. Passava da meia-noite quando Augusto e a namorada se retiraram. Os seguranças de Farias ouviram o patrão discutindo com Suzana. Às 3h54 da madrugada, Suzana deixou um recado na caixa postal do celular de Fernando Colleone: "Fernando, eu queria dizer que nunca vou esquecer você, um cara humano. Tenho certeza de que vou lhe encontrar em algum lugar. Um beijo". Às 4h58, ela deixou um outro recado: "Sou eu novamente. Espero um dia rever você, nem que seja na eternidade, em algum lugar, não sei. No outro mundo eu encontro você, tenho certeza absoluta". Quatro minutos depois, ela telefonou pela terceira vez e falou: "Amor. Fernando. É Suzana".

Farias e Suzana morreram ao raiar do domingo, 23 de junho. Cada qual levou um tiro no peito, disparado pelo revólver comprado por ela. Augusto Farias foi o primeiro familiar a chegar à casa de praia. Seis indícios levaram a crer que Suzana teria assassinado PC e se suicidado em seguida: ele queria romper o caso para namorar Cláudia Dantas; Farias não estava mais cobrindo as despesas bancárias dela; Suzana comprara um revólver; ambos estavam bêbados; ela já tentara se matar antes; a moça deixou o equivalente a um bilhete de suicida para Colleone ("No outro mundo eu encontro você"). Por outro lado, na hipótese de ter havido uma conspiração para matar Farias, assassinar Suzana e montar em seguida uma cena para parecer que ela se suicidara, seria necessária a participação de pelo menos sete pessoas: quatro seguranças, dois caseiros e um vigia, fora Augusto Farias.

A investigação de um crime que parecia simples, no entanto, virou um circo, copiosamente noticiado pela imprensa. Policiais, peritos, legistas e parentes de Farias e Suzana trocaram acusações apaixonadas. Destruição de provas, laudos e contralaudos, hipóteses sensacionalistas, preconceitos antialagoanos, incompetência policial, rancores familiares, cientificismo pericial e oportunismo macumbeiro se misturaram no grande picadeiro.

Fernando Collor estava no Taiti quando seu amigo foi baleado. Na edição sobre a morte de PC, *Veja* publicou uma foto do ex-presidente com uma coroa de flores, participando de uma cerimônia de casamento promovida pelos polinésios para entreter turistas.

Paulo César Farias deixou para os filhos bens no valor aproximado de 55 milhões de dólares. Seus irmãos disseram que não acharam códigos de contas bancárias de PC no exterior.

*   *   *

Tendo perdido o emprego no Palácio do Planalto, e com ele o direito a usar um apartamento funcional, Eriberto França foi contratado para ser motorista de *IstoÉ* em Brasília. O fotógrafo Mino Pedrosa e o chefe da sucursal João Santana foram fiadores de seu apartamento, cujo aluguel Domingo Alzugaray, o dono da revista, pagou. O motorista não se deu bem na nova função. Encaminhou ao governo de Itamar Franco um pedido de reintegração no cargo, que lhe foi negado. Eriberto França quis ser demitido de *IstoÉ*. Com o fundo de garantia e uma indenização que lhe foi dada por Alzugaray, comprou uma Kombi para trabalhar por conta própria. Ele e Patrícia se separaram. O motor da Kombi fundiu e Eriberto França se viu sem emprego, sem meios de sobrevivência e sem ter como pagar a pensão dos filhos. Foi morar num quarto alugado. Sobrevivia fazendo bicos. Diversas vezes, procurou Mino Pedrosa para pedir que ele lhe pagasse o almoço. O fotógrafo falou com parlamentares e ministros para que arrumassem um emprego para o motorista. Nenhum deles fez nada. Em junho de 1995, Odacir Klein, então ministro dos Transportes, empregou Eriberto França como contínuo. Ele passou a ganhar menos de trezentos dólares por mês. Quando a situação financeira aperta, o herói do caso Collor vai para a rua e ganha uns trocados tomando conta de carros.

* * *

Na manhã de terça-feira, 29 de dezembro de 1992, o Senado se reuniu para julgar Fernando Collor. Vinte minutos depois de iniciada a sessão, José de Moura Rocha, advogado do réu, pediu a palavra e leu uma carta de seu cliente, endereçada ao presidente do Congresso, o senador Mauro Benevides. "Levo ao conhecimento de Vossa Excelência que, nesta data, e por este instrumento, renuncio ao mandato de presidente da República, para o qual fui eleito nos pleitos de 15 de novembro e 17 de dezembro de 1989", escreveu Collor na carta. A sessão foi interrompida. À uma da tarde, Itamar Franco assumiu definitivamente a Presidência da República. No dia seguinte, o Senado retomou os trabalhos e continuou o julgamento. Por 76 votos a três, o ex-presidente foi considerado culpado. Os senadores também decidiram impedi-lo de exercer qualquer função pública até o final do ano 2000.

Com a decisão do Senado, Collor passou mais de um ano no fundo do poço. Trocou o dia pela noite. Ia dormir de manhã, depois de ler os jornais. Pensou muito em se suicidar. Rosane seguiu os horários do marido. Não saía do seu lado, temendo que ele se matasse.

As aflições de Collor desapareceram dois anos depois, na tarde de segunda-feira, 12 de dezembro de 1994. Por cinco votos contra três, o Supremo Tribunal Federal inocentou o ex-presidente da acusação de corrupção passiva. Dos oito ministros que votaram, sete criticaram a peça incriminatória produzida pelo procurador geral da República, Aristides Junqueira. Ilmar Galvão, Moreira Alves, Celso de Mello, Sydney Sanches e Octavio Gallotti se basearam no que encontraram nos autos para inocentar o ex-presidente. Carlos Mário Velloso, Sepúlveda Pertence e Néri da Silveira votaram pela condenação. Não se encerraram aí, contudo, os problemas de Collor com a Justiça. Ele ainda teve de responder a um processo por sonegação fiscal, referente à Operação Uruguai.

"Ótimo, ótimo, ótimo, ótimo", disse Pedro Collor, em Nova York, ao saber da absolvição do irmão. Foi a sua última declaração à imprensa: morreria duas semanas depois.

Collor não falava com Antônio Carlos Magalhães havia um ano, mas ligou para ele no dia em que foi inocentado. O governador lhe ofereceu um conselho:

— Vá à igreja sozinho. Agora, não vá tão sozinho que a televisão não veja. Reze e volte para casa.

— Hoje não dá mais tempo para ir à igreja, mas amanhã eu vou — disse Collor.

Passou-se um tempo e o governador viu fotos do ex-presidente nos jornais. Ele não rezava, contrito, numa igreja. Estava sorridente, com roupas de cores berrantes, esquiando em Aspen, no Colorado, poucos dias depois da morte de Pedro Collor. Antônio Carlos Magalhães sentiu asco ao ver as fotos.

Em 1995, Collor mudou-se para Miami. Comprou uma casa de mais de 1,5 milhão de dólares, alugou um escritório e abriu uma firma, a Gazeta de Alagoas International Corporation. Comprou também quatro automóveis: duas Mercedes-Benz, um jipe Cherokee e um carro pequeno. Duas Ferraris, uma vermelha e uma preta, foram adquiridas em nome da Gazeta de Alagoas. Collor alegou que os dois automóveis italianos, no valor total de 200 mil dólares, não eram dele, e sim de um amigo a quem devia favores. Em junho de 1997 o ex-presidente deu uma entrevista a *Veja*, na qual contou que recebia mensalmente 100 mil dólares da Organização Arnon de Mello. Precisava mesmo de muito dinheiro, pois além da casa de Miami e da de Brasília, comprou uma outra em Maceió. E viajou com Rosane pelo mundo: foram à Nova Zelândia, à Austrália, ao Vietnã, ao Butão, à Índia, às Bahamas e à França.

Fernando Collor voltou ao Brasil e quis concorrer na eleição presidencial de 1998, mas sua candidatura foi impugnada. Em 12 de agosto de 1999, Rosane organizou uma grande festa em Maceió para comemorar os cinquenta anos do marido. Collor anunciou que disputaria no ano 2000, se a Justiça permitisse, a eleição para a Prefeitura de São Paulo.

* * *

Dos jornalistas que cobriram a campanha, o governo e a queda de Fernando Collor, alguns trocaram de emprego. Outros foram promovidos. Há quem tenha passado meses desempregado. Uns poucos abandonaram a profissão. A maioria deles continua à cata de notícias do Planalto.

Posfácio da 2ª edição

Os jovens repórteres que expuseram o governo de Fernando Collor não apuram mais notícias do Planalto. Quase todos abandonaram a imprensa. Cada qual teve razões particulares para isso. Cansaço da profissão, vontade de fazer algo diferente, ambição de ganhar mais, o avanço da idade, pressões familiares, a competição e as chatices do metiê, o bloqueio da carreira, desilusões e também ilusões, convicções políticas ou a ausência delas, as mudanças no poder e no país. Tudo isso contou e conta. Mas o denominador comum foi terem ido trabalhar em empresas, suas ou de outros, que se dedicam a atender políticos profissionais, homens de negócio e instituições. Agora eles são assessores de comunicação, relações públicas e publicitários. Ministram *media training*. Redigem discursos. Burilam a imagem pública da sua clientela e alardeiam os seus feitos. Gerem gabinetes de crise contratados por gente de bens denunciada nos órgãos de imprensa nos quais antes trabalhavam. Quem ontem apontava as dissonâncias entre o marketing e a realidade é hoje marqueteiro.

O pano de fundo da migração de repórteres do caso Collor para atividades de divulgação foi a abertura de um novo ciclo na disputa por notícias. Criaram-se e cresceram dezenas de companhias, algumas delas minúsculas e outras com mais jornalistas que redações da grande imprensa, as quais vendem serviços a quem quer aparecer direito em jornais e revistas, no rádio e na televisão. Continua a existir a pressão sobre profissionais e patrões, exercida por protagonistas de notícias e anunciantes da imprensa. Eles penam para que certas reportagens sejam publicadas de determinada maneira, no mais das vezes sem destaque e com a predominância da versão daquele que pressiona. Mas agora, adicionalmente, se disseminaram agências que visam controlar fatos jornalísticos já no nascedouro, ou então reagem a eles para moldá-los.

Com o novo ciclo, abriu-se um mercado para repórteres que investigaram Collor. Eles eram experientes em falar com o poder e se comunicar com o público. Detinham conhecimento prático sobre a feitura de reportagens políticas de impacto. Sabiam dos mecanismos internos da grande imprensa. E mantinham laços com aqueles que continuaram no jornalismo – repórteres, colunistas, editores e diretores de redação —, a quem poderiam recorrer para convencê-los da correção de seus contratantes. Graças a esse currículo passaram a trabalhar lado a lado com pesquisadores de opinião pública, advogados, sociólogos, analistas de mercado, fonoaudiólogos, figurinistas, cabeleireiros, maquiadores e afins. Poderoso e rico, o mercado não para de crescer. Governos, ministérios, secretarias, empresas e partidos de todo porte e ideário têm verbas para assalariar quem os ajude a lidar com notícias. E gravita ao seu redor uma nebulosa de companhias e consultores que lhes presta serviços, disputando concorrências e contas carnudas.

Luís Costa Pinto, que fizera a entrevista na qual Pedro Collor acusava Paulo César Farias de ser testa de ferro de seu irmão, tornou-se consultor. Prestou serviços ao deputado João Paulo Cunha, réu no "mensalão", e a Agnelo Queiroz, governador de Brasília cuja administração foi acusada de relacionamento espúrio com o empresário e contraventor Carlos Cachoeira. Mino Pedrosa descobrira o motorista Eriberto França, que comprovou o elo econômico entre Paulo César Farias e o presidente. Posteriormente ele trabalhou na primeira campanha de Fernando Henrique Cardoso, criou um blog e foi assessor de Roseana Sarney. A sua agência de comunicação prestou serviços a Carlos Cachoeira. Mario Rosa, que revelara as desgraças da Legião Brasileira de Assistência presidida por Rosane Collor, virou gerente de crises. Ele participou de campanhas eleitorais e foi consultor de Ricardo Teixeira, então presidente da Confederação Brasileira de Futebol, e Daniel Dantas, dono do banco Opportunity. Assim como Luís Costa Pinto, Rosa foi contratado por Fernando Cavendish, ex-proprietário da empreiteira Delta, implicada nos negócios nebulosos de Cachoeira. Expedito Filho relatara o exibicionismo da corte collorida e registrara as acusações de Renan Calheiros ao presidente, e passou a atuar em relações públicas. Gustavo Krieger, que levantara os gastos do porta-voz Claudio Humberto Rosa e Silva num cartão de crédito, foi chamado a dirigir a campanha publicitária de Gabriel Chalita, do PMDB, à prefeitura paulistana.

Primeiro candidato a usar o marketing de maneira sistemática, Fernando Collor foi precursor da nova constelação. Ele posou para fotógrafos e câmeras de televisão em jatinhos, carros esportivos importados, fazendo exercício e com livros debaixo do braço. Vestiu fardas marciais e camisetas estampadas com mensagens de autoajuda. Ostentou adereços cosmopolitas e adotou uma estudada postura de galã. Collor foi mais um atualizador de técnicas de exploração de imagens praticadas nos países centrais e menos um reprodutor do atraso dos sertões alagoanos. Na sua derrocada, os recursos de ilusionista contaram pouco, e de quase nada valeu a proximidade com patrões e o apoio de publicações e emissoras. O que acabou por se impor foram as manifestações populares contra o presidente, que se alimentaram de reportagens mostrando que a realidade do Planalto e da Casa da Dinda divergia da efígie higienizada que Collor projetava.

Um dos ensinamentos que políticos, empresários e jornalistas tiraram da eleição e da queda do presidente, portanto, foi a necessidade de reforçar a influência sobre aquilo que reverbera na imprensa e na opinião pública. Afinal, apesar de pioneiro, Collor fora um amador que catara aqui e acolá procedimentos de marketing dispersos no ar contemporâneo. Daí o fortalecimento daquilo que ele jamais teve: profissionais em tempo integral e sólidas empresas de comunicação política, nas quais a ideologia se subordina à técnica. Mais perceptível nas campanhas eleitorais, o fenômeno é internacional, e o Brasil dele participa. Volta e meia publicitários americanos desembarcam aqui, chamados a intervir em campanhas de partidos. Da mesma forma, marqueteiros brasileiros trabalham para candidatos da América Latina e da África.

Exemplar tanto do abandono do jornalismo quanto da nova configuração político-publicitária é a trajetória de João Santana Filho. Na juventude, ele esteve ligado à música de vanguarda e ao pop, chegando a ser compositor na Bahia, onde nasceu. Formou-se em jornalismo, trabalhou em revistas e jornais, estudou política e relações internacionais nos Estados Unidos e chefiava a sucursal de *IstoÉ* em Brasília no governo Collor. Ali, teve papel fundamental na reportagem sobre o motorista Eriberto França. Além de um dos autores do furo que definiu o destino do presidente, ele é afável, organizado, criativo e bom redator. Tinha atributos para se tornar um quadro da imprensa. Mas a trocou pela propaganda política.

Santana se associou a Duda Mendonça, que chefiou a primeira campanha publicitária vitoriosa de Luiz Inácio Lula da Silva ao Planalto, e depois se afastou dele. Mendonça admitiu algum tempo depois, numa Comissão Parlamentar de Inquérito, que recebera cerca de 10 milhões de reais no exterior de pagamento e não os declarara ao fisco. Lula o substituiu por Santana na campanha de sua reeleição. A equipe de comunicação com a qual o ex-jornalista trabalhou tinha 150 pessoas. Ele dispunha de levantamentos de opinião pública diários, alicerçados em entrevistas de setecentas pessoas em todo Brasil e complementados por pesquisas qualitativas com oito grupos de doze integrantes, também elas realizadas todos os dias. Em dois meses e meio, o instituto Vox Populi, que sondara os humores da população para Collor, fez mais de 60 mil entrevistas para que Santana modulasse a propaganda de Lula, e criasse os slogans "Lula de novo, com a força do povo" e "Não troco o certo pelo duvidoso". Ele contou a Fernando Rodrigues, da *Folha de S.Paulo*, que recebeu 13,75 milhões de reais pela reeleição de Lula.

Na mesma entrevista, Santana fez uma distinção: o marketing "adapta o produto ao gosto do consumidor. A publicidade é o instrumento que vende o produto propriamente". E rebateu seus críticos:

> A percepção de que esta foi uma campanha eleitoral vazia, sem debate e inócua é um equívoco. Daqui a dez ou vinte anos, ao se comparar esta campanha com outras anteriores, vão concluir que foi uma das mais politizadas que o país já teve. Não houve rendição ao marketing. O eixo central foi crescimento com distribuição de renda, diminuição das desigualdades entre as regiões e as pessoas, inserção soberana do Brasil no mundo e outros. Há discussão essencialmente com mais oportu-

nidade política do que essa? Dizer que é uma pobreza porque foi reduzido a slogan é novamente o baixo entendimento que existe entre o que é propaganda e marketing político.

Santana virou consultor de imagem de Lula. Criou para o Planalto as marcas PAC, o Programa de Aceleração do Crescimento, e Minha Casa, Minha Vida. Dirigiu a propaganda na campanha de Dilma Rousseff, que contou com duzentas pessoas na área de comunicação e custou, oficialmente, 44 milhões de reais. Técnicos da campanha de Barack Obama trabalharam na sua equipe, transferindo tecnologia de ferramentas da internet. Russos se ofereceram para ensinar como Vladimir Putin carreou votos para o seu sucessor, e foram rechaçados. Santana escreveu discursos e dirigiu os principais pronunciamentos em cadeia televisiva de Lula no Planalto, e fez o mesmo para Dilma. Levou a sua consultoria para candidatos de plataformas distintas na Argentina, Angola, República Dominicana, Peru, Venezuela e em El Salvador, onde ajudou a Frente Farabundo Martí de Libertação Nacional a eleger Maurício Funes presidente, também ele um ex-jornalista.

Collor foi desbravador bem-sucedido numa outra frente, a das campanhas eleitorais criminalizadas. No pleito anterior para presidente, quase trinta anos antes, a televisão era rudimentar e operava regionalmente como o rádio, não havia horário eleitoral gratuito, as pesquisas de opinião pública tinham dimensão reduzida e jatinhos ainda não cruzavam os céus levando os candidatos e suas *entourages* país afora. As campanhas se davam por meio de jingles de rádio e em comícios, acompanhados por repórteres cujas matérias demoravam dias para chegar a jornais sem distribuição nacional. Empregando lances de marketing grosseiros e intuitivos — a vassoura que varreria a corrupção, a caspa no ombro, o linguajar abstruso —, Jânio Quadros pôde vencer o marechal Lott, em 1960, sem que fosse necessária uma grande estrutura de comunicação. Como a propaganda era modesta, foi menor o peso do poder econômico na definição dos votos. Com os programas eleitorais de televisão e rádio, comícios com músicos pagos, carreatas e viagens incessantes, os custos tornaram-se siderais. Cresceu na mesma medida o papel da grande financiadora de campanhas: a burguesia que faz negócios com o Estado. E se alastraram métodos delituosos de arrecadação de fundos. O caixa dois adquiriu aceleração própria, perpassando o conjunto dos partidos. Serviu e serve tanto para cacifar os postulantes num pleito como para mantê-los no poder e preparar futuras disputas nas urnas. Foi isso o que Collor disse, recorde-se, quando Paulo César Farias lhe perguntou o que deveria fazer com os 60 milhões de dólares que sobraram dos 160 milhões arrecadados na campanha:

> Vai administrando o dinheiro. Use o que for necessário nesse período de transição até a posse. Pague os salários, as viagens, e as hospedagens da nossa equipe. O resto você guarda para a gente gastar na campanha eleitoral do ano que vem.

Num jantar no Rio, em 1992, Paulo César Farias riu à beça quando, a propósito de empreitadas eleitorais, repeti-lhe a observação de Trotski acerca da casta stalinista, que nasceu nos primeiros anos do regime soviético, num quadro de penúria no qual os bolcheviques foram obrigados a repartir magros recursos: quem tem algo a dividir nunca se esquece de si mesmo.

Assim como os 60 milhões de dólares de Collor e PC Farias serviram, inadvertidamente, de carburante para a futura derrubada do presidente e para a prisão do seu caixa, outras arrecadações, sobras de campanha e dívidas eleitorais estiveram no início de muitos dos escândalos políticos que pipocam desde então. Há maneiras, vigentes em outros países, de restringir o poder econômico e baixar gastos nas campanhas. Seja no Executivo seja no Congresso, não houve interesse — ou força dominante — para que fossem adotadas no Brasil. Quem se beneficia de um sistema não tem por que reformá-lo.

Ficou para trás a campanha de Lula no ano em que o povo alemão derrubou o Muro de Berlim. Ela usou criativamente a linguagem agitprop e brechtiana da esquerda, foi conduzida por seus militantes e simpatizantes, subverteu o padrão Globo de qualidade, atraiu de graça atrizes e atores da emissora, custou menos de 1 milhão de dólares e levou o candidato ao segundo turno. O modelo de propaganda que vingou foi o de Collor: dispendioso e profissional, bancado em boa parte ilegalmente, dispondo de apetrechos tecnológicos de última geração, sondagens de opinião pública a rodo, e com a forma da publicidade de mercadorias.

Junto com a forma, que tornou as campanhas de Lula e Dilma parecidas com as de seus adversários, mudou o conteúdo da política do Partido dos Trabalhadores. Ele foi alterado por fatores externos — desencadeados pelo desmoronamento do mundo nascido com a Revolução Russa — e internos, e também pelo desígnio dos seus formuladores. "Havia uma grande dúvida se o PT era um partido de esquerda, e o governo Lula acabou sendo um governo extremamente conservador", declarou o banqueiro Olavo Setúbal em 2006, poucos meses antes da eleição presidencial. "Não tem diferença do ponto de vista do modelo econômico. Eu acho que a eleição do Lula ou do Alckmin é igual. Os dois são conservadores. Cada presidente tem suas prioridades, mas dentro do mesmo leque de premissas econômicas."

O empresário Emílio Odebrecht, que organizara um jantar em sua casa para PC Farias e a esposa, e cuja empreiteira fizera doações a Collor, retomou o tema no início de 2008:

> Nós quebramos um tabu enorme, que era a chegada de um presidente de esquerda e, mais ainda, um líder dos trabalhadores, e esse tabu não existe mais. O investidor estrangeiro sempre perguntava como se comportaria o Brasil com um presidente com esse perfil de esquerda, com essa ideologia, e veja o que aconteceu. Foi a melhor coisa que poderia ter acontecido para o nosso país, sem dúvida nenhuma. O investidor estrangeiro viu que os contratos foram preservados, que a linha ideológica é até mais rígida, em determinados aspectos, do que a dos anteriores. O Brasil tem

mais consistência e inspira outro nível de confiança ao investidor. Essa quebra de tabu tranquilizou os investimentos, e o que se viu é que esse governo não tem nada de esquerda. O presidente Lula não tem nada de esquerda, nunca foi de esquerda.

* * *

A concentração de capitais, o incremento tecnológico e a entrada em cena de novos participantes alteraram o panorama da grande imprensa desde a derrocada de Fernando Collor. O movimento geral é no sentido da pulverização da divulgação de notícias, de reorganização das empresas de comunicação e de enfraquecimento dos órgãos tradicionais do jornalismo impresso. Na televisão, surgiram canais evangélicos, de televendas, católicos, pornográficos e os veiculados por instituições estatais. De maneira constante, a audiência da tevê aberta vem caindo. Parte significativa da sua assistência passou a acompanhar canais pagos, nos quais programas e filmes importados dão a tônica. Setor altamente segmentado, onde o entretenimento predomina, há lugar neles para emissoras jornalísticas nacionais e estrangeiras. No rádio, foram montadas as redes BandNews FM, da Bandeirantes, e a Central Brasileira de Notícias, da Globo.

As tiragens de jornais e revistas de interesse geral primeiro subiram, e depois caíram e estagnaram. A derrota diante de concorrentes mais poderosos, aliada a desmandos administrativos, fez com que deixassem de circular o *Jornal do Brasil* e a *Gazeta Mercantil*. O desaparecimento deles das bancas está ligado ao crescimento das Organizações Globo. No Rio, além de desbancar o *JB*, a empresa lançou dois jornais sensacionalistas, tornando a sua imprensa virtualmente hegemônica. *Valor Econômico*, o diário que ocupou o lugar da *Gazeta Mercantil*, é fruto da sua associação com o grupo Folha. A Globo montou uma revista semanal de notícias, *Época*, que tomou o segundo lugar de *IstoÉ* entre as mais vendidas. Mas a empresa teve um revés em São Paulo: comprou o *Diário Popular*, mudou-lhe o nome para *Diário de S. Paulo*, não conseguiu comover os leitores do *Estadão* e a *Folha* e o vendeu mais adiante.

A Globo, por fim, associou-se a uma editora americana que publica mais de uma centena de revistas pelo mundo, a Condé Nast, e vem lançando no Brasil os seus títulos centrados em moda e celebridades — ficaram de fora *The New Yorker* e *Vanity Fair*, de prestígio nos Estados Unidos. As publicações da Globo se beneficiam dos anúncios que veiculam na televisão do grupo, a maior do Brasil — publicidade que nenhum concorrente pode ombrear, devido ao seu custo — e da divulgação que umas fazem das outras. Esse poderio não tolheu a iniciativa de inventar revistas mensais. Em 1998 surgiu *Cult*, voltada para a cultura. Em meados do novo século nasceram *Le Monde Diplomatique*, ligado à publicação-mãe francesa; *Rolling Stone*, subsidiária da revista americana que cobre música pop; *Brasileiros*, que registra de maneira elogiosa o momento nacional; e *piauí*, dedicada a reportagens, ensaios e humor. A variedade aumentou, mas nenhuma delas é da grande imprensa.

Revistas e diários, emissoras de rádio e televisão, empresas de jornalismo pequenas e grandes, novas e antigas, todos foram sacudidos pela chegada da internet, com seus sites, motores de busca, blogs, twitters e redes de relacionamento. Força produtiva colossal, ela combina material escrito, visual, auditivo e telefônico com a função de correio instantâneo. E é acompanhada em computadores, laptops, tablets e celulares, equipamentos que requerem capital enorme para serem produzidos. A quem tem o suficiente, a rede possibilita comprar de tudo. Ela facilita a circulação de muita coisa de natureza intelectual, como ensaios, livros e filmes. Permite o acesso a arquivos de todo tipo, de bibliotecas a universidades e, em tempo real, à imprensa de vários quadrantes. Nela convivem o comercialismo crasso e muito dos saberes humanos. A internet é recente, e não parece que a situação que ela gera venha a se acomodar tão cedo, o que faz com que os diagnósticos acerca do seu impacto na vida social sejam temerários. Mas é possível apontar aspectos da relação entre a rede mundial de computadores e a imprensa.

A internet torna problemáticas a periodicidade e a identidade, pilares da manifestação jornalística, debilitando a sua confiabilidade. Como os órgãos de imprensa estão na rede, e ela pulsa em tempo integral, a tendência deles é disputar a todo instante a primazia pelo material inédito, e por vezes se deixam levar pelo meramente ruidoso, quando não bizarro. Com frequência crescente, eles rompem os seus ciclos diário, semanal ou mensal, e colocam no ar o que nem bem terminaram de apurar, violando normas das suas versões periódicas e sem o devido acabamento — pois agora jornalistas se esfalfam para se afeiçoar a meios que não são necessariamente os seus, como as imagens em movimento e os *podcasts*. Rendem-se ao fluxo contínuo e se comportam como agências noticiosas, que antes abasteciam os órgãos de imprensa, e não diretamente o público. Já que a alimentação dos sites é veloz e incessante, afrouxam-se os critérios de edição: leva-se quase tudo ao ar, numa hierarquia conturbada pela ausência de espaço e tempo que delimitem a publicação. Um site de imprensa nunca desemboca num produto final, como ocorre com uma edição de jornal, revista ou telejornal. Apensos são acrescidos à notícia para supri-la de dados curtos e desdobramentos, fazendo com que ela não chegue a uma forma definitiva, na qual esteja aquilo que o editor achava relevante. Os sites jornalísticos estão mais parecidos entre si que os periódicos que lhes deram origem. Neles tudo é sempre agora. A leitura dos jornais, para Hegel "uma espécie de prece matutina realista", deu lugar a uma atividade afobada que se faz a qualquer hora, em todos os cantos, e na qual se encontra um mundo que não para e remete o leitor a outros universos.

Abriram-se seções nos sites para a manifestação dos leitores. Mas o que foi positivo, mais e mais gente podendo dizer o que pensa, desandou na veiculação de comentários anônimos, insultuosos e mesmo criminosos. Se na seção de cartas de um jornal se exige a identificação de quem escreve, isso não costuma acontecer na internet. O resultado é um ambiente de Fla-Flu, prenhe de má-fé, insuflado por blogueiros linchadores ou a soldo de facções políticas e empresariais. Tornou-se arcaica a figura do cidadão que lê o jornal durante uma hora, pondera, redige uma carta judiciosa e vai ao correio enviá-la à redação para externar um ponto de vista que considera oportuno. Na rede, o que mais ocorre é a reação sanguínea a todos os assuntos, mal pensada e mal escrita, não raro ofensiva, que não obstante é publicada de imediato. A internet é o futuro, mas nesse aspecto a regressão a esquemas da imprensa marrom é flagrante. E a responsabilidade é toda dos jornalistas, que não editam os comentários.

Na derrubada de Collor, a reação dos leitores foi irada. Mas ela extravasou em manifestações políticas de rua que visavam pressionar o Congresso a apeá-lo do Planalto. É questão em aberto se a cólera virtual serve mais para anestesiar ou para conclamar a mobilização real. Na Primavera Árabe, a troca de informações nas redes sociais serviu para encher a praça Tahrir de manifestantes. Mas dois anos antes, nos protestos contra fraudes na reeleição do presidente Mahmoud Ahmadinejad, a polícia rastreou celulares em Teerã e reprimiu os revoltosos que os usavam para organizar passeatas.

Na época da campanha contra Collor havia menos colunas, o que levou os editoriais do *Estadão* e da *Folha* defendendo a saída do presidente a sobressaírem, reforçando a identidade dos jornais e a sua posição institucional. A opinião dos colunistas pesava menos que as reportagens — se bem que um comentarista, Ricardo Noblat, do *Jornal do Brasil*, tenha sido demitido por criticar Collor na campanha eleitoral. O comentarismo se disseminou desde então. Numa contagem recente, a *Folha* dispunha de 113 colunistas. Mesmo que enfraqueça a voz própria de uma publicação, e eventualmente prevaleça sobre a reportagem, o colunismo é uma tradição brasileira que propicia maior diversidade aos órgãos de imprensa. Assim, pode reforçar um diário. Mas convém não esquecer que ele custa menos que a reportagem. Para fazer esta última é preciso procurar fontes, entrevistar, viajar, pesquisar, checar e editar o que tiver sido apurado. Para escrever colunas basta um computador. E o recurso a dezenas de comentaristas não é prática dominante na boa imprensa internacional. *The New York Times* tem doze colunistas; *Le Monde*, nenhum. São jornais que também enfrentam apertos. Numa maré de dificuldade aguda, o diário americano tomou emprestado 250 milhões de dólares do bilionário mexicano Carlos Slim, que se tornou um dos seus maiores acionistas. O francês cortou repórteres, páginas e a circulação, e os jornalistas perderam poder na empresa que o adquiriu quando a sua crise se aprofundou.

Muitos articulistas brasileiros publicam suas colunas em diversos jornais, que as reproduzem em seus sites. A ausência de exclusividade enfraquece a identidade dos diários. E não só ela. Conglomerados da imprensa buscam padronizar enfoques das suas publicações. As Organizações Globo, por exemplo, promovem reuniões semanais dos seus diretores de redação para definir a abordagem de certas notícias e iniciativas da empresa, o que de maneira alguma é feito ao arrepio do pensamento dos seus proprietários. Até se traduziu um termo para batizar a prática: sinergia. O grupo capitaneado pelo *Le Monde*, no entanto, preserva a identidade dos órgãos sob o seu guarda-chuva, como *La Vie*, revista semanal cristã que circula há décadas, e *Le Monde Diplomatique*, que propugna uma globalização à esquerda. Nos Estados Unidos, a editora Condé Nast guarda a distância entre *The New Yorker* e *Vanity Fair*. O que ajuda a entender que o diretor de redação da primeira tenha dado na revista o seu apoio à invasão americana do Iraque, enquanto que em *Vanity Fair* isso não ocorreu, e o seu diretor se tornou um acerbo crítico da guerra.

A situação da imprensa se tornou mais complexa desde o impedimento de Collor. Surgiram questões difíceis, que demandam estudo e imaginação. De nada vale buscar refúgio em procedimentos do passado e entoar que "antes havia grandes reportagens". Isso não é verdade, pois se fazia muita matéria longa e ruim, e a reportagem pertinente independe do seu tamanho. O conformismo ante os *faits accomplis* apequena a imprensa. O que há por enquanto são tentativas mais ou menos improvisadas de enfrentar os novos problemas, e não a verdade revelada.

* * *

Fernando Collor refez a vida particular. Separou-se de Rosane e casou-se com a arquiteta alagoana Caroline Medeiros. Tatuou o nome dela no seu pulso esquerdo e tiveram gêmeas, Celine e Cecile. Ele é pai de outros três filhos, Arnon Affonso e Joaquim Pedro, com Lilibeth Monteiro de Carvalho, e Fernando James, que teve fora do casamento com Jucineide Braz da Silva, e reconheceu legalmente ao deixar a presidência.

Collor não dispõe mais dos préstimos de uma figura façanhuda como Paulo César Farias. Todas as investigações posteriores sobre o assassinato do gerente do seu caixa dois levaram à mesma conclusão: foi um crime passional, cometido pela namorada que ele pretendia abandonar na noite em que morreu. Em nenhum levantamento jornalístico ou policial surgiram testemunhas nem provas de que PC Farias tenha sido vítima de um complô.

Condenado pelo Congresso por crime de responsabilidade, Collor foi impedido de exercer função pública por oito anos, mas o Supremo Tribunal Federal o absolveu da acusação de corrupção passiva. Ele ainda tem uns poucos processos pendentes e retomou a carreira política. Disputou duas vezes o governo de Alagoas e foi derrotado. Em 2007, elegeu-se senador pelo obscuro Partido Renovador Trabalhista Brasileiro, agremiação que apresenta a legenda a candidatos nanicos. Já no primeiro dia de mandato, Collor trocou-o pelo Partido Trabalhista Brasileiro, da base do governo. O caminho de Swann encontrou-se com o de Guermantes: Lula e seu adversário de 1989 passaram a apoiar um o outro, e a Dilma Rousseff. Terminaram no mesmo palanque e, sorridentes, trocaram afagos em público.

Senador discreto e aplicado, Collor prefere a atividade dos comitês a pronunciamentos em plenário. Fala pouco sobre o passado e quase nunca à imprensa.

Mas falou de *Veja*. Membro da Comissão Parlamentar de Inquérito criada para investigar Carlos Cachoeira, ele defendeu a convocação do jornalista Policarpo Jr., para que o redator-chefe da revista explicasse o seu relacionamento "de quase uma década" com o contraventor. E lançou um repto ao dono de *Veja*, a quem se referiu com um termo da máfia italiana, "*capo* de um bando de dez":

> Em nome da verdade, desafio o chefe maior desse grupelho, o senhor Roberto Civita, a comparecer também à Comissão para falar da coabitação que, a seu mando, a revista de sua propriedade e alguns de seus jornalistas mantêm com o crime organizado. Se a razão do senhor Civita é tão patente e lúcida, se sua defesa da liberdade é tão consistente, não terá este *capodecina* qualquer receio de se manifestar pessoalmente.

Collor lembrou em seguida o que a imprensa fez quando da sua destituição do Planalto, e encerrou a arenga com um tico de estrídulo:

> Tenho sistematicamente me manifestado contrário a qualquer controle dos meios de comunicação. Sempre defendi a liberdade de imprensa, o contraditório, a divergência, o debate e a transparência dos fatos. Mesmo na Comissão Parlamentar de Inquérito em que me alvejaram, sempre abri todas as informações, jamais cerceei o trabalho dos meios, e, assim mesmo, eles se valeram de atitudes criminosas, desonestas, fraudulentas. Por isso, ninguém tem autoridade para dizer que eu não defendo a liberdade de imprensa. Ninguém!

Como senador, ele não foi alvo de denúncias na imprensa. Salvo uma, na qual foi acusado de uso indevido de um carro do Senado durante o recesso parlamentar. Collor explicou que o veículo servia a seu gabinete e o caso não teve consequência. Foi um episódio de pouca monta se comparado às negociatas que se repetem continuamente: anões do orçamento, privatização das teles, compra do sistema de monitoramento do espaço aéreo da Amazônia, obtenção de votos para aprovação da emenda da reeleição, informações privilegiadas na desvalorização do real, mensalão, demissão de seis ministros suspeitos de corrupção no primeiro ano do governo Dilma, os conluios do senador Demóstenes Torres com Cachoeira e asseclas etc. Paulatinamente, as mutretas adquiriram som e imagem, viraram Escândalos da República 1.2. As inovações tecnológicas, mais uma vez, deixaram marcas na paisagem. Minicâmeras, microfones direcionais, sistemas que grampeiam simultaneamente dezenas de telefones, circuitos de vigilância e celulares que captam cenas mal iluminadas deram concretude às malversações. O governador flagrado no seu gabinete botando na mala maços de notas, ou outro tomando vinho aos berros com um empreiteiro que usa guardanapo na cabeça, são mais eloquentes que a cópia borrada de um fac-símile comprovando falcatruas em Canapi. O sujeito entra num prédio para pegar propina e dias depois o que fez pode ser visto na internet e na televisão. A espetacularização ficou mais fácil. E mais perigosa. O uso de gravações pela imprensa aproxima repórteres de policiais e criminosos. Uns gravam sob a proteção da lei (agentes de operações espalhafatosas da Polícia Federal) e outros ilegalmente (gangues que vivem de achaques e do comércio do que roubam). E ambos têm interesses próprios ao passar grampos e vídeos a jornalistas. Cria-se um laço no qual a promiscuidade e a manipulação estão sempre à espreita: dou a fita, mas quero uma reportagem; dê-me a gravação e eu te protejo. A via tem duas mãos.

Quando não é fita ou gravação, um documento pode servir de moeda de barganha. Num ensaio sobre os governos de Lula, traduzido no Brasil pela revista *Novos Estudos*, o historiador inglês Perry Anderson afirma que há "um paralelo surpreendente" entre a história do motorista Eriberto França, do caso Collor, e a do caseiro Francenildo dos Santos Costa, "outra vítima desafortunada da *omertà* da classe política". O caseiro testemunhara que vira o ministro da Fazenda Antônio Palocci, do PT, numa casa em Brasília frequentada por seus auxiliares, prostitutas e lobistas. Em busca de provas de que Francenildo Costa fora subornado pela oposição, o presidente da Caixa Econômica Federal levantou o seu extrato bancário. Achou que havia nele dinheiro demais para um mero trabalhador e o entregou a Palocci. O extrato passou das mãos do ministro para a de jornalistas de *Época*. A revista não esperou a edição seguinte. Mais que depressa, criou um blog cujo primeiro post era inócuo e o segundo violava o sigilo bancário do caseiro. Publicado sem averiguação, e se fiando no vazamento escancaradamente interessado de uma autoridade, o post beneficiava o ministro e fazia insinuações sobre Francenildo Costa. Ele estava detido pela Polícia Federal, mas conseguiu provar horas depois que a soma encontrada na sua conta provinha de uma doação do pai. Acossado pela repercussão do *affaire*, e acionado na Justiça, Palocci foi posto para fora do ministério. Mas o Supremo Tribunal Federal julgou não haver sequer evidências que justificassem a abertura de um processo contra ele. Com a sucessão de Lula, Palocci retornou ao governo como ministro-chefe da Casa Civil. E dessa vez uma série de reportagens da *Folha de S.Paulo* comprovou — sem fitas, gravações, blogs e internet — que ele recebera milhões de dólares com a sua consultoria ao mesmo tempo que trabalhava na campanha de Dilma. Palocci foi demitido pela segunda vez.

Francenildo Costa processou a Caixa e *Época* por terem rompido o seu sigilo bancário. As ações se arrastaram pela justiça a passo de cágado até que a Caixa fosse condenada a indenizá-lo em 500 mil reais. A instituição recorreu à instância superior, onde o processo atolou indefinidamente. A ação contra a revista não deu em nada.

Um destino análogo ao de Eriberto França. Ambos relataram de boa fé o que sabiam sobre o poder. Sem eles, o destino de Collor e Palocci teria sido outro. Tiveram a vida virada pelo avesso em reportagens sem conta. Foram hostilizados pelo Planalto e incensados pela oposição. Apagados os holofotes, não conseguiram emprego e passaram a viver de bicos.

* * *

Num poema dos anos 40, W. H. Auden escreveu:

Aprendemos com o passado? A polícia,
Os estilistas de moda, todos os que
Manejam os espelhos dizem: Não.

Pois *Notícias do Planalto* é uma tentativa de dar resposta positiva à pergunta do poeta. O livro foi pesquisado e escrito em quase dois anos de dedicação integral, num período sabático, e se beneficiou do quanto aprendi na cobertura da campanha, da presidência e do impedimento de Collor. A vontade era descobrir novas notícias e sistematizar numa narrativa o que fizeram jornalistas e governantes naquela quadra. Para evitar que a experiência se perdesse, e para que se pudesse aprender algo com ela. Como a imprensa não tinha nada digitalizado, o trabalho começou pelo estudo da bibliografia e de cinquenta quilos de recortes de jornais e revistas, bem como de gravações de programas eleitorais e de telejornais. Constatei que, para entender o jornalismo de então, seria preciso recuar algumas décadas e examinar a formação dos órgãos de imprensa, e assim sendo investigar quem foram os homens que os construíram. Fiz uma lista dos casos, problemas e histórias que abordaria e das pessoas que deveria procurar. Levei por escrito as questões a cada um dos entrevistados e anotei as respostas. Fiz 43 perguntas a Boris Casoy. A Collor, 150. Algumas entrevistas se estenderam e tiveram de ser desdobradas em dois ou três encontros. Elas foram feitas em São Paulo, no Rio, em Brasília e Maceió. Questões e respostas foram transcritas em seguida num computador. Todas as transcrições estão guardadas, mas não serão franqueadas porque prometi aos entrevistados não revelar quem me contou o quê.

A pesquisa e as entrevistas resultaram num material bruto imensamente rico. Mas considerações quanto ao tamanho e a complexidade do livro não explicam a narrativa adotada. Achei mais produtivo expor o máximo do material sem emitir opiniões. Acredito que uma visão acerca do que levantei preside e permeia a narrativa. Poderia ter feito uma análise do processo, ou ao menos das questões mais espinhosas apresentadas no livro. Mas a intenção — e ninguém deve acreditar apenas nas intenções de um autor: o que vale é o escrito — foi que o próprio leitor analisasse e chegasse a conclusões. A começar pelo leitor que acompanha a imprensa e pelo jornalista que a faz.

Ficaram de fora considerações sobre a relação entre empresários da imprensa e jornalistas, tema bastante abordado quando do lançamento do livro. Houve quem dissesse que *Notícias do Planalto* foi condescendente com os patrões, e mesmo os protegeu, por descrever as suas características pessoais e por mostrar o que os levou a tomar tal ou qual atitude. E outros acharam o contrário, que os resguardados foram os jornalistas, ou parte deles. O livro e as avaliações conflitantes têm talvez raízes no chão em que se assenta a grande imprensa. Uns são proprietários e outros empregados, mas cada edição de um noticioso é o fruto intelectual da ação comum de ambos, e depende de um acordo estabelecido previamente entre eles. A ação comum é célere em dias de calmaria política e tende a se crispar quando ocorrem crises. As posições políticas se polarizam e divergências se espalham entre empresários e dentro das redações. A eleição de Collor e as revelações que culminaram na sua saída do Planalto foram crises que provocaram tomadas de posição de ambos os lados, e no interior deles, rearranjando acordos estabelecidos.

De todo modo, ninguém perdeu o emprego por ter escrito isso ou aquilo de *Notícias do Planalto*. Exceto o autor do livro. Trabalhei quinze anos em *Veja*, e nos quase sete em que fui o seu diretor de redação a tiragem dela passou de 900 mil para 1,25 milhão de exemplares semanais. Preparava para a Editora Abril uma revista mensal de reportagens e artigos, para um público menor, quando o livro saiu, o que fez com que eu fosse demitido de pronto e o projeto cancelado. Passaram-se alguns anos e participei alhures da criação de uma revista semelhante à imaginada, *piauí*.

Aprendemos com o passado? Quiçá. Como disse outro poeta, T. S. Eliot:

O tempo presente e o tempo passado
Estão ambos presentes talvez no tempo futuro,
E o tempo futuro contido no tempo passado.

* * *

A segunda edição de *Notícias do Planalto* foi iniciativa da Companhia das Letras, à qual agradeço, e particularmente a Maria Emília Bender, minha tenaz editora. Sem fotos, esta nova versão é mais barata e se destina primordialmente a estudantes e jornalistas iniciantes. O texto é o mesmo da edição original, afora a correção silenciosa de erros, o corte de algumas sentenças verbosas e o acréscimo de notas de rodapé. Aos que escreveram sobre a primeira edição, repito as palavras de Antonio Candido: "Agradeço a todos que se ocuparam deste livro, pró ou contra, menos, é claro, dois ou três que manifestaram má vontade injuriosa".

Cronologia

1949
12 de agosto — Fernando Collor nasce no Rio de Janeiro.

1975
Outubro — Casa-se com Lilibeth Monteiro de Carvalho, com quem tem dois filhos, Arnon Affonso e Joaquim Francisco. O casal se separa em 1981.

1979
15 de março — Indicado pela Arena, assume a Prefeitura de Maceió.

1982
15 de maio — Termina o mandato de prefeito.
15 de novembro — Eleito deputado federal pelo PDS de Alagoas.

1983
29 de setembro — Morte de Arnon de Mello.

1985
15 de janeiro — Collor vota em Paulo Maluf na eleição indireta de Tancredo Neves para a Presidência.

1986
15 de novembro — Eleito governador de Alagoas.

1987
15 de março — Toma posse no governo.
2 de abril — *Globo Repórter* sobre os marajás.
5 de abril — Reportagem do *Jornal do Brasil* sobre o "Furacão Collor".
22 de abril — Entrevista de Collor nas páginas amarelas de *Veja*.
Outubro — Entrevista a *Playboy*.
22 de dezembro — Entrevista a *Senhor*.

1988
23 de março — *Veja* publica a capa "O caçador de marajás".
13 de maio — Collor participa do programa de televisão do Partido da Juventude, PJ.

1989
30 de março — Aparece no programa de televisão de lançamento do Partido da Reconstrução Nacional, PRN.
26 de abril — O *Jornal do Brasil* publica matéria sobre Lurian, filha de Luis Inácio Lula da Silva e Miriam Cordeiro.
27 de abril — Collor participa do programa de televisão do Partido Trabalhista Renovador, PTR. Poucos dias depois, aparece no do Partido Social Cristão, PSC.
15 de maio — Deixa o governo de Alagoas para disputar a eleição presidencial.
28 de junho — Discurso de Mário Covas defendendo um "choque de capitalismo". Collor atinge 43% nas pesquisas de intenção de voto do IBOPE, seguido por Brizola (11%) e Lula (8%).
Agosto — Roberto Marinho anuncia seu apoio a Collor.
15 de setembro — Início do programa eleitoral gratuito. Pesquisa mostra que a Rede Povo está em primeiro lugar na preferência dos telespectadores.

501

Outubro — Silvio Santos anuncia sua candidatura à Presidência.

8 de novembro — O Tribunal Superior Eleitoral veta a candidatura de Silvio Santos.

15 de novembro — Primeiro turno das eleições.

3 de dezembro — Quatro redes de televisão transmitem o primeiro debate entre Lula e Collor.

11 de dezembro — Collor dá entrevista ao *Programa Ferreira Neto*.

12 de dezembro — O programa eleitoral de Collor exibe um depoimento no qual Miriam Cordeiro diz que Lula é racista e lhe ofereceu dinheiro para abortar quando estava grávida de Lurian.

14 de dezembro — Segundo debate entre Collor e Lula na televisão.

15 de dezembro — O *Jornal Nacional* leva ao ar a edição do debate da noite anterior.

16 de dezembro — Prisão dos sequestradores do empresário Abílio Diniz. Manifestação de artistas na porta da Rede Globo.

17 de dezembro — Segundo turno das eleições presidenciais.

1990

15 de março — Posse do presidente.

16 de março — Anúncio do Plano Collor: as contas correntes, a poupança e aplicações financeiras superiores a 1250 dólares são congeladas por dezoito meses; congelados aluguéis e mensalidades escolares; tabelamento de preços.

24 de março — Agentes da Receita e da Polícia Federal invadem a *Folha de S.Paulo*.

Abril — Alberico Souza Cruz substitui Armando Nogueira na direção da Central Globo de Jornalismo.

Maio — A inflação mensal é de 8%.

Julho — Reportagens da *Folha de S.Paulo* sobre a contratação de agências de propaganda sem licitação pelo governo federal.

Agosto — Collor processa quatro jornalistas da *Folha*.

Setembro — Wagner Canhedo compra a VASP com cheques de Paulo César Farias.

21 de setembro — *O Estado de S. Paulo* publica reportagem de primeira página sobre a festa de aniversário da ministra Zélia Cardoso de Mello, na qual ela dançou o bolero "Besame mucho" com Bernardo Cabral.

3 de outubro — Eleições para os governos estaduais, Câmara Federal, Senado e Assembleias Legislativas, nas quais vários candidatos foram financiados por Paulo César Farias.

13 de outubro — Bernardo Cabral deixa o Ministério da Justiça em função de seu romance com Zélia Cardoso de Mello.

19 de outubro — Luís Octávio da Motta Veiga sai da presidência da Petrobras e denuncia as pressões de Paulo César Farias e Marcos Coimbra para que ajudasse Wagner Canhedo.

20 de outubro — Capa de *IstoÉ* sobre PC Farias, com o título "Ele complica a vida do governo".

17 de novembro — Renan Calheiros deixa a liderança do governo na Câmara e ataca Collor e Paulo César Farias. A inflação no mês é de 17%.

31 de dezembro — Collor passa o réveillon com o empresário Alcides Diniz.

1991

25 de abril — A *Folha de S.Paulo* publica na primeira página a carta aberta de Otavio Frias Filho ao presidente.

8 de maio — Marcílio Marques Moreira assume o Ministério da Economia no lugar de Zélia Cardoso de Mello.

Maio — Collor anuncia que a construção dos CIACs ficará sob a responsabilidade do ministro da Saúde, Alceni Guerra.

29 de junho — *Veja* publica a capa "A República de Alagoas".

Agosto — Reportagens do *Jornal do Brasil* sobre irregularidades cometidas por Rosane Collor na presidência da Legião Brasileira de Assistência. Collor aparece em público sem aliança. Rosane chora na missa de aniversário da LBA e deixa a direção da entidade.

20 de outubro — Reportagem de *O Globo* sobre concorrência fraudada do Exército para compra de uniformes.

3 de dezembro — Matéria do *Correio Braziliense* sobre compra superfaturada de bicicle-

tas pelo Ministério da Saúde. Campanha de *O Globo* contra Alceni Guerra.

1992

9 de janeiro — Jornalistas da *Folha de S.Paulo* são absolvidos no processo movido pelo presidente.

23 de janeiro — Alceni Guerra sai do Ministério.

6 de março — Cláudio Humberto Rosa e Silva deixa de ser porta-voz. Pedro Luiz Rodrigues assume o cargo.

22 de março — Reportagem de *O Estado de S. Paulo* sobre o "Esquema PP", mostrando que Pedro Paulo Leoni Ramos, chefe da Secretaria de Assuntos Estratégicos, nomeara seus amigos para postos-chaves na Petrobras.

30 de março — Renúncia coletiva e reforma ministerial.

9 de maio — *Veja* vai às bancas com uma reportagem sobre o dossiê de Pedro Collor a respeito das empresas de Paulo César Farias no exterior.

16 de maio — Capa de *Veja* com as declarações de renda de Farias.

19 de maio — Leda Collor destitui seu filho Pedro do comando da Organização Arnon de Mello.

23 de maio — Na capa "Pedro Collor conta tudo", o irmão do presidente diz a *Veja* que Paulo César Farias é testa de ferro de Collor.

26 de maio — Criação de uma Comissão Parlamentar de Inquérito para investigar as denúncias de Pedro Collor.

13 de junho — Entrevista de Luís Octávio da Motta Veiga a *Veja* dizendo que "o governo não terminará limpo".

20 de junho — Capa de *Veja* na qual Renan Calheiros afirma ter informado Collor sobre a corrupção de Paulo César Farias.

27 de junho — *IstoÉ* chega às bancas com uma reportagem e uma entrevista do motorista Eriberto França dizendo que Paulo César Farias pagava despesas pessoais do presidente e de sua família. A capa da revista é uma entrevista de Fernando Collor.

30 de junho — Editoriais de *O Estado de S. Paulo* e da *Folha* defendem a renúncia de Collor.

1º de julho — A Rede Bandeirantes transmite ao vivo o depoimento de Eriberto França à CPI.

4 de julho — Reportagem de *Veja* mostrando que o carro usado pelos filhos de Collor pertence a Paulo César Farias.

14 de julho — A Rede Globo inicia a exibição da minissérie *Anos Rebeldes*, sobre o movimento de contestação à ditadura militar.

28 de julho — Reportagem do *Jornal do Brasil* justificando a Operação Uruguai.

31 de julho — Pedro Luiz Rodrigues se demite do cargo de porta-voz da Presidência. É substituído por Etevaldo Dias.

13 de agosto — O presidente conclama a população a vestir-se no domingo de verde-amarelo para apoiá-lo.

16 de agosto, domingo — Manifestantes saem às ruas em todo o país usando roupas, tarjas e bandeiras negras.

26 de agosto — A CPI aprova o relatório final do senador Amir Lando, considerando que a conduta do presidente fora incompatível com "a dignidade, a honra e o decoro do cargo de chefe de Estado".

1º de setembro — O jornalista Barbosa Lima Sobrinho entrega à presidência da Câmara o pedido de afastamento de Collor.

5 de setembro — *Veja* publica a capa "O jardim do marajá da Dinda".

7 de setembro — Collor é vaiado durante o desfile militar do Dia da Independência.

17 de setembro — Leda Collor sofre três paradas cardíacas no Rio de Janeiro e é internada em estado grave. O presidente é vaiado e xingado ao visitá-la no hospital.

29 de setembro — Por 441 votos a 38, a Câmara autoriza o Senado a abrir processo contra Collor por crime de responsabilidade e determina o seu afastamento da Presidência.

2 de Outubro — Collor recebe a citação de afastamento e deixa o Palácio do Planalto.

29 de dezembro — Collor renuncia à Presidência vinte minutos depois de o Senado instalar a sessão para julgá-lo. Itamar Franco toma posse como presidente da República.

30 de dezembro — Por 76 votos a três, o Se-

nado considera Collor culpado de crime de responsabilidade e o impede de exercer função pública durante oito anos.

1993
Abril — Pedro Collor lança o livro *Passando a limpo — A trajetória de um farsante*.
30 de junho — Com sua prisão preventiva decretada, Paulo César Farias escapa da Polícia Federal e foge dias depois para Buenos Aires.
21 de outubro — Localizado em Londres, PC dá uma entrevista ao *Jornal Nacional*.
6 de novembro — A Justiça inglesa decreta a prisão preventiva de Farias e ele viaja para Bangcoc.
29 de novembro — PC é capturado por policiais tailandeses e enviado a Brasília, onde é preso num quartel da Polícia Militar.

1994
20 de julho — Elma Farias morre em Brasília.
12 de dezembro — Por cinco votos contra três, o Supremo Tribunal Federal absolve Collor da acusação de corrupção passiva.
18 de dezembro — Pedro Collor morre em Nova York.

1995
12 de janeiro — Um mês depois de ser transferido para uma cela do Corpo de Bombeiros de Maceió, Paulo César Farias conhece Suzana Marcolino.
25 de fevereiro — Leda Collor morre em São Paulo.
Dezembro — PC é posto em liberdade condicional.

1996
10 de maio — Paulo César Farias conhece Cláudia Dantas.
19 de junho — Com Suzana Marcolino em São Paulo, Farias leva Cláudia Dantas à sua casa de praia.

21 de junho — Suzana Marcolino janta com o dentista Fernando Colleone em São Paulo.
22 de junho — Suzana, Farias, seu irmão Augusto e a namorada dele jantam na casa de praia de PC.
23 de junho — Paulo César Farias e Suzana Marcolino são encontrados mortos.

1998
Agosto — Collor comemora seus cinquenta anos e anuncia que pretende se candidatar à Prefeitura de São Paulo. A Justiça Eleitoral o considera inelegível.

2002
Novembro — É derrotado na eleição ao governo de Alagoas.

2005
Setembro — Collor se separa de Rosane. Vem a se casar com a arquiteta Caroline Medeiros.

2006
Maio — Nascem as filhas gêmeas de Collor e Caroline, Cecile e Celine.

2007
Novembro — Collor é eleito senador por Alagoas.

2010
Novembro — É novamente derrotado na disputa a governador de Alagoas.

2012
Abril — Collor integra a Comissão Parlamentar de Inquérito encarregada de investigar o contraventor Carlos Cachoeira.
Maio — O senador Fernando Collor defende que Policarpo Jr., redator-chefe de *Veja*, e Roberto Civita, o dono da revista, sejam convocados pela CPI para depor sobre as suas ligações com Carlos Cachoeira.

Fontes

As entrevistas foram realizadas entre maio de 1998 e setembro de 1999. Entrevistei Pedro Collor e Paulo César Farias antes, quando este livro ainda era uma vaga ideia. Cento e vinte e seis entrevistas foram feitas pessoalmente e quinze pelo telefone.

BsB Brasil: Ronaldo Junqueira.
Editora Abril: Richard Civita, Roberto Civita, José Augusto Pinto Moreira.
Folha de S.Paulo: Cosette Alves, Luis Francisco Carvalho Filho, Ari Cipola, Marcelo Coelho, Gilberto Dimenstein, Otavio Frias Filho, Gustavo Krieger, Adilson Laranjeira, Mauro Lopes, Ricardo Melo, Octavio Frias de Oliveira (1912-2007), Joyce Pascowitch, Clóvis Rossi, Josias de Souza, Xico Sá, André Singer, Frederico Vasconcelos.
Gazeta de Alagoas: Valmir Calheiros, Pedro Collor (1952-94), Luciano Góes, Enio Lins, Ricardo Rodrigues.
Governo Federal: João Carlos Camargo, Fernando Collor, Rosane Collor, Lafaiete Coutinho, Ubirajara Dettmar, Etevaldo Dias, Alceni Guerra, Sebastião Nery, Pedro Paulo Leoni Ramos, Pedro Luiz Rodrigues, João Santana, Cláudio Humberto Rosa e Silva.
IBOPE: Carlos Augusto Montenegro.
IstoÉ: Domingo Alzugaray, Mino Carta, Bob Fernandes, Mino Pedrosa, João Santana Filho.
Jornal da Tarde: Fernão Lara Mesquita, Rodrigo Mesquita, Ruy Mesquita.
Jornal do Brasil: Lûiz Maklouf Carvalho, Amílcar de Castro (1920-2002), Manoel Francisco Brito Filho, Manoel Francisco do Nascimento Brito (1922-2003), Marcos Sá Corrêa, Alberto Dines, Walder de Góes, Ancelmo Gois, Dora Kramer, Dácio Malta, Merval Pereira, Flávio Pinheiro, Mario Rosa.
O Estado de S. Paulo: Ricardo Amaral, Aluízio Maranhão, Júlio César Mesquita, José Nêumanne, Augusto Nunes, Ricardo Setti, Luciano Suassuna.
O Globo: Evandro Carlos de Andrade (1931-2001), Ricardo Boechat, Luís Erlanger, Walter Fontoura, Ali Kamel, João Roberto Marinho, Roberto Marinho (1904-2003), Jorge Moreno, Jorge Serpa.
Palácio dos Bandeirantes: Orestes Quércia (1938-2010), Mauro Ribeiro.
Petrobras: Luís Octávio da Motta Veiga.
PFL: Antônio Carlos Magalhães (1927-2007), Mauro Salles.
Playboy: Carlos Costa.
PSDB: Fernando Henrique Cardoso, Tasso Jereissati, José Serra.
Rede Bandeirantes: Marília Gabriela, Fernando Mitre, João Saad (1919-99), Johnny Saad.
Rede Globo: Paulo Henrique Amorim, Alberico Souza Cruz, Antônio Drummond, Francisco

José, Woile Guimarães, Roberto Irineu Marinho, Francisco Vianey Pinheiro, Armando Nogueira (1927-2010), José Bonifácio de Oliveira Sobrinho (Boni).
Rede Manchete: Carlos Chagas, Hamilton Lucas de Oliveira, Luis Salles, Salomão Schwartzman.
Rede Povo: Carlos Azevedo, Frei Betto, José Américo Dias, Ricardo Kotscho, Paulo de Tarso Santos.
SBT: Boris Casoy, Silvio Santos, Jô Soares, Guilherme Stoliar, Lílian Witte Fibe.
Tribuna de Alagoas: Hildeberto Aleluia, Jorge Bandeira, Luís Romero Farias, Paulo César Farias (1945-96).
TV Record: Ferreira Neto (1938-2002).
Veja: Tales Alvarenga (1945-2006), Júlio César de Barros, Jacqueline Breitinger, Orlando Brito, Expedito Filho, Elio Gaspari, Laurentino Gomes, José Roberto Guzzo, Dorrit Harazim, Paulo Moreira Leite, Kaíke Nanne, Eduardo Oinegue, Raimundo Rodrigues Pereira, André Petry, Luis Costa Pinto, Roberto Pompeu de Toledo.
Vox Populi: Marcos Antônio Coimbra.
Outros: Mário Alberto de Almeida, Maria Helena Amaral, Thereza Collor, Mário Garnero, Arnaldo Malheiros Filho, Lily Marinho (1921-2011), Maílson da Nóbrega.

Bibliografia

Notícias do Planalto deve algo da sua inspiração a *The powers that be* e, em menor grau, a *The final days*. No primeiro, o repórter David Halberstam conta a história de quatro empresas jornalísticas americanas, de seus primórdios até o caso Watergate. No outro, Bob Woodward e Carl Bernstein relatam os últimos meses do governo de Richard Nixon. Por trazerem a visão de dois personagens centrais para a eleição e a queda de Collor, os livros de Pedro Collor e de Cláudio Humberto Rosa e Silva foram de enorme valia. Para conhecer a história republicana de Alagoas, os trabalhos de Douglas Apratto Tenório, Mário de Carvalho Lima e Élcio de Gusmão Verçosa são fundamentais.

ABRAMO, Bia (org.). *Um trabalhador da notícia — Textos de Perseu Abramo*. São Paulo, Fundação Perseu Abramo, 1997.
ABRAMO, Cláudio. *A regra do jogo — O jornalismo e a ética do marceneiro*. São Paulo, Companhia das Letras, 1988.
ABREU, Alzira Alves de (org.). *A imprensa em transição*. Rio de Janeiro, FGV, 1996.
ALENCAR, Cláudio. *Contando histórias — O rádio em Alagoas*. Alagoas, ed. do autor, 1991.
AQUINO, Maria Aparecida de. *Censura, imprensa, Estado autoritário (1968-1978)*. Bauru, Edusc, 1999.
BAHIA, Juarez. *Jornal, história e técnica — História da imprensa brasileira*. 4ª ed. São Paulo, Ática, 1990.
BARDAWIL, José Carlos. *O repórter e o poder*. São Paulo, Alegro, 1999.
BARROS, Luiz Nogueira de. *A solidão dos espaços políticos*. Maceió, Ediculte-Seculte, 1988.
BLOCH, Adolpho. *O pilão*. Rio de Janeiro, Bloch, 1988.
BOCCHI, Carmen Priscilla. "O movimento 'Pela ética na política' e as mobilizações pró-impeachment". São Paulo, USP, 1996 (mimeo.).
BRANCO, Carlos Castello. *A renúncia de Jânio — Um depoimento*. Rio de Janeiro, Revan, 1993.
_____. *Retratos e fatos da história recentes*. Rio de Janeiro, Revan, 1994.
BRICKMAN, Carlos. *A vida é um palanque*. São Paulo, Globo, 1998.
CAPELATO, Maria Helena, & PRADO, Maria Lígia. *O bravo matutino — Imprensa e ideologia no jornal O Estado de S. Paulo*. São Paulo, Alfa-Ômega, 1980.
_____. & MOTA, Carlos Guilherme. *História da Folha de S.Paulo — 1921-1981*. São Paulo, Impres, 1981.
CARNEIRO, Alan Dias; LATMAN-WELTMAN, Fernando, & RAMOS, Plínio de Abreu. *A imprensa faz e desfaz um presidente*. Rio de Janeiro, Nova Fronteira, 1994.
CARVALHO, André Luiz Piva de. "Quadros maquiados". São Paulo, USP, 1998 (mimeo.).
CASTRO, Celso, & D'ARAÚJO, Maria Celina (orgs.). *Ernesto Geisel*. Rio de Janeiro, FGV, 1997.

CASTRO, Ruy. *O anjo pornográfico — A vida de Nelson Rodrigues*. São Paulo, Companhia das Letras, 1992.

CAVALCANTE, Joaldo. *A última reportagem*. Maceió, Gazeta de Alagoas, 1993.

CLARK, Walter, & PRIOLLI, Gabriel. *O campeão de audiência*. São Paulo, Best Seller, 1991.

COTTA, Pery. *O sufoco da imprensa nos anos de chumbo*. Rio de Janeiro, Bertrand Brasil, 1997.

DANTAS, Audálio (org.). *Repórteres*. São Paulo, Senac, 1997.

DINES, Alberto. *O papel do jornal — Uma releitura*. 4ª ed. São Paulo, Summus, 1986.

_____. *O baú de Abravanel — Uma crônica de sete séculos até Silvio Santos*. São Paulo, Companhia das Letras, 1990.

_____. (org.). *100 páginas que fizeram história*. São Paulo, LF&N, 1997.

_____. MELO, José Marques de, & VOGT, Carlos. *A imprensa em questão*. Campinas, Ed. da Unicamp, 1997.

FARIAS, Tales; KRIEGER, Gustavo, & NOVAES, Luiz Antônio. *Todos os sócios do presidente*. 3ª ed. São Paulo, Scritta, 1992.

FERNANDES, Millôr; SOARES, Jô, & VERISSIMO, Luis Fernando. *Humor nos tempos do Collor*. Porto Alegre, L&PM, 1992.

FERREIRA, Paulo César. *Pilares via satélite — Da Rádio Nacional à Rede Globo*. Rio de Janeiro, Rocco, 1998.

FERREIRA, Soraya Viegas. "A imagem de Collor nas capas da revista *Veja* — construção, consolidação e queda de um mito". Rio de Janeiro, UFRJ, 1996 (mimeo.).

FIGUEIREDO, Ney Lima, & FIGUEIREDO JR., José Rubens de Lima. *Como ganhar uma eleição — Lições de campanha e marketing político*. São Paulo, Cultura, 1990.

FILHO, Daniel. *Antes que me esqueçam*. Rio de Janeiro, Guanabara, 1988.

Folha de S.Paulo — Primeira página, 1921-1995. 3ª ed. São Paulo, *Folha de S.Paulo*, 1995.

GABRIELA, Marília. *Cara a cara*. São Paulo, Siciliano, 1994.

GARCIA, Alexandre. *Nos bastidores da notícia*. 9ª ed. Rio de Janeiro, Globo, 1990.

GONDIM, Josélio. *Sob o sol do Nordeste*. São Paulo, Massao Ohno, 1996.

GONTIJO, Silvana. *A voz do povo — O IBOPE do Brasil*. Rio de Janeiro, Objetiva, 1996.

GUALAZZI, Eduardo Lobo, & QUADROS NETO, Jânio. *Jânio Quadros — Memorial à história do Brasil*. São Paulo, Rideel, 1996.

GUILLERMOPRIETO, Alma. *The heart that bleeds — Latin America now*. Nova York, Alfred A. Knopf, 1994.

GUSMÃO, Sérgio Buarque de. *Jornalismo de In(ve)stigação — O caso Quércia*. Rio de Janeiro, Civilização Brasileira, 1993.

HALBERSTAM, David. *The powers that be*. Nova York, Alfred A. Knopf, 1979.

HORTA, Luiz Paulo (org.). *O Globo — 70 anos de história*. Rio de Janeiro, Globo, 1995.

Impeachment — Jurisprudência. Brasília, Imprensa Nacional, 1995.

JOSÉ, Emiliano. *Imprensa e poder — Ligações perigosas*. Salvador, EdUFBa-Hucitec, 1996.

KOTSCHO, Ricardo. *Explode um novo Brasil — Diário da campanha das diretas*. São Paulo, Brasiliense, 1984.

_____. *Cartas do Brasil*. São Paulo, Globo, 1992.

KUCINSKI, Bernardo. *Jornalistas e revolucionários — Nos tempos da imprensa alternativa*. São Paulo, Scritta, 1991.

_____. *A síndrome da antena parabólica — Ética no jornalismo brasileiro*. São Paulo, Fundação Perseu Abramo, 1998.

LAMOUNIER, Bolívar. *De Geisel a Collor — O balanço da transição*. São Paulo, Idesp-Sumaré, 1990.

_____. *Depois da transição — Democracia e eleições no governo Collor*. São Paulo, Loyola, 1991.

_____. (org.). *Partidos e utopias — O Brasil no limiar dos anos 90*. São Paulo, Loyola, 1989.

LIMA, Mário de Carvalho. *Sururu apimentado — Apontamentos para a história política de Alagoas*. Maceió, Edufal, 1979.

LOUREIRO, Romeu de Mello. *Redescobrindo Rosalvo Ribeiro (1865-1915)*. Maceió, Grafitex, 1998.
MAGALHÃES, Antônio Carlos. *Política é paixão*. Rio de Janeiro, Revan, 1995.
MARCONDES FILHO, Ciro. *Jornalismo fin-de-siècle*. São Paulo, Scritta, 1993.
MARCONI, Paolo. *A censura política na imprensa brasileira*. 2ª ed. São Paulo, Global, 1980.
MARINGONI (org.). *Os filhos da Dinda — A CPI que abalou o Brasil*. São Paulo, Scritta, 1992.
MARTIN, Marc. *Médias et journalistes de la République*. Paris, Odile Jacob, 1997.
MATOS, Heloiza (org.). *Mídia, eleições e democracia*. São Paulo, Scritta, 1994.
MCGINNISS, Joe. *The selling of the president*. Nova York, Penguin Books, 1988.
MEDEIROS, Benício. *Otto Lara Resende — A poeira da glória*. Rio de Janeiro, Relume Dumará; Prefeitura do Rio de Janeiro, 1998.
MEDINA, Cremilda (org.). *O jornalismo na Nova República*. São Paulo, Summus, 1987.
MELLO, Pedro Collor de. *Passando a limpo — A trajetória de um farsante*. 5ª ed. Rio de Janeiro, Record, 1993.
MELO, José Marques de. *A opinião no jornalismo brasileiro*. 2ª ed. Petrópolis, Vozes, 1994.
MENDES, Cândido. *Collor — Anos-luz, ano-zero*. Rio de Janeiro, Nova Fronteira, 1993.
MENDONÇA, Katia Marly Leite. "A salvação pelo espetáculo — O mito político do herói no 'Brasil Novo'". São Paulo, USP, 1997 (mimeo.).
MERCADANTE, Luiz Fernando. *Victor Civita*. São Paulo, Nova Cultural, 1987.
METZ, Robert. *The Tonight Show*. Chicago, Playboy Press, 1980.
MIRANDA, Bernardino Araújo de. *História contemporânea das Alagoas*. Maceió, São Bento, 1998.
MORAIS, Fernando. *Chatô — O rei do Brasil*. São Paulo, Companhia das Letras, 1994.
MOREL, Edmar. *Histórias de um repórter*. Rio de Janeiro, Record, 1999.
NERY, Sebastião. *A história da vitória — Por que Collor ganhou*. Brasília, Dom Quixote, 1990.
NÊUMANNE, José. *Atrás do palanque — Bastidores da eleição de 1989*. São Paulo, Siciliano, 1989.
_____. *A república na lama — Uma tragédia brasileira*. 3ª ed. São Paulo, Geração Editorial, 1992.
NISKIER, Arnaldo. *O Brasil de todas as idéias*. Rio de Janeiro, Consultor, 1991.
NOBLAT, Ricardo. *Céu dos favoritos — O Brasil de Sarney a Collor*. Rio de Janeiro, Rio Fundo Editora, 1990.
NOVAES, Adauto (org.). *Rede imaginária — Televisão e democracia*. São Paulo, Companhia das Letras; Secretaria Municipal de Cultura, 1991.
OLIVEIRA, Eliézer Rizzo de. *De Geisel a Collor — Forças Armadas, transição e democracia*. Campinas, Papirus, 1994.
OLIVEIRA, Francisco de. *Collor, a falsificação da ira*. Rio de Janeiro, Imago, 1992.
OLIVEIRA, Sandra Fernandes de. *O flagrante da farsa — Operação Uruguai*. São Paulo, Olho d'Água, 1993.
PERES, Liege Socorro Albuquerque. "O período Collor — Análise da cobertura das revistas *Veja* e *IstoÉ* de antes da eleição presidencial até o impeachment". São Paulo, USP, 1998 (mimeo.).
PINHEIRO, Luiz Adolfo; MAYRINK, José Maria, & CHAGAS, Carmo. *Três vezes trinta — Os bastidores da imprensa brasileira*. São Paulo, Best Seller, 1992.
PINTO, Luis Costa. *As duas mortes de PC Farias*. São Paulo, Círculo do Livro; Best Seller, 1996.
_____. & SUASSUNA, Luciano. *Os fantasmas da Casa da Dinda*. São Paulo, Contexto, 1992.
15 anos de história — JN. Rio de Janeiro, Rede Globo, 1984.
Relatório final da Comissão Parlamentar Mista de Inquérito. Brasília, Senado Federal, 1992.
RESENDE, Otto Lara. *Bom dia para nascer*. São Paulo, Companhia das Letras, 1993.
_____. *O príncipe e o sabiá*. São Paulo, Companhia das Letras, 1994.
RIBEIRO, Jorge Cláudio. *Sempre alerta — Condições e contradições do trabalho jornalístico*. São Paulo, Brasiliense; Olho d'Água, 1994.
SABINO, Fernando. *Zélia, uma paixão*. 8ª ed. Rio de Janeiro, Record, 1991.
SILVA, Carlos Eduardo Lins da. *Muito além do Jardim Botânico*. 4ª ed. São Paulo, Summus, 1985.

SILVA, Carlos Eduardo Lins da. *Mil dias — Os bastidores da revolução em um grande jornal*. São Paulo, Trajetória Cultural, 1988.

SILVA, Cláudio Humberto Rosa e. *Mil dias de solidão — Collor bateu e levou*. 3ª ed. São Paulo, Geração Editorial, 1993.

SILVA, Evandro Lins e. *O salão dos passos perdidos — Depoimento ao CPDOC*. Rio de Janeiro, Nova Fronteira; FGV, 1997.

SINGER, André. *Esquerda e direita no eleitorado brasileiro — As eleições presidenciais de 1989 e 1994*. São Paulo, Edusp, 1999.

_____. (org.) *Sem medo de ser feliz*. São Paulo, Scritta, 1990.

SOBREIRA, Geraldo. *Manual da fonte — Como lidar com autoridades*. São Paulo, Geração Editorial, 1993.

SODRÉ, Nelson Werneck. *História da imprensa no Brasil*. Rio de Janeiro, Civilização Brasileira, 1966.

SOUZA, Maurício Maia de. "Henfil e a censura — O papel dos jornalistas". São Paulo, USP, 1999 (mimeo.).

SQUIRRA, S. *Boris Casoy — O âncora no telejornalismo brasileiro*. 2ª ed. Petrópolis, Vozes, 1993.

TAVARES, Olga. *Fernando Collor — O discurso messiânico, o clamor do sagrado*. São Paulo, Alumbramento, 1998.

TENÓRIO, Douglas Apratto. *A tragédia do populismo — O impeachment de Muniz Falcão*. Maceió, Edufal, 1995.

_____. *A metamorfose das oligarquias*, Curitiba, HD Livros, 1997.

TRAMONTINA, Carlos. *Entrevista — A arte e as histórias dos maiores entrevistadores da televisão brasileira*. 2ª ed. São Paulo, Globo, 1996.

TRAVANCAS, Isabel Siqueira. *O mundo dos jornalistas*. 2ª ed. São Paulo, Summus, 1993.

VASCONCELOS, Frederico. *Fraude — Os bastidores do caso das importações de Israel pelo governo Quércia*. São Paulo, Scritta, 1994.

VEIGA, Aida. "The president must go" — The role of the Brazilian press during the impeachment of Fernando Collor de Mello. Londres, CCIS-University of Westminster, 1995.

VERÇOSA, Élcio de Gusmão. *História e educação nas Alagoas — História, histórias*. 2ª ed. Maceió, Edufal, 1997.

20 textos que fizeram história. Folha de S.Paulo, 1992.

WHITE, Theodore H. *The making of the president — 1960*. Londres, Jonathan Cape, 1965.

WOODWARD, Bob, & BERNSTEIN, Carl. *All the president's men*. 2ª ed. Nova York, Touchstone, 1994.

_____. *The final days*. 2ª ed. Nova York, Touchstone, 1994.

PUBLICAÇÕES

Folha de S.Paulo
Imprensa
IstoÉ
Jornal da Tarde
Jornal do Brasil
O Estado de S. Paulo
O Globo
Playboy
Senhor
Veja

Índice onomástico

Abraham, Denise, 138
Abramo, Cláudio, 154, 225-6, 227, 229, 250, 252, 254-5, 267, 310, 436
Abramo, Fulvio, 225
Abramo, Lívio, 225
Abramo, Perseu, 187
Abramo, Radhá, 228, 267
Abravanel, Íris, 141, 143, 242
Abravanel, Senor. *Ver* Santos, Silvio
Abreu, Hugo, 251, 253, 292-3
Abreu Sodré, Roberto de, 123
Abrucio Jr., Milton, 412
Acioli Gomes de Melo, Ana Maria, 202, 211-2, 248, 380, 421-4, 426, 438, 440, 446, 451-2, 454, 465, 467
Aciolli, Hilton, 152, 160
Affonso Ferreira, Manoel Alceu, 415
Afif Domingos, Guilherme, 70, 80, 101, 111, 153, 175, 207, 266, 511
Agripino Filho, João, 22
Aguiar, Amador, 131, 132
Albuquerque, Ruth, 82-6, 448
Alcântara Machado, Caio, 148, 252
Alcorso, Carlo, 260
Alcorso, Cláudio, 258
Alcorso, Georgina, 258
Alcorso, Niny, 258
Alcorso, Orlando, 258

Alcorso, Sylvana, 257-61
Aleluia, Ângela, 390
Aleluia, Hildeberto, 209, 214--5, 297-8, 388-90, 392, 405
Allende, Salvador, 148
Almeida Magalhães, Dario de, 18
Almeida, Mário Alberto de, 267-9, 305-7, 386
Altman, Fábio, 283
Alvarenga, Tales, 49, 79-81, 270, 290, 397-8
Alves, Cosette, 137
Alves de Lima, Octaviano, 129
Alves, Hermano, 39
Alves, João, 141
Alves, Márcio Moreira, 39
Alves, Paulo, 424
Alzugaray, Cátia, 279, 308
Alzugaray, Domingo, 106, 125, 156, 190, 248, 279, 301-3, 306-12, 424-5, 439, 450-1, 484-5
Amaral, Maria Helena, 165, 169, 170, 172, 194, 506
Amaral, Pedro, 166
Amaral, Ricardo, 104, 119, 126, 128, 311, 396-7, 408-9
Amaral, Roberto, 279, 281-3, 413, 415-6, 428-30
Amato, Mario, 156-7, 413
Amato, Rogério, 413
Amauri, estilista, 381
Amazonas, João, 161

Amin, Espiridião, 403-4
Amorim, Lúcia, 390
Amorim, Paulo Henrique, 56, 232-3, 235, 240, 277, 293
Amorim, Tânia, 389
Andrade, Cláudia, 341
Andrade, Evandro Carlos de, 40-1, 86, 111, 113-4, 238, 296, 342-3, 347, 404
Andrade, Flávio, 97
Andrade, Mario de, 105-7, 109, 161
Andrade, Roberto, 431
Andrade, Rodrigo, 334
Andrade, Sérgio, 209, 215, 282, 430-1
Andrade Vieira, José Eduardo, 162, 458, 459
Andreazza, Mário, 292
Anselmo, cabo, 73
Apolinário, Sônia, 237
Appratto Tenório, Douglas, 329
Archer, Renato, 110
Arden, Elisabeth, 259
Arida, Pérsio, 287
Arns, dom Paulo Evaristo, 31, 192
Arraes, Guel, 160
Arraes, Miguel, 24, 60, 177
Arruda, Cinira, 62
Arruda Sampaio, Luiz Roberto de, 399

511

Arruda Sampaio, Plínio de, 148, 157, 164, 170, 178, 194
Ataliba, Geraldo, 104
Athayde, Austregésilo de, 18
Auchincloss, Kenneth, 334
Auler, Marcelo, 439
Aurélio Miguel, judoca, 463
Austregésilo, Theresa, 443
Azevedo, Carlos, 147, 150, 157, 159-60, 178, 186
Azevedo, Graziela, 151

Baeta, Cláudio, 448
Bahia, Luiz Alberto, 250
Bakunin, Mikhail A., 318
Bandeira, Eduardo, 210
Bandeira, Jorge [Valdércio Tenório], 203, 206, 213, 215, 341, 419, 421, 426, 452, 479
Baratta, Filho, Ângelo, 346
Barbosa, Carlos Orlando, 285
Barbosa de Oliveira, José, 15, 23, 63, 68, 383-4, 394
Barbosa, Leleco, 405
Barbosa Lima, Fernando, 272
Barbosa Lima Sobrinho, 128, 321, 465, 503
Bardawil, José Carlos, 60, 310
Barki, Alain, 468
Barros, Ademar de, 132, 227, 262, 371
Barros, Júlio César de, 397
Barros Mascarenhas, Luiz Gonzaga de, 267, 269, 305-6
Barroso do Amaral, Zózimo, 39, 43, 256, 342
Bastos, Celso, 412
Bastos, Márcio Thomaz, 170
Batalha, Luiz Eduardo, 413, 415
Batista, Eliezer, 365, 456
Baumgarten, Alexandre, 77
Benário, Olga, 371
Benevides, Mauro, 485
Bentes, Euler, 52, 76, 293
Bento XV, papa, 37
Bergamo, Mônica, 446

Bermudes, Sérgio, 112
Bernardes de Souza, Nelson, 361-2
Betting, Joelmir, 33, 189, 235
Betti, Paulo, 159-60, 191
Bicalho Dias, José Maurício, 215, 429, 430
Bicudo, Hélio, 159
Bisol, José Paulo, 168, 182, 404, 439
Bittencourt, Bruno, 388
Bittencourt, Getúlio, 254, 277
Blavatsky, Helena, 42
Blecher, Nelson, 246, 249, 362, 513
Bloch, Adolpho, 37, 39, 59, 87, 139, 177, 242, 259, 365-71
Blota Jr., 443
Bobbio, Norberto, 240-1
Bodansky, Jorge, 34
Boechat, Ricardo, 78, 82, 213, 341-4, 347, 425
Boeckel, João, 16
Boilesen, Henning, 219
Bolanos, Jorge, 215
Bolla, Giancarlo, 62
"Bom Burguês", 74
Bonaparte, Napoleão, 218, 320
Bonfim, José Carlos, correntista-fantasma, 451-2
Bonifacino, Emílio, 454-5
Borja, Célio, 364, 401, 431, 456-7, 465, 473, 475
Bornhausen, Dulce, 466
Bornhausen, Jorge, 354, 364-5, 393, 398, 401, 403, 418, 425, 428-31, 441, 456, 458-9, 466, 471
Bornhausen, Roberto, 364
Braga, Gilberto, 445
Braga, Jucineide, 278
Braga, Rubem, 16
Braga, Teodomiro, 143
Brandão, Daniel, 104
Brandão, Ignácio de Loyola, 443
Brandão, Lázaro, 236
Brandão Malta, Rosita, 329
Brando, Marlon, 308
Brasil, José Carlos, 95, 97

Breitinger, Jacqueline, 290
Bresser Pereira, Luiz Carlos, 116
Brisola, Dirceu, 54-5
Brito Filho, Manoel Francisco [Kiko], 255-6
Brito, José Antônio do Nascimento [Josa], 255-6, 287, 294
Brito, Orlando, 41, 62, 71, 79, 92, 134-5, 230-1, 273, 313-4, 349, 468-70, 475--6, 506
Brizola, Leonel, 28-9, 76-7, 80, 82, 89, 90, 95, 100, 102, 110-1, 117, 119, 120, 122, 125, 136, 138, 142, 145, 150, 153-7, 175-7, 182, 208-9, 266, 295, 352-6, 358, 368, 373-4, 401, 403, 411, 431, 439, 447, 456, 463, 471, 473, 501
Brizola, Neuzinha, 355
Buarque de Holanda, Chico, 160, 191
Buarque de Holanda [Ferreira] Aurélio, 15
Bucchi, Wadico, 235
Bulhões de Carvalho, Antônio, 112
Bulhões, Denilma, 298, 300, 350
Bulhões, Geraldo, 61, 103, 214, 298-301, 334, 336, 387
Bulhões, Octavio de, 131
Buñuel, Luis, 69
Buzaid, Alfredo, 54, 438

Caban, Henrique, 115, 514
Cabral, Bernardo, 103, 201, 248, 250, 270-2, 275, 277, 284, 299, 315, 502
Cabral, Oscar, 392
Cabral, Pedro Álvares, 33
Cabral, Victorio, 294
Cabral, Zuleide, 271, 274, 284--5, 514
Cabrera, Antônio, 273
Cabrini, Roberto, 480
Café Filho, João, 27

Caiado, Ronaldo, 70, 80, 514
Caldas, Sueli, 290, 364
Caldeira Filho, Carlos, 126, 129, 132, 219, 224, 323
Calheiros, Donizete, 18
Calheiros, Renan, 88-9, 103, 129, 136, 146, 155, 167, 177-8, 213-4, 223, 271, 282, 298-9, 301, 349, 387, 407-11, 418, 427, 488, 502-3
Calmon Alves, Rosenthal, 333
Calmon de Sá, Ângelo, 119, 201, 208, 364, 430
Camargo, Afonso, 364
Camargo, Hebe, 336
Camargo, João, 279
Camargo, João Carlos, 162, 274, 279-81, 283, 384
Camargo, Tássia, 191
Camata, Rita, 358, 360
Caminha, Pero Vaz de, 33
Campos, Augusto de, 39
Campos, Cidinha, 473
Campos, Haroldo de, 39
Campos, Humberto de, 16
Campos, Roberto, 240
Campos Teixeira, Luís, 18-9
Camus, Albert, 318
Cândido, Emerenciana, 249, 345
Canhedo, Wagner, 288-9, 467, 502
Canova, Sergio, 120
Cardin, Pierre, 69
Cardoso Alves, Roberto, 86
Cardoso de Mello, Auzélia, 275
Cardoso de Mello, Emiliano, 271, 275, 508, 514
Cardoso de Mello, Zélia, 89, 127, 129, 167-8, 176, 181, 210-4, 218, 223, 229, 230--35, 242, 266, 270-75, 277, 279-87, 290, 299, 306, 311, 315, 341, 356, 384, 449-50, 467, 502
Cardoso, Eduardo, 337
Cardoso, Fernando Henrique, 23, 118, 140, 149, 157, 197,
201-2, 319, 431, 445, 455--6, 488, 505
Cardoso, Joyce, 337
Cardoso, Ruth, 251, 319
Cardoso, Tereza, 143
Carneiro, Gilmar, 466
Carpeaux, Otto Maria, 39
Carpi, Michelangelo, 257
Carpi, Vittorio, 257
Carson, Johnny, 443
Carta, Daisy, 262, 265
Carta, Gianinno, 262
Carta, Luís, 261, 309, 310
Carta, Mino, 50-7, 75, 93, 125, 156, 190, 252, 254, 260, 262-5, 279, 298, 301-3, 305-8, 310-11, 323, 344, 393, 412-3, 419, 421, 423--6, 432, 434, 439, 450-1, 457-8, 505
Caruso, Chico, 340, 359, 514
Carvalho, Ary de, 296, 469, 470
Carvalho Filho, Luis Francisco, 218-9, 316-7, 319, 322--3, 361-2, 505
Carvalho, Horacinho, 84
Carvalho, Horácio, 84-5
Carvalho, João Batista de, 84-5
Carvalho, Joaquim de, 392-3
Carvalho, Lily Monique de, 84-6
Carvalho Monteiro, Sócrates de, 448
Carvalho Pinto, 132, 373-4
Carvalho, Ronald, 189-90, 239
Casoy, Boris, 43, 122-3, 138--44, 185, 251-5, 319, 441--2, 445, 474, 498, 506
Castanhari, Renato, 216, 221
Castello Branco, Carlos, 39, 41, 43, 106, 232, 242, 455, 473
Castello Branco, Rodrigo, 41, 473
Castelo Branco, Humberto de Alencar, 115, 119
Castelo Branco, Pedro Paulo, 479
Castro, Amílcar de, 38
Castro Bigi, José de, 218
Castro, Fidel, 51-2, 100, 163, 215, 356, 392
Castro, Manoel de, 473
Cataldo, Elisabeth, 92
Catalian, Berga, 205
Cavalcanti, Celso, 136
Cavalcanti de Farias, Ana, 204
Cavalcanti de Farias, Carlos, 204
Cavalcanti de Farias, Joselita, 204, 215
Cavalcanti de Frias, Eleuza, 204
Caxias, duque de [Luís Alves de Lima e Silva], 250
Cazuza, 256
Ceausescu, Nicolae, 222
Cecatto, Otávio, 369
Cecília, mãe de santo, 422
Cerqueira Lima, Haroldo, 254
Chagas, Carlos, 242
Chagas, Carmo, 50-3
Chagas Freitas, 296
Chapelin, Sérgio, 33-4, 515
Chateaubriand, Assis, 16, 18, 39, 355, 515
Chaves, Aureliano, 65, 110, 137, 141-2, 245, 515
Chaves, Flavio, 369, 370
Chaves, Luis Carlos, 315
Chekin, Mario, 165, 166
Chiarelli, Carlos, 201, 274, 280, 312, 352, 515
Chiaretti, Marco, 223
Chico Anísio, 356
Chinaglia, Fernando, 310
Chitãozinho e Xororó, dupla sertaneja, 336
Christensen, Carlos Hugo, 308
Cid Ferreira, Edemar, 208
Cioffi, Sílvio, 217, 322
Cipola, Ari, 377
Civita, Artur, 257
Civita, Carlo, 257-8
Civita, Cesar, 257-61, 265, 308
Civita, família, 309
Civita, Laura, 125
Civita, Leila, 262
Civita, Richard, 107, 259-61, 266

Civita, Roberto, 48-9, 51-2, 56-8, 75, 77, 80, 106-9, 118, 125-6, 188, 262-5 309, 312, 333-4, 344-6, 367, 398-9, 410-11, 414, 416, 431, 446-9, 468, 496
Civita, Sylvana, 107, 257
Civita, Victor, 48-9, 51, 57, 107-9, 126, 256-62, 264- -6, 269, 307-9, 312
Clark, Walter, 26-7, 46, 180, 374-5
Clinton, Bill, 473
Close, Roberta, 106
Cochrane, Léo, 213
Cocteau, Jean, 74
Coelho da Graça, Milton, 72
Coelho, Marcelo, 218, 220-1, 319, 322, 433, 505
Coelho Neto, Frederico [Lilico], 412, 415
Coelho Neto, Rogério, 288, 291
Coelho, Ronaldo César, 43
Coimbra, Gastão, 69, 231
Coimbra, Marcos Antônio, 68-71, 78, 88-9, 101-2, 146, 157, 162-3, 166-7, 186, 211, 230-1, 283-4, 289-90, 339-41, 345-6, 363, 380-1, 383, 387, 394- -5, 398-9, 401, 403, 428, 452-3, 455-7, 459, 466-7, 472, 475, 502
Colagrossi, Jucá, 145, 146
Colleone, Fernando, 483-4, 504
Collor de Mello, Ana Luiza, 18, 41-2, 44, 166, 202, 397, 471, 477, 479
Collor de Mello, Arnon Affonso, 63, 328, 501
Collor de Mello, Joaquim Pedro, 63, 328, 495, 501
Collor de Mello, Ledinha, 18, 21, 42, 44, 68-9, 381, 383, 393-5, 472
Collor de Mello, Leopoldo, 17, 21-2, 34-5, 40, 42, 44-5, 61, 70, 87, 121-2, 125, 129, 137, 162, 165-70, 175, 192, 202, 208, 244, 279, 287-8, 298, 304, 315, 323, 326-7, 334, 378, 381, 390, 394, 405, 461, 473
Collor de Mello, Pedro, 14, 16, 25, 41-6, 59, 61, 64, 66-7, 69, 87, 89, 162, 166, 170, 186, 202, 207, 216, 230, 241, 328, 332, 357, 376- -406, 410-2, 417-8, 427, 432-3, 438, 444, 453, 456, 460, 472-3, 477-9, 482, 485-6, 488, 503-4
Collor, Leda, 17, 19-20, 22-3, 37, 42, 60-1, 63-4, 163, 202, 211, 241, 256, 297, 327, 331, 378-81, 394-6, 399, 424, 437, 471-2, 477, 478-9, 503-4
Collor, Lindolfo Leopoldo [Boeckel], 16, 17, 42, 130, 223, 470
Collor, Rosane Malta, 14, 49, 91, 103, 121, 127, 135, 177, 211, 214, 274, 298, 300, 325, 328-9, 331-4, 336-40, 347, 353, 359, 380-3, 409, 422, 424, 461, 463-4, 466, 472, 474-6, 485-6, 488, 495, 502, 504
Collor, Thereza Lyra, 207, 230, 332, 338, 378, 380- -4, 386-7, 395-8, 400, 444, 479
Conde, Pedro, 213
Copérnico, Nicolau, 76
Cordeiro, Beatriz, 95-6, 170
Cordeiro, Cacilda, 170-1
Cordeiro de Farias, general, 115
Cordeiro da Silva, Lurian, 95- -100, 165, 167, 169, 170-1, 182, 194, 501-2
Cordeiro, Miriam, 95-6, 165- -6, 168-72, 18-5, 194-5, 501-2
Corrêa, Armando, 142-3
Corrêa, Dário César, 135-6, 211, 422-4, 439
Corrêa de Andrade, Silvio, 437
Corrêa Filho, Oscar Dias, 428
Corrêa, Maurício, 446
Correia Neto, Jonas de Morais, 196
Costa, Carlos, 104-7, 109, 161
Costa e Silva, Artur da, 53-4, 69, 75, 263, 285, 366
Costa e Silva, Yolanda da, 69, 366
Costa, Hélio, 146
Costa Júnior, Paulo José da, 399
Costa, Odylo, 38
Costa Pinto, Luís [Lula], 349, 387-91, 395-7, 399-400, 404, 410, 488, 506
Costa Pinto, Mardem, 361
Cotrim, Toni, 147, 150, 151
Coty, Philippe, 326
Coutinho, Altineu, 343
Coutinho, Eduardo, 34
Coutinho, Jacqueline, 208, 446
Coutinho, Lafaiete, 119, 201, 207-8, 212-13, 267, 269, 297, 299, 306-7, 312, 317, 340, 356, 367-8, 384, 386, 427-30, 446-50, 452-3, 456, 459, 461-3, 466, 470, 474-5, 505
Coutinho, Wilson, 136
Couto e Silva, Golbery do, 75-6, 138, 227, 229, 244, 252, 264-5, 310
Covas, Mário, 23, 49, 60, 89, 105, 117-9, 124, 136, 144, 149-50, 153, 161, 175, 177, 182, 187, 201, 234, 266, 287, 303, 404, 425, 501
Cruvinel, Tereza, 274
Cunha, Euclides da, 437
Cunha, João, 317
Cunha Lima, Jorge, 165
Cunha, Luis Cláudio, 124
Cunha Rego, Victor da, 225, 318
Curió, Sebastião, 449, 516
Curvo, Elísio, 440
Cutrale, Jorge, 208

Dahl, Gustavo, 321
D'Alembert Jaccoud, 52
Dallari, Daímo de Abreu, 250
Da Mata, Lídice, 473
Damião, frei, 67, 241
Dantas, Cláudia, 482-4, 504
Dantas, Daniel, 287, 488
Dantas, Luiz, 482
Dantas, Pauline, 482
Dantas, Santiago, 112, 447
Darke, coronel, 456
Dauster, Jorio, 280
Dávila, Roberto, 374
Dean, James, 308
De Gaulle, Charles, 56
Delfim Netto, Antônio, 46, 122, 228, 240, 266, 305, 311, 438
Del Picchia, Celso, 390, 455
Derek, Bo, 106
Dettmar, Ubirajara, 78-80, 133--4, 313-5, 468, 475, 505
Diaféria, Lourenço, 250, 252
Dias, Etevaldo, 90-2, 94, 100, 136, 300-1, 333, 335, 338--9, 363, 453-5, 459-60, 463, 466, 468, 470, 472, 474-5, 503, 505
Dias, José Américo, 147, 149, 150, 159, 165, 170-1, 178, 186, 506
Dias, José Carlos, 218, 316, 323, 361
Di Cavalcanti, 225
Di Gênio, João Carlos, 183, 189, 270, 367, 369, 436
Dimenstein, Gilberto, 126, 127, 249, 351, 505
Dines, Alberto, 38-40, 75, 94, 227-8, 250-1, 291, 296, 505
Diniz, Abílio, 137, 191-2, 195--6, 311, 502
Diniz, Alcides, 192, 315, 453--4, 502
Disney, Walt, 258
Djavan, 160
Dom e Ravel, 138
Donner, Hans, 152
Dornelles, Francisco, 335, 347

Dostoiévski, 318
Dotti, Renê Ariel, 321, 323
Doyle, Hélio, 124
Drummond, Antônio, 28-9, 110, 240, 356, 505
Duarte Pereira, Osny, 73
Duque Estrada, Guilherme, 458

Eco, Umberto, 149
Eid, Calim, 208
Elbrick, Charles Burke, 54
Elis Regina, 77
Emediato, Luiz Fernando, 139, 176, 177
Eris, Ibrahim, 213, 231-4, 266, 299, 315, 389
Erlanger, Luís, 404
Erundina, Luiza, 101, 165
Escobar, Ruth, 471
Escorel, Eduardo, 34
Escosteguy, Jorge, 267
Estevão, Luiz, 298, 367, 406, 454, 470

Faissol, Olímpio, 466
Falcão, Armando, 86, 148, 250, 264-5
Falcão, Cleto, 68, 89, 91, 129, 135, 178, 301, 348-50, 377-8
Falcão, Luiz Augusto, 169
Faoro, Raymundo, 220, 310
Faria, Edgard de Sílvio, 264
Faria, Geraldo, 210
Farias, Augusto, 35, 39, 50, 53, 73, 75, 93, 101, 124, 158, 161, 169, 195, 267-8, 274, 276, 350, 376, 384, 391, 408, 410-11, 414-8, 420--1, 423-6, 436, 439-40, 466-8, 481, 483-4, 504-5,
Farias, Carlos Gilberto, 215, 483
Farias, Cláudio, 376
Farias, Elma, 207, 215, 480-1, 504
Farias, Ingrid, 392, 481
Farias, José Eduardo, 223
Farias, Luís Romero, 203, 206,

212-3, 352, 356-7, 363, 384, 391, 405, 506
Farias, Paulo César [Cavalcanti de], 15, 46, 68, 70, 78, 102-4, 125, 167, 201-15, 242, 244, 248, 267, 269, 274, 278-80, 282, 287,-8, 290-1, 296, 298-301, 305, 307, 311, 317, 325, 328, 333, 334, 340-1, 348, 350, 352, 365, 370-1, 375-81, 383-94, 396, 398-400, 403-10, 413, 417-9, 421, 426-7, 434, 438, 440, 442, 445, 449, 451-3, 461, 464, 466-9, 477-84, 488, 490--1, 495, 502-4
Fasano, Fabrizio, 309
Faustino, Mario, 38
Feitosa, Leôncio, 177
Fernandes, Bob, 298, 301, 305--6, 308, 418-9, 505
Fernandes de Oliveira, Sandra, 453-4
Fernandes, Hélio, 86
Fernandes Júnior, Florestan, 149, 152, 517
Fernandes, Millôr, 77, 263-5, 321, 397
Ferreira Brattes, Ruy, 336
Ferreira de Melo, Eurídice, 99-100
Ferreira, José Inácio, 281-2
Ferreira, Marcelo, 304
Ferreira Neto, Joaquim Antônio, 161-6, 168-9, 194, 281, 300, 303-5, 502, 506
Ferreira, Oliveiros S., 216
Ferreira, Paulo César, 46
Ferreira, Silvia, 412
Festa, Regina, 147-8, 150
Figueiredo, Dulce, 138
Figueiredo Ferraz, Ester, 31
Figueiredo Ferraz, José Carlos de, 140, 252, 517
Figueiredo, João Baptista, 30, 52, 61-2, 65, 76-7, 138, 228, 241, 246, 250, 254, 285, 293, 341, 366, 374, 401, 438, 451, 456

Fileppo, Marco Paulo, 166, 168
Filho, Expedito, 284-5, 348-9, 364, 407-9, 488, 506
Fiúza, Ricardo, 363-4, 430, 445, 454, 459, 466-7
Flecha de Lima, Paulo Tarso, 137-8
Fleury Filho, Luiz Antônio, 191-2, 196, 266, 282-3, 301, 303, 401, 412-6, 429-30
Fomm, Joana, 191
Fonseca, Augusto, 408, 417-8, 420-1, 423, 425-6, 439-40
Fonseca, Clodoaldo da, 330
Fonseca, Deodoro da, 79
Fonseca, Hermes da, 330
Fonseca, Jr., Gélson, 466
Fonseca, Maximiano da, 122, 246, 287
Fonte, Antônio da, 205
Fontenelle, Maria Luisa, 33
Fontoura, Walter, 75, 236, 292-3, 505
Forcella, Ricardo, 454-5
Fortunato, Gregório, 305
França, Augusto, 424
França, Eriberto [Freire], 421-8, 431-2, 439-41, 451-2, 484-85, 488-9, 497, 503
França, Norberta, 422
França, Patrícia, 422-4, 439-40, 485
França Taves, Rodrigo, 343, 347
Francisco, beato, 20
Francisco, Joaquim, 300
Francisco José, 33, 58-9, 505
Francis, Paulo, 39, 115, 116, 228, 397
Franco, Francisco, 36, 258
Franco, Itamar, 155, 207, 210, 231, 388, 411, 416, 418, 434, 446, 469, 475, 484-5, 503
Frank, estilista, 347, 381-2
Freire França, Hermes, 422
Freire, Roberto, 70, 99, 177
Freitas, Daniel, 457
Freitas, Jânio de, 38, 343, 433
Frias de Oliveira, Maria Elvira, 130

Frias de Oliveira, Octavio, 126, 129-30, 140, 216, 220, 250, 253, 317, 319, 320, 322, 325, 351, 365, 432-3, 462, 505
Frias, Elisabeth, 132
Frias, família, 229
Frias, Félix, 130
Frias Filho, Otavio, 122, 126, 129, 154-5, 217-20, 222-5, 227-9, 234, 249-51, 253, 255, 267, 316-26, 351, 362, 431-3, 462, 502, 505
Frias, Luís, 217, 322
Frias Street, Zélia, 130
Frias, Zuleika, 132
Frota, Alexandre, 102
Frota, Sylvio, 51, 229, 250-2, 292
Funaro, Ana, 279
Funaro, Dilson, 89, 116, 279, 280, 286, 335

Gabriela, Marília, 121, 177-8, 242, 272-3, 284-5, 505
Gajardoni, Almyr, 51-2
Galvão, Ilmar, 485
Galvão, Marcos, 466
Galvêas, Ernane, 401
Gama, Benito, 403, 405, 451-2
Gambirasio, Alexandre, 251
Gandra Martins, Ives, 104, 218, 222, 323, 518
Garcia, Alexandre, 177, 189, 290, 358, 366
Garcia, Carlos, 430
Garcia, Hélio, 401
Garnero, Mário, 307
Gasparian, Fernando, 93
Gaspari, Clara, 81
Gaspari, Elio, 46-7, 55-6, 71-8, 80-1, 93, 255-6, 278, 289-90, 292, 333-4, 342, 398, 406-7, 432, 462, 506
Geisel, Ernesto, 27, 51-2, 75-6, 86, 227, 229, 245, 250, 252, 254, 264-5, 292-3, 374, 437, 451, 507-9
Gerdau, Jorge, 212
Gervitz, Roberto, 218

Ghivelder, Zevi, 176
Gil, Gilberto, 160
Giovanni, Paulo, 247
Goebbels, Joseph, 78, 313
Góes, Luciano, 394, 397, 405, 478, 505
Góes Monteiro, família, 18
Góes Monteiro, Silvestre Péricles, 18-22, 518
Góes, Walder de, 292-3, 505
Gois, Ancelmo, 93-4, 269, 285-6, 289-91, 333-4, 406, 505
Goldemberg, José, 364, 455-6
Gomes, Eduardo, 19, 20
Gomes, Laurentino, 49, 71, 80, 506
Gomes, Maria, correntista-fantasma, 424, 426
Gomes Pinto, Tão, 310
Gomez Mena, Andrés, 212, 386
Gonçalves, Loir, 158
Gonçalves, Vasco, 318
Gondim, Josélio, 457-9
Gonzaga Belluzzo, Luiz, 412-6
Gonzales, Luis, 238
Goulart, João, 72, 113, 148, 163, 207, 247, 262, 277, 295, 373-4, 437, 442, 460
Goulart Macedo, Luis Vicente, 247
Goulart, Stella, 84, 87
Gounod, Charles, 339
Greenhalgh, Luiz Eduardo, 183
Gros, Francisco, 287
Grunwald, Henry, 52
Guerra, Alceni, 155, 178, 210, 213, 234, 284, 352-3, 356, 361, 502-3, 505
Guerra, Ângela, 352, 360
Guerra, Guilherme, 358
Guerra, Sofia, 361
Guevara, Che, 69
Guimarães, Eunícia, 336
Guimarães, José Carlos, 336
Guimarães, Ulysses, 65-6, 80, 83, 90, 110, 116, 145, 148-9, 157, 269, 402, 411, 430, 451-2, 462, 471

Guimarães, Woile, 28, 32, 187, 506
Guinle, Helô, 85
Gushiken, Luiz, 147, 170, 176
Gusmão, Roberto, 124, 436
Guttemberg, Luís, 55
Guzzo, José Roberto, 46, 48--53, 56, 76-7, 80-1, 92-3, 118, 134, 255-6, 266-9, 285, 290, 333, 392, 398, 412-4, 416, 506

Harazim, Dorrit, 46, 55-6, 76, 79, 80-1, 93, 255, 334, 506
Havei, Václav, 283
Havelange, João, 61
Heffner, Hugh, 106
Henfil, 105, 272
Henrique Costa, Dora, 73
Henrique, Napoleão, 330
Herzog, Vladimir, 265
Hipólito, Lúcia, 33
Homem de Carvalho, Agenor, 358, 449, 456, 466
Houaiss, Antônio, 321

Iacocca, Lee, 320, 378
Icaza Sánchez, Homero, 28-9, 154
Iglesias, Júlio, 482
Irribarra Moreno, José Ramon, 480

Jaguaribe, Hélio, 364
Jardel Filho, 308
Jardim de Matos, Délio, 32, 138
Jardim, Reinaldo, 38
Jatene, Adib, 22, 212-13, 364
Jefferson, Roberto, 440, 445
Jennings, Peter, 242
Jereissati, Carlos, 413, 446
Jereissati, Tasso, 24, 116-18, 445-6, 458, 505
João Kléber, 313
João Paulo II, papa, 118
Joãozinho Trinta, 73
Jorge, Miguel Roberto, 276, 436
José Dirceu, 147, 157, 170, 176, 393

José Filho, 468, 470
José Genoíno, 403
José Raimundo, 59
José Simão, 463
Juan Carlos, rei da Espanha, 36, 241, 313
"Júnior", 420-1, 424
Junqueira, Aristides, 361, 385
Junqueira, Ronaldo, 325-6, 401, 505
Jurema, Abelardo, 207

Kafka, Franz, 318
Kairala, José, 22, 65, 90, 128
Kamel, Ali, 31, 347-8, 404, 451-2, 505
Kandir, Antônio, 223-4, 231-2, 234, 266
Kapeller, Pedro Jack [Jaquito], 365-6
Karan, Guilherme, 160
Kawassaki, Jouji, 389
Kennedy, John, 173-4, 197, 315
King, Larry, 181
Klein, Odacir, 485
Kluger, Richard, 94
Kotscho, Ricardo, 95-8, 120-1, 152, 171, 176, 183, 185--186, 192, 255, 310, 506
Kotscho, Ronaldo, 176
Kramer, Dora, 300, 386, 477, 505
Krause, Roberto, 231
Krieger, Daniel, 245
Krieger, Gustavo, 245-6, 248-9, 344, 362, 488, 505
Kropotkin, Piotr A., 318
Kubitschek, Juscelino, 21, 41, 43, 50, 66, 75, 113, 114, 315, 366-7, 372-3
Kubitschek, Sara, 339
Kucinski, Bernardo, 55
Kupfer, José Paulo, 268
Kutuzov, Mikhail, 320

Lacerda, Carlos, 25, 76, 113, 123-4, 296, 305, 324, 366, 373
Lacet, Walter, 27
Lafer, Celso, 364

Lafer, Horácio, 372-3
Lamenha Filho, 204
Lando, Amir, 446, 464-7, 503
Laranjeira, Adilson, 133, 134, 505
Lavigne, José, 160
Leandro e Leonardo, dupla sertaneja, 336
Leandro, Paulo Roberto, 238
Leão, Mario, 205
Leitão de Abreu, ministro, 30
Leite, Eduardo [Bacuri], 219
Leite, Sílvio, 65
Lemos, João Batista, 294
Lemos, Túlio de, 180
Leon, Flávia de, 469
Leoni Ramos, Pedro Paulo, 68, 287-8, 335, 359, 364, 428, 503, 505
Letaif, Nelson, 306
Lévi-Strauss, Claude, 318-9
Levy, Herbert, 140, 297, 441-2
Levy, Luiz Fernando, 297, 302, 311
Libânio Christo, Carlos Alberto [Frei Betto], 54, 98-100, 154, 182-3, 192, 506
Licursi, José, 151-3
Lima, Cirne, 43, 140
Lima, Jorge de, 15
Lima, Paulo, 158
Linhares, Agostinho, 142-3
Linhares, alfaiate, 339
Lins do Rego, José, 16, 20, 207
Lins, Enio, 23, 186, 505
Lobão, Edison, 141
Lobato, Elvira, 127-9
Locke, John, 319
Longchamps, Guy de, 212, 389-90
Lopes de Farias, Gilberto, 204
Lopes, Marília, 144
Lopes, Mauro, 126, 128-9, 209, 321, 323, 325-6, 505
Lopes Meirelles, Helly, 246
Lopes, Ruy, 250, 251
Lott, Henrique, 174, 182, 490
Lourenço, João, 216-7, 219
Lourenço, José, 403, 445

517

Ludwig, Daniel, 342
Lula da Silva, Luís Inácio, 17, 30-1, 70, 80, 88, 91, 95, 96-101, 110-1, 117, 119-21, 136, 138, 141-3, 145-7, 149-73, 176-8, 181-96, 201, 208, 229, 232, 234, 237, 239, 266, 310, 332, 404, 436, 458, 462, 489-92, 495, 497, 501-2
Lundgren, Helena, 62
Luporini, Elisabeth, 211
Lyra, Carlos, 104, 203, 205
Lyra, João, 68, 91, 104, 202-3, 205, 332-3, 378-9, 381, 384-5
Lyra, Maria de Lourdes, 380
Lyra, Solange, 333, 381
Lyra, Tadeu, 333
Lyra Tavares, Aurélio de, 53
Lyra, Thereza. *Ver* Collor, Thereza Lyra

Macedo, Élson de, 457
Machado de Assis, 220
Machado de Carvalho, Paulo, 372
Machado, dom Adelmo, 205
Machado, Sérgio, 446
Machline, Matias, 449
Maciel, Marco, 428, 441, 466
MacLuhan, Marshall, 136
Madame Satã, 72
Magalhães, Antônio Carlos, 30, 32, 49, 67, 78, 83, 116-7, 119, 137, 141, 177, 212, 214, 266, 295, 302, 353, 356-7, 360, 364, 400-3, 411, 418, 427, 429, 431, 436, 441, 454, 456, 461, 463-4, 470-1, 473, 486, 505
Magalhães, Juracy, 21, 115
Magalhães Lins, José Luiz, 112, 114, 180, 295-6, 355
Magalhães, Luís Eduardo, 353, 356-7, 364, 428, 454, 474
Magalhães Pinto, 148, 295-6
Magri, Antônio Rogério, 157, 274, 299, 364, 400
Magri, Mayara, 103

Maia, Carlito, 152
Maia, Elísio, 186, 300-1
Maia, Oto, 466
Maklouf Carvalho, Luiz, 95-7, 169, 378, 505
Malheiros Filho, Arnaldo, 315-7, 323, 506
Malone, Zara, 481
Malta, Dácio, 333-4, 338, 340, 453-5, 505
Malta, Euclides, 329-31
Malta, Eustáquio, 330
Malta, família, 329-30, 332, 338, 381
Malta, João Alvino, 300, 328-9, 331
Malta, Paulo Joaquim, 330
Malta, Roberto, 331
Malta, Rosânia, 331
Malta, Sônia, 330
Malta, Ubaldo, 330
Maluf, Flavio, 208, 279
Maluf, Paulo Salim, 32, 36, 49, 65, 80, 83, 94, 122, 140, 150, 165, 208, 255, 279, 282, 303-4, 366-8, 413, 501
Manuel, dom, rei de Portugal, 33
Manzon, Jean, 18, 150, 153
Manzon, Jean Pierre, 150
Maquiavel, Niccolo, 319
Maranhão, Aluízio, 290, 351, 433, 505
Maranhão, Ney, 445
Marcolino da Silva, Suzana, 481-4, 504
Marcondes Gadelha, 141-4
Marcos Paulo, 167
Mariani, Clemente, 131
Marighela, Carlos, 54, 99
Marinho, Aparecida, 83
Marinho, Francisca, 112
Marinho, Irineu, 112
Marinho, João Roberto, 30, 84, 86-7, 115, 117, 119, 189, 191, 209, 238, 240, 287, 347, 352, 354, 356, 505
Marinho, José Roberto, 86
Marinho, Paulo Roberto, 84

Marinho, Roberto, 21, 25-8, 30-2, 34, 45-6, 82-7, 95, 110-20, 124, 138, 141, 143, 153-4, 156, 172, 175-6, 179-81, 189-90, 193-4, 209, 215, 229-30, 233, 236-9, 259, 277, 280, 292-4, 296, 302, 313, 340, 344, 346-7, 352-5, 358, 360, 369, 402, 411, 429, 445, 447-8, 463-4, 467, 469-71, 501, 505
Marinho, Roberto Irineu, 27, 29, 30-1, 83-4, 86-7, 117, 175, 180-1, 189, 230, 237-9, 352, 506
Marino, Ted Boy, 41
Marques Moreira, Marcílio, 341, 401, 410, 431, 446-7, 456, 459-60, 471, 502
Marques, Nelson Emílio, 358-9, 361
Martinez, José Carlos, 375-6, 440
Martins, Antônio, 398
Marx, Karl, 94, 228
Mata Pires, César, 356
Mata Pires, João, 356
Matarazzo, Francisco, conde, 129
Matheus, Carlos, 195
Medeiros, Carlos, 74
Medeiros, Luiz Antônio, 304
Medeiros, Marcelo, 74
Medeiros, Otávio, 366
Médici, Emílio Garrastazu, 54, 75, 115, 140, 285, 401, 437-8
Médici, Sylla, 43
Medina, Roberto, 146, 256
Melanias, Rosinete, 212
Mellão, João, 364
Mellé, Itic, 252
Mello, Arnon Affonso de [Farias], 15-22, 34, 39-45, 60-9, 87-8, 103, 118, 128, 202, 216, 245, 327-8, 330-1, 376-80, 383, 394-5, 406, 437, 478-79, 486, 495, 501, 503

Mello, Celso de, 485
Mello, Euclides, 304-5
Mello, Manoel Affonso de, 15
Melo, Geraldo, 117
Melo, Ricardo, 433, 505
Mendes, Amazonino, 304
Mendes, Berto José, 211, 380, 422
Mendes, Chico, 94
Mendes de Almeida, dom Luciano, 182
Mendes de Barros, Luiz Gonzaga, 67
Mendes, Lucas, 240
Mendes, Vannildo, 395
Mendonça, Álvaro, 340, 450, 461, 466
Mendonça, Duda, 489
Mendonça Neto, 66, 79, 202
Menegueli, Jair, 157
Menem, Carlos, 278
Mercadante, Aloizio, 151, 176, 183
Merquior, José Guilherme, 231, 240
Mesquita, família, 172, 223, 227, 262, 276, 351, 434, 438
Mesquita, Fernão Lara, 124, 223, 235
Mesquita Filho, Júlio de, 123, 223, 225-6, 276, 437
Mesquita, Júlio, 437
Mesquita, Júlio César, 124, 223, 235, 275-7, 312, 324, 350-1, 435-6
Mesquita, Marina, 435
Mesquita Neto, Júlio de, 118, 123-4, 158, 268, 275-7, 350-1, 433-8
Mesquita, Rodrigo, 124, 223
Mesquita, Ruy, 118, 123-4, 222-3, 235, 276-7, 350-1, 434-8
Mesquita, Zulu, 435
Michaelsen, Egydio, 295
Miranda, Egberto Baptista, 166-8, 248, 461
Miranda, Gilberto, 166
Miranda, Jordão, 53

Mitre, Fernando, 121, 173-6, 184, 186, 505
Modiano, Eduardo, 274, 287
Montaigne, Michel de, 362
Monteiro de Carvalho, Alberto, 327
Monteiro de Carvalho, Ana Maria, 307
Monteiro de Carvalho, Baby, 328
Monteiro de Carvalho, Beatriz, 327
Monteiro de Carvalho, Celi Elisabeth [Lilibeth], 61, 63, 92, 137, 160, 211, 278, 307, 326-8, 332, 380, 382-3, 424, 466, 501
Monteiro de Carvalho, família, 137, 327, 332
Monteiro de Carvalho, Lily, 156, 337, 448
Montenegro, Carlos Augusto, 101, 161, 195, 466-8, 505
Montoro, Franco, 31, 148-9, 208, 255, 316, 413, 417
Moraes, Antônio Ermírio de, 141, 302, 367
Moraes, Davi de, 187
Moraes, Olacyr de, 126, 137, 153, 279, 436
Morais, David de, 286
Morais, Fernando, 51-2, 302
Morais, Jorge, 88
Moreira Alves, Márcio, 21, 39, 485
Moreira Franco, Wellington, 28, 60, 105, 138, 294, 342
Moreira Leite, Paulo, 412, 414, 416, 506
Moreira Salles, Fernando, 311
Moreira Salles, Walther, 311, 355
Moreira, Sérgio, 23
Moreno, Jorge, 393, 451-2, 505
Moreno, Raquel, 152
Motta, Sérgio, 149
Motta Veiga, Luís Octávio, 246, 285-91, 305, 311, 364, 380, 406-8, 418, 427, 446, 502-3, 505

Moura, Onaireves, 471
Moura, Paulo, 291
Moura Rocha, José, 485
Muller, Henry, 334
Muller, Roberto, 232
Muniz Falcão, 20, 21
Murad, Jorge, 449
Mussolini, Benito, 222-4, 229, 258, 318
Mussolini, Bruno, 258
Mussolini, Vittorio, 258

Nabantino Ramos, José, 129, 133
Nabuco, Afrânio, 175
Nabuco, Nininha, 296
Nani, cartunista, 33
Nanini, Marcos, 153
Nanne, Kaíke, 390-3, 506
Napoleão, Hugo, 141
Nascimento Brito, família, 255, 320
Nascimento Brito, José Antônio, 287, 291, 293-4, 459
Nascimento Brito, Leda Marina, 294, 297-8
Nascimento Brito, Manoel Francisco do, 29, 37-41, 43, 75, 215, 255-6, 280-1, 287, 290-7, 333, 339-40, 453-5, 459, 460, 505
Nascimento, Sérgio, 272
Nasser, Davi, 18, 59, 150, 442
Natel, Laudo, 252
Negreiros, José, 298
Nehring, José Roberto, 468-9
Nery, Sebastião, 65, 89, 111, 136, 146, 167, 196, 208, 471, 505
Nêumanne Pinto, José, 124, 136-7, 458-9, 505
Neves, Tancredo, 30, 32, 65, 77, 116, 243-4, 255, 501
Niemeyer, Oscar, 131, 367
Nieto, Armando, 132
Nitrini, Dácio, 142, 441
Nixon, Richard, 173-4, 197
Nóbrega, Carlos Alberto de, 139
Nóbrega, Maílson da, 116-7, 269, 389, 506

Nogueira, Armando, 25-32, 34, 39, 59-60, 120, 175, 176, 188-9, 191-2, 229-30, 234, 236-9, 502, 506
Nogueira Garcez, Lucas, 372
Nogueira, Paulo, 81
Nono, Thomaz, 127
Norminha, jogadora de basquete, 186
Nunes, Augusto, 35, 50, 93, 124, 158, 267-8, 274, 276, 350, 414-16, 436
Nunes Lima, Roberto, 150, 151
Nunes, Rogério, 106

Odebrecht, Emílio, 215, 281-2, 288, 491
Oguchi, Nobuo, 216
Oinegue, Eduardo, 79, 90, 274, 278, 285, 348-9, 363, 384-7, 392-3, 408-9, 446-7, 468, 506
Okamoto, Paulo, 160
Oliva, José Victor, 62
Olival Costa, Olavo Olívio, 129
Oliveira Bastos, 46
Oliveira, Carim, 216
Oliveira, Dagmar Frias de, 126
Oliveira, Hamilton Lucas de, 371
Oliveira, Isis de, 161
Oliveira, José Aparecido de, 60, 111, 113
Oliveira, José Barbosa de, 15, 23, 63, 68, 383-4, 394
Oliveira, José Máximo, 421
Oliveira, Luiz de, 130, 133
Oliveira Sobrinho, José Bonifácio de [Boni], 26-7, 30-2, 87, 179-81, 193, 195, 230-1, 234-5, 237-9, 369, 506
Onassis, Aristóteles, 202

Pacheco, Agnelo, 67
Pacheco, Orlando, 67
Pádua, Luiz Mário de, 338
Paglia, Ernesto, 31, 165
Paiakan, Paulinho, 412
Palmeira, Guilherme, 23-4, 61, 65, 67, 88, 104, 393-4, 405, 456
Palmeira, Rui, 18
Panelli, Luís, 466
Parreiras, Bia, 397
Parr, Jack, 443
Pascowitch, Joyce, 274-5, 338, 474, 505
Passarinho, Jarbas, 106, 285, 307
Pastro, Carlos Alberto, 358-9, 361, 522
Paulo José, 159, 161
Paulo Octavio, 43, 44, 69, 121, 337, 367-9, 406, 440, 454
Paz, Manoel Luís da, 330
Pedreira, Fernando, 98, 436
Pedro Aleixo, 53
Pedrosa, Mino, 277, 417-26, 439, 440, 484-5, 488, 505
Pedroso Horta, Oscar, 373
Peixoto, Carlos, 188
Pelé, Nascimento, Edson Arantes do, 124, 142
Peltier, Márcia, 336
Peralva, Oswaldo, 221
Pêra, Marília, 161, 256
Pereira Carneiro, condessa Maurina Dunshee de Abranches, 37-39, 255, 298
Pereira Carneiro, Ernesto, 37
Pereira, Cristina, 153, 160
Pereira Filho, Merval, 111, 453-55, 505
Pereira, Jackson, 446-7
Pereira, Raimundo Rodrigues, 53-5, 75, 93, 432, 506
Pereira, Vilma, 337
Perez, Fábio, 189, 191
Perón, Juan Domingo, 308
Pertence, Sepúlveda, 13, 80, 485
Pessoa, Epitácio, 15, 249
Petry, André, 345-6
Pignatari, Décio, 39
Pimenta Neves, Antônio M., 154
Pinciroli, Pedro, 221
Pinheiro, Carlos, 246
Pinheiro, Flávio, 77, 93, 334

Pinheiro, Ibsen, 471
Pinto Moreira, José Augusto, 410-1
Piperno, Amilcare, 257
Pires Gonçalves, Leonidas, 116, 180
Pires Gonçalves, Miguel, 180-1, 238-9
Pires, Waldir, 60, 157
Piva, Pedro, 201
Plínio Marcos, 265
Policarpo Jr., 468-9
Poli, Dionísio, 30
Pomar, Vladimir, 149, 183
Pompeu de Souza, 25, 52, 265
Pompeu de Toledo, Roberto, 93-4, 256, 310, 333-4
Pompeu, Sérgio, 50-2
Pontes, Ipojuca, 161, 471
Pontual, Jorge, 25
Porro, Alessandro, 256
Portela, Petrônio, 61
Portinari, Cândido, 225
Pratini de Morais, Marcos, 364
Prestes, Júlio, 112
Prestes, Luis Carlos, 182, 371, 374
Priolli, Gabriel, 149, 150

Quadros, Eloá, 279
Quadros, Jânio, 21, 38-9, 72, 79, 82, 110, 113-4, 127-8, 140-1, 149, 162, 174, 243, 262, 279, 281, 295, 364, 373, 402, 433, 439, 490
Quatroni, Luis, 212
Queiroz, Rachel de, 16
Quércia, Alaíde, 83, 430
Quércia, Orestes, 82-3, 125, 166-7, 196, 208, 235, 247, 266, 268, 282-3, 301-3, 316, 365-70, 412-16, 428-30, 458

Racy, Sônia, 274-5
Rademaker, Augusto, 53, 75
Raia, Cláudia, 102, 161, 338, 422
Ramalho, Elba, 102, 161
Ramid, João, 71
Ramos, Graciliano, 378

Ramos, Saulo, 192
Rampazzo, Gilney, 238
Rayel, Carlos, 247, 302, 414-6
Reagan, Ronald, 218
Rech, Marcelo, 455
Redondo, Pio, 151
Reis, J., 226
Reis Velloso, João Paulo dos, 55, 401
Rezek, Francisco, 144, 191, 275, 392
Rezende, Íris, 267-9
Ribeiro, Alfredo, 333-4
Ribeiro, Antônio, 231
Ribeiro, Belisa, 60, 105, 109--10, 146, 163, 167-8, 210, 237, 273-5, 280
Ribeiro França, Ruy, 156
Ribeiro, Marcelo, 212
Ribeiro, Mauro, 415
Ribeiro, Paulo Sérgio, 405
Ribeiro, Rosalvo, 80
Ries, Al, 149
Roberto Carlos, 370
Roberto, Vera Lia, 216, 218, 221
Rocca, Carlos Antônio, 137
Rocha Azevedo, Eduardo, 207
Rocha Diniz, 226
Rocha, Ingrid, 91, 453
Rocha, Leonel, 446-7
Rocha, Marco Antônio, 235
Rocha Mattos, João Carlos, 317, 361
Rockefeller, David, 411
Rodrigues, Karin, 265
Rodrigues, Nelson, 26, 55, 296
Rodrigues, Newton, 228, 321
Rodrigues, Pedro Luiz, 401--2, 404, 418, 439, 456-9, 503
Rodrigues, Pepita, 161, 336
Rogers, Carl, 210
Roriz, Joaquim, 338, 488
Rosa e Silva, Cláudio Humberto, 14-5, 23-5, 33-4, 50, 58-60, 63, 66-7, 70, 78, 80, 88-91, 94, 105, 122-3, 125, 128-9, 134-6, 162-3, 167-8, 175-6, 178, 209-11, 213-4, 229, 237, 241-2, 249, 271-2, 274, 278, 283, 291, 298, 311-4, 321, 325, 332, 334, 344-6, 351, 363, 387, 401, 417, 471, 488, 503
Rosa e Silva, Taís, 91, 298, 345
Rosa, Mario, 274, 334-5, 338-40, 364, 384, 392, 449, 488
Rosenthal, A. M., 52
Rose, secretária de PC, 426
Rossi, Clóvis, 126-9, 216-8, 220, 222, 310, 320, 432
Rossi, Francisco, 309
Rossi, Gordiano, 57, 260
Roxo Loureiro, Orozimbo, 131
Rubinstein, Helena, 259
Russo, João, 255
Ryff, Raul, 277-8

Saad, família, 121
Saad, João, 29, 121, 304, 371, 374-5, 440
Saad, Johnny, 121, 173-4, 184, 232, 243, 375
Saad, Maria Helena, 371
Sachetta, Hermínio, 372
Sá Corrêa, Marcos, 35, 92-5, 97, 134-6, 154-5, 210, 255-6, 286, 290-1, 294-5, 333-4, 397
Safra, José, 85
Sá, Frank, 208
Safra, Vicky, 85
Salazar, Antônio, 39
Saldanha, João, 26
Saldiva, Rose, 35, 70
Salem, Armando, 310
Salem, Carlos, 137
Salles, Almir, 102, 246
Salles, Apolônio, 243
Salles, dom Eugênio, 347
Salles, Luis, 364
Salles, Mauro, 138, 243-5, 364, 398, 418, 458, 505
Salles, Osvaldo, 278, 328
Sampaio, Rogério, 463
Sanches, Sydney, 485
Sandoval, Fernando, 310, 412-6
Santana Filho, João, 217, 223, 230-1, 270, 348, 379-80, 398-400, 417-21, 423-7, 431, 439-40, 484, 489-90
Santana, Maria de Fátima, 424, 427
Santa Rita, Chico, 167-8
Santayana, Mauro, 250
Santoro, Luis Carlos, 150
Santoro, Luis Roberto, 147-8
Santos, Lourival dos, 400
Santos, Mario Vitor, 126
Santos, Osmar, 30
Santos, Paulo de Tarso, 147-51, 159-60, 165, 170-1, 176, 178
Santos Pedreira, Antônio dos, 142
Santos, Silvio, 67, 88, 101, 116, 122, 138-45, 234-6, 242, 266, 366, 375, 444-5, 470, 502
Santos, Waldemar dos, 370
Saraiva de Carvalho, Otelo, 318
Sarney, José, 24, 48-9, 60, 71, 80, 83, 86, 88, 90-1, 110, 116-9, 122-3, 127, 136-7, 141-3, 153, 167, 180, 201, 232, 241, 244, 247, 250, 267-9, 339, 341, 364, 368, 436, 441, 449, 463, 469, 471, 488, 509
Sarney, Roseana, 471
Scala, Ivan, 67
Scalco, Euclides, 157
Scarpa, Chiquinho, 62, 315
Scarpa, Renata, 315, 338, 454
Schechter, Hersch, 264
Scheuer, Luiz Adelar, 449
Schmidt, Augusto Frederico, 73
Schneider, Erno, 38
Schwartzman, Salomão, 368-9
Scola, Nelson, 480
Seixas, Ivan de, 219
Seixas, Joaquim Alencar de, 219
Seixas, Sigmaringa, 439
Serpa, Jorge, 111-3, 116-8, 141, 143, 176, 209, 240, 280, 290, 295, 354

Serra, José, 118, 201, 267, 431, 474
Serva, Leão, 126, 170
Servan-Schreiber, Jean-Jacques, 56
Setti, Ricardo, 35-6, 50, 93-6, 98, 136, 350
Setúbal Filho, Laerte, 311
Severiano, Mylton, 178
Severo, Marieta, 191
Shakespeare, William, 124
Siegelman, Oscar, 366
Silva, Aristides Inácio da, 99
Silva, Célio, 315
Silva, Fausto, 141
Silva, Ismael, 72
Silva, José Carlos da, 124
Silva, Jucineide Braz da, 495
Silva, Marcos Antônio da, 333
Silva, Marisa Letícia da, 96, 99-100, 177, 182-4
Silva, Ozires, 287
Silveira, Néri da, 485
Silveira Sampaio, 443-4
Simone, 161
Simonsen, Mário Henrique, 266, 292, 438
Sinatra, Frank, 482
Singer, André, 193-4, 318
Singer, Paul, 193
Sirotsky, Nelson, 350
Soares, Jô, 122, 139, 144, 234, 442-5, 452, 462
Soares, Juarez, 121
Soares, Mário, 318
Sodré Bittencourt, Niomar Sodré, 39
Souza Aranha, Olavo Egydio de, 327
Souza Cruz, Alberico, 25, 28, 32-4, 50, 58-9, 68, 83, 110, 116, 118, 120, 138, 175-6, 178, 183, 185-6, 188-93, 229-31, 233-4, 236-40, 270, 277, 355, 358, 402, 445, 469, 502
Souza, Jozias de, 128, 247-9 317, 362
Souza Melo, Mareio de, 53
Souza Mendes, Ivan de, 78
Souza, Rosane de, 364
Stálin, Joseph, 173

Staub, Eugênio, 137, 315
Stéfano, Isabel, 359
Stephanes, Reinhold, 213
Stoliar, Guilherme, 122, 139-42, 144, 235, 445
Street, Jorge, 17, 130
Suarez, Carlos, 379-80
Suassuna, Luciano, 273-7, 311
Sued, Ibrahim, 72-5, 80, 93, 342
Suplicy, Eduardo Matarazzo, 140, 149, 304, 305, 336, 339
Suplicy, Martha, 272
Suruagy, Divaldo, 33, 35, 61-2, 65, 67, 79, 186

Talma, Roberto, 191
Tamanini, Irineu, 456
Tavares Reiniger, Alice-Maria, 25, 31-2, 120, 229, 232, 236-8
Teixeira, Ariosto, 455
Teixeira, Eduardo, 218, 299
Teixeira, Ironildes, 212
Teixeira, Maria Izabel, 211, 380, 465
Teixeira, Roberto, 171
Tereza Rachel, 161
Thatcher, Margaret, 118, 218, 319
Tico-Tico, repórter, 369
Tinhorão, José Ramos, 55
Tinoco, Carlos, 343-4, 346
Tinoco, Eraldo, 456
Tiso, Wagner, 160
Tocqueville, Charles A. H. C., 319
Tognoli, Cláudio, 361
Tolstói, Leon, 217, 224
Tourinho, Daniel, 70, 102, 189, 300
Tratenberg, Marcelo, 318
Trout, Jack, 149
Tsé-Tung, Mao, 173
Tuma, Romeu, 170, 192, 212, 217-8, 229, 280, 364
Turner, Najun, 454-5

Valente, Pedro, 353
Vanderlei, Tércio, 206
Vanderlei, Vítor, 206

Vandré, Geraldo, 152
Vargas, Getúlio, 16-8, 23, 27, 42, 112-4, 218, 223, 226, 232, 243, 254, 277, 305, 353, 371-2, 432, 435, 470-1
Vargas, Protásio, 471
Vasconcelos, Frederico, 249, 362, 413
Vasquez, Tutty, 333
Vaz, Marcelo, 238
Veiga, Ana Paula, 216, 221
Velloso, Carlos Mário, 485
Ventura, Zuenir, 136
Veríssimo, João, 281
Verissimo, Luis Fernando, 48, 161
Veronezzi, Marco Antônio, 229
Vianey Pinheiro, Francisco, 187, 189, 190, 191, 192, 234, 237, 238
Vieira, Cláudio Francisco, 65, 211, 244-9, 278, 323, 325--6, 348, 356, 363, 375, 380, 384-7, 398, 438, 452--8, 464, 467-8
Vila, Martinho da, 62
Vilela, José Guilherme, 466
Vilela, Téo, 104, 202
Vilela, Teotônio, 66, 376
Villas Boas Corrêa, 92, 185
Villas Bôas, irmãos, 106

Wainer, Samuel, 37-8, 41, 250, 482
Wallach, Joe, 26-7, 180
Washington Luís, 16-7, 112
Weber, Max, 322
Werebe, Vitor, 212
Wertmüller, Lina, 31
Wilson, Marcos, 123, 139, 141
Witte Fibe, Lílian, 232, 444-5
Wolfe, Tom, 94

Xavier, Rachid, 102
Xavier, Rui, 301

Zahar, Jorge, 397
Zéfiro, Carlos, 63
Zico, Artur Antunes Coimbra, 313

MARIO SERGIO CONTI nasceu em São Paulo em 1954. Foi repórter da *Folha de S.Paulo*, diretor de redação de *Veja* e correspondente em Paris da Rádio Bandeirantes. Um dos fundadores de *piauí*, dirigiu a revista por cinco anos. Publicou *Notícias do Planalto* (1999) e *Eles foram para Petrópolis* (2009), com Ivan Lessa, ambos pela Companhia das Letras, e traduziu três livros de Sempé, o cartunista francês: *Marcelino Pedregulho*, *Raul Taburin* e *Senhor Lambert*. É apresentador do programa *Roda Viva*, da TV Cultura, e repórter de *piauí*.